Ganz Berlin

SICH

Hinnerk Dreppenstedt, Klaus Esche (Hrsg.)

Ganz Berlin

Spaziergänge durch die Hauptstadt

nicolai

Alexanderplatz

nicht mehr, stattdessen wird das benachbarte Gebiet so genannt, und das Nikolaiviertel, das Geschichte zu sein vorgibt, ist eine Mischung aus Wiederaufgebautem, nach dort Verschobenem und Neubauten aus den achtziger Jahren. Um das Authentische von der Folklore der Stadtplaner und Marketingexperten unterscheiden zu können, erfordert es schon einiges an Fantasie – und mehr noch an Kenntnissen. Das häufig anzutreffende Nebeneinander von dichter Bebauung und Brache, Verfall und Neubeginn auf engstem Raum ist nicht nur Stilbruch; oft verbergen sich dahinter auch politische, gesellschaftliche und ideologische Brüche.

Symbol dafür ist die Brachfläche im Herzen der Stadt: Der Schlossplatz ist auch nach einem Jahrzehnt leidenschaftlicher Debatte noch nicht wieder geschlossen, und es herrscht auch nicht ansatzweise Einigkeit darüber, was mit diesem zentralen Platz anzufangen ist. Denn Berlin sucht, abgesehen von seiner Hauptstadtfunktion, noch immer nach einer Definition seiner selbst.

Die Stadt ließ sich nie eindeutig festlegen, sie ist in der Vergangenheit unzählige Male beschrieben, mit zahlreichen – durchaus widersprüchlichen – Mythen und Schlagwörtern belegt worden, galt unter anderem als Symbol des Militarismus und des Widerstandswillens gegen Diktaturen, war als „steinernes Berlin" das Ziel heftiger Anfeindungen und gleichzeitig bekannt als grüne Stadt und Stadt am Wasser. In den zwanziger Jahren galt sie als Deutschlands einzige Metropole von Rang, als die modernste und schnellste Stadt Europas, Tucholsky aber spottete: „Berlin vereint die Nachteile einer amerikanischen Großstadt mit denen einer deutschen Provinzstadt." All das war und ist bis heute richtig – und das jeweilige Gegenteil ebenso. Je nachdem wer Berlin sagt, meint damit Aufmüpfigkeit oder preußische Paragraphenreiterei, Laisserfaire oder kleinkarierte Borniertheit, einzige deutsche Metropole oder Provinz im Gewand der Metropole, Stadt, Land oder Hauptstadt – Berlin ist viele Berlins, Parallelwelten und Widersprüche.

Bundeskanzleramt

Darüber berichten die Autoren dieses Buches. Kenntnisreich und mit kritischer Sympathie führen sie durch diesen „tatsächlich nie zu ergründenden Kosmos mit wild aufgetürmten Schichten von Vergangenheiten" (Reinhard Mohr). Journalisten, Historiker, Stadtführer und andere Fachleute, die in Beruf oder Freizeit das städtische Geschehen intensiv begleiten, präsentieren ihre Stadt – mit jeweils individuellen Perspektiven und Schwerpunktsetzungen.
Die Spaziergänge führen in das alte Zentrum und in die City-West, durch den Dreiviertelring der alten Arbeiterviertel, die früher selbständigen Städte und Gemeinden und die Peripherie bis an die Stadtgrenzen. Das Besondere dieses Buches liegt darin, dass alle Bezirke und nahezu sämtliche Ortsteile durchmessen, die Beschreibung ihrer Sehenswürdigkeiten und Besonderheiten mit Informationen über ihre Entwicklung, ihre sozialen Strukturen und ihre gegenwärtigen Tendenzen verbunden werden. Die Autoren fordern dazu auf, einen Blick hinter die Klischees zu werfen und einen Eindruck von den einzelnen Quartieren der Stadt zu gewinnen, die vielschichtiger sind, als selbst viele Berliner es glauben. Ihre Beiträge – Ende 2003 abgeschlossen – sind eine Einladung an Alt- und Neu-Berliner sowie Besucher, diese Stadt neu zu entdecken oder überhaupt erst zu entdecken. Es ist eine bislang in dieser Form nicht vorhandene Gesamtschau dieser Stadt, eben: „Ganz Berlin".

HINNERK DREPPENSTEDT, MARTIN DÜSPOHL

ROTES RATHAUS

Mitte

Der Großbezirk Mitte besteht aus den früheren Bezirken Mitte, Tiergarten und Wedding, die unterschiedlicher kaum sein könnten.

Mitte umfasst die Gebiete, in denen Berlin und Cölln in der Mitte des 13. Jahrhunderts entstanden. 200 Jahre später zu einer Stadt vereinigt, dehnte sich Berlin von hier schrittweise in alle Richtungen aus. Auch als sich die Stadt mit der Industrialisierung geradezu explosionsartig ausdehnte und 1920 schließlich zu Groß-Berlin wurde, blieb ihr politisches, künstlerisches und ideelles Zentrum doch immer der Bereich östlich des Brandenburger Tores. Spuren der Bürgerstadt und der Hauptstadt von den Preußen bis zur DDR findet man vor allem hier. Aber Mitte ist nicht nur Geschichte: Die neue Rolle Berlins als Hauptstadt des vereinigten Deutschland spiegelt sich allenthalben, die Spandauer Vorstadt ist von Galerien und innovativen Modeläden geprägt, und die ehemals verödeten Quartiere in Mauernähe wurden reanimiert.

Tiergarten ist einer der eigentümlichsten Bezirke Berlins. Während die anderen zumeist eine Vorgeschichte als Dorf oder Siedlung haben, ist sein Zentrum ein ehemaliges königliches Jagdgebiet an der Spree, eben der Tiergarten. Der sonst übliche Lokalpatriotismus konnte deshalb nicht aufkommen, man fühlt sich nicht als „Tiergartner". Dazu trägt sicherlich bei, dass die um ihn herum liegenden Viertel sich deutlich voneinander abgrenzen lassen: Alt-Moabit ist ein altes Industrie- und Arbeiterviertel, das Hansaviertel ein ambitioniertes Produkt der Wiederaufbauzeit, südlich des Tiergartens liegt das wiederbelebte Botschaftsviertel und an der Grenze zu Mitte gelegen der neue Potsdamer Platz.

Der **Wedding** gehört seit 1861 zu Berlin. Schon bald darauf setzte eine massive und rasante Industrieansiedlung und damit der Bau von Quartieren für die Arbeiterschaft ein, der dem Wedding das Image der „Mietskasernenstadt" schlechthin einbrachte. Der Zweite Weltkrieg und ausgedehnte Kahlschlagsanierung in den folgenden Jahrzehnten schlugen ihm tiefe Wunden. Durch die Teilung der Stadt geriet er in eine Sackgassenlage, zudem zog die Industrie in dieser Zeit fast so rasch ab, wie sie einst gekommen war. Wedding galt seitdem als Problembezirk. Mit Öffnung der Mauer rückte er wieder ins Zentrum. Zwar hat er seine einstmals prägenden Charakteristika zum größten Teil eingebüßt, dafür gleicht er einem Freilicht-Architekturmuseum, in dem erstaunlich viele Versuche der Städtebau-Innovation der letzten 150 Jahre zu besichtigen sind.

Mitte und Tiergarten sind durch das „Band des Bundes" miteinander verbunden, die beiden ehemaligen Arbeiterbezirke Tiergarten und Wedding eint eher die Sorge um ihre Problemviertel. Sicher ist es aber für alle Seiten anregend, wenn sich Regierung und Bürger aller sozialer Schichten unmittelbar begegnen.

Das Brandenburger Tor und der Pariser Platz

Berlins „gute Stube"

Wo befinden sich die begehrtesten Werbeflächen der Stadt? Wo protestieren Demonstranten am liebsten? Wo finden sich die meisten Menschen ein, um den Tag der deutschen Einheit, einen Marathonlauf oder prominente Damen und Herren zu feiern oder anzusehen? Wo finden Berlins aufregendste Multi- und Mega-Events statt? Richtig, am Brandenburger Tor und auf dem Pariser Platz. Das Brandenburger Tor wurde in seiner Geschichte zum Symbol von Krieg und Frieden, gesellschaftlicher Wandlungen und Hoffnungen. Zuletzt waren es die weltweit kursierenden Aufnahmen und Berichte von der ersten trunkenen Nacht auf Tor und realsozialistischem Bollwerk am Ende des Jahres 1989, die es zum identitätsstiftenden Balsam deutsch-deutscher Zwiespältigkeit werden ließen – der Pariser Platz nach 28 Jahren Sperrgebiet das willkommene Terrain für die ungehinderte Ausbreitung von Freudentaumel und Freudengesängen.

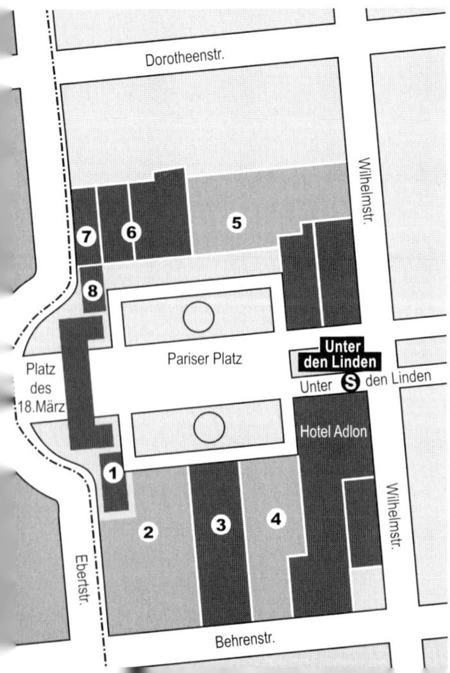

Längst ist historisches Gras darüber gewachsen. Längst sind die jährlich stattfindenden Wiederholungen der Vereinigungsfeier zum gewöhnlichen Volksfest degradiert – der Alltag deutsch-deutscher Befindlichkeiten ist am Brandenburger Tor und auf dem Pariser Platz eingezogen.

Dass das Leben auf dem Pariser Platz und vor und hinter dem Brandenburger Tor so sehr von flanierenden Touristen dominiert wird, liegt auch an der besonderen Lage des Ensembles; Reichstag, Tiergarten, Potsdamer Platz, Unter den Linden zum Beispiel, und man könnte ein halbes Dutzend weiterer Sehenswürdigkeiten leicht hinzufügen. Alltag aber herrscht auch hier: Absperrungsgitter türmen sich für den Fall der Fälle eines überraschenden Promi-Besuchs im Adlon auf dem Mittelstreifen, und unser aller Freund und Helfer beäugt mit Argusaugen die Menschenströme. 1993 bzw. 1995 wurde für den durch Kriegseinwirkungen und Abbruch leer geräumten Pariser Platz eine „Gestaltungssatzung" entwickelt, in der für Bauherren und Architekten die Grundzüge eines Wiederaufbaus festgelegt wurden. Dezidierte Vorgaben bezüglich der Beachtung der historischen Parzellenstruktur, Gebäudehöhe, des Baumaterials, der Farbgebung sowie dem gewünschten Wechselspiel von geschlossenen und geöffneten Wandflächen legten ein sehr enges Korsett architektonischer Ausdrucksmöglichkeiten fest – so jedenfalls die Kritiker dieser Bebauungsregeln. Die Kontroversen wurden so heftig diskutiert, dass seitdem vom „Berliner Architekturstreit" die Rede ist. Wie also wird ein dominanter städtebaulicher Ort wie der Pariser Platz, dessen historische Leitarchitektur sich weitgehend aus dem Klassizismus ableitet, heute wirken, wenn mit modernen Mitteln der architektonischen Seele Ausdruck verschafft werden soll? Ist das alles Staffage dort, ein klassizistisches Disneyland à la Berlin? Heute, wo mit Ausnahme der amerikanischen und der voraussichtlich

2004 fertig gestellten Akademie der Künste alle Gebäude errichtet sind, kann man sich einen sehr guten Eindruck von der Qualität der einzelnen Entwürfe und der Gesamtwirkung des Platzes machen.

Das Brandenburger Tor scheidet den westlichen halbrunden „Platz des 18. März" vom quadratisch angelegten Pariser Platz. Östlich wird der Platz kurz vor der Wilhelmstraße durch den Boulevard Unter den Linden und den Eckgebäuden Hotel Adlon (Unter den Linden 1) und dem Kollhoff-Timmermann-Bau (Nr. 78) und Ortner & Ortner (Nr. 80) begrenzt.

Die Geburtsstunde des Pariser Platzes war 1734. Am Ende der kurfürstlichen Allee und am Rande einer Mauer mit einem schlichten Durchlass wurde das Quarré angelegt, ein staubiger Exerzierplatz wie das Rondell (der heutige Mehringplatz) und das Oktogon (der heutige Leipziger Platz), Merkpunkte des neuen barocken Stadtbildes. 1788 wurden das alte Tor und seine Wachhäuser abgebrochen und Carl Gotthard Langhans beauftragt, für die Linden einen würdigen Abschluss zu schaffen. Es entstand an der Westseite des Platzes ein monumentales Tor nach dem Vorbild der Propyläen auf der Akropolis, das zu den größten und schönsten Schöpfungen des deutschen Klassizismus zählt – das **Brandenburger Tor**.

An den seitlichen Außenmauern stehen der Kriegsgott Mars, das Schwert in die Scheide stoßend, und Minerva (oder Athene) mit einer Lanze. Sie symbolisieren den Frieden, der der Kunst und der Wissenschaft förderlich ist, und den Frieden nach Kriegen. Der Herkules-Fries, der unterschiedliche Formen des Widerstandes und Aufbegehrens wiedergibt, befindet sich über den Durchgängen.

Die Übergabe des 20 Meter hohen Tores an die Öffentlichkeit erfolgte ohne Zeremoniell am 6. August 1791. Zum Zwecke der Steuererhebung (Akzise) und zur Verhinderung von Desertionen wurden die Tore doppelt verriegelt. Das mittlere Tor war dem königlichen Hof vorbehalten. Zur Zeit der Entstehung des Brandenburger Tors nannte man es „Friedenstor".

Brandenburger Tor

Die Quadriga obendrauf mit der Friedensgöttin wurde von Gottfried Schadow 1789-93 modelliert und von Jury und Gerike in ein Millimeter starkes Kupferblech getrieben. Als Vorlage hatte Schadow ein Gipsmodell als Grundlage für das spätere Treibmodell aus Eichenholz gefertigt.

Drei Mal wurde die begehrte 6,3 Meter hohe Plastik heruntergenommen: 1806, nach der Niederlage Preußens, holte sich Napoleon die Quadriga nach Paris. 1814 kehrte sie als „Siegesgöttin" mit umkränztem Eisernen Kreuz zurück nach Berlin. Aus diesem Anlass wurde das Quarré in Pariser Platz umbenannt.

Während der Kämpfe des Zweiten Weltkrieges um Berlin wurde die Quadriga erheblich beschädigt, entsorgt und durch eine Kopie aus West-Berlin 1958 ersetzt, von Ost-Berliner Seite jedoch entfernte man das Eiserne Kreuz im Eichenkranz am Stab.

Durch die Vereinigungsfeiereien, besonders zu Silvester 1989, wurde die Plastik erneut schwer beschädigt. Das stützende Eisenstangenkorsett im Inneren musste gegen ein Nirosta-Stahl-Gestänge ausgetauscht werden, das Eiserne Kreuz mit Adler wurde 1991 wieder angefügt.

Und der Pariser Platz? Was ist dort nach 28 Jahren Sperrgebiet und Öde, ein Dutzend Jahre vereintes Berlin entstanden? Neues? Neues Altes? Von der Platzmitte aus kann man jetzt die einzelnen Parzellen gut in einem Rundumblick erfassen:

1 **Pariser Platz 1**: Das Sommersche Haus wurde 1737 zusammen mit dem Palais Pariser Platz 2 errichtet und stand in direkter Nachbarschaft zum alten Brandenburger Tor, zum Westen hin durch die vier Meter hohe Akzisemauer begrenzt. 1764 erfolgte die Trennung des bislang gemeinsamen Grundstückes, Nr. 1 übernahm der Königliche Geheime Legations-Rath Friedrich Carl Niclas Freiherr von Danckelmann, der es 1787 an den Maler Francis Cunningham verkaufte. 1847 ging das Haus in den Besitz des Zimmermeisters und Stadtrates Carl August Sommer über, dem auch das Haus Nr. 7 gehörte. Das alte Gebäude wurde abgerissen und dreistöckig wiedererrichtet. 1902 kaufte es Gustav Sponholz, dann 1918 Oppenheim und Söhne, die Ende der dreißiger Jahre enteignet wurden bzw. auf den Besitz verzichten mussten. Die historischen Bauten Pariser Platz 1 und 7 von Friedrich August Stüler waren 1945 völlig zerstört. Die Neubauten stammen von Josef Paul Kleihues, der sich ästhetisch stark an Stüler orientierte, aber nicht dessen Leichtigkeit vermittelt, was auch damit zusammenhängen mag, dass für die Nr. 1 eine kleinere Fläche zur Verfügung stand und das Stülersche Halbgeschoss (Mezzanin) zu einem Vollgeschoss ausgebaut wurde.

2 **Pariser Platz 2**: Dieses und das Grundstück Pariser Platz 1 erhielt Graf Friedrich Ludwig von Wartensleben von Friedrich Wilhelm I. als Schenkung. Nr. 2 wechselte mehrmals den Eigentümer, 1816 schenkte der Staat das Gebäude General Blücher. Das später umgebaute Haus brannte 1930 vollständig ab, die Ruine erwarben 1931 die USA, 1939 zog die Amerikanische Botschaft ein und mit der Kriegserklärung 1941 wieder aus. Deren Ruine wurde Mitte der fünfziger Jahre abgeräumt. Aufgrund von Sicherheitsbedenken und gesonderter Bebauungswünsche der US-Regierung mit erheblichen Auswirkungen auf das stadtplanerische Gesamtkonzept Pariser Platz wurde der Entwurf von Moore, Ruble and Yudell für die neue US-amerikanische Botschaft bisher nicht realisiert.

3 **Pariser Platz 3**: Zwischen 1734 und 1737 war das Geudersche Haus als erster Bau errichtet worden. Mehrmalige Besitzerwechsel sind bekannt,1797an den Rechtsgelehrten Karl Gottlieb Svarez (Suarez), der ein Jahr später starb. Theaterintendant August Iffland war Mieter von 1810-14, Friedrich Karl von Savigny 1817 bis 42, Generalfeldmarschall Friedrich Heinrich Ernst von Wrangel 1848-77. Danach wurde das Haus abgerissen und ein neues Gebäude errichtet. Ab den zwanziger Jahren gewerbliche Nutzung u. a. von den Junkers-Werken, 1941 von dem Reichsministerium für Bewaffnung und Munition und dem Generalinspektor für das deutsche Straßenwesen unter Leitung von Todt, ab 1942 unter Albert Speer. Das Gebäude wurde durch Bomben zerstört, die Ruine 1956 abgetragen. Der letzte Besitzer, der Roedrich'sche Legatenfonds, wurde ausgezahlt. Neuer Besitzer ist die Deutsche Genossenschafts Bank, Architekt des neuen Hauses ist der Amerikaner Frank O'Gehry. Dessen Entwurf hebt sich von allen Gebäuden am Pariser Platz wohltuend ab, da Gehry ein ganz und gar eigenes ästhetisches Konzept vertritt. Auf den ersten Blick erinnert das Gebäude eher an die Höhlenbauten der Pueblo-Indianer und nicht an die Gestaltungssatzung des Platzes. Auf den zweiten Blick aber reflektiert die Sandsteinverkleidung mit den rahmenlosen regelmäßigen, teils schräg gesetzten Fenstereinschnitten den Rhythmus des Platzensembles. Sehenswert auch die Gestaltung des Atriums und die Rückseite des Hauses.

4 **Pariser Platz 4**: Errichtet um 1735 für den „Schutzjuden" Meyer-Ries, ab 1760 mehrmaliger Eigentümerwechsel, 1857/58 Umbau von Eduard Knoblauch, bis 1907 erneuter Umbau für die Akademie der Künste durch Ernst Eberhard von Ihne. Ab 1937 kam das Gebäude in die Hände von Speer, der in den Atelierräumen das Modell für „Germania" ausstellen ließ. Von hier wurde auch die „Entmietung" der Juden vorangetrieben und die „Judenkartei" erarbeitet, die zur Organisation der Deportationen diente.

1945 brannte das Vorderhaus aus, die Atelierräume blieben erhalten, in denen u. a. Fritz Cremer sein Buchenwald-Denkmal vorstellte. In den Neubau wird wieder die Akademie der Künste einziehen; der Entwurf stammt von Günter Behnisch, Manfred Sabatke und Werner Durth und stieß aufgrund seiner eigenständigen Interpretation auf die wohl heftigste Kritik der Planungskommission. Das Ziel der Architekten ist es, den rückgelagerten vorhandenen Altbau durch eine gläserne Front an der Platzseite als historische Replik erkennbar werden zu lassen.

5 **Pariser Platz 5**: Das neue Gebäude für die Französische Botschaft von Architekt Christian de Portzamparc steht auf dem Grundstück der alten Botschaft. Die Fertigstellung war für das Jahr 2000 vorgesehen, verzögerte sich aber um beinahe drei Jahre. Mit seinen vielen unterschiedlichen Fenster- und Putzformen wird er dem Anspruch des Platzkonzeptes von allen Bauten hier am wenigsten gerecht. Das alte Palais aus dem Jahre 1735 wurde mit der Unterschrift Napoleons III. 1860 gekauft, mehrmals umgebaut, 1945 von Bomben getroffen, die Ruine 1959 von der DDR beseitigt.

6 **Pariser Platz 5a** und **6**: Die Ruine des neobarocken Palais Friedlaender-Fuld, 1900 von Ernst von Ihne entworfen, wurde 1996 abgeräumt. Dem „Kohlenhändler" Fritz von Friedlaender-Fuld gehörte auch das Haus Nr. 6, dessen spätklassizistischer Entwurf von August Stüler stammte. Die Grundstücke sind heute von der Dresdner Bank nach einem Entwurf von Meinhard von Gerkan, Marg & Partner im neoklassizistischen Stil bebaut.

7 **Pariser Platz 6a**: Auch dieser Vorgängerbau stammte von Stüler und zeichnete sich durch eine verhaltene spätklassizistische Fassade und einen Eckturm aus. Der Entwurf von Bernhard Winking für die Dresdner Bank orientiert sich sowohl am historischen Entwurf als auch an der Kleihuesschen „kritischen Rekonstruktion" des Liebermann-Hauses nebenan.

Pariser Platz 5a-7

8 **Pariser Platz 7**: Das ehemalige Haus der Familie Liebermann, von Stüler 1844 gebaut, wurde von Max Liebermann von 1892 bis zu seinem Tode 1935 bewohnt. Architekt des Neubaues ist – wie für das Haus Sommer – Josef Paul Kleihues. Liebermann war 1899 Vorsitzender der Berliner Secession und ab 1920 Präsident der Preußischen Akademie der Künste. Über seine Haltung zu den Nationalsozialisten – er konnte die Fackelzüge der SA durch das Brandenburger Tor von prominenter Stelle verfolgen – machte er keinen Hehl: „Ich kann gar nicht so viel fressen, wie ich kotzen möchte." 1944/45 wurde das Haus zerstört, nach der Wende von der Quandt-Gruppe gekauft.

Man kann die Neubebauung des Pariser Platzes durchaus als gelungen bezeichnen, denn die teils kontroversen Architektur-Auffassungen haben die gute Stube Berlins nicht langweilig werden lassen – im Gegenteil: Gelungene Rekonstruktion und glücklose Moderne geben sich hier in interessanterweise die Hand.

KLAUS ESCHE

Unter den Linden

Forum Fridericianum

Am westlichen Ende der Linden stehen das Brandenburger Tor von Langhans, am östlichen Ende die besten Bauten Schinkels, Schlüters und Knobelsdorffs – Schloss und Bauakademie harren auf ihre Wiedererstehung. Dazwischen zeigt sich die „Hohenzollernallee" mit einem aus Stein, Putz und Glas gefertigten Gesicht: prächtig, reich, kultiviert, damalsbezogen, 60 Meter in der Breite, 1390 Meter in der Länge.

Bekannt ist, dass der heutige Prachtboulevard Unter den Linden ab dem 16. Jahrhundert nichts weiter als ein Reitweg gewesen ist, ein Reitweg vom kurfürstlichen Schloss in den nahen „Thiergarten" und weiter in Richtung Grunewald und Charlottenburg. In Höhe der heutigen Humboldt-Universität bis zur Hundebrücke, der heutigen Schlossbrücke, wurde die Straße besonders breit angelegt und mit den ersten Linden bepflanzt; die Geburtsstunde der „Linden". Eine lange Lebenszeit hatten die Bäumchen nicht, denn durch den ab 1658 von dem Festungsbauingenieur Memhardt errichteten Verteidigungsbau um Berlin/Cölln und den Friedrichswerder, das etwa in Höhe des heutigen Kastanienwäldchens die Straße unterbrach, wurde auch die Allee wieder beseitigt. Ein Tor sorgte für Durchlass. Das Gebiet vor dem Tor wurde „Neustadt" genannt, dieser Teil der Linden hieß demnach „Neustädtische Allee". Schon 1690 wurde mit der Abtragung der Memhardtschen Befestigungsanlage begonnen, von nun an markierten ein Palisadenzaun (so genanntes Hornwerk) und eine Brücke in Höhe der heutigen Schadowstraße die neuen Stadtgrenzen. Sie schlossen jetzt auch die nördlich der Linden seit 1674 entstandene Dorotheenstadt mit ein. Dieser neue Abschnitt erhielt zugleich mit der Schleifung des Memhardtschen Bollwerkes das Aussehen einer breiten Allee, während sich der erste vormalige Abschnitt zum Schloss hin mit den neuen Bauten zu zwei repräsentativen Plätzen,

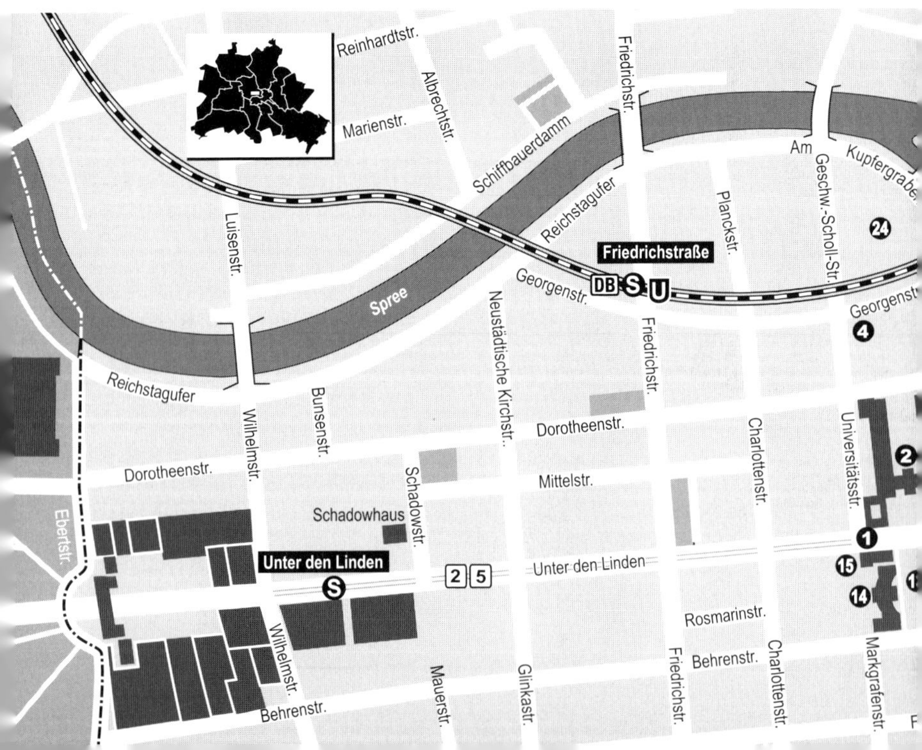

dem „Opernplatz" und dem „Platz am Zeughaus" entwickelte. 1737 dann, mit der Erweiterung durch Dorotheen- und Friedrichstadt, der barocken Stadterweiterung, und mit dieser einhergehend einer Akzisemauer und einem Tor dort, wo heute das Brandenburger Tor steht, endet die neue Straße Unter den Linden, auch mit Linden bepflanzt und sehr breit. Das ist heute noch so – nur ohne Mauer.

Dieser Rundgang widmet sich dem historisch interessanteren Teil, dem Gebiet um das nie vollendete Forum Fridericianum, damals von Friedrich II. erdacht als Schlussakkord oder Ouvertüre der Strecke Unter den Linden zum Schloss oder vom Schloss zum Brandenburger Tor.

In Höhe der Universitätsstraße, am Ende der vier Reihen Lindenbäume, sitzt der Herr der Linden seit 1851 im Krönungsmantel, mit Dreispitz, Stulpenstiefel und unvermeidlichem Krückstock auf seinem Lieblingspferd Condé. Das 13,5 Meter hohe monumentale 1 **Reiterstandbild** ist das Hauptwerk von Christian Daniel Rauch. Während der Zeit der DDR wurde es für 30 Jahre im Park des Schlosses Sanssouci versteckt und kam dann wieder zurück auf seinen angestammten Platz hier Unter den Linden. Ende der 1990er Jahre musste es zwecks Restaurierungsarbeiten abgenommen werden, seit Ende 2000 steht es nun wieder da. **Friedrich II.**, der kunstsinnige preußische Feldherr und Staatsmann, prägte wie kein anderer der Hohenzollern zuvor die Geschicke Europas. Auf den Tafeln des untersten Sockels sind die Namen von 60 Zeitgenossen aufgeführt, dann folgen dreidimensionale Darstellungen von lebensgroßen Persönlichkeiten aus Militär, Politik, Wissenschaft und Kunst. Die Flachreliefs über dieser illustren Schar erzählen Begebenheiten aus dem Leben des Königs, umrahmt von allegorischen Figuren.

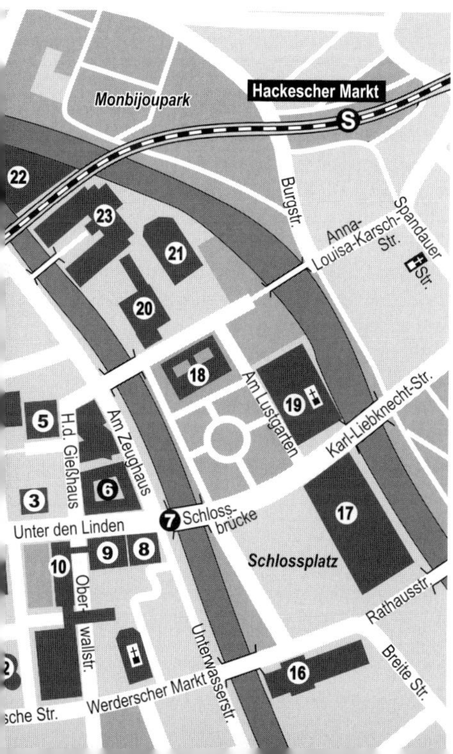

Friedrich der Große blickt auf das Palais seines Bruders Heinrich, der heutigen 2 **Humboldt-Universität**, das von J. Boumann nach Plänen Knobelsdorffs 1748-66 errichtet wurde. Zu beiden Seiten des Portals stehen die Marmorstandbilder der Gebrüder Alexander und Wilhelm von Humboldt, in der Mitte des Vorplatzes Herrmann von Helmholtz, im Vorgarten links der Historiker Theodor Mommsen. Wilhelm von Humboldt begründete die Universität, König Friedrich Wilhelm III. stiftete hierfür das Gebäude.

Auf das Universitätsgebäude folgt eine mit Kastanien bepflanzte Freifläche, in dessen Mittelpunkt die **Neue Wache** steht, seit 1993 3 **Zentrale Gedenkstätte der Bundesrepublik Deutschland**. Karl Friedrich Schinkel entwarf den Bau 1816-18 anstelle der alten Königswache in der Formensprache eines griechischen Tempels. Heinrich Tessenow gestaltete 1931 den Innenraum für die Gefallenen des Ersten Weltkrieges neu: in der Mitte ein Granitblock, auf den ein Eichenlaubkranz aus Gold und Silber lag, beschienen aus einem kreisrunden Oberlicht. 1960 erfolgte die Neubestimmung der Gedenkstätte mit Ewiger Flamme und den in den Boden eingelassenen Urnen eines unbekannten Soldaten und eines unbekannten KZ-Häftlings. Die heutige Gedenkstätte wird durch die vierfach vergrößerte

Pietà von Käthe Kollwitz bestimmt. Bildhauer der neuen Bronze ist Hermann Haacke, dessen Auftrag von heftigen Diskussionen über das Für und Wider des künstlerischen Wertes einer aufgeblasenen Kollwitz-Plastik begleitet wurde.

Hinter dem Kastanienwäldchen an der Straße Am Festungsgraben steht zurückgesetzt das 4 **Maxim Gorki Theater**, ein klassizistischer Bau von Ottmer aus dem Jahre 1827, einem Schüler Schinkels, der für die berühmte Singakademie errichtet wurde und dessen Akustik seinesgleichen suchte. Rechts daneben das heutige 5 **Palais am Festungsgraben**, das während der DDR „Zentrales Haus der Deutsch-Sowjetischen Freundschaft" war und zuvor Donnersches Palais hieß. Von 1906 bis 1945 war das schöne, sorgfältig restaurierte Palais Amtssitz des preußischen Finanzministers. Neben einem Restaurant gibt es mehrere sehenswerte öffentliche Räume des Museums Mitte von Berlin für Ausstellungen, Tagungen und Kongresse.

Östlich der Neuen Wache, an der Ecke der kleinen Straße Hinter dem Gießhaus und der Linden steht das **Zeughaus**, das heutige 6 **Deutsche Historische Museum**, eines der wenigen Gebäude, das schon vor dem Amtsantritt Friedrichs II. hier gestanden hat. 1695 wurde mit dem Bau nach dem Entwurf von Johann Arnold Nering begonnen, nach dessen Tod die Arbeit von Jean de Bodt, Martin Grünberg und Andreas Schlüter fortgesetzt und erst 1730 beendet – im Stile des deutschen Barock und mit architektonischem Seitenblick auf den Louvre. Hervorzuheben sind neben den vielen allegorischen Statuen Schlüters meisterliche Schlusssteine der Fenster; an der Außenseite in Form von Kriegerhelmen, im Innenhof mit den Porträts sterbender Krieger. 1875 wurde im Zeughaus eine Ruhmeshalle des preußischen Militarismus errichtet, Museum für Deutsche Geschichte war es während der DDR und Deutsches Historisches Museum seit der Wende. Nach Plänen von Ieoh Ming Pei entstand im Rücken des Museums ein gläserner Erweiterungsbau, dessen Formensprache im diametralen Gegensatz zur alten Bausubstanz steht – und davon lebt. Hier werden kleinere Ausstellungen gezeigt, bis die umfangreichen Restaurierungsarbeiten im Hauptbau beendet sind.

Mit der 7 **Schlossbrücke** über den Seitenarm der Spree, dem Kupfergraben, ist das Ende der Linden erreicht. Zwischen 1821 und 1824 erhielt die Brücke ihre heutige Gestalt. Baumeister war Karl Friedrich Schinkel, der das Geländer mit gusseisernen Fabelwesen des Meeres und je Seite mit vier Postamenten für Siegesgöttinnen und Krieger aus weißem Carrara-Marmor schmücken ließ.

Dem Museum gegenüber steht am südlichen Rand der Linden die 8 **ehemalige Stadtkommandantur** von Berlin, heute Sitz der Bertelsmann AG, die das äußerlich originalgetreu errichtete Gebäude unter anderem für Ausstellungen und Verwaltung ihrer gleichnamigen Stiftung nutzt. Johann Gregor Memhardt errichtete hier 1653/54 sein Wohnhaus, das, mehrmals umgebaut, 1799 von der Stadtkommandantur übernommen wurde. Anfang 1945 wurde es zerstört, dann abgetragen und eine Grünfläche angelegt.

Links der Kommandantur ist die Sicht frei auf den Schinkelplatz, wo 1964-95 das Hochhaus des DDR-Außenministeriums stand. Ihm zum Opfer fielen 1962 die Reste der weltberühmten Bauakademie, 1832-36 nach Entwürfen von Karl Friedrich Schinkel errichtet. Die **Bauakademie** soll in den nächsten Jahren wieder aufgebaut werden; ein Förderverein sorgte mit dem Nachbau der Nordostecke für einen Anfang.

Zurück zu den Linden. Gegenüber dem Zeughaus steht das 9 **Kronprinzenpalais**, allerdings nicht mehr im Original aus den Jahren 1856/57 von Johann Heinrich Strack, sondern in einem Nachbau aus den Jahren 1968-69. Gleich nebenan entstand das 10 **Prinzessinnenpalais**, jetzt **Operncafé**, aus dem Um- und Erweiterungsbau zweier Bürgerhäuser, die von Friedrich Wilhelm Dietrichs 1733 miteinander verbunden wurden, 1811 fügte Heinrich Gentz den Kopfbau an den Linden und den Schwibbogen zum Kronprinzenpalais an. Den alten Namen erhielt das Palais, als die drei Töchter Friedrich Wilhelms III. sich hier bis zur ihrer Verheiratung einrichteten.

Die 11 **Deutsche Staatsoper** war der erste Bau des Forum Fridericianum – der erste freistehende Theaterbau Preußens. Der Bau war von Friedrich II. schon während der Kronprinzenzeit in Rheinsberg mit dem Architekten Georg Wenzeslaus von Knobelsdorff geplant und 1741-43 als Opernhaus und Festhaus errichtet worden. 1787 wurde das Innere durch Johann Friedrich Langhans modernisiert, nach dem Brand der Oper 1844 durch Carl Ferdinand Langhans. Die Rekonstruktion erfolgte 1951-55 weitgehend nach der Knobelsdorffschen Fassung.

Hinter der Staatsoper steht die 1747-73 errichtete 12 **St.-Hedwigs-Kathedrale**, ein schlichter, runder Zentralbau mit vorgelagertem Säulenportikus als Eingang und einem überkuppelten Kapellenanbau an der Rückseite. Vorbild für den Bau war das Pantheon in Rom. Die ursprünglichen Pläne für den Bau stammen von Knobelsdorff, die endgültige Fassung aber stand unter der Regie der Architekten Johann Gottfried Bühring und Jean Laurent Legeay. Friedrich II. überließ den Katholiken Grund und Boden nicht ohne Absicht, da er den schlesischen – katholischen – Adel nach dem Überfall auf Schlesien nicht gänzlich verprellen und diesen die Stadt als religiös offen offerieren wollte. 1943 wurde die Kirche bis auf die Grundmauern zerstört. Der Wiederaufbau begann 1952 mit erheblichen Veränderungen an der Kuppel und dem Inneren.

Die Freifläche zwischen Staatsoper und Alter Bibliothek heißt 13 **Bebelplatz**, früher Opernplatz, und war als Mittelpunkt des Forum Fridericianum gedacht. In der Mitte des Platzes erinnert das 1995 eingeweihte **Mahnmal an die Bücherverbrennung** der Nazis vom 10. Mai 1933. Der Künstler Micha Ullmann versenkte leere Bücherregale in den Boden, die man

Denkmal Friedrichs II.

durch eine im Pflaster eingelassene Glasscheibe betrachten kann.

Die 14 **Alte Bibliothek** kümmert sich wenig um antikische Harmonie; Ausdruck der späten friderizianischen Architektur mit etwas wienerischem Barock. Als Friedrich II. sich zum Plagiat des fünfzig Jahre alten Entwurfs von Johann Bernhard Fischer von Erlach entschloss, gab es das österreichische Original immer noch nicht, denn dieses wurde erst 1889 für die Wiener Winterreitschule errichtet. So kam es, dass die Kopie mehr als 100 Jahre früher als das Vorbild dastand. Die neue Königliche Bibliothek wurde unter der Leitung Georg Christian Ungers 1775-80 gebaut. Wegen seiner gekrümmten Form erhielt es den Namen „Kommode".

Wir kehren zum Alten Fritz zurück, nicht ohne auf das letzte geschichtsträchtige Haus nördlich an der Ecke zu den Linden hinzuweisen, denn auch dieses Gebäude stand schon zu Friedrichs Zeiten. Es ist das 15 **Alte Palais** bzw. Schwedtsche Palais, das 1680 als Wohnhaus des Obristen Weiler errichtet wurde. Vom originalen Inneren ist seit dem Brand von 1943 nichts mehr erhalten. Heute gehört das Gebäude wie auch die Kommode zur Humboldt-Universität.

Das Palais war Wohnhaus der wilhelminischen Prinzen, Wilhelm I. und II. Bismarck machte hier seinen Rücktrittsbesuch. Von hier aus trat Wilhelm II. seine Reise ins Exil an – über die Linden, vorbei am Alten Fritz, durch das Brandenburger Tor.

KLAUS ESCHE

Die Spreeinsel

Vom verlorenen Stadtschloss und einer gewonnenen Insel der Museen

Siehe Plan Seite 22/23

Der Zugang zur Spreeinsel sei über den Lustgarten empfohlen, von den „Linden" oder der Karl-Liebknecht-Straße her. In beiden Fällen sind Flussarme der Spree zu überqueren. Wir befinden uns somit auf einer Insel, die im Mittelalter zur Bürgerstadt Cölln gehörte. An ihrem Rande bauten die Hohenzollern im 15. Jahrhundert eine Burg und um 1700 ein Barockschloss, das zu den bedeutendsten Baudenkmälern Norddeutschlands zählte. Die planmäßige Stadterweiterung im 17. Jahrhundert nach Westen sollte seine periphere Lage vergessen machen und den Herrschaftskomplex zur ideellen Mitte Berlins erheben. An das 1950/51 abgerissene Stadtschloss erinnert am Schlossplatz nur noch das Schlossportal IV als Entree des ehemaligen 16 **Staatsratsgebäudes**, 1964 für den Staatsrat an dessen Vorsitzenden Walter Ulbricht übergeben, der maßgeblich den Abriss des Schlosses herbeigeführt hatte.

Der Ort des alten Souveräns – Sitz der brandenburgischen Kurfürsten, der preußischen Könige und der deutschen Kaiser – sollte nun durch den neuen Souverän ersetzt werden, das Volk. Karl Liebknecht rief am 9. November 1918 vom Balkon jenes Portals, das einst zum Lustgarten zeigte, die „sozialistische Republik" aus; der Kaiser war Stunden zuvor zurückgetreten. Die Nationalsozialisten pflasterten 1935 den Lustgarten zu einem Aufmarschplatz für 35 000 Menschen. Durch die Beseitigung des Stadtschlosses sollte das Aufnahmevermögen auf 350 000 Personen gesteigert werden, ein Pendant zum „Roten Platz" in Moskau.

An Stelle der Ehrentribüne steht seit 1976 der 17 **Palast der Republik**, ein multifunktionaler Mehrzweckbau, der seit 1990 geschlossen ist und asbestsaniert wurde. Von hier bis zu den freigelegten Schlosskelleranlagen reichte der Barockbau, dessen Kubatur Befürwortern wie Gegnern einer Schlossrekonstruktion in dieser Weiträumigkeit fehlt. Der Deutsche Bundestag beschloss im Juli 2002 den Wiederaufbau, ein Jahr später sein Kultur- und Hauptstadtausschuss den Abriss des „Palastes", ohne aber zu prüfen, ob die Integration in das „Humboldt-Forum"/Schloss nicht kostengünstiger sei. Im „Palast" hatte die Volkskammer immerhin im August 1990 den Beitritt zur Bundesrepublik beschlossen und damit die Vereinigung am 3. Oktober ermöglicht. Der für die Museumsinsel wichtige Bezug zum Stadtschloss fehlt, insofern Sammlungen der Hohenzollern einen Grundstock der Museumsbestände bildeten. Seit dem Ende des 18. Jahrhunderts gab es erste Überlegungen für einen Museumsbau, Kronprinz Friedrich Wilhelm erteilte schließlich Karl Friedrich Schinkel den Auftrag für einen eigenständigen Neubau, das 18 **Alte Museum**.

Schinkel stand für den ersten frei stehenden Museumsbau ein Gelände am Nordrand des Lustgartens zur Verfügung, für den ein Verbindungskanal zwischen Haupt- und Nebenarm der Spree verfüllt und die nicht einfache Pfahlrostgründung mit rund 3000 Holzpfählen in den schwierigen Boden gesetzt werden musste, ehe die Grundsteinlegung 1825 erfolgen konnte. Gleichzeitig arbeitete Schinkel am Umfeld, unter anderem am Neubau der Friedrichswerderschen Kirche und der 7 Schlossbrücke. Außerdem oblag ihm der Umbau des von Friedrich II. errichteten 19 **Berliner Doms**, an dessen Stelle heute der 1905 geweihte pompöse Drittbau steht. In der Hof- und Zeremoniekirche, die zugleich auch Gruftkirche der Hohenzollern war, sah Kaiser Wilhelm II., der ihre Errichtung initiiert hatte, als oberster Kirchenherr eine Zentralkirche des deutschen Protestantismus.

Schinkels bedeutender Museumsbau, am Geburtstag König Friedrich Wilhelms III. 1830 eingeweiht, steht im Norden des Lustgartens, der wiederum durch das Schloss im Süden, den Berliner Dom im Osten und jenseits der Spree vom Zeughaus im Westen gerahmt wurde – ein Ort höchster Symbolhaftigkeit. Als würdiger Vorplatz für das Ausstellungsgebäude trat durch Neugestaltung auch wieder ein **Lustgarten** in Erscheinung, zuvor ein Exerzierfeld. Nach diesem Vorbild erfolgte auch bis 1999 die Wiederherstellung des Lustgartens, der immer wieder umgestaltet worden war. Und dort steht auch die vom Steinmetz Emil Cantian aus einem eiszeitlichen Findling geschlagene Granitschale, die aufgrund ihrer Größe und Schwere nicht in die Museumsrotunde passte.

Unverändert geblieben ist die antikisierende Front des Schinkelbaus, die ihr Vorbild im Erechtheion auf der Athener Akropolis hat. Die Hauptfront bestimmen 18 ionische Säulen, ein Gleichnis für einen von den Zeitgenossen auch so empfundenen „Tempel der Kunst", zu dem eine imposante Treppenanlage den Besucher nach oben und damit ins Innere führt. Auf den hohen Treppenwangen stehen zur Linken eine Löwenkämpfer-, zur Rechten eine Amazonengruppe, die erst nach dem Tode Schinkels zur Aufstellung kamen. Die im Zentrum des Museumskomplexes gelegene Rotunde ist dem Pantheon in Rom nachempfunden und mit zahlreichen antiken Bildwerken ausgestattet. Hier sollte nach den Worten Schinkels der Besucher vor dem Eintritt in die Sammlungen „erhoben" werden. Von außen ist dieser zentrale Raum durch einen hohen Mittelbau akzentuiert worden. Die Ausstellungsräume, die sich um zwei Innenhöfe gruppierten und von den restlichen drei Außenseiten belichtet wurden, waren im Hauptgeschoss den antiken Bildwerken einschließlich zahlreicher Abgüsse vorbehalten, im Obergeschoss befand sich die Gemäldegalerie. Heute präsentiert der nach Weltkriegszerstörung wieder hergestellte Komplex die Antikensammlung.

Altes Museum

Dieser Wiederaufbau gelang bis heute nicht beim Neuen Museum, das von den Bauten auf der Museumsinsel im Zweiten Weltkrieg am stärksten zerstört wurde, doch laufen seit den achtziger Jahren schwierige Vorbereitungsarbeiten. Mit dem durch den Schinkel-Schüler Friedrich August Stüler errichteten Bau beginnt die eigentliche Umsetzung einer Museumsinsel, die nach einer Idee Friedrich Wilhelms IV. „zu einer Freistätte für Kunst und Wissenschaft" werden sollte.

Das (20) **Neue Museum**, der am dringendsten erscheinende Erweiterungsbau zum Schinkelschen Museum, entstand 1843-55, um der gewachsenen Abgusssammlung als auch den ägyptischen Kunstbeständen, dem Kupferstichkabinett, der ethnographischen und prähistorischen Sammlung sowie Teilen der Kunstkammer Ausstellungsraum zu verschaffen.

Im Unterschied zum Alten Museum sollten die aus ihrem ursprünglichen Kontext gerissenen Museumsstücke durch die räumliche und dekorative Gestaltung ergänzt werden.

In bautechnischer und kunsthandwerklicher Hinsicht bewegte sich der Museumsneubau auf höchstem Niveau. Ein Manko vieler Museen ist, dass der Besucher im Gebäude oft die Orientierung verliert, der Stülerbau hingegen war frei von Überschneidungen, und vom Haupttreppenhaus waren klar vorgegebene Rundgänge pro Etage möglich.

Eine weitere Ergänzung erfuhr die Museumsinsel 1861. Der Bankkaufmann

Johann Heinrich Wagener hatte verfügt, seine Sammlung von 262 zeitgenössischen Bildern nach seinem Tod als Schenkung an den preußischen Staat zu geben. Diese Verfügung führte maßgeblich dazu, dass der schon länger bestehende Plan einer 21 **Nationalgalerie** realisiert wurde.

Der auf hoher Substruktion stehende, stadträumlich auf Fernwirkung berechnete „römische Tempelbau" ragt weit über eine Kolonnade hinaus, die als umlaufender Säulengang eine Rezeption antiker Wandelhallen bedeutet. Wie sehr sich der Baugedanke der Nationalgalerie von dem für das Alte und Neue Museum unterscheidet, zeigt schon der verschwenderische Umgang mit der äußeren doppelläufigen Treppenanlage und dem inneren Treppenhaus, die fast die Hälfte der Grundfläche ausmachen. Seit der Neueröffnung im Dezember 2001 präsentiert der generalüberholte Museumsbau wieder Kunst des 19. Jahrhunderts, einschließlich der Galerie der Romantik aus dem Charlottenburger Schloss.

Die auf der Treppenanlage der Nationalgalerie stehende Reiterfigur ehrt Friedrich Wilhelm IV. als Ideengeber der Museumsinsel, setzt zugleich die Tradition derartiger Bildwerke fort, deren prominentestes Zeugnis wohl das Friedrichs II. Unter den Linden ist. Friedrich Wilhelm III. ritt einst im Lustgarten, Kaiser Friedrich III. vor dem 22 **Bodemuseum**, da es ursprünglich nach ihm benannt war.

Der Weg dorthin führt über die Eiserne Brücke Richtung Kupfergraben. Entlang des Wasserlaufs und am wuchtigen Pergamonmuseum vorbei, wo an Wochenenden ein Kunst- und Trödelmarkt stattfindet, ist der vierte Museumsbau zu erreichen. Bei seiner Wiedereröffnung 1956 wurde er nach dem einstmaligen Generaldirektor der Museen benannt, Wilhelm von Bode. Im ausgehenden 19. Jahrhundert konzentrierte sich die Fachwelt zunehmend auf die italienische Kunst der Renaissance. In einem eigens dafür zu bauenden Museum sollten in so genannten Atmosphäreräumen nicht nur Werke der „Hochkunst", sondern auch kunstvolle profane und liturgische Dinge des täglichen Lebens ausgestellt werden. Eine strenge Klassifizierung vermeidend, träumte Bode von „einem herrlichen und harmonischen Ganzen von Statuen, Bildern, Büsten, Reliefs in schönen Räumen", in denen auch „geschmackvolle Vitrinen zur Aufnahme von Medaillen, Gemmen" stehen sollten.

Der auf die Inselspitze gesetzte Neubau mit nur zwei Hauptgeschossen auf dreieckförmigem Grundriss ist von dem viel zu wenig beachteten Architekten Ernst von Ihne konzipiert worden. Das Museumsgebäude wird von zwei Kuppeln geprägt, unter denen sich die Treppenhäuser befinden. Unter der größeren empfängt den Besucher ein barockes Treppenhaus mit dem Abguss der Reiterfigur des „Großen Kurfürsten" – das Original befindet sich vor dem Charlottenburger Schloss. Im Gegensatz zum Neuen Museum gibt die Anordnung der musealen Räume keinen Rundgang vor, sondern lädt eher zum genüsslichen Flanieren ein. In der einzigen zentralen Achse, die im Erdgeschoss die Treppenhäuser verbindet, befindet sich die so genannte Basilika, ein freies Zitat der Kirche San Salvatore al Monte in Florenz, das sich über beide Geschosse erstreckt. In ihr fand 1904 die festliche Einweihung des Hauses statt, in dem auch das Münzkabinett und das Islamische Museum mit der Mschatta-Fassade Raum bekam. Bode quälten indes die drückenden Raumprobleme der ständig wachsenden Sammlungsbestände, die durch Ankäufe immer umfangreicher wurden.

Und so war es nur eine Frage der Zeit bis zur Bebauung des letzten freien Geländes – dem Standort des heutigen 23 **Pergamonmuseums**.

Da der letzte große Neubau auf schwierigsten Baugrund gesetzt wurde, war seine Errichtung teuer und zeitaufwendig. Der beauftragte Architekt Alfred Messel entwarf eine große Dreiflügelanlage mit Ehrenhof. Der Nordflügel sollte das Deutsche Museum, der Südflügel das 1899 gegründete Vorderasiatische Museum und der Mittelbau schließlich das Pergamonmuseum mit Architekturbeständen aufnehmen. Nach dem Tod Messels übernahm der verdientsvolle Stadtbaurat Ludwig Hoffmann die Bauleitung. Erst anlässlich der Einhundertjahrfeier des Alten Museums im Jahre 1930 wurden das Pergamon- und das Deutsche Museum eingeweiht, das Vorderasiatische mit dem berühmten Ischtar-Tor und der Prozessionsstraße erst vier Jahre später. Die Besucher konnten wie heute über die Kupfergrabenbrücke zum Ehrenhof und Haupteingang des seit 1959 in Gänze so bezeichneten Pergamonmuseums gelangen.

Der Zweite Weltkrieg brachte den Museumsgebäuden und Kunstwerken zahlreiche Beschädigungen und Zerstörungen. Auch die oberirdischen Verbindungsbrücken zwischen den einzelnen Museen existieren nicht mehr. Nur die von einem Säulenhof umschlossene Nationalgalerie blieb diesbezüglich ein Solitär. Und so soll es auch in Zukunft sein.

Nach dem Fall der Berliner Mauer konnten die Wiedervereinigung und Zusammenführung der ehemals geteilten und auf verschiedene Standorte verteilten Bestände der archäologischen Sammlungen Überlegungen reifen lassen, die in einem ersten internationalen Wettbewerb zur Wiederherstellung und Ergänzung der Museumsinsel mündeten. Im Jahre 1997 ging aus einem zweiten Wettbewerb der ersten fünf Preisträger David Chipperfield als Sieger hervor. Zwei Jahre später genehmigte der Stiftungsrat der Stiftung Preußischer Kulturbesitz, die den Auftrag für die Gesamtplanung der Museumsinsel erhielt, den Masterplan. Zukünftig soll ein neues Eingangsgebäude westlich des Neuen Museums die Zentrale Servicestation samt Museumsshop aufnehmen. Von hier aus verbindet ein unterirdisches Erschließungssystem, die „archäologische Promenade", außer der Nationalgalerie alle Gebäude. Während Einzelbesucher auch weiterhin oberirdisch in die Museumsbauten gelangen sollen, sieht der Masterplan in den unterirdischen Durchstichen zwischen den Häusern die Möglichkeit, dass größere Besucherströme in einer Art Schnellrundgang alle wichtigen Schätze betrachten können, ohne sich durch einzelne Abteilungen zu kämpfen. Der gegenüber dem Bodemuseum gelegene 24 **Kasernenkomplex** soll zudem für museale Zwecke genutzt werden. Neu zu schaffende Museumshöfe sollen die wissenschaftliche Verwaltung, Restaurierungswerkstätten, Studiendepots, das Institut für Museumskunde und auch die Gemäldegalerie aufnehmen, die sich heute auf dem Kulturforum befindet.

Bis zum Jahr 2010 sollen die Museen etappenweise ihrer Bestimmung übergeben werden. Die derzeitige Planung sieht folgende Nutzung vor: im Alten Museum die Antikensammlung, im Neuen das Ägyptische Museum samt Museum für Ur- und Frühgeschichte, in der Alten Nationalgalerie die Nationalgalerie selbst mit der Galerie der Romantik, im Bodemuseum die Skulpturensammlung, das Museum für Spätantike und Byzantinische Kunst sowie das Münzkabinett, schließlich im Pergamonmuseum die Antikensammlung Architektur, das Museum für Islamische Kunst sowie das Vorderasiatische Museum.

Im Alten Museum wurde in einem Festakt am 10. März 2000 die Aufnahme der Museumsinsel in die Liste des Weltkulturerbes der UNESCO offiziell vorgenommen. Das bringt eine Menge Pflichten mit sich – aber kein Geld, denn Deutschland gehört zu den „entwickelten" Ländern. Der Masterplan entspricht den UNESCO-Kriterien, die Baudenkmale zu schützen und sie vor Veränderungen zu bewahren.

Vom Pergamonmuseum, das neben dem Alten Museum derzeit als einziges geöffnet ist, ist es nicht weit zum U- und S-Bahnhof Friedrichstraße. Und die einladenden Kneipen und Antiquitätenläden in den S-Bahnbögen bieten auf dem Weg dorthin weiteren Genuss.

Ralph Hoppe

Vom Anhalter Bahnhof zur Wilhelmstraße

Schaltzentrale der Macht

Der Spaziergang durch das alte und neue Regierungsviertel rund um die Wilhelmstraße beginnt am Portikus des früheren 1 **Anhalter Bahnhofs**. Das ist der kümmerliche Rest der nach Plänen von Heinrich Schwechten und Heinrich Seidel 1876-80 erbauten „Kathedrale" unter den Berliner Kopfbahnhöfen. Über 170 Meter lang, beeindruckte der Anhalter Bahnhof durch seine reich verzierten Empfangsräume und vor allem durch die riesige glasüberwölbte Halle. Im Zwischengeschoss des S-Bahnhofes lässt sich anhand von Großfotos nachvollziehen, wie das Stadtbild geschädigt wurde, als man den kriegsbeschädigten Bau Ende der fünfziger Jahre sprengte. Auf einem Teil des Geländes ist eine Sportfläche entstanden, auf einem anderen ragen die einem Zelt nachempfundenen Spitzen des „Tempodroms" nach oben. Dieses weit über die Stadtgrenzen hinaus bekannte Veranstaltungszentrum musste im Spreebogen seine Zelte abbrechen, weil sie dem neuen Kanzleramt im Wege standen. Bis dahin war die Hauptattraktion am Anhalter Bahnhof das Berliner Gruselkabinett im ehemaligen Bunker an der Schöneberger Straße.

Seit seiner Inbetriebnahme war der Bahnhof nicht nur Ausfalltor Richtung Süden, sondern auch Entree für das Regierungsviertel, umgeben von zahlreichen, teils luxuriösen Hotels, allen voran das Excelsior, das über einen Tunnel direkt mit der Bahnhofshalle verbunden war. Staatsgäste wurden hier empfangen, bevor sie über die Stresemannstraße in das politische Zentrum geleitet wurden. Wir folgen ihrem Weg vorbei am Europahaus, einem der wenigen noch erhaltenen Hochhäuser aus den dreißiger Jahren, bis zu einem dreistöckigen palazzoähnlichen Gebäude, dem nach einem seiner Architekten benannten 2 **Martin-Gropius-Bau**. 1881 als Kunstgewerbe-Museum fertig gestellt, wurde er nach schwerer Kriegszerstörung und Restaurierung 1981 als Ausstellungshaus wiedereröffnet. Die dreigeteilten Fenster, die Verwendung von verschiedenfarbigen Ziegeln und die quadratische Grundfläche verraten den Einfluss der Schinkelschule. Beeindruckend ist vor allem der große und dennoch fein ziselierte Lichthof im Innern mit umlaufender Galerie. Der Bau darf als einer der schönsten Ausstellungsbauten nicht nur Berlins gelten, und mit Recht ist er Gastgeber für herausragende Ausstellungen. Jederzeit lohnt sich ein Besuch im „Museum der Dinge", dem ehemaligen Werkbund-Archiv, im Obergeschoss.

Noch ist der Gropius-Bau von einer Brachlandschaft umgeben. Westlich befand sich einst das Völkerkundemuseum (heute Parkplatz), dessen reparabler Bau nach dem Krieg ebenso abgerissen wurde wie die Gebäude, die auf der anderen Seite standen, auf der hügligen Fläche, die jetzt 3 **Topographie des Terrors** heißt. Die

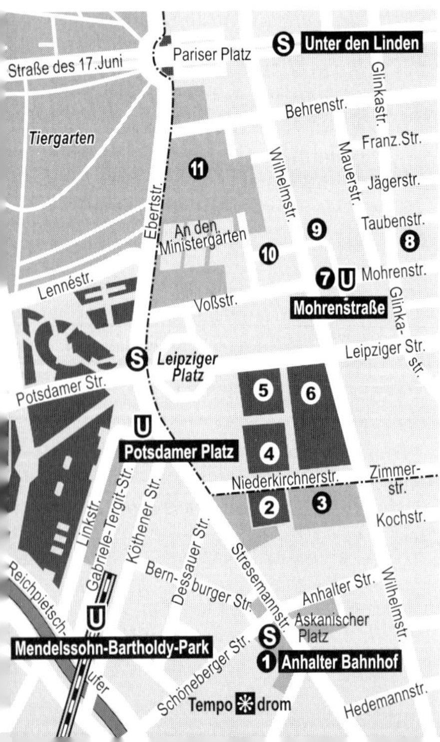

Martin-Gropius-Bau, Detail

heutige Niederkirchnerstraße hieß früher Prinz-Albrecht-Straße; ihr Name war Synonym für den Terrorapparat des NS-Regimes. Auf dem Gelände zwischen Wilhelm- und Stresemannstraße waren die Institutionen versammelt, deren Zweck allein Vertreibung, Unterdrückung und Ermordung war. Die ehemalige Kunstgewerbeschule diente als Verwaltungssitz der Gestapo, in ihrem Keller wurde ab 1934 ein Gefängnis eingerichtet, in den Amtsstuben bei Verhören gefoltert. In das Hotel Vier Jahreszeiten daneben zog die SS, in das Prinz-Albrecht-Palais der Sicherheitsdienst. 1939 wurden diese Institutionen zum Reichssicherheitshauptamt zusammengefasst. Es wurde die Schaltzentrale des NS-Staates schlechthin. Nach dem Krieg waren die Gebäude beschädigt, aber nicht zerstört. Sie wurden abgerissen, die Erinnerungen an den grausamen Ort auf diese Weise fast getilgt. In dem verwilderten Gelände durfte man jahrzehntelang ohne Führerschein Auto fahren. Außerdem standen dort Schreddermaschinen, in denen Trümmer und Bauschutt gemahlen wurde, um danach als Baumaterial Wiederverwendung zu finden – auch eine Form der Entsorgung von Geschichte. Die heute frei liegenden Keller der Kunstgewerbeschule blieben eher zufällig erhalten. 1987 wurde auf Anregung einer Bürgerinitiative die Ausstellung „Topographie des Terrors" eingerichtet, die mit Texten und Fotos das von hier organisierte Grauen zu beschreiben versucht. Das im Bau befindliche neue **Ausstellungsgebäude** des Architekten Peter Zumthor wird als Tagungszentrum auch Ort einer aktiven Auseinandersetzung mit der NS-Geschichte sein. Überraschend findet sich an der Niederkirchnerstraße noch ein Rest der **Berliner Mauer**. Mitarbeiter der Ausstellung „Topographie des Terrors" haben hier ihren Erhalt durchgesetzt, sammelten 1990 sogar persönlich Hammer und Meißel der „Mauerspechte" ein, die die Mauer hier sonst wohl klein gehämmert hätten. Das Symbol für die Teilung Deutschlands steht an dieser Stelle genau richtig, dokumentiert es doch eindrücklich die Folgen von Naziherrschaft und Krieg. Auf der gegenüberliegenden Seite der Niederkirchnerstraße steht das 1892-97 errichtete (4) ehemalige **Preußische Abgeordneten-**

Detlev-Rohwedder-Haus, Wandbild von Max Lingner

haus. Damals galt in Preußen noch das Dreiklassenwahlrecht, jetzt bemühen sich hier seit 1993 die Mitglieder des Berliner Abgeordnetenhauses, des Landesparlamentes, um demokratische Spielregeln. Im Festsaal des Hauses wurde im Januar 1919 von Karl Liebknecht und Rosa Luxemburg die KPD gegründet, im rückwärtig benachbarten ehemaligen 5 **Preußischen Herrenhaus** an der Leipziger Straße – heute Sitz des Bundesrats – tagten im Winter 1918/19 die Arbeiter- und Soldatenräte und beschlossen Wahlen zur Nationalversammlung. Etwas weiter östlich liegen – unübersehbar – die großen grauen Baumassen des einstigen 6 **Reichsluftfahrtministeriums**, das 1935/36 nach Plänen von Ernst Sagebiel in Rekordzeit errichtet wurde, nachdem vorher das Gebäude des alten Kriegsministeriums abgerissen worden war. Der eitle Göring ließ in moderner Ingenieurtechnik einen Komplex mit 2000 um verschiedene Höfe gruppierten Räumen hochziehen. Die Verkleidung mit Muschelkalksteinplatten verleiht ihm eine unangenehme monumentale Schwere. Den Luftkrieg, der hier mit angezettelt wurde, überstand das Bauwerk weitgehend unbeschadet. In der DDR wurde das Gebäude als „Haus der Ministerien" genutzt. Dort saß auch die Zentrale Plankommission, das Herzstück der Planwirtschaft. Hierher zogen am 17. Juni 1953 demonstrierende Bauarbeiter und forderten unter anderem freie Wahlen in der DDR. Von 1991 bis 1995 war das Haus Sitz der „Treuhandanstalt", die das Volkseigentum der DDR privatisierte – Ironie der Geschichte?

Zum Gedenken an ihren 1991 ermordeten Vorstandsvorsitzenden heißt der Bau, in den das Bundesfinanzministerium eingezogen ist, heute „Detlev-Rohwedder-Haus". Im Säulengang am Haupteingang Leipziger Straße, in dem sich ursprünglich ein Relief zur Verherrlichung der deutschen Soldaten befand, ist ein **Wandbild** von Max Lingner von 1953 zu sehen. Es zeigt im Stil des sozialistischen Realismus Arbeiter beim Aufbau des sozialistischen Staates. Das in Form eines Fotos in den Boden eingelassene **Denkmal** auf dem Vorplatz hat die gleichen Ausmaße. Es thematisiert den Aufstand eben dieser Arbeiter am 17. Juni 1953. Weiter nach Norden präsentiert sich die Wilhelmstraße ambivalent: wildes Grün und Bauzäune, schmucklose Brandwände, Plattenbauten

Hinterhof Wilhelmstraße 77

im Stil des DDR-Wohnungsbaus und dazwischen einige schicke Bürozentren. Ihr Aufstieg zum Berliner „Quai d'Orsay" beziehungsweise zur Berliner „Downing Street" begann nach der Reichsgründung 1871. Die prachtvollen Adelspalais verwandelten sich zu Ministerien, durch Neubauten für Diplomaten und Beamte entstand hier die Schaltzentrale des neu entstandenen Deutschen Reiches und seines größten Landes Preußen. Weitere Ministerien zogen nach der Revolution 1918/19 in die frei gewordenen Residenzen der kaiserlichen Familie.

Nach der Machtübergabe an die Nationalsozialisten wurden die an der Straße gelegenen Grundstücke zur Selbstdarstellungsfläche für die Hybris der neuen Machthaber: Die anmaßend-einschüchternden Bauten der Neuen Reichskanzlei und des Luftfahrtministeriums brachten die Proportionen der Wilhelmstraße ins Wanken. Der hier entfesselte Krieg hatte die Vernichtung von über 90 Prozent der Bausubstanz zur Folge. Nach 1945 lag die Straße als Brache da. Vom Westen war sie abgeschnitten, und der Osten tat sich mit Neubebauung schwer, lag sie doch unmittelbar im Grenzgebiet zum „Klassenfeind".

Neue Reichskanzlei (rechts), 1946

Auf der östlichen Seite der Wilhelmstraße sind seit dem Umzug der Bonner Regierung wieder einige Ministerien und der Deutsche Bundestag vertreten, die andere Seite wird von Wohnbauten bestimmt, die nicht zur Geschichte dieses Ortes passen, und kurz vorm Pariser Platz von der neuen Britischen Botschaft und dem Hotel Adlon. Die Historie ist fast nicht mehr erkennbar, der heutige Flaneur kann sich aber mit Hilfe der **Hinweistafeln** der „Geschichtsmeile Wilhelmstraße", die auf dem Trottoir stehen, ein recht genaues Bild machen: An der Ecke Voßstraße be-

Botschaft der Tschechischen Republik

Bundesländer-Areal

fand sich die Neue Reichskanzlei. Sie war 1934-39 von Albert Speer als Dienstsitz für Hitler errichtet worden und hatte eine 300 Meter lange abweisende Front – Propaganda in Stein. Das Sinnbild diktatorischen Machtstrebens wurde nach 1945 auf Anordnung der Alliierten abgerissen. Reste des Marmors der Innenausstattung finden sich heute an den Wänden des nahe gelegenen U-Bahnhofs Mohrenstraße, am sowjetischen Ehrenmal in Treptow und im Treppenhaus der Humboldt-Universität.

Die Verlängerung der Voßstraße nach Osten bildete ursprünglich der Wilhelmplatz, eine von Lenné gestaltete Anlage. Die Südseite wurde mit der Ufo-ähnlichen 7 **Botschaft der Tschechischen Republik** überbaut, die Nordseite ziert ein Plattenbau. Die DDR plante hier ein Denkmal für Ernst Thälmann, den Vorsitzenden der KPD in der Weimarer Republik. Der Platz erhielt seinen Namen, auf das Denkmal wurde aber verzichtet, als sich die Teilung der Stadt abzeichnete. Von hier lohnt ein kurzer Abstecher. Durch die Mauerstraße, an deren Nr. 53 eine Gedenktafel daran erinnert, dass hier Heinrich von Kleist einige Zeit verbrachte, gelangt man zu fast märchenhaft anmutenden zweigeschossigen Häusern auf der Ecke Tauben-, Glinkastraße. Diese 8 **Pfarrhäuser** sind die letzten erhaltenen Bürgerhäuser aus dem 18. Jahrhundert in der Friedrichstadt, benannt nach dem Theologen und Mitbegründer der Universität Friedrich Schleiermacher, der dort 1809-16 wohnte. Hinter den Mansarddächern liegt ein grüner Innenhof – wenn er zugänglich ist, sollte man einen Blick in diese Enklave werfen.

An den Wilhelmplatz schloss sich ab 1933 das 9 **Reichspropagandaministerium** an, dessen noch erhaltene Teile im rückwärtigen Teil des Grundstückes zu sehen sind. Hier ist jetzt das Bundesministerium für Gesundheit untergebracht.

Auf der anderen Straßenseite bestimmt eine erst 1992 fertig gestellte 10 **Wohnsiedlung** das Bild: Erker, Wintergärten und plastische Fassadengestaltung sowie großzügig geschnittene Wohnungen mit vergleichsweise gehobener Innenausstattung rechtfertigen die Bezeichnung „Luxus-Platte". Sie war als Demonstrationsobjekt Richtung Westen gedacht und bot andererseits angemessenen Wohnraum für Mitglieder der Nomenklatura. Linientreue der Mieter war nicht zuletzt wegen der unmittelbaren Nähe zum Grenzstreifen geboten, auf den man aus den westlich gelegenen Fenstern hinunterschaute. Vom **Innenhof der Nr. 77** breitet sich ein Panorama von 100 Jahren deutscher Geschichte aus. Im Norden erhebt sich die Kuppel des Reichstags, im Süden die Silhouette des neuen Potsdamer Platzes. Unter der heutigen Kreuzung der Straßen In den Ministergärten und der Gertrud-Kolmar-Straße befand sich einst die Bunkeranlage der Neuen Reichskanzlei, der so genannte Führerbunker.

Weiter befinden sich in dieser Richtung die **Vertretungen der Bundesländer** Niedersachsen, Schleswig-Holstein, Saarland,

Am Zentralen Denkmal für die ermordeten Juden Europas – Blick über das Stelenfeld zum Reichstag

Rheinland-Pfalz, Brandenburg, Mecklenburg-Vorpommern und Hessen, durchgängig als moderne transparente Bürogebäude gestaltet: Die neue Bundesrepublik präsentiert sich in bewusster Abgrenzung von ihren diktatorischen Vorgängern als bürgernah und föderal.

In Richtung des Tiergartens, zwischen Behrenstraße und Französischer Straße, dort, wo einst die Ministergärten lagen, wird derzeit nach der im Juni 1999 getroffenen Entscheidung des Bundestages das (11) **Zentrale Denkmal für die ermordeten Juden Europas** errichtet – nach über zehn Jahren heftiger Diskussion, mehreren Wettbewerben und der Überarbeitung des schließlich ausgewählten Entwurfs des US-Architekten Peter Eisenman. Unter seiner Leitung entsteht ein Feld aus 2700 Betonstelen in unterschiedlicher Höhe, die auf der Fläche von gut 20 000 Quadratmetern den Eindruck eines wogenden Getreidefeldes erzeugen sollen. Es wird von schmalen Wegen durchzogen, die ein Gefühl der Beklemmung hervorrufen werden, und ist durch lockere Bepflanzung von den umliegenden Straßenzügen abgegrenzt. Komplettiert wird das Mahnmal durch ein Informationszentrum.

Während die Befürworter das Denkmal als notwendig für die Erinnerung an Millionen ermordeter Juden erachten und als wesentlichen Bestandteil bundesrepublikanischer Identität begreifen, befürchten die Gegner des Entwurfs, dass durch die Nichteinbeziehung der weiteren Opfergruppen einer Hierarchisierung der Verfolgten Vorschub geleistet werde; auch reiben sie sich an der Größe und Monumentalität der Anlage. Polemiker meinen gar, die unangenehme NS-Vergangenheit Deutschlands solle mit dem Denkmal endgültig „bewältigt" und damit auch „entsorgt" werden. Es wird sich zeigen, ob das Mahnmal die Auseinandersetzung mit der Vergangenheit auch nach seiner Fertigstellung so nachhaltig herauszufordern vermag wie die leidenschaftliche Debatte zuvor.

Eberhardt Elfert

Vom Alexanderplatz zum Klosterviertel

Der Ursprung der Stadt

„Wind gibt es massenhaft am Alex, an der Ecke von Tietz zieht es lausig." Diese Beobachtung Alfred Döblins trifft auch heute noch zu, das Warenhaus der jüdischen Firma Hermann Tietz aber existiert nicht mehr. Der Zweite Weltkrieg und die Hauptstadtplanung Ost-Berlins haben am 1 **Alexanderplatz** nur die beiden Bürohäuser von Peter Behrens – das **Alexanderhaus** und das **Berolinahaus** – übrig gelassen, beide aus dem Jahr 1932, als hier ein moderner Stadtplatz entstehen sollte. Diese Absicht hegten auch die DDR-Planer, die den Ort bis 1969 aus Anlass des 20. Jahrestages der DDR zu einem verkehrsberuhigten Demonstrations- und Volksfestplatz umfunktionierten, ummantelt von Neubauten wie dem Centrum Warenhaus (heute Kaufhof), dem Haus der Presse (Berliner Verlag), Haus der Elektrotechnik (Bundesministerium für Umwelt), Haus des Reisens, Haus der Statistik, Haus des Lehrers mit seinem markanten Wandfries und der Höhendominante des Hotels Stadt Berlin (Park Inn).

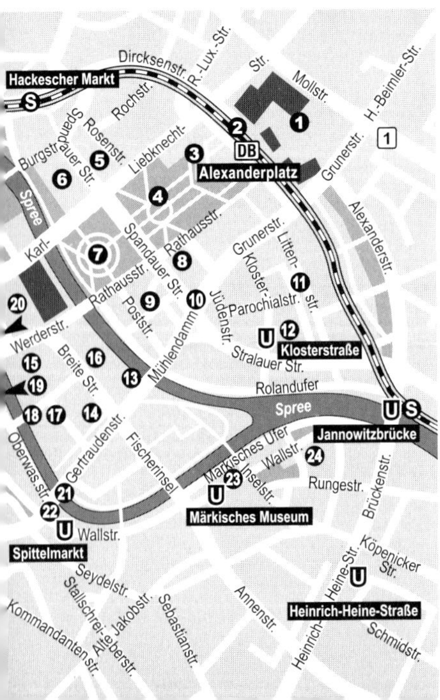

Eine spiralförmige Pflasterung geht seitdem vom „Brunnen der Völkerfreundschaft" aus. Ein beliebter Treffpunkt ist die **Weltzeituhr** geworden, die jedem DDR-Bürger anzeigte, wie klein seine Welt eigentlich war, denn nur wenige Städte, deren Ortszeit abgelesen werden kann, durfte er bereisen. Einige Tage bevor die Berliner Mauer fiel und ein größerer Bewegungsradius möglich wurde, fand am 4. November 1989 die größte von unten organisierte Demonstration der Wendezeit auf dem Alexanderplatz mit etwa 500 000 Teilnehmern statt, an die eine im Boden eingelassene **Gedenktafel** erinnert. Ein städtebaulicher Wettbewerb schreckte 1993 mit seinen Hochhausplänen auf, von denen noch kein einziges gebaut ist. Die neun Hochhäuser dürfen mit bis zu 150 Metern die Höhe des Park Inn Hotels übertrumpfen. Nicht alle empfinden den Ort als zugig oder gar abschreckend, er ist nicht nur Verkehrsknotenpunkt zahlreicher S-, U- und Straßenbahnen und Buslinien und daher stets von Umsteigern frequentiert; gerade im Sommer lässt sich hier viel buntes Volk nieder und verwandelt die eigentlich unwirtliche Freifläche in einen lebendigen Anziehungspunkt. Zudem ist der „Alex", wie die Berliner sagen, mit seinen Einkaufsmöglichkeiten attraktiv, wozu auch der 1882 eröffnete und 1995-98 umgebaute, wieder seine alte Struktur zeigende 2 **Bahnhof Alexanderplatz** gehört.

Genau hier verlief im 17. Jahrhundert die vor die mittelalterliche Mauer gesetzte Festungsanlage, durch ein Stadttor unterbrochen, dass den Zugang nach Berlin ermöglichte. Die Verkehrswege, die darauf zuführten, haben bei der Stadterweiterung einen Platz entstehen lassen, der seit 1805 nach dem russischen Zaren heißt. Die heutige Rathausstraße war einst Hauptmagistrale im alten Stadtkern und führte bis zum Stadtschloss. Die zum

Alexanderplatz – zwischen Bratwurst und Weltzeituhr

Kleistpark versetzten Königskolonnaden überspannten hier den ehemaligen Festungsgraben, der als letzte Hinterlassenschaft der barocken Stadtgrenze zugunsten des Stadtbahnprojektes in den 1870er Jahren zugeschüttet wurde.

Wer diese Bahnstrecke unterquert, kommt demzufolge nach wenigen Metern in das mittelalterliche Stadtgebiet von Berlin, das von hier bis zur Spree reichte. Der als „Turm der Signale" 1969 fertig gestellte (3) **Fernsehturm** steht somit auf mittelalterlichem Grund und kann mit seinen 368 Metern Höhe auf den alten Kern von Berlin verweisen. Ohne kleinteilige Hausbebauung und alte Straßenverläufe, aufgrund fehlender Baudichte und Enge kann sich keiner mehr so recht diese Tatsache bewusst machen, wäre da nicht die in ihren Anfängen aus dem 13. Jahrhundert stammende (4) **Marienkirche**. Zu jener Zeit entstand um sie herum das gleichnamige Marienviertel, ein Neubaugebiet im Zuge der mittelalterlichen Stadterweiterung. Die zweitälteste Pfarrkirche lohnt einen Besuch wegen der Kanzel des Schlossbaumeisters und Bildhauers Andreas Schlüter, vor allem aber wegen der einzigartigen Totentanz-Malerei mit Dialogversen in der Eingangshalle des Turmes, die wohl im Zusammenhang mit der Pest von 1484 steht.

Direkt vor der Kirche befand sich der Neue Markt, der seine Funktion 1886 verlor, als hinter dem Bahnhof Alexanderplatz die Zentralmarkthalle eröffnete und Märkte unter freiem Himmel im Zentrum der Reichshauptstadt verboten wurden. Hier stand ursprünglich auch die Bronzefigur Martin Luthers, mittlerweile nördlich der Kirche platziert.

Jenseits der Karl-Liebknecht-Straße, in der **Rosenstraße**, finden sich Spuren jüdischer Geschichte. Das Diktum des Berlinflaneurs Heinz Knobloch „Mißtraut den Grünanlagen!" zeigt sich hier exemplarisch. Unübersehbar steht auf der von Wohnblöcken begrenzten Grünanlage ein (5) **Denkmalsensemble** von Ingeborg Hunzinger: drei Steinblöcke mit eingemeißelten Figuren, Symbolen und Schriften. Auf der Rückseite ist zu lesen: „Frauen standen hier / Tod besiegend / Gebt uns unsere Männer wieder / Jüdische Männer waren frei."

Im Zusammenhang mit der Ende Februar 1943 gestarteten „Fabrikaktion", deren Ziel die Entfernung von jüdischen Zwangs-

Marienkirche und Fernsehturm

arbeitern aus den Rüstungsbetrieben des Reiches war, wurden auch Juden in „Mischehen" abgeholt und zum Sammellager Rosenstraße, ehemals Jüdisches Wohlfahrtsamt, gebracht. Sie waren aber von den Deportationen ausgenommen, was die nichtjüdischen Ehefrauen nicht wissen konnten und daher ihren Protest nicht schmälert, der in der gesamten Nazizeit einmalig blieb und sich mehrere Tage in der Rosenstraße wiederholte.

In einer Ecke der von hohen DDR-Wohnblöcken eingefassten Grünanlage wurden Steine in den Rasen eingelassen, um den Standort der erst 1714 eingeweihten Synagoge anzuzeigen. Über sie informiert eine Stelltafel mit Fotos. Eine Gemeinde existierte wieder seit dem Edikt von 1671, durfte aber erst Jahrzehnte später ihre Synagoge in der Heidereutergasse errichten, deren Einmündung in die Spandauer Straße heute überbaut ist.

In jener Straße wohnte der bedeutendste Vertreter der jüdischen Aufklärung mit seiner Familie, Moses Mendelssohn, der auf dem Weg zur Gemeindesynagoge noch das in der Schinkelzeit abgerissene Heiliggeistspital sah. Von ihm ist, in der Spandauer Straße, nur noch die kleine (6) **gotische Kapelle** aus dem 15. Jahrhundert geblieben. Sie wurde in den Neubau der ehemaligen Handelshochschule einbezogen, die heute als Institut für Wirtschaftswissenschaften zur Humboldt-Universität gehört.

Am Dom-Aquarée (vormals DDR-Palast-Hotel) vorbei, das 2003 mit einer Sea-Life-Aquarienlandschaft eröffnete, erreicht man das in eine Grünanlage eingebettete, 1986 vollendete (7) **Marx-Engels-Forum**. In seinem kreisrunden Inneren befindet sich die monumentale Doppelfigurenbronze des sitzenden Karl Marx und neben ihm stehenden Friedrich Engels, ergänzt durch Marmor- und Bronzereliefs sowie Edelstahlstelen mit eingeätzten Fotos zum „weltrevolutionären Prozeß seit Marx und Engels bis in die Gegenwart".

Den Erholungsbedürftigen sei nach dieser Denkmalsanlage der Bereich um den **Neptunbrunnen** zwischen Marienkirche und Rotem Rathaus empfohlen. Das Meisterwerk der Brunnengestaltung des späten 19. Jahrhunderts von Reinhold Begas stand ursprünglich an der Südseite des Stadtschlosses. Obwohl Neptun der römische Gott der Meere ist, lagern am Rande des Beckens vier Frauengestalten, die die deutschen Flüsse Rhein, Elbe, Oder und Weichsel verkörpern.

Ausgerichtet wurde der Brunnen auf das (8) **Rote Rathaus**, Sitz des Regierenden Bürgermeisters und des Senats von Berlin. Bei seiner Fertigstellung 1870 lag der aus rotem Ziegelstein errichtete Neubau mit mächtigem Turm in einem dicht bebauten Altstadtkern und konnte seine Wirkung kaum so entfalten wie heute. Die von Hermann Friedrich Waesemann geschaffene Vierflügelanlage im Rundbogenstil verschweigt weder die Einflüsse der italienischen Renaissance noch das Vorbild flämischer Rathaustürme. Vor dem bis 1955 wieder hergestellten, vom Oberbürgermeister und der Stadtverordnetenversammlung Ost-Berlins genutzten Rathaus stehen seit 1958 die beiden

Figuren Aufbauhelferin und Aufbauhelfer von Fritz Cremer.

Die Rathaustradition reicht an dieser Stelle bis ins 13. Jahrhundert zurück. Die älteren Gebäudeteile verschwanden bis auf die Gerichtslaube, die unter Verwendung von Originalsteinen in den Schlosspark Babelsberg am Rande Potsdams versetzt wurde. In der nahen Poststraße befindet sich eine Kopie. Beim Neuaufbau des 9 **Nikolaiviertels** anlässlich der 750-Jahr-Feier Berlins 1987 wurde sie an der falschen Stelle wiedergewonnen, gleichzeitig verwandelte sie sich von einem Ort bürgerlicher Rechtsprechung zu einer sozialistischen Gaststätte. Eine DDR-Karikatur zeigte daraufhin eine Fotocollage mit einer Mickey Mouse über der Gerichtslaube und dem Titel „Disney-Special".

An der Ecke zur Propststraße befindet sich eine **Fontane-Apotheke** mit einem Reliefbildnis an der Fassade – obwohl hier weder Fontane als Apotheker gearbeitet hat noch eine Apotheke an dieser Stelle je existierte.

Biegt man nach links in die Propststraße ein, stößt man auf ein mit dem Giebel zur Straße stehendes Haus aus dem 16. Jahrhundert. Es ist die vor allem durch den Graphiker und Zeichner Heinrich Zille populär gewordene alte Kneipe **Zum Nußbaum**. Sie stand ursprünglich auf der Alt-Cöllner Seite, der heutigen Fischerinsel, ohne dass davon ein Stein übrig geblieben wäre.

Das **Knoblauch-Haus** in der Poststraße – mit Familiengeschichtsmuseum und den Historischen Weinstuben – ist hingegen ein Original, bei der ehemals „schönsten Ecke Berlins", dem **Ephraim-Palais** zwischen Poststraße und Mühlendamm, sind es die Fassadenteile. Der ursprüngliche, von dem jüdischen Bankier Ephraim errichtete Bau wurde 1935/36 im Zuge der Verbreiterung der Mühlendammbrücke abgebrochen, die Fassade jedoch magaziniert. Sie kam durch einen Kulturgutaustausch in den achtziger Jahren aus West- nach Ost-Berlin zurück und hat die Entscheidung für einen Wiederaufbau mit Museumsnutzung befördert.

Ecke Ephraim-Palais und Nikolaikirche

Doch besteht das **Nikolaiviertel** nicht nur aus wenigen originalen und vielen nachgeahmten älteren Gebäuden, sondern auch aus Plattenbauten. Der Bezirk Rostock errichtete die Neubauten und brachte – unübersehbar – seine Ostseegiebel mit. Insgesamt 800 Wohneinheiten, diverse Gastronomien und Geschäfte zeichnen das wieder auferstandene, kleinteilig verdichtete und verkehrsberuhigte Nikolaiviertel aus, eine Oase im zerstörten und überformten Altstadtbereich. Die Spree und ihre günstige Durchquerung für den Fernhandel Richtung Oder, an der Stelle der Mühlendammbrücke gelegen, bildete den Ausgangspunkt für eine Siedlung im ausgehenden 12. Jahrhundert, zu der bald eine Kirche gehörte, die nach dem Schutzheiligen der Händler und Kaufleute **St. Nicolai** benannt wurde. Der nach schwerer Zerstörung im Zweiten Weltkrieg wieder hergestellte Bau zeigt im aus Feldstein gemauerten Turm aus dem 13. Jahrhundert seinen ältesten Bestandteil, an den sich eine im 14. Jahrhundert errichtete Hallenkirche mit Umgangschor als frühestes Beispiel dieser Art in der Mark anschließt. Die beiden markanten Turmhelmspitzen stammen aus den 1870er Jahren, als der asymmetrische Aufbau des Mittelalters beseitigt wurde. Die Kirche wird heute als Museum genutzt.

Es sind Urkunden aus den Jahren 1237 für Cölln und 1244 für Berlin erhalten, jeweils die Ersterwähnung beider, 1307 zu einer Union vereinigten Städte. Streng

Klosterkirche

An der Stadtmauer

genommen hätte erst 1994 die 750-Jahr-Feier Berlins erfolgen dürfen, aber es gibt kein exaktes Gründungsdatum der Stadt, deren Name die Onomastik als „Sumpfort" erklärt.

Einige Schritte weiter liegt der 10 **Molkenmarkt**, der im Mittelalter als zentraler und ältester Marktplatz entstand und erst im 18. Jahrhundert den heutigen Namen erhielt. Hier steht noch das barocke Palais Schwerin, einst als DDR-Kulturministerium genutzt. Rechter Hand schließt sich der Neubau für die Berliner Münze aus der NS-Zeit an, der bis zur Spree reicht und in dem heute der Euro geprägt wird.

Nur wenige Schritte vom Molkenmarkt entfernt liegt die **Jüdenstraße**, an der schon im Mittelalter Juden ansässig waren und später der „Große Jüdenhof" existierte, der aktuellen städtischen Planungen zufolge als Ort wiedergewonnen werden soll. Besonders auffällig ist das **Alte Stadthaus** mit seinem markanten Rundturm an der Straßenfront der Jüdenstraße, vor dem Ersten Weltkrieg als Erweiterungskomplex des Roten Rathauses errichtet. Links davon schließt sich das so genannte **Neue Stadthaus** an, ein weiterer Bau aus der NS-Zeit, der zur Planung eines großen städtischen Forums am Molkenmarkt gehörte.

Entlang der achtspurigen Grunerstraße führt der Weg zum Ruinenrest der **Klosterkirche** an gleichnamiger Straße und U-Bahn-Station. Hier bauten die sozial in der Stadt wirkenden Franziskaner ihre Berlinniederlassung im 13. Jahrhundert, und zwar erstmalig im Stadtbild mit Ziegelsteinen. Aus dem im 16. Jahrhundert säkularisierten Klosterbereich wurde die erste höhere Bildungseinrichtung, das Gymnasium zum Grauen Kloster, an dem beispielsweise auch Schinkel und Bismarck lernten. Der Anspruch der Schlichtheit und Einfachheit des Bettelordens lässt sich in der Ruine noch ablesen, aber dazu muss man auf das mittelalterliche Niveau hinabsteigen.

Bauland wurde den Klosterbrüdern übrigens am damaligen Stadtrand zugewiesen, wie ein Abstecher in die Waisenstraße zeigt. Ursprünglich aus Feldstein errichtet, später mit Ziegeln ergänzt und ausgebessert, steht hier noch ein Rest der mittelalterlichen 11 **Stadtmauer**, die, als sie im 17. Jahrhundert durch die neue Festungsanlage ihre Funktion verlor, als Rückwand für Häuserbauten diente. Der heutige Gastronomiekomplex der „Letzten Instanz", eine Anspielung auf das dahinter gelegene **Gerichtsgebäude** an der Littenstraße mit imposantem Treppenhaus, ist das letzte Beispiel der einstigen Straßenbebauung im alten Klosterviertel.

Wer sich nicht zur Einkehr entschließt, sollte die 12 **Parochialkirche** besuchen, den einzigen erhaltenen barocken Zentralbau, der im Inneren noch die Kriegszerstörung zeigt, die ihn auch seines Turmaufsatzes mit seinem bekannten Glockenspiel beraubte.

Über die nahe gelegene und wegen ihres Wandschmucks im Zwischengeschoss sehenswerte **U-Bahn-Station Klosterstraße** kann man sich zu neuen Stadterkundungen aufmachen.

RALPH HOPPE

Von der Mühlendammbrücke zum Märkischen Ufer

Cölln – Die zweite Wiege Berlins

Siehe Plan Seite 36

Wenn man alle schönen Kirchen und alten Häuser an eine Stelle zusammenrücken könnte, so der Architekt August Endell 1908, dann ergebe selbst das daran ärmliche Berlin für einen konventionellen Liebhaber ein ganz passables Städtchen. Dieser Satz lässt sich in zweierlei Hinsicht gut auf die heutige Erscheinung jenes Areals anwenden, auf dem um 1200, südlich der heutigen Rathaus- und Werderstraße und damals gegenüber der Schwesterstadt Berlin, die Stadt Cölln gegründet wurde. Denn erstens verlieren sich hier mehr noch als sonst historische Reste in einem diffusen Ambiente, und zweitens wurde tatsächlich versucht, alte Häuser an einer Stelle zusammenzurücken. Ein guter Einstieg ist die (13) **Mühlendammbrücke**. Schon als Cölln noch aus einer winzigen Ansammlung bescheidener Fachwerkhäuser auf der Südhälfte der sumpfigen Spreeinsel bestand, verband hier eine Flussüberquerung das Treiben des Cöllner Fischmarkts mit Berlin. Heute bemerkt man kaum, dass man auf einer Brücke steht, denn die unmäßig breite Straße beherrscht den Ort. In vierspurigen Horden rollen die Autos heran. Die Insel ist aufenthaltslose Durchgangsstation zwischen Alexander- und Potsdamer Platz, fern von dem, was man in einem mittelalterlichen Quartier erwarten würde, fern von engen Gässchen, verwinkelten Wegen, von allem Kleinen, Uneinheitlichen und Ungeplanten. Dafür hat man schöne Blickperspektiven entlang der Uferfassaden – fast die gesamte Inselhälfte kann, an den Uferwegen entlang, umrundet werden.

Die Brücke eignet sich gut für einen Rundblick. Auf der Cöllnischen Seite unterbricht der neue Palast verschiedener

Blick von der Mühlendammbrücke

Wirtschaftsverbände den Uferweg. Daran schließt sich der historisierende Spreeflügel des Neuen Marstalls an, hinter dem die Rathausbrücke herausragt. Auf deren Vorgängerbau stellten die beiden Städte ein gemeinsames Rathaus, nachdem sie sich 1307 zu einer Union zusammengetan hatten. Das war über hundert Jahre später dem Kurfürsten ein Dorn im Auge. Es gelang ihm, den gemeinsamen Rat aufzulösen und das nördliche Ende der Spreeinsel einzufordern. Dieses war sumpfig und daher unbesiedelt geblieben. Trotzdem waren die Bürger nicht sehr glücklich, als der Kurfürst dort ein Schloss baute, das einer Zwingburg glich. Die Bürger sahen ihren Kurfürsten zwar als Bestandteil der göttlichen Ordnung, aber trotzdem lieber in der Ferne. Heute blickt man an Stelle des Schlosses auf die abrissbereite Ruine des Palastes der Republik und dahinter auf den übermächtigen Dom. Am gegenüberliegenden Ufer prunkt das historisierende Fake des Nikolaiviertels, tagsüber durchschwärmt von Touristen, morgens und abends dagegen ziemlich verlassen. Im Süden lugt der grün gedeckte Turm des Märkischen Museums hinter der neuen Uferbebauung hervor, rechts davon ragen die frisch renovierten Plattentürme des Fischerkiezes in den Himmel.

Die Schneise des Mühlendamms teilt das alte Cölln in zwei Hälften. Wenn man ihn entlangwandert, hat man zur rechten Hand, also nördlich, jene Gegend, die von den Regierungsplanern nach der längst abgerissenen Cöllner Kirche neuerdings **Petriviertel** genannt wird. Hier sind in eine Bebauung der sechziger Jahre ein

Ehemaliges Staatsratsgebäude

paar ältere Häuser eingestreut – nicht allzu alte, denn mittelalterliche Bausubstanz gab es schon vor den Bomben des Krieges und der nachfolgenden Sanierungseuphorie nahezu nicht mehr. Besonders im 19. Jahrhundert hatte man das Viertel großzügig umgestaltet. Dagegen war vor allem im Fischerkiez südlich des Mühlendamms ein armes Volk in schmalen Häusern übrig geblieben. 1932 sprach ein Gutachten von „Ungeziefer, Moderduft, Verfall, von ausgetretenen finsteren Treppen, abbröckelndem Putz, dass einen das Grausen packen kann". Dem damaligen Stadtbaudirektor wäre Abriss am liebsten gewesen, denn unmöglich könne sich „in diesem Spinnwebennetz von Grenzen, die auf den Fußgänger, nicht aber auf die Maschine zugeschnitten sind, eine Reichshauptstadt, eine Maschinenstadt und Weltstadt entwickeln".

Auch im Dritten Reich war der Abriss geplant, aber erst die DDR entfernte in den sechziger Jahren, was der Krieg stehen gelassen hatte. Zuerst hatte man noch eine Restaurierung angedacht, doch ließen die unerwartet hohen Kosten anderer Wiederaufbauprojekte die allgemeine Stimmung allmählich zugunsten des Abrisses alter Bausubstanz kippen. Dabei betrieb vor allem die Bezirksverwaltung, die mittlerweile die knappen Mittel für den Wohnbau selbst verwalten durfte und musste, gegen das Votum hochrangiger DDR-Stadtplaner den Totalabriss des Fischerkiezes. An die Stelle des alten, dichten Häusergewimmels kamen die sechs weithin sichtbaren 18- und 21-geschossigen Hochhäuser für bis zu 3000 Bewohner. Dazu gesellten sich einige Infrastrukturbauten wie etwa eine wegen ihrer spitzfingrigen Form „Ahornblatt" genannte Großkantine. Aber auch über dieses bis zuletzt umkämpfte Baudenkmal legte sich eine neue Schicht Berliner Architekturgeschichte. Die finanziellen Argumente setzten sich durch, und das Ahornblatt wurde abgerissen. Nun steht auch hier handelsübliche Investoren-Konfektionsware in Blockrandbebauung – nur ein bescheidener Vorgeschmack auf die umfassenden Umbaupläne dieser Gegend, die realisiert werden sollen, sobald sich weitere Investoren finden.

Die **Breite Straße** rechts war die Prunkstraße Cöllns. Gleich zu Beginn, wo ein Parkplatz die Straße schmückt, standen das Cöllnische Rathaus und dahinter die Petrikirche, umsäumt von den Häusern der reicheren Bürger. Als aber das Schloss im Norden allmählich wichtiger für das soziale Gefüge der Stadt wurde, hatte sich auch die Breite Straße sozial umzuorientieren, denn der angesiedelte Hofstaat blickte nun auf den Regenten statt auf den Stadtrat.

Auch heute noch zeigen beide Enden der Straße flüchtige Reste politischer Macht. Am linken Südende saß ab den sechziger Jahren in dem noch sanierungsbedürftigen (14) **Plattenbaublock** der DDR-Bauminister, heute werden dort die Baumaßnahmen des Bundes geplant und koordiniert. Das metallene Fassadenbild „Der Mensch als Maß aller Dinge" versteckt sich heute hinter Bäumen.

Am entgegengesetzten Ende hatte sich der Bundeskanzler vorübergehend in das ehemalige (15) **Staatsratsgebäude** der DDR einquartiert. Der Bau aus den sechziger Jahren, in den ein Portal des alten Stadtschlosses integriert wurde, hat die Abrisswellen, denen DDR-Architektur immer wieder unterliegt, beharrlich überstanden. Nun soll in das frühere sozialistische Prunkstück eine Elite-Hochschule deutscher Konzerne einziehen.

Die rechte Seite der Breiten Straße aber ist für das Volk reserviert. Durch einen Eingang, den Fritz Kühn mit 117 metallenen Varianten des Buchstabens 'A' in allen denkbaren Schriften schmückte, gelangt man in die 16 **Berliner Stadtbibliothek**, heute Teil der zentralen Landesbibliothek Berlin. Der Neubau aus den sechziger Jahren fügt sich überraschend gut zur Vorgabe des **Ribbeckhauses** links nebenan.

Diesen Renaissancebau und ältestes Haus der Gegend ließ 1624 der Kammerrat von Ribbeck aus zwei bestehenden Gebäuden unter einer einheitlichen Fassade zusammenlegen. Sein und seiner Frau Namen finden sich im Knorpelwerk, das den Eingang rahmt. Wie damals üblich, wurden am Dach die vier Zwerchgiebel aufgestellt – zur reinen Zierde, denn dahinter verbargen sich nur ungenutzte Dachräume. Ein paar Jahrzehnte später modernisierte man das Haus und schlug es dem frühbarocken Alten Marstall zu, unter dessen Dreiecksgiebel heute das Zentrum für Berlin-Studien über die Stadt informiert. Diesen Komplex wiederum umfasste Ernst von Ihne um 1900 mit der neobarocken Fassade des Neuen Marstalls, in dem die Kutschen, Schlitten und Pferde des kaiserlichen Hofs auf ihren Einsatz warteten. Der Bau orientierte sich zum Schloss und zeigt daher an der Breiten Straße nur eine Seitenfassade.

Nach einem Blick auf den eingezäunten Palast der Republik und zwei Museen der Museumsinsel gelangt man ein paar Meter die Breite Straße wieder zurück und rechts über die Neumannsgasse in die Nebenstraßen. Deren disparates Ambiente ist heute weitgehend menschenleer. Ob die Hochschule dann mehr Leben anziehen wird, bleibt abzuwarten.

Links die 17 **Brüderstraße** hinein, die damals im Mittelalter etwas länger war und – daher der Name – zum Dominikanerkloster führte, stehen drei alte Häuser, in einen Wohnblock der sechziger Jahre eingefasst. Das nach einer unerfreulichen Geschichte so genannte **Galgenhaus** in der Brüderstraße 10 wurde 1688 erbaut

Das Nicolaihaus in der Brüderstraße

und 1805 mit dezentem klassizistischem Zierrat überzogen. Im Inneren gibt es ein stattliches Treppenhaus und üppigen Stuck, schön, aber nicht öffentlich zugänglich.

Daneben stehen die **Sächsische Landesvertretung** mit ihrem historisierenden Schmuck von 1905 und das **Nicolaihaus**, im 17. Jahrhundert errichtet und mehrfach umgebaut. Seine barocke, übersichtliche Fassade ist übersät von Gedenktafeln, die an das Leben dahinter erinnern, denn hier war ein kulturelles Zentrum Berlins. 1787 hatte der Schriftsteller und Verleger Friedrich Nicolai das Haus gekauft und von Carl Friedrich Zelter, Maurermeister, Gründer und später auch Direktor der Singakademie in einem, umbauen lassen. Hier empfing Nikolai viele, die in der Berliner Aufklärung Rang und Namen hatten und heute auf den Tafeln stehen. Eine Gelegenheit, das Haus zu betreten, sollte man nutzen, schon allein wegen des Hofes und der Treppenhäuser, reich in Holz geschnitzt das eine, mit fein ziselierter Bronze das andere. Auf der Straßenseite gegenüber fügt sich in den modernen Plattenblock der Rest dessen ein, was um 1900 die ganze Gegend nördlich des Mühlendamms prägte: Kaufhäuser. Was hier hinter historistischer Fassade leer steht, war einmal ein Teil des Kaufhauskomplexes Rudolf Hertzog.

Rechts um zwei Ecken gelangt man entlang der Friedrichsgracht zur 18 **Jungfernbrücke**, für deren Namensgebung

Auswärtiges Amt, Erweiterungsbau

verschiedene mehr oder minder glaubwürdige Legenden angeboten werden. Einer zufolge wohnten hier wohlfeile Dirnen, beaufsichtigt von einem städtischen Jungfernknecht. Die Brücke war in keine nennenswerte Planung einbezogen worden, führt vielmehr inzwischen verkehrstechnisch ins Nichts und konnte sich daher, 1798 erbaut, als letzte Zugbrücke Berlins erhalten.

Am Ufer gegenüber beginnt der Friedrichswerder und damit die erste neuzeitliche Stadterweiterung der Doppelstadt. Zuallererst steht man vor der geschwungenen Seitenfront des 19 **Außenministeriums**, die dem Verlauf des Wassers folgt. Die monumentale, ungegliederte Steinfassade erinnert an das Dritte Reich, und tatsächlich wurde der Bau von 1934 bis 1938, damals noch als Reichsbank, errichtet. Allerdings hatte Heinrich Wolff, Leiter der Reichsbank-Bauabteilung, die Pläne bereits 1932 erstellt und für den Wettbewerb eingereicht. Wolffs Pläne wurden zwar von der Jury nicht in die engere Wahl gezogen, dann aber von Hitler per Führerentscheid zur Ausführung bestimmt. Somit ist die Reichsbank ein gutes Beispiel dafür, wie der Nationalsozialismus nicht eine eigene, originelle Ästhetik schuf, sondern in einer Art Filterverfahren bestimmte Strömungen verstärkte und andere abschnitt.

Nach Norden gleitet die Sicht über eine interessante Fassadenreihe: zuerst der Erweiterungsbau, den die Architekten Thomas Müller und Ivan Reimann ab 1997 vor den Altbau setzen ließen, dann eine Ecke der Bauakademie, die Bertelsmannsche Kommandantur und das Deutsche Historische Museum.

Wenn man das Außenministerium gegen den Uhrzeiger umrundet, kann man das im Detail in Augenschein nehmen. Der Erweiterungsbau versucht einerseits, die Dimensionen des Altbaus aufzunehmen, andererseits aber auch, dessen starre Monumentalität durch Einschnitte und Glasflächen zu brechen. Das reicht aber keinesfalls aus, dem Neubau jene Leichtigkeit eines „Teehäuschens" zu verschaffen, die ihm der Außenminister bei Baubeginn zusprach. Gegenüber hat sich in der 20 **Friedrichswerderschen Kirche**, einem neogotischen, an englischen Vorbildern orientierten Backsteinbau Karl Friedrich Schinkels, das Schinkelmuseum eingerichtet. Rechts daneben stand einst Schinkels berühmte Bauakademie, deren Ruine in der DDR zugunsten eines neuen Außenministeriums abgerissen wurde, als sich andere Restaurierungen wie zum Beispiel der Staatsoper als zu kostspielig erwiesen hatten. Nun ist das DDR-Außenministerium wieder fort und der Wiederaufbau der Bauakademie vorgesehen, allerdings erst, wenn sich zahlungskräftige Investoren eingefunden haben. Zur Veranschaulichung ließ ein Förderverein schon mal eine Ecke der Fassade hochmauern, die Gesamtfassade als Plastikplane ist geplant.

Vollendet man die Umrundung der ehemaligen Reichsbank, so gerät man entlang eines Grünstreifens, dem man nicht mehr ansieht, dass für ihn und die Reichsbank einst ein komplettes Wohnviertel des Friedrichswerders niedergelegt wurde, und über die kleine 21 **Gertraudenbrücke** zurück auf die Fischerinsel. Bevor man die Gertraudenstraße unterquert, drängen sich rechts die rhythmische Neubebauung der Leipziger Straße, die die DDR in den Siebzigern gegen das Springer-Hochhaus im Westen hochzog, und ein metallisch-kühler, vor allem nachts erstaunlich großstädtisch wirken-

Märkisches Museum

der Nachwende-Büroturm am unwirtlichen 22 **Spittelmarkt** in den Blick.
Weiter am Ufer entlang und immer im Schatten der Hochhäuser des Fischerkiezes, der mit Abschluss der Bauarbeiten in Fischerinsel umbenannt wurde, gelangt man zu einer Andeutung jener Grachten, die Cölln einst säumten, seit 1680 die alte Stadtmauer abgerissen worden war. Diese Gracht liegt nun den Hochhäusern gegenüber und wurde durch einige Altbauten der Insel ergänzt. Erwähnenswert ist vor allem das 23 **Ermeler-Haus** am Märkischen Ufer 10 wegen seiner schmucken, klassizistischen Fassade. Eigentlich stand es an der Breiten Straße, wurde dort 1953 sogar restauriert, in den Sechzigern aber wie auch die Nummer 12 hierher versetzt.
Ein paar Meter weiter ist die Insel zu Ende. An den Museumsschiffen vorbei wechselt man zum Uferweg gegenüber, hat einen schönen Blick auf Rem Koolhaas' gläserne niederländische Botschaft drüben im alten Berlin und kommt dann zu dem umfangreichen Baukomplex des 24 **Märkischen Museums**. Um 1900 hatte es der Stadtbaudirektor Ludwig Hoffmann für die Bestände des Provincial-Museums entworfen und dabei versucht, dem märkischen Inneren ein in Geographie und Epoche angepasstes Äußeres zu geben. Ein Flügel ist der Katharinenkirche in Brandenburg nachempfunden, und der Museumsturm ähnelt dem Wittstocker Bergfried. Im umgebenden Park wurde Berliner Geschichte zusammengerückt, ein Turm – der „Wusterhausener Bär" – und eine Windmühle von der ehemaligen Festungsanlage stehen hier, ein paar Kapitelle vom abgerissenen Schloss und ein paar Segmente der Berliner Mauer. Dazwischen tummeln sich, umgeben von neugierigen Kindern, ein paar richtige Bären in einem Zwinger – ein Geschenk Berns, ebenfalls eine Bärenstadt. Dieser ruhige Platz, der entstand, als eine Bastion des Festungswalls abgerissen wurde, bietet interessante Platzwände wie zum Beispiel die AOK-Verwaltung, deren dunkelroten Klinkerexpressionismus Albert Grottheiner um 1930 entwarf. Im Museum selbst kann man, wenn er gerade zugänglich ist, hinauf auf den Turm steigen und einen abschließenden Blick auf die Stadt werfen, die ist, oder, im Raum mit den Stadtmodellen, die hölzernen Hüllen der Stadt sehen, die war.

Franz Tröger

Die Friedrichstraße

Wieder einmal Neubeginn

Kaum eine andere Straße Berlins ist derart mit einem Mythos behaftet wie die Friedrichstraße. Vergnügen, Glamour und Kultur, Verkehr, Tempo und auch Elend bestimmten einst ihren Charakter. In den vergnügungssüchtigen zwanziger Jahren hatte sie ihre Hochzeit und war neben dem Potsdamer Platz der Mittelpunkt des Massenvergnügens und der Scheinwelt. Sie zählte etwa 250 Hausnummern und eben soviele „Etablissements", deren Charakter zwischen edelster Kulturlokalität und billigster Absteige variierte. Die Nazis machten dem für sie „undeutschen" Treiben ein Ende. Der Bombenkrieg zerstörte die Straße fast vollständig, sodass hier heute gerade einmal zwei Dutzend historischer Gebäude zu finden sind. In der frühen DDR-Zeit war die Friedrichstraße kein Thema, galt sie mit ihrer Geschichte doch geradezu als Symbol „bürgerlicher Dekadenz". Erst die Honecker-Ära wollte aus ihr einen sozialistischen Boulevard machen. Während die teuren Prestigeobjekte in Bau waren, kam die Wende und setzte den architektonischen Träumen der DDR-Politiker ein glanzloses Ende. Danach wurde sie wieder einmal neu geplant und tief greifend umgestaltet.

Angelegt wurde die Friedrichstraße als „Querstraße" zu „Unter den Linden" mit der Dorotheenstadt ab 1688. Unter den Gassen des Straßenrasters war sie durch die Brücke über die Spree herausgehoben. Bei Anlage der Friedrichstadt 1705 erhielt sie ihren heutigen Namen, wurde erstmals verlängert und ging nun etwa bis zur Höhe des späteren Checkpoint Charlie. Bei der nächsten Stadterweiterung dreißig Jahre später erhielt die Friedrichstraße ihre endgültige Ausdehnung. Sie reichte nun vom Oranienburger bis zum Halleschen Tor und war damit die längste und verkehrsreichste Straße Berlins. Diese Rekorde kann sie heute nicht mehr bieten, doch eine der interessantesten und vielgesichtigsten Straßen ist sie, die wir von Norden nach Süden durchqueren, geblieben.

Am 1 **Oranienburger Tor** erlebt man die Straße noch recht historisch. Die alten grauen Häuser lassen durch das neue Leben, das aus der Oranienburger herüberschwappt, noch ein wenig von der früheren Lebendigkeit erahnen. Auf der linken Seite tut sich gleich daneben eine große Brache auf. Hier stand seit Anfang des Jahrhunderts ein gewaltiges Passagenkaufhaus.

An der Friedrich- und an der Oranienburger Straße gab es jeweils große Kopfbauten, von denen die glasgedeckten Passageräume zu einer imposanten Stahlbeton-Kuppelhalle führten, die noch in den siebziger Jahren die Stadtsilhouette beherrschte. Die Passage war eine der größten ihrer Art in Europa, doch wirtschaftlich ein Fehlschlag. Nach dem Ersten Weltkrieg machte die AEG den Bau als „Haus der Technik" zu ihrem berühmten Ausstellungsgebäude. Dafür war er gut geeignet, konnte man doch immerhin Kleinflugzeuge in den Hallen aufstellen. Der Abriss erfolgte Ende der achtziger Jahre zur Anlage einer großen Straßenkurve, die im Rahmen der Boulevard-Planungen Friedrich- und Oranienburger Straße miteinander verbinden sollte. Durch die Wende kam diese Straßenverbindung nicht mehr zustande, und der ruinöse Flügel an der Oranienburger blieb als 2 **Tacheles** erhalten. Doch einige Abschnitte des DDR-Neubauprogrammes wurden verwirklicht. Blickt man zur gegenüberliegenden Einmündung der Claire-Waldoff-Straße oder zu den „Spreeterrassen" an der Weidendammer Brücke, kann man sich das geplante „Edel-Platten"-Stadtbild gut vorstellen.

Das auffallendste Gebäude dieses Straßenabschnittes ist der 3 **Friedrichstadtpalast**, ab 1981 auf ehemaligem Kasernengelände für großes Revue-Theater

Friedrichstadtpalast

erbaut. In technischer Hinsicht wurde das von den Politikern gesteckte Ziel „Weltniveau" erreicht. Architektonisch dagegen entstand ein großer undifferenzierter Kasten, der auf geschmäcklerische Weise dekoriert ist und noch folgenden Generationen von der Architektur der späten DDR Zeugnis ablegen wird. Die Revuen sind auch heute noch bei Berlinern und vor allem Touristen beliebt. Sie genießen die aufwendigen und optisch ausgefeilten Shows eines Ensembles, dessen herausragende Eigenschaft vor 1989 mit den Worten „Die schönsten Beine des Sozialismus" bespöttelt wurde.

Dem Friedrichstadtpalast gegenüber liegt die Reinhardtstraße, Entree ins Theaterviertel. Vorbei an einem Luftschutzbunker biegt man rechts in die Albrechtstraße ein und befindet sich dann vor einem der traditionsreichsten Theaterkomplexe Berlins: 4 **Deutsches Theater** und **Kammerspiele**. Die heutige Lage an Grünanlage und mit Büsten der bedeutendsten Hausregisseure gesäumtem Vorplatz wurde erst nach dem Zweiten Weltkrieg geschaffen, früher handelte es sich um ein Hinterhoftheater. Die Anfänge liegen hier 1850 mit dem Bau des „Friedrich-Wilhelmstädtischen Theaters", von dem noch Teile des schönen und sehenswerten Inneren erhalten sind. Größere Bedeutung gewann das Haus aber erst als Deutsches Theater ab 1894, als mit Otto Brahm, Max Reinhardt und zu DDR-Zeiten Wolfgang Langhoff Theatergeschichte geschrieben

Tacheles, Hinterhof

wurde. Auch heute noch zählt das DT zu den bedeutendsten Theatern Berlins.

Auf dem Weg zum Schiffbauerdamm passiert man die ruhige **Marienstraße**, deren Wohnhausbebauung als Gesamtensemble einzigartig in Berlin ist. Hier ist durch die vergleichsweise kleinen und hübschen Häuser der ersten Hälfte des 19. Jahrhunderts noch die bisweilen etwas stickige Atmosphäre einer Kleinstadt erhalten geblieben.

An der Spree, zurückgesetzt von der Uferstraße und weithin sichtbar durch den sich auf dem Dach drehenden grünen Kreis mit den eingeschlossenen Initialen BE, liegt das ehemalige „Neue Theater am Schiffbauerdamm", das 5 **Berliner Ensemble**. Das Gebäude von 1892 ist zwar entstuckt, doch im Inneren in seiner historischen Gestalt erhalten. Besonders der üppig in neubarocken Formen dekorierte Zuschauerraum imponiert als Raumerlebnis. Neben vielen Erfolgen dieses Hauses von Reinhardt oder Zuckmayer gilt der 31. August 1928 als Sternstunde, als die „Dreigroschenoper" von Brecht und Weill uraufgeführt wurde. 1931 machten Nationalsozialisten aus dem Haus ein „Deutsches Nationaltheater", fortan wurde Seichtes geboten, zunächst zur Unterhaltung, dann zum Durchhalten, gleichzeitig wurde die Immobilie „arisiert".

Bertolt Brecht war 1948 aus dem Exil mit der Selbsteinschätzung zurückgekehrt, er allein könne das deutsche Theater erneuern. Es drängte ihn dafür zum Haus seines größten Publikumserfolges. Nach der Berliner Erstaufführung von „Mutter Courage" am Deutschen Theater hatte sich um Brecht im September 1949 das „Berliner Ensemble" gegründet, das eine Sonderrolle innerhalb des DDR-Theaterlebens spielen sollte; hier wurde international bedeutendes Theater geschaffen. Die SED-Kulturpolitik war keineswegs mit Brecht und seinem Werk konform, räumte ihm aber aus eigennützigen Interessen den notwendigen Spielraum ein. Wenige Wochen nach dem Aufstand des 17. Juni 1953 bestimmte das Politbüro den Bau für das Berliner Ensemble. Mit Brecht konnte das „BE" durch seine kompromisslose Selbstbehauptung eine politische Einflussnahme der SED verhindern und hervorragende Schauspieler anziehen. Mit seinem Tod verlor das „BE" seinen genialen Dramatiker und damit die Lebendigkeit. Es wurde zu einem verstaubten Tempel für einen Säulenheiligen, den im vorletzten Jahr ihres Bestehens die DDR zu seinem 90. dann in Erz erstarren ließ: Fritz Cremer setzte ihn in **Bronze** auf eine Kreisfläche, die eine Drehbühne symbolisiert und mit dem Gedicht „Fragen eines lesendes Arbeiters" geziert ist. Nun hofft man, die Agonie mit aufwendiger Renovierung und neuer Leitung hinter sich lassen zu können.

Geht man weiter zur Weidendammer Brücke, mündet links die Straße „Am Zirkus" und hält mit ihrem Namen die Erinnerung an eines der berühmtesten Berliner Gebäude wach: den – 6 **alten – Friedrichstadtpalast**. Nach dem Ersten Weltkrieg war er aus einer zum Zirkus umgebauten Markthalle entstanden und hieß „Großes Schauspielhaus". Hans Poelzig hatte ihn für Max Reinhardt zu einer der berühmtesten expressionistischen Architekturen umgebaut. Nach Kriegszerstörung und Wiederaufbau wurde das Haus unter dem neuen Namen „Friedrichstadtpalast" republikweit bekannt und beliebt unter anderem als das Haus, in dem die Fernsehsendung „Ein Kessel Buntes" beheimatet war. Doch die Fundamentierung des Hauses im Spree-

Am Tränenpalast

tal war problematisch und brachte das altehrwürdige Haus ins Wanken. Eine Instandsetzung wäre zu aufwendig gewesen, ohne dass es dem Haus die notwendigen technischen Neuerungen gebracht hätte. So tobte die Abrissbirne, beseitigte dabei noch die in den Foyers erhaltene berühmte Ausstattung und hinterließ eine bis heute ungenutzte Brachfläche.

Die 7 **Weidendammer Brücke** ist eine kunstvolle eiserne Konstruktion von 1897. Von ihr hat man zur einen Seite Reichstag und einen Teil der neuen Regierungsbauten, zur anderen Seite das Bodemuseum auf der Museumsinsel im Blick.

Hinter der Brücke liegt links der graue 8 **Admiralspalast**, der 1910 als Badeanstalt mit Eislaufbahn errichtet wurde. Im Vorderhaus, in dem sich Reste der Badeanstalt-Ausstattung erhalten haben, residiert u. a. die „Distel", sicherlich das bedeutendste Kabarett der DDR, das seine Erfolge wie auch seine Unabhängigkeit in die Bundesrepublik herüberführen konnte. Da die auf dem hinteren Grundstücksteil gelegene Eislaufbahn floppte, wurde sie in den zwanziger Jahren in ein Theater umgebaut. Hierin spielte nach dem Krieg die Staatsoper bis zu ihrer Wiedereröffnung 1955 Unter den Linden. Für das DDR-Geschichtsbild wichtiger war aber der Umstand, dass hier 1946 der Vereinigungsparteitag der SPD und KPD zur SED stattfand; damit war das Gebäude sakrosankt. Später zog hier das Metropoltheater ein, das mit leichter Muse das Publikum in der DDR erfolgreich unterhielt und schließlich der unglücklichen Konstellation von unengagierter Kulturpolitik und erfolglosem Intendanten zum Opfer fiel. Auf der Straßenseite gegenüber hat sich dagegen das mittlerweile denkmalgeschützte gläserne Empfangsgebäude für den ehemaligen Transitverkehr des Bahnhofs, 1961/62 errichtet, als Veranstaltungsort unterschiedlichster Konzerte und „Events" etabliert. Sein heutiger Name 9 **Tränenpalast** verweist auf die Abschiedsszenen, die sich hier bis 1989 abspielten.

Beherrscht aber wurde das Leben dieses Straßenabschnittes weniger von den Bühnen als von dem 1882 eröffneten und aufwendig renovierten 10 **Bahnhof Friedrichstraße**. Er hat der nördlichen Friedrichstraße überhaupt erst Leben gebracht, denn zuvor befand sich hier in einer gewissen Ländlichkeit der Gashochbehälter

Haus der Schweiz, Detail

für die Beleuchtung der „Linden". Die Einweihung erfolgte unter dem Titel „Centralbahnhof", nicht ohne Grund, waren doch die älteren Bahnhöfe alle Kopfbahnhöfe. Hier dagegen befand man sich mitten im Fernverkehr zwischen Paris und St. Petersburg. Die Hohenzollern taten das Ihre zur Aufwertung, indem sie hier den kaiserlichen Empfangssalon einbauen ließen. Von kaiserlichen Gästen bis zu Fahrkarteninhabern 3. Klasse sprudelten die Reisenden in die berühmte Straße.

Vor dem Bahnhof erheben sich große Neubauten. Hier stand seit 1878 Berlins zweitältestes Grand Hotel, das Central. Mit seinen überkuppelten Ecktürmen, den Fassadenmosaiken und Balkons sah es bis zur Kriegszerstörung wie ein Pariser Warenhaus aus. Der Clou des Hauses war der Wintergarten, der mit einer Fläche von knapp 1500 Quadratmetern völlig überdimensioniert war. Er wandelte sich bald zu einem Veranstaltungort erster Güte und wurde in den zwanziger Jahren überregional berühmt.

Gegenüber ragt über Neubauten ein weißer Riegel mit schwarzem Kern gen Himmel, das (11) **Internationale Handelszentrum** der DDR, 1978 in westlich-moderner Hochhausbauweise hochgezogen. Nach wenigen Schritten verengt sich die Friedrichstraße, das „Kulturkaufhaus" mit einigen in den Neubau integrierten alten Fassaden und das Hotel „Maritim pro Arte" – Kunst findet sich allein im Inneren – wurden wieder auf der ursprünglichen Bauflucht errichtet. Dahinter haben sich an der Friedrichstraße als historische Bauten noch die (12) **Polnische Apotheke** (1900) und das **Haus der Schweiz** (1937) mit bronzenem Tellknaben an der Ecke erhalten.

Die Kreuzung mit der Straße Unter den Linden war wohl die berühmteste in Berlin. Der Verkehr war schon um die Jahrhundertwende so groß, dass er von Preußens erstem Verkehrspolizisten, bisweilen mit Trompete, geregelt werden musste. Dennoch oder gerade deswegen: Hier fanden sich die drei berühmtesten Cafés der Stadt: **Kranzler**, **Bauer** und **Viktoria**. Bauer schloss schon 1924 seine Pforten, Kranzler und Viktoria wurden im Krieg zerstört.

In den sechziger Jahren rückte man die Neubauten von der Kreuzung ab, das Hotel Unter den Linden legt noch davon Zeugnis ab. Auch die späteren Boulevard-Pläne der Honecker-Zeit wollten die Trasse der Friedrichstraße nach Osten um etwa das Doppelte verbreitern. Von den Linden bis zur Leipziger Straße wurden repräsentative Großbauten, darunter sogar ein Spielcasino, geplant und begonnen, deren äußere Gestaltung offenbar das wettzumachen versuchte, was die Fantasielosigkeit industrieller Bauweise gleichzeitig in Berlin anrichtete. Diese Bauten sind durch die Wende nicht mehr fertig gestellt, begonnene Rohbauten wieder abgerissen worden. Einzig das „Westin Grand", 1987 als (13) **Grand Hotel** eröffnet, gibt einen Eindruck von dieser Phase und zeigt uns die Vorstellungen der politisch Verantwortlichen von einem Hotel mit Weltniveau. Im Inneren besitzt das Hotel eine postmoderne Ausstattung, die zwar eine gediegene Gemütlichkeit besitzt, der aber wirkliche Eleganz fehlt. Ein wenig scheint auch die Welt des Friedrichstadtpalastes mit hineingespielt zu haben, so in der „Revuetreppe" in der durch alle Geschosse reichenden Halle. Die Gastzimmer sind sogar teilweise mit historistischen Möbeln ausgestattet („Schinkel-Suite"). Die seltsam abgeschrägte Ecke zur Behrenstraße mit dem Bogen soll an die bis zur Kriegszerstörung stehende Kaisergalerie erinnern, die hier ihren Haupteingang hatte und als eine der Attraktionen der Friedrichstraße galt.

Das gegenüberliegende Gebäude ist einer der wenigen erhaltenen Vorkriegsbauten. Errichtet von der Pschorr-Brauerei, war es ebenfalls ein beliebter Vergnügungsort. Zu DDR-Zeiten war es, nicht ganz so vergnüglich, Sitz der SED-Kreisleitung Mitte und wurde im Januar 1990 auf Beschluss des „Runden Tisches" von den politisch oppositionellen Gruppierungen der DDR übernommen. Seitdem führte es den Namen „Haus der Demokratie" und konnte Ende 1990 von einem neu gebildeten „Hausverein" der Gruppierungen erworben worden. Knapp zehn Jahre später übernahm der Beamtenbund die Immobilie. Das Haus der Demokratie ist nach Prenzlauer Berg umgezogen. Gegenüber liegen die Neubauten der neunziger Jahre, die aus der Straße wieder einen „Erlebnisraum" werden lassen sollen. Was das heißt, muss der Flaneur in den Höfen, „Passagen" und „Quartieren" selbst herausfinden. Erläuterung jedenfalls bedürfen die Grundregeln, nach denen diese Gebäude gestaltet wurden: Nach der politischen Vereinigung der Stadthälften wurden neue Richtlinien zur Wiedergewinnung eines angemessenen Stadtbildes entwickelt: Die „Kritische Rekonstruktion des Stadtgrundrisses" brachte den alten DDR-Bauvorhaben das Aus. Politiker, Architekten, Senatsbaudirektor und Investoren erfanden darauf die Friedrichstraße und ihre Umgebung neu. Auf der Straßenbreite von 1701 wurde die 22-Meter-Mietskasernen-Traufhöhe der Bauordnung von 1887 festgeschrieben. Die Gestaltung des Außenbaus als „Lochfassade" – Fenster in steinerner Fläche im Gegensatz zur klassischen gläsernen „Vorhangfassade"– wurde ebenso festgelegt wie ein Wohnanteil von 20 Prozent – obwohl der in der Friedrichstraße bereits um 1900 weit unter 10 Prozent gelegen hatte.

Die drei ältesten Neubauten sind die 14 **Quartiere 205-207**, die unterirdisch miteinander als Friedrichstraßenpassagen verbunden sind. Den nördlichen Bau, in dem sich u. a. die **Galeries Lafayette** befinden, entwarf der französische Stararchitekt Jean Nouvel, dem man den „roten Teppich" ausrollte, indem er keine „Lochfassade" bauen musste. Den südlichen Block baute Oswald Mathias Ungers in dem ihm eigenen Vertrauen auf Zurückhaltung und die Kraft des Quadrates. Den dazwischen liegenden Bau schuf das Büro Pei, Cobb, Freed & Partners mit besonders aufwendiger Ausstattung. Ob es sich hierbei um der Bauaufgabe angemessene große Innenarchitektur handelt oder um die „nervöse Hektik der quasibarocken Marmorkleberei und Steintapezierarbeit" (Seitz), wird die Zukunft entscheiden. In jedem Fall hat sich der bauliche Charakter des Straßenraums sehr intellektuell, elegant und kühl verändert. Bemerkenswerterweise fällt zwischen all den Neubauten der früher unübersehbare Koloss des **Hauses der sowjetischen Wissenschaft und Kultur** kaum noch auf. Das 1984 mit Granit- und Marmorfassade erbaute Gebäude war die größte entsprechende Institution außerhalb der Sowjetunion und ist in seiner Zweckbestimmung durch seine neuen Edel-Geschäfte nicht sofort zu erkennen.

Galeries Lafayette

In der Friedrichstraße konnte man früher vieles unternehmen, nur nicht unbedingt einkaufen. Dass man heute nicht viel mehr machen kann, als einzukaufen, ist ein Experiment, dessen Erfolg erst nach Jahren beurteilt werden kann. Denn noch

Am Checkpoint Charlie, mit einer Nachbildung des Wachhäuschens

ist die Friedrichstraße in diesem Abschnitt für Berliner und Auswärtige „neu" und damit interessant, so dass es vor allem am Wochenende sogar ein regelrechtes Flanier-Leben gibt. Abends wirkt die mittlerweile fast vollendete Straße hingegen seltsam verödet.

Alsbald erreicht man die Kreuzung mit der Leipziger Straße, vor dem Krieg die traditionelle Einkaufsmeile der Stadt. Heute wirkt sie durch ihre in den siebziger Jahren vorgenommene radikale Umgestaltung, aufgelockerte Hochhausbebauung entlang der massiv verbreiterten Straße, unwirtlich. Die Nachwende-Neubauten an der Kreuzung sind dagegen wieder auf der ursprünglichen Straßenflucht errichtet worden. Gleich dahinter liegt das Areal des 15 **Checkpoint Charlie**, der bekannteste der ehemaligen Grenzübergangsstellen. Sein legendärer Name weckte amerikanisches Investoreninteresse. Da der Bauherr in finanzielle Schwierigkeiten geriet, wurden die geplanten beiden südlichen Blöcke vorerst nicht gebaut. Für das **Quartier 106** setzte man große Hoffnung auf den schon legendären Philip Johnson. Sein Bau ist gelegentlich als „bodenständig" charakterisiert worden, wird aber kaum zu den besten Neubauten gezählt werden können. In das Pflaster des angrenzenden kleinen Platzes an der Mauerstraße hat man den Grundriss der kleinen barocken Bethlehemkirche eingelassen, die hier bis zur Kriegszerstörung stand.

An der Ecke Zimmerstraße kann man im **Café Adler** mit Blick auf den ehemaligen „Checkpoint" Kaffee trinken und darüber nachsinnen, dass man sich im einzigen erhaltenen Ursprungsbau der Straße befindet: Auf der Brandwand in der Zimmerstraße ist der Umriss des Hauses von 1735 aufgemalt, das noch in dem gründerzeitlichen Ausbau steckt.

Am Checkpoint Charlie hat man eine der 1920 künstlich geschaffenen Bezirksgrenzen von Mitte zu Kreuzberg überschritten. Bis zum Mauerfall war dies hier für die West-Berliner „Zonenrandgebiet", allenfalls auf der Kochstraße durchfuhr man dieses Viertel, das weder Stadtmitte noch eigentlich „Kreuzberg" ist. Atmosphäre vermitteln die Bauten hinter der Kreuzung Kochstraße auch nicht gerade: links das ehemalige 16 **Reichsgauarbeitsamt Berlin** (1938-40) und gegenüber die „Ausländerpolizei", gefolgt von kaum charakterisierbarer Architektur. Gerade am Wochenende herrscht hier eine Tristesse, die unterschiedlicher zum Treiben zwischen „Linden" und „Leipziger" nicht sein könnte.

Aus dieser Trostlosigkeit kann man sich zu zwei nahe liegenden bedeutenden Bauten retten. Über die Besselstraße erreicht man das ehemalige 17 **Berlin Museum** an der Lindenstraße. Der sehr prachtvolle Barockbau war 1735 als Kollegienhaus erbaut worden und diente bis zur Eröffnung des Neubaus im Kleistpark als Kammergericht, an dem u. a. E. T. A. Hoffmann seinen Lebensunterhalt verdiente. Das im Krieg völlig zerstörte Haus wurde bis 1969 als Berlin Museum wieder aufgebaut.

Auf dem rechts anschließenden Grundstück wurde nach einer sehr langen Planungsphase bis 1998 der Neubau des **Jüdischen Museums** fertig gestellt. Es ist zweifellos eines der interessantesten nach der Wende errichteten Gebäude. Daniel Libeskind gestaltete es als blitzartige Formation eines zerbrochenen Davidssterns. Das Innere enthält teils Ausstellungsräume, teils symbolisch-assoziative Raum-Folgen.

Jüdisches Museum

Weiter südlich befindet sich das 18 **Haus des Deutschen Metallarbeiter-Verbandes**, heute Sitz der IG Metall. Der elegante tortenförmige Bau mit konkav geschwungener Fassade von1929 ist eine der bedeutendsten Architekturen der Klassischen Moderne in Berlin und ein Hauptwerk Erich Mendelsohns.

Über die gegenüber einmündende Brandesstraße gelangt man zum Endpunkt der Friedrichstraße, den 19 **Mehringplatz** mit dem **Halleschen Tor**. Man wird es, wie schon das Oranienburger Tor, vergeblich suchen, denn die Reste der hübschen Torhäuser sind mit der gesamten Platzumbauung abgeräumt worden, lediglich einige Säulenreste fristen ein kümmerliches Dasein. Auf diesem Platz mündeten einst Friedrich-, Wilhelm- und Lindenstraße, eine Kopie des Stadtgrundrisses der Renaissance-Stadt Rom. Im italienischen Original entspricht dem Mehringplatz die Piazza del Popolo und der Friedrichstraße der Corso. Von seiner Geschichte kann man am Mehringplatz kaum noch etwas ablesen. Man muss die Hinweistafeln im Durchgang an der Südseite bemühen, die von der Anlage des Platzes bis zu seiner Zerstörung in Wort und Bild erzählen.

Nach dem Krieg entstand hier nach Plänen von Hans Scharoun und Werner Düttmann ein Fußgängerplatz mit abweisenden Hochhäusern, auf eine nie gebaute Stadtautobahn hin konzipiert. Auf den Bänken sitzen die Rentner, einige wenige Skater komplettieren die städetebauliche Ödnis. Ein einziges geschichtliches Zeugnis befindet sich heute noch auf dem Platz. Aus politischen Gründen konnte man es nicht entfernen, denn es handelt sich um die von Cantian und Rauch geschaffene **Friedenssäule**, errichtet 1840 zum 25. Jubiläum des Friedens nach den Napoleonischen Kriegen.

So allein gelassen, macht die auf der Säule flatternde Viktoria den vergeblichen Versuch, den festlichen Abschluss oder Auftakt zur Friedrichstraße zu bilden.

Andreas Bernhard

Der Gendarmenmarkt

Schönster Platz Europas?

Unbekümmert wird der Gendarmenmarkt im Berliner Massentourismus als „schönster Platz Europas" verkauft, nur weil dies einmal vor 200 Jahren von einem Reisenden geäußert wurde. Heute wäre er in seinem Urteil vorsichtiger: Ein Platz definiert sich vor allem über seine Randbebauung, und die ist hier eher mittelmäßiger Natur. Der Gendarmenmarkt wird durch die drei auf ihm stehenden Bauten bestimmt, er ist baulich harmonisch und doch ungemütlich, voll von Touristen, die ihr obligatorisches Foto vor dem Schiller-Denkmal schießen, und doch nicht wirklich belebt. Für die Berliner ist er vor allem Transitraum zwischen Konzerthaus, Ausstellungs- und Gaststätten. All seine historischen Phasen haben Spuren hinterlassen; es ist kein Ganzes daraus geworden – aber etwas mit einer spannenden Geschichte.

Ende des 17. Jahrhunderts wurde die Friedrichstadt angelegt, vor allem von Glaubensflüchtlingen aus Frankreich, denen der Große Kurfürst mit seinem „Edikt von Potsdam" Bleiberecht gewährte. Drei Hauskarrees wurden ausgespart; es entstand ein Marktplatz, umgeben von zweigeschossigen Typenbauten.

An seiner Nordseite entstand ab 1701 die **Französische Friedrichstadtkirche**, ein etwas verkleinerter Nachbau der Hauptkirche der Hugenotten in Charenton, die der französische König Louis XIV. hatte abreißen lassen. Als Pendant dazu wurde im Süden des Platzes die „Neue Kirche" für Schweizer Immigranten errichtet. Da hierin auf Deutsch gepredigt wurde, bürgerte sich bald der Name **Deutsche Kirche** ein. Beide Kirchen waren zunächst von Friedhöfen umgeben, später ließ sie der „Soldatenkönig" Friedrich Wilhelm I. mit Pferdeställen für das Regiment Gens d'armes überbauen. Für ein halbes Jahrhundert änderte sich nichts als der Name, umgangssprachlich wurde aus dem „Friedrichstädtischen Markt" der „Gendarmenmarkt".

Friedrich II. kam auf die abenteuerliche Idee, seine allzu nüchterne Hauptstadt durch zwei Kuppelbauten (französisch le dôme = die Kuppel, daher der Name Deutscher und Französischer Dom) zu schmücken. Ab 1780 von Carl von Gontard gebaut, waren die Türme reine Schauarchitektur. Die Kirchen wurden weder durch die Türme betreten, noch enthielten sie irgendetwas – wirkungsvolle Kulissen, die nun aber nach einem architektonischen Gegengewicht verlangten. Ab 1800 wurde ein Theaterbau errichtet, der wegen seines flachen Daches in der Bevölkerung „der Koffer" genannt wurde; er brannte bereits 1817 ab. Aus seinen Ruinen schuf Karl Friedrich Schinkel das heute noch im Äußeren bestehende **Schauspielhaus**, mit dessen Bau er Architekturgeschichte geschrieben hat. Es hieß zwar **Königliches Schauspielhaus**, war aber de facto das bürgerliche Pendant zur Knobelsdorffschen Oper.

Um 1800 befand sich rund um den Gendarmenmarkt das bürgerliche Viertel der Residenzstadt, Salonnièren wie Henriette Herz oder Rahel Levin residierten hier, von Literaten umschwärmt. Man informierte sich in den Zeitungen der umliegenden Konditoreien, die berühmte Gaststätte **Lutter & Wegner** ermöglichte einen Blick auf den Platz, bekanntester Stammgast war E. T. A. Hoffmann, der seinem Stammplatz in der Novelle „Des Vetters Eckfenster" ein literarisches Denkmal setzte.

1871 wurde nach langen Planungen das **Schillerdenkmal** errichtet, im Grunde genommen ein Brunnen. Wichtiger aber war die Umwandlung von einem Markt- in einen Schmuckplatz mit Grünanlagen. Gleichzeitig wich das Wohnen der Dienstleistung, die Banken nahmen die Grundstücke um die Behrenstraße in Beschlag. Nur Lutter & Wegner rettete die Illusion des Literatenplatzes über die Zeiten.

Schauspielhaus, heute Konzerthaus

Französischer Dom

Während der NS-Zeit gewährte Göring, als preußischer Ministerpräsident zuständig für die Staatstheater, dem Intendanten des Schauspielhauses Gustaf Gründgens eine Art Narrenfreiheit, damit er sich mit hochkarätigem Theater gegenüber Goebbels profilieren konnte. Für seine eigene Präsentation benötigte Göring aber den obligatorischen Aufmarschplatz und ließ die mittleren Grünanlagen asphaltieren.

Nach 1945 war der Platz mitsamt der umliegenden Bebauung eine Ruinenlandschaft. Einzig bedeutende Institution war die Akademie der Wissenschaften. Zu ihrem 250. Gründungsjubiläum 1950 wurde der Platz in „Platz der Akademie" umbenannt. Weiter geschah nichts, weil man mit dem Erbe von Kirchen und dem „Fürstenknecht" Schinkel nicht umzugehen wusste. Erst 1977 begann die Französische Gemeinde, ihre Kirche wieder aufzubauen, bis 1984 erfolgte der aufwendige Wiederaufbau des Schauspielhauses, die Restaurierung des Deutschen Doms wurde nach der Wende abgeschlossen. Hierin befindet sich die Ausstellung „Fragen an die Deutsche Geschichte", die mit dem Umzug der Regierung nach Berlin das Reichstagsgebäude verlassen musste.

Im Zuge der „Komplexen Rekonstruktion" der Friedrichstraße entdeckte die DDR den Platz als Kultur-Schaufenster der Hauptstadt. Für die Fassaden der Randbebauung verzichtete man auf die „Durchschnittsplatte". An der Ecke Jäger-, Charlottenstraße entstand ein rosa eingefärbter pseudoklassizistischer Bau, der in Fachkreisen als „Architektenmarzipan" bespöttelt wurde. Daneben wurde ein Internatsgebäude, heute ein Hotel, in Jugendstilformen erbaut. An der Südseite erfolgte mit dem Bau des „Domhotels" – heute Hilton – ein postmoderner Keulenschlag.

Etwas Tradition ist zurückgekehrt: Die Banken haben alte Standorte wieder bezogen und sich herausgeputzt, einige Nobel-Restaurants sind dazugekommen und bemühen sich im Zusammenspiel mit den Hotels um alte Eleganz und Tradition.

Nach der Wende musste die Garten- und Denkmalpflege erkennen, dass sie sich mit ihren Plänen, den ganzen Platz wieder zu begrünen, nicht durchsetzen konnte. Da er ja der „schönste in Europa" ist, muss er für Konzerte der so genannten Weltstars als Kulisse herhalten. Dann wird die Markgrafenstraße gesperrt, werden Bühnen und Sitzgelegenheiten errichtet, und es kann dem Besucher passieren, dass er vor lauter Tribünen die angebliche Schönheit gar nicht sieht.

Andreas Bernhard

Vom Oranienburger zum Rosenthaler Tor

Brecht, Fontane, Heine

Das nördliche Ende der Friedrichstraße bildet das 1 **Oranienburger Tor**. Jenseits dieser einstigen Zollstelle, deren barocke Triumphbogenform nur noch auf einem Brandwandbild erahnt werden kann, erstreckt sich die äußere Friedrich-Wilhelm-Stadt oder auch Oranienburger Vorstadt. Sie glänzt nicht auffällig, kann aber mit einer Fülle versteckter städtebaulicher und kultureller Juwelen aufwarten. Außerdem ist man hier vor dem Massentourismus recht sicher. Leider auch vor qualitätvoller Gastronomie, das Gebiet ist kulinarische Brache. Anzuraten ist daher eine Berliner Spezialität, die hausgemachte mitgenommene Stulle.

Das Gebiet war einst Weideland, das sich ab Anfang des 19. Jahrhunderts zu *dem* Berliner Industriegebiet entwickelte. Vorn rechts an der Chausseestraße lag die Borsigsche Maschinenanstalt, an sie anschließend reihten sich die Fabriken von Wöhlert, Egell, Schwartzkopff und anderen. Der Ruß, das Pochen der Dampfhämmer, die Hitze der Öfen und die „Massen schwärzlicher Arbeiter, die durch die Straßen quollen", ergaben zusammen eine Atmosphäre, die zu der Bezeichnung „Feuerland" führte. Wer heute durch das Gebiet läuft, wird davon nichts mehr erkennen. Lediglich einige Meter die Chausseestraße hinauf ist noch ein Gebäude der Firma Borsig erhalten, das mit bronzenem Schmied und Firmenbezeichnung ans Feuerland erinnert. Es entstand 1899, als Borsig seinen Umzug nach Tegel weitgehend abgeschlossen hatte.

Diese Maschinenbaufirmen hatten maßgeblichen Anteil an der Industrialisierung Berlins. Aus Großbritannien eingeführtes Know-how förderte die Herstellung von Dampfmaschinen und Lokomotiven, aber auch von Rüstungsgerät. Durch die Wirtschaftskrise um 1873 gerieten diese Firmen in wirtschaftliche Schwierigkeiten und verlegten ihren Betrieb in Gebiete außerhalb der Stadt. Die ehemaligen

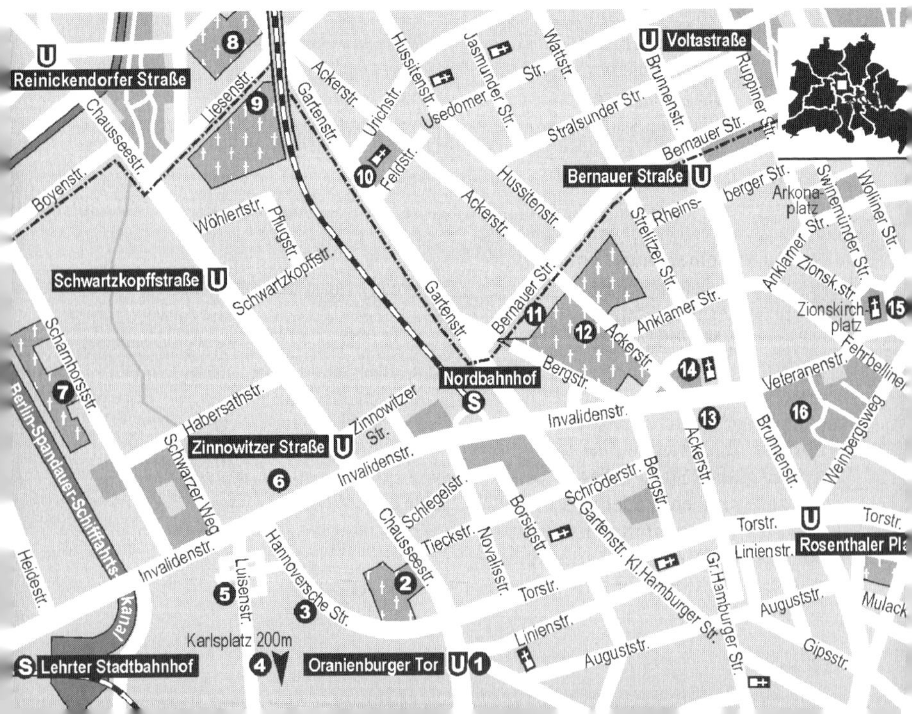

Französischer Friedhof

Standorte wurden anschließend mit rentableren Mietskasernen bebaut, die das Stadtbild östlich der Chausseestraße noch heute prägen.
Auf der gegenüberliegenden Seite blieben zwei von ehemals fünf Friedhöfen erhalten, der (2) **Dorotheenstädtische** und der alte **Französische Friedhof**. Nach dem Kirchhofkomplex vor dem Halleschen Tor ist dies der älteste und bedeutendste Berlins. Im 19. Jahrhundert war das Gebiet der Dorotheenstadt zwischen Unter den Linden und Spree ein gutbürgerliches Viertel mit Universität. Daher sind hier viele Professoren begraben, darunter Fichte und Hegel. Brecht hat hier wunschgemäß 1956 seine letzte Ruhestätte gefunden und zog viele Kulturschaffende der DDR nach. Da die Bestattung für Nicht-Gemeindemitglieder immer vom Wohlwollen der Kirchengemeinde abhing, erwarb schließlich die Akademie der Künste ein Feld – auf dem u. a. Anna Seghers begraben ist – als „Friedhof im Friedhof" und war unabhängig von der Gemeinde. Auch heute noch hat der „Dorotheenstädtische" eine ungebremste Anziehungskraft, wie letzte „Neuzugänge" von Heiner Müller über Stephan Hermlin bis zu Bernhard Minetti und Hans Mayer zeigen. Ein Liegeplan am Eingang gibt eine erste Orientierung, die versteckten Details auf den Grabmalen gilt es selbst zu entdecken: etwa der Schinkel-Spruch auf der Rückseite seines Steines, die Kriegsnarben des Grabmals Klenze oder der Aschenbecher auf der Umrahmung von Heiner Müllers Grab. Der benachbarte Französische Friedhof ist der älteste Friedhof der

Dorotheenstädtischer Friedhof

Berliner Hugenottengemeinde und bietet weniger Prominentengräber als bedeutende Grabmalskunst, z. B. an den Grabmälern von Ravené, Ancillon oder Devrient. An den Friedhof grenzt im Norden ein bürgerliches **Mietshaus** aus der Mitte des 19. Jahrhunderts. Dessen Hofquerflügel hat 1953 Werner Henselmann für Brecht ausgebaut, von außen sichtbar an den großen Fenstern. Brecht hat hier seine letzten drei Lebensjahre verbracht „mit Blick auf Fichte und Hegel und Hugenottengeneräle" – durchaus dichterische Freiheit, denn dieser Blick ist allein vom Badfenster aus möglich. Hier war der zuletzt sehr lauffaule Stückeschreiber nah an seinem Theater und konnte die Künstler um sich herum versammeln. Nach seinem Tod hat Helene Weigel die Räume museal erhalten, sodass sie heute neben dem Humboldtschloss Tegel als die wichtigste authentische Gedenkstätte Berlins gelten können.
Bevor man sich weiter gen Norden aufmacht, bietet sich ein Schlenker über das Charité-Gelände an. Nach einem Eckhaus an der Hannoverschen Straße passiert man jenes Ministerium, das einst die „Ständige Vertretung der Bundesrepublik Deutschland bei der Regierung der DDR" beherbergte. Man folgt der Hannoverschen Straße, bis man links auf das Gelände von (3) **Charité** und **Tierarzneischule** gelangt. Es ist von überraschender Idylle: Durch parkartig gestaltetes Grün dümpelt das Flüsschen Panke. Geht

Naturkundemuseum

man nun nach Westen, stößt man auf ein Gebäude mit flacher Kuppel: Das **Anathomische Theater**, das 1789 Langhans, der Architekt des Brandenburger Tores, gebaut hat. Man sollte unbedingt versuchen, das Innere zu besichtigen, wo unter der bemalten Kuppel ehemals seziert wurde, umringt von amphitheatralisch ansteigenden Sitzreihen. Weiter nach Westen gelangt man zur Luisenstraße, an der der schöne, 1839 erbaute **Hauptbau der Tierarzneischule** steht. Nun steht man vor dem Komplex des wohl berühmtesten Krankenhauses der Stadt.

Seit 1982 ragt rechts das **Hochhaus** der Chirurgischen Klinik als städtebauliche Dominante in den Himmel. An der Ecke zur Schumannstraße stößt man auf das von Rudolf Siemering geschaffene **Denkmal** für den Augenarzt von Graefe. Auf dem nahe gelegenen (4) **Karlsplatz** steht das **Denkmal** für Virchow von Fritz Klimsch, nicht mit dem Standbild des Arztes, sondern von einer Löwenkämpfergruppe bekrönt, die das „Ringen" des Arztes um Krankheitsbekämpfung symbolisieren soll. Hier liegt auch der Haupteingang zum Krankenhausgelände, seit der großen Neubauphase vom Anfang des 20. Jahrhunderts mit Rundturm repräsentativ gestaltet.

Für gewöhnlich folgt an dieser Stelle in Reiseführern eine lange Liste von Ärzten von Graefe über Sauerbruch bis Brugsch, die die Bedeutung dieser Institution verdeutlichen soll. Dabei wird geflissentlich verschwiegen, dass die Charité erst seit den großen Neubauten um 1916 wirklich den Namen „Krankenhaus" verdient.

Begründet wurde das Haus 1711 vom ersten Preußenkönig angesichts einer drohenden Epidemie als Pesthaus außerhalb der Stadt. Die Pest blieb aus, man wandelte das Haus in ein (Armen-)Krankenhaus um und versah es mit klangvollem Namen. Wer es sich damals leisten konnte, ließ sich dennoch vom Hausarzt behandeln, denn in der Charité zu landen bedeutete selten Gutes. Nach der Französischen Revolution kursierte der böse Spruch, dass das, was in Paris die Guillotine schaffen würde, in Berlin durch ein Krankenhaus namens Charité – französisch für Barmherzigkeit – erledigt würde. Hier wurde weniger gepflegt als geforscht.

Diese Tage sind lange vorbei, und so tue man sich auf dem teilweise durchaus attraktiven Krankenhausgelände um, wo Heerscharen von Medizinerbüsten die Zeit repräsentieren, als an der Charité Weltbewegendes für die Medizin geleistet wurde. Noch heute ist sie eine bedeutende Institution, wenngleich nicht mehr so spektakulär wie zu Kaisers Zeiten.

Die Luisenstraße führt zum (5) **Robert-Koch-Platz**, auf dem die **Denkmäler** des Tuberkel-Entdeckers, 1916 von Tuaillon geschaffen, und des Chemikers Emil Fischer, 1921 von Klimsch, thronen. Gegenüber liegen drei **Monumentalbauten**, die 1874/89 von August Tiede errichtet wurden: in der Mitte das (6) **Naturkunde-Museum**, rechts davon die Landwirtschaftliche Hochschule, links die Bergbau-Akademie. Ein Besuch des Naturkunde-Museums empfiehlt sich, sowohl wegen des Gebäudes als auch wegen der umfangreichen Sammlung, die eine der bedeutendsten ihrer Art ist – man sollte sich Zeit nehmen.

Der Lichthof, die Sammlungssäle und die Treppenhäuser sind in Eisenkonstruktion ausgeführt. Besonders beeindruckend ist der glasgedeckte Lichthof, in dem ein 23 Meter langes und 12 Meter hohes Dinosaurierskelett – angeblich das weltweit größte ausgestellte – die Skelettbauweise der Natur inmitten der Skelettbauweise der Architektur repräsentiert.

Invalidenfriedhof mit Teilen der Berliner Mauer

Mittlerweile beginnt westlich des Naturkundemuseums das neue Regierungsviertel. In die Bergbau-Akademie ist das Bau- und Verkehrsministerium eingezogen, an der Ecke zur Scharnhorststraße residiert in der ehemaligen „Militärärztlichen Kaiser-Wilhelm-Akademie" das Wirtschaftsministerium. Zwischen beiden Häusern liegt ein neu gestalteter Platz, auf dem sich früher die Grenzübergangsstelle Invalidenstraße befand. Er wurde durch eine ästhetizistische **Denkmalsanlage** akzentuiert, die eine gleichsam versinkende Mauer darstellt.

In der Scharnhorststraße liegt hinter den Resten des 1748 erbauten Invalidenhauses (jetzt Teil des Wirtschaftsministeriums) der 7 **Invalidenfriedhof**, der sich im 19. Jahrhundert zur vornehmsten Adresse für die letzte Ruhestätte der Berliner Militärs entwickelte. Der Friedhof hat zahlreiche bedeutende Grabmäler bewahrt, wenngleich durch die Lage im „Grenzgebiet" ganze Grabfelder abgeräumt worden sind. Hier hat man sich entschlossen, die verbliebenen Abschnitte der Hinterlandsmauer als Denkmal zu erhalten. Sie sind in Zusammenhang mit dem erhaltenen Wachturm an der Kieler Straße zu sehen, der, heute teilweise von sechsgeschossiger Bebauung eingefasst, geradezu harmlos anmutet. Das bedeutendste **Grabmal** auf dem Invalidenfriedhof ist jenes, das Schinkel und Rauch für **Scharnhorst** 1834 geschaffen haben: ein schlafender Löwe auf hohem sarkophagähnlichen Marmorpostament. Doch ruhen auf dem Invalidenfriedhof nicht nur Ruhmespersonen wie etwa der Turn-Begründer und Jahn-Freund Karl Friedrich Friesen. Beispielsweise wurde hier 1942 der von tschechischen Patrioten getötete Gestapochef Reinhard Heydrich mit großem Staatsakt beigesetzt. Seit dem Zweiten Weltkrieg wurden keine Militär-Bestattungen mehr vorgenommen. Die Denkmalpflege hat die Grundstrukturen des 19. Jahrhunderts rekonstruiert und restauriert derzeit die erhaltenen Grabmäler.

Vom Invalidenfriedhof gelangt man über die Habersaathstraße zur Chausseestraße. Linker Hand erstreckt sich eine für Berlin ungewöhnlich große innerstädtische **Stadtbrache**, die von Golfern, Mountainbike-Besitzern oder zum Drachensteigen genutzt wird. Sie war ehemals mit einer Kaserne bebaut. Nach deren Abriss entstand in den fünfziger Jahren das „Stadion der Weltjugend", das zwischenzeitlich den „Ehrennamen" Walter Ulbrichts im Stadtplan verortete. Mittlerweile ist dieses Stadion wegen Baufälligkeit abgetragen. Da die Olympischen Spiele 2000 ihren Platz nicht in Berlin gefunden haben, ist auch keine neue Sportstätte an seine Stelle getreten.

Die Chausseestraße hat hier einen besonders ungemütlich-windigen Charakter, denn dort, wo die Liesenstraße von rechts mündet, befand sich bis 1990 ein innerstädtischer Grenzübergang. An ihn erinnert auf dem begrünten ehemals West-Berliner Eckgrundstück ein heute etwas modisch anmutendes **Wiedervereinigungsdenkmal** von 1962 mit zwei stilisierten Personen, die sich über zwei Mäuerchen hinweg die Hände reichen. Der Mauerstreifen entlang der Liesenstraße ist schon weitgehend verschwunden, die hier liegenden Friedhöfe haben wieder ihre Eingänge zur Straße. Auf dem übermäßig gepflegten 8 **Dorotheenstädtischen Friedhof II** links ruhen unter anderem die Zirkusfamilien Renz, Busch und Schumann, Cafetier Kranzler, Dombaumeister Raschdorff und Komponist Otto Nikolai. Auf dem 9 **Friedhof St. Hedwig** gegenüber hat alles, was in der katholischen Welt Berlins Rang und Namen hatte, letzte Ruhestatt bezogen: vom Domkapitel über die Adlons, die Konfektionäre Peek und Cloppenburg, Bier-Patzenhofers, Cafétier Bauer bis hin zu zahlreichen Personen aus dem Kulturleben. Auf dem benachbarten Französischen Friedhof befindet sich unter anderem das **Grab Fontanes**.

Nach wenigen Metern entlang der Liesenstraße biegt man unter einer **Eisenbahnbrücke** nach rechts in die Gartenstraße. Diese Brücke war, als sie Ende des 19. Jahrhunderts für die zur Ostsee führenden Schienenstränge neu erbaut wurde, eine ingenieurtechnische Meisterleistung. Seit der Blockade 1948 wurde sie nicht mehr genutzt, heute steht sie verrostet und etwas bedrohlich wirkend als letztes historisches Objekt in einem ansonsten in den siebziger Jahren radikal umgestalteten Viertel. Wir berühren hier das Gebiet, das 1920 zu Wedding geschlagen wurde und wegen der katastrophalen Wohnbedingungen als „Nasser Wedding" traurige Berühmtheit erlangte.

Wenn man an den Backsteinmauern des Stettiner Bahnhofes, seit 1950 **Nordbahnhof**, an der Gartenstraße entlangläuft, ahnt man noch etwas von der Öde der Berliner Mauer auf West-Berliner Seite: Diese alten Mauern wurden übrigens als Teil des „antifaschistischen Schutzwalles" genutzt. Links liegt die neugotische 10 **Sebastiankirche** von Max Hasak, einer der bedeutendsten katholischen Kirchenbauten des späten 19. Jahrhunderts. Der Platz, auf dem sie steht, heißt heute **Gartenplatz** – eine verschleiernde Neubenennung des 19. Jahrhunderts, denn dies war die letzte öffentliche Hinrichtungsstätte in Berlin. Bis Friedrich Wilhelm IV. 1840 die Hinrichtungen zur Festung Spandau verlegen ließ, fanden hier die Vollstreckungen als eine Art Volksfest statt, und die Anwohner konnten ihre Fensterplätze lukrativ vermieten. Nach vollendeter Arbeit wurden die Delinquenten „ungehügelt", um den Galgen herum begraben.

Von der Gartenstraße biegt man nach links in die Bernauer Straße ein und erreicht nach kurzer Zeit rechter Hand die letzten vollständigen Grenzstreifen der Berliner Mauer und die 11 **Mauer-Gedenkstätte**. Die Bernauer Straße war eine Besonderheit: Der Straßenraum gehörte zu West-Berlin, die Fassaden der auf Ost-Berliner Seite noch fast vollständig erhaltenen Mietshausbebauung aus dem 19. Jahrhundert bildeten die Sektorengrenze. Hier fanden die spektakulären Fluchtaktionen durch Sprünge aus den Fenstern statt, als die Häuser ab dem 22. August 1961 geräumt wurden. Später riss man sie ab und legte einen kompletten Grenzstreifen mit „vorderem Sperrelement", „Kontrollstreifen", Kolonnenweg, Wachtürmen und „Hinterlandmauer" an. Der Abriss der „Mauer" verselbständigte sich 1990, öffentliche Diskussionen um die Erhaltung eines Abschnittes wurden

Mauer-Gedenkstätte

kaum geführt. Ein Stück auf dem Sophienkirchhof an der Bernauer Straße blieb eher zufällig übrig und wurde dann als Ort einer Gedenkstätte festgelegt. Abgesehen davon, dass eine geschichtliche „Entsorgung" der Mauer auf einem Friedhof nicht unbedingt von Geschmack zeugt, hatte man die Rechnung ohne die Sophiengemeinde und ihren streitbaren Pfarrer gemacht, denn kirchliche Einrichtungen hatten laut Einigungsvertrag das Recht auf Rückgabe ihrer „Mauergrundstücke". Nach heftigen Kämpfen konnte schließlich 1998 die Mauer-Gedenkstätte eingeweiht werden. Dafür wurde ein Abschnitt des erhaltenen Grenzstreifens unter Verwendung von Originalteilen restauriert und ergänzt und nach Entwurf von Kolhoff & Kolhoff seitlich mit hohen Edelroststahlwänden eingefasst. Die Zukunft der zwar ruinösen, aber authentischen anschließenden Mauer-Abschnitte ist unsicher.

Die Atmosphäre der Bernauer Straße ist aber noch immer nachhaltig von der Brache des Grenzstreifens bestimmt: Hier hat die Stadt noch nicht wieder zueinander gefunden. Die auf der ehemals Ost-Berliner Seite übrig gebliebenen Häuser wenden sich von der verkehrsreichen Straße ab. Auch die Neubauten auf der ehemals West-Berliner Seite, seit den fünfziger Jahren nach Totalabriss der historischen Bausubstanz entstanden, formen kein identitätsstiftendes Stadtbild. Aber bald wird sich dieser zur Zeit des Kalten Krieges so symbolische Straßenabschnitt durch die Bebauung des ehemaligen Grenzstreifens verändern – in welcher Weise, muss sich noch zeigen.

Nach Abriss der Wohnhäuser für den Grenzstreifen war die neugotische **Versöhnungskirche** in der Achse der Hussitenstraße das letzte Gebäude im Grenzstreifen. 1985 wurde dann auch sie zur „Bereinigung" der Grenzanlagen gesprengt. Die Versöhnungsgemeinde weihte 2000 anstelle der Kirche eine **Kapelle** auf elliptischem Grundriss, die auch das vor der Sprengung gerettete Geläut in einem Glockenträger erhielt. Die Kapelle ist als Lehmbau mit entsprechend starken Wänden konstruiert.

Mauergedenkstätte und Versöhnungskapelle werden ergänzt durch ein **Dokumentationszentrum**, das sich gegenüber im Gemeindezentrum befindet (Seite 133).

Heine-Denkmal

Über die Ackerstraße betritt man den 12 **Sophienkirchhof**, der zu den Traditionsfriedhöfen der Stadt gehört. Er hat den Beinamen „Musikerfriedhof", weil hier Kollo, Lortzing, Bechstein und „der letzte Enkel Johann Sebastian Bachs" begraben sind. Über seinen Südausgang erreicht man wieder die Invalidenstraße, wo auf dem Pappelplatz eines der wenigen Zierobjekte des Gebietes steht: der **Geldzählerbrunnen** von 1912 – ein weit hergeholtes Motiv. Zudem war die Aufstellung an diesem Ort besonders unpassend, da man sich hier in einem ehemaligen Armenviertel Berlins befand.

An der Ecke zur Ackerstraße hat sich eine 13 **Markthalle** des 19. Jahrhunderts erhalten. Heute ein Supermarkt, erzählen nur noch die im Innern aufgehängten Schautafeln von dem Treiben um die früher zahlreichen Stände. Berlins erster Stadtbaurat Hermann Blankenstein hat sie 1888 in den für ihn typischen Stilformen in gelbem Backstein errichtet. Das Innere ist als Eisenkonstruktion in mehrere Schiffe unterteilt, weshalb die Markthallen im Berliner Volksmund auch klangvoll als „Gemüsekirchen" bezeichnet wurden. Blankenstein hatte für jedes Stadtviertel eine derartige Markthalle gebaut, heute ist die Ackerhalle die einzige komplett erhaltene in Berlin.

Auch die Ackerstraße zwischen Invalidenstraße und Torstraße ist scheinbar unspektakulär, aber als weitgehend erhaltenes Ensemble aus der Mitte des 19. Jahrhunderts mit zahlreichen renovierten Häusern, wie auch einige der ruhigen benachbarten Straßen, sehenswert.

Schräg gegenüber der Markthalle steht die Ruine der 14 **Elisabethkirche**, der man auch heute noch ihre einstmals schlichte Schönheit ansehen kann. Schinkel hatte sie 1834 als erste Vorstadtkirche des Nordens erbaut. Wann sie wieder aufgebaut wird und welche Nutzung sie erhalten wird, ist noch unklar, denn als Kirche wird sie nicht mehr benötigt. An der Ecke Brunnen-, Invalidenstraße liegt das ehemalige **Warenhaus Jandorf**, das schönste erhaltene der historischen Berliner Kaufhäuser. Jandorf ließ es 1903 von Lachmann & Zauber erbauen, vier Jahre bevor er seinen großen Sprung in den Westen mit dem KaDeWe wagte.

Über die leicht ansteigende Veteranenstraße erreicht man den 15 **Zionskirchplatz** mit seiner schönen **Kirche**, von August Orth 1866 erbaut. Dieses Gebiet war mit dem benachbarten **Arkonaplatz** eines der größten Sanierungsgebiete der DDR in den siebziger Jahren. Hier herrscht heute entspannte Kiez-Atmosphäre zwischen dem ruhigen, begrünten Kirchplatz und dem belebten Arkonaplatz. An schönen Tagen ebenfalls belebt ist der 16 **Weinbergspark**, eine der raren Grünflächen in dieser Gegend. Er entstand erst nach dem Zweiten Weltkrieg durch Abriss von Mietskasernen. Seit 1958 steht im Park das **Heine-Denkmal**. Waldemar Grzimek, Bruder des Frankfurter Zoodirektors, hatte es schon 1955 für einen Aufstellungsort Unter den Linden geschaffen. Doch die sehr originelle, aber unklassische und wenig monumentale Gestaltung fand bei den politischen Entscheidungsträgern wenig Anklang. So sitzt nun der Dichter, der sich so spitzzüngig über Berlin geäußert hat, wie abgestellt ausgerechnet in der Nähe des Rosenthaler Tores, dem einzigen, durch das Juden früher die Stadt betreten durften.

ANDREAS BERNHARD

Durch die Spandauer Vorstadt

Verwinkelte Wege, verschwundene Traditionen

Ein Spaziergang durch die Spandauer Vorstadt gehört zum Pflichtprogramm eines Berlinbesuchs. Nicht nur weil sie touristisch in Mode ist, sondern vor allem weil sie das letzte erhaltene altstädtische Gebiet Berlins mit vielen Sehenswürdigkeiten und dazu noch einer der lebendigsten Stadtteile Berlins ist. „Spandauer Vorstadt" ist als Begriff nur wenigen bekannt. Der Name rührt daher, dass es die gen Spandau gelegene Vorstadt des alten Berlin war. Das Scheunenviertel dagegen ist als Begriff zum modischen Mythos und touristischen Anziehungspunkt geworden – obgleich hier so gut wie nichts erhalten ist. Da seine Geschichte aber für Berlin wichtig ist, beginnen wir unsere Route in der Nähe eines anderen mythisch behafteten Namens, dem Alexanderplatz.

Die hiervon liegenden östlichen Gebiete des Scheunenviertels sind vollständig der Neustrukturierung der Stadt zum Opfer gefallen, ringsum sozialistische Stadtgestalt in ungemütlicher Weite. Die hohen Wohnzeilen an der Karl-Liebknecht-Straße bilden die städtebauliche Mauer, hinter der die Reste ein von der Öffentlichkeit kaum bemerktes Leben in der DDR-Hauptstadt fristeten.

Wer heute von der Karl-Liebknecht-Straße in die Hirtenstraße einbiegt, wird nichts mehr von der dem Scheunenviertel eigenen Atmosphäre verspüren. Nur der Gassencharakter der schmalen Straßen und die älteste erhaltene (1) **Gemeindeschule** Nr. 1, von 1042 – und ein paar **Wohnhäuser** aus der Mitte des 19. Jahrhunderts – Nr. 16-18 – vermitteln etwas von dem altertümlichen Charakter. Seinen Namen verdankt das Scheunenviertel einem Edikt von 1675, dem zufolge alle hölzernen Schuppen und Scheunen Berlins wegen der Gefahr eines Flächenbrandes außerhalb der Stadt auf dem Schussfeld der Befestigungsanlagen errichtet werden sollten. Als Berlin dann im 18. Jahrhundert über diese Begrenzung hinauswuchs, wandelten sich die Holz-

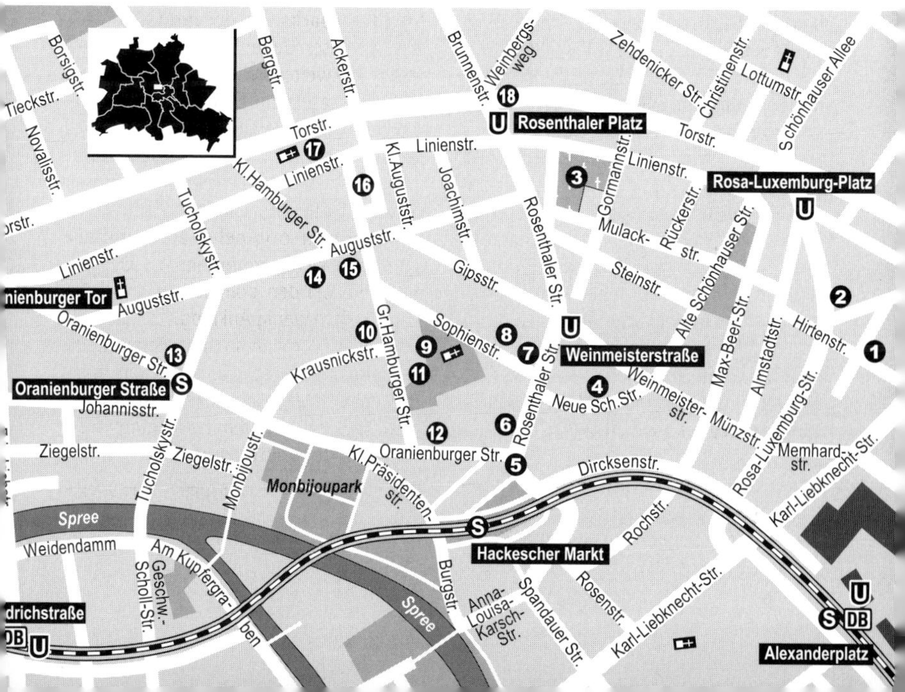

Rosenthaler Platz

scheunen in dürftige Wohnhäuser, aus dem Scheunenviertel wurde das Armenviertel Berlins.
Nahe des belebten Alexanderplatzes entwickelte es sich zu einem überbelegten Quartier, in dessen Hinterhöfen und Nischen sich Kleinkriminalität und allmählich die organisierte Kriminalität entwikkelte. Hier waren auch die Ringvereine beheimatet, die Namen wie „Immertreu" oder „Felsenfest" führten, in denen aber weniger gerungen als kriminell organisiert wurde. Die zahlreichen Gaststätten, wie die berühmte „Münzglocke", waren weniger vom Normalbürger als von den jeweiligen Zirkeln frequentiert. Seit der Jahrhundertwende bestimmten zwar osteuropäische Juden das Straßenbild, doch hinter den Fassaden herrschte Berliner Leben mit Gewalt, Prostitution und Elend. Die meisten Berliner bekamen von diesen miteinander verwobenen und doch so unterschiedlichen Welten nichts mit – „man" ging nicht ins Scheunenviertel. Erst in den zwanziger Jahren wurde das öffentliche Interesse auf das Scheunenviertel gelenkt – wegen häufig stattfindender Polizei-Razzien.
Dem Scheunenviertel sollte schon immer der Garaus gemacht werden. Am benachbarten 2 **Rosa-Luxemburg-Platz** kann man die unterschiedlichen Versuche betrachten: Zunächst brach man die Kaiser-Wilhelm-Straße vom Schloss her kommend quer durchs Viertel und legte an ihrem Ende den dreieckigen Babelsberger Platz an, der alsbald in Bülowplatz umbenannt wurde. Für ein monumentales Gebäude, das Straße und Platz architektonisch fassen sollte, hatte man die unterschiedlichsten Ideen, schließlich baute hier 1913-15 der Volksbühnenverein sein Theater nach Plänen Oskar Kaufmanns, der damit sein Hauptwerk schuf. Ein Volkstheater als Endpunkt einer nach dem Kaiser benannten Straße – das war damals wohl nur im Scheunenviertel möglich. Auch heute noch beherrscht die **Volksbühne** als graue Trutzburg Platz und angrenzende Straßen.
Der Krieg unterbrach die Umgestaltung, erst 1928/29 wurden die brachliegenden Grundstücke durch Berlins neuen Stadtbaurat Martin Wagner zusammen mit Hans Poelzig mit modernen Wohnhäusern bebaut. Deren Eleganz gerundeter Ecken ist durch die Kriegszerstörung ebenso reduziert worden wie der Schmuck an der Volksbühne. Die spektakulärste Architektur dieser Bauphase ist aber erhalten: Poelzigs **Lichtspieltheater Babylon,** dessen expressionistische Ausstattung man sich ansehen sollte.
Nicht so spektakulär, aber für die Stadtgeschichte wichtig ist das **Karl-Liebknecht-Haus** an der Weydingerstraße. Die KPD bezog das 1912 errichtet Gebäude 1926 nicht zufällig, gehörten doch die Gebiete rund um den Alexanderplatz zu ihren Hochburgen. 1933 wurde die KPD verboten, das Karl-Liebknecht-Haus enteignet und der Bülowplatz in Horst-Wessel-Platz umbenannt. Blickt man zwischen Volksbühne und Liebknechthaus nach Norden, sieht man dort eine Grünanlage. Es handelt sich um den **Marien-/ Nikolai-Kirchhof**, auf dem der SA-Mann Wessel begraben wurde und dessen Grab ab 1933 jährliche Pilgerstätte für alle Berliner Schulklassen war, die einen überzeugten Parteigenossen als Lehrer hatten. Die Politisierung des Gebietes um den ehemaligen Bülowplatz setzte sich nach 1945 fort: Die Rote Armee beseitigte das Grab Wessels, ins gegenüberliegende Kaufhaus Jonas zog bis 1956 das ZK der SED, und der Platz wurde in Rosa-Luxemburg- Platz umbenannt. Folglich war dies der einzige Ort in Scheunenviertel und Spandauer Vorstadt, der staatliches Inter-

esse genoss. Nach 1990 änderte sich vergleichsweise wenig. Das Karl-Liebknecht-Haus ist eine der Liegenschaften, die die PDS für sich erstreiten konnte. Sie hat hier ihre Parteizentrale. Rosa Luxemburgs Persönlichkeit hat einen festen Platz in der Berliner Geschichte gefunden, sodass der Platz seinen Namen auch nicht wieder ändern musste.

Wenn man von der Rosa-Luxemburg-Straße wieder in die Hirtenstraße einbiegt und weiter über die Schendelgasse zur Mulackstraße geht, steht man ratlos in einem gesichtslosen Stadtbild aus übrig gebliebenen Mietskasernen, Leergrundstücken, DDR-Plattenbauten und gerade fertig gestellten Neubauten – mit dem alten Scheunenviertel und seinen heruntergekommenen Häusern hat dies so gut wie nichts mehr zu tun. Die Enge des Stadtbildes ist nur noch auf historischen Fotos oder an kleinen Details zu erkennen.

Nach den Pogromen Ende des 19. Jahrhunderts in Russland verließen Hunderttausende Juden ihre Heimat, meist mit dem Ziel Amerika. Der Weg ging über Berlin zu den Hochseehäfen an der Nordsee. Die Armut der meisten osteuropäischen Juden ließ sie in Berlin stranden, einer Stadt, in der sie sich nicht heimisch fühlten, die nicht ihr Lebensziel war und der sie sich auch nicht anpassen wollten. Im Scheunenviertel war für sie Wohnraum bezahlbar, auch lagen die traditionellen Einrichtungen der Berliner Jüdischen Gemeinde nicht weit entfernt. So bildeten die „Ostjuden" eine eigene Welt in Berlin, auch von den alteingesessenen jüdischen Berlinern mit Argwohn betrachtet. Nach dem Ende des Ersten Weltkrieges schwoll der Flüchtlingsstrom der Juden aus Osteuropa rapide an. Angezogen durch die ältere Emigrantengeneration, siedelten auch sie sich im Scheunenviertel an. Trotz der vielen jüdischen Bewohner und Geschäfte war das Scheunenviertel kein abgeriegeltes Getto und auch kein lebendiges Schtetl. Joseph Roth charakterisierte es 1927 so: „So traurig ist keine Straße der Welt. Die Hirtenstraße hat nicht einmal die hoffnungslose Freudigkeit eines vegetativen Schmutzes. Die Hirtenstraße ist eine Berliner Straße, gemildert durch ostjüdische Einwohner, aber nicht verändert ... Der Versuch, diese Berliner langweilige, so gut wie möglich sauber gehaltene Straße in ein Getto umzuwandeln,

Friedhof der Garnisongemeinde

ist immer wieder stark. Immer wieder ist Berlin stärker. Die Einwohner kämpfen einen vergeblichen Kampf. Sie wollen sich breit machen? Berlin drückt sie zusammen."

Die meisten jüdischen Bewohner des Scheunenviertels waren keine deutschen Staatsbürger. Daher konnten sie von den nationalsozialistischen Behörden 1933 über die polnische Grenze „abgeschoben" werden – das menschliche Zerstörungswerk hatte begonnen. Die im gleichen Jahr erlassenen Gesetze der Diktatur erklärten Kommunisten, Juden, Homosexuelle, mehrfach straffällig gewordene gesellschaftliche Außenseiter, Zigeuner und Behinderte zu „Volksfeinden" – die Bevölkerungsgruppen, die das Leben des Scheunenviertels ausmachten.

Anfang der neunziger Jahre wurde das Scheunenviertel für den Massentourismus entdeckt. Gruppenweise wälzten sich Busladungen durch die vormals einsamen Gassen. Arglose Touristen erfuhren dabei mehr oder minder Wahres über die Geschichte des Viertels und wurden auch schon mal von instand besetzenden Jugendlichen angepöbelt, die sich von dem modischen Rummel in ihrer Ruhe gestört fühlten. Denn die rigorose Abrisspolitik hatte in den achtziger Jahren dazu geführt, dass sich die hier aus Überzeugung wohnende Bevölkerung organisiert hatte. Ob es den „überzeugten" Scheunenviertlern gelingt, die Besonderheit der Geschichte in das heutige Leben zu übertragen, ist ungewiss. Es gehört zu den Merkwürdigkeiten der Geschichte Berlins, dass diese Einwandererstadt, in den zwanziger Jahren immerhin drittgrößte Stadt der Welt, dieses kleine exotische Viertel nicht integrieren konnte und nicht in ihrer Mitte dulden wollte.

Mit der Rosenthaler Straße erreicht man das Ende des Scheunenviertels und hat gleich gegenüber ein Beispiel, wie sich die DDR-Stadtplaner die Zukunft des gesamten Gebietes vorstellten: „Ersatzneubauten", also Plattenbauten auf der Bauflucht der abgerissenen historischen Mietshäuser, ziehen sich die Rosenthaler entlang. Gegenüber, hinter einer namenlosen Grünfläche, liegt als grüne Oase der 3 **Garnisonfriedhof,** durch die hoch aufragenden Bäume weithin sichtbar.

1722 eingeweiht und 1970 geschlossen, ist er einer der musealen Friedhöfe der Stadt. Da man nach der Schließung alle kunsthistorisch nicht bedeutenden Grabmäler abgeräumt hat, dominiert das Grün. Romantisch veranlagte Menschen können hier de la Motte-Fouqués Undine an seinem Grab im Gras liegend lesen. Wer es patriotischer mag, möge zu Lützows Grab gehen und dort der „wilden verwegenen Jagd" der Lützowschen Freischar gegen Napoleon gedenken.

Die nahe gelegene 4 **Neue Schönhauser Straße** bietet einen historischen Straßenraum mit weitgehend restaurierten Häusern, in die in den letzten Jahren Szeneläden für die Ravergeneration und gediegene Restaurants eingezogen sind. Links steht als Nr. 13 ein sandsteinverkleideter **Neurenaissance-Bau** von Alfred Messel. Darin befand sich einst eine „Volks-Kaffee- und Speisehalle". Bauherr und Träger war eine gemeinnützige Gesellschaft, die damit zur letzten Jahrhundertwende mehrere Restaurants für „die kleinen Leute" schuf. Uns heute mutet es kurios an, dass die Räumlichkeiten streng nach Geschlechtern getrennt waren. Gegenüber steht ein bürgerliches **Wohnhaus** der Zeit um 1770. Es ist eines der ganz wenigen Häuser in Berlin, das uns mit seiner Fassade das Stadtbild aus der Zeit Friedrichs des Großen vor Augen führt. Häuser aus dieser Epoche gibt es noch einige, man erkennt sie nur nicht

In den Hackeschen Höfen

mehr, da sie später zumeist aufgestockt und schließlich entstuckt worden sind. So auch die gegenüberliegenden **Häuser, Rosenthaler Straße 36** und **37**, die im Innern noch das barocke Treppenhaus mit ovalem Auge besitzen. Überhaupt sind die Höfe und Durchfahrten des Gebietes sehenswert – ob aus dem 19. Jahrhundert oder aus der Kaiserzeit stammend, ob verfallen oder herausgeputzt.

Die Straße mündet auf einen Platz, der zu klein zu sein scheint für die Menschenmengen und Straßenbahnen, die ihn täglich überqueren. Er ist vor allem abends und nachts Ausgangs- und Endpunkt für Berliner und Touristen in die zahlreichen Kneipen und Clubs, Theater und Kinos in den umliegenden Straßen.

Der nach General Hacke benannte Platz entstand um 1750 nach Schleifung der alten Stadtbefestigung. Der 1882 gebaute S-Bahnhof war vom Architekten Vollmer besonders aufwendig entworfen worden, denn er war die Verkehrsverbindung zur Berliner Börse. Heute ist er, in der Zwischenzeit renoviert, einer der letzten erhaltenen Bahnhöfe aus dieser Zeit und ein Schmuckstück nicht nur seiner unmittelbaren Umgebung. Er schloss den (5) **Hackeschen Markt** an das Verkehrsnetz an, und so ist es nicht verwunderlich, dass sich Einrichtungen etablierten, die über die Spandauer Vorstadt hinaus Bedeutung hatten. Zunächst ein Kaufhaus in der Rosenthaler Straße, dann Restaurants, die nicht für die kleinbürgerliche Klientel der Vorstadt vorgesehen waren. Schließlich folgte 1906 der Bau der (6) **Hackeschen Höfe,** deren herausgeputzte Fassaden wieder den Platz beherrschen. Sie vor allem ziehen die Touristenströme an.

Die Hackeschen Höfe sind ein Komplex von acht Gewerbe- und Wohnhöfen, der sich bis zur Sophienstraße durchzieht. Um die Anlage überregional bekannt zu machen, beauftragten die Bauherren August Endell mit der künstlerischen Ausgestaltung. Endell galt seit dem Bau des extrem auffälligen Münchner Fotoateliers Elvira (1896) reichsweit als Enfant terrible der jungen Architektengeneration. Während die 1961 entstuckte Fassade der Hackeschen Höfe zwar üppig, aber konventionell gestaltet war, kann man im ersten Hof die etwas gewagte Farbigkeit der Fliesungen und die ungewohnte Fassadengliederung bewundern. Besonders eigenartig

Turm der Sophienkirche

war die Innenausstattung der Restaurationssäle. Hiervon sind allerdings nur noch Reste und der untere Festsaal erhalten, in dem sich heute das Varieté „Chamäleon" befindet.

Das Konzept aus Vergnügen, Gewerbe und Wohnen war tragfähig, und die Hackeschen Höfe wurden zum festen Begriff des Berliner Lebens. Dies änderte sich schlagartig durch Nazizeit und Krieg. Nach 1945 verkamen die Vergnügungsstätten zu Lagerräumen. Die Bewohner bildeten schließlich fern jeden öffentlichen Interesses einen Kiez im Kiez. 1977 wurde der Komplex unter Denkmalschutz gestellt. Nach der Wende entdeckten ihn Investoren. Da sich die Bevölkerung bereits zu DDR-Zeiten organisiert hatte, konnte eine relativ „sanfte" Sanierung durchgesetzt werden.

Die Höfe werden nach hinten in der architektonischen Gestaltung immer schlichter und haben sehr unterschiedlichen Charakter; der am jüdischen Friedhof gelegene Hof ist nahezu idyllisch. Nach dem letzten Hof gelangt man auf die Sophienstraße. An der Ecke zur Rosenthaler Straße steht ein für die Berliner Kulturgeschichte wichtiges Gebäude. Es ist das letzte erhaltene 7 **Kaufhaus** der Familie **Wertheim**, wenngleich nach Kriegszerstörung mit stark vereinfachter Fassade. Alfred Messel baute es 1903-06. Das Haus in der Rosenthaler Straße war sein letzter Warenhausbau und entstand gleichzeitig mit seinen Plänen zum Pergamonmuseum.

Die Sophienstraße hat ansonsten anheimelnde Kleinstadt-Atmosphäre. Viele alte Bürgerhäuser haben hier die Zeiten überdauert. Auf der südlichen Seite stehen noch zwei zweigeschossige Häuser vor und zeigen die Bauflucht des 18. Jahrhunderts. Das auffallendste Gebäude auf der anderen Seite stammt aus der Zeit um 1840, hat seinen aufwendigen Schmuck in Terrakotta aber erst 1904 erhalten. Im Bogenzwickel über der Einfahrt sieht man das Emblem freundschaftlich umschlungener Hände, in diesem Fall keine Hinterlassenschaft der DDR, sondern das Signum des 1844 gegründeten **Berliner Handwerkervereins**. 1864 hatte er sich das Haus Sophienstraße 15 ausgebaut, das schließlich durch den Bau des benachbarten Wertheim-Warenhauses ins Wanken geriet. Darauf kaufte Wertheim das Haus, der Handwerkerverein erwarb dafür Nr. 18 und ließ es zum 8 **Vereinshaus** repräsentativ ausgestalten. Im Hof befinden sich die so genannten **Sophiensaele**, deren größter etwa 3000 Personen fasst und Ort zahlreicher Versammlungen der Berliner Arbeiterschaft war. Heute wird er von verschiedenen Theatergruppen als Spielstätte genutzt und hat sich zu einer führenden Adresse der Off-Szene entwickelt.

Nicht zuletzt dieser historische Ort führte dazu, dass die Straße zum Stadtjubiläum 1987 einer umfassenden Renovierung unter dem Motto „Handwerk & Tradition" unterzogen wurde. Anschließend wurde dirigistisch das Angebot an Läden festgelegt: Puppentheater, Nähstube, Goldschmied, Puppendoktor, erzgebirgischer Weihnachtsschmuck und Töpferwaren machten die Straße als Adresse für sonst selten erhältliche Produkte republikweit bekannt. Ausleger und Ladenbeschriftungen wurden historistisch-nostalgisch gestaltet, sodass die Sophienstraße auch für DEFA-Produktionen als Filmkulisse dienen konnte.

Fast ländlich unter hohen Bäumen erstreckt sich der von den beiden Pfarrhäusern gerahmte 9 **Sophienkirchhof**. Die **Sophienkirche** wurde 1712 von Königin Sophie Luise gestiftet. Sie ist die „Mutterkirche" des Berliner Nordens. Die Kirche war zunächst ein nüchterner protestan-

Friedhof, Große Hamburger Straße

Synagoge, Oranienburger Straße

tischer Kastenbau. Ihren schönen Barockturm verdankt sie dem so genannten Soldatenkönig, der in seiner einfachen Frömmigkeit die Stadtsilhouette von „Zeigefingern Gottes" dominiert sehen wollte. 1732 von Johann Friedrich Grael gebaut, ist der Sophienkirchturm der einzige erhaltene Vertreter der ehemals vielen Barocktürme in Berlin. Ein Besuch des Kirchhofs lohnt: Hier liegen unter anderem Leopold von Ranke, Begründer der modernen Geschichtsschreibung, Carl Friedrich Zelter, Maurermeister, Musiker, Singakademiedirektor und Goethes kultureller Kontakt zur preußischen Hauptstadt, der Dichter Karl Wilhelm Ramler und „die Karschin" begraben. Sie war die erste Frau Preußens, die ihren Lebensunterhalt mit der Dichtkunst bestritt, wobei dies weniger an der Qualität ihrer Poeme lag als an ihrer Hartnäckigkeit und der Eitelkeit der von ihr besungenen Könige.

Mit der Sophienstraße gelangt man auf die **Große Hamburger Straße**, die früher einmal auf die Landstraße nach Hamburg führte. Biegt man links ums Sophieneck, steht man vor der etwas düsteren Klinkerarchitektur des 1846 gegründeten katholischen 10 **St.-Hedwigskrankenhauses**.

An der Einmündung der Krausnickstraße hat man einen schönen Blick auf Kuppeln: Geradeaus auf den **Berliner Dom** und nach rechts auf die **Neue Synagoge**. Einige Schritte weiter ist der Blick nach links auf den Sophienkirchturm durch ansprechende neubarocke Mietwohnbauten gerahmt. In ihrem Putz spiegeln sich die letzten Kriegstage: Einschusslöcher und Spuren von Granatsplittern, authentische Geschichtsnarben, die kaum einer der Passanten wahrnimmt und die sich nicht auf Dauer erhalten lassen. Am rechten Haus hat man als Hinweis und Mahnung einen Stahlrahmen mit dem Wort „Pax" angebracht.

Geht man weiter, stehen auf der rechten Seite wiederum zwei kleine Häuser auf den Bürgersteig vor. Sie markieren die ältere Bauflucht und zeigen, dass die „Große" Hamburger Straße im 18. Jahrhundert eine ziemlich kleine Gasse war. Auf der linken Seite dagegen springt ein wilhelminischer Bau weit von der Straße zurück. Anhand des Polizeipostens davor kann man ahnen, dass es sich um eine Institution handelt, die im heutigen Berlin besonderen Schutzes bedarf. Es ist die ehemalige 11 **jüdische Knabenschule**. Zu DDR-Zeiten eine staatliche Gemeindeschule, ist sie nun wieder eine jüdische Schule mit konfessionell und geschlechtlich gemischter Schülerschaft, die ein wichtiges Stück Integration jüdischen Lebens in Berlin bedeutet.

Eine rasengedeckte Brachfläche schließt sich an. Hier hatte die Gemeinde im 19. Jahrhundert ihr ältestes **Altenheim** gebaut. 1942 wandelte die Gestapo das Gebäude in die zentrale Sammelstelle der Berliner Juden zur Deportation um. Damit begann das grausame Schlusskapitel der Vernichtung der Gemeinde im Nationalsozialismus. Von der Sammelstelle Große Hamburger Straße wurden Tau-

Mahnmal, Große Hamburger Straße

sende von Berlinern zum Güterbahnhof Grunewald und von dort in die Vernichtungslager deportiert. Nur 5000 Berliner Juden entgingen der Deportation und überlebten im Untergrund. Der Ort ist durch einen schlichten **Gedenkstein** und ein **Mahnmal** gekennzeichnet.

Für die Tradition der jüdischen Gemeinde weit wichtiger ist die dahinter liegende unscheinbare Grünanlage. Es handelt sich hierbei um den ältesten erhaltenen 12 **jüdischen Friedhof** Berlins. 1671 erhielten einige zumeist aus Wien vertriebene jüdische Familien durch den Großen Kurfürsten Bleiberecht und konnten eine neue Gemeinde gründen, aber unter der Bedingung, „... dass sie keine Synagogen halten", eine keineswegs liberale Haltung des Kurfürsten. Der Friedhof an der Großen Hamburger Straße war somit die erste Institution, die die kleine Gemeinde anlegte, er ist auch der älteste Kulturpunkt in der gesamten Spandauer Vorstadt. Gemäß jüdischem Brauch werden Grabstätten nicht neu vergeben, sondern sind gewissermaßen für die Ewigkeit gedacht. So war Anfang des 19. Jahrhunderts der jüdische Friedhof mit etwa 3000 Gräbern belegt, sodass an der Schönhauser Allee eine neue Begräbnisstätte eröffnet werden musste und der alte Friedhof 1827 geschlossen wurde. Er wurde umbaut und war bis zum Zweiten Weltkrieg ein Hof inmitten von Häusern. Dicht gedrängt standen die Grabsteine aneinander und kündeten von der Tradition der diskriminierten Gemeinde, erzählten Geschichten von „Hofjuden" und „Münzpächtern", den Itzigs und Ephraims. Der Kant-Freund und Arzt Marcus Herz lag dort ebenso begraben wie der Philosoph Moses Mendelssohn, dessen Lehrer, Rabbiner David Fränkel, oder der Seidenfabrikant Isaak Bernhard. Während die Grabstätten in Prenzlauer Berg und Weißensee in nationalsozialistischer Zeit weitgehend unzerstört blieben, befahl die Gestapo 1943 die Zerstörung des Friedhofs an der Großen Hamburger Straße. Splittergräben wurden von der SS durch die Grabfelder getrieben und mit den Grabsteinen ausgesteift. 1945 glich der Friedhof einem Schlachtfeld, man begrub dann in einem Massengrab Tote der letzten Kriegstage. Nur wenige jüdische Grabsteine konnten geborgen werden, sie befinden sich heute im Centrum Judaicum. Ein einziger Grabstein steht heute auf dem Friedhof, der von Moses Mendelssohn. 1743 ging der Vierzehnjährige von Dessau nach Berlin. Die historische Bedeutung Mendelssohns liegt darin, dass er durch zahlreiche philosophische und religiöse Schriften die Emanzipation des Judentums nachhaltig vorantrieb. Mit Lessing und Nicolai bildete er das „Triumvirat" der Berliner Aufklärung. Die größte Anerkennung erfuhr er 1771 durch die Wahl zum Mitglied der Akademie der Künste. Der in dieser Angelegenheit gar nicht große Friedrich II. verweigerte jedoch die Bestätigung, da ihm Mendelssohn zu wenig obrigkeitshörig war. Im „Nathan" hat ihm Lessing ein bleibendes literarisches Denkmal gesetzt – das irdische Grabdenkmal ist dagegen bereits das dritte an ungefähr dieser Stelle.

Mit der Großen Hamburger Straße gelangt man auf die Oranienburger Straße. Sie ist immer Hauptverkehrsachse und „Salon" der Spandauer Vorstadt gewesen. Auch heute finden sich hier die auffallendsten Baudenkmale und die größten Lokale, in denen man sich für die weiteren Exkursionen durch die Spandauer Vorstadt stärken kann.

In der Auguststraße und ihren Seitenstraßen setzt sich das Gaststättenleben der Oranienburger fort, unterbrochen von

Ehemaliges Postfuhramt, Portal

auffällig vielen Galerien. Bieder und normal ist beinahe nichts und niemand in der „Aujust". Hier finden sich zahlreiche Cafés, Bars und Clubs, bei denen jeder selbst herausfinden muss, in welche er am besten passt.

Kurz vor der Kreuzung zur Tucholskystraße hat man einen guten Blick auf die Ställe des ehemaligen 13 **Postfuhramtes**. Links passiert man einen Laden mit koscheren Lebensmitteln und Ritualien, der aber auch für jeden Nichtjuden Köstlichkeiten zu bieten hat. Anhand des Logos kann man die Zusammengehörigkeit mit dem Bethcafé gleich um die Ecke links in der Tucholskystraße erkennen. In Nr. 40 befindet sich das Zentrum der separatistischen jüdischen Gemeinde „Adass Jisroel", die sich 1869 infolge der Liberalisierung der Jüdischen Gemeinde abspaltete.

Geht man die Auguststraße weiter, wird die rechte Seite von einem Klinkerbau dominiert, 1930 als **jüdische Mädchenschule** erbaut. Das klassizistische Gebäude links daneben war einst das Verwaltungsgebäude des 14 **Jüdischen Krankenhauses**, wie die dahinter liegende Synagoge ab 1858 von Eduard Knoblauch erbaut. Das eigentliche Krankenhausgebäude war der Klinkerbau auf dem Hof, den man durch das Durchfahrtsportal sehen kann. Als Anfang des 20. Jahrhunderts in der Iranischen Straße im Bezirk Wedding das neue Jüdische Krankenhaus eingeweiht worden war, zogen in die Auguststraße zahlreiche kulturelle und soziale Institutionen der Gemeinde. Nach Enteignung durch die nationalsozialistische Verwaltung und Nutzung als Schule zu DDR-Zeiten ist die zukünftige Nutzung des Baukomplexes, der rückwärtig an das Synagogen- und Hedwigskrankenhaus-Grundstück stößt, derzeit noch ungeklärt. Auch in der Auguststraße bieten sich die erhaltenen Fassaden und Höfe für eigene Entdeckungen an. Ihre Bauten vermitteln noch etwas von dem kleinbürgerlich-handwerkerhaften Charakter der einstigen Spandauer Vorstadt. Nr. 69 zum Beispiel zeigt noch eine schöne Hofanlage vom Anfang des 19. Jahrhunderts und eine elegant geschwungene Treppe in der Durchfahrt. Schräg gegenüber hat, zurückgesetzt, 15 **Clärchens Ballhaus** seit 1913 allen Zeiten getrotzt. Derartige Etablissements boten seinerzeit Volksvergnügen gehobener Art. Denn der Berliner verließ selten seinen Stadtteil, waren doch

Grabmal Christian Koppe

Denk- und Mahnmal Koppenplatz

öffentliche Verkehrsmittel für die meisten hier lebenden Familien kaum bezahlbar. Schon bald kreuzt wieder die Große Hamburger Straße und führt zum 16 **Koppenplatz**. Herr Koppe hatte im 18. Jahrhundert das hier liegende **Armenhaus** gestiftet und wurde dafür von der Stadt hundert Jahre später mit dem hübschen klassizistischen **Säulen-Denkmal** am Eckhaus geehrt. Der Platz ist von einer Schule von 1902 und der Wilhelminen-Amalien-Stiftung von 1835 gefasst. Auf der Platzfläche, die zumeist von spielenden Kindern dominiert wird, steht seit 1997 ein **Denk- und Mahnmal** des Bildhauers Karl Biedermann, das von vielen kaum als solches erkannt wird. In Bronze steht ein Stuhl etwas abgerückt von einem Tisch, ein weiterer Stuhl ist umgestürzt – Symbol für überstürzten Aufbruch, Flucht, Deportation.

Biegt man in die sonst nicht weiter erwähnenswerte Linienstraße nach links ein, stößt man rechts auf ein eigenartiges Beispiel der klassischen Moderne. Es handelt sich um die Chorpartie der katholischen 17 **St.-Adalbert-Kirche**, die der seinerzeit berühmte Wiener Architekt Clemens Holzmeister 1933 erbaute. Einen Eingang zum eindrucksvollen Inneren sucht man hier allerdings vergebens, denn dies ist eine der Berliner Hinterhofkirchen, die man durch das Mietshaus Torstraße 168 erreicht.

Die **Torstraße** ist die äußere Grenze der Spandauer Vorstadt, hier endet der Rundgang. Die Mietshäuser sind typisch berlinisch und mehr für „höhere Herrschaften" der Reichshauptstadt gebaut worden als für die Kleinbürger der alten Vorstadt. Hurrapatriotisch hatte man die Torstraße nach dem deutsch-französischen Krieg in Elsasser und Lothringer Straße umbenannt. Nach dem Ersten Weltkrieg zogen die Gutsituierten fort, die Straße wurde zu einer großen grauen Arbeiter- und Verkehrsstraße. Die frühe DDR „schenkte" die Straße ihrem damaligen Präsidenten Wilhelm Pieck zum 75. Geburtstag – eine auch für die DDR außergewöhnliche Entscheidung. Nach der Wende hat man sich mit der erneuten Umbenennung Zeit gelassen, 1994 wurde so unpolitisch wie nur möglich aus ihr wieder die Torstraße. Ihre Sanierung in den achtziger Jahren erfolgte durch Abriss und Neubau, dadurch verlor sie vollends ihren historischen Charakter und ist nur noch eine ungemütliche Verkehrsstraße. Am 18 **Rosenthaler Platz**, dem Ort, wo einst das Tor stand, durch das Moses Mendelssohn als Jude Berlin betreten musste, eilen die Menschen von einem Verkehrsmittel zum anderen.

Nach Geschäftsschluss ändert der Platz seinen Charakter: Er wird zum Schnittpunkt sich kreuzender Routen der Nachtschwärmer, die in die Clubs der auf ihn mündenden Straßen, in die Spandauer Vorstadt oder Richtung Prenzlauer Berg ziehen – Pflichtprogramm für alle, die sich der „Szene" zugehörig fühlen.

Andreas Bernhard

Die Kunstszene in Mitte

Artvictims und Kunstflaneure

Die meisten Unternehmer der kommerziellen Kunstszene haben sich in Mitte niedergelassen. Hier findet man zahlreiche Alternativen und Programme, auch Projekte für zumeist jüngere Kunst zum Kaufen und Gucken. Manchmal ist der Ort interessanter als das Gezeigte, und wenn es besonders stimmig ist, bilden die Ausstellung und der Ort eine ästhetische Einheit.

Viele Galerien und einige Kunstinstitutionen haben sich nach 1990 in Mitte situiert, rund um den Hackeschen Markt. Hier sitzen die Documenta- und Biennale-Mitmischer, treffen Galeristen aus Ost und West aufeinander. Rund um die **Hackeschen Höfe** und die **Gips- und Sophienhöfe**, in der **Auguststraße** und **Linienstraße** erreicht man zu Fuß Räume vom schicken modernen „White Cube" bis zu kleinen experimentellen Projekträumen. Den besten Überblick bietet der dort überall ausliegende Flyer **Index** mit seinen über vierzig verzeichneten Namen.

Als das Gebiet nach der Wende noch aus maroden Architekturen bestand, erhielt es eine seiner Initialisierungen durch Klaus Biesenbach, Leiter der **Kunstwerke (KW), Institut für Kunst und Theorie**, in der Auguststraße 69. Er machte aus dem damals völlig verfallenen Komplex einer alten Margarinefabrik in Gebäuden barocken Ursprungs ein Zentrum mit Ausstellungen sowie Künstlerwohnungen und Ateliers für internationale Stipendiaten. Im Innenhof errichtete der amerikanische Künstler Dan Graham einen luziden Pavillon, als schickes Szenecafé jetzt einer der beliebtesten Treffpunkte im Viertel. 1992 organisierte Biesenbach die Schau „37 Räume" in der Auguststraße, um den noch ungeklärten Nutzungsstand in sanierungsbedürftigen Häusern mit Einzel-

Hof-Installation, Große Hamburger Straße

präsentationen von Künstlern und ihren Kuratoren zwischenzeitlich neu zu definieren. Zuerst kam also die Kunst, bevor dann der Kommerz mit vielen Lifestyle-Läden nachzog. Inzwischen muss man sich manchmal Mühe geben, zwischen beidem noch zu unterscheiden. Die **Kunstwerke** sind allerdings unmissverständlich herausgehoben – als ein Institut, das auch gesellschaftlich und politisch brisante Fragen stellt.

Der andere Repräsentant des Kunstbeginns – in der Auguststraße 26 – ist Gerd Harry Lybke, genannt „Judy", Galerist aus Leipzig, wo die „Mutter" seiner Berliner Galerie **Eigen + Art** ansässig ist. Er hat einen anderen Stil als der alerte Manager Biesenbach. Er ist mit seinen Künstlern gewachsen und hat sich schon zu DDR-Zeiten mit ihnen identifiziert, weil sie subversiv gegen eine offizielle Doktrin angingen. Gemeinsam mit Biesenbach initiierte er die Galerienrundgänge, die zunächst als Promotionsmaßnahme für die Kunst in Mitte gedacht waren, mittlerweile aber so von Besuchern überlaufen sind, dass die Termine reduziert wurden.

Lybke ist ein großer Kommunikator und amüsiert mit einer ebenso geschäftstüchtigen wie weltläufigen Chuzpe, die vermutlich allen Sachsen eigen ist, die über den Tellerrand DDR hinweggeblickt haben oder darunter hindurchgetaucht sind. Seine Leipziger Künstler Maix Mayer

Zaunbemalung, Auguststraße

und Neo Rauch gestalteten als Neuerer aus dem Osten auch die Kunst am Bau für Bundesrat und Bundestag mit.
„Junge Pioniere", die in der DDR aufgewachsen sind und dort ebenfalls ihre Auseinandersetzung mit der Kunst begonnen haben, sind Friedrich Look und Paula Böttcher. Look betrieb seine **Galerie Wohnmaschine** hier schon, als die Mitte noch „drüben" war, und hat seinen aktuellen Standort in der Tucholskystraße 35. Paula Böttcher, in der Hamburger Straße 15, ausgebildete Leipziger Künstlerin, kombiniert ihre Wurzeln mit einem internationalen Programm.
Hinzu kommt der rheinländische Faktor, der die Szene internationalisiert und professionalisiert. In der Galerie **Schipper & Krome** in der Linienstraße 85, geleitet von einem innovativen und preisgekröntem Galeristenpaar, wird Kunst als Schnittstelle zum Design und zur Club- und elektronischen Musikszene lanciert.
Was entsteht, wenn dieser rheinische Faktor mit viel Geld und einem großformatigen Kunstgeschmack amalgamiert, kann man in der **Sammlung Hoffmann** der ehemaligen Fabrikanten Erika und Rolf Hoffmann erleben – allerdings nur an den Samstagen und gegen Eintritt. Halb öffentlich und halb privat haben die Besitzer ihre Fabriketagen in den **Gips-** und **Sophienhöfen** zeitgenössisch und überaus großzügig mit Kunst und Design eingerichtet. Der hoch gelegene Kaminsaal dieses modernen Kunstmäzenatenpalastes prunkt mit riesigen Bildwerken von A. R. Penck und Frank Stella. In den Hofdurchgängen wurden Neon-Installationen der jungen Berliner Künstlerin Gunda Förster zur Wegeleitung.
Bei den Galeristen **griedervonputtkamer**, in der Sophienstraße 25, sowie **neugerriemschneider**, in der Linienstraße 155, ist nicht nur die Schreibweise ähnlich, sondern auch der schicke weiße Ausstellungsraum, der fast schon museale Qualitäten besitzt.
Wenn es um die interessante örtliche Situation geht, sollte man nicht versäumen, mindestens einen der Ausleger der Galerienszene in Mitte zu besuchen, entlang der großen S-Bahn-Ader vom Hackeschen Markt direkt zur S-Bahnstation Jannowitzbrücke. Man erreicht an der Holzmarktstraße von der Michaelbrücke aus die Bögen unter der Bahnlinie.

Innenhof der Galerie Kunstwerke, Auguststraße

Dort eröffnen sich Galerien- und Projekträume mit jeweils einer Straßen- und einer Spreeseite. Es lohnt sich allein schon wegen des Ausblicks auf Wasser- und Uferareale. **Chouakri Brahms Berlin** hat sein Programm zweigeteilt und zeigt auf der „River Side Wall" jeweils einen anderen Künstler als im abgetrennten Galerieraum nach vorne zur Straße.

In den Bögen ist auch die **Galerie Max Hetzler II** ansässig, mit seinem zweiten Standort, nach dem in der Zimmerstraße 90/91, einer der galeristischen Global Player für große Projekte in der Stadt. Hetzlers zwei Standorte verklammern Mitte und Mitte, denn in der westlichen Richtung, eben jener **Zimmerstraße**, ist auch ein Konglomerat von Galerien in einem alten Markthallen-Komplex aus dem 19. Jahrhundert entstanden, den man nicht versäumen sollte zu besuchen, wenn man noch Luft hat und sein Bild von der zeitgenössischen galeristischen Arbeit in Berlin komplettieren möchte.

Katja Reissner

Blick in eine Galerie, Auguststraße

Durch das Industrierevier Moabit

Arbeit und Leben im Schatten der Fabriken

Im Jahre 1858 spendierte der Industrielle Albert Borsig anlässlich der tausendsten gebauten Lokomotive den Moabitern ein buntes Volksfest. Diesen Tag ließ er mit einem Festspiel im nahen Theater beschließen, wo man dem „neuen Gott Hans Dampf" huldigte:
„Er ist der Hauch, der in den Rossen lebt,
Die Seele jener erzbeschuppten Fische,
Die jetzt von Pol zu Pole schnauben,
Die Kraft, die jedes Element besiegt,
Und Wunder thut mit starken Eisenarmen."
Die Eisenarme dieses „Hans Dampf" bescherten Moabit im 19. Jahrhundert zusammen mit der Elektrizität zahlreiche Fabrikanlagen. Zuerst kam Borsig in den Spreebogen, zum Ende des Jahrhunderts aber konzentrierten sich die Schornsteine im Moabiter Westen, der damals noch zu Charlottenburg gehörte. Westlich der Beusselstraße wurde zwischen der Spree, die man für den Transport brauchte, und dem Bahnring ein Industrieareal ohnegleichen hochgezogen mitsamt den repräsentativen Verwaltungsbauten und den überbelegten, schlecht gemauerten Mietskasernen für die Arbeiter. Der Umgang miteinander war durchaus explosiv. Nicht zum ersten Mal trugen 1910 die Arbeiter im Beusselkiez den Streik um eine Lohnerhöhung mit Straßenschlachten aus. Zwei Arbeiter wurden dabei von der Polizei getötet.

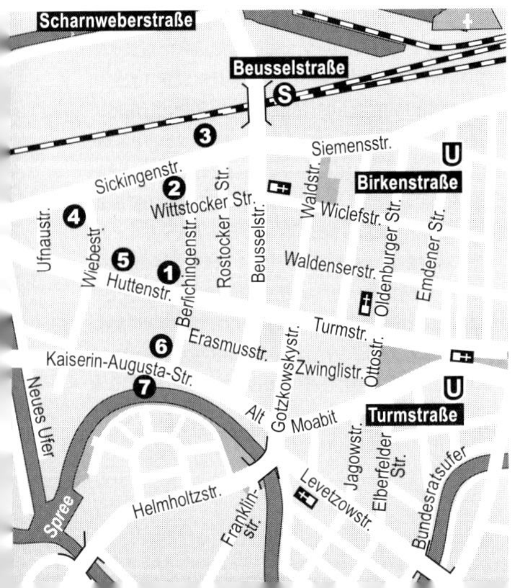

Der interessanteste bauliche Zeuge dieser Zeit ist die (1) **Turbinenhalle** der Allgemeinen Elektricitäts-Gesellschaft (AEG) an der Huttenstraße. Die AEG hatte bereits weiträumige Fabriken vor allem im Wedding bauen lassen, als nach der Jahrhundertwende erste Anlagen in Moabit hinzukamen. 1907, als es noch nicht gänzlich ausgemacht war, dass Industriebau überhaupt eine Aufgabe für Architekten sei, gelang es ihr, Peter Behrens als Gestalter sowohl der Bauten als auch der Produkte zu gewinnen. Zwei Jahre später ließ sie ihn den originellen Bau der Turbinenhalle mit der monumentalen Südfassade entwerfen.
Das wirkungsvolle Mehreck des Giebels spiegelt die geknickten Gitterträger der Dachkonstruktion wider und scheint auf dem großflächigen Glasfeld zu ruhen statt auf den nach oben eingezogenen Betonpfosten. Diese sind keineswegs massiv, sondern nur den dahinter liegenden Stahlträgern vorgeblendet – doppelte Irreführung also. Die 1938 verlängerte Seitenfassade wendet ihre konstruktiven Elemente nach außen, unverkleidet stehen die Stahlstützen, zwischen ihnen, anstelle einer stabilen Wand, hohe Fensterfelder. Zusammen mit den Fensterbändern im Dach sorgt dies für gute Lichtverhältnisse im Inneren der Halle. An der gegenüberliegenden Längsseite liegt, hinter einem Verwaltungsbau versteckt, eine zweite, kleinere Halle für die Vorfabrikation. Heute nutzt der Siemens-Konzern die Bauten zur Herstellung von Gasturbinen. Mit den Männern, die zum Schichtende in Anzug oder Hemdsärmeln die Straße bevölkern, hat sich an dieser Ecke noch eine gewisse Betriebsamkeit erhalten.

AEG, Huttenstraße

Auf den meisten anderen Straßen wird man dagegen kaum von Fabrikverkehr gestört. Die Industrie ist weitgehend aus Berlin verschwunden und hat auch Moabit hinter sich gelassen: Die großen Firmen wie Loewe und AEG haben ihre Existenz oder ihren Ruf verloren, die Anlagen wurden abgerissen oder versuchen sich in Restnutzung. Der Beusselkiez wird im „Gutachten zur sozialorientierten Stadtentwicklung" als „besonders problembehaftet" geführt, und Arbeiter demonstrieren hier nur noch, um die völlige Einstellung der Produktion zu verhindern. Am Spreeufer nutzen Dienstleister in neuen Bürogebäuden die attraktive Lage, im Norden hat sich mit Großmarkt und Westhafen schon länger der Handel etabliert. Das Industriegebiet im Huttenkiez aber wartet als seltsam ruhige Insel im innerstädtischen Bezirk auf seine Besucher.
An der Turbinenhalle entlang zieht die **Berlichingenstraße** die Grenze zwischen Arbeit und Wohnen. Die schlampige Bauweise der Wohnhäuser stellt bis heute ein Problem dar. Zudem kann man hier im kleinen Maßstab abzählen, dass Tiergarten zu 50 Prozent den Bomben des Zweiten Weltkriegs zum Opfer fiel. Von wenigen Ausnahmen abgesehen, wurden bislang die verbliebenen Häuser nicht oder nur billig saniert und zeigen ihre kahlen Brandwände. Dahinter lugen mehr oder minder halbherzig ausgeführte Dachausbauten hervor. Einige Kriegslücken wurden mühsam baulich gefüllt, andere werden als Parkplätze genutzt. Auf ihnen stehen die Autos jener Mitarbeiter, denen man durch die Fenster der ehemaligen

Straßenbahndepot, 2001

2 **AEG-Glühlampenfabrik**, am Nordende der Straße, bei der Produktion von Kondensatoren und bei der Lehrlingsausbildung zusehen kann. Dem konventionelleren Habitus des schönen, weiß-roten Geschossbaus im üblichen Backstein merkt man an, dass er vor Behrens' Zeit errichtet wurde.
Um die Wohnungsnot der Moabiter Arbeiter zu mildern, entwarf Alfred Messel 1893 an der Sickingenstraße gegenüber einen 3 **Arbeiterwohnhof**. Die differenzierte und am Stil der Renaissance orientierte Fassade mit den eigentümlichen gestaffelten Giebeln sollte nach außen andeuten, dass auch im Inneren einiges anders war als gewohnt: Gemeinsame Baderäume, eine Bibliothek, luxuriöse Höfe und der Verzicht auf das berüchtigte Berliner Zimmer wollten dem Standard der Umgebung Lebensqualität und Hygiene entgegensetzen. Wenn eine Tür offen steht, kann man sich den schönen, holzgeschnitzten Stillen Portier, den repräsentativen ersten und den familiären zweiten Hof ansehen.
Damit auch weiter entfernt wohnende Arbeiter zur Schicht gelangen konnten, war eine gute Anbindung an den öffentlichen Nahverkehr notwendig. Dem diente das 1901 erbaute 4 **Straßenbahndepot**, zu dem man Richtung Westen an der Ecke Wiebestraße gelangt. Als sich West-Berlin in den fünfziger Jahren seiner Straßenbahnen zu entledigen begann, nutzte die BVG das Depot zur Verschrot-

Blick von der Gotzkowksybrücke

Blick auf das Fraunhofer-Institut

tung der nun überflüssigen Wagen. Dann fanden verschiedene Kulturereignisse einen Ort in der vierschiffigen gelben Backsteinhalle. Nun aber hat das frisch renovierte Depot die Verkehrssparte gewechselt: Das Oldtimer-Zentrum Meilenwerk hält hier für jeden das Auto seiner Jugendträume bereit.

Die **Wiebestraße** weiter hinab taucht man in den weitläufigen Bereich der ehemaligen Firma Loewe. Zuerst nahm eine Waffenfabrik die Produktion auf, dann kam die Elektroabteilung dazu, für die in den USA gute Patente zusammengekauft worden waren. Viel ist davon nicht mehr zu sehen. Links steht die lange, silbergrau gewellte Halle, mit der Siemens gegen den Widerstand von Denkmalschützern die 1994 abgerissene Montagehalle ersetzte. Jenseits der Huttenstraße gibt es rechts an der Ecke die ehemalige **Loewe'sche Fräs- und Bohrmaschinenfabrik**, die Alfred Grenander um den Ersten Weltkrieg herum zusammen mit anderen Loewe-Gebäuden entwarf. Mit ihren gemauerten toskanischen Klinkersäulen, den Sandsteinreliefs und dem Firmensignet in Haustein zeigte sie einen nüchternen Repräsentationsgestus von erheblicher Schwere. Heute nutzen verschiedene Kleinbetriebe die Hallen.

Statt sich gegenüber allzu sehr in die schäbige Neubebauung des ehemaligen Loewe-Geländes durch den „Centro Industrie Park" zu vertiefen, geht man besser die Huttenstraße nach Osten hinein. Dort ist von den Loeweschen Anlagen im damals modernen Pavillonstil nicht viel mehr als der 5 **Verwaltungsbau** übrig geblieben. Auch dieser ist repräsentativ gestaltet, mit Giebeln, Sandsteinschmuck und Ecktürmchen, und verschleierte so das moderne industrielle Geschehen dahinter.

Wieder an der Turbinenhalle vorbei und in der Reuchlinstraße rechts in eine Einfahrt hinein, gelangt man auf das Gelände der ehemaligen 6 **Berlin-Anhaltinischen-Maschinenbau AG** (BAMAG). Deren Backsteinanlage wurde 1992 behutsam saniert und enthält heute ein buntes gewerbliches Allerlei.

Nach Süden aus der Haupteinfahrt des Gewerbeparks hinaus führt ein Weg zu einem kleinen 7 **Uferpark** mit gutem Blick: Von jenseits des Flusses leuchtet hell das Produktionstechnische Zentrum aus den Achtzigern herüber, das von der Technischen Universität und dem Fraunhofer-Institut gemeinsam betrieben wird. Hinter einer rundumverglasten Versuchshalle liegen in einem Gebäudeband die Laboratorien und Arbeitsräume. Diesseits der Spree sieht man im Osten das Ensemble um die Gotzkowskybrücke, im Westen dagegen liegt das, was gern als Zukunft Moabits bezeichnet wird: Dienstleister und Verwaltungen. Deren Glaspalast nahebei zeigt sich zunächst konventionell, verschlossen und bedrückend. Erst mit zunehmender Ferne passt er sich hervorragend ein und wirkt fast wie eine Erweiterung jenes Wassers, das damals, vor 150 Jahren, die Industrie nach Moabit brachte.

Franz Tröger

Rund um Alt-Moabit

Variationen in Backstein

Immer dann, wenn der deutsche Bundeskanzler müden Schrittes vom Kanzleramt zur Erholung in seinen Kanzlergarten hinüberspaziert, geht er damit gleichzeitig über die Spree nach Moabit. Es ist kaum zu glauben, daß dieser regierungsnahe Bereich noch bis in die Mitte des 19. Jahrhunderts ausgesprochen grün und ländlich aussah.

Im 17. Jahrhundert wohnte lediglich der Staakensetzer in der Gegend, der Verantwortliche für die Einzäunung des kurfürstlichen Tiergartens. Später wurde eine kleine Hugenottensiedlung gegründet, deren Seidenraupenzucht allerdings erfolglos blieb. Man verlegte sich daher auf Gemüse und Gastronomie. Im 19. Jahrhundert kamen die Industrie und mit ihr die großen Mietskasernenviertel für die rapide anwachsende Arbeiterschaft. Das soziale Klima war vor allem zu Beginn des 20. Jahrhunderts explosiv, und da Moabit von Spree und Kanälen umschlossen ist, verbarrikadierten mal die Polizei, mal die Arbeiter die Brücken, um so den ganzen Stadtteil abzuriegeln.

Besonders beliebt hierfür war die frisch gebaute (1) **Gotzkowskybrücke**. Heute fließt der dichte Verkehr ungehemmt darüber. Trotz der Unruhe lohnt sich ein Rundblick: einiges Kleingewerbe, so banal wie oft das Moabiter Leben insgesamt. Nach Westen die Spree hinab gibt es einige Büropaläste, deren größter angenehm das Wasser reflektiert. Gegenüber liegt das helle „Produktionstechnische Zentrum".

Am Anfang der gediegen angelegten Levetzowstraße steht die blockhafte **Erlöserkirche** von 1909 mit ihrem neogotischen Doppelturm. Schöner Kontrapunkt zu deren abweisender Haltung ist die romantisch anmutende Fassade des **Pfarrhauses** am ruhigen Wikingerufer.

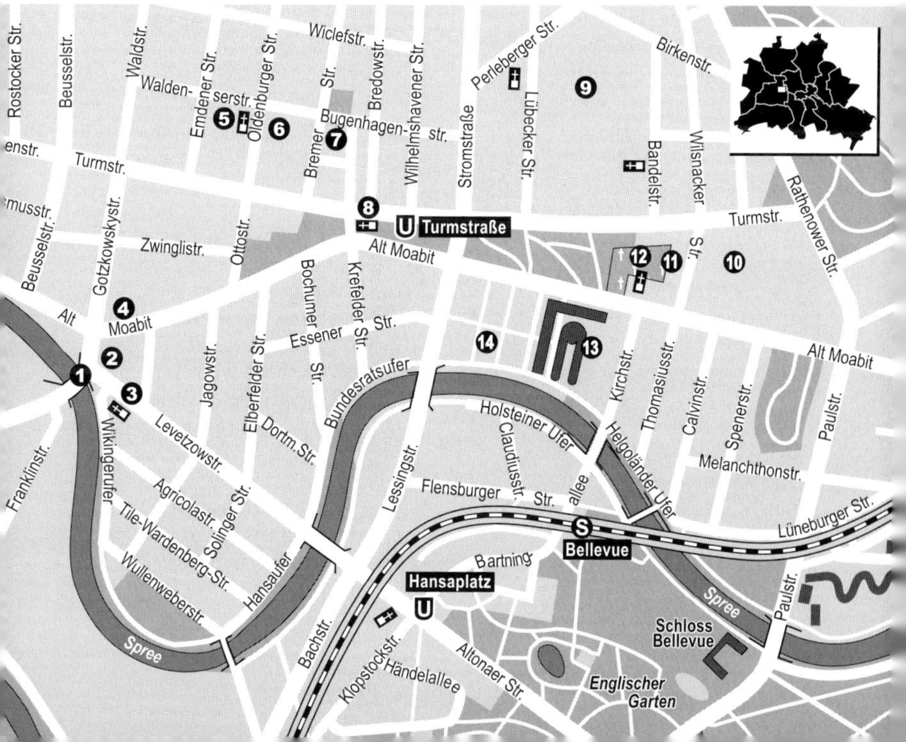

Denkmal an der Levetzowstraße

Wie die Erlöserkirche mit ihrem Pfarrhaus, so ist auch die 2 **Ulrike-von-Levetzow-Schule** gegenüber – und überhaupt das meiste, was wir auf dem Spaziergang sehen werden – aus Backstein gebaut. Hier, an einem der schönsten Schulbauten Hermann Blankensteins, wirkt er warm und leuchtend. Ob dem das preußische Schulwesen hinter der angemessen verzierten Fassade entsprochen hat, sei dahingestellt. Zumindest kann man rechts von der Schule die inschriftlichen Wünsche „FREI", „FROH" und „FROMM" auf den Terrakottareliefs der alten Turnhalle lesen.

Ganz anders wirkt der Backstein, mit dem 1927 gegenüber die 3 **Heinrich-von-Kleist-Oberschule** errichtet wurde. Deren ungeheuer lange, sparsam akzentuierte Fassade droht mit dunkelrotem Klinker. An der großflächigen Wand des Mittelteils schwebt auf einer Konsole die „Penthesilea" Josef Thoraks, in späteren Jahren ein viel beschäftigter Bildhauer des Dritten Reiches. Tragikomisches Detail: Neben dem Eingang ist eine Tafel angebracht, die darauf hinweist, dass im Inneren eine Tafel hängt, die an das Schicksal der jüdischen Mitschüler erinnert.

Auf das gleiche schreckliche Kapitel der deutschen Geschichte verweist ein **Denkmal** links der Schule auf der Ecke zur Jagowstraße. Hier stand eine der größten Synagogen Berlins. Sie wurde in der Pogromnacht 1938 nur wenig beschädigt, im Krieg aber weitgehend zerstört. Seit 1988 mahnt ein **Denkmal** an die Deportation der Berliner Juden, die sich in der zur Sammelstelle umfunktionierten Synagoge einfinden mußten. Die stilisierten, mit einer Stahltrosse gefesselten Menschenbündel aus Marmor vor und in einem Eisenbahnwaggon sowie die schräg aufragende Metalltafel, so hoch wie die einstige Synagoge, wirken flüchtig und damit umso eindrucksvoller.

Ums Eck in der Zinzendorfstraße kann man den Ulrike-von-Levetzow-Schulhof betreten, um seine Ansichten vom Moabiter Backstein zu komplettieren. Der Neubautrakt der Schule versucht etwas bemüht, das Material wieder aufzugreifen. Gelungener ist da schon das neue **Pumpwerk** gegenüber, das sich mit seiner Klinkerblende deutlich auf das alte Pumpwerk aus rotem Backstein bezieht. Dieses hatte seit 1890 Abwässer auf die Rieselfelder gepumpt und wurde, als Oswald Matthias Ungers und Stefan Schroth in den 1980er Jahren die neue Pumpe entwarfen, zu einem multifunktionalen Veranstaltungsort umgestaltet. Nach Alt-Moabit links hinein und am Landhaus Cabanis von 1876 vorbei, kann man sich die Backsteinpracht von vorne anschauen.

Gegenüber bot das 4 **Hansatheater** noch bis vor kurzem vorwiegend volkstümliche Kost. Das hatte Tradition an diesem Ort. Vor über 100 Jahren hatte die Kronenbrauerei den Saal eingerichtet, man konnte dort sein Abendessen mitbringen, dazu ein Bier bestellen und nebenher das Tanzbein schwingen oder Theater gucken. Außerdem nutzten die Arbeiter den Saal für Wahl- und Streikversammlungen. Im Kinoboom der zwanziger Jahre wurde der Saal dann umgebaut, um sich 1963 wieder dem Theater zu widmen – Ende der 1990er Jahre geriet das bis dahin stets gut besuchte Haus finanziell ins Trudeln und musste 2003 geschlossen werden.
Entlang der lauten Straße Alt-Moabit Richtung Osten kommen wir zum **Ottoplatz**. Dieser birgt das Restgrün der einstmaligen königlichen Baumschule. In etwas schäbigem, aber nicht unsympathischem Ambiente stehen hier selten genutzte Tischtennisplatten und ein dafür umso häufiger frequentierter Kiosk, der Würstchen und Schnaps verkauft.
Weiter die Ottostraße hinauf und am Gemeindehaus der **Heilandskirche** mit ihrer wulstigen Backsteinfassade von 1905 vorbei, überqueren wir die **Turmstraße**, die traditionelle Einkaufsmeile Moabits. Allerdings verkommt auch sie allmählich zur zwar sympathischen, aber schmuddeligen Meile. Fachgeschäfte mussten aufgeben, Billigläden hielten Einzug. Dem Publikum sieht man den Unterschied zu den Einkaufsmeilen in Steglitz oder Charlottenburg deutlich an. Gediegen dagegen ist die hölzerne Ladenausstattung von 1902/03 der **Bäckerei Garnek** in der Oldenburger Straße Nr. 2. Eine der Inschriften mahnt: „In der Arbeit liegt der Wert." Am Sonntag aber gingen die Menschen statt zur Arbeit in die Kirche des 1867 gegründeten 5 **Dominikanerklosters** an der Ecke Waldenserstraße. Die Kreuzung hat eine angenehme Atmosphäre, in alle Richtungen liegen verkehrsberuhigte, baumgesäumte Straßen. Dem steht die prachtvolle neogotische Kirche mit ihrer Doppelturmfassade aus farbigen Ziegeln

Arminius-Markthalle

nicht nach. 1892/93 wurde sie nach Plänen von Engelbert Seibertz erbaut, 1905/06 kam das etwas düster wirkende Gemeindehaus in der Oldenburger Straße dazu und 1965 eine Schule, deren lapidarer Zweckbau aus Beton und Glas in herbem Kontrast zur Kirche steht.
Die Schule ist heute gut besucht, das Kloster war jedoch anfangs heftigen Anfeindungen der Bevölkerung ausgesetzt, die 1869 im Moabiter Klostersturm gipfelten. Der König persönlich setzte sich für das Kloster ein: „Die Herren von Moabit sind zu schützen. – Wohin sollen wir sonst mit der Kanaille kommen?"
Etwas anders wollte man im 6 **Wichernhaus** in der Waldenserstr. 31 mit der „Kanaille" umgehen. 1913/14 wurde es als Unterkunft für ledige Männer erbaut, und die Fassadenbilder weisen heute noch auf die Tätigkeiten dieser „Schlafburschen", aber auch auf die hohen Werte der Kultur hin. Gegenüber zeigt das ehemalige **Pferdestraßenbahndepot** von 1890/92 dezenten Ziegelschmuck. Interessant zu sehen, wie ein dahinter stehendes modernes Wohnhaus das Motiv aufgreift.
Die 7 **Arminius-Markthalle** ein paar Meter weiter ist mit ihrem sparsamen neoklassizistischen Schmuck einer der schönsten Ziegelbauten der Gegend. Drinnen gibt es allerlei Köstlichkeiten, mediterrane und asiatische Spezialitäten, exotische Früchte und Blumen. Hier findet sich das wohlhabendere Moabit ein, aber die Geschäfte gingen schon besser. Die Konkurrenz durch die Billigmärkte der Turmstraße macht sich bemerkbar, und mit dem Einzug raumgreifender Niedrigdiscounter hat sich die einst lebhafte

Kriminalgericht Moabit

Marktatmosphäre völlig gewandelt. Erbaut wurde das schöne Gebäude 1891 nach Plänen von Hermann Blankenstein, weil die überkommenen Straßenmärkte den hygienischen Erfordernissen nicht mehr gerecht wurden.

Vor der Markthalle konnte man sich früher auf dem Arminiusplatz zum Klatsch treffen, heute aber steht man vor der unattraktiven Rückfront des **Tiergartener Rathauses**. Richard Ermisch hat es 1935 entworfen, in einer Zeit, in der zur Verkleidung Stein statt Backstein angesagt war. Der moderne Sitzungssaal der Bezirksverordneten zwischen den zwei Seitenflügeln wurde nachträglich eingefügt. Zur Turmstraße hin besitzt das klobige Gebäude einen Ehrenhof. Dieser Platz wurde 1995 nach Mathilde Jacob benannt, die wegen ihres jüdischen Glaubens im KZ ermordet wurde. Die langjährige Sekretärin und treue Freundin von Rosa Luxemburg hatte bis zu ihrer Deportation mehrere Jahrzehnte im Hansaviertel gelebt.

Richtung Osten markiert die backsteinerne 8 **Heilandskirche** mit dem höchsten Kirchturm Berlins den Beginn und gleichzeitig das Ende der Thusneldaallee, der kürzesten Allee Berlins. Den gut gewählten Bauplatz der neogotischen Kirche hatte Kaiser Wilhelm II. persönlich bestimmt. An ihr und einem banalen Kaufhausbau vorbei erreicht man die stark befahrene Kreuzung Turm-, Stromstraße. Rechts stehen die arg geschrumpften Reste des kurfürstlichen „Hinteren Tiergartens". Heute heißt der Ort folgerichtig **Kleiner Tiergarten** und wurde schon von Hans Fallada als „nicht besonders hübsch" beschrieben. Links erhebt sich mächtig die ehemalige **Schultheiss-Brauerei**, die 1871 aus gelben Ziegeln errichtet wurde und mit ihren Zinnen und Türmchen an eine Burg erinnert. Heute logiert ein Restaurant bei den Braukesseln, den Rest nutzt diverses Gewerbe.

Die Gegend war einmal so etwas wie das Vergnügungszentrum des Bezirks. Inzwischen ist der Brauereigarten verschwunden, und an dem ehemaligen Kino- und Tanzsaal ums Eck kämpft lediglich noch der viel versprechende Schriftzug „Turmpalast" gegen die verwitterte Fassade und die Nutzung durch „Aldi".

Ebenso hat das 9 **Moabiter Krankenhaus** den Kampf verloren; es wurde vor wenigen Jahren aufgrund von Sparmaßnahmen geschlossen und wird derzeit von verschiedenen Firmen genutzt. Seine ältesten Teile – aus dunklem Backstein – sind über 100 Jahre alt. Über die Vertreibung und Ermordung der jüdischen Ärzte informiert eine kleine Dauerausstellung im nördlichen Haupthaus.

Erhalten bleiben wird Moabit aber das, was seinen Ruf maßgeblich mitbestimmt: das Gerichts- und Gefängnisareal am Ostende der Turmstraße – ein wahrer Justizpalast. Um 1900 schien für ein 10 **Kriminalgericht** die Verwendung von Backstein unangemessen. Lieber nahm man für die schwere neobarocke Fassade des Baus, der schon durch seine Dimension einschüchtert, dunklen Sandstein. Und vollends klein wird man in der Eingangshalle mit ihrem bombastischen Treppenhaus. Zugeführt werden die Angeklagten umweglos aus dem dahinter liegenden Untersuchungsgefängnis. In der Wilsnacker Straße steht davor das Löwendenkmal, das den Kampf der Gerechtigkeit gegen die Falschheit symbolisiert.

Gegenüber befindet sich ein kleiner 11 **Gedenkfriedhof**, auf dem Menschen begraben sind, die in den letzten Wochen des Zweiten Weltkrieges umkamen, unter ihnen Albrecht Haushofer. Er saß nach dem 20. Juli 1944 im Zellengefängnis an der Lehrter Straße ein und wurde am 23. April 1945 von der SS ermordet. Eines seiner während dieser Haftzeit entstandenen Moabiter Sonette ist auf einer Tafel neben der Friedhofstür zu lesen: „Der Wahn allein war Herr in diesem Land ..."

Rechts nach Alt-Moabit hinein steht – aus hellem Backstein – das architektonische Glanzstück Moabits: die 12 **Johanniskirche**. Von Schinkel 1835 als eine der schlichten Vorstadtkirchen entworfen, ergänzte sie Friedrich August Stüler 1851 durch ein Pfarrhaus, eine Schule, einen italienisch inspirierten Glockenturm und eine Säulenhalle. Dahinter liegt der Friedhof mit den alten, langsam zerbröckelnden Grabmälern unter hohen Bäumen.

Während die Johanniskirche geschickt in die Zielgerade der Kirchstraße platziert ist, verrät die unangemessen kleine **Einfahrt**, die ein Stück weiter in Alt-Moabit links hineinführt, wenig von dem Dahinterliegenden. 1969 gab hier die Meierei Bolle ihren Betrieb auf, nachdem sie seit 1886 ganz Berlin mit frischen Milchprodukten beliefert hatte. In der ehemaligen Firmenkapelle spielten die Berliner Kammerspiele bis in die 1990er Jahre für Kinder und Jugendliche, das Firmengelände aber kaufte 1989 Ernst Freiberger, der mit Tiefkühlpizzen ein Vermögen gemacht hatte, und finanzierte ein 13 **Dienstleistungszentrum**.

Zur Rechten liegt das renovierte Meiereigebäude. Im Inneren blieben viele Details wie gusseiserne Säulen und altes Mauerwerk sichtbar, und Umbauten harmonieren mit der alten Substanz. Die ursprünglich geplante Vielfalt kleiner Geschäfte aber ließ sich nicht durchhalten, dafür war die Kundschaft im Kiez nicht vorhanden. Zur Linken ragt die Seitenfront eines kühleleganten, U-förmigen Bürokomplexes aus Glas und Granit auf. Dieser ist nicht zur Straße, sondern zum Wasser hin ori-

Johanniskirche

entiert und wächst mit jedem Schritt, den man Richtung Spree läuft. Am Ufer gipfelt er in zwei riesigen Türmen, von denen man eine gute Aussicht hat. Es ist der Dienstsitz des Innenministers.

Auch die alte Meierei hat einen großformatigen Abschluss zum Wasser hin bekommen. Hier wurde ein Hotel angebaut, dessen moderne Form und Farbigkeit sich klar von der Meierei absetzt und doch – nicht zuletzt durch einige Architekturzitate – mit dem Altbau harmoniert.

Direkt am Wasser steht ein Bau aus Backstein und Glas, der einmal ein „Spannungsfeld zwischen den Architekturen des ausgehenden 19. und denen an der Schwelle zum Jahr 2000" erzeugen sollte. Hier kann man in den Hof des „U" blicken: gepflegtes Grün, ein erstaunlicher Brunnen, in dem ein Rinnsal eine riesige Steinkugel zu bewegen scheint, uniformierte Sicherheitskräfte. Rechts von dem Gebäude steht ein Denkmal, das an Albrecht Haushofer erinnert.

Nach Westen schließt sich der 14 **Focus Teleport Berlin** an, den Joachim Ganz und Walter Rolfes 1987 als „Gründerzentrum" und Sitz von Technologiefirmen entwarfen. Ein altes Lagerhaus und ein Ladeturm des ehemaligen Mühlengeländes blieben erhalten, beide in Backstein. Dazu kam ein Ensemble kubischer Baukörper von hoher Regelmäßigkeit auf Grundlage eines quadratischen Motivs. Die blauen Fensterrahmungen und die rhythmisierten Würfelformen sprechen eine moderne Sprache, die Terrakottaplatten der Fassade aber nehmen Bezug auf die Tradition des – Backsteins.

Silvia Kühnl-Bröcker

Vom S-Bahnhof Bellevue zum Hamburger Bahnhof

Moabiter Brücken

Das östliche Moabit ist nicht allzu reich an Sehenswürdigkeiten. Aber es wird von Wasser umrahmt und hat daher nicht nur schöne Uferwege, sondern kann auch mit Brücken und überraschenden Aussichten aufwarten.

Vom S-Bahnhof Bellevue zum Beispiel sind es nur ein paar Schritte zum 1 **Gerickesteg** über die Spree. Dieser besitzt nach Westen tatsächlich eine „belle vue", und zwar auf die ungleichen Spreeufer, bewachsen im Süden, befestigt und hoch gelegen im Norden. Weiter die Spree hinunter ist der Blick frei auf die wehrhaft anmutende 2 **Moabiter Brücke** aus dunklem rheinischem Basalt, verziert mit Bären und Kandelabern. Das linke Spreeufer wird von Häusern der Jahrhundertwende gesäumt, gegenüber erheben sich die kühl-modernen Bauten des Spreebogens und die Kuben des Technologiezentrums „Focus Teleport Berlin", die sich um die alten Gewerbebauten der legendären Meierei Bolle gelegt haben. Hier wird deutlich, wie stark sich Moabit seit dem Mauerfall verändert hat und auch weiter verändern wird. Moabit gehört seitdem wieder in die Mitte Berlins.

Am anderen Ufer zurück zum Gerickesteg folgt der Weg unter der Eisenbahnbrücke hindurch der Spree. Der Grünstreifen am Wasser wird gern zum Sonnenbaden genutzt, aber nur besonders Mutige springen auch ins Nass. Früher war das durchaus üblich. Schon Lenin, der hier in der Nähe wohnte, schrieb seiner Mama, dass er täglich in der Spree bade, und nutzte wohl eines der beiden Moabiter Flussbäder, die es bis in die zwanziger Jahre gab. Zum Abschluss des Uferweges gelangt man an die 3 **Lutherbrücke**, die mit ihrem schmiedeeisernen Geländer und den sternbekrönten Obelisken zum **Schloss Bellevue** hinüberführt. Auch der Park und

Wohnungsschlange

eine nahe gelegene Kleinkunstbühne tragen diesen Namen. Diesmal ist der Blick nach Osten frei, der auf dem Gerickesteg noch durch die Eisenbahnbrücke versperrt war. Die Kuppel des Reichstages, das Internationale Handelszentrum, der Fernsehturm am Alexanderplatz und das neue Kanzleramt ragen fast in einer Reihe aus den Bäumen des Tiergartens heraus, leicht rechts steht der dunkle Turm des Carillons. Am Ufer kommen wir Richtung Osten auf den Moabiter Werder mit seiner 4 **Wohnungsschlange**. Als dieses lange brach liegende Areal, zwischen Moltkebrücke und Paulstraße, in das Augenmerk der Hauptstadtplanung rückte, löste das nicht nur Begeisterung aus. Naturschützer sorgten sich insbesondere um das mittlerweile entstandene Biotop mit seinem Robinienwäldchen. Dort stehen jetzt die über 700 neuen Wohnungen der Bundesbediensteten.

Georg Bumiller plante diese Wohnungen in Form einer „Riesenschlange", als deren Kopf ein achtstöckiges Haus an der Paulstraße steht. Mehrere große Bögen münden in einen fünfstöckigen Schwanz. Die Wohnungen haben eine offene Seite nach Süden mit schönem Blick auf den Tiergarten und eine verschlossene zur S-Bahn hin. Vier Häuser in Würfelform begrenzen das Viertel, sie schirmen den **Kanzlergarten** von der Bahntrasse ab.

Dieser Garten ist westlicher Bestandteil des **„Band des Bundes"**. Ein Fußweg führt von der Lutherbrücke bis zur Moltkebrücke unterhalb von ihm entlang des Spreeufers, von wo der Blick frei ist auf das Haus der Kulturen der Welt auf der anderen Uferseite. Kurz vor der Moltkebrücke befindet sich ein schönes Ausflugslokal mit Bier-

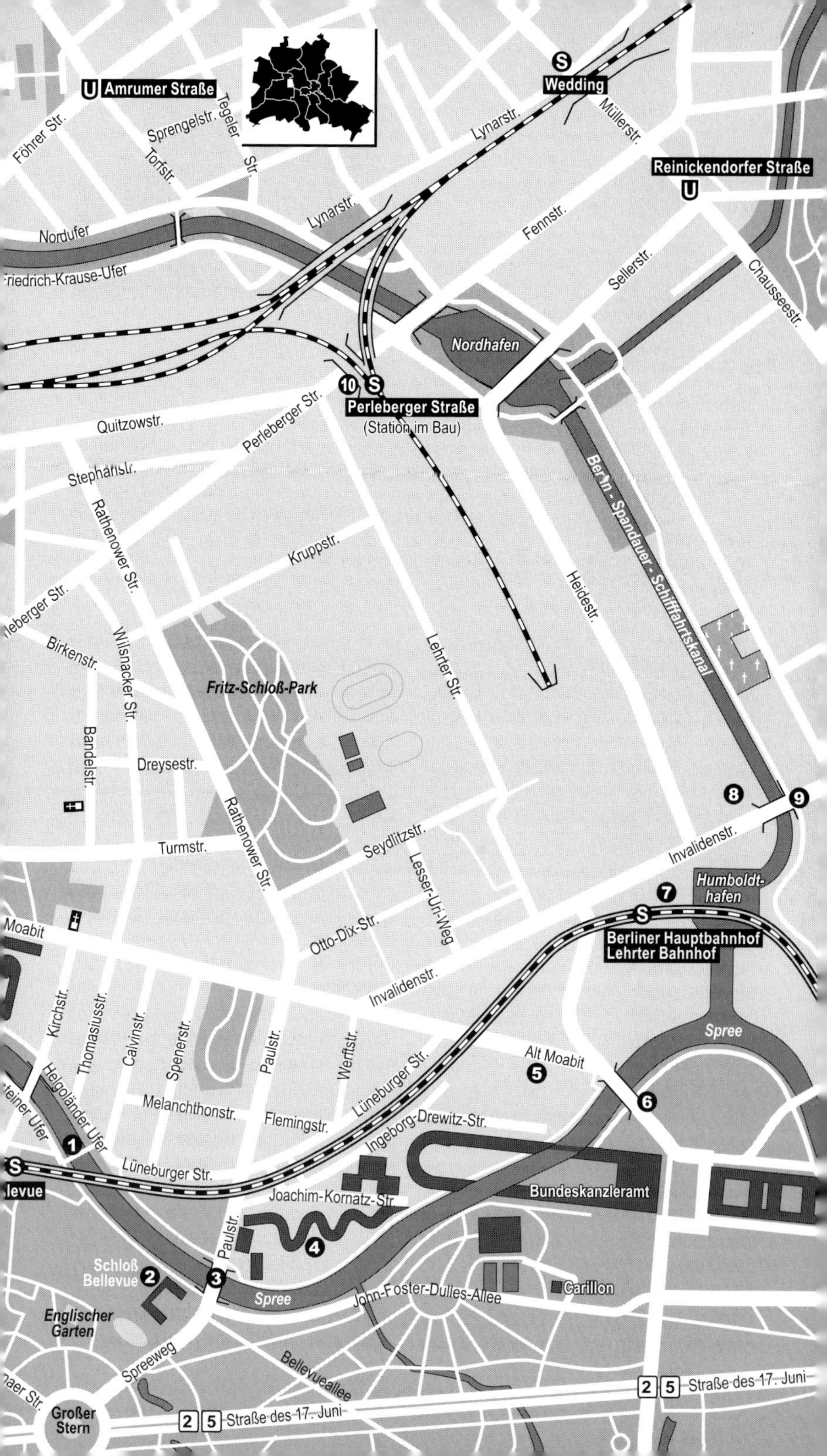

Amrumer Straße
Wedding
Föhrer Str.
Sprengelstr.
Tegeler Str.
Torfstr.
Lynarstr.
Müllerstr.
Reinickendorfer Straße
Nordufer
riedrich-Krause-Ufer
Lynarstr.
Fennstr.
Sellerstr.
Chausseestr.
Nordhafen
10
Perleberger Straße
(Station im Bau)
Quitzowstr.
Perleberger Str.
Stephanstr.
Rathenower Str.
Kruppstr.
Heidestr.
Spandauer - Schifffahrtskanal
Birkenstr.
Wilsnacker Str.
Fritz-Schloß-Park
Lehrter Str.
Bandelstr.
Dreysestr.
8
9
Turmstr.
Seydlitzstr.
Rathenower Str.
Lesser-Uri-Weg
Invalidenstr.
7
Humboldt-hafen
Berliner Hauptbahnhof
Lehrter Bahnhof
Moabit
Otto-Dix-Str.
Invalidenstr.
Kirchstr.
Thomasiusstr.
Calvinstr.
Spenerstr.
Paulstr.
Werftstr.
Spree
Alt Moabit
5
6
Helgoländer Ufer
Melanchthonstr.
Flemingstr.
Lüneburger Str.
Ingeborg-Drewitz-Str.
1
Lüneburger Str.
Joachim-Kornatz-Str.
Bundeskanzleramt
4
Paulstr.
Schloß Bellevue
2
3
Spree
John-Foster-Dulles-Allee
Carillon
Englischer Garten
Spreeweg
Bellevueallee
2 5 Straße des 17. Juni
Großer Stern
2 5 Straße des 17. Juni

Restaurant Paris—Moskau

garten, hier spendet eine riesige Kastanie im Sommer angenehmen Schatten.
Um den Kanzlergarten herum gelangt man über eine alte Kastanienallee hinauf zur Straße Alt-Moabit. Dort oben sieht man schon von fern ein pittoreskes 5 **Fachwerkhäuschen** allein auf weiter Flur. Trotz der unwirtlichen Umgebung beherbergt es ein edles Restaurant: Paris—Moskau. Der Name spielt auf die angrenzende Bahntrasse an, denn wer von Paris nach Moskau fährt, kommt hier vorbei. Das Restaurant ist empfehlenswert – für alle, die auch heute noch stets erster Klasse reisen.
Gebaut wurde es für den **Universum-Landesausstellungspark** auf der gegenüberliegenden Straßenseite. Letzter Rest der 1943 zerstörten Prachtarchitektur, die dort ab 1882 entstand, sind die Fragmente einer Treppenanlage, die heute nur mehr auf ein wild bewachsenes Grundstück hinunterführt. Von 1933 an war das Restaurant „Messeplatz" Treffpunkt und Folterkeller der SS. Noch in den letzten Kriegstagen wurden auf dem Gelände Gefangene aus dem Moabiter Zellengefängnis erschossen, hier fand man den toten Albrecht Haushofer mit den Blättern der Moabiter Sonette in der Hand.
Von der 6 **Moltkebrücke** mit ihrem reichen bildhauerischen Schmuck kann man gut des Kanzlers neues Domizil und links davon den Reichstag inspizieren. Jenseits der Spree schaut vorerst noch die Charité hinter einer Baustelle heraus. Deren Kranwald nähert man sich am besten über das öde Friedrich-List-Ufer. Dort, wo im Zweiten Weltkrieg der Prachtbau des 1869-71 erbauten **Lehrter Bahnhofs** zerstört wurde, wächst heute der 7 **Berliner Hauptbahnhof – Lehrter Bahnhof** heran. Einst war der Lehrter Bahnhof einer von sechs Berliner Kopfbahnhöfen. An seiner Stelle entsteht heute einer der größten innerstädtischen Verkehrsknotenpunkte Europas, ein Umsteigebahnhof für die Nord-Süd- und die Ost-West-Verbindungen mit Anschluss an die ausgebauten Berliner Fernbahnhöfe. 15 Meter unter dem Straßenniveau werden sich dann vier Bahnsteige für den Fern- und Regionalverkehr in Nord-Süd-Richtung und 10 Meter über dem Straßenniveau zwei Bahnsteige für den Fern- und Regionalverkehr in Ost-West-Richtung sowie S-Bahnhöfe befinden. Zur Fußballweltmeisterschaft 2006 soll der Bahnhof in Betrieb gehen.
Das Bahnhofsgebäude entwarf das Architektenbüro Gerkan, Mark & Partner (gmp) als eine 170 mal 50 Meter große Halls aus Glas und Stahl mit zwei zehngeschossigen Bügelbauten. Ein riesiger Lichtschacht wird Tageslicht bis hinab auf die Bahnsteige für den Fernverkehr fallen lassen. Die Hochbahntrasse wird mit einer glasgedeckten Halle das Bahnhofsgebäude durchschneiden. Dem allen mußte der S-Bahnhof Lehrter Bahnhof, 1987 hervorragend restauriert, weichen. Die anfängliche Euphorie wird mittlerweile aufgrund der Zurückhaltung privater Investoren gedämpft, die den von der Bahn AG geplanten neuen Stadtteil um den Bahnhof finanzieren sollen – und zögern.
Nach Osten zu, in die Invalidenstraße hinein, gerät man linker Hand zum 8 **Hamburger Bahnhof**. Tagsüber kann man in diesem ab 1845 erbauten und somit ältesten erhaltenen Bahnhofsgebäude Berlins eine beeindruckende Sammlung moderner Kunst betrachten. Die eindrucksvolle Hallenkonstruktion mit der klassizistischen Fassade wurde schon nach 40 Jahren nicht mehr als Bahnhof benötigt, diente dann als Verkehrs- und Baumuseum und versank nach dem Zweiten Weltkrieg im Dornröschenschlaf. 1984 kaufte den Bau der West-Berliner Senat und ließ

Innenansicht, Hamburger Bahnhof

ihn nach Plänen von Paul Kleihues umgestalten. Heute beherbergt er das **Museum für Gegenwart**, dessen Grundstock die Privatkollektion von Erich Marx mit Objekten moderner Kunst von Beuys, Rauschenberg, Warhol und anderen bildet. Aber auch nach Ende der Öffnungszeit lohnt es sich, hierher zu kommen, schon wegen der auffallenden Lichtskulptur, die Dan Flavin an der Fassade anbrachte. Das blau-gelbgrüne Licht erfüllt nicht nur den Museumshof, sondern auch die Umgebung mit einer merkwürdigen Stimmung. Gleich daneben schafft die 9 **Sandkrugbrücke** eine Verbindung über den Spandauer Schifffahrtskanal hinweg nach Mitte. Auch hier bietet sich wieder ein schöner Blick. Nach Süden ist die Charité auszumachen, weiter entfernt einige Neubauten am Potsdamer Platz. Nach Norden hat man einen für Berliner Verhältnisse geradezu unendlichen Blick entlang des Berlin-Spandauer-Schifffahrtkanals und auf den ehemals durch die Berliner Mauer geteilten Invalidenfriedhof, zwar ohne markante Gebäude, lediglich mit ein wenig Gewerbe links und einer neuen Wohnsiedlung rechts, aber vor allem in Verbindung mit pittoresken Wolken oder gar ein wenig Abendrot ist der Anblick ein schöner Abschluss der Tour.

Zumindest, falls man nicht noch eine Schlusswendung zurück durch die Invalidenstraße und in die **Lehrter Straße** hinein vollziehen will. An ihrem südlichen Ende befanden sich einst verschiedene Einrichtungen des preußischen Justizvollzugs, die Frauenhaftanstalt ist immer noch in Betrieb. Nördlich davon findet in der Mischung aus schön renovierten Gründerzeithäusern, der **Kulturfabrik** mit ihrem morbiden Charme, den gelungenen Sozialbauten mit ihrer betrüblichen Rückseite zur Bahntrasse und dem **Blauen Haus** als Kleinod Berliner Gewerbearchitektur ein erstaunlich lebhaftes Treiben statt.
Und zu guter Letzt gibt es die 10 **Perleberger Brücke**, nicht über das Wasser, sondern über die Bahntrasse. Von hier kann man zurückblicken auf die Gleisschneise, die zum Lehrter Bahnhof führt und die in Zukunft den Berliner Bahnverkehr hauptsächlich tragen wird. Die Brücke selbst wird von einer langen S-Bahnbrücke überspannt, die als Teil der Verkehrsplanung der Bahn den S-Bahn-Verkehr von der Ringbahn an den Berliner Hauptbahnhof anbinden wird und die als ein Zeichen der Veränderung angesehen werden kann, denen Moabit unterliegt.

Silvia Kühnl-Bröcker

Im Hansaviertel

Die „gegliederte und aufgelockerte" Stadt

Nach Ende des Zweiten Weltkrieges waren im Hansaviertel nur noch gut 10 Prozent der Häuser bewohnbar, war die jüdische Bevölkerung, die das Viertel geprägt hatte, zum großen Teil emigriert oder ermordet – eine der besten Adressen Berlins war mit ihrer Geschichte nahezu ausgelöscht worden.
Bis 1861, der Eingemeindung nach Berlin, hatte sich am nordwestlichen Tiergartenrand noch eine weitläufige Wiesenlandschaft erstreckt. Doch mit der Erschließung durch die Ringbahn wurde ab 1877 die Bautätigkeit kräftig angeregt, und im Gründerzeitfieber entstand eine vier- bis fünfgeschossige, dicht bebaute Wohnstadt. Die „Hanseatische Erschließungsgesellschaft" gab dem Gebiet und seinen Straßen die Namen, „Geheimratsviertel" nannte es der Volksmund bald wegen seiner zumeist wohlhabenden Bewohner.
Die fast vollständige Zerstörung wurde von den Stadtplanern der Nachkriegszeit auch als Chance angesehen, sich von den als überholt angesehenen Stadtstrukturen des 19. Jahrhunderts zu lösen und neue Konzepte zu erproben.

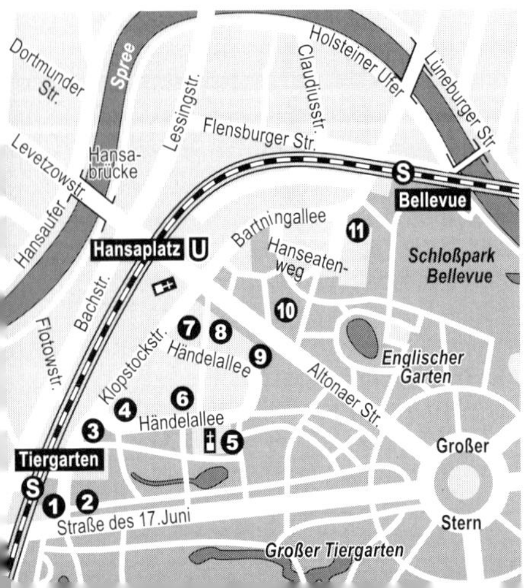

Und so lagen der Internationalen Bauausstellung 1957 (Interbau) im südlichen Hansaviertel die „Grundsätze des modernen Städtebaus" zugrunde. Der Entwurf ignorierte die historische Stadtstruktur vollständig und entsprach damit dem „Kollektivplan", der in der Nachkriegszeit für Gesamt-Berlin erarbeitet worden war. Im Kleinen erprobten die Stadtplaner nun im Hansaviertel die „gegliederte und aufgelockerte Stadt".
Das hatte auch eine politische Funktion. Ost-Berlin war gerade dabei, mit der Stalinallee, der heutigen Karl-Marx-Allee, die „erste sozialistische Straße auf deutschem Boden" mit „Palästen für Arbeiter" fertig zu stellen. Die Westseite schmähte die „Parade der Einheitswohnungen" und drängte hingegen mit viel freier Grünfläche und der Transparenz großzügig verglaster Fassaden auf eine architektonische Manifestation eines neuen und sich entwickelnden Demokratieverständnisses. Die amerikanische Philosophie des Bauens wurde aufgegriffen, aber vor allem wollte man an die „Moderne" der Weimarer Republik anknüpfen, deren Vertreter nach 1933 fast ausnahmslos emigriert waren.
Mies van der Rohe indes lehnte eine Beteiligung ab, und der Stararchitekt Le Corbusier machte seine Teilnahme von einem ganz besonders exponierten Bauplatz abhängig. Er wollte sich nicht der Konkurrenz im Hansaviertel aussetzen und verfrachtete sein Wohnprojekt „unité d'habitation" in die Nähe des Olympiastadions. Nach Fertigstellung distanzierte sich Le Corbusier trotzdem von seiner „Wohnmaschine", weil die von ihm geplante Geschosshöhe von 2,25 Meter auf 2,50 Meter verändert worden war.
Letztendlich vereinte das Hansaviertel 53 namhafte Architekten aus 13 Ländern. Sie bürgten wie die Weltkugel auf dem Umschlag des Ausstellungskataloges für Internationalität.
Von Anfang an war das Hansaviertel als autonome, citynahe Wohnstadt im Grünen geplant gewesen. 1955 begann der Bau von Scheibenhäusern und Zeilen-

Internationale Bauausstellung 1957

bauten zwischen der S-Bahn-Trasse und der Klopstockstraße. Jenseits der Altonaer Straße entstanden Punkthochhäuser und an der Händelallee Einfamilienhäuser. Eine evangelische und eine katholische Kirche gehörten ebenso zum Gesamtkonzept wie eine Ladenzone mit Kino, die Stadtbücherei und eine Kindertagesstätte, ein U-Bahn-Anschluss an der neugebauten U-Bahn-Linie 9 wurde eigens angelegt.

Demonstrativ zeigte die westliche Bauwirtschaft ihre Leistungsfähigkeit: Den Besuchern wurde 1957 nicht die schlüsselfertige Siedlung, sondern eine riesige Baustelle vorgeführt, die neue Konstruktionen in ihren verschiedenen Bauphasen präsentierte. Die so genannte „Wohnberatung" und die komplett eingerichteten „Musterwohnungen" standen für eine moderne Architektur und auch für ein neues Lebensgefühl, das das Publikum erst zu lernen hatte.

Der Haupteingang zur Ausstellung befand sich 1957 am (1) **S-Bahnhof Tiergarten**. Die Seilbahn, die damals vom Zoologischen Garten bis hierher einen luftigen Blick über das neue Viertel erlaubte, verschwand mit Ende der Ausstellung. Heute zieht am Bahnhof der „Weltbaum" an einer Brandwand des gegenüberliegenden Hauses die Blicke auf sich. Mit dieser Arbeit von 1974 klagen die Maler Fritz Köthe, Siegfried Rischar und Peter Janssen die Zerstörung der Natur an. Das Hansaviertel hat sie sicher dazu inspiriert, denn in den siebziger Jahren wurde es als Vorläufer der Trabantenstädte, wie etwa des „Märkischen Viertels", heftig kritisiert. Heute ist der „Weltbaum" selbst ziemlich abgeblättert und zur Hälfte von echtem Grün verdeckt.

An der Straße des 17. Juni stimmt der von den Berlinern Fehling, Gogel und Pfankuch entworfene (2) **Berlin-Pavillon**, ein eingeschossiger, großflächig verglaster Bau, auf die Architektur der fünfziger Jahre ein. Dort wurden 1957 die Unterlagen des „Hauptstadt-Berlin"-Wettbewerbs präsentiert. Er wandelte sich vom Provisorium zur Dauereinrichtung und dient jetzt der Königlichen Porzellan-Manufaktur als Ausstellungsort.

An den klassizistischen Stuckfassaden in der Joseph-Haydn-Straße ist ausnahmsweise noch zu erahnen, wie die ursprüngliche Bebauung einmal ausgesehen haben muss. 1954 wurden auch die wenigen

Idylle im Hansaviertel

unbeschädigten Häuser abgerissen und die ehemaligen Grundstückseigentümer zugunsten des „öffentlichen Wohls" einfach enteignet. Nur zwei Besitzer konnten sich erfolgreich zur Wehr setzen. Der rechte Altbau an der Klopstockstraße 1-3, mittlerweile mit einem Neubau verbunden, heißt „Charlottenhof" und erinnert damit an ein ehemaliges Gartenlokal im Hansaviertel.

Am Anfang der Klopstockstraße gibt eine **Hinweistafel** mit Lageplan Aufschluss über die Bauten im Hansaviertel. Auch informieren Bronzetafeln an den Hauseingängen über das Entstehungsjahr und den verantwortlichen Architekten.

An der Klopstockstraße 2, Ecke Händelallee, erhebt sich das von den Berliner Architekten Klaus Müller-Rehm und Gerhard Siegmann konzipierte 3 **Punkthochhaus**, dessen Fertigbauweise in den fünfziger Jahren viel Bewunderung hervorrief. Das damals hochgehaltene Klischee von der Rollenverteilung der Geschlechter lässt sich an einem Kuriosum ablesen: Die Appartements gibt es hier nämlich weiblichen Typs mit Kochnische und in männlicher Variante mit Kochschrank.

Das von Walter Gropius, dem Begründer des Bauhauses, entworfene 4 **Gebäude** mit den weißen Balkonbrüstungen in der Händelallee 3-9 ist bisher das einzige eingetragene Baudenkmal im Hansaviertel. Die vier Aufzüge, die allerdings nur in den Zwischengeschossen halten, befinden sich auf der Rückseite, um eine übermäßige Lärmbelästigung zu vermeiden. Doch optisch gesehen ist das Ergebnis enttäuschenderweise eine echte Hinterhoffassade geworden.

Die 5 **Kaiser-Friedrich-Gedächtnis-Kirche** in der Händelallee 22, ein Betonkasten mit gewelltem Vordach, wurde anstelle des im Zweiten Weltkrieg zerstörten Vorgängerbaus mit Spendenmitteln errichtet. Der von Ludwig Lemmer entworfene Bau beweist, dass selbst sakrale Räume aus Beton und Eternit wirkungsvoll sein können. Das Türrelief stammt von Gerhard Marcks, die runden Glasfenster über dem Eingang und an den Seiten von Georg Meistermann.

In der Händelallee führt der Weg an dem graublau verkleideten Scheibenhaus Altonaer Straße 3-9 der Schweden Jaenecke und Samuelson vorbei, wo die Fußbodenheizung in Berlin Premiere feierte. Die Einfamilienhäuser in der Händelallee sind von Zäunen und Hecken so abgeschirmt, dass sich die großzügig gestalteten Gartenhöfe den Blicken Neugieriger entziehen. Wohl am spannendsten ist der 6 **Bau** in der Händelallee 59 von Sergius Ruegenberg, einem Mitarbeiter Hans Scharouns, ein Wohnhaus, das in seinen verschachtelten Formen wie ein Vorläufer des Dekonstruktivismus wirkt. Der Franzose Pierro Vago entwarf die Wohnzeile mit den hellblauen Balkonen in der Händelallee 14-18. Auf der gegenüberliegenden Seite in der Klopstockstraße reihen sich die linearen Wohnzeilen von Müller, Gottwald, Luckhardt, Hoffmann und Schneider-Eseben aneinander.

Der mit weißen Leca-Platten verkleidete 7 **Bau** des Finnen Alvar Aalto in der Händelallee 30-32 hat durch die schmalen vorspringenden Loggien an der Südfassade eine zickzackartige Struktur. Aalto konzipierte außergewöhnliche Wohngrundrisse. Den Mittelpunkt bildet jeweils ein Mehrzweckraum, der so genannte Allraum. Durch Faltwände können die Mieter ihre Wohnungen nach eigenen Vorstellungen verändern, was aber kaum wahrgenommen wird. Eine weitere At-

Altonaer Straße 4-14

traktion der fünfziger Jahre stellen Sauna, Dachterrasse, Einbauschränke und -küchen dar. Ein Durchgang ermöglicht die Unterquerung des Gebäudes. So ist die vom Berliner Architekten Werner Düttmann geplante 8 **Bibliothek** am Hansaplatz in der Altonaer Straße 15 zu erreichen, auch sie ein eingeschossiger verglaster Bau. Sie umschließt einen begrünten, angenehm ruhigen Lesehof und hat eine direkte Verbindung zum U-Bahnhof Hansaplatz. An der Ostwand des Bahnhofs ist ein abstraktes Glasmosaik von Fritz Winter zu entdecken.

Auf dem Weg in Richtung Siegessäule ist das 9 **Eternit-Haus** nicht zu übersehen. Hier ließ sich Paul Baumgarten, der auch den Konzertsaal der Musikhochschule an der Fasanenstraße entworfen hatte, für die Eternit AG einspannen. Der Bauherr, der noch heute mit auffallendem Schriftzug wirbt, stellte 1957 seine neuen Produkte Wellasbest und Glasplatten-Verkleidung zur Schau, die inzwischen gefährliche Relikte der Interbau sind.

Mit der abenteuerlichen Überquerung der viel befahrenen Altonaer Straße ist vis-à-vis das 10 **achtgeschossige Wohngebäude** in der Altonaer Straße 4-14 zu erreichen. Oscar Niemeyer, der zusammen mit Lucio Costa die brasilianische Hauptstadt Brasilia konzipierte, hat es mit Stützen termitensicher aufgeständert, was wohl eher südamerikanischen als Berliner Ansprüchen entspricht. Der Aufzug wurde als Turm ausgelagert und wirkt dadurch wie eine Skulptur. Tatsächlich hat er, wie von außen schon zu vermuten ist, nur zwei Verbindungen zum Gebäude, nämlich im fünften und siebten Stockwerk. Dort befinden sich die Gemeinschaftsgeschosse, die sich im Nachhinein als höchst realitätsfern erweisen, denn sie stehen leer und wurden von den Mietern nie akzeptiert.

Die **Chrom-Nickel-Stahl-Skulptur** an der Kreuzung Bartningallee und Altonaer Straße ist das Markenzeichen der Interbau. Sie stammt von Hans Uhlmann.

Die **katholische Kirche** an der gegenüberliegenden Seite des Hansaplatzes wurde von Willy Kreuer entworfen. Auch sie besteht aus den damals neuen Baustoffen und kann zwischen den Stahlbetonstützen sogar ein regelrechtes Muster aus Beton aufweisen.

Inmitten der Ladenzone liegt an der Nordwestecke des Platzes etwas versteckt

Vor dem U-Bahnhof Hansaviertel

Akademie der Künste

der Eingang zum **Grips-Theater**, nicht erst seit der mittlerweile legendären „Linie 1" in den achtziger Jahren eines der wichtigsten deutschsprachigen Jugendtheater; früher war es ein Kino.
Egon Eiermann hat die gegenüberliegende schlanke, helle **Wohnzeile** mit der Poststelle in der Bartningstraße 2-4 entworfen. Auf der linken Seite folgen die Punkthochhäuser von Baldessari, van den Broeck, Hassenpflug, Beaudoi, Lopez und Hans Schwippert. Am geschwungenen Hanseatenweg waren ursprünglich Einfamilienhäuser vorgesehen. Als Verlegenheitslösung musste 1960 am Hanseatenweg 10 die (11) **Akademie der Künste** (West) herhalten. Die Liegende, ein Frauenakt von Henry Moore, markiert den Eingang. Für die Bewohner ist das Haus ein Glücksfall, denn außer Kintopp war im Kultur Hansaviertel ursprünglich nicht vorgesehen. Die Akademie geht auf die Kurfürstliche Akademie von 1639 zurück. Die spätere Preußische Akademie der Künste existierte bis zur zwangsweisen Schließung 1938 am Pariser Platz. Die 1954 wieder gegründete Akademie (West) berief sich ebenso wie die Akademie (Ost) am Robert-Koch-Platz auf diese Tradition. Seit 1994 sind sie wieder fusioniert, und nach Fertigstellung ihres Neubaus am Pariser Platz auch wieder am traditionellen Standort vertreten. Bis dahin finden die zahlreichen Ausstellungen, Konzerte, Filmveranstaltungen, Lesungen und Diskussionsabende fast ausschließlich in dem Haus am Hanseatenweg statt. Vor allem verfügt die Akademie über ein umfangreiches Archiv und die Nachlässe vieler Berliner Schriftsteller. Für den Bau konnte Werner Düttmann einen amerikanischen Industriellen, Henry R. Reichhold, als Sponsor gewinnen.
Das Hansaviertel ist wegen der Citynähe und der Lage im Grünen bei den Bewohnern sehr beliebt, auch wenn es von der Fachpresse eher negativ bewertet wird. Eine Folge der Kritik war, dass sich die Internationale Bauaustellung (IBA) der achtziger Jahre wieder an historischen Stadtstrukturen orientierte. Diesen „rückwärts gewandten" Plänen hält das Hansaviertel seine Utopie vom totalen Neuanfang entgegen. Viele Details der fünfziger Jahre wurden leider nach und nach ausgetauscht. In der Altonaer Straße sind die typischen Pilzleuchten verschwunden, dafür tauchten in der Bartningallee historisierende, auf Gusseisen getrimmte Autosperren auf – „Nostalgiespender".
Die Farbgebung der Bauten entspricht aber noch der Ästhetik der fünfziger Jahre. Das Aussehen der Wohnungen bleibt allerdings ein Geheimnis, denn die meisten Anwohner fühlten sich von den Besucherströmen gestört, die sie jahrelang überfluteten, und verweigern inzwischen selbst zu den Fluren den Zugang.

Der Große Tiergarten

Mäanderndes Grün

Den Berliner Stadtplan vor Augen, wirkt die große geschlossene Grünfläche zwischen Charlottenburger und Brandenburger Tor wie eine innerstädtische Insel. Es ist der Große Tiergarten, ein Park von wahrhaft besonderem Reiz. Nein, nirgendwo sonst sind in dieser Stadt so viele Bürger aus aller Herren Ländern damit beschäftigt, ihre freie Zeit in Muße oder sportlicher Hektik zu vertun wie hier. Auf einer Breite von ungefähr drei Kilometern und einer Tiefe von einem Kilometer begegnen einem einsam vor sich hin trabende Jogger, von Rauchschwaden gequälten Grillfleisches umhüllte türkische Familienclans, Babys an der Mutterbrust, knutschende Pubertierende, Gruppen, die sich beim Fußball messen oder auf Federball oder andere Gegenstände einschlagen, gemächlich Wandelnde. Sie alle haben Platz in diesem Areal mit den schnurgeraden Haupttrassen und den mäandernden Seitenwegen, auf denen sich im Schatten der Baumkronen immer aufs Neue Blicke auftun auf Wiesen, kleine Waldungen, Böschungen, Bäche, Seen, Bänke und Denkmale, Trubel und Einsamkeit. Hier wünscht man sich, die Zeit bliebe stehen.

Unser Spaziergang durch das grüne Labyrinth beginnt auf der Schleusenbrücke, nicht ohne zuvor einige Hinweise auf die Geschichte des Tiergartens einzufügen: Als er noch ein abwechslungsreiches Gebiet von Sumpf bis Hochwald war, gehörte er der Gemeinde zu Cölln. Diese schenkte das Areal 1527 dem Kurprinzen Joachim dem Jüngeren zur Herrichtung eines Thier- und Lustgartens. Unter dem Großen Kurfürsten reichte der eingezäunte Tiergarten bis zum heutigen Gendarmenmarkt, der so genannte Kleine Tiergarten umfasste ganz Moabit und die Gegend des Wedding.

Ende des 17. Jahrhunderts wurde der Tiergarten in seinen bis heute erhaltenen Grundzügen angelegt. Ab 1740 gestaltete Georg Wenzeslaus von Knobelsdorff das Jagdrevier zu einem „Lustpark für die Bevölkerung" und gegen Ende des 18. Jahrhunderts der Hofgärtner Sello der Jüngere erste Partien des Tiergartens im landschaftlichen Stil. 1786-90 entstanden aus seiner Hand die „Neuen Partien" mit der heutigen Luiseninsel, der Rousseauinsel und dem Park des Schlosses Bellevue.

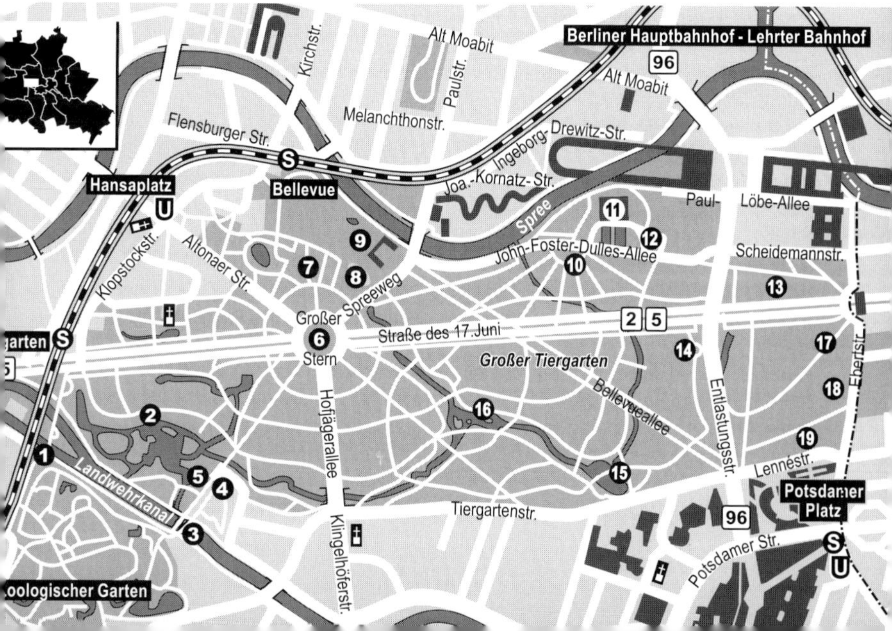

Der große Lenné schuf unter Beibehaltung der barocken Sichtachsen zwischen 1832 und 1839 einen englischen Landschaftsgarten, einen wirklichen „Volkspark". Die preußischen Regenten und Militärs verteilten zwischen 1869 und 1900 jede Mengen vaterländische Statuen im Park. Der Exerzierplatz vor dem Reichstag wurde 1865 in Königsplatz umbenannt, auf diesem die Siegessäule aufgestellt, die Siegesallee zwischen Kemperplatz und Königsplatz als preußische Ruhmes-Schneise in den Tiergarten geschlagen. Die Nationalsozialisten funktionierten im Rahmen der geplanten Weltstadt Germania die Trasse zur Nord-Süd-Achse um, die sich dort, wo heute das sowjetische Ehrenmal steht, mit der Ost-West-Achse verbinden sollte, der heutigen Straße des 17. Juni.

Die Auswirkungen der Kämpfe um das Zentrum zum Ende des Zweiten Weltkriegs waren für den Tiergarten katastrophal. Was nicht zerstört worden ist, wurde im ersten Nachkriegswinter von den Berlinern verheizt. Von rund 200 000 Bäumen des Tiergartens standen danach noch etwa 700. Der Blick war frei auf die Ruinenstadt. In den ersten Nachkriegsjahren wandelte sich die verbrannte Erde in ein Gemüsebeet, vor dem Brandenburger Tor wuchsen Kohl, Lauch, Salat und Kartoffeln. Die Siegesallee wurde planiert, viele Statuen zerstört oder wanderten in das Lapidarium am Halleschen Ufer.

Die Wiederaufforstung des Tiergartens begann 1949, nicht immer der Konzeption Lennés folgend.

Jetzt können wir mit dem Spaziergang beginnen. Aber wo ist die Schleusenbrücke? Ihr genauer Name lautet 1 **Freiarchenbrücke** und ist am Ende eines Weges zu finden, der hinter dem Bahnhof Zoo parallel zur Hochbahntrasse leicht ansteigend beginnt. Rechts des Weges schaut man durch die Umzäunung des Zoos auf Dromedare und Menschen, die sich gegenseitig beäugen.

Auf der Kuppe des Weges angelangt, wird man der gleichnamigen Lokalität ansichtig, bei gutem Wetter ein Anziehungspunkt der Tiergartenspaziergänger. Von der Brücke ist der Blick kanalaufwärts und kanalabwärts sehr zu empfehlen. Hier teilt sich das Wasser: Die größere Menge fließt durch die Enge der Schleuse, die kleinere über ein Wehr daneben. Also bildet sich hier eine Insel, die so groß ist, dass sie ohne weiteres die in Rosa und Blau leuchtenden, acht Meter Durchmesser großen Rohre der **Versuchsanstalt für Wasser- und Schiffbau** aufnehmen kann. Entworfen hat die riesige Industrieskulptur Ludwig Leo, sie ist die größte derartige Anlage der Welt. Dort hinten finden sich Schleusen- und Wehrwasser wieder zusammen und markieren das westliche Ende des Tiergartens.

Die Steinstufen runter und geradeaus wäre man schnell an der Straße des 17. Juni angelangt. Die kleine Strecke dorthin wird von einer Sammlung etikettierter Straßengaslaternen aus aller Welt gesäumt. Links hat man einen herrlichen Blick durch die Viadukte der Hochbahn auf einige Hausboote von teils sehr eigenwilligem Habitus. Rechts könnte man den Kanal stromaufwärts begleiten. Aber wir wollen auf einen Mord eingehen, der sich am 15. Januar 1919 am Ufer des nahen Neuen Sees zugetragen hat.

Dort steht das eher unscheinbar wirkende expressionistische 2 **Denkmal für Karl Liebknecht**, der hier von Freikorps-Soldaten „auf der Flucht" erschossen wurde. Der zweite Mord des Tages geschah an **Rosa Luxemburg**, die kanalaufwärts an der Lichtensteinbrücke, wahrscheinlich schon ermordet, in das Wasser geworfen wurde. Ein 3 **Denkmal** für sie unter der Corneliusbrücke, die unmittelbar neben der Lichtensteinbrücke den Kanal überquert, erinnert an die deutsche Begebenheit.

Gleich hinter der Zooerweiterung steht das Gebäude der 4 **Spanischen Botschaft** gleichsam als westlicher Vorposten des alten Diplomatenviertels, das sich von hier zur und entlang der Tiergartenstraße und südlich bis zum Landwehrkanal hinzog.

Gegenüber der Botschaft dann das östliche Ende des Neuen Sees mit Café und

Bootsverleih. Seit sich das 5 **Café am Neuen See** um ein Selbstbedienungs-buffet erweitert hat, verkehren auch Jüngere hier.
Wenn man die Lichtensteinallee wenige Schritte weiter geht, ist man unmittelbar vom Grün des Tiergartens eingefangen. Rechts steht ein Rest des Neuen Sees – eine verschwiegene Gegend mit vielen kurvenreichen Wegen, der **Gotischen Brücke** und dem **Denkmal für Theodor Fontane** von Max Klein aus dem Jahre 1910. Geradeaus beginnt die Fasanerieallee in Form eines breiten, kurz gehaltenen Grünzuges, der, über große bronzene Plastiken mit Jagdszenen hinweg, den Blick auf die Siegessäule freigibt. Der Grünzug wird linker Hand durch eine dichte Vegetation kontrastiert, in der hoch bis zur Siegessäule der Schwulenstrich lebt. „Siegessäule" nennt sich auch das Blatt der Berliner Schwulenbewegung. Links im Rhododendrondickicht überquert die **Löwenbrücke** von Ludwig Ferdinand Hesse aus dem Jahre 1838 ein stilles Wasser.
Wenn man an das Rondell der vor uns aufragenden 6 **Siegessäule** von Johann Heinrich Strack herantritt, kann man leicht ermessen, dass die Runde weitaus größer ist, als es dem Park an dieser Stelle gut tut. Leider hat man es in den Nachkriegsjahren versäumt, die Ränder des Rondells nach altem Vorbild neu zu bepflanzen. Besonders deutlich werden die Auswirkungen des Eingriffs der Nazis bei der Verbreiterung der ehemaligen Charlottenburger Chaussee von 27 auf 53 Meter, die den Tiergarten praktisch in zwei Parkhälften trennt.
Über einen Tunnel ist die Basis der Siegessäule zu erreichen. Besonders beeindruckend ist der Historienfries mit der Darstellung der Einigung Deutschlands nach dem Sieg 1870/71, zu sehen im Säulenrundbau, der nach einem Entwurf des Kaisermalers Anton von Werner aus Glasmosaik gefertigt worden ist. Es wimmelt nur so von tapferen Männern, die vor, während und nach heroisch geschlagenen Schlachten vorbildlich zu Pferde sitzen und selbst in der Stunde des Todes eine gute Figur abgeben – so schön kann Krieg, so schön kann Sterben sein ...

Siegessäule, Historienfries

Die Siegessäule wurde aus Anlass des 50. Geburtstages Adolf Hitlers am 20. April 1939 auf den Großen Stern verpflanzt, um eine weitere Trommel aus eingelassenen vergoldeten Geschützrohren aufgestockt und mit viel Tamtam eingeweiht.
Nach einem geringen Salär und 285 Stufen erreicht man in 48 Meter Höhe die Aussichtsplattform, steht unter den Röcken der 8,32 Meter großen und 40 Tonnen schweren vergoldeten **Viktoria** von Friedrich Drake und hat einen vorzüglichen Blick auf die Struktur des Tiergartens, der Stadt und weit darüber hinaus. Bei dem großen Umzug der Siegessäule wurden gleich das **Nationaldenkmal** für den Fürsten **Bismarck** von Reinhold Begas, und die **Denkmäler** des Generalfeldmarschalls **von Moltke** von Joseph Uphues und des Kriegsministers **von Roon** von Harro Magnussen, an den Rand des Rondells verfrachtet – wohlgemerkt: an den Rand, sogar ins Gebüsch wie Bismarck, und nicht ins Zentrum!
Was liegt näher, als den nächstgelegenen namhaften Ort im Tiergarten anzusteuern, den 7 **Englischen Garten**. Er beginnt hinter der Bismarckschen Bronze und ist Teil des Schlossparks Bellevue.
Von der Anlage her ist der Englische Garten vergleichbar mit dem südlichen Teil des Tiergartens. Hier ist allerdings alles kultivierter, die Wiesen gemäht, die Wege geharkt, und die Bäume gedeihen prächtig. Der Name selbst ist noch nicht sehr alt: Viele Baumspenden kamen nach dem

Zweiten Weltkrieg unter anderem aus England. 1952 wurde der Garten vom damaligen Außenminister Anthony Eden eingeweiht, woraus im Volksmund flugs das Wortspiel „Garten Eden" entstanden ist.

Das Herzstück des Englischen Gartens ist ein neues schönes Haus mit der Haut des 17. Jahrhunderts, und es soll der von Gilly entworfenen Meierei ähneln, die einmal im Schlosspark Bellevue gestanden hat.

Wenige Menschen nur wissen um den winzigen **Friedhof**, längst aufgelassen, der gleich hinter dem neuen Bundespräsidialamt zu entdecken ist. Ungepflegte Grabstätten und zwei Bronzeplastiken überraschen den Besucher. Die eine Plastik heißt „Knappe mit Pony" und wurde 1896 von Erdmann Encke geschaffen, die zweite ist eine Bison-Statue von Rudolf Siemering aus dem Jahre 1900. Das Tier kauert im Dickicht auf dem Boden, als wenn es sich schützen wollte vor unliebsamer Entdeckung.

Das 1998 eingeweihte 8 **Bundespräsidialamt** von Martin Gruber und Helmut Kleine-Kraneburg ist sicher eines der wenigen Gebäude nach der Wende, die als Glücksgriff bezeichnet werden können. Ein Oval, dessen Seiten sich nie in Gänze dem Blick ergeben, vier Stockwerke mit stereotyp aneinander gereihten Fenstern ohne Betonung der Rahmungen lassen den Baukörper kompakt und zugleich leicht erscheinen, man hat den Eindruck, das den Bau umgebende Grün setze sich per Spiegelung hinter der Fassade fort – ein reines Bauwerk, ein Archetyp.

In der Mitte des Inneren ist das glasüberdachte Atrium, jede Etage bietet vier Brücken, von denen aus der umlaufende Galeriengang der Etage und die jeweils zur Außenwand untergebrachten Zimmer zu erreichen sind. Leider ist der Öffentlichkeit der Zutritt versagt.

Wie auch beim 9 **Schloss Bellevue** nebenan. Aber man kann sich davor stellen, einmal rundherum blicken und weiß, warum diese Stelle „schöner Blick" heißt. Schloss und Park sind das Refugium des Bundespräsidenten. Die Besiedelung erfolgte durch Hugenotten um 1720, die Seidenraupenzucht sollte ihnen Brot und Arbeit geben. Aber das Anpflanzen der dazu notwendigen Maulbeerbäume misslang, und so wurde auf Landwirtschaft und Gärtnerei gesetzt. Ungefähr zwanzig Jahre später erwarb Knobelsdorff das Areal und bebaute es. 1784 erwarb der jüngste Bruder Friedrichs II., Prinz August Ferdinand von Preußen, das Gelände und ließ sich von Philipp Daniel Boumann das Schloss als Sommersitz errichten. Bis 1843 nutzten Prinz und Familie den Komplex, dann Mitglieder des Kaiserhauses. Schließlich ging er 1928 in staatlichen Besitz über, diente Kunstausstellungen und ab 1934 als Museum für deutsche Volkskunde. Großartige Dinge haben sich hier nie ereignet, aber immerhin hat sich hier Königin Luise mit Napoleon getroffen, Friedrich Schiller war Gast. Auch ein künstlerisch wertvolles Detail des Obergeschosses des frühklassizistischen Gebäudes bleibt der Öffentlichkeit verborgen: der von Carl Gotthard Langhans 1791 geschaffene Ovale Saal. Und Schinkel hat ein Landschaftspanorama im Vorraum beigesteuert.

Wer wissen will, ob der amtierende Bundespräsident im Hause ist oder nicht, achte auf die Bundesfahne – nach oben gezogen bedeutet Anwesenheit.

Wir machen uns auf den Weg in Richtung des Hauses der Kulturen der Welt und wählen dafür die geradeste Linie: die John-Foster-Dulles-Allee, die direkt gegenüber vom Schloss beginnt und, am Großfürstenplatz vorbei, zum 10 **Zeltenplatz** führt. Der ehemalige Kurfürstenplatz, umgeben von einem Halbrund strahlenförmig abgehender Wege, ist ein klassisches Beispiel barocker Gartengestaltung. Ungefähr von dieser Stelle an gab es in nordöstlicher Richtung parallel zur Spree einen Weg, der später, ab 1832, „In den Zelten" genannt wurde. Hier etwa wurden seit 1745 einfache Leinenzelte aufgestellt, im Angebot Erfrischungen und Zuckerwerk. Aus den Zelten wurden Bretterbuden, aus den Bretterbuden massiv gemauerte Gebäude, der Weg zur

Straße und die Straße zum Wohnort, und nach In den Zelten und Zeltenallee strömte das Volk, und auch das Bier strömte. 1844 durfte der Restaurantbesitzer Joseph Kroll seinen Krollschen Wintergarten errichten, ungefähr dort, wo bis 1999 das Tempodrom stand und heute das Bundeskanzleramt steht. 1848 verweigerte Kroll den zahlreich Versammelten die Benutzung seines Etablissements zur Verabschiedung ihrer freiheitlichen Forderungen an den König – die März-Revolution fand trotzdem statt. Im November war die Revolution zu Ende, zusammengeschossen von General Wrangel, der in einer symbolischen Handlung auch die Orchesterpodien zerstören ließ.

Da wohnte Bettina von Arnim schon ein Jahr In den Zelten 5, dort, wo heute das Haus der Kulturen der Welt steht. Sie starb hier 1859. Der Uferweg ist nach ihr benannt. 1919 hatte in einem Eckgebäude der Sexualwissenschaftler Magnus Hirschfeld das nach ihm benannte Institut gegründet, das im Mai 1932 von der SA gestürmt und verwüstet wurde. Hirschfeld, Jude, flüchtete 1934 nach Frankreich und starb ein Jahr später in Nizza, sein Institut wurde 1936 aufgelöst. Das heutige Centrum für SexualWissenschaft e. V. bemüht sich um Rehabilitation.

Von all diesen Gebäuden steht keines mehr, auch auf der baumdurchsetzten Rasenfläche diametral dem Reichstag gegenüber erinnert nichts mehr an den Nachfolger des Krollschen Etablissements, das 1894 eröffnete Neue Königliche Opernhaus, kurz **Krolloper** genannt, die, nachdem es keinen König mehr gab, „Staatliche Oper am Platz der Republik" hieß. Sie wurde, schwer beschädigt, nach dem Zweiten Weltkrieg abgerissen.

Den Rest besorgten die „Aufbaujahre". Schon früh setzten Überlegungen ein, wie aus Berlin eine „Hauptstadt aller Deutschen" gemacht werden könne, und es gab auch einen Wettbewerb für ein neues Regierungsviertel, das zwischen dem Schloss Bellevue und der Museumsinsel entstehen sollte – das heutige Regierungsviertel steht weitgehend auf demselben Terrain. Zusätzlich liefen die Vorbereitungen für die Internationale Bauausstellung im Hansaviertel. Und in diesem Zusammenhanq sollte an dieser prädestinierten Stelle von den Amerikanern ein repräsentatives Gebäude als Kongress- und Veranstaltungszentrum gebaut werden. Der Architekt Hugh Stubbins entwarf die Pläne für den für damalige Zeit mutigen Bau, der nun seit 1957 auf einem Schutthügel steht. Die 11 **Kongresshalle** besteht aus zwei völlig unabhängig voneinander existierenden Elementen. Das eigentliche Gebäude hat eine eigene Abdeckung, die charakteristische, geschwungene Schale darüber sollte nur an den beiden Enden durch Stützpfeiler gehalten werden und entstammt der Auffassung „organischer Gestaltung" der fünfziger Jahre. Trotzdem man schon während der Planung von dem frei schwebenden Dach abging und es durch einen äußerlich nicht sichtbaren Betonring absicherte, müssen die Spannungen der Dachfläche und seiner Wölbung derart groß gewesen sein, dass am 21. Mai 1980 das südliche Dach abbrach und einen Journalisten unter sich begrub. 1985 wurde die Kongresshalle nach heftigen Diskussionen, und ohne dass es ein Nutzungskonzept gab, wiedereröffnet –, das ICC war inzwischen gebaut. Das Dach wurde ähnlich des ersten Konzeptes Stubbins' von dünnen Säulen gehalten – neue Techniken des Stahlbetonbaus machten es möglich. Seit 1989 heißt die Kongresshalle **Haus der Kulturen der Welt**, in dem das ganze Jahr über Veranstaltungen stattfinden, in deren Mittel-

Haus der Kulturen der Welt

Sowjetisches Ehrenmal

punkt die Auseinandersetzung mit außereuropäischen Kulturen steht. Zwei große flache Wasserbassins sind davor angelegt, im linken spiegelt sich die **Bronzeplastik** „Big Butterfly" von Henry Moore.

Auf der rechten äußeren Rasenfläche ragt seit 1987 das 12 **Carillon**, also ein Glockenspiel, wie ein toskanischer Campanile in den Himmel. Vier granitverkleidete Ecktürme bilden im Grundriss ein Quadrat, das Dach hat die Form einer flachen, auf den Kopf gestellten Pyramide. Der Carilloneur kann sich mittels eines Fahrstuhls bis zu den Glocken transportieren, wo er per Tastenstöcke und Pedale die Klöppel von 68 Glocken unterschiedlicher Größe bewegt. Eine Automatik sorgt tagtäglich in der Mittagszeit für ein Konzert, jeden Freitag und an Feiertagen erklingen die Glocken live. Selbstverständlich ist dieses hier Europas größtes Carillon, das wurde auch in den Berichten damals zur Einweihung sehr betont. Selbst wenn man mitten im Tiergarten steckt, sind die Tonfolgen zu vernehmen – wenn der Wind dazwischenfährt, klingt es wie himmlisches Geläut.

Mitten hinein in das Schlachtfeld Tiergarten, nicht weit davon entfernt, wo das Speersche Achsenkreuz entstehen sollte, wurde am 11. November 1945 das erste sowjetische „Memorial" eingeweiht, das 13 **Sowjetische Ehrenmal** an der Straße des 17. Juni, als sie noch Charlottenburger Chaussee hieß. 102 000 Soldaten der UdSSR fielen im Kampf um Berlin. 2500 Soldaten sollen auf den hinteren Feldern des Ehrenmales bestattet sein. Das Baumaterial für die Kolonnade, auf deren Steinplatten die Namen gefallener Soldaten eingemeißelt sind, ist der Reichskanzlei entrissen worden. Bis im Dezember 1990 bewachten sowjetische Soldaten das Mahnmal im Zweistundenrhythmus, reglos wie der sechseinhalb Meter hohe Soldat da oben und eingerahmt von zwei Panzern und zwei Lafetten, die sich aus heutiger Sicht wie Spielzeug ausnehmen – auch das Militärwesen hat sich ja weiterentwickelt.

In Richtung des Kulturforums sind zwei schmale Wege auszumachen. Wir wählen den westlichen. Mit ihm schneiden wir zugleich den ehemaligen 14 **Floraplatz**. Auf dem runden Platz reitet die **Amazone** zu Pferd von Tuaillon aus dem Jahre 1905. Folgen wir dem weiteren Weg, erreichen wir nach Überschreitung der Bellevue-Allee bald die 15 **Luiseninsel** – einer der optischen und auch historischen Höhepunkte des Tiergartens.

Königin Luise Auguste Wilhelmine Amalie, kurz Luise, war und ist immer noch das Objekt größter Verehrung. Klug und schön, stand sie für Vaterlandsliebe und den Reformvorstellungen derer von Stein und von Hardenberg nah, verhandelte mit Napoleon – ergebnislos – über mildere Friedensbedingungen, gebar zehn Kinder und verstarb 1810 im Alter von 34 Jahren.

Bürger, vor allem solche der nahen Tiergartenstraße, beschlossen 1808, Luise und ihrem Gatten, König Friedrich Wilhelm III., nach ihrer Rückkehr aus dem Exil in Ostpreußen ein Denkmal zu setzen: ein Stein in Form eines Postamentes mit einer Schale obendrauf, entworfen von Gottfried Schadow. Dieser Stein wurde aber nicht dort aufgestellt, wo man heute Luisens Figur bewundern kann, sondern auf dem Inselchen namens Luiseninsel dahinter, auf dem seit 1904 die **Skulptur** des **Jung Wilhelm** von Adolf Prütt zu sehen ist. Aber das Postament verschwand, wahrscheinlich schon vor der Zeit des revolutionären Berlin.

Am nördlichen Rande der zweiten größeren Insel wurde 1849 das **Denkmal** für **Friedrich Wilhelm III.** von Friedrich Drake eingeweiht. Friedrich Wilhelm blickt recht ernst in Richtung seiner Frau Luise, die dort allerdings noch gar nicht stand, denn erst 1880 wurde das Denkmal Luises dort enthüllt, wo es auch heute noch steht. Der sonst so langweilige Bildhauer Encke hat ein anmutiges Abbild der Königin geschaffen, mit Hilfe der Totenmaske der Verstorbenen und Bleistiftzeichnungen sowie einer Büste, die Schadow anfertigte. Die Insel, von der Luise so fein herunterschaut, ist dann das geworden, was sie heute ist, die Luiseninsel.

Noch eine andere Insel ist es wert, Erwähnung zu finden. Auch sie ist sehr klein, und auch sie trägt einen Stein zum Gedenken: die 200 Schritte entfernte 16 **Rousseau-Insel**. Rund 50 Jahre bevor Lenné den Gesamtplan des Parks weitgehend nach seinen Vorstellungen realisieren konnte, hatte 1792 der Hofgärtner Sello der Jüngere im Winkel zwischen Großer und Kleiner Sternallee die „Neue Partie" angelegt. Die Insel erhielt ein Erinnerungsmal für den Philosophen Jean-Jacques Rousseau, einer der großen Vertreter der Aufklärung. Als Vorbild für die Anlage galt die Rousseau-Insel im Park von Ermenonville (Paris), auf der Rousseau zunächst bestattet wurde. Rousseau wurde zu einer Kultfigur seiner Epoche, Rousseau-Inseln entstanden in vielen anderen Parks Europas als Weihestätte. Der Berliner Gedenkstein, eine Urne auf einem Postament, verschwand vermutlich in der Zeit des Kampfes um Berlin. Die heutige Stele stammt von Günter Anlauf.

Wenn die Bäume ohne Laub sind, schimmert die **Statue Lortzings** vom anderen Ufer des Sees herüber. In südlicher Richtung, direkt an der Tiergartenstraße, ist das opulente **Wagner-Denkmal** nicht zu verfehlen, und unweit der Rousseau-Insel, in nordöstlicher Richtung, stößt der Besucher unweigerlich auf den prachtvollen **Rosengarten**.

Eine lohnenswerte Spaziergangsvariante wäre, direkt in Höhe des Sowjetischen Ehrenmals in den gegenüberliegenden Tiergartenweg nach Süden zum Kemperplatz einzudringen, parallel zum Tunnelbau in Richtung Spreebogen und Lehrter Bahnhof. Dieser Weg markiert ungefähr die Streckenführung der ehemaligen Siegesallee.

Luiseninsel

Der Tiergarten zeigt sich hier von einer ganz anderen Seite, denn nirgend sonst sind so viele Wildwiesen anzutreffen, und alles hat den Anschein des Unberührten. Das hat sich geändert, seitdem der Potsdamer Platz fertig gestellt ist. Bald, so eine Vision, fläzt sich die von Wilhelm Wolff 1872 geschaffene 17 **Löwengruppe** in einer Steppenlandschaft, und 18 **Goethe** von Fritz Schaper aus dem Jahre 1880, und 19 **Lessing** von Otto Lessing aus dem Jahre 1890 schauen ungehindert über die Ränder des Parkes auf unser heutiges Treiben. Aber nicht nur der Potsdamer Platz macht diesem Karree Tiergarten zu schaffen: Längst ist die Umgebung des Brandenburger Tors, die Straße des 17. Juni, Tummelplatz alljährlich stattfindender Großveranstaltungen wie Silvesterparties, Love-Paraden und Marathonläufe geworden. Millionen Menschen haben an Bäumen, Grasland, Hecken und den Denkmalen ihre Spuren hinterlassen. Mal sehen, ob die Einsicht obsiegen wird, dass diese Attraktionen ohne den Charme des Parks nur die Hälfte wert sind.

Klaus Esche

Der Zoologische Garten und das Aquarium

Bewahrer der Arten?

Der Zoo

Wenn man seitlich zum Hardenbergplatz aus dem Bahnhof Zoologischer Garten tritt, erblickt man über dem parkenden und fließenden Verkehr eine grüne Front, den Berliner Zoo. Eine Giraffe auf der Fassade des unschönen Hochhauses am Zoo weist den Weg zur Kasse des Haupteingangs. Der Nebeneingang an der Budapester Straße ist allerdings mehr zu empfehlen, dort geht man durch das bekannte Elefantentor.

Der Zoo hat einen vortrefflichen Leumund bei den Berlinern. Er ist gewissermaßen „ihr" Zoo und die vielen Spenden und testamentarischen Berücksichtigungen besonders älterer Damen kommen der „Haben"-Seite der Aktiengesellschaft zugute. Friedrich der Große hatte hier, ziemlich genau zwischen Stadtschloss und Schloss Charlottenburg, eine Fasanerie anlegen lassen. Anfang des 19. Jahrhunderts, kurz nach der Gründung der Berliner Universität, machte sich der Naturwissenschaftler und Afrikaforscher Martin Hinrich Carl Lichtenstein dafür stark,

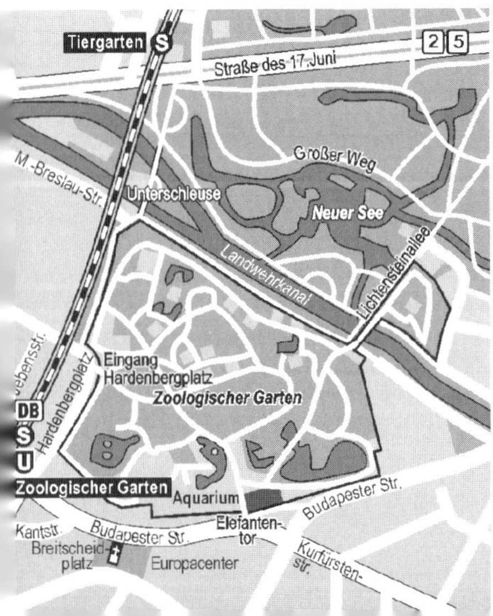

anstelle der Fasanerie einen richtigen Tierpark anzulegen. Zur Unterstützung seines Vorhabens gewann er so berühmte Wissenschaftler wie Alexander von Humboldt und den Gartenbaumeister Peter Joseph Lenné. Dass das Projekt von Friedrich Wilhelm IV. gutgeheißen wurde, ist auch den Sensationen und Entdeckungen zu verdanken, mit denen damals die Naturwissenschaften bei ihren Exkursionen in alle Welt aufwarteten, wie auch dem Umstand, dass London und Paris ähnliche Ideen längst realisiert hatten.

Kurzum, schon 1844 konnte der erste deutsche Tierpark eröffnet werden, und als königliches Geschenk siedelten die Tiere der königlichen Menagerie auf der Pfaueninsel nach hier um. Der neue Zoo stieß bei der Bevölkerung auf großen Zuspruch, und so war es nur eine Frage der Zeit, wann eine verbesserte Verkehrsanbindung diesen noch weiter befördern helfen würde. Die folgte 1882 mit dem Bau der Berliner Stadtbahn und einer kleinen Haltestelle in dem ansonsten noch unbebauten Gelände: Bahnhof Zoologischer Garten. Die sich beinahe zeitgleich vollziehende Bebauung im „Neuen Westen" kesselte den Zoo bis auf die Seite zum Landwehrkanal hin völlig ein, über den seit 1987 eine Brücke zur Zoo-Erweiterungsfläche zwischen Landwehrkanal und Spanischer Botschaft führt – übrigens unmittelbar neben einer weiteren, der Corneliusbrücke, die für den Nicht-Zoo-Fußgänger-Verkehr zuständig ist.

Bis auf 91 Tiere wurde während der Angriffe der Alliierten der Tierbestand dezimiert und mit diesem auch die prunkvollen Tierhäuser vernichtet, die nach der Mode der damaligen Zeit die Architektur der Herkunftsländer von Tierarten präsentierten, wie zum Beispiel das 1910 errichtete Zebrahaus. Die Bombenhagel galten allerdings nicht der friedlichen Zooanlage, sondern einer der größten Flakstellungen der Wehrmacht auf dem Gelände. Wieder aufgebaut worden sind nach dem Krieg das **Antilopenhaus**, das **Giraffenhaus**, das **Wisent-** und **Bisonhaus** und 1997 als

Am Elefantentor

Letztes das **Siamhaus**. Auch das Elefantentor gehörte mit zu den zerstörten und 1987 wieder errichteten Bauwerken.
Längst ist der Tierbestand und die Haltung und Züchtung seltener Tierarten wieder auf international angesehenes Niveau geklettert, eine Bestandsphilosophie, die von Kennern kritisiert wird, weil eine viel zu große Artenvielfalt auf einer viel zu kleinen Fläche leben muss. Andererseits ist es dem Zoo unter der Leitung von Katharina Heinroth (1945-56), Heinz-Georg Klös (1956-91) und dem derzeitigen Zoodirektor Frädrich immer wieder gelungen, vom Aussterben bedrohte Tierarten durch die Zucht oder Rückzüchtung der Nachwelt zu erhalten – man denke an das Przewalskipferd oder an die Antilopenart Bongo.
Selbst wenn dem Besucher die vielen Tierhäuser und Gehege nur Staffage für einen Spaziergang sind: Abseits des brausenden Verkehrs sind die verschlungenen Lennéschen Wege, das Gezwitscher der unzähligen, auch frei lebenden Vögel und der attraktive Grünbestand von hohem Erholungswert. Speziell für Kinder ist in der Nähe der Nashörner und Kamele ein Kinderzoo mit Ziegen, Gänsen und Ponyreiten im Angebot. Wer aber genau die eine oder andere Tierart betrachten will, kann mit Hilfe der wetterfesten Tafeln viel über Fütterungszeiten, Verbreitung, Bestand und Gefährdung erfahren.

Das Aquarium

Das viel gerühmte Aquarium ist entweder über die Budapester Straße in direkter Nachbarschaft zum **Elefantentor** zu erreichen oder über den rückwärtigen Eingang im Zoogelände. Dort steht der lebensgroße steinerne Iguanodon, an der Straßenseite schmücken die 1983 vollständig wieder hergestellten Reliefs und Mosaiken das Gebäude.
Alfred Brehm, der große populäre Zoologe (Brehms Tierleben), gehörte mit zu den Betreibern und Begründern des Berliner Aquariums nach Londoner Vorbild. 1869 fanden die Eröffnungsfeierlichkeiten statt, nicht hier am ehemaligen Kurfürstendamm, sondern Unter den Linden. Was da zu sehen war, war für die damaligen Zeiten schlicht sensationell: ein Walross, eine Seekuh, die im künstlich hergestellten Seewasser lebten, und natürlich an-

Aquarium, Straßenfront

Unterwasserlandschaft

dere aquaristische Lebewesen. Mitten unter den Amphibien, Fischen und Spinnen lebte – weitere Sensation! – auch ein Gorilla. 1910 musste das Aquarium Geschäftsbauten weichen, der Tierbestand wurde nach Leipzig und Frankfurt am Main veräußert. 1913 wurde das heutige Aquarium im Zoo errichtet und im Zweiten Weltkrieg fast völlig zerstört. Wieder aufgebaut gehört es heute zu einem der größten und schönsten Aquarien der Welt, das artenreichste ist es sowieso.

Über drei Stockwerke wird von unten nach oben die Welt der Elemente Wasser (Aquarium), Erde (Terrarium) und Luft (Insektarium) gezeigt. Jedes Stockwerk bietet faszinierendes Ambiente: Katzenhaie, Nagelrochen, Barrakudas schwimmen bedrohlich nahe heran, so genannte Landschaftsbecken geben teils unter Wasser, teils über Wasser die Lebenswelt künstlicher Biotope wieder, eine Unzahl kleinerer Becken sind Anschauungsobjekte für den Biounterricht und Aquaristen. Das schummrige Licht, die fremde Welt: Hier wurde schon so manches Mal eine besonders exotische (Sekt-)Party gefeiert – Anstoßen mit dem Löffelstör ...

Eine Etage drüber die nicht minder attraktive Krokodilhalle, die mittels Brücke überquert werden kann mit Sicht auf die gefährlichen Reptilien, die dort unten an einem künstlichen Rinnsal dösen. Die öffentlichen „Speisungen" der Kaimane, Nilkrokodile und anderer Arten Panzerechsen mit hausgezüchteten Ratten und Mäusen lassen den Besucher gerne gruseln ... Wussten Sie eigentlich, dass Krokodile ihre Beute nicht sogleich verschlingen, sondern erst einige Zeit unter Wasser „garen" lassen? In dieser Etage leben auch die urtümlichen Warane und die – einmalig für deutsche Aquarien – Komodo-Warane sowie Schlangen jedweder Giftigkeit, Größe und Färbung.

Im oberen Stockwerk dann die Welt der Insekten, Spinnen und Schnecken, und auch die trägen Riesenschildkröten sind dort zu finden. Der Querschnitt eines Bienenstocks lässt, saisonabhängig, das Innenleben der fleißigen Honigmacher quasi öffentlich werden. Schwarze Witwen saugen ungeniert und unbeeindruckt manchen Besucher-Einspruchs den Lebenssaft aus Fliegen.

Gleichgültig, ob Zoo oder Aquarium oder beides: Zu sehen und zu erleben gibt es allemal genug: für wenige Stunden oder bis 18 Uhr, wenn die Anlagen schließen und die Tiere endlich Ruhe haben vor den neugierigen Zweibeinern.

Klaus Esche

Vom Botschaftsviertel zum Kulturforum

Berlins Kulturzentrale

Wer Mitte des 19. Jahrhunderts in Berlin etwas auf sich hielt, zog in den damaligen Westen der Stadt. Auch im Tiergartenviertel, zwischen dem Landwehrkanal und dem Großen Tiergarten, prägten die Villen und Wohnhäuser der aufstrebenden großbürgerlichen Gesellschaft den Streifen, dessen Eckpunkte heute das Bauhaus-Archiv an der Klingelhöferstraße und das Kulturforum an der Potsdamer Straße markieren.

Hier wohnten Staatsbeamte und neureiche Fabrikanten als Förderer der Kultur neben jenen, die eben diese Kultur hervorbrachten und in ihnen ihre Auftraggeber und Rezipienten fanden. So saßen etwa die Gebrüder Grimm in der Lennéstraße, und Theodor Fontane wohnte in der alten Potsdamer Straße; Adolph Menzel hatte sein Atelier in der Sigismundstraße, und Galeristen wie Paul Cassirer und Herwarth Walden, mit seinem „Sturm“, mischten hier kaum später mit junger avantgardistischer Kunst die alte bildungsbürgerliche Gediegenheit auf.

Später zogen die Reichen und Prominenten weiter, Richtung Charlottenburg und Wilmersdorf, in den „Neuen Westen“, und das Tiergartenviertel wurde zum „Alten Westen“. Zerstört wurde es durch die Hauptstadtplanung des Dritten Reiches, denn 1937 beauftragte Hitler Albert Speer, Berlin radikal zur Hauptstadt „Germania“ umzubauen, und man begann damit, die alte Bebauung abzureißen. Das Tiergartenviertel, in dem schon eine Reihe diplomatischer Vertretungen angesiedelt waren, wurde endgültig zum Diplomatenviertel erklärt. Vom dort anvisierten baulichen Großformat zeugen bis heute die ehemalige Japanische und die Italienische Botschaft.

Nach dem Zweiten Weltkrieg war das Areal ein Brach- und Ruinenland der gescheiterten deutschen Geschichte und abenteuerlicher Fundort für einige ihrer Relikte. Die Stimmung um die mächtigen Bauten war düster und regte Künstler wie Raffael Rheinsberg in den Zeiten der Mauerstadt zur Spurensuche an. Doch gegenwärtig ist das Viertel dabei, an die alte Gediegenheit und Würde als Botschaftsviertel in der wiedervereinigten, demokratischen Bundesrepublik anzuknüpfen. Der historische Stillstand und die damit verbundene Nabelschau haben ein Ende, und die Zukunft ist auf hauptstädtische Repräsentation angelegt.

Die Speerspitze dazu bildet das zwischen Cornelius- und Stülerstraße gelegene **Klingelhöfer-Dreieck,** das wie eine Vorhut neuer Zeiten auftrumpft. Mit viel Ambition wurde es neu gestaltet und weist eine große architektonische Dichte und

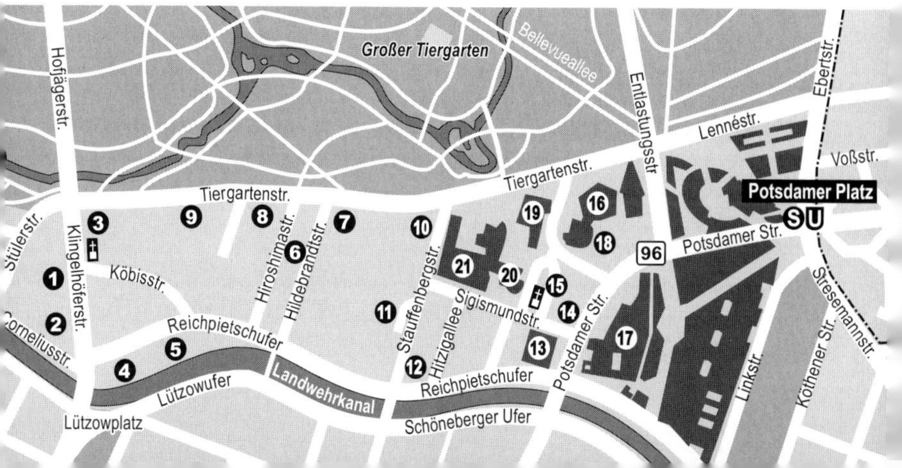

Zentrale der CDU

Dynamik auf. Dominant sind die zusammengefassten 1 **Botschaften der nordischen Länder**, von skandinavischen Architekten erbaut, die einen kleinen städtebaulichen Kontinent für sich bilden. Dort schwingt sich dem Passanten eine Membran aus grün patinierten Kupferlamellen entgegen, die den gesamten Komplex wie eine riesige Klammer einspannt.

Ähnlich schwungvoll und ganz transparent ragt der gläserne Bug der 2 **CDU-Zentrale** von Petzinka Pink & Partner hervor, der einen Wintergarten behaust, als sei es ein an der Straße schwebender Park. Auch die nach Plänen von Teodoro Gonzáles de León und Francisco Serrano an der Klingelhöferstraße erbaute **Mexikanische Botschaft** trägt mit ihrem vertikalen, leicht stürzenden Lamellenvorhang zu der futuristischen Inszenierung in diesem Teil des Botschaftenviertels bei.

Gegenüber ist die Neubebauung gediegen und weicht kaum von der Tradition der vorherigen Botschaftsgebäude ab, allerdings ohne den monumentalen Klassizimus, der die Staatsarchitektur des so genannten Dritten Reiches prägte. Die 3 **Konrad-Adenauer-Stiftung** bezieht an der Tiergartenstraße Position mit einem zurückversetzten, klar modernen Bau des Kölner Architekten Thomas van den Valentyn, der durch seine kubische Form und helle Fassade die Bewegung vis-à-vis mit eleganter Ruhe konterkariert.

Auf dem schmalen Streifen zwischen Landwehrkanal und Von-der-Heydt-Straße wird man mit der Ambition der deutschen Moderne vor dem Desaster des „Dritten Reiches" konfrontiert. Das 4 **Bauhaus-Archiv** verwahrt, erforscht und präsentiert das Erbe des Bauhauses, der wichtigsten deutschen Kunstschule der klassischen Avantgarde. 1919 wurde es in Weimar gegründet. Walter Gropius, bis 1928 Direktor des Bauhauses, konstruierte das Gebäude zunächst für die Hanglage der Darmstädter Rosenhöhe. Doch dann wurde beschlossen, das Museum nach Berlin zu verlegen, dem letzten Sitz des Bauhauses unter Ludwig Mies van der Rohe, bevor die Nazis es endgültig schlossen. Alexander Cvijanovic entwarf eine Rampe mit langem Anlauf, um den Entwurf dem flachen Grundstück anzupassen. Das Museum bietet ein angenehmes Café mit Innenhof und vertreibt in seinem florierenden Shop Bauhaus-Klassiker und Design in deren Geist, wie etwa die Armbanduhren von Max Bill, Direktor der späteren Ulmer Hochschule für Gestaltung, die die unterbrochene Tradition der Moderne wieder aufgriff.

Dagegen verweist am gegenüberliegenden Ufer das **Hotel Esplanade** mit seiner gleichförmigen Modulararchitektur und seinem vom einstigen Glanz des ehemaligen Etablissements am Potsdamer Platz geborgten Namen auf den postmodernen Geldgeist der achtziger Jahre.

Ein paar Meter weiter am Kanal entlang steht die 5 **Villa von der Heydt**, der einzige Rest der alten Villenbebauung. August von der Heydt war preußischer Minister und hatte 1861 von Hermann Ende ein Domizil in palladianischer Eleganz und dazu einen Garten von Berlins erstem Garten- und Landschaftsarchitekten, Peter Joseph Lenné, entwerfen lassen. Heute residiert hier der Präsident der größten und mächtigsten deutschen Kulturstiftung, der Stiftung Preußischer Kulturbesitz.

In Fortsetzung der Heydtstraße gelangt man vom Reichpietschufer aus über die Hildebrandtstraße in das eigentliche Ge-

Bauhaus-Archiv

biet des ehemaligen **Diplomatenviertels**. Die Straße ist nach dem Süßwarenfabrikanten Hildebrandt benannt, und einziges Relikt aus dieser Zeit ist ein von ihm finanziertes Mietshaus. Bis 1940 war hier der Sitz der (6) **Estnischen Botschaft**. Nach einer Instandsetzung sind die Esten vor kurzem an ihre alte Adresse zurückgekehrt.

Das zweite ehemalige Wohnhaus zwischen Hildebrandt- und Hiroshimastraße ist seit Beginn im Besitz der Republik Griechenland und bleibt es auch als restaurierter und ergänzter neuer Sitz der **Griechischen Botschaft**. Der andere Nachbar ist die neue Residenz der **Friedrich-Ebert-Stiftung**.

Zwei **Ländervertretungen**, die **Baden-Württembergs** an der Tiergartenstraße und die **Bremens** an der Hiroshima-Straße, setzen neue Akzente. Letztere wurde von Hilde Léon und Konrad Wohlhage konzipiert, die mit ihrer „Zitrone", dem über einer Autobahnausfahrt schwebenden Bürohaus am Halensee, bekannt geworden sind. Zusammen mit Siegfried Wernik haben sie auch die **Indische Botschaft** an der Tiergartenstraße entworfen. Und ebenso, wie die hellrote Fassung der Landesvertretung fast italienische Heiterkeit bringt, ist die Verblendung mit rotem indischem Sandstein an der indischen Botschaft ein exotischer Akzent. Weitere Botschaften im Diplomatenviertel sind die Ägyptens, der Vereinigten Arabischen Emirate, Südafrikas, der Türkei und Portugals.

Die Repräsentationsarchitektur der Nationalsozialisten kann man gut am Sitz der (7) **Italienischen Botschaft** studieren. Die neoklassizistischen Züge des Palastes wirken wie ein Stück zu groß geratenes Rom und sind nun – frisch in Rosa geputzt, restauriert und umgebaut – wieder Kulisse für die italienische Repräsentanz. Das andere repräsentative Gebäude aus den dreißiger Jahren ist die ehemalige (8) **Japanische Botschaft**, im Rahmen der IBA 1987, in Anlehnung an den Vorgängerbau als kulturelle Begegnungsstätte des Japanisch-Deutschen Zentrums neu errichtet.

In nun adäquater Nachbarschaft zu den neu erbauten Partei-Stiftungen, die den mustergültigen deutschen Nachwuchs in die politischen Richtungen nach links und nach rechts fördern, befindet sich das (9) **Canisius-Kolleg**, ein katholisches

Gedenkstätte Deutscher Widerstand

Elite-Gymnasium; das Anwesen gehörte einst der Firma Krupp, dem wichtigsten Rüstungslieferanten im Dritten Reich.
In Richtung Stauffenbergstraße bietet sich die architektonische Gestaltung des Eckgrundstücks durch die 10 **Österreichische Botschaft** von Hans Hollein mit abwechslungsreich geschwungenen und geraden Gebäudetrakten dar.
Den architektonischen Kontrast dazu bildet der gradlinige Ernst im Ehrenhof der 11 **Gedenkstätte Deutscher Widerstand** in der Stauffenbergstraße. Eine Schwelle vor der 1953 enthüllten männlichen Aktplastik des Bildhauers Richard Scheibe, dessen Werk bereits die Nazis schätzten, gebietet Einhalt und Kontemplation, steht man doch auf dem Hinrichtungsplatz der Offiziere des 20. Juli 1944.
An diesem Tag zündete Claus Schenk Graf von Stauffenberg, Oberst in der Wehrmacht, in der Lagerbaracke des Führerhauptquartiers Wolfsschanze, bei Rastenburg in Ostpreußen, eine Bombe. Als Stabschef des Allgemeinen Heeres, ostpreußischer Gutsbesitzer, Familienvater, attraktiv, kultiviert und literarisch gebildet, war er einer der „Gentlemen" im Dritten Reich und tradierte einen guten Anteil „preußischer Elite-Tugenden" bis weit in das verhängnisvolle Regime hinein.
Das Attentat auf Adolf Hitler schlug fehl, der Staatsstreich kam nicht in Gang. Noch in derselben Nacht ließ General Fromm im Hof des so genannten Bendlerblocks, an der früheren Bendlerstraße, jetzt Stauffenbergstraße, Stauffenberg und seine Verbündeten, Friedrich Olbricht, Albrecht Ritter Mertz von Quirnheim und Werner von Haeften, erschießen und ihre Leichen verbrennen. Zuvor hatte sich der ebenfalls beteiligte Generaloberst Ludwig Beck schon selber getötet.
In der Gedenkstätte Deutscher Widerstand sind in mustergültiger wissenschaftlicher und didaktischer Aufbereitung die Personen und Gruppen des Widerstandes im Dritten Reich dokumentiert, mit Fotos, faksimilierten Originaldokumenten von Briefen und Akten, mit Filmmaterial und ausführlichen Schriften. Auch Kommunisten, wie die Mitglieder des „Nationalkomitees Freies Deutschland" oder der „Roten Kapelle", wurden integriert und werden dem Besucher nicht vorenthalten. Wer sich über dieses Thema informieren will, kommt an diesem Ort und seiner konzentrierten Aufbereitung von Informationen nicht vorbei. Er mag dabei Verstörung empfinden, wenn er die Position der Offiziere des 20. Juli bedenkt, die so lange Täter waren, bevor sie Opfer wurden.
Die Gedenkstätte befindet sich in einem Umfeld von Gebäuden, die schon seit dem Bau des wilhelminischen Reichsmarineamts mit seiner zum Reichpietschufer gekehrten Fassade dem Militär gehören. Jetzt beherbergen sie das **Bundesverteidigungsministerium**.
Etwas weiter oben am Ufer ist eine ebenso elegante wie dramatische Ecklösung zu bewundern, das von Emil Fahrenkamp 1930/31 erbaute 12 **Shell-Haus**, heute Verwaltungssitz der Gasag, dessen von der Straßenführung zurückweichenden Segmente sich treppenartig bis zur Ecke steigern. Hier ist der Betrachter wieder auf die vom Nationalsozialismus unterbrochene Fährte der Moderne zurückgekehrt, die sich fortsetzt mit dem nüchternen Tempel der 13 **Neuen Nationalgalerie**, von Ludwig Mies van der Rohe 1965-68 entworfen.
An der Ecke von Reichpietschufer und Potsdamer Straße gelegen, verschafft das Plateau dem quadratischen Pavillon einen ganz abgehobenen Auftritt und bil-

det so die horizontale Gegenorientierung zur vertikal expressiven Ecklösung von Fahrenkamp. Begibt man sich über breit angelegte Stufen auf die Höhe des transparenten Gebäudes, so blickt man in die nur von Glas umgebene Halle, die mit einer Stahlkassettendecke auf acht tragenden Außenstützen frei überspannt ist. Der Sockel, so scheint es, ist nur dazu bestimmt, die konstruktive Klarheit der Architektur hervorzuheben, doch birgt er Ausstellungsräume mit versetzbaren Wänden. Durch sie gelangt man zum vollständig ummauerten Skulpturengarten. Der Bau ist nicht besonders gut für Kunstausstellungen geeignet; Mies hatte ihn auch gar nicht speziell dafür entworfen, sondern einen schon vorhandenen Entwurf für einen Verkaufspavillon der Rumfirma Bacardi in Santiago de Cuba wieder verwendet.

Das Museum, das wie auch die Gemäldegalerie und weitere Einrichtungen auf dem Kulturforum zur Stiftung Preußischer Kulturbesitz zählt, zeigt eine Sammlung bildender Kunst des 20. Jahrhunderts bis zu den sechziger Jahren und veranstaltet Wechselausstellungen. Hinter diesen steht finanziell immer öfter der Verein der Freunde der Nationalgalerie. Nie zuvor wurde an diesem Ort die Bedingung des Kommerzes für die Kunst so konkret wie mit dem Banner der überaus erfolgreichen Gauguin-Ausstellung von 1998/99. Es zeigte die Förderung durch die DaimlerChrysler-Tochter Debis in einer Größe an, die man wahrscheinlich sogar von den Fenstern der Firmenzentrale aus, gleich gegenüber am Potsdamer Platz, erkennen konnte.

Zwischen der Nationalgalerie und dem Shell-Haus liegt der Resttrakt des ehemaligen Reichsversicherungsamts aus wilhelminischer Zeit, mit einer rustizierten Fassade im Stil der Neorenaissance. Er ist in den Neubaukomplex des 14 **Wissenschaftszentrums Berlin für Sozialforschung** integriert. Die 1984-87 von James Stirling und Michael Wilford errichtete Gebäudegruppe muss man gänzlich umrunden, um alle Ansichten wahrzunehmen.

Shell-Haus

Sie gebärdet sich inmitten der Moderne als altstädtisches Ensemble oder wie eine Klosteranlage. Dekoriert mit Querzonen in Rosa und Hellblau sowie merkwürdig starken Fensterlaibungen, spielt sie mit antiken und altchristlichen Architekturformen wie der Stoa und der Basilika, und ist ein postmodernes Patchwork, das sich südlich gibt.

Die Grundfläche der neuen Museen am Kulturforum wird von der Sigismund-, Stauffenberg- und Tiergartenstraße begrenzt. Zur Mitte des **Kulturforums** hin liegt die schöne, in ihrer zart-strengen Außengestalt erhaltene 15 **Matthäikirche** von Friedrich August Stüler aus den Jahren 1844-46. Zur Seite des ehemaligen Kemperplatzes und der stark befahrenen Potsdamer Straße ist das Forum von den Bauten Hans Scharouns und Edgar Wisniewskis eingefasst.

Der Ursprungs- und Kernbau ist die 1960-63 errichtete 16 **Philharmonie** von Scharoun. Die anderen „musikalischen" Bauten gruppieren sich um dieses Gebäude und sind durch Übergänge und ihren architektonischen Habitus mit ihm verbunden. Es handelt sich dabei um die 1981-84 von Wisniewski, dem Co-Architekten Scharouns, ausgeführten Bauten des **Musikinstrumentenmuseums** mit dem Musikarchiv und des Kammermusiksaals aus den Jahren 1984-87.

Auf der anderen Seite der Potsdamer Straße liegt die 17 **Staatsbibliothek**, ebenfalls von Scharoun und Wisniewski, aus den Jahren 1967-78. Scharoun hatte den

Kammermusiksaal

Verlauf der Potsdamer Straße nicht zwischen Kirche und Bibliothek, sondern etwa auf ihrer alten Trasse hinter dem Bibliotheksbau vorgesehen. So wäre nach seiner Vorstellung ein zusammenhängendes Forum entstanden, mit einem Mittelbereich, wo an einer begrünten Zone ohne Straße ein weiterer Bau entstehen sollte, nämlich der Komplex eines Gästehauses für Künstler und Wissenschaftler, ein Café, ein Restaurant, Galerien und ein Veranstaltungssaal. 1972 verstarb der Architekt, und die Vollendung seiner Planung unterblieb.

Dass hier überhaupt ein architektonisches Ensemble namens Kulturforum entstand, geht auf die Initiative Scharouns zurück. Als erster Stadtbaurat nach 1945 entwickelte er einen Generalplan, den so genannten „Kollektivplan", für das im Zweiten Weltkrieg stark zerstörte Berlin. Sein Ansatz war dabei die Idee parallel verlaufender Zonen mit unterschiedlichen Funktionen. Mit einem „Kulturband" wollte er die beiden Berliner Zentren, das Friedrichsforum Unter den Linden im Osten und Charlottenburg im Westen, durch ein kulturelles Forum am Standort Tiergarten miteinander verbinden. Aus dieser Idee entwickelte sich später Scharouns Beitrag für den Wettbewerb „Berlin baut" im Jahre 1957.

Sein Entwurf für die **Philharmonie** am Kemperplatz, die die zum Teil zerstörte Philharmonie an der Bernburger Straße ersetzen sollte, war umstritten, wurde aber eines der berühmtesten Konzerthäuser der Nachkriegsmoderne. Scharoun gestaltete den Saal nach seiner Maxime „Musik im Mittelpunkt" mit einem von der Wand abgerückten Aufführungspodium, das von allen Seiten mit einer terrassenförmig ansteigenden Bestuhlung umgeben ist. Herbert von Karajan, längst Legende des zu Gold gemachten klassischen Wohlklanges, fand dort mit den Berliner Philharmonikern seine zentrale Stararena. Der später mit einer golden schimmernden Hülle verkleidete Bau schwingt sich auf in einem entspannt expressiven Gestus, im Kontrast zur streng rechtwinkeligen, durchsichtig abmessbaren Neuen Nationalgalerie.

Im Boden des weitläufigen Vorplatzes der Philharmonie ist eine dezente Bronzeplatte, eine Fußnote nur, als **Gedenktafel** an die **Villa Tiergartenstraße Nr. 4** eingelassen. Dieses Haus stand an genau dieser Stelle, trug im Dritten Reich das Kürzel „T 4" und war die Verwaltungszentrale für die „Aktion T 4". Dieses unter dem Etikett der „Euthanasie" euphemisierte Vernichtungsprogramm so genannten „lebensunwerten Lebens" bedeutete die Ermordung von etwa 200 000 Menschen. Die im Zweiten Weltkrieg nur leicht beschädigte Villa wurde 1950 abgerissen.

Eine konsequente Weiterentwicklung des Konzertsaals in einem kleineren Haus, dem (18) **Kammermusiksaal**, skizzierte Scharoun ebenfalls als Zentralraum mit dem Podium in der Mitte, ergänzt durch mehrere Seitenpodien auf höheren Raumniveaus; entworfen im Hinblick auf Konzepte neuer Musik, die auf den ganzen Raum hin orientiert sind.

Der neuen Musik gewidmete Orchester, wie etwa das Ensemble Modern, gastieren hier in einem adäquaten Rahmen. Allerdings war dieser Kammermusiksaal ursprünglich für 500 bis 600 Plätze gedacht. Der von Wisniewski ausgeführte Bau erhielt dann auf Drängen der Kulturlobby fast doppelt so viele Plätze.

Die **Staatsbibliothek** gegenüber ist ebenfalls durch die architektonischen Prinzipien Scharouns geprägt; so die großräumige Lesehalle mit frei geführten Treppengängen zwischen offenen Raumplateaus.

Blick auf die Neue Nationalgalerie

Einst boten sich hier Ausblicke zu allen Seiten. Während nach Westen ein gläserner Vorbau auf die Nationalgalerie bezogen ist, schauen die Besucher der Cafeteria nun auf der anderen Seite gegen die andrängenden Wände der neuen Bauten am Potsdamer Platz.

1962 beschloss die Stiftung Preußischer Kulturbesitz, das Forum um die Museen der Europäischen Kunst zu erweitern. Trotz des Mauerbaus im Jahr zuvor sah man also nicht davon ab, an diesem mittlerweile von einer zentralen Stadtlage weit entfernten Ort weitere Kultureinrichtungen zu häufen. Es ging nun nicht mehr um die Bindegliedfunktion des Forums im Sinne Scharouns, sondern um die Konkurrenz zu Ost-Berlin, Hauptstadt der DDR. Die neuen Museen sollten ein modernes Pendant zur Museumsinsel im Ostteil der Stadt darstellen. Besonders pointiert hat der Bau der Nationalgalerie diese Ambitionen in die Moderne übertragen, dessen Gestalt Mies van der Rohe ausdrücklich auf das Kernstück der Museumsinsel, das Alte Museum von Karl Friedrich Schinkel, bezog.

Geplant wurden seinerzeit ein 19 **Kunstgewerbemuseum**, eine **Gemäldegalerie**, eine **Skulpturengalerie** und ein Gebäude für das 20 **Kupferstichkabinett** mit Räumen für die **Kunstbibliothek**. Rolf Gutbrod wurde mit der gesamten Planung beauftragt und entwickelte das Konzept einer vom Forum her zugänglichen Museumsgruppe. 1985 wurde nach der Errichtung des Kunstgewerbemuseums selbst Laien deutlich, dass es mit dem Ensemble der Scharounschen Bauten und dem Kontrastbau van der Rohes nicht mithalten konnte: zu trocken und bieder. Die Architekten Heinz Hilmar und Christoph Sattler wurden beauftragt, den gesamten Komplex zu überarbeiten und mit der 21 **Gemäldegalerie**, dem Museum für die Malerei vom 13. bis zum 18. Jahrhundert, zu ergänzen. Diese schließt mit einer Blockrandbebauung an der Sigismundstraße und Stauffenbergstraße ab und integriert nahtlos die ehemalige Villa des Verlegers Paul Parey, die nur dank des jahrelangen zähen Engagements einer Mieterinitiative erhalten geblieben ist. Das andere historische Gebäude, das ehemalige Palais Gontard in der Stauffenbergstraße, ist heute die Verwaltungs- und Öffentlichkeitszentrale der Stiftung. Im Zuge der Maueröffnung musste die Stiftung Preußischer Kulturbesitz ihre Bestände mit den Museen, Schlössern und Gärten der ehemaligen DDR zusammenführen und die gesamte Verteilung der

Bestände neu konzipieren. Dies erwies sich als schwieriger Prozess, der von vielen Diskussionen und Konflikten begleitet war. Dabei wurde immer wieder der Verdacht der Vereinnahmung der östlichen Güter durch das westliche Kulturestablishment laut. Durch die Restaurierungen und Neubauten auf der zentralen Museumsinsel, die alle künstlerischen Bestände der europäischen Kunstgeschichte aufnehmen soll, sind die musealen Bauten am Kulturforum in ihrer jetzigen Belegung zu einem Vorbehalt bis auf Weiteres geworden. Der „General" des Preußischen Kulturbesitzes, Peter-Klaus Schuster, möchte hier die Klassische Moderne bis zu den sechziger Jahren konzentrieren.

Die **Gemäldegalerie** präsentiert sich heute mit der Integration der vom Bodemuseum übernommenen Bestände. Im Unterschied zu ihrem vorherigen Domizil, dem Dahlemer Museum, bietet sie den Kunstwerken und ihren Betrachtern nun eine klar gegliederte Abfolge von Räumen mit gleichmäßigem Oberlicht und – je nach Epoche, Schule und Land – unterschiedlich farbigen Wandbespannungen. Die Architektur funktioniert als ein Container, der ganz dem Inhalt dient und eine entspannte Besichtigung von der großen Wandelhalle aus ermöglicht, in deren Mitte eine minimalistische Brunnenplastik von Walter de Maria installiert ist. Zusätzlich bietet sie im Untergeschoss eine Studiengalerie mit dicht an dicht gehängten Bildern und eine digitale Galerie mit zwölf Computer-Arbeitsplätzen. Wer Interesse hat, kann hier regelrecht trainieren, die Geschichte und Qualität der Bilder einzuschätzen.

Mag man vielleicht die dem Museum vorgelagerte schiefe Ebene kurios oder ärgerlich finden, mag die von vielen Ebenen und Treppen durchzogene Halle für wechselnde Ausstellungen auch so erscheinen, als hätten die Architekten Scharoun nacheifern wollen, ohne dessen Qualität zu erreichen: Der rege Publikumsverkehr, die Studierenden in den Räumen der Kunstbibliothek, interessante Ausstellungen im Kupferstichkabinett, ein Angebot an Kunstbüchern und ein gutes Café machen den Aufenthalt hier mehr als nur erträglich. Das Forum ist der Ort der Entspannung und Kontemplation gegenüber dem Potsdamer Platz. Einstweilen fegen die Skater den Schotter auf dem Plateau der Nationalgalerie immer wieder säuberlich weg und lassen sich an ihrem harmlosen Vergnügen dort nicht hindern.

Katja Reissner

Das „Band des Bundes" am Spreebogen

Kanzlers Eigenheim

Nach der Wende wurde eine straffe Saite auf den neu gefaßten Spreebogen gespannt. Als **„Band des Bundes"** wurde sie von den Architekten des Kanzleramts, Charlotte Frank und Axel Schultes, tituliert, ein verbindender Neubeginn, wie er unter anderen Umständen in der Nachkriegszeit auch von dem Berliner Architekten und Städteplaner Hans Scharoun, etwa mit seinem „Band der Kultur", versucht worden war. Damals wie nach dem Fall der Mauer galt es, eine zerstörte Stadttopographie neu zu definieren. Doch gegenüber den Schöpfungen Scharouns am Kulturforum sind die Bundesbauten blockhart formiert. Scharoun hatte eine Landschaft aus Architektur gestaltet, die Bundesbauten dagegen bilden eine klare und übersichtliche Struktur mit expansiven Räumlichkeiten.

Zwischen der Luisenstraße und dem Moabiter Werder verbindet das Band des Bundes nördlich des Reichstages die Bezirke Tiergarten und Mitte über die Spree hinweg. Von West nach Ost liegen hier der 1 **Kanzlergarten**, das 2 **Bundeskanzleramt**, das 3 **Paul-Löbe-Haus** (Alsenblock) und das 4 **Marie-Elisabeth-Lüders-Haus** (Luisenblock) hintereinander. Zwei Parlamentarier wollte man mit der Namensgebung als vorbildliche Demokraten hervorheben: Paul Löbe, Mitglied der SPD, Reichstagspräsident der Weimarer Republik und KZ-Häftling unter den Nationalsozialisten, 1948/49 dann Mitglied im Parlamentarischen Rat und Alterspräsident des Ersten Bundestages, und Marie-Elisabeth Lüders, 1919 bis 1930 für die Deutsche Demokratische Partei Mitglied des Reichstages, 1937 in Gestapohaft, nach dem Krieg Mitglied des Deutschen Bundestags für die FDP. Ein dritter Namensgeber für die Bundestagsbauten im ehemaligen Dorotheenviertel, zwischen Reichstag und Wilhelmstraße, ist Jakob Kaiser, 1933 Reichstagsmitglied der Deutschen Zentrumspartei, 1938 inhaftiert und nach dem Krieg für die CDU im Deutschen Bundestag. So sind mit den Namen für die Liegenschaften die klassischen politischen Richtungen der Parteiengeschichte seit der bundesrepublikanischen Demokratie durch diese Persönlichkeiten aus der Weimarer Republik hergeleitet.

Das Bundeskanzleramt wird von einem großen Kubus dominiert, in dem der Kabinettsaal, ein internationaler Konferenzsaal, ein Pressezentrum und die Räume für die Staatsminister untergebracht sind. An der Nord- und Südseite flankieren ihn Bürotrakte, deren geschlossene Fassadenfronten mit großen Wintergärten wechseln. Der zentral höher gesetzte Kubus steht für die repräsentative Absetzung des Kanzleramtes von den gegenüberliegenden Gebäuden des Bundestages und war ursprünglich in den Zusammenhang auch des Bundesrates gestellt worden, der ebenfalls in diesem Areal errichtet werden sollte und nun seinen Sitz an der Leipziger Straße hat. Außerdem sollte das Band des Bundes durch ein Bürgerforum zwischen Kanzleramt und Paul-Löbe-Haus geschlossen werden, das aber nicht realisiert wurde.

Im Paul-Löbe-Haus, von dem Münchener Architekten Stephan Braunfels konzipiert, ist allein die zentrale Halle über 150 Meter lang. Hier sind in acht Rotunden zwei-

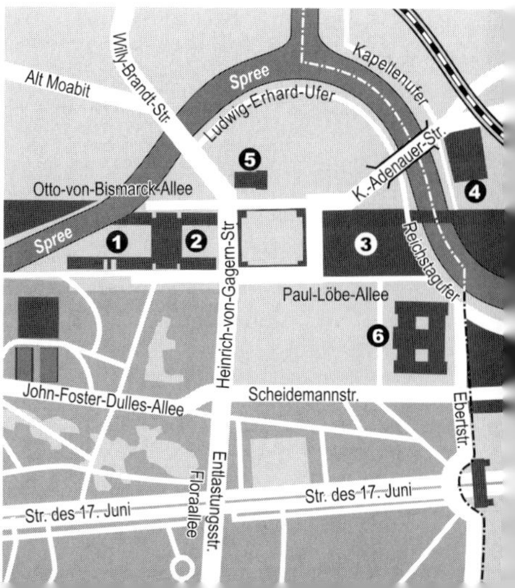

Bundeskanzleramt

geschossige Sitzungssäle für die Ausschüsse untergebracht. In der Spree-Rotunde befindet sich überdies der Europaausschuss-Saal sowie ein Restaurant für Mitarbeiter und eines für die Besuchergruppen der Abgeordneten. Das am anderen Spreeufer als Marie-Elisabeth-Lüders-Haus fortgesetzte Gebäude ist durch zwei offene Brücken angebunden. Dort sind eine der größten Parlamentsbibliotheken der Welt sowie die wissenschaftlichen Dienste untergebracht.

Auch nach außen hin sorgt die Kunst im öffentlichen Raum als Teil der Bauprojekte dafür, dass die Betonriegel durch farbige Signale markiert sind. So schmücken die schwebenden „Diamond Shapes" des Amerikaners Ellsworth Kelly die Westfassade. In der Halle läuft man über Zitate von Thomas Mann und Ricarda Huch, installiert von Joseph Kosuth. Die farbigen Neonlinien des Franzosen François Morellet an der Decke gefallen dem Architekten nicht, der Kunstbeirat des Bundestages entschied sich aber trotzdem dafür, und die große Installation aus gelben und roten Betonverschalungsteilen in einem der Nordhöfe, von Franka Hörnschemeyer, wird von vielen Besuchern immer mal wieder mit einer noch offenen Baustelle verwechselt. Zur jungen Generation neben den international etablierten Klassikern gehört zum Beispiel auch der Leipziger Neo Rauch mit seinen großen, giftgrün leuchtenden Figuren auf Leitern zur Spreeseite hin, die aussehen wir Haushandwerker bei der Arbeit und somit genau die Arbeit der Ausschüsse symbolisieren: die Gesetze für einen beschlussreifen Stand im Plenum vorzubereiten und zu bearbeiten.

Das Tüpfelchen auf dem i am Band des Bundes ist aber eigentlich die (5) **Schweizerische Botschaft**, die mit ihrem Altbau von Friedrich Hitzig einzig noch auf das alte Diplomatenviertel verweist und mit einem Neubau der Schweizer Architekten Diener & Diener fast festungsartig ergänzt ist.

Weitere Bauten für die Verwaltung des Bundestages und die Fraktionen schließen sich mit dem **Jakob-Kaiser-Haus** südöstlich des Reichstages an. Sie befinden sich zwischen dem Brandenburger Tor und dem ehemaligen Reichstagspräsidentenpalais an der Spreeseite, jetzt Sitz der Parlamentarischen Gesellschaft.

Das eine Haus birgt fünf neue City-Komplexe und drei restaurierte historische Gebäude, von der Dorotheenstraße in zwei Parzellen unterteilt. Die Rekonstruktion bezieht sich auf das von der Kurfürstin Dorothea gegründete barocke Stadtviertel zwischen Spree und Unter den Linden. Die Architekten haben das Kunststück vollbracht, sich in einen Masterplan mit durchgängigen Standards für die etwa 1700 Abgeordneten- und Fraktionsbüros sowie Sitzungsräume zusammenzufügen und eine sowohl moderate als auch anspruchsvoll durchlichtete Architektur zu schaffen, die sich in den Kopfbauten am Spreeufer plastisch ausprägt.

Das (6) „**Reichstagsgebäude**. Sitz des Deutschen Bundestages", wie es offiziell heißt – die Berliner sprechen weiterhin von „Reichstag", der offizielle Name ist ihnen zu umständlich –, ist der monumentale Prüfstein aller Stadtrekonstruktion im Parlamentsviertel. Hier knüpft das Deutsche Parlament vor allem an die erste deutsche Demokratie an, die Weimarer Republik (1919 bis 1933).

„Dem deutschen Volke", so sagt es die Inschrift über dem Portal, ist dieses Haus gewidmet. Erst zwei Jahrzehnte nach der durch Kaiser und Militär dominierten Einweihung 1894 wurde sie am Bau von Paul

Unter der Kuppel des Reichstagsgebäudes

Wallot angebracht, entworfen von einem der Avantgarde-Architekten und Designer der Epoche, Peter Behrens.
Gewichtiger war zuvor die wilhelminische Kaiserkrone auf der Kuppel gewesen, als Symbol des seit 1871 bestehenden Deutschen Reiches. Doch erst ein Jahrzehnt nach Gründung konnte man sich auf den Bau des Reichstages als Parlamentssitz einigen, der sich dann abermals über zehn Jahre hinzog. Um sein Gebäude hinreichend repräsentativ und monumental zu gestalten, hatte Paul Wallot Elemente aus Renaissance, Barock und Klassizismus zusammengefügt. Herausgekommen ist eine Kombination aus Festung und Schloss, deren äußere Gestalt in den wesentlichen Zügen allen Wechselfällen und Umbrüchen der Geschichte und Politik getrotzt hat. Bedeutende Wendepunkte deutscher Geschichte sind mit diesem Ort verbunden: Vom Balkon am Westportal rief der SPD-Politiker Philipp Scheidemann am 9. November 1918 vor der Menschenmenge auf dem Königsplatz die Republik aus, 1945 hissten Soldaten der Roten Armee die Rote Fahne auf dem Dach und dokumentierten die symbolische Eroberung in einem klassisch gewordenen Foto, von dem man heute weiß, daß es nachgestellt war.
Plenarsaal und Kuppel des Reichstags brannten in der Nacht zum 28. Februar 1933 vollständig aus. Die Nazis, die wenige Wochen zuvor an die Macht gelangt waren, schrieben diesen „Sabotageakt" dem jungen Niederländer Marinus van der Lubbe zu und ließen ihn hinrichten. Die Tat war den neuen Machthabern willkommener Anlass zum Beschluss der Verordnung zum „Schutz von Volk und Staat", mit der sie zentrale Bürgerrechte noch am gleichen Tag außer Kraft setzten.
Wegen der Zerstörungen des Reichstages wurde das berüchtigte „Ermächtigungsgesetz" von den Parlamentariern Ende März in der Krolloper verabschiedet, einem dem Reichstag gegenüber gelegenen Ausflugs- und Vergnügungslokal. Es bedeutete nichts weniger als die Selbstaufgabe des Parlaments und die Kapitulation vor dem neuen Regime. Parlamentarisches Leben zog im Reichstag erst wieder 1998 ein, gemäß dem Hauptstadtbeschluss des deutschen Bundestages von 1991. Die Rote Armee hatte mit dem Gebäude also einen Ort erobert, der keine Institution nationalsozialistischer Politik

Reichstag, 1984

Reichstag, Eingang, 2001

gewesen war, wie etwa die ebenfalls eroberte und vollständig zerstörte Reichskanzlei, Berliner Amtssitz Adolf Hitlers.
Nach dem Krieg stand der schwer beschädigte Reichstag funktionslos da. Das Kuppel-Skelett wurde in den Fünfzigern aus statischen Gründen gesprengt. Prominente Fürsprecher, wie der Architekt und Stadtplaner Hans Scharoun und der SPD-Politiker und Bürgermeister von Berlin, Willy Brandt, setzten sich für den Erhalt des Gebäudes ein. Den unter dem damaligen Generalbauinspektor Scharoun ausgeschriebenen Wettbewerb „Hauptstadt Berlin" von 1957 gewann Paul Baumgarten. Er entwarf eine nüchterne Verteilerhalle im Erdgeschoss und darüber einen vierseitig verglasten Plenarsaal, der die vollständige Durchsicht von West nach Ost und umgekehrt ermöglichte. So entstand direkt an der Grenze zur DDR eine eingefrorene Vision von Durchlässigkeit zur anderen Seite hin. Baumgarten verkleidete die Wände und drängte alle historischen Züge des Gebäudes zurück. Ihm schwebte eine moderne Sachlichkeit im Zuge des „Internationalen Stils" vor. Sie stand für die frisch etablierte bundesrepublikanische Demokratie, die sich in der Ära des Kalten Krieges international glaubhaft machen musste, als moderner aufgeklärter Staat mit Westorientierung.
Aufgrund des Viermächteabkommens waren nach 1972 Sitzungen des Deutschen Bundestages im Reichstag nicht mehr möglich; nur Fraktionen und Ausschüsse konnten dort tagen. So musste dort die überaus beliebte und viel besuchte Ausstellung „Fragen an die Deutsche Geschichte" die Stellung halten, die sich jetzt im Deutschen Dom am Gendarmenmarkt befindet. Erst mit der Deutschen Einheit 1990 wurde die Bundespräsenz in Berlin wieder ohne Einschränkung möglich, und am 4. Oktober fand die erste Sitzung des gesamtdeutschen Bundestages im Reichstagsgebäude statt. Die zähe und lange Auseinandersetzung zwischen Bonn und Berlin über den Sitz von Regierung und Parlament war eingeleitet und endete mit der Abstimmung vom 20. Juni 1991 zugunsten Berlins.
Heute ist die weithin sichtbare Kuppel der Anlaufpunkt für Millionen von Besuchern jährlich, die von früh bis spät ihre Bahnen auf den zwei Helixwegen hinauf und hinunter ziehen. Dabei wollte der britische Architekt Sir Norman Foster zunächst eine riesige Glaskonstruktion über das historische Gebäude ziehen und entwarf die Kuppel nur auf Wunsch des Bundestages. Sie ist nun zum eleganten Statement für die Öffentlichkeit des Parlamentes geworden. Immerzu schwebt das Volk – Besucher aus den Wahlkreisen und Touristen aus aller Welt gleichermaßen –, von unten gut sichtbar, über dem Oberlicht des Plenums. Die „heiße Luft", die in den Debatten entsteht, kann jederzeit durch den offenen Konus der Kuppel in den Himmel entweichen; und selbst härteste Haushaltsdebatten werden bisweilen vom freundlichen Sonnenlicht erleuchtet, das von den Hunderten Reflektorenspiegeln nach unten gelangt.
War das Reichstagsgebäude einst historisch reich dekoriert, so ist es jetzt, je nach Funktion der einzelnen Ebenen im Haus, durch Türen und Wandpaneele in den Sitzungsräumen farbig markiert: Die Plenarebene hat die Farbe Blau, am deutlichsten am „Reichstags-Blue" der Sitze

im Plenarsaal erkennbar. Der Bundestagspräsident residiert über der grün markierten „Besucherebene" des zweiten Geschosses hinter weinroten Türen. In den Sitzungssälen kollidieren zuweilen die farbigen Akustikpaneele mit der Farbfeldkunst deutscher Altmeister der Moderne, wie etwa Rupprecht Geiger.

Das ganze Haus ist nach einem paritätisch ausgeklügelten Konzept mit Kunst ausgestattet: Zuvorderst deutsche, international etablierte Künstler wie Sigmar Polke und Gerhard Richter, dann Repräsentanten der ehemaligen Alliierten wie Christian Boltanski für Frankreich und Jenny Holzer für die Vereinigten Staaten, und auch Künstler aus der ehemaligen DDR, wie Carlfriedrich Claus und Bernhard Heisig, sind vertreten.

Doch eines der Kunstprojekte übertrifft alle Installationen und hat den Zusammenhang von Kunst und Politik in einer Weise aufgemischt, wie man es wohl kaum hätte erwarten können. Hans Haacke hat die Inschrift am Portal: „Dem Deutschen Volke" auf seine Neon-Installation im nördlichen Innenhof übertragen in neuer Formulierung: „Der Bevölkerung". So ist die geschichtliche Kodierung einer offenen Interpretation gewichen und ermöglicht den Gedanken an den staatsbürgerlichen Status für eine jede Person, die in der Bundesrepublik lebt. Eingebettet ist die Inschrift in ein Feld, das mittlerweile zum Biotop des Bundestages geworden ist. Die Abgeordneten waren aufgefordert, Erde aus ihren jeweiligen Wahlkreisen beizusteuern, aus der nun viele Pflanzen wachsen. Das Ganze hat einen großen publizistischen Wirbel, vor allem aber eine intensive Auseinandersetzung des Bundestages selbst in Gang gesetzt. Etwa die Hälfte der Abgeordneten hat sich dafür, die andere Hälfte gegen die Realisierung der Arbeit ausgesprochen. Einer der Fürsprecher war der Bundestagspräsident Wolfgang Thierse, der zur Einweihung Erde vom Jüdischen Friedhof am Prenzlauer Berg mitbrachte: Erde statt der Steine des Gedenkens, wie sie auf den Gräbern jüdischer Deutscher liegen.

Christos Reichstag, 1995

Seine Brautwochen nach der zweiten demokratischen Eheschließung – die erste war seinerzeit mit dem jungen Parlament der Weimarer Republik eingegangen worden – hatte das Reichstagsgebäude als **Wrapped Reichstag** im Sommer 1995, bei bestem Wetter und bester Laune der Trauzeugen, nämlich der Berliner Bevölkerung. Das Brautgewand wurde von dem Künstlerpaar Christo und Jeanne-Claude angepasst und glänzte in silberweißer Hightechfaser. Die graugewichtige Monumentalität wurde von einem täglichen und nächtlichen Flittern überspielt und die Wege und Wiesen darum herum avancierten zum Freiluft-Partyort schlechthin in dieser Saison. Flankiert wurde das bunte Treiben durch die öffentliche Diskussion, ob man es hier mit Kunst oder Folklore zu tun habe. Die permanent verteilten Stoffstücke wurden zu Fetischen einer neuen Euphorie im öffentlichen Raum. Das Ereignis offenbarte noch einmal, was der Platz der Republik und der weit ausgebreitete Tiergarten seit jeher waren: Ein Ort des Freiluftvergnügens und der massenhaften multikulturellen Picknickerei, ganz in der Tradition der nahe gelegenen Vergnügungsstätten „In den Zelten", und insofern ein Areal, in dem sich Bürger aller Schichten bewegen und vergnügen. So gibt es hier nun beides: den straffen Aufmarsch der Bundesbauten und die urbanen Wege und Lokale zwischen Pflaster und Grün, Zentralbahnhof und Parkbank.

KATJA REISSNER

Der Potsdamer Platz

Stadt in der Stadt

Der Potsdamer Platz ist streng genommen nicht der Potsdamer Platz. Das ausgedehnte Areal, das heute im allgemeinen Sprachgebrauch so bezeichnet wird, umfaßt große Teile des alten Tiergartenviertels und wird lediglich an seiner Ostseite durch den eigentlichen Potsdamer Platz begrenzt. Man hat sich daher angewöhnt, vom „neuen" Potsdamer Platz zu sprechen und meint damit die Areale, die in den vergangenen gut zehn Jahren zwischen Kulturforum, Landwehrkanal, Großem Tiergarten sowie Ebert- und Köthener Straße errichtet wurden. Während der Bauzeit wurde oft von „Europas größter Baustelle" gesprochen, und dazu zählten auch die unterirdischen Bauten.

Dabei handelt es sich um gleich mehrere Großprojekte. Zum einen wird ein vierspuriger Autotunnel gegraben, der die oberirdische Durchquerung des Tiergartens in Nord-Süd-Richtung wenigstens für den Autoverkehr überflüssig machen soll, zum anderen werden Röhren in den Boden getrieben für die Fernbahn, die einmal vom neuen Berliner Hauptbahnhof – Lehrter Bahnhof in alle Richtungen fahren wird und hier einen Regionalbahnhof erhält. Damit wird das neue Zentrum Berlins zumindest verkehrstechnisch in die Stadtlandschaft integriert sein.

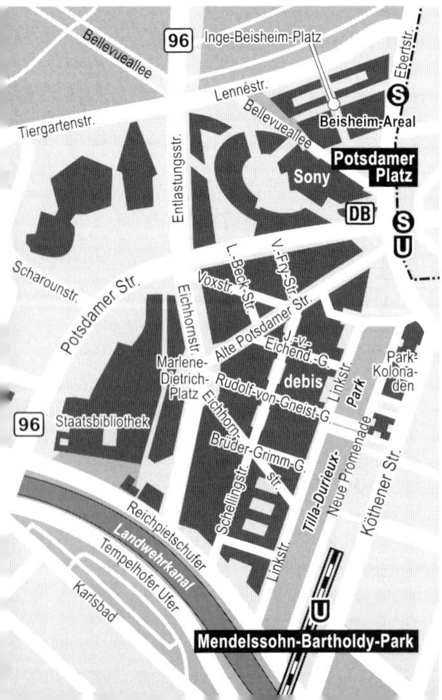

Mit der Wende fand es sich, zuvor unmittelbar an der Mauer gelegen und eine innerstädtische Wüste, im Herzen der wiedervereinigten Stadt wieder. Die Grundstücke, so sie nicht schon im Besitz der zukünftigen Bauherren waren, wurden vom Senat rasch veräußert – allzu schnell, wie viele Kritiker meinten, denn so habe eine Diskussion über die zukünftige Nutzung und Funktion dieser sensiblen Stelle nicht geführt werden können. Dazu gehört auch, dass die neu entstandenen Straßen und Plätze von den Investoren nicht nur errichtet, sondern auch finanziert und damit erworben wurden. Die notorisch unter Geldnot leidende Stadt und die Konzerne waren sich rasch darüber einig, dass die neuen Bauherren diesen Raum unterhalten müssen und andererseits darüber bestimmen dürfen, wer ihr Areal betreten darf und vor allem: wer nicht. Und so fällt bei genauem Hinsehen auf, dass die Menschen fehlen, die etwa den Alexanderplatz oder den Kurfürstendamm bevölkern: Obdachlose, Bettler und Händler aller Art, Straßenmusiker und Punks. Man ist hier nur als Tourist oder Konsument willkommen. Bauherren und Politik nennen diese Arbeitsteilung „Public Private Partnership", Kritiker sprechen eher vom Ausverkauf politischen Gestaltungswillens an die Wirtschaft.

Das war vereinbart, als für die riesige leere Fläche am südlichen Rand des Tiergartens bereits 1991 ein städtebaulicher Wettbewerb ausgeschrieben wurde. Auf der Grundlage des Siegerentwurfs beauftragten die Hauptinvestoren eine illustre Architektenschar mit der Ausarbeitung der Pläne.

Sony ließ sich auf einem dreieckigen Gelände im Nordwesten des Areals unter Federführung des US-Amerikaners Hel-

Blick auf die drei neuen Torbauten am Potsdamer Platz

mut Jahn um ein 4000 Quadratmeter großes, von einem zeltförmigen Glasdach überspanntes Forum einen zusammenhängenden Gebäudekomplex entwerfen, der vor allem dem Vergnügen gewidmet ist: Neben Restaurants und Cafés sind Kinos, das Filmmuseum und Räumlichkeiten für die „Deutsche Mediathek" beheimatet – komplettiert wird das knapp 27000 Quadratmeter große Ensemble durch Appartements und Büros, die sich im Halbkreis um das Vergnügen legen, und durch die europäische Zentrale von Sony, die in einem 26-stöckigen, halbrund geschwungenen Turm untergebracht ist, dem **Sony Center** – eine markante städtebauliche Dominante.

debis, die Tochterfirma von DaimlerChrysler, ist aus der Ferne am grünen Würfel auf dem 80 Meter hohen Hauptverwaltungsgebäude erkennbar. Mittelpunkt dieses Areals von knapp 70 000 Quadratmetern Fläche und einem guten Dutzend Bauten, das unter Federführung von Renzo Piano, Richard Rogers und Arata Isozaki entstand, ist der **Marlene-Dietrich-Platz**. Um ihn herum sind ein 360°-Kino, ein Musicaltheater, ein Cinemaxx-Kino, ein Casino, das luxuriöse Hotel Hyatt-Regency, Varietébühnen und Restaurants gruppiert. Westlich grenzt das Areal unmittelbar an die Staatsbibliothek, nach Süden wird es durch den Landwehrkanal abgeschlossen. Herzstück sind die „Potsdamer Platz Arkaden", ein Einkaufszentrum auf drei Etagen mit direktem Zugang zu U- und S-Bahn.

Im Osten des Areals, zwischen Köthener, Bernburger und Stresemannstraße, entstanden durch A & T die **Park Kolonnaden**. Das Projekt umfasst fünf Gebäude, deren Fläche zu 70 Prozent für Büros vorgesehen ist. Nach Westen weisen sie begrünte Innenhöfe auf, nach Norden werden sie durch ein tropfenförmiges Bürohaus abgeschlossen, dessen Fassade die Architektur des „Hauses Vaterland" aufnimmt, das sich an dieser Stelle befand. Ihre Außenhaut besteht durchweg aus rotem Klinker. In jedem Fall sind die Kolonnaden, verglichen mit den Bauten von Sony und debis, unspektakulär. Zwischen ihnen und den Arkaden befindet sich seit Ende 2003 der Tilla-Durieux-Park. Das ist eine zweieinhalb Hektar große baumlose und schräg gestellte Wiese mit einem Gefälle von bis zu 35 Prozent, einem Deich nicht unähnlich.

Der letzte Komplex am Platz wurde im Frühjahr 2004 fertig gestellt: Auf dem Lenné-Dreieck zwischen SonyCenter und Großem Tiergarten ließ Metro-Patriarch Otto Beisheim das **Beisheim-Center** errichten. Um den Inge-Beisheim-Platz, der allein in seiner Namensgebung nochmals auf die „Public Privat Partnership" verweist, liegen als Komplex von fünf Bauten Büro- und Apartmentgebäude sowie zwei Hotels, das Marriott und das Ritz-Carlton. Dieses Hotel ist als Nobelhotel in der Tradition der Grand Hotels aus dem 19. Jahrhundert konzipiert und will sich in der Adlon-Liga behaupten. Eingeweiht wurde es zu Beisheims 80. Geburtstag im Januar 2004.

Bei allem Kommerz und Vergnügen gibt es auch Wohnen. Die Bauherren verpflichteten sich auf einen Wohnanteil von 20 Prozent, was bedeutet, dass hier einmal 20 000 Menschen wohnen werden – eine Stadt in der Stadt.

Die Urbanität begann an diesem Ort im 18. Jahrhundert. Damals wurde der „Platz vor dem Potsdamer Thor" außerhalb der Stadtmauer angelegt, 1831 erhielt er seinen heutigen Namen. Mit dem Bau des Potsdamer Bahnhofs kurze Zeit später und der Aufwertung der Gegend südlich des Großen Tiergartens als Villenviertel und bessere Adresse Berlins rückte er mehr und mehr vom Rand ins Zentrum. Eine U-Bahnstation kam im Kaiserreich dazu, zu den Olympischen Spielen 1936 auch die S-Bahn. 1925 wurde hier die erste Verkehrsampel Deutschlands aufgestellt, und zu dieser Zeit überquerten ihn stündlich etwa 600 Straßenbahnen. Zusammen mit dem sich östlich anschließenden Leipziger Platz war er zu dem wichtigsten Scharnier zwischen den beiden Stadtzentren geworden, ein flirrender Verkehrsknotenpunkt. Drumherum lagen Hotels wie das Grand Hotel **Esplanade**, in dem Kaiser Wilhelm II. seine Herrenabende abzuhalten pflegte, und große Amüsierbetriebe, unter anderem das „Haus Vaterland". Das war ein riesiger Kuppelbau, dessen Restaurant allein 2000 Menschen Platz bot. Schön war der Platz nicht, er bestand eher aus Lärm, hastenden Menschen und großstädtischem Lebensgefühl; wie nirgendwo sonst hatte hier der Begriff „Roaring Twenties" seine Berechtigung.

Die Bomben des Zweiten Weltkriegs vernichteten einen Großteil der Bausubstanz, der Rest wurde 1961, beim Mauerbau, abgerissen, der U-Bahnhof stillgelegt und die Eingänge zum S-Bahnhof waren von nun an vermauert. Auf dem Ödland hatte lediglich der Kaisersaal des Esplanade die Zeiten überdauert und stand als verlorene Ruine inmitten des Staubs, ab und an für kulturelle Veranstaltungen benutzt. Als einziges Haus war das Weinhaus Huth erhalten geblieben. Ansonsten siedelten sich lediglich Imbissbuden und Souvenirläden für die Touristen an, die sich hier auf Podeste stellten, um über die Mauer hinweg in den Osten zu schauen.

Mit der Wende waren aus der Brache am Rand der Mauer innerstädtische Filetstücke geworden, der Potsdamer Platz in seine traditionelle Funktion als Klammer zwischen dem östlichen und dem westlichen Zentrum zurückgekehrt.

Ob dieser Funktion von den neuen Bauherren auch architektonisch Rechnung getragen wurde, darf bezweifelt werden. Denn zusammengenommen präsentierten sich die Quartiere als bunte Mischung. Zudem sind die „Piazzas" und Treppen auf der debis-Seite eher mediterrane Zitate, als dass sie von Flaneuren tatsächlich als Aufenthalts- und Verweilfläche angenommen werden könnten, und See und Parks sind Flächen ohne Nutzwert, lediglich Spielereien wie aus einem Modellkatalog. Kühl ist das, die selbst ernannte „City für das 21. Jahrhundert" verzichtet selbstbewusst darauf, sich in die Umgebung einzubinden. Das mag daran liegen, dass die Internationalität nach Berlin geholt worden ist. Die Bauten, die hier entstanden, sind so oder so ähnlich auch in Chicago, Shanghai oder Rio denkbar, es ist die übliche internationale Moderne, mitnichten die bewusste Aufnahme Berliner Bautraditionen. Die Diskrepanz zwischen diesem Anspruch, der von den debis-Ar-

Kaisersaal, SonyCenter

Park Kolonnaden

chitekten formuliert worden war, und dem tatsächlichen Gestus der Bauten lässt sich beispielhaft an dem 101 Meter hochragenden Bau ablesen, den Hans Kollhoff an der Nordseite des debis-Geländes errichten ließ. Der Architekt sieht ihn als Reminiszenz an die Schinkel-Schule, namentlich die Bauakademie am Werderschen Markt; von der Qualität dieses architektonischen Solitärs ist das Bürogebäude im New-York-light-Stil aber weit entfernt. Dafür wartet es – der Tradition dieser Adresse angemessen – mit dem schnellsten Aufzug Europas auf, der Besucher in nur 20 Sekunden zur Dachterrasse befördert. Von dort kann man nicht nur dem Potsdamer Platz ganz andere Perspektiven abgewinnen, sondern hat an klaren Tagen einen hinreißenden Blick bis zu den Stadtgrenzen.

Die Diskussionen über gelungene oder verfehlte Architektur wichen im Februar 2000 einem lange entgegengefieberten Großereignis: Die Berlinale fand hier erstmals ihren Mittelpunkt. Endlich konnte man nicht mehr länger nur Richtfeste oder Teileröffnungen feiern, sondern neben den Promis auch Lebendigkeit und Attraktivität des neuen Potsdamer Platzes. Das wirkte mitunter etwas bemüht, traf im Kern aber zu, denn zu diesem Zeitpunkt hatten die Berliner zumindest die **Arkaden** längst angenommen.

Seit 1998 strömen bis zu 100 000 Besucher pro Tag in diese glasüberdachte, typisch amerikanische Shopping-Mall auf drei Ebenen, in der sich alle Preiskategorien vom Juwelier bis hin zu Billigketten angesiedelt haben. Besonderes findet man hier nicht unbedingt, die Mischung aus Exklusivität und Befriedigung profaner Bedürfnisse ist auch nicht sonderlich originell, aber ihre Ballung – 120 Geschäfte und Lokalitäten auf über 40 000 Quadratmetern – und die eigens gebauten 2500 Tiefgaragenplätze sind selbst für Berlin rekordverdächtig. Mittlerweile sind die Arkaden die fünftwichtigste Einkaufsadresse in Berlin.

Gerade hier wirkt der Potsdamer Platz burschikos und von Großmannssucht getrieben und nicht eben von stiller Eleganz, und insofern wurde an seine Tradition angeknüpft – schließlich war der „alte" auch eher großspurig als schön.

Die Berliner und die Touristen haben sein Werden mit Begeisterung verfolgt. Als geniale Idee muss die Einrichtung der roten Info-Box gelten, einem auf Stelzen stehenden mehrstöckigen Container, in dem die Investoren mit Hilfe von reichlich Info-Material, Computersimulationen, Modellen und lächelndem Personal ihre Bauten als das Modell der Zukunft verkauft haben. Über die Jahre pilgerten die Massen hierher und vor allem auf das Dach, von dem aus sie zunächst in tiefe Baugruben und dann auf wachsende Bauwerke schauen konnten.

Das ist nun Geschichte: Die Info-Box ist abgebaut, ihre Einzelteile versteigert. Sie musste den Investoren weichen, die nun den an den Potsdamer Platz unmittelbar anschließenden Leipziger Platz in Angriff nehmen, auch er bislang eine zugige Wüste im ehemaligen Niemandsland – und womöglich bald schon eine weitere Stadt in der Stadt.

HINNERK DREPPENSTEDT

Durch den westlichen Wedding

Der holprige Weg in die Dienstleistungsgesellschaft

Im Herbst 1989 fiel im Wedding der erste innerstädtische Grenzübergang. Damals konnte er als Vorreiter der Berliner Vereinigung gelten, heute deuten alle Anzeichen darauf hin, dass er, auch nach dem Verlust der bezirklichen Eigenständigkeit, als der eigentliche Verlierer des Vereinigungsprozesses angesehen werden kann. Jeder fünfte Bewohner ist arbeitslos, jeder sechste lebt von Sozialhilfe, augenfällig ist auch die hohe Bevölkerungsfluktuation: Die Jüngeren ziehen nach Prenzlauer Berg, Friedrichshain oder nach Pankow, die Alten und sozial Schwachen bleiben. Die Bevölkerungsstatistik ist dramatisch negativ, die Sozialstruktur kippt ab, dem Wedding droht die allmähliche Verslumung.

Der 1 **Kurt-Schumacher-Platz** ist trotz seiner Neugestaltung in den achtziger Jahren wahrlich nicht schön, daran haben auch die verkrampft wirkenden Begrünungsversuche an den Kreuzungsecken nichts geändert. Er liegt schon auf Reinickendorfer Gebiet, und aufregend sind nur die in geringer Höhe über ihm anfliegenden Passagiermaschinen aus aller Herren Länder kurz vor ihrem Aufsetzen auf dem Flughafen Tegel. Die Anwohner haben sich an den höllischen Lärm gewöhnt oder nehmen ihn resigniert hin. Ortsfremde geraten in Entzücken und meinen die massigen Flugzeugbäuche und bereits ausgefahrenen Fahrwerke mit den Händen berühren zu können. Obwohl Tegel als einziger der drei Berliner Flughäfen Gewinne macht, ist seine Zukunft mit den Ausbauplänen für den Internationalen Flughafen Berlin-Brandenburg in Schönefeld jenseits der südöstlichen

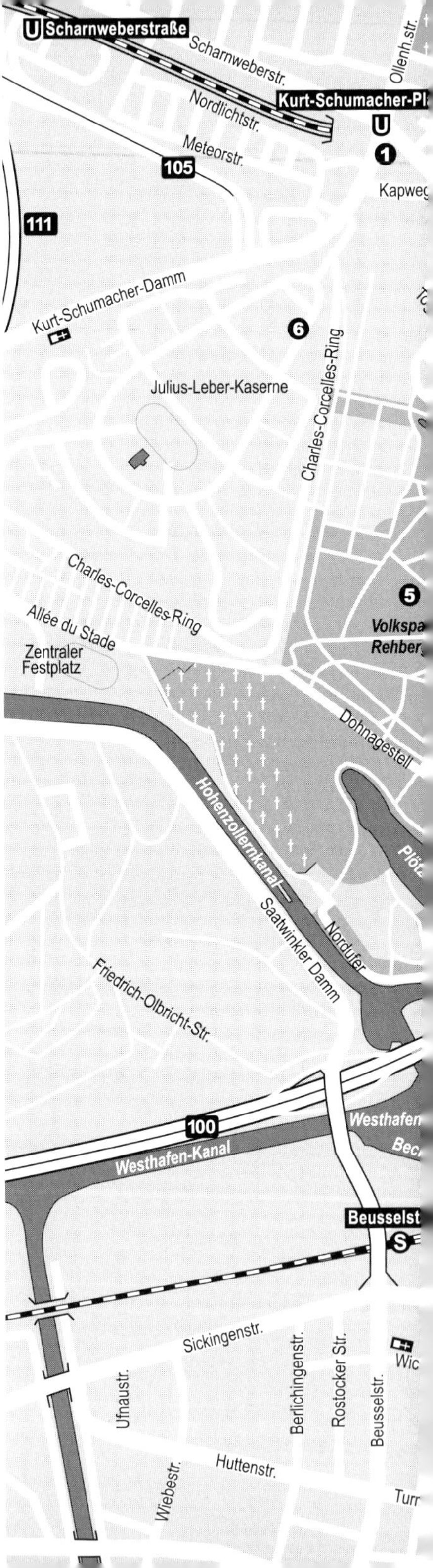

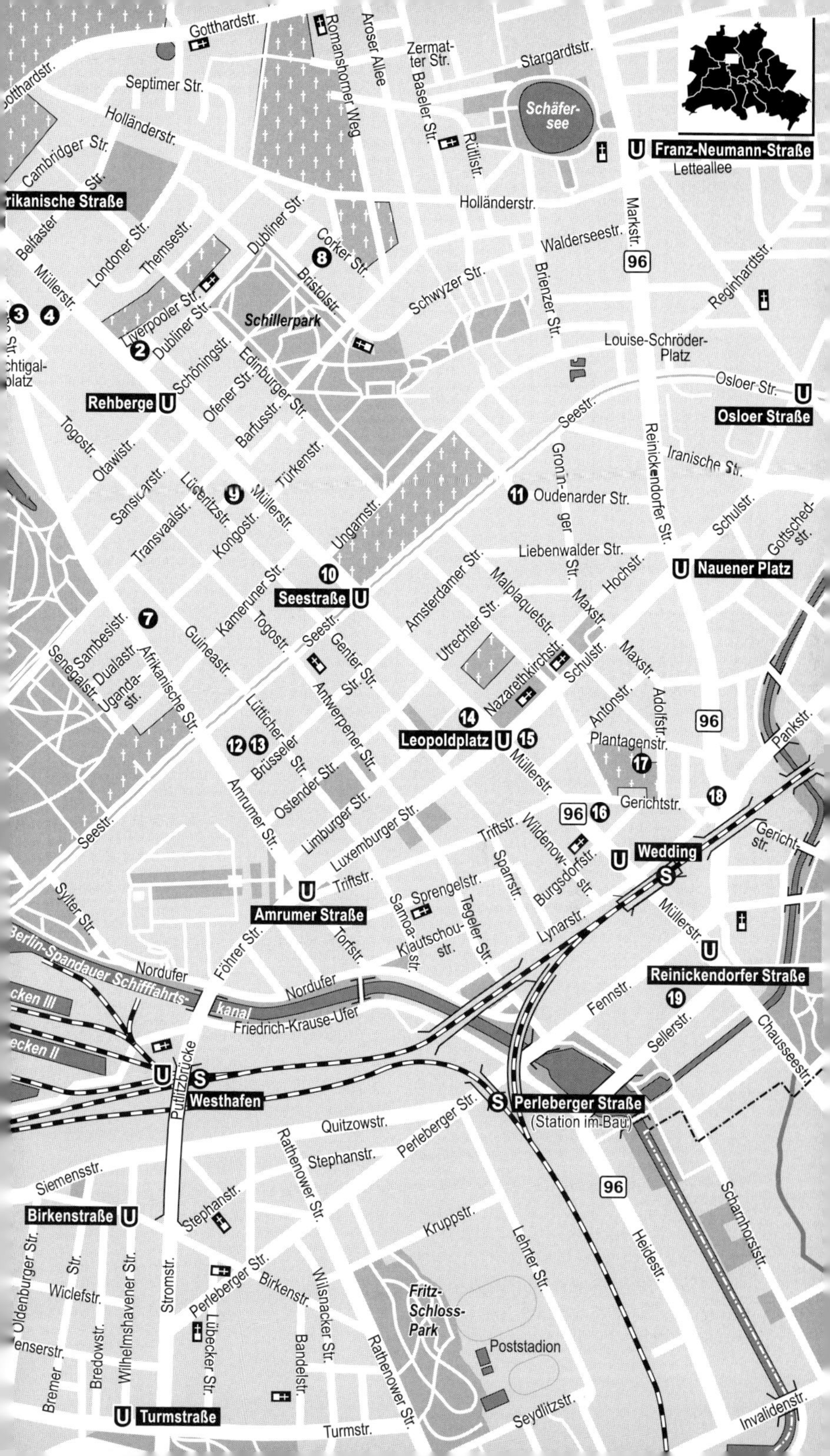
Gotthardstr.
Romanshorner Weg
Aroser Allee
Zermatter Str.
Stargardtstr.
Septimer Str.
Schäfersee
Holländerstr.
Baseler Str.
Rütlistr.
Franz-Neumann-Straße
Letteallee
Cambridger Str.
Afrikanische Straße
Holländerstr.
Belfaster Str.
Londoner Str.
Themsestr.
Dubliner Str.
Corker Str.
Walderseestr.
Markstr.
96
Müllerstr.
Bristolstr.
Schwyzer Str.
Brienzer Str.
Reginhardtstr.
Liverpooler Str.
Dubliner Str.
Schillerpark
Louise-Schröder-Platz
Schöningstr.
Edinburger Str.
Ofener Str.
Osloer Str.
Rehberge
Barfusstr.
Seestr.
Osloer Straße
Togostr.
Otawistr.
Reinickendorfer Str.
Iranische Str.
Sansibarstr.
Lüderitzstr.
Müllerstr.
Türkenstr.
Gronnin-ger Str.
Oudenarder Str.
Transvaalstr.
Kongostr.
Ungarnstr.
Schulstr.
Gottschedstr.
Liebenwalder Str.
Hochstr.
Nauener Platz
Seestraße
Kameruner Str.
Amsterdamer Str.
Malplaquetstr.
Maxstr.
Sambesistr.
Guineastr.
Togostr.
Seestr.
Utrechter Str.
Nazarethkirchstr.
Schulstr.
Maxstr.
Senegalstr.
Dualastr.
Afrikanische Str.
Genter Str.
Ugandastr.
Lütticher Str.
Antwerpener Str.
Antonstr.
Adolfstr.
96
Leopoldplatz
Plantagenstr.
Brüsseler Str.
Müllerstr.
Pankstr.
Ostender Str.
Amrumer Str.
Limburger Str.
Gerichtstr.
Luxemburger Str.
Triftstr.
Wildenowstr.
Gerichtstr.
Seestr.
Sparrstr.
Burgsdorfstr.
Wedding
Triftstr.
Sylter Str.
Sprengelstr.
Samoastr.
Tegeler Str.
Amrumer Straße
Lynarstr.
Müllerstr.
Föhrer Str.
Torfstr.
Kiautschoustr.
Berlin-Spandauer Schifffahrtskanal
Nordufer
Reinickendorfer Straße
Nordufer
Fennstr.
Friedrich-Krause-Ufer
Sellerstr.
Chausseestr.
Putlitzbrücke
Westhafen
Perleberger Str.
Perleberger Straße
(Station im Bau)
Quitzowstr.
Rathenower Str.
Stephanstr.
Siemensstr.
96
Stephanstr.
Scharnhorststr.
Birkenstraße
Kruppstr.
Heidestr.
Lehrter Str.
Oldenburger Str.
Perleberger Str.
Birkenstr.
Wiclefstr.
Wilhelmshavener Str.
Stromstr.
Wilsnacker Str.
Fritz-Schloss-Park
Lübecker Str.
Bredowstr.
Bandelstr.
Poststadion
Bremer Str.
Rathenower Str.
Turmstraße
Seydlitzstr.
Invalidenstr.
Turmstr.
2 3 4 7 8 9 10 11 12 13 14 15 16 17 18 19

Stadtgrenze ungewiss. Aber dessen Bau beginnt frühestens 2007, und bis 2012 werden die Reinickendorfer noch mit dem Fluglärm leben müssen. Vieles spricht dafür, dass die meisten von ihnen aus Angst vor dem Absinken in die wirtschaftliche Bedeutungslosigkeit gar nicht auf ihn verzichten wollen.

Bis zur Bezirksgrenze heißt die Hauptstraße über den Platz **Scharnweberstraße**, in Richtung Stadtmitte Müllerstraße. Der Name rührt aus der ländlichen Vergangenheit, als hier Windmühlen die sandige Chaussee säumten. Auf Anregung der in Tegel wohnenden Gebrüder Humboldt wurde sie im letzten Jahrhundert als wichtige Verbindungsstraße zur Berliner Residenz ausgebaut und befestigt.

An ihrem nördlichen Ende ist noch nicht viel davon zu merken, dass sie die wichtigste Einkaufsmeile des Bezirkes ist, ein wuchtig-expressionistisches **Busdepot** nimmt fast einen ganzen Block ein. Zwischen diesem und einem Friedhof liegt das mit blauer Kachelfassade verkleidete ehemalige 2 **Centre Culture Français** (Nr. 74), in dem fast fünfzig Jahre versucht wurde, der Weddinger und Reinickendorfer Bevölkerung die französische Kultur und Lebensart nahezubringen; wir befinden uns schließlich im früheren französischen Sektor Berlins. Wer sich dafür interessierte, konnte sein „savoir vivre" ausgiebig bei Lesungen, Vorträgen, Theater- und Filmaufführungen und durch Nutzung einer umfangreichen frankophilen Bibliothek aufbessern. Nach Abzug der französischen Besatzungsmacht lag das Schicksal dieses Kulturinstitutes lange im Dunkeln, heute bietet eine deutsch-französische Einrichtung unter dem Namen „Centre Français de Berlin" ein Kino (City Wedding), ein Bistro mit französisch-maghrebinischer Küche, ein Hotel sowie mehrere mietbare Konferenzräume. In den Sommermonaten zeigen auf drei Sandbahnen links neben dem Gebäude Boulespieler ihre Künste.

Auf der gegenüberliegenden Straßenseite sieht man die vordersten Häuser der unter der Regie von Bruno Taut 1929-31 im Stil der Neuen Sachlichkeit erbauten 3 **Friedrich-Ebert-Siedlung**, deren für Taut typische Farbgebung heute einheitlich grauem Putz gewichen ist. Sie wurden diagonal zur Straßenachse – von der Müllerstraße an von fünf auf drei Stockwerke abnehmend zu den Rehbergen hin – mit reichlichem Zwischengrün errichtet. Die etwa 2500 Ein- bis Dreizimmerwohnungen waren, dem Zeitgeist entsprechend, vornehmlich für Arbeiter bestimmt, allerdings konnten sich die 45 bis 80 Reichsmark teuren Mieten meist nur Angestellte und Beamte leisten. Dessen ungeachtet stürmten Nationalsozialisten 1933 nach der Machtübernahme die in ihren Augen „rote Hochburg", die sie von SPD- und KPD-Funktionären durchsetzt wähnten. Nach einer ersten Verhaftungswelle tilgten sie den verhassten Namen und benannten die Siedlung nach der Wohnungsbaugesellschaft „Eintracht". Bis 1935 hatte die Siedlung etwa die Hälfte der Mieter durch Verhaftung oder Flucht verloren Erst 1949 wurde sie wieder rückbenannt.

Nicht nur die **Afrikanische Straße**, sondern auch alle umliegenden Straßen und Plätze erinnern an eine unrühmliche Epoche des Deutschen Reiches, in der es seinen „Platz an der Sonne" im Konzert der übrigen europäischen Kolonialmächte suchte und sich dabei vor allem in Afrika unbeliebt machte. Alle späteren Versuche, die belasteten Namen des „Afrikanischen Viertels" durch „demokratisierte" zu ersetzen, scheiterten. Als Paradebeispiel für die bürokratische oder vielmehr parteipolitische Hartleibigkeit kann die 4 **Petersallee** dienen. 1939 erhielt ein Teil der Londoner Straße den Namen zu Ehren des deutschen Reichskommissars für Deutsch-Ostafrika, der schon zu Lebzeiten wegen seiner rassistischen Grausamkeiten wenig schmeichelhaft „Hänge-Peters" genannt wurde. Auf Drängen nach einer Umbenennung entschied die Bezirksverordnetenversammlung 1987, dass die Straße nunmehr nach „Hans Peters, einem verdienten CDU-Mann der ersten Nachkriegsjahre", benannt sei und ließ entsprechende Schilder anbringen. So wird Geschichte gemacht.

Diese Straße führt über den Nachtigalplatz direkt auf den 5 **Volkspark Rehberge** zu. Er ist das vorzeigbare Ergebnis mehrerer ABM-Projekte seit Mitte des letzten Jahrhunderts. Kurz nach der blutigen Niederschlagung der Bürgerrevolution 1848/49 wurden Arbeitslose durch staatlich verordnete Beschäftigung von ihren aufrührerischen Umtrieben abzubringen versucht.

Vorher diente das Gelände als Schießplatz für das preußische Militär. Bei gewaltigen Erdarbeiten entstand der Spandauer Schifffahrtskanal, und die Sandberge waren noch lange Baustoffquelle für den Berliner Wohnungsbau.

Im strengen Hungerwinter nach Ende des Ersten Weltkrieges wurde der dichte Forstbestand restlos abgeholzt, übrig blieb eine Sanddünenlandschaft, die eher an Wittdün als an den Wedding erinnerte. Und wieder wurden Arbeitslosenheere von der Straße geholt, um einen Volkspark unter Berücksichtigung der neuen Volkspark-Ideologie der Lebensreformer anzulegen. Dabei blieben die natürlichen Erhebungen erhalten, weil im Sinne der Landschaftsparkidee auf die übliche geometrische Anlegung wie bei anderen Berliner Volksparks verzichtet wurde.

Auf etwa 90 Hektar verausgaben sich die Weddinger heute in verschiedenen Sport- und Spielstätten, wohnen Freilichtaufführungen in einem Amphitheater bei oder entspannen in der Natur. Zu einem großen Tierpark, wie er vor dem Ersten Weltkrieg noch von dem Hamburger Zoodirektor Carl Hagenbeck geplant war, ist es wegen des Kriegsbeginns nicht mehr gekommen, aber die kleinen Tiergehege sind ein Anziehungspunkt besonders für Kinder.

Den Westrand des Parks schließen jenseits des „Schwarzen Grabens" eine kleine Betonstraße und eine hohe Mauer ab. Bei den derart streng abgeschirmten Gebäuden handelt es sich um die 6 **Julius-Leber-Kaserne**, benannt einmal nicht nach einem Haudegen des preußischen

Auf den Rehbergen

oder deutschen Militarismus, sondern nach dem SPD-Reichstagsabgeordneten und Widerstandskämpfer, der noch im Januar 1945 von den Nazis in der nahe gelegenen Hinrichtungsstätte und heutigen Gedenkstätte Plötzensee ermordet wurde.

1935-39 waren auf einem 80 Hektar großen Areal mehr als 100 Gebäude für die Hitler-Wehrmacht errichtet worden, die ganze Anlage erhielt den Namen Hermann-Göring-Kaserne – noch heute gibt es in einem der Hauptgebäude das Hermann-Göring-Gedenkzimmer. Als das „Tausendjährige Reich" 1945 nach nur zwölf Jahren unterging, zogen französische Besatzer in die Anlagen und gaben ihr den Namen Quartier Napoléon. Für etwa 2000 Soldaten entstand eine Stadt mit Wohnquartieren und Sportstätten. Mit dem Fall der Mauer endete auch der Alliiertenstatus der Stadt. Seit 1995 belegen nun Bundeswehrsoldaten die Betten.

Südlich schließt sich an den Volkspark der kleine **Goethepark** an, der aber eigentlich nur seiner vorgelagerten 7 **Reformwohnungsbauten** von Mies van der Rohe an der Afrikanischen Straße 19-41 wegen interessant ist. Die 1925/26 entstandenen U-förmigen Anlagen haben eine archaisch-schlichte Fassadengestaltung mit beinahe schwerelosem Charakter, auf ihrer abgewandten Rückseite verbergen sich Hofgartenbereiche für die Hausgemeinschaften; besichtigen kann man sie von der Sambesistraße aus.

Wohnsiedlung Togostraße

Jenseits der Müllerstraße liegt das zeitgleich 1924-28 entstandene Pendant von Bruno Taut: die 8 **Siedlung Am Schillerpark** entlang der Bristolstraße. In der Nachkriegszeit wurde sie stilsicher im Rahmen eines Wiederaufbauprogramms entlang der Corker und Oxforder Straße ergänzt. Die rot geklinkerten Häuser an verkehrsberuhigten Straßen sind durch ein Schulzentrum, Altenheim, Kitas und eine Kirche komplettiert und von viel Grün umgeben. Es ist leicht nachvollziehbar, welchen Fortschritt dieser Wohnungsbau für die sozial schwache, vom engen Mietskasernenbau nicht eben verwöhnte Weddinger Bevölkerung bedeutet haben muss.

Weniger erholsam als der in seiner Gestaltung noch der Kaiserzeit entsprechende Schillerpark ist die wuselige **Müllerstraße**, die von hier ab unüberseh- und hörbar die Hauptgeschäftsstraße des Bezirks ist. Alle Nachbesserungsversuche mit klobigen Beton-Pflanzenkübeln und hässlichen Bogenlampen haben nicht vermocht, aus ihr einen die Sinne schmeichelnden Boulevard zu machen. Untrügliches Zeichen dafür ist das gehetzt wirkende Streben der Passanten, ihre Einkäufe zu erledigen oder das nächstliegende Verkehrsmittel zu erreichen. Gemächlichen Schaufensterbummel oder gar ein längeres Verweilen hier und da erlebt man eher in den Nebenstraßen mit mittlerweile zahlreichen türkischen Geschäften.

Die 9 **Markthalle** an der Müllerstraße 123-125 steht nicht in der Tradition der übrigen Berliner Markthallen, wie etwa in Kreuzberg oder Moabit, sondern wurde erst relativ spät, in den fünfziger Jahren, und deshalb in zweckmäßig nüchterner Gestalt gebaut. Bei den Ausschachtungsarbeiten haben die Arbeiter sicher nicht schlecht gestaunt, als sie auf geheimnisvolle Kisten stießen. Die Enttäuschung war jedoch groß, als darin nicht die erhofften Goldschätze, sondern Überreste von Hunden zum Vorschein kamen. Völlig unerwartet waren sie auf einen der größten Haustier-Friedhöfe Berlins gestoßen.

Wenig weiter kreuzt die breite **Seestraße**, Überbleibsel einer nach dem Krieg geplanten inneren Ringautobahn, die spätestens an der Bornholmer Brücke an der Grenze zu Ost-Berlin hätte enden müssen. Auf ihr fährt seit 1997 wieder die erste Straßenbahn auf West-Berliner Gebiet.

Für die 5,4 Kilometer lange Verlängerung der Linien aus Friedrichshain und Weißensee wurden sagenhafte drei Jahre und 160 Millionen Mark benötigt, was sie zur teuersten Straßenbahn Deutschlands machte, und sie endet, als Beispiel der genialen Berliner Verkehrspolitik, wenige hundert Meter vor der eigentlich logischen Anknüpfung an den S-Bahn-Ring.

An der Ecke Müller-, Seestraße steht der gläserne Neubau des einstigen (10) **Alhambra-Kinos** (heute Alhambra 1-7). Seine Randlage hat den im Stil der fünfziger Jahre erbauten Kinopalast mit seinen Plüschsitzen und der breiten Bühne für ambitionierte Veranstaltungen trotz Modernisierungsumbauten nicht überleben lassen. Wie lange der seelenlose Glaskasten die Krise der Multiplex-Kinolandschaft überstehen wird, bleibt abzuwarten.

In Richtung Osloer Straße befinden sich an der Oudenarder Straße die sämtlich erhaltenen Gebäude der ehemaligen (11) **Osramwerke**, die in der Tradition innerstädtischer Industriebauten stehen und die Blockrandbebauung der Wohnbauten aufnehmen. In den Backsteinbauten, die teils vor dem Ersten Weltkrieg, teils 1936/37 errichtet wurden und deren Fassaden repräsentativ mit Erkern und Risaliten gestaltet wurden, befinden sich Großhandelsgeschäfte und eine Berufsberatung des Arbeitsamtes.

Etwas weiter in entgegengesetzter Richtung der Seestraße stößt man an der Ecke Amrumer Straße auf eine Rarität, vor der Diabetiker und Naschkatzen gewarnt seien: Europas einziges (12) **Zuckermuseum**, 1902 gegründet im Institut für Lebensmittel- und Zuckertechnologie, mit interessanten Dauer- und Wechselausstellungen. Auf der anderen Straßenseite bietet, zumindest im Sommer, ein großer Biergarten die Möglichkeit einer Vesperpause. Er befindet sich als Solitär auf dem riesigen Gelände des Rudolf-Virchow-Krankenhauses, heute Teil des Universitätsklinikums Charité. Auf der Seite des Zuckermuseums schließt sich ein Altbauviertel an, in dem sich, in der Brüsseler

Rathaus Wedding

Straße, unter anderem das (13) **Anti-Kriegs-Museum** befindet.

Dort, wo bis 1928 „Onkel Pelle" seinen Rummel „Zum Nordpark" betrieb – mit seinen Karussells, Boxkämpfen, Varieté und Cabaret, einer „Wild-West-Schau" und Geldspielautomaten zählte er nach zeitgenössischer Fachmeinung zum besten, was Berliner Rummelplätze zu bieten hatten –, steht heute das (14) **Rathaus Wedding**. Alt und Neu bilden den Kontrast dieses nüchternen Gebäudekomplexes in der Müllerstraße 146-157. Architekt des Altbaus war der berühmte Martin Wagner, der bei seinem Entwurf erkennbar intensiv vom Skizzenblock des Siemens-Architekten Hertlein abgekupfert hat. Mit dem Bau gab es endlich eine Adresse für alle Ämter, da verschmerzten die Stadtväter schon den fehlenden Turm. Wegen der offenbar unzügelbaren Vermehrungssucht der Berliner Verwaltung mussten nach dem Krieg viele Berliner Rathäuser durch mehr oder weniger geschmackvolle Anbauten ergänzt werden, hier durch einen 1960-64 errichteten Hochbau hinter einem dreiseitig verglasten Sondertrakt, in dem sich der Plenarsitzungssaal befindet. Nicht protzige Repräsentation, sondern bescheiden-funktionale Verwaltung stand als Motto Pate bei den Entwürfen, und das ist ja heutzutage eine eher seltene Eigenschaft von Politikern.

Der verkehrsumtoste (15) **Leopoldplatz**, der nur unter Rempeleien und eiligen Schrittes zu überqueren ist, kann geographisch wie ökonomisch als der eigentliche Mittelpunkt des Bezirks gelten. Ein

Alte Nazarethkirche

wenig Ruhe und Gelegenheit zum Rasten bietet die von Karstadt aus rückwärtig gelegene Grünanlage mit zwei hintereinander gestellten Kirchen. Was so alt aussieht, ist die in scheußlicher Neogotik 1891-93 errichtete **Neue Nazarethkirche**, und was so erfrischend modern anmutet, ist die 1832-35 von Karl Friedrich Schinkel im Stil einer römischen Basilika erbaute **Alte Nazarethkirche**. Zusammen mit der St.-Pauls-Kirche, der zweiten Vorstadtkirche Schinkels im Bezirk, verfügt Wedding über zwei Juwelen der klassizistischen Architektur. Als sie gebaut wurden, standen sie in beinahe menschenleerem Gelände. In gut 200 Häusern wohnten gerade an die 2000 Weddinger, und es fällt nicht leicht, sich vorzustellen, dass vor 160 Jahren rund um den heutigen Leopoldplatz lediglich das Klappern von Windmühlen und gelegentlich das Bimmeln von Kirchenglöcklein die ländliche Idylle störten.

Halfen die beiden Kirchen damals noch einem seelsorgerischen Notstand in der sich allmählich herausbildenden proletarischen Vorstadt ab, so gibt es heute dafür in dem mit am dichtesten besiedelten Berliner Bezirk kaum Bedarf. Statt Gottesdiensten werden hier Ausstellungen und Konzerte angeboten. Die fünfzehnjährige Zusammenarbeit mit dem Bezirksamt hat die Kirchengemeinde abgebrochen, weil sie nach dem Verkauf der Neuen Nazarethkirche in der alten nun wieder Gottesdienste veranstalten muss und sich mit dem Kunstamt nicht auf eine beide Seiten befriedigende Zusammenarbeit einigen konnte. In der Nachbarkirche finden seit kurzem merkwürdige Veranstaltungen statt, bei denen Sektenprediger Wunderheilungen vornehmen. Wer's glaubt, wird selig. Betreiber der evangelikalen, pfingstlich-charismatischen Freikirche ist seit 1993 die Gemeinde Gottes Berlin, gegründet 1886 in den USA.

Die Müllerstraße südwärts nehmen Hektik und umtriebige Geschäftigkeit ab, und dass es mit Letzterer zumindest für die abhängig Beschäftigten zur Zeit nicht besonders rosig steht, zeigt uns mahnend das auf der linken Seit stehende **Arbeitsamt V**, dessen 1958 in frohen Farben gestaltete Fassade der derzeitigen Zeitstimmung entsprechend zum Grau-in-Grau geworden ist.

Links neben dem Gebäude steht inmitten der Grünanlage des (16) **Max-Josef-Metzger-Platzes** eine merkwürdige, aus Trümmerschutt errichtete **Säule**, die „den Sieg über Zerstörung und Sklaverei in Berlin" symbolisieren soll.

Diesem Anspruch fühlt sich sicher auch die Berliner Sozialdemokratie verpflichtet, wenn sie sich gerade einmal nicht in internen Flügelkämpfen oder im Strampeln innerhalb der derzeitigen Landesregierung zermürbt. Gegenüber dem Arbeitsamt steht ihre 1960 gebaute und nach Kurt Schumacher benannte **Berliner Parteizentrale**, und sein an der Fassade auf einer Tafel verewigter Leitspruch „Berlin ist der Anspruch der Demokratie auf ganz Deutschland" hat sich mittlerweile erfüllt. Im Haus haben noch das August-Bebel-Institut und die Parteizeitung „Berliner Stimme" ihren Sitz, und im Keller staubt ein durch ehrenamtliche Arbeit am Leben erhaltenes Parteiarchiv unbekannt vor sich hin.

Der schon von der Gerichtstraße und dem Platz aus sichtbare geschwärzte Schornstein weist den Weg zum ältesten (17) **Krematorium Berlins**. Es wurde 1910-12 gegen den erbitterten Widerstand der katholischen Kirche gebaut, die mit einem düster-wuchtigen Bau im neoromanischen Stil, der **St.-Joseph-Kirche**, am

Urnenfriedhof Gerichtstraße

Metzger-Platz beherrschend auftritt. Im vorwiegend protestantischen Preußen nahmen Einäscherungen aber immer mehr zu, und 1911 erfolgte gerade noch rechtzeitig vor der Fertigstellung des Einäscherungsbaus die staatliche Erlaubnis zur Kremation. Die Anlage umgibt ein Säulenhof in Form eines römischen Atriums, und römischer Tradition entsprechen auch die „Kolumbarien" – lateinisch Taubenhäuser – einer oberirdischen Grabkammer mit Wandnischen zum Abstellen der Urnen.

Später wurde der vormalige „Weddinger Acker", ein 1879 aufgegebener unbepflanzter Friedhof zur Beisetzung von Armenleichen, gärtnerisch zu einem Urnenfriedhof umgestaltet. Bereits 1926 rühmte sich die Einrichtung der größten Zahl von Einäscherungen in Europa (5751), und auch die Nationalsozialisten hatten gegen die moderne Bestattungsform nichts einzuwenden. Schon 1933 meldete die Krematoriumsleitung mit der „Entfernung aller marxistischer und jüdischer Elemente" die gewünschte Gleichschaltung und war dem neuen Regime ein Jahr ausgesprochen hilfreich, als es galt, die Mordopfer des Röhm-Putsches dezent zu beseitigen. Über 30 zum Teil blutüberströmte Leichen wurden bei Nacht und Nebel angeliefert und anonym verbrannt. Den Arbeitern an den Öfen wurde unter Androhung der sofortigen Erschießung absolute Verschwiegenheit auferlegt, und auch in den folgenden Jahren wurden hier Regimegegner nach ihrer Hinrichtung in Plötzensee und dann zunehmend auch die zahlreichen Opfer der alliierten Bombardierung auf diese Weise beseitigt. Berühmteste „Einlieferung" war der im KZ Sachsenhausen gequälte und 1938 gestorbene Friedensnobelpreisträger Carl von Ossietzky.

Wo die Gerichtstraße auf die Reinickendorfer Straße trifft, weitet sie sich zum verkehrsberuhigten (18) **Nettelbeckplatz**, der ganz im Sinne seiner Skulptur „Tanz auf dem Vulkan" die ehemalige Beschaulichkeit eingebüßt hat, seit der restaurierte Ringbahnhof „Wedding" hier wieder für einiges Großstadtgetümmel sorgt.

In der Reinickendorfer Straße Richtung Weddingplatz befand sich das vierte der Bezirkskinos: das **Sputnik**, ein engagiertes Off-Kino, auf einem Hinterhof gelegen, vor kurzem aber auf unbestimmte Zeit geschlossen. Gleich darauf wird der Blick von den ausgedehnten Anlagen der

(19) **Schering-Werke** beherrscht. Polypenartig breitet sich der Konzern, jede freie Stelle nutzend, in alle Richtungen und in allen nur denkbaren Baustilen aus. Am markantesten wirkt die die Fennstraße überspannende mehrstöckige Bürobrücke. 1858 erwarb Ernst Christian Friedrich Schering das Gelände, und mit dem Umzug aus seiner „Grünen Apotheke" in der nahe gelegenen Chausseestraße beteiligte sich der Chemiker an der überall einsetzenden Randwanderung der stark expandierenden Industrie. Hatte er sich in seinem kleinen Hinterhoflabor in dem frühen Industriegürtel um das Rosenthaler Tor noch mit dem Zusammenrühren und Verkauf von Arzneimitteln und Fotochemikalien begnügt, so wollte er auf seinem neuen Domizil vor den Toren der Stadt Berlin nun ein gehöriges Stück vom großen Profitkuchen abhaben. Seine Gewinne als Heereslieferant im Deutsch-Französischen Krieg reichten für seine Expansionspläne noch nicht ganz, und so wandelte er seinen Betrieb frühzeitig in eine Aktiengesellschaft um und fand auch genügend Aktionäre, die im durch die Reparationszahlungen der Franzosen ausgelösten Investitionsfieber von 1871 nach Anlagemöglichkeiten suchten. Auch im oder besser gesagt durch den Ersten Weltkrieg florierte das Unternehmen mit Handelsniederlassungen in den USA und Russland, Chile und Großbritannien, und bis zum Beginn des Zweiten Weltkrieges waren es schon 30 ausländische Tochtergesellschaften. Gegenüber den Machthabern des Dritten Reiches verhielten sich die Konzernherren ambivalent; einerseits schützten sie jüdische Mitarbeiter und halfen ihnen bei der Emigration, andererseits beteiligten sie sich aber auch an Forschungen und Experimenten der Sterilisations- und Euthanasieverbrechen des NS-Regimes.

Unter der industriellen Auszehrung Berlins nach Blockade und Mauerbau hatte der Konzern schwer zu leiden, aber anders als die Konzernleitungen von Siemens, Borsig und anderen hielt er seinen Hauptsitz in Berlin und ergänzte die historischen Klinkerbauten durch moderne Verwaltungs- und Forschungsbauten am Weddingplatz und entlang der Sellerstraße. 1976 entstand im **Hochhauskomplex** am Weddingplatz vorn ein neues Verwaltungs- und dahinter ein Forschungszentrum, in dem vor allem das „Departement für experimentelle Biologie" jahrelang negative Schlagzeilen produzierte und die Tierschützer auf die Barrikaden trieb. Noch 1993 wurden hier jährlich mehr als 100 000 Tiere „verbraucht", seitdem ist die Zahl aber stetig rückläufig. Schering ist heute die einzige Firma von Weltrang mit Hauptsitz in Berlin und erfreut sich vielleicht deshalb unendlicher Toleranz seitens des Senats und der Bevölkerung. Wo anders wäre ein Chemiekonzern innerhalb dichtester Wohnbebauung mit seinen Ausdünstungen und Ausflüssen, die in den letzten Jahren allerdings merklich reduziert wurden, so wohlgelitten?

In der Fennstraße 10 steht das älteste Schering-Gebäude, 1872 als Hauptlabor gebaut. Hier hat Schering 1986 ein **Firmenmuseum** eingerichtet und mit dem 1979 gegründeten Archiv unter der Bezeichnung „Scheringianum" zusammengelegt. Neben einer ständigen Ausstellung zur Firmengeschichte verfügt das Archiv über zahlreiche Bestände und Sammlungen, die Bestände sind öffentlich – nach Anmeldung – nutzbar. Auch darin unterscheidet sich der Konzern wohltuend von anderen Geheimniskrämern der deutschen Industrie. Der Neubau direkt dem **U-Bahnhof Reinickendorfer Straße** gegenüber ist die im firmeninternen Jargon „P 300" genannte neue Forschungseinrichtung, in den neunziger Jahren der Architekturmode gemäß mit vollverglastem Innenkern und ebensolcher Außenfassade entstanden.

Vielleicht ist Schering, als letztes industrielles Überbleibsel, das augenfälligste Beispiel für den durchaus holprigen Weg des ehemaligen Arbeiterbezirks in die moderne Forschungs- und Dienstleistungsgesellschaft.

BERNHARD MÜLLER

Durch den östlichen Wedding

Die einstige Schmuddelecke Berlins

Wie kaum ein zweiter Dichter hat Erich Kästner die Höhen und mehr noch die Tiefen seiner Wahlheimat Berlin auf den Punkt gebracht. Seinen Romanheld Fabian lässt er kurz vor dem Zusammenbruch der Weimarer Republik sagen: „Soweit diese riesige Stadt aus Stein besteht, ist sie fast noch wie einst. Hinsichtlich der Bewohner gleicht sie längst einem Irrenhaus. Im Osten residiert das Verbrechen, im Zentrum die Gaunerei, im Norden das Elend, im Westen die Unzucht, und in allen Himmelsrichtungen wohnt der Untergang."

Mit dem Norden meint Kästner wohl vor allem den Wedding: Mietskasernenstadt mit ausgepowertem Proletariat, gebaut in nur wenigen Jahrzehnten stürmischer Industrialisierung. In dieser Zeit hatten sich die Königliche Eisengießerei, Schering, Schwartzkopff und Roller auf den kargen Wiesen vor dem Oranienburger Tor angesiedelt, später folgten AEG, Bergmann, Osram und Wittler.

Bei einem Rundgang durch den östlichen, zur Stadtmitte hin gerichteten Teil Weddings kann von den Bestandteilen und sozialen Auswüchsen dieses Industriestandortes heute nicht mehr viel besichtigt werden. Am **U-Bahnhof Reinicken-**

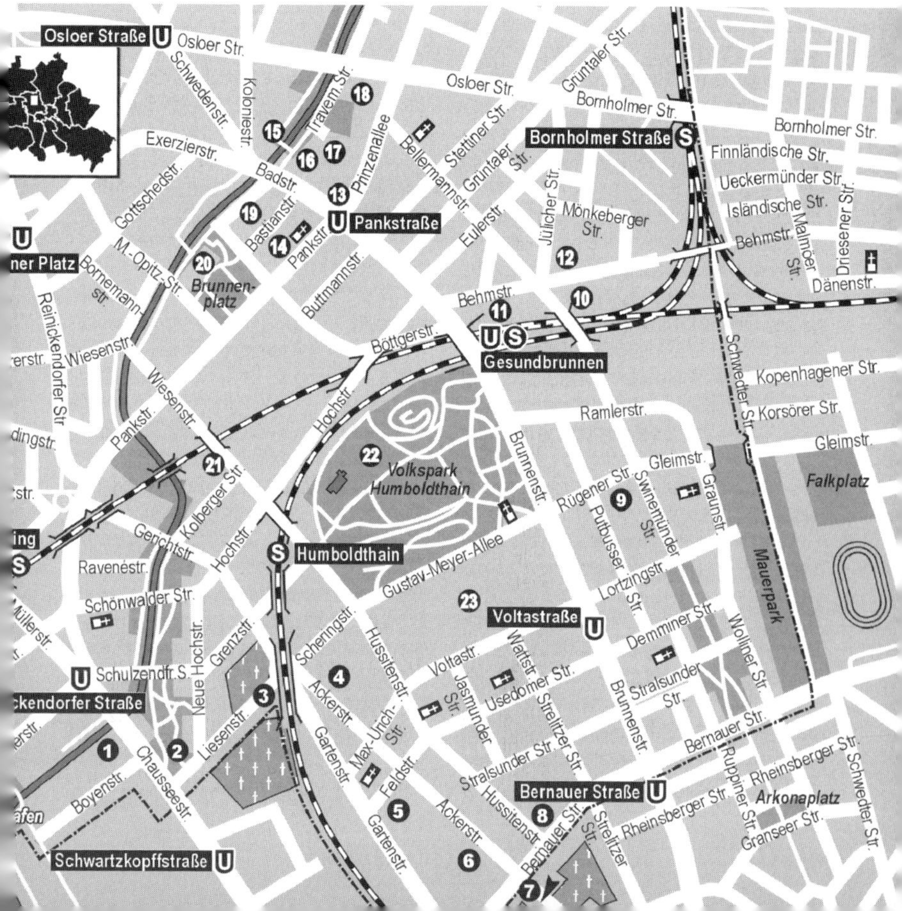

dorfer Straße – Endpunkt des Spazierganges durch den „neuen" Wedding – fällt es zugegebenermaßen schwer, nicht einfach die Chausseestraße weiter auf den Fernsehturm hin zum quirligen Zentrum um Friedrichstraße und Alexanderplatz zu laufen, wo Theater, Revuen und Varietés, Kinos, Museen und Luxusgeschäfte locken. Von 1961 bis 1989 war dies den West-Berlinern nicht ohne weiteres möglich, daher führt der Rundgang an vielen Zeugnissen der geteilten Vergangenheit der Stadt entlang in die einstige Schmuddelecke Berlins.

Im ehemaligen Grenzbereich führt eine breite Zufahrt zur wohl beliebtesten Sportstätte Nordberlins, dem 1 **Erika-Heß-Eisstadion**, in dem gelegentlich auch Rockkonzerte veranstaltet werden. Den Namen erhielt sie von der langjährigen, legendären SPD-Bezirksbürgermeisterin, die sich fast unbegrenzter Verehrung erfreute, in deren Amtszeit allerdings auch die umstrittene Kahlschlagsanierung an der Brunnenstraße fiel.

Den Eingang zur Liesenstraße markiert die monumentale 2 **Sandsteinplastik** „Mahnmal an die Wiedervereinigung", die jetzt nicht mehr zu ermahnen braucht, sondern nostalgisch erinnern darf. Auf der rechten Seite begleitet die Straße eine Brachlandschaft, auf der vor etwas mehr als einem Jahrzehnt noch die Mauer stand. Diese trennte 3 zwei **Friedhöfe**: auf der westlichen Seite den **Dorotheenstädtischen II** von dem auf der östlichen Seite liegenden **Französischen**, auf dem Theodor Fontane seine letzte Ruhestätte hat.

Eine skurrile **Eisenbahn-Brückenkonstruktion**, die sich diagonal über eine Straßenkreuzung spannt, markiert das Ende der Liesenstraße. Nicht zuletzt wegen eines der letzten Exemplare des „Café Achteck", das unter der Brücke seltsam verwaist wirkt, ist sie ein beliebtes Fotomotiv. Hier beginnt die Ackerstraße, deren Name abschreckender Hinweis im Rest-Berlin für unflätige Wortwahl war: „Wir sind hier nicht in der Ackerstraße!", hörte man allenthalben, wenn sich jemand des raubauzigen Jargons der armen Bewohner bediente.

Gegenüber der **Sebastiankirche**, mit der die 1860 gegründete katholische Gemeinde 1893 endlich ein eigenes Gotteshaus für den gesamten Berliner Norden bekam, befand sich die 4 **Wedding'sche Apparatefabrik**, 1887 von der AEG übernommen, die hier ihr späteres Weltimperium begründete. Das von Franz Schwechten, dem Baumeister des Anhalter Bahnhofs, errichtete Konzern-Stammhaus in der Ackerstraße 76 beherbergt heute Fachbereiche der Technischen Universität und das „BIG", das Berliner Innovations- und Gründerzentrum.

Für ewig in die Berliner Geschichte ist die Ackerstraße wohl mit einem einzigen Bauensemble gelangt, **Meyershof** in der Nr. 132/133, einem Häuserkomplex mit Querriegeln und sechs engen Hinterhöfen, in dem zeitweise über 2000 Personen in 300 Wohnungen unter teilweise unbeschreiblichen hygienischen Bedingungen mehr hausten als wohnten und der Anfang der siebziger Jahre abgerissen wurde. Heute steht an dieser Stelle ein langweiliger Neubaublock, und es bedarf schon einiger Fantasie, um sich auf dem Areal der Hofrasenflächen die wenige Quadratmeter kleinen und dunklen Hinterhöfe vorzustellen.

Zu ihrer Ehrenrettung gibt es in der Ackerstraße aber auch Zeugnisse des humanen Umgangs mit Menschen. Direkt nebenan entstand auf dem Gelände einer im Krieg zerstörten Eisengießerei 1953-55 die 5 **Ernst-Reuter-Siedlung** mit 400 Wohnungen und Grünflächen zwischen den Häusern. Erkennbar ist die deutliche Wiederbelebung der Reformbaubewegung aus den zwanziger Jahren am Schillerpark und Volkspark Rehberge. So dicht an die Mauer gesetzt, sollte sie auch den „unerschütterlichen Aufbauwillen, sozialen Gemeinschaftsgeist und das Bestreben nach bürgerlicher Freiheit" dokumentieren, wie der Bauherr betonte, und das fünfzehnstöckige Hochhaus gab sich hier, wie schon das Springerhochhaus am südlichen Kreuzberger Grenzabschnitt, deut-

Versöhnungskapelle Bernauer Straße

lich sichtbar als Leuchtturm westlicher Fortschrittlichkeit.
Die Siedlung und der Weddinger Teil der Ackerstraße enden an der **Bernauer Straße**, Mater dolorosa aller Berliner Mauerstraßen. Unvergessen die im August 1961 an Fensterkreuzen hängenden Menschen, die in hastig aufgespannte Betttücher in die Freiheit sprangen, während über ihnen schon die Fensterhöhlen zugemauert wurden, weil diese Straßenseite zum Ost-Berliner Bezirk Mitte gehörte. Viele Holzkreuze und Gedenktafeln mahnen die Erinnerung an zahlreiche Opfer an, die hier bei ihrem Versuch, die Mauer zu überklettern oder durch selbst gegrabene Tunnel zu kriechen, getötet wurden.
Dem Kalten Krieg fiel auf der östlichen Seite der Mauer auch die Versöhnungskirche zum Opfer, nachdem sie seit 1961 unzugänglich im Todesstreifen als Symbol der Teilung Berlins stand. Im Januar 1985 erfolgte auf Anordnung des (Ost-) Berliner Magistrats die Sprengung des Gotteshauses, begleitet von einem internationalen Presseaufgebot auf westlicher Seite, das nur vier Jahre später, beim Abbruch der Mauer am Potsdamer Platz, noch einmal so zahlreich zusammenkam. Der Ost-Berliner Sprengelteil musste sein verwüstetes Kirchengrundstück gegen ein neues im weit entfernten Neubauviertel Hohenschönhausen tauschen. Der kleine, zu West-Berlin gehörende Teil der Kirchengemeinde erhielt einen Neubau in der Bernauer Straße 111. Dort befindet sich jetzt das 6 **Dokumentationszentrum Berliner Mauer** und bietet Ausstellungen, Tagungen und andere Veranstaltungen vornehmlich zur Geschichte der DDR und der deutschen Teilung an. An der Stelle der abgerissenen Kirche ist in Lehmbauweise in den Jahren 1999/2000 die **Versöhnungskapelle** entstanden, ein in seiner Kargheit und klaren Formensprache beeindruckendes Gotteshaus, in dem die kleine Weddinger Gemeinde jetzt ihre Gottesdienste abhält.
Was 1989 die Mauerspechte und Mauersegment-Souvenirjäger von dem Bollwerk der deutschen Teilung an dieser Stelle noch übrig gelassen hatten, wurde 1990 in wenigen Monaten unter gewaltigen Anstrengungen abgetragen – fast jedenfalls, denn um die Bewahrung verbliebener Mauerreste als Gedenkstätte gab es jahrelangen Streit. Als Ergebnis eines Wettbewerbs entstand hier an der Ecke Acker-

Auf dem ehemaligen Todesstreifen

straße die (7) **Berliner Mauer-Gedenkstätte**, für die ein Abschnitt Berliner Mauer restauriert und von zwei unförmigen Metallwänden eingeklammert wurde. Geschickt werden Besucher zwischen ihnen in beklemmende Sackgassensituationen geleitet.

Eine in Teilen noch vorhandene Gedenkstätte ganz anderer Art befindet sich zwischen Hussiten- und Strelitzer Straße: die (8) **Versöhnungsprivatstraße** von 1904. Schon im Kaiserreich hatte einige fortschrittliche Politiker und Industriebarone das soziale Gewissen geplagt. Auf Anregung des Jungmännervereins, des Evangelischen Arbeitervereins und des „Kartells der christlichen Gewerkschaften" wurde 1902 der Vaterländische Bauverein gegründet, der zwei Jahre später eine Wohnanlage einweihte, die um sechs großzügig dimensionierte Wohnhöfe gruppiert war und damit in deutlichem Kontrast zu den sechs Innenhöfen des nahe gelegenen Meyershofs stand. Das ganze Projekt stand in unverkennbarer Abwehrhaltung gegen die immer stärker werdende Sozialdemokratie und ihre allerdings noch nicht sehr ausgeprägten Wohnungsbau-Reformpläne.

Reformerische Ansätze gab es aber auch in diesem Kaisertreue verratenden Bauensemble: eine Badeanstalt, ein Kinderhort mit Turnsaal und eine Bibliothek für die Mieter wurden integriert. Versöhnt werden sollten damit die verschiedenen Klassen der damals sozial stark polarisierten Bevölkerungsschichten. Wohnungszuschnitt und die in schwiemeliger altdeutscher Romantik gestalteten Fassaden waren aber eher für den gut situierten Mittelstand gedacht. Mit dieser Anlage war ein Höhe- und Endpunkt der eklektizistisch-historisierenden Wohnungsbauarchitektur erreicht. Die Idee, die hinter der Gestaltung steckte, war, die Geschichte Berlins von den ersten Anfängen bis zur Kaiserresidenz nachzuempfinden. Nach dem Krieg wurden in der Versöhnungsprivatstraße kleine Wohnungen zusammengelegt und die kriegsbeschädigten, zunächst lieblos glatt polierten Fassaden nach und nach restauriert. Trotz allen Kitsches – oder vielleicht gerade seinetwegen – lohnt ein Spaziergang durch den **Romanischen** und **Altmärkischen Hof** (Eingang Hussitenstraße 4-5). Der kriegsbeschädigte Altdeutsche Hof und der Renaissance-Hof fielen der grobschlächtigen Sanierungspolitik zum Opfer, und nur der in der Hausbesetzerzeit entstandene Widerstandsgeist der Bevölkerung konnte den kümmerlichen Rest retten.

Für diese Gegend jedoch ein seltenes Beispiel: Sind Bernauer Straße und Berliner Mauer ein Begriffspaar, das die jüngere Geschichte untrennbar miteinander verbunden hat, so sind (9) **Brunnenstraße** und Kahlschlagsanierung ein zweites.

Streift man als Ortsfremder durch dieses zwischen Humboldthain und Bahnanlagen eingekesselte Terrain, erschreckt die seelenlose Leere, und man fühlt sich an die anderen Wohnmaschinen im Märkischen Viertel, der Gropiusstadt oder Hellersdorf-Marzahn erinnert. Diese Anlagen sind aber auf Wiesen und Feldern am Stadtrand gebaut worden. Hier dagegen wurde ein dicht bewohntes Quartier im Stadtzentrum radikaler weggehauen, als alle Bomben des letzten Krieges es vermocht hätten. Unbestritten war die Wohnsituation im Weddinger Osten und besonders hier östlich der Brunnenstraße beklagenswert: heruntergekommene und zermürbte Altbausubstanz, Schuppen, Lagerplätze und Kohlenhändler, aber auch die ersten türkischen Gemüsehändler und überall pittoreskes Kiez-Milieu.

Bis zum Ersten Weltkrieg verzehnfachte sich in nur vierzig Jahren die Weddinger

Eisenbahnbrücke über dem „Achteck"

Bevölkerung, während das Stadtzentrum drei Viertel seiner Einwohner verlor. Für diesen Ansturm von Menschen musste schnell und billig gebaut werden. „Sozialisation durch Kasernierung" war das Zauberwort. Die „verdichtete Stadt" war eine städtebaulich nicht ungeschickte Form, die Bevölkerungsexplosion in den Griff zu kriegen, und besonnene Historiker halten sie dafür verantwortlich, dass es in Berlin keine Revolten und keine Bildung von echten Slums wie in anderen europäischen Großstädten oder wie heute in der Dritten Welt gegeben hat.

Einer der vom Senat damit beauftragten Architekten, für die Kahlschlagsanierung Konzepte zu entwickeln, erinnerte sich später: „Wir haben festgestellt, dass die Häuser, die da alle abgerissen werden sollten, um progressive Architektur zu errichten, eigentlich recht intakt waren, und dass die Menschen, die da wohnten, unbedingt dort bleiben wollten." Etwa 40 Prozent der Mieter in den Neubauten klassifizierten ihre neue Wohnsituation als Verschlechterung.

Dagegen jubelte die legendäre Bezirksbürgermeisterin Erika Heß 1983: „Das sich abzeichnende Ergebnis wird von Städteplanern des In- und Auslandes gelobt. Die Bürger fühlen sich zunehmend wohl in ihrem neu entstandenen Wohnviertel." In „ihrem" Wohnviertel? Wohl nicht. Um hier dem Neuen und Besseren Platz zu machen, wurden die Häuser straßenweise „entmietet", die alten Bewohner meist ins Märkische Viertel in Reinickendorf zwangsumgesiedelt und damit auch ihres sozialen Umfeldes beraubt. Nach Ende der Sanierungsmaßnahmen war die Stadtteilbevölkerung fast komplett ausgetauscht und zahlenmäßig um die Hälfte reduziert. Dem Neubau von rund 12 000 Wohnungen stand die Renovierung von gerade 600 Altbauwohnungen gegenüber. Einzeln stehende restaurierte Eckhäuser, zum Beispiel in der Lortzing- und Ramlerstraße, wirken wie historische Relikte und Zeichen des schlechten Gewissens.

Nordwärts führt die Swinemünder Straße in angenehmere Gegenden. Die gleichnamige Brücke, besser als (10) **Millionenbrücke** bekannt, wurde 1905 in dreijähriger Bauzeit für die damals je nach Gemütslage sensationelle oder skandalöse Summe von über einer Million Goldmark als elegante Stahlkonstruktion errichtet. Von ihr hat man einen eindrucksvollen

Am Gesundbrunnen-Center

Blick über die weit ausladende Gleislandschaft des 11 **Bahnhofes Gesundbrunnen**, der vor dem Krieg einer der wichtigsten S-Bahnhöfe des gesamten Streckennetzes war. 1872 wurde er in bescheidenen Dimensionen als Station der Ringbahn eröffnet, 1895 grundlegend umgebaut. Über drei Bahnsteige konnte man vom Ringbahnsteig entweder auf den Fernbahnsteig zum Stettiner Bahnhof oder auf den Vorortbahnsteig umsteigen. 1930 kam die Umsteigemöglichkeit zur neuen Untergrundbahn, der heutigen Linie U 8, dazu. Täglich verstopften zehntausende Arbeiter und Pendler die engen Bahnsteige und Treppen. Nach dem Krieg verwaisten große Teile des riesigen Areals. Nun kehrt wieder Leben ein. Der endgültige Lückenschluss der Ringbahn ist vollendet. Umfangreiche Neubauarbeiten eines Doppel-Richtungsbahnsteiges für Vorortlinien sowie Anschluss an Fern- und Regionalbahnlinien sind im Gange und knüpfen, wenn auch ohne Arbeitermassen, an alte Zeiten an.

Das monströse **Gesundbrunnen-Center** direkt am S-Bahnhof ist, abgesehen von der auffälligen Architektur, die an einen Ozeanriesen erinnert, beliebig wie jedes andere Einkaufszentrum.

Die Kriegsschäden an der Millionenbrücke sind – wahrscheinlich zum gleichen Preis in neuer Währung – unter Verzicht auf kaiserlichen Zierrat ausgebessert worden. Früher hatte sie an ihren Enden prunkvolle Portalbögen, durch die man wie durch ein Tor das Quartier Gesundbrunnen betrat, von dem vermutlich nur alteingesessene Berliner wissen, dass man den Stadtteil auch „Plumpe" nennt. So geheimnisvoll der Ursprung dieser Bezeichnung, berlinisch für Pumpe oder auch Ziehbrunnen, ist, so sehr bleibt er verbunden mit dem Namen des Fußballvereins Hertha BSC, der sein legendäres 12 **Stadion An der Plumpe** (Behm-, Ecke Jülicher Straße) 1974 dem Berliner Senat zur Deckung seiner Vereinsschulden verkaufte.

Das sportliche Schicksal des Klubs, der 1892 unter dem Namen „BFC Hertha 92" in Charlottenburg gegründet wurde und erst durch Fusion mit dem Weddinger Arbeitersportverein Berliner Sportclub 1930 den heutigen Namen erhielt, war wechselhaft. Legendär wurde sein Ruf zwischen 1925 und 1931, als er sieben Mal Berliner Meister wurde und sechs Mal im Endspiel um die deutsche Meisterschaft stand, die er 1930 und 1931 gewann. An diese Leistungsform konnte der Verein nach dem Krieg lange nicht wieder anknüpfen. Seit kurzem mischt er wieder in der höchsten Klasse mit aufregendem Wechsel von vorderen und hinteren Listenplätzen mit. Unvergessen blieb das Stadion, dessen Verkauf die Hertha-Fans dem Verein eigentlich nie verziehen haben, auch durch spektakuläre Politikveranstaltungen, zum Beispiel als Ernst Reuter am 24. Juni 1948 vor über 80 000 Zuschauern flammende Bekenntnisse zum Überlebenswillen der Berliner nach Verhängung der Blockade verkündete. Was immer das runde Gebilde auf dem **Denkmalsockel** vor den Neubauten an der Bellermannstraße bedeuten soll: Fast jeder sieht wohl einen zerknautschten Fußball darin, dem die Luft ausgegangen ist.

Der Name **Badstraße** ist wie der der Brunnenstraße ein Hinweis auf die Geschichte des Gesundbrunnens. Geht man sie bis zu einem kleinen Flüsschen, der **Panke**, weiter, stößt man an seinem Ufer auf das Haus Nr. 39. Hier wurde vor über 200 Jahren eine eisenhaltige Quelle entdeckt, die der geschäftstüchtige Hofapotheker des

Alten Fritz, Dr. Friedrich Wilhelm Behm, bis 1760 zu einer Trink- und Heilstättenanstalt ausbaute, der er den Namen „Friedrichs Gesundbrunnen" gab. Hundert Jahre später entwickelte sich rund um diesen Ort eine Vergnügungsmeile mit Dutzenden einschlägigen Etablissements und Lokalen, später kamen Kneipen und Kinos dazu. Im Verlauf von Kanalisationsarbeiten für die Badstraße versiegte 1882 die Heilquelle. Aus war es mit dem einträglichen Kurbetrieb, das Amüsement dieses Weddinger St. Pauli blieb aber vorerst.

Ein Herumstreifen um den Kreuzungsbereich am 13 **U-Bahnhof Pankstraße** ist wegen der originellen Architektur einiger Bauten sehr lohnenswert. Das **Haus Nr. 39**, auf dessen Grundstück die Heilquelle entsprang, stammt aus der Zeit der Jahrhundertwende, und seine Fassade hat wie manche andere Häuser in der Nachbarschaft einen ansehnlichen Kachelschmuck.

In der entbehrungsreichen Nachkriegszeit tobte noch das Leben, als zuerst der Schwarzmarkt, dann das Währungsgefälle zwischen Ost- und Westmark und die billigen Kinos Scharen von Ost-Berlinern über die günstigen Verkehrsanbindungen in dieses Lustzentrum des Nordens lockten, sodass die Badstraße bald den gehässigen Titel „Sachsendamm" verliehen bekam. Aber auch dieser Strom versiegte, nachdem die Mauer 1961 alle Verbindungswege kappte. Danach verfiel die Grenzlandgegend in Lethargie. Auch nach Öffnung der Grenzen bringt das um alle Kinos und viele Vergnügungsstätten bereinigte, steril-modernisierte Quartier keine Kraft mehr auf, die alten Zeiten aufleben zu lassen. Für urbanes Kolorit sorgt wenigstens die wuselige Kundschaft der zahllosen südländischen Geschäfte.

Die beliebig-modernen Stahlglas-Eckhäuser an der Kreuzung am U-Bahnhof Pankstraße lassen vergessen, dass an ihrer Stelle früher der Kristall-Kino-Palast stand und etwas weiter die Corso-Lichtspiele, in denen 1957 die ersten Berliner Filmfestspiele stattfanden.

St.-Paul-Kirche

Auf einer Ecke der Kreuzung hat sich jedoch ein Kleinod gehalten: eine der vier Schinkelschen Vorstadtkirchen, die sich bei gleichen Grundrissen nur in ihrer äußeren Fassadengestaltung unterscheiden. Diese, die 14 **St.-Paul-Kirche** von 1835, scheint wie ihre Schwester am Leopoldplatz ihrer bescheidenen Dimensionen wegen fast fehl am Platz zu sein. Sie wirkt wie ein elegisch entrückter kleiner griechischer Tempel.

Ein paar hundert Meter weiter, kurz bevor sich die Badstraße dreiteilt, trifft sie auf die Panke. Kein anderes Berliner Gewässer ist so oft und innig besungen worden wie dieses winzige Rinnsal, das dem Nachbarbezirk des Wedding den Namen gab. Einst Sinnbild des Arbeiterbezirkes, kroch sie zwischen Mietskasernen dahin, an ihren Ufern gelegene Gerbereien und Knochenkochereien ließen sie zur stinkenden Kloake verkommen.

Sie entspringt bei Bernau, aber eine eigentliche Quelle gibt es nicht, vielmehr sammelt sich das Wasser feuchter Wiesen in einer Betonzisterne, von der aus es seinen erstaunlich langen Weg erst nach und dann durch Berlin nimmt. Ein Mündungsarm fließt in den Weddinger Nordhafen, der andere schlängelt sich mehr schlecht als recht und meist unterirdisch in Betonröhren Richtung Invalidenstraße bis zum Schiffbauerdamm, wo er sich in die Spree ergießt. Nach dem Krieg wurde dieser Arm von der DDR wegen angeblicher Fluchtmöglichkeit blockiert und

trockengelegt. Jetzt ist geplant, ihn wieder freizulegen.
Entlang der Nordpanke kann man auf einem nach dem langjährigen Weddinger Baustadtrat Walter Nicklitz benannten **Grünzug** entlangwandeln. Ungeachtet der Tatsache, dass die Uferbefestigung und das Pflanzen von Bäumen und Sträuchern mehr als 30 Jahre Zeit in Anspruch genommen hat, ist diese Promenade ein gelungenes Beispiel nachträglicher Begrünung der Innenstadt, die die Weddinger Bevölkerung in diesen grauen Häuserschluchten bitter nötig hatte. Ein Teil des Eckhauses Badstraße 38/39 musste 1906 der Neuanlage der Travemünder Straße weichen; die hässliche Brandmauer ließ der Hausbesitzer durch Reliefdarstellungen verschönern, die aber nie fertig wurden. Dahinter steht als eine der letzten Reminiszenzen an die Zeit der zahlreichen Ausflugslokale eine ehemalige „Kafe Küche", deren kuriose Schreibweise bis heute die Fassade schmückt. Und die 15 **Weddinger Stadtbibliothek** hat hier wohl eines der schönsten Domizile der Berliner Bibliotheken bezogen; durch Lichtschächte auf dem Vorplatz kann man Bücherregale und Leseecken unter seinen Füßen betrachten. Die Bibliothek befindet sich in den Resten eines 1980 trotz Denkmalschutz abgerissenen Ballsaales.
Gegenüber am anderen Pankeufer weist eine farbige Markierung oberhalb der Wasserlinie darauf hin, dass hier lange Zeit eine kleine 16 **Wassermühle** stand. Sie gab es seit undenklichen Zeiten, 1251 wurde sie erstmals schriftlich erwähnt, das heutige Gebäude stammt aus dem Jahr 1844. Eine Zeit lang war sie königliche Papiermühle. Um 1880 musste der Müller das Mühlrad aus dem Wasser herausnehmen und das Staubecken fluten, weil das industriell verunreinigte Wasser zum Himmel stank. Heute wickelt ein Architekturbüro seine Aufträge in ihr ab. Mit der Mühle verbinden sich zwei Legenden, die beide längst widerlegt sind. Die eine will weismachen, dass 50 Jahre vor dem Hofapotheker der erste Preußenkönig Friedrich I., müde von der Kaninchenjagd, an die Mühle kam und die schöne Müllerin um einen Schluck Wasser bat. Sie schöpfte es aus der nahe gelegenen Quelle, und der König führte seine augenblickliche Erholung auf den Eisengehalt des Quellwassers zurück, was wiederum zur Gründung des Kurbades führte.
Die zweite Legende suggeriert, dass das Bezirksamt Wedding zu einer progressiven Kulturpolitik fähig sei. In die brachliegenden 17 **Fabrikhallen** hinter der Mühle, einstmals größte Geldschrankfabrik Deutschlands – die verblasste Fassadenbeschriftung „Arnheim" an der Brandmauer Ecke Badstraße verweist darauf –, quartierte sich 1981 eine Gruppe junger Leute ein, gründete die Kulturinitiative „Pankehallen" und trotzte dem Bezirk das Nutzungsrecht ab. In vorwiegend eigener Regie und Arbeit wurden unter anderem ein kommunales Kino, ein Café, eine Fraueninitiative und die Weddinger Geschichtswerkstatt eingerichtet. Aus Letzterer ging 1983 der Verein StattReisen Berlin hervor, der bis heute sein Büro in der Nähe des Leopoldplatzes hat. Ein niveauvolles Ausstellungs-, Musik- und Theaterprogramm brachte die Weddinger Kulturwüste erstmals ein wenig zum Blühen. Aber auch eine Initiative gegen die Volkszählung hatte hier ihren Sitz. Der angeblich notwendige Bau eines Rückstaubeckens für die Panke gab dem Bezirksamt den willkommenen Vorwand, einen Teil der Fabrikhallen abzureißen und dem staatsfernen Treiben mit Räumungskündigungen ein Ende zu setzen. Immerhin überließ es die 1985 unter Denkmalschutz gestellte Restanlage dem Berufsverband Bildender Künstler, der hier Bildhauerwerkstätten einrichtete. Ein breiter Galeriegang im ersten Stock ermöglicht die öffentliche Präsentation der Arbeiten.
In den Montagehallen der 1977 aufgegebenen „Zündholzmaschinenfabrik A. Roller" hat sich ein Jahr später das 18 **Kultur- und Stadtteilzentrum Fabrik Osloer Straße** angesiedelt (Ecke Prinzenallee), zunächst zur Gründung von Jugendwohngemeinschaften. Später zogen weitere Projekte hinzu, es folgten Jahre

Weddinger Stadtbibliothek

des Überlebenskampfes um die chronisch knappen öffentlichen Mittel, dem einige Projekte zum Opfer fielen. Modernisierungsbaumaßnahmen in den Jahren 1983-89 erfolgten in der Regel durch Eigenleistung der Nutzer. Nach der Wende gab es EU-Mittel zum ökologischen Umbau der Anlage. Die etwa 15 Projekte, darunter die Nachbarschaftsetage mit Kindertheater, Familienberatung, Babytrödelmarkt und Frauenprojekten, die Gästeetage, ein Jugendgästehaus des Bundes Deutscher Pfadfinder, das **Kindermuseum Labyrinth** in der mehrstöckigen Montagehalle mit einem wohl einmaligen Kultur- und Lernangebot, das Café Mosaik und weiteres alternatives Kleingewerbe verteilen sich über mehrere Höfe.

Nicht weit davon steht das **Nachbarschaftshaus Prinzenallee 58**, ein ehemals besetztes und jetzt selbst verwaltetes Haus, in dem seit nunmehr fast zwanzig Jahren an die hundert Bewohner in Selbstverwaltung miteinander leben und arbeiten. Die Hausgemeinschaft auf drei Wohnetagen, in Werkhallen und Gemeinschaftseinrichtungen bietet eine bunte Mischung mit Café, Terrasse, einer großen Küche, einer Veranstaltungshalle, einem Massage- und Gruppenraum, einem Treffpunkt mit Aktivitätenraum für Haus- und Kiezbewohner. Gegenüber im Hof liegt der ehemalige „Glaskasten", ein gut erhaltener Saal aus der Gründerzeit, der der Weddinger kommunistischen Arbeiterbewegung als Versammlungslokal diente. Die Nazis folterten nach ihrer Machtübernahme an diesem Ort ihre politischen Gegner.

Die Panke in Fließrichtung zurück kommt man nach ein paar Schritten in die (19) **Buttmannstraße**. Ihre schön restaurierten Gründerzeitfassaden sind ein Paradebeispiel dafür, was mit behutsamer Stadtsanierung geschaffen werden kann, aber auch erst, nachdem fast die ganze linke Häuserfront der Straße 1980/81 von Hausbesetzern instand besetzt worden war.

Von 1906 stammt das (20) **Amtsgericht** am Brunnenplatz, ein imposantes Gebäude am nicht weniger imposanten Platz. Der der Albrechtsburg in Meißen nachempfundene Protzbau des Berliner Architekten und Gerichtsbaumeisters Rudolf Mönnich sollte die Rechtsuchenden so einschüchtern, dass sie nach Durchschreiten der nur unter erheblichem Kraftauf-

Amtsgericht Wedding

wand zu öffnenden riesigen Eingangstür spätestens beim Anblick des kathedralenartigen Treppenflures alle Hoffnung auf Gerechtigkeit fahren ließen. Heute sind hier das Nordberliner Amtsgericht für Zivilsachen und Grundangelegenheiten sowie das zentrale Berliner Mahngericht untergebracht, und die Wappen von Reinickendorf, Tegel, Wittenau, Hermsdorf, Heiligensee und Lübars an der Vorderfront unterstreichen bis heute die geographische Zuständigkeit. Aus dem runden Feld unterhalb des streng blickenden Adlers ist das Hakenkreuz nur oberflächlich abgeschliffen worden. Auch die Justitia, die über dem Portal in Stein gehauen wachte, fehlt inzwischen. Man nannte sie die Weddinger Justitia: Ihre Augen waren nicht verbunden, sondern sie musterte die Eintretenden strengen Blickes. In der Hand hielt sie nur das Schwert, die Waage lag starr zu ihren Füßen.

Wer früher vor den hohen Schranken dieses Gerichtes wegen Arbeitslosigkeit und Armut aus seiner Wohnung exmittiert wurde, fand sich nicht selten als Obdachloser auf der Straße wieder und reihte sich in die Heerscharen der Gestrauchelten und Gestrandeten ein, die der wachsende Millionenmoloch Berlin produzierte. Für einige von ihnen gab es ganz in der Nähe des Gerichts die Möglichkeit, ihr Los wenigstens für ein paar Tage zu verbessern. In der Wiesenstraße 55-59 baute der Berliner Asylverein 1896 eine Zufluchtsstätte, die 21 **Wiesenburg**, wie sie bald im Volksmund genannt wurde. Im Gegensatz zu staatlichen Obdachlosenheimen brauchte sich der Asylsuchende hier nicht von der Polizei registrieren zu lassen. Die Einzelheiten der alten Hausordnung kann man sehr schön von einem Faksimile der alten Hausordnung ablesen, die im Hausflur des Beamtenhauses aufgehängt ist, das einzige Gebäude der im Krieg stark zerstörten Anlage, das einigermaßen heil geblieben ist. Am Geländerand schlängelt sich kurvenreich die Panke entlang.

Schwierigkeiten hatte der Asylverein durch ständige Verbote für Erweiterungsbauten, nicht zuletzt, weil Staat und Polizei die Verunreinigung des nahe gelegenen 22 **Humboldthaines** befürchteten. Ein Abgeordneter beklagte sich über die „Asylisten, die sich wie Hunnen in der Völkerwanderung in den Humboldthain ergießen und ihn unfehlbar ruinieren würden". 1869-72 war nach Plänen des Gartenbauarchitekten Gustav Meyer der erste Volkspark Weddings und nach dem 1860 entstandenen Volkspark Friedrichshain der zweite Berlins angelegt worden. Wie die später dazugekommenen sollten sie als „grüne Lungen" zur Erholung der Arbeiter beitragen, deren Gesundheitszustand chronisch schlecht war. Von Anfang an wurden vielfältige Freizeitmöglichkeiten geboten, unter anderem eine Rodelbahn. Dort, wo 1887 eine Ansammlung von Findlingen und exotischen Pflanzen aller Herren Länder als Denkmal für den Namensgeber Alexander von Humboldt angelegt worden war, bauten die Nationalsozialisten 1941 einen Hochbunker, der prompt bevorzugtes Ziel alliierter Luftangriffe wurde, weil um ihn herum die weit ausgebreiteten Industrieanlagen lagen.

Nach Ende des Krieges war der ganze Volkspark eine fast baumlose Trümmerwüste, der Rest wanderte in die Öfen der frierenden und hungernden Nachkriegsbevölkerung. Alle Bemühungen der französischen Besatzer, die Bunkeranlagen zu sprengen, schlugen fehl, sie schienen tatsächlich tausend Jahre überleben zu wollen. Zum Schutz der nahe gelegenen Gleisanlagen gaben die Franzosen den

Versuch auf und ließen den schief gesprengten Bunker mit Trümmerschutt auffüllen. Mit bloßen Händen schoben Trümmerfrauen den Schutt in Loren an den Bunker heran, und es entstanden hier wie anderswo Trümmerberge, die bepflanzt wurden und nicht selten höher waren als die natürlichen Anhöhen, mit denen Berlin ja nicht gerade reich gesegnet ist.

Mit seinem Rosengarten, einem Freibad und der 85 Meter hohen Humboldthöhe, von der aus man, auf Teilen der alten Bunkeranlagen stehend, einen grandiosen Rundblick hat, ist der Volkspark heute nicht nur für Weddinger ein beliebter Ausflugsort.

Gut erkennbar sind die ausgedehnten 23 **Industrieanlagen**, auf denen sich vor allem die AEG seit 1887 zwischen Acker-, Brunnen-, Voltastraße und Gustav-Meyer-Allee ausgebreitet hatte und damit neben Borsigwalde und Siemensstadt ein weiteres Industrieareal im Berliner Norden schuf. An der Volta- und Hussitenstraße entstanden moderne Industriebauten des Architekten Peter Behrens. Auf die benachbarten Flächen zwischen S-Bahn und Humboldthain zogen andere Firmen nach.

Von diesem gigantischen Industriekomplex geht heute eine verdächtige Ruhe aus. Betrug die Beschäftigtenzahl der AEG nach Ende des Ersten Weltkrieges noch über 50 000, so war sie nach Ende des Zweiten auf 5000 geschrumpft und wurde nach und nach weiter abgebaut. 1982 gab die AEG den Standort endgültig auf. Was Ende des 19. Jahrhunderts für die Industrie ein Standortvorteil war, wurde nach dem Krieg, besonders aber nach dem Bau der Mauer, plötzlich zum Nachteil. Geblieben ist von dieser Industrieära entlang der Brunnenstraße gerade noch das **Beamtentor**, ein neogotisches Tor von Franz Schwechten. Dahinter erhebt sich ein Hochhausneubau, der einem augenförmigen Grundriss entwächst. Weiter kommt erst nichts und dann eine Spiegelkiste, die wie eine Neuauflage des Palastes der Republik aussieht, von Nixdorf

AEG, Beamtentor, Detail

gebaut und heute von der Bankgesellschaft Berlin genutzt.

Dass in den dahinter erhaltenen ehemaligen AEG-Fabrikhallen dennoch keine Friedhofsruhe einkehrt, ist dem verbissenen Bemühen des Senats zu verdanken, der seit 1982 versucht, ein „Silicon-Wedding" zu schaffen. In das ehemalige, innen modernisierte AEG-Mutterhaus an der Ackerstraße zogen das Berliner Innovations- und Gründerzentrum BIG und die Technische Universität mit einigen Fachbereichen ein, um die lukrative Vermählung (auf englisch: „wedding"!) von Kommerz und Forschung voranzutreiben. Ergänzt wird dieses Zukunftsprojekt durch den TIP (Technologie- und Innovationspark), ebenfalls in ehemaligen AEG-Hallen in der Voltastraße. Von der Ansiedlung innovationsfreudiger Jungunternehmer erhofft sich die Berliner Regierung Impulse für einen neuen Wirtschaftsauftrieb, der aber zehn Jahre nach der Wiedervereinigung noch immer auf sich warten lässt.

Viel wird noch passieren müssen in diesem geschundenen Teil des Wedding, aber erste Schritte sind gemacht, ihn aus seinem Schlaf zu wecken.

BERNHARD MÜLLER

Die Berliner Mauer

Morgens, wenn der Schriftsteller Adolf Endler in Prenzlauer Berg seine Zeitung holte, fühlte er sich „wie im Zoo". Bestaunt von Berlinbesuchern, die im Westteil der Stadt von einer Plattform über Mauer und Kontrollstreifen hinweg den Ostteil und auch seinen Alltag in Schrecken und Faszination als Sehenswürdigkeit beobachteten, meinte er Zweifel an seiner „Echtheit" zu spüren.
Die Besucherplattform am Ende der Bernauer Straße ist lange verschwunden. Aber die Erinnerungen an Schrecken und Faszination sind noch lebendig, und viele Besucher sind enttäuscht oder verwundert, dass von „Berlins berühmtestem Bauwerk" nur noch wenig zu finden ist.
Tatsächlich ist ein Mauerspaziergang eher eine Spurensuche als eine Sightseeingtour. Wer sich mit Spürsinn auf die Fährte begibt, kann in der Innenstadt noch einiges über die ehemalige deutsch-deutsche Grenze erfahren. Die Mauer allerdings, diese einzigartige Materialisierung der Teilung Europas, wird auch er nicht mehr entdecken. Sie ist bis auf wenige Reste bereits in der Wendezeit verschwunden.
Die Sektoren- und spätere Staatsgrenze verlief entlang bestehender Bezirksgrenzen. Heute ist sie durch eine doppelte Kopfsteinpflasterreihe mit eingelegten Hinweistafeln markiert, die den Verlauf der vorderen Sperrmauer im Frühjahr 1989 wiedergibt. Damals hatten die Aus- und Umbauten der Grenzsicherung ihren letzten Stand erreicht. Im Herbst 1989 brachte der politische Umsturz durch die Bürger der DDR auch die ständige Perfektionierung der Grenzanlagen zum Stillstand.
Weil die Grenze streckenweise auf privaten Grundstücken, über Friedhöfe, in Parks, Gärten, Gewässern oder auf Bahnanlagen verlief, ist die Markierung des Grenzmauerverlaufs immer wieder unterbrochen. Andere, zum Teil künstlerische Kennzeichnungen lösen mancherorts die doppelte Steinreihe ab.
Ihr Verlauf kann beispielsweise entlang der **Niederkirchner-** und **Zimmerstraße**, wo die Grenze mitten durch ein Wohn-, Geschäfts- und Verwaltungsviertel führte, gut erschlossen werden. An der Ecke zur Wilhelmstraße findet man einen der wenigen Mauerreste am Originalstandort. Er wurde 1990 in seinem fragilen, von den „Mauerspechten" verursachten Zustand unter Denkmalschutz gestellt. Zwischen dem Gelände der „Topographie des Terrors" und dem ehemaligen Reichsluftfahrtministerium gelegen, verweisen die Mauersegmente auf den unmittelbaren Zusammenhang zwischen dem von Deutschland begonnenen Zweiten Weltkrieg und der Teilung der Reichshauptstadt durch die alliierten Siegermächte.
Auch der Grenzübergang Friedrichstraße, besser als **Checkpoint Charlie** bekannt, liegt im Verlauf dieser Strecke. Hier, am ehemaligen Übergang für Ausländer und Mitglieder der alliierten Streitkräfte, befindet sich das private „Museum Haus am Checkpoint Charlie", das über die Sperranlagen und die Versuche, sie zu überwinden, berichtet.
Seit dem 13. August 2000, dem 39. Jahrestag des Mauerbaus, wird vor dem Museum eine Nachahmung jenes ersten Postenhäuschens präsentiert, das zur Registrierung und Betreuung der Streitkräfte bei ihrem Übergang nach Ost-Berlin aufgestellt worden war. Informationen erhält man vor Ort auf einer Tafel der **Geschichtsmeile Berliner Mauer**.
Dieses Informationssystem berichtet mit Fotos und viersprachigen kurzen Texten an 25 Standorten im gesamten Verlauf der innerstädtischen Grenzbefestigung über besondere Ereignisse wie etwa die „Panzerkonfrontation" an der Friedrichstraße: Als die DDR-Volkspolizei Mitglieder der alliierten Streitkräfte im Oktober 1961 daran hindern wollte, unkontrolliert nach Ost-Berlin zu fahren, fuhren Panzer der US-Army am Kontrollpunkt auf. Mit ihrem Protest wollten die USA zeigen, dass sie die Einschränkung des Rechts der Al-

Am Potsdamer Platz, 1985

liierten auf Freizügigkeit in ganz Berlin nicht widerspruchslos hinnahmen.
Auch das künstlerische Zeichen von Frank Thiel betont, wie sehr die Beziehung der ehemals Verbündeten die Grenzsituation bestimmte. Als Teil eines Kunstprojekts, das mit Installationen verschiedener Künstler die sieben innerstädtischen Straßenübergänge zwischen Ost- und West-Berlin markiert, sind hier zwei große **Fotos** aufgestellt. Ein sowjetischer und ein amerikanischer Soldat blicken von erhöhter Warte in den jeweils anderen Teil der Stadt, allerdings mit harmloser Miene: Die Fotos wurden 1994 beim Abzug der alliierten Truppen aus Berlin aufgenommen. Bekannter als die Installation von Thiel ist das Foto, das den Grenzpolizisten Conrad Schumann zeigt. In Uniform, mit Stahlhelm und Gewehr sprang er am 15. August 1961 über den Stacheldraht von Ost- nach West-Berlin. Kaum einer kennt seinen Namen oder sein Schicksal, das Foto aber ist zu einem Sinnbild für den Wunsch nach Freiheit geworden.
Wo Conrad Schumann in den Westen sprang, erzählt die Geschichtsmeile Berliner Mauer in der **Bernauer Straße** in Mitte. Dort befinden sich ein denkmalgeschützter Mauerrest und die zentrale Gedenkstätte für die Opfer, die bei Fluchtversuchen aus der DDR getötet worden sind. Das **Dokumentationszentrum Berliner Mauer** stellt mit wechselnden Ausstellungen die Geschichte der Teilung dar. Seit dem 10. Jahrestag der Maueröffnung ist auch die Kapelle der Versöhnung eingeweiht, die an Stelle der 1985 im Grenzstreifen gesprengten Versöhnungskirche errichtet wurde.
Die räumliche Struktur der Grenze lässt sich von dem neuen Aussichtsturm des Dokumentationszentrums rekonstruieren: Die vordere Grenzmauer war 3,60 Meter hoch und eher unscheinbar. Ihre eigentliche Wirksamkeit lag in der innenpolitischen Repression – und in der Weite des überwachten Grenzstreifens. Waffengebrauch war den Soldaten als letztes Mittel zur Verhinderung einer „Republikflucht" ausdrücklich befohlen. Wo nicht Gebäude genutzt werden konnten, sicherte schließlich eine „Hinterlandmauer" den Kontrollstreifen in Richtung Ost-Berlin. Ein Stück dieser zweiten Mauer ist als „East Side Gallery" an der Mühlenstraße in Friedrichshain erhalten.

Monica Geyler

Als die beiden kleinen Bezirke Friedrichshain im ehemaligen Osten und Kreuzberg im ehemaligen Westen Berlins fusioniert wurden, nannten böse Zungen das die Vereinigung von Armut und Elend. Beide Bezirke sind nach Grünanlagen benannt, die sich über dem Häusermeer erheben: die 66 Meter hohe natürliche Erhebung des Kreuzbergs auf der einen Seite, der teilweise auf Trümmerschutt angelegte Volkspark auf der anderen Seite. Die einzige Verbindung der Bezirke ist die Oberbaumbrücke. Die relative Überschaubarkeit des Großbezirks zeigt sich auch darin, dass keine weiteren Ortsteile ausgewiesen sind.

Bis zum Ende der Kaiserzeit war **Friedrichshain** ein Symbol für miserable Wohnverhältnisse und galt als Hort der Kriminalität. Vor allem um den Schlesischen Bahnhof ballten sich die sozialen Probleme, hier hinterließen aber auch sozialreformatorische Initiativen besonders deutlich ihre Spuren. Das begann in der Mitte des 19. Jahrhunderts, als Industrie und Stadt rasant wuchsen, Häuserblöcke und Fabriken entstanden. Für verarmte Landarbeiter, arbeitslose Handwerksgesellen und junge Mädchen, die zumeist aus den östlichen Provinzen Preußens kamen, war das heutige Friedrichshain zumeist die erste Station in Berlin. Auch sie präg-

Friedrichshain-Kreuzberg

ten jene Mischung aus Großstadt und Kiez, die sich unmittelbar am Rande des Berliner Zentrums entwickelte. Sie hat sich bis heute erhalten.

Kreuzberg weist im Bewusstsein seiner Bewohner drei sehr unterschiedliche Viertel auf. Von der Friedrichstadt ist so gut wie nichts erhalten. Was früher das Zeitungsviertel war, ist im Zweiten Weltkrieg untergegangen. Zwar wurden vor allem in den achtziger Jahren Wiederbelebungsversuche unternommen, doch wirkt das nordwestliche Kreuzberg noch immer vergleichsweise zerrissen. Der südwestliche Teil, die ehemalige Tempelhofer Vorstadt, ist geprägt von reichlich Bausubstanz aus dem letzten Jahrhundert und nicht zuletzt deshalb eine attraktive Wohnadresse. Der östliche Teil, die frühere Luisenstadt, wird umgangssprachlich nach dem alten Postzustellbezirk als SO 36 bezeichnet. Er erlangte Berühmtheit als Experimentierfeld für neue Lebens- und Arbeitsformen und war Wirkungsstätte der West-Berliner Hausbesetzerszene. Mit der Protest- und Alternativbewegung wird der Bezirk noch heute identifiziert.

Jenseits aller West-Ost-Animositäten und der Tatsache, dass jeder dritte Bewohner Kreuzbergs, aber nur jeder zwölfte Friedrichshainer keinen deutschen Pass hat, gibt es Gemeinsamkeiten: Beide Bezirke haben eine lebendige Kneipen- und Kulturlandschaft, hüben wie drüben werden ehemalige Industrieanlagen in Spreenähe in Lofts und Dienstleistungszentren umgewandelt. Noch gilt der Großbezirk als Problemkind, aber einer der schillerndsten ist er allemal, und erste Schritte in eine vielversprechende Zukunft sind längst gemacht.

Durch das östliche Friedrichshain

Wilhelminisches Lächeln

Die Türen der U-Bahn schlagen zu, die Waggons der Linie 1 verlassen den Bahnhof „Schlesisches Tor" und Kreuzberger Terrain, denn am nordwestlichen Ufer der Spree verläuft die Grenze zu Friedrichshain. Nun rumpelt der Zug auf die Oberbaumbrücke – das ist selbst heute, knapp 15 Jahre nach der Wende, noch ein symbolisches Bild für das Zusammenwachsen von Ost und West. Immerhin war Berlin hier geteilt, die DDR baute 1961 direkt am Fluss die Mauer. Bis heute säumen Betonwände der Hinterlandmauer zwischen U-Bahn und Ostbahnhof die Spree. Man ließ sie zur Erinnerung stehen und auf der Ostseite, entlang der Mühlenstraße, von Künstlern gleich nach der Wende bemalen. Es entstand die größte Freilicht-Gemäldegalerie der Welt, die (1) **East Side Gallery.**

Schauen wir rechts und links aus dem Waggon, während die U-Bahn auf ihrem Viadukt über Berlins schönste Brücke rollt. Das Spreewasser glitzert, Kähne ziehen dahin, in der Ferne wie ein Pfeil der Fernsehturm und im Südosten die „Treptowers" am Treptower Park. Schnell ver-

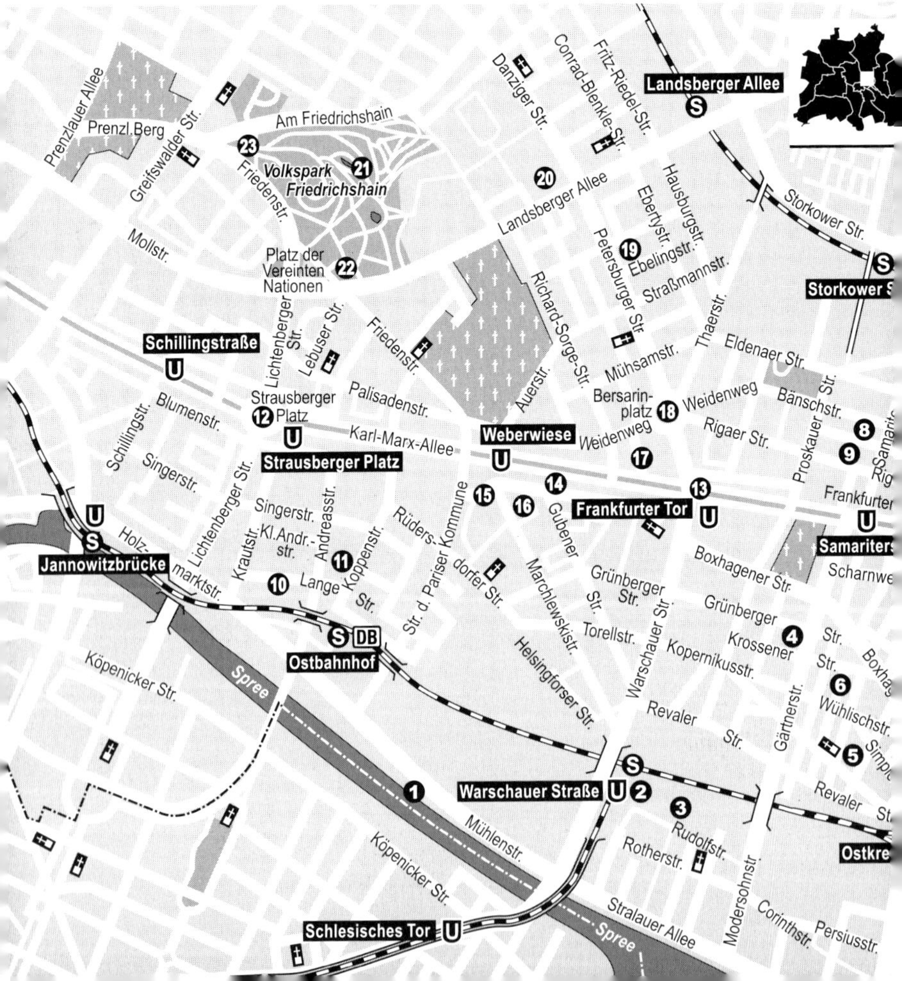

Oberbaumbrücke

schwindet die Aussicht hinter dem riesigen einstigen Hafenspeicher, der heute die Musikfirma „Universal Music" beherbergt. Der Zug fährt in den 2 **Endbahnhof Warschauer Straße** ein.

Ein attraktives Entree. Viel Glas und genieteter Stahl, spärliches Mauerwerk. Luftig wirken diese frühen Verkehrs- und Industriegebäude im Stil der Neuen Sachlichkeit. Ihre Architekten wollten billiger, aber zugleich schöner bauen. Die Form sollte kein Selbstzweck sein, sondern sich ausschließlich am Gebrauch orientieren. Alfred Grenander, ein nach Berlin ausgewanderter schwedischer Architekt, entwarf um die Jahrhundertwende große Teile des Warschauer Bahnhofs. 1902 starteten dort die ersten U-Bahnen Berlins zur Fahrt über die Hochbahn.

Knapp 59 Jahre lang, mit Unterbrechungen im Krieg, lief der Verkehr reibungslos bis zum Mauerbau. Danach war das Endstück der Linie 1 hinter dem Schlesischen Tor amputiert: Büsche wucherten zwischen den Gleisen, die Anlage zerfiel, DDR-Firmen nutzten den Bahnhof provisorisch, der seit 1977 unter Denkmalschutz steht. Auch deshalb war nach der Wende klar: Dieses traditionsreiche Gebäude sollte so schnell wie möglich originalgetreu restauriert werden. Bis 1995 dauerten die Arbeiten, dann war die U-Bahn-Lücke zwischen Ost und West wieder geschlossen.

Entlang der Warschauer Straße gelangt man zum Fluss hinunter. Vom Fußgängerweg der Oberbaumbrücke aus kann man das erhaltene Teilstück der Mauer nahezu vollständig überblicken. Es gibt keinen zweiten Ort in Berlin, an dem sich die einstige Teilung der Stadt besser nachvollziehen lässt. Ein Kaffeepäuschen auf der nahen Terrasse des **Spree-Speichers** oder auf der Restaurant-Terrasse am Universal-Gebäude lohnt: Sollte uns die Sonne verwöhnen, präsentiert sich die **Oberbaumbrücke** als ein Postkartenmotiv. 1894-96 wurde sie errichtet. Ein mittelalterliches Wassertor schwebte den Architekten vor – mit märkischer Backsteingotik, Zinnen und Bogengängen. Das ist gelungen und erinnert an eine historische Sperranlage am gleichen Platz. Denn als Berlin noch von Festungsmauern geschützt war, machten Zollknechte die Spree an der Stadtgrenze nachts für Schiffe unpassierbar. Dazu schoben sie riesige Baumstämme quer in den Fluss hinein. Der

Oberbaum hatte seine Position zuletzt an der jetzigen Brücke und gab ihr den Namen, der Unterbaum lag in der Nähe der Charité. Wieder hergerichtet und neu eröffnet wurde die Brücke zeitgleich mit dem U-Bahnhof Warschauer Straße. Seither ersetzt eine schwungvolle, 22 Meter lange Stahlkonstruktion des spanischen Architekten Santiago Calatrava die teils zerstörten und im Kalten Krieg brüchig gewordenen Arkaden im Mittelteil.

Wandern wir nun den gleichen Weg zurück bis zum U-Bahnhof – und weiter über die Warschauer Brücke, vorbei am S-Bahnhof, nach Friedrichshain hinein. Linker Hand ein grandioser Blick für Eisenbahnfreunde. Von der Brücke streift das Auge über Signale, Züge, Masten und ein schier endloses Gleisgewirr bis zur Halle des Ostbahnhofs, umrahmt vom Häusermeer. Stadtlandschaft. Idealbild für die Modelleisenbahn. Doch wenige Menschen haben einen Blick dafür, sie hasten vorüber zur nächsten U- und S-Bahn oder Straßenbahn.

Rechter Hand, direkt hinter dem U-Bahnhof, wurde in den vergangenen Jahren ein Stück Friedrichshainer Industriekultur mit Milliardenaufwand gerettet. Gewaltige Ziegelbauten, denkmalgerecht saniert, erzählen ein Kapitel aus der Geschichte der Glühlampe. Von 1906 bis 1914 bauten die Architekten Peter Schwechten und Peter Behrens im Karree zwischen Warschauer Straße, Stralauer Allee und S-Bahn die Produktionsgebäude für die Deutsche Gasglühlicht Auer AG, 1919 entwickelte sich daraus ein Teilbetrieb des OSRAM-Konzernes und später in der DDR das Glühlampenkombinat NARVA. Wahrzeichen ist bis heute der in den zwanziger Jahren erbaute **OSRAM-Turm,** gerühmt als „Berlins erster Wolkenkratzer". Einst und jetzt sind dort übereinander getürmt, im Jahr 2000 hat man auf seine Zinnen einen modernen Bürowürfel gesetzt.

Überhaupt erscheint die einstige 3 **Glühlampenfabrik** in neuem Licht. Sie heißt jetzt „Oberbaum-City" und gilt als Brückenschlag vom Industriezeitalter zur Dienstleistungsgesellschaft. Großzügige Büros und Läden wurden in den alten Gebäuden geschaffen, Firmen aus der Design- und Kommunikationsbranche ziehen dort ein.

Hinter der Brücke sind es noch ein paar Schritte zur Warschauer Straße mit ihrem grünen Mittelstreifen für Radler und Fußgänger im Schatten von Bäumen. Ein schmaler Park zwischen Autokolonnen, eine Tradition, die an vielen Stellen der Stadt erhalten und gepflegt wird. Doch ansonsten hat die „Warschauer" kein rechtes Profil gefunden. Sie leidet unter ähnlichen Problemen wie andere Straßen in den Citybezirken des Ostteils. Ladenpleiten sind an der Tagesordnung, Sortimente und Auslagen wechseln, neue Händler versuchen ihr Glück, doch häufig scheitern sie an der geringen Kaufkraft der Friedrichshainer. Das Durchschnittseinkommen ist noch immer vergleichsweise niedrig.

Weiter in die Kopernikusstraße bis zur Simon-Dach-Straße. Hier ist Berlin noch so erhalten, wie es auf der Grundlage des Generalbebauungsplanes von James Hobrecht angelegt wurde. Bis 1919 blieb sein Plan in Kraft, etwa ab 1905 entstanden die gründerzeitlichen Häuser und parkähnlichen Plätze des Viertels zwischen „Warschauer", S-Bahn und Frankfurter Allee. Viele wurden seit der Wende frisch verputzt, doch den einstigen Straßenschmuck haben die Handwerker nicht zurückgebracht. Zahlreiche Stuckfassaden, die nach dem Krieg bröckelten, wurden später abgeschlagen. Das erleichterte den Anstrich.

Vorderhaus, Seitenflügel, Hinterhaus, erster bis dritter Hinterhof – die Grundrisse ähneln sich. Zur Straße hin wohnten einst betuchtere Familien, nach hinten hinaus waren die Zimmer billiger, kleiner und dunkler. Aber das ist schon seit den zwanziger Jahren keine Regel mehr. Manche sanierten Gebäude sind heute wahre Schmuckkästen, mit Balkonen zum bepflanzten Hinterhof und verträumten Dachterrassen. Nur die Straßen haben sich seit Zilles „Milljöh" nicht allzu sehr verändert. Das Laubdach zahlloser Bäume empfängt den Flaneur und lässt ihn abtauchen in grüne, schattige Tunnel. Wäsche flattert, Gießwasser tropft aus Blumenkästen. Die vielen Balkone wirken wie Schubladen, die ein Riese wegen des schönen Wetters reihenweise aufgezogen hat. Auch das ist Tradition. Die Berliner lieben Balkonien.

Kindergeschrei, Hundebellen, Autogetümmel – in Kreuzberg ist der Trubel kaum anders. Und doch empfindet der Wanderer einen Unterschied: Die Multi-Kulti-Szene ist vom Westen nur zögerlich über die Spree in den Osten gezogen. Im Vergleich zum Schlesischen Tor sind ausländische Gesichter noch immer eher selten und türkische Läden oder Imbisse ebenfalls. Das hängt mit der getrennten Entwicklung im Ostteil zusammen, ein Ausländer in der Nachbarschaft war zu DDR-Zeiten exotisch.

Schneller als die Türken oder Italiener zogen junge Leute nach Friedrichshain. Anfang der neunziger Jahre strömten sie aus allen Teilen der Republik vorzugsweise in den Kiez im Osten der „Warschauer" und ins Samariterviertel nördlich der Frankfurter Allee. Sie kamen als Hausbesetzer, denn mehr als hundert Häuser standen in der Gegend leer. Es gab Straßenschlachten und Kriegserklärungen an Spekulanten, doch davon sind nur einige ostereierbunte Häuser und auffällig viele Punks und Autonome mit Hunden geblieben. Ansonsten haben die Studenten das Viertel längst als ordentliche Mieter „besetzt" – und in ihrem Gefolge die Gastwirte.

„Dachkammer", „Daneben", „Conmux" – so heißen die Cafés und Treffs entlang der **Simon-Dach-Straße.** Das Quartier hat sich zur beliebten gastronomischen Adresse entwickelt und ist schon beinahe so bekannt wie der Winterfeldtplatz in Schöneberg oder der Käthe-Kollwitz-Platz in Prenzlauer Berg. Nur seine Freunde sind in der Regel etwas weniger zahlungskräftig und schick, weshalb die Preise und Mieten etwas niedriger liegen. Und das begünstigt die typische Berliner Mischung – jenen Mix aus Handwerkerhöfen und

Öko-Läden, aus Kiezkneipen und Wohnungen, deren Miete sich auch Rentner, junge Leute, schrille Typen und Familien mit geringeren Einkommen leisten können.

Zum Beispiel am 4 **Boxhagener Platz** oder „Boxi", wie ihn der Volksmund nennt. Die Grünberger Straße führt genau auf ihn zu. Heute ist dort jeden Sonnabend und Donnerstag Markttag. Im vergangenen Jahrhundert war der Name Boxhagen auf allen Berliner Märkten präsent. Boxhagener Kirschen galten als süß und saftig, sie reiften am Stadtrand auf dem Gebiet des Dorfes Boxhagen, dessen Bewohner eifrig Obst und Gemüse anbauten. Damals gab es dort „nischt wie Jejend", aber dann kauften große Siedlungsgesellschaften die Felder, ein neues Viertel entstand mit dem „Boxi" als Herzstück. Heute ist er der einzige Platz Berlins aus der Zeit von 1900 bis 1918, dessen denkmalgeschützte Freifläche noch fast vollständig durch die ursprüngliche Bebauung begrenzt ist. Seine grüne Mitte zwischen teils stuckgeschmückten Häusern atmet den Hauch des alten Berlin. Sie wurde nach der Wende genau so hergerichtet,

Helenenhof

wie Stadtgartendirektor Erwin Barth sie 1929 entworfen hatte: Kinderplansche, Spielplatz, Rasenkarree, drum herum der Spazierweg mit Bänken. Kein Wunder, dass hier an warmen Tagen ein mächtiges Gewusel herrscht.

Nur wenige Minuten Fußweg entfernt befindet sich dagegen eine Oase der Stille: der 5 **Helenenhof** im Karree zwischen Simplon-, Gryphius-, Sonntag- und Holteistraße. Beispiel für den Versuch, komfortablere und gefälligere Mietshäuser zu bauen als die bis dahin üblichen Gebäude, in denen es so dunkel war, dass die Bewohner große Spiegel installierten, um ein wenig Licht auf untere Etagen zu lenken. Mehrere Architekten hatten sich um die Jahrhundertwende dieser Reformidee verschrieben, allen voran Alfred Messel, der in Friedrichshain zwei Wohnanlagen im Weißbachviertel und an der Proskauer Straße verwirklichte. An ihnen orientierte sich der Architekt des Helenenhofes, Erich Köhn. Und wie bei vielen Reformprojekten stand auch diesmal eine Genossenschaft dahinter: der „Beamten-Wohnungs-Verein". Seine Mitglieder waren ausschließlich Beamte. Sie zahlten Beiträge und Geschäftsanteile und bekamen dafür günstige Wohnungen.

Am 20. März 1904 legte Minister von Budde den Grundstein, auch seine Gattin Helene stand dabei, und es war nur recht und billig, dass die gesamte Anlage ihren Namen erhielt. 442 Wohnungen entstanden, sie waren aber nicht um einen großen Innenhof gruppiert, wie Alfred Messel dies bevorzugte. Stattdessen schuf Köhn eine Wohnstraße, den eigentlichen Helenenhof, der zwei Häuserblöcke mit kleineren Innenhöfen voneinander trennt und vom Verkehr konsequent abgeschirmt ist. Die Häuserwände brach er mit Giebeln, Balkonen und Loggien auf, wählte barocke und klassizistische Formen und gab seinem Werk so ein spielerisch-romantisches Aussehen. Besaßen die Beamten schon kein eigenes Haus, sollten sie zumindest die Illusion einer individuellen Atmosphäre haben. Das macht bis heute den Reiz des gut erhaltenen Bauwerkes und seiner ruhigen Wohnstraße aus.

Kaum war der Helenenhof fertig, ging eine private Wohnungsbaugesellschaft ganz in der Nähe auf Grundstückssuche. Ihr Vorgehen erinnert an heutige Renommierprojekte, man kaufte Land, entwarf Eigentumshäuser und wollte dem Ganzen einen anspruchsvollen Namen geben: Wühlischpark. Denn nebenan verlief die Wühlischstraße. Schließlich wurde das Vorhaben aber 6 **Knorrpromenade** getauft, zu Ehren des Friedrichshainer Bremsenfabrikanten Georg Knorr. Und so heißt diese ungewöhnliche Wohnanlage zwischen Krossener und Wühlischstraße bis heute. Schon ihre seltsame Toranlage fällt auf: Obeliskenbesetzte Pfeiler mit Fußgängerpforte flankieren die Einfahrt. Eine kaum zu übersehende Abgrenzung von der proletarischen Welt drum herum. Dahinter säulenverzierte Balkons, Loggien und großzügige Wohnungen.

Verlassen wir nun die Knorrpromenade in Richtung „Krossener" und spazieren durch die Seumestraße zur Frankfurter Allee. Dabei geraten wir ins Ex-Zentrum der Ost-Berliner Hausbesetzer, die **Mainzer Straße.** Hier tobten 1990-92 Barrikadenkämpfe, doch inzwischen ist es ruhig geworden. Die Häuser sind frisch verputzt, in den Läden gibt es Tee, Reformkost, Holzspielzeug, Secondhandmode und manches andere, was Wohngemeinschaften und Studentenfamilien mögen. Den Verkäufern bleibt Zeit für einen Plausch, obwohl nur wenige hundert Meter wei-

Besetztes Haus, Schreinerstraße

Schreinerstraße

ter hektisches Getriebe herrscht: Verkehr und Konsum bestimmen die Frankfurter Allee mit ihrem gewaltigen Einkaufszentrum, den „Ring-Centern" am S-Bahnhof Frankfurter Allee.

Wir überqueren diese vierspurige Straße und tauchen in eine etwas stillere Gegend nördlich von ihr ab – das **Samariterviertel.** So heißt auch die Straße, auf der wir zu jener Kirche gelangen, die am 20. Oktober 1894, einem Sonnabend, noch allein auf weiter Flur stand.

An diesem Tag wurde die 7 **Samariterkirche** an der heutigen Bänschstraße von Ihrer Majestät, der Deutschen Kaiserin und Königin von Preußen, Auguste Viktoria, höchstpersönlich eingeweiht. Sie sollte durch ihren Namen der Bevölkerung des Ostens ein Wahrzeichen sein und stets daran erinnern, „sich mit einem Samariterherzen der Noth der Armen und Bedrängten anzunehmen". Bedürftige Menschen in der Nachbarschaft fehlten zwar noch, aber das passte durchaus zum Geist des Herrscherhauses. Denn angesichts der wachsenden Neigung der Arbeiterschaft zur Sozialdemokratie wollten Kaiser und Kaiserin ihre Schafe durch eindrucksvolle Kirchenbauten zum Christentum und zum Bündnis von Thron und Altar zurückführen. Da konnte eine Kirche nicht schnell genug am rechten Platze sein. Wilhelms Gattin, vom Volk respektlos Kirchenjuste genannt, unterstützte deshalb den „Evangelischen Kirchenbauverein" und förderte auch die Samariterkirche. Ein Schmuckstück aus rotem Backstein strebt seither im Viertel zum Himmel, mit Türmchen, Rosetten und schlanken Bögen, die Architekt Ludwig Möckel der Gotik entlieh. Sogar der Turm ist von fünf Spitzen gekrönt. Drum herum entstand ein typisch wilhelminischer Stadtteil. Teils gründerzeitlich verzierte Fassaden, aber dahinter die gleichen schmucklosen Höfe und ärmlichen Wohnverhältnisse wie am Boxhagener Platz. Mit einer Ausnahme, die bis heute sofort ins Auge fällt und auf der Weltausstellung 1900 in Paris sogar eine Goldmedaille bekam: Im Karree zwischen Bänschstraße, Proskauer Straße und Schreinerstraße baute der Berliner Stararchitekt der wilhelminischen Epoche, Alfred Messel, für den genossenschaftli-

chen Spar- und Bauverein einen 8 **Häuserblock** mit mehr als 100 Arbeiterwohnungen. Ein wegweisendes Projekt im Sinne der Sozialreformer, die schnell erkannt hatten, dass gut belüftete, helle Wohnungen mit Innentoiletten erheblich wirksamer den sozialen Frieden und die Arbeitskraft förderten als prunkvolle Kirchen.
Entlang der Proskauer und Schreinerstraße ist Messels Werk noch recht gut erhalten. An den Fassaden spielte er mit Loggien, Giebeln und turmartigen Erkern, dem Innenhof gab er eine opulente Größe, sah Spielplätze und Blumenschmuck vor. Die Genossenschaft holte günstige Konsum-Läden ins Parterre, betrieb Kindergärten, eine Arbeiter-Bibliothek und Kneipen, in denen sogar Lexika „zur Hebung des Bildungsstandes" auslagen. Der kleine Mann sollte teilhaben am wachsenden Wohlstand – doch Messels Bauten waren Paradiesvögel. Die Wohnungsnot konnten sie kaum mildern.
Das gelang auch in den nachfolgenden Jahrzehnten nicht, zumal die jeweils Regierenden wenig Interesse an der Sanierung von Altbauten zeigten. Die SED hätte sie in Friedrichshain ohnehin am liebsten abgerissen und alle Kraft in die neuen Siedlungen am Stadtrand gesteckt. Deshalb sahen im Bezirk drei Jahre nach der Wende noch gut ein Viertel aller Altbauten wie zu Kaisers Zeiten aus. Im Samariterviertel, das vergleichsweise wenig Kriegsschäden erlitten hatte, war die Situation besonders schlecht. Nur die Hälfte der Wohnungen verfügte über Bad oder Dusche, zwei Drittel wurden mit Ofen beheizt, und in vielen Häusern mussten sich mehrere Mietparteien das Klo im Treppenhaus teilen. Doch inzwischen hämmern an vielen Ecken die Handwerker, Gerüste fallen, das Viertel bekommt ein neues, freundlicheres Gesicht.
Ein alter Traum. Als Alfred Messel sich ihm hingab, hatte sein Freund und Kollege, der Berliner Stadtbaurat Ludwig Hoffmann, ähnliche Visionen. Auch Hoffmann wollte durch seine Architektur ein wenig mehr Menschlichkeit in die Arbeitervorstädte bringen, ein „wilhelminisches Lächeln", wie es die Bürgerhäuser seiner Zeit ausdrückten. Doch er widmete sich in erster Linie dem Bau neuer Schulen, ein umstrittenes Feld, weil Schulgebäude bis dahin eher kasernenartigen Backsteinkästen ähnelten. Hoffmann hatte eine neue Idee und verwirklichte sie erstmals an der Rigaer Straße 81-82.
Dieser Ort ist auf unserem Spaziergang leicht zu erreichen. Wir müssen nur um die Ecke zur Rigaer laufen, dann stehen wir schon fast vor dem Portal des 9 **Hertz-Gymnasiums** mit seinen Doppelsäulen und dem tempelartigen Giebel. Genau in der Mitte über dem Eingang halten zwei freundliche, in Stein gehauene Bären ein stattliches Wappen.
Solche Türen des Schulhauses sollte das Kind in eine Welt zum Wohlfühlen einladen. Die Schule als zweites Zuhause. Das erschien manchen Lehrern zu revolutionär, doch Hoffmanns Optimismus setzte sich durch. Er entwarf allein für Friedrichshain eine ganze Reihe derartiger Gebäude und wurde zunehmend mutiger. Wirkt die einstige Gemeindedoppelschule an der Rigaer Straße (heute Hertz-Gymnasium) noch eher ernst, so brachte er später mehr Zierrat an die Fassaden und ließ ganze Tiergruppen aus dem naturkundlichen Unterricht auf den Portalen spielen. Zum Beispiel an der heutigen **Grundschule** in der Hausburgstraße 20. Friedrichshain hat an vielen Orten ein wilhelminisches Lächeln.

CHRISTOPH STOLLOWSKY

Die East Side Gallery

Die größte Galerie der Welt und der längste Fake der Stadt

März 2004: Zwei Spanierinnen besuchen die Berliner Mauer. Während Angela ihren Namen in die verwitterten Farbschichten ritzt, filmt Toula die Szene mit der Videokamera. So beweist man daheim, wo man gewesen ist.

Die East Side Gallery, gern als „größte Open-Air-Galerie der Welt" gepriesen, dient zumindest als längstes Gästebuch Berlins. Die kleinen Schilder „Dies ist ein Denkmal. Bitte beschädigen Sie es nicht" beeindrucken Touristen kaum, zumal ihre Kritzeleien eine Fortsetzung der Wandbemalung scheinen. Anders sehen das die Künstler, die hier oft Namen und Telefonnummern neben ihr Werk geschrieben haben.

Nicht umsonst heißt das längste der erhaltenen Mauerstücke zwischen Ostbahnhof und Warschauer Straße East Side Gallery. Sie schillert zwischen Denkmal und Fake, Authentizität und Simulation. Denn hier wurde nach dem Mauerfall auf der Ostseite inszeniert, was solange, wie die Mauer die Stadt teilte, nur in West-Berlin möglich gewesen war.

Erlaubt waren Graffiti und symbolische Kunstaktionen an der Mauer auch im Westen nicht, wohl aber wurden sie geduldet als Protest gegen den Grenzwall der DDR. Je mehr die weiße Wand hinter bunten Farben verschwand, desto öfter erschien sie als Zeichen westlicher Freiheit in den Medien. In New York wurde Keith Haring mit seinen Graffitibildern berühmt, und West-Berlin war stolz auf seine Subkultur mit Weltstadtniveau.

Als 1990 der Abriss der Mauer begann, gerieten die bemalten Stücke schnell zum begehrten Souvenir. Da entschlossen sich einige Maler der ehemaligen DDR, nun auch die Mauer im Osten zu bemalen, zuerst noch mit staatlicher Genehmigung. Der 1,3 Kilometer lange Streifen an der Mühlenstraße bot sich an: Die Grenzanlagen zwischen der Spree und dem sechsspurigen Fahrdamm standen hier spiegelverkehrt, sodass der sonst den westlichen Abschluss bildende Betonwall hier die östliche Grenze markierte. Dieses Stück war weiß geblieben, da eine Annäherung nicht nur schwierig, sondern auch gefährlich gewesen war. In der Euphorie der Wendezeit wollten die Künstler, denen sich bald Maler aus aller Welt anschlossen, auf dieser Fläche die Öffnung der Grenze feiern. Das verraten die Bilder, soweit sie heute noch zu erkennen sind, in einer oft naiven Sprache. Es wimmelt von Engeln, die über Mauern fliegen, von Friedenstauben, Ketten und was sonst noch zum politischen Symbolkitsch gehört. Manche Maler verstiegen sich gar, Paradiesszenen und Mythen vom Ursprung der Welt auszubreiten, als ob mit dem Fall der Mauer die Geschichte neu beginne.

Gábor Imre ließ einen Ozean aus der Mauer hervorbrechen, Birgit Kindler einen Trabi. Berühmt wurde der russische Maler Valeri Vrubel mit dem „Bruderkuss" zwischen Breschnew und Honecker. Willi Berger aus Hiddensee nutzte die Mauer, um an seinen Lehrer Hans Meissel zu erinnern, dessen abstrakt-expressive Malerei erst unter den Nationalsozialisten und dann in der DDR unterdrückt wurde. Ir-

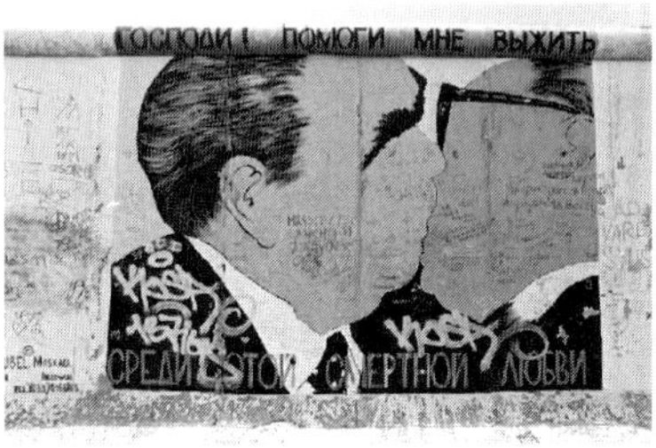

gendwo treten die Konturen von Hegel und Donald Duck aus den abblätternden Farbschichten, und dort, wo Peter Lorenz aus Leverkusen amerikanische Flaggen durch das Brandenburger Tor wehen ließ, schrieb jemand drüber: „Nie wieder Deutschland".

Wandbilder und Graffiti, die in Berlin weiterhin an jeder anderen Mauer verboten sind, leben von der Spontaneität und Flüchtigkeit. Als offizielles Programm geraten sie leicht zu einer Inszenierung à la Disneyland. Deshalb ist die Authentizität der East Side Gallery, die seit 1992 unter Denkmalschutz steht, zweifelhaft. Was im Moment ihrer Entstehung Ausdruck einer Stimmung war, erhält als Denkmal einen falschen Beigeschmack. Denn über zwei wichtige Fakten täuscht die Gallery hinweg: Erstens über die Unnahbarkeit der Grenze auf dieser Seite, die tief in das alltägliche Leben im Schatten der Mauer eingriff. Zweitens über die gründliche Vernichtung der Mauer im Westen, deren Bedeutung als historisches Monument der Stadt erst bewusst wurde, als nur noch kümmerliche Reste standen.

Die Denkmalschutz-Behörde hat vorgeschlagen, nur die bekanntesten Bilder zu erhalten und Flächen dazwischen für neue Kommentare zu öffnen. Das aber wollten die Künstler nicht, die 1996 einen Verein gründeten. Sie haben seitdem den Kampf gegen die Verwitterung aufgenommen und stellen ihre Bilder wieder her.

Seit Mauer und Bemalung unter Schutz stehen, schwelt ein Streit um die Kosten des Erhalts. Der Bezirk, das Land Berlin und der Bund als Eigentümer schieben sich die Zuständigkeit gegenseitig zu. Abenteuerliche Zahlen geistern durch die Presse in zweistelliger Millionenhöhe. Angesichts der zweifelhaften Authentizität der Gallery scheint der Aufwand der Restaurierungskosten absurd.

Enttäuscht sind die Künstler zudem von der gescheiterten Vermarktung. Eine Galerie, die ursprünglich zu den Initiatoren gehörte, hat es nicht geschafft, die auf T-Shirts, Postkarten, in Büchern und Filmen massenhaft reproduzierten Bilder in einen Geldstrom für die Künstler zu lenken. „Viele verdienen dran, bloß wir nicht", sagt Alavi, Gründer des Künstler-Vereins. Auch der Souvenirshop am Ende des Mauerstücks hat seine besten Tage hinter sich. Das liegt nicht zuletzt an der schleppenden Stadtentwicklung. Der Bauboom, vor dem das Mauerdenkmal geschützt werden soll, hat sich verlangsamt. Der East Side Gallery gegenüber stehen heute noch immer verfallende Häuser mit zugemauerten Fenstern. Es gibt zwar einige Neubauten und hochfliegende Pläne für dieses Quartier. Noch aber zieht fast allein die East Side Gallery die Blicke auf sich.

Katrin Bettina Müller

Vom Ostbahnhof zum Volkspark Friedrichshain

Gaunerkneipen und Arbeiterpaläste

Siehe Plan Seite 146

Früher wäre man hier nicht so ohne weiteres aus dem Zug gestiegen. Mitglieder der besseren Gesellschaft hätten einen Nervenkitzel empfunden und sich nach Gaunern umgeschaut. Immerhin galten der Schlesische Bahnhof in Friedrichshain und das Viertel drum herum als Chicago von Berlin. Eine verrufene Gegend mit zeitweise mehr als 20 000 zweifelhaften Gestalten. Das blieb von der Jahrhundertwende bis in die dreißiger Jahre so. Doch wer heute im einstigen Schlesischen Bahnhof aus der S-Bahn steigt, muss sich keine Sorgen machen: Es ist alles anders geworden. Die schrägen Vögel sind fortgezogen, das düstere Viertel zwischen Bahnstation und Andreasplatz fiel im Bombenhagel in Schutt und Asche, als hätte der Teufel seinen Tribut verlangt – und sogar der Bahnhof selbst trägt einen neuen Namen: Willkommen im 10 **Ostbahnhof**.

Beim Ausblick nach Norden sieht das Auge wenig Erfreuliches. Hohe Plattenbauten, gestaffelt wie Schutzmauern, als hätte ein Windstoß den Architekten auf dem Weg ins Büro jegliche Phantasie aus dem Kopf geblasen. Einige dieser Wohnklötze bekamen nach der Wende frische Farben, doch auch Schminke ist kein Wundermittel. Gebaut wurden sie in den sechziger und siebziger Jahren auf verbrannter Erde, denn Friedrichshain hatte drei Jahrzehnte nach dem Krieg noch große offene Wunden. Insgesamt gingen rund 60 Prozent seiner Häuser im Bombenhagel verloren, besonders hart waren die Wohngebiete westlich der Warschauer Straße betroffen. Im Norden der Frankfurter Allee und östlich der Warschauer gab es dagegen vergleichsweise geringe Schäden.

Ostbahnhof, Foyer

Seither ist die Gegend am Schlesischen Bahnhof ein Stück versunkene Kriminalgeschichte. Originalschauplätze sind verschwunden. Aber es lohnt, eine Weile innezuhalten und die Vergangenheit auszukosten, wie einen alten Film von Hitchcock oder Durbridge. Bringen wir die Bilder wieder zum Laufen bei einer Tour durch Koppenstraße und Lange Straße, zum Andreasplatz und der Singerstraße, wo die Polizisten einst nur im Doppel Streife gingen.

Da gab es zum einen die berüchtigten Verbrechervereine oder Ringvereine. Sie hatten fantasievolle Namen: „Immertreu", „Felsenfest", „Lustige Brüder", und besaßen eigene Vereinslokale, beispielsweise den „Schwarzen Walfisch" des Vereins „Immergrün" in der Madeistraße, unmittelbar am Hinterausgang des Bahnhofs (heute Erich-Steinfurth-Straße). Die Vereine waren offiziell angemeldet und erschienen auf den ersten Blick vertrauenerweckend. Tatsächlich versammelten sich hinter der bürgerlichen Fassade aber „ehrenwerte Ganoven". Zusammengeschlossen hatten sie sich aus Korpsgeist. Sie unterstützten einander in vielerlei Hinsicht, von der Jobsuche bis zur Vermittlung eines Verteidigers, und hielten wie Kumpel zusammen, wenn ihnen ein Konkurrenzverein schräg kam. Dann gingen schon mal die Stühle und Tische eines Vereinslokals zu Bruch, und der Wirt sorgte sich ums Renommee. Schließlich wollte er behördlichen Schikanen entgehen. Das war in dieser Gegend besonders wichtig, wes-

Brunnen auf dem Strausberger Platz

halb der Name oft den Schein wahrte, beispielsweise in der Koppenstraße, wo es mehr als nur einen „Bouillon-Keller" gab. Wer im Untergrund eine private Speisewirtschaft vermutete, ging falsch: Hier trafen sich die falschen Fuffziger und verkehrten im Fachjargon. Bestellten sie eine „kalte Bouillon", brachte man ihnen hochprozentigen Alkohol.

Jetzt noch ein Blick in die **Lange Straße,** wo Friedrich Wilhelm Voigt, der Hauptmann von Köpenick, im Oktober 1906 beim Frühstück verhaftet wurde. Er hatte sich nach seinem weltberühmten Coup in einer Schlafstelle im Haus Nummer 22 versteckt. Und nur wenige hundert Meter weiter, Lange Straße 88, wohnte die „Bestie vom Schlesischen Bahnhof", Karl Großmann. Er brachte zu Beginn der zwanziger Jahre zahlreiche Frauen um und zerstückelte sie. Seine Beute besorgte er am nahen Andreasplatz, wo die leichten Mädchen flanieren gingen. Ganz in der Nähe, in der Kleinen Andreasstraße, hat übrigens Heinrich Zille einige Jahre seiner Kindheit verbracht. 1867 zog die Familie ins Haus Nummer 17 ein, eine Armeleutegegend, aber noch nicht so heruntergekommen wie Jahrzehnte später.

Verlassen wir nun die kriminalistische Spur. Ganz in der Nähe steht das einzige (11) **Arbeiterdenkmal** aus wilhelminischer Zeit in Deutschland auf einem Rasenstück an der Rückseite des Andreasgymnasiums (Koppenstraße 76): die Marmorfigur eines Schmiedes mit seinem Sohn, der nach Papas Hammer greift. Ernst blicken beide auf ihrem hohen Sockel drein. Das **Gymnasium** selbst, von Stadtbaurat Ludwig Hoffmann 1905/06 geschaffen, ist ein gefälliges Gegenstück zur früheren Strenge preußischer Schularchitektur. Die Fassade erinnert an italienische Renaissance-Paläste, über den Fenstern Kinder und Tiere im Relief. Und auf dem Fries des rückwärtigen Eingangsportals laufen junge Bären zur Schule.

Der Weg führt durch die Blumenstraße. Dort gediehen zu Anfang des 19. Jahrhunderts wunderschöne Gärten, und „vorzügliche Früchte reiften an den Bäumen", wie der Verleger Friedrich Nicolai schwärmte. Schnell ist die Blumenstraße durchschritten – und vor uns braust der Verkehr um das Rondell am Strausberger Platz.

Hier beginnt Deutschlands längstes Baudenkmal. Rund 1.500 Meter misst die

An der Karl-Marx-Allee

Karl-Marx-Allee zwischen Strausberger Platz und Frankfurter Tor. Eine gewaltige Straße, rund 90 Meter breit, die Häuser bis zu neun Stockwerke hoch, geschmückt mit klassizistischen Säulen, Gesimsen, Balustraden und zusätzlich herausgeputzt mit Kacheln aus Meißen. Zu Hunderttausenden wurden sie in den Gründerjahren der Allee an die Fassaden geklebt. Paläste entstanden mit komfortablen, großzügigen Wohnungen für Seine Majestät, den Arbeiter. Unübersehbar ins Stadtbild gesetzt durch zwei Turmpaare, die Anfang und Ende markieren.

Kein Wunder, dass man die Allee 1990 komplett unter Denkmalschutz stellte, erzählt sie doch eindrucksvoll von den großen Kraftanstrengungen der Nachkriegszeit und der frühen Geschichte des realen Sozialismus in Deutschland.

Am 3. Februar 1952 wurde die Grundsteinlegung für den ersten Wohnblock gefeiert, 1958 legten die Bauarbeiter letzte Hand an die Allee, und die SED jubelte: „Deutschlands erste sozialistische Straße ist fertig." Stein auf Stein stellte sich ein Gesellschaftssystem zur Schau. Dass sich die neuen Machthaber finanziell übernommen hatten, wurde schon am 17. Juni 1953 offenbar, als sich ausgerechnet Bauarbeiter von der Allee an die Spitze des Volksaufstandes gegen die maßlos erhöhten Arbeitsnormen stellten. Doch ihr Ziel sah die SED langfristig erreicht: Wie sich die Fürsten einst Schlösser bauten, so hatte die Arbeiterklasse symbolhaft gezeigt, was sie ohne Fesseln fürs eigene Wohlbefinden schaffen konnte. Fortan wurden neue Wohnungen allerdings meistens bescheiden und fantasielos in Beton gegossen, davon zeugt schon das jüngste Teilstück der Karl-Marx-Allee zwischen Alex und Strausberger Platz aus den Jahren 1959-65 – doch der Stolz auf die Paläste blieb.

Am eindrucksvollsten wirkt diese steingewordene Utopie, wenn man sie in voller Länge überschaut. Dann sehen die beiden Turmpaare wie gewaltige Tore aus, zwischen denen sich die Flucht der Häuser öffnet. Zwei Standorte sind dafür ideal: die Mittelinsel am 12 **Strausberger Platz** mit ihrer schäumenden Fontäne oder die breiten Bürgersteige am Fuße des 13 **Frankfurter Tores** (Kreuzung Warschauer Straße). Zwar reicht die Allee im gleichen Baustil noch ein gutes Stück weiter, bis zur Proskauer Straße, aber in diesem Abschnitt heißt sie wie einst Frankfurter Allee und hat schon ein wenig an Wirkung verloren.

Nach dem Krieg war dies alles ein einziges Trümmerfeld. Von der Großen Frankfurter Straße und der Frankfurter Allee, den Vorgängern der Karl-Marx-Allee, blieb nur die Erinnerung. Zum Beispiel an das Rose-Theater (Ecke Koppenstraße), eine der beliebtesten Bühnen im Berliner Osten in den zwanziger Jahren, nicht zuletzt wegen des dazugehörigen Wirtshausgartens. Gespielt wurde drinnen und draußen. Nachmittags gab es leichte Muse, abends Klassik. Geschickt erfüllte das Theater die Wünsche der Arbeiterfamilien nach Kurzweil und weckte zugleich Bildungshunger. Zu dieser Zeit wählten 45 Prozent aller Menschen im Umfeld der Großen Frankfurter die KPD, Grund genug für die Nazis, hier besonders eifrige SA-Trupps auszuschicken. Ihr Wortführer war Horst Wessel. Er wohnte in der Großen Frankfurter und wurde im Streit mit Rotfrontkämpfern im Jahre 1930 erschossen. Seither verherrlichte ihn seine Partei im Horst-Wessel-Lied. Nach der Machtergreifung benannten die Nationalsozialisten den Bezirk Friedrichshain sogar in Horst-Wessel-Stadt um.

Als der Albtraum des Krieges vorüber war, sollte die „neuerstehende deutsche Hauptstadt" nach dem Willen der SED, die im sowjetisch besetzten Ostsektor den Ton angab, „zum Symbol des Lebens und des Aufbauwillens der deutschen Nation" werden. Friedrichshain erkoren die Kommunisten zum Paradebeispiel: Hier starteten sie 1951 zwischen den Ruinen der Großen Frankfurter Straße ihr „Nationales Aufbauprogramm". Wer freiwillig beim Enttrümmern half oder regelmäßig in die Aufbaulotterie einzahlte, sicherte sich Lose, mit denen man neue Wohnungen gewinnen konnte. Erstmals in die Hände gespuckt wurde entlang der Stalinallee. So hieß die Große Frankfurter seit 1949 auf Beschluss des SED-Politbüros. Zwölf Jahre später allerdings, nachdem Stalin in Ungnade gefallen war, benannte man sie erneut um. Seither heißt sie Karl-Marx- Allee.

Ab dem 2. Januar 1952 schufteten 45 000 Berliner freiwillig zwischen Strausberger Platz und Warschauer Straße. Unendlich viel Schutt trugen sie zusammen, eine Lorenbahn schaffte ihn zu den Trümmerbergen im Volkspark Friedrichshain. Unterdessen war ein heftiges Ringen um die Architektur der geplanten neuen Stadt entbrannt. Walter Ulbricht wollte Städte, „die schöner sind denn je, ohne amerikanische Kästen und hitlersche Kasernen". Aber was hieß das konkret? Der Berliner Architekturprofessor Hans Scharoun plädierte für einen demonstrativen Neubeginn. Vorbei sei die Zeit des eingepferchten Wohnens. Die Friedrichshainer sollten mehr Luft und Licht bekommen. Sein Plan sah eine weitläufige Gartenstadt mit niedrigen Laubenganghäusern vor und genoss anfangs höchste Sympathien.

Aber dann machte die SED eine radikale Kehrtwende. Die neue Hauptstadt sollte repräsentativ sein, sie sollte das „nationale Erbe der Baugeschichte" bewahren und zugleich die „Planmäßigkeit der sozialistischen Gesellschaftsordnung" architektonisch widerspiegeln. Dazu eigneten sich keine 14 **Laubenganghäuser**. Zwei waren allerdings schon als Musterhäuser auf der Südseite der Allee (in Höhe Weberwiese) fertig gestellt. Scharoun-Schülerin Ludmilla Herzenstein hat sie im nüchternen Stil des „Neuen Bauens" der zwanziger Jahre entworfen. Sie wurden später hinter zwei Reihen Pappeln versteckt, sind unverändert erhalten und wirken, als hätten die Bauherren der Allee kurzfristig die Sparhosen angehabt.

Deren Entscheidungwar gefallen. Sie wollten eine ungewöhnliche Mischung. Sowjetischer Neoklassizismus wie am Leningrader Prospekt in Moskau, kombiniert mit spielerischen Elementen des von Karl Friedrich Schinkel geprägten Berliner Klassizismus. Also stalinistische Ausdrucksformen in Verbindung mit deutscher Bautradition. Der Volksmund brachte das bald auf eine knappe Formel: Zuckerbäckerstil. Mehrere Architekten wurden beauftragt, unter ihnen Richard Paulick und Hermann Henselmann. Von Henselmanns Reißbrett

stammen auch die Entwürfe für beide Tore der Allee, das Frankfurter Tor sowie die Hochhäuser „Haus Berlin" und „Haus des Kindes" am Strausberger Platz.
Ältere Berliner haben an das „Haus des Kindes" an dessen Südseite lebhafte Erinnerungen. Darin befand sich ein Kinderkaufhaus auf vier Etagen mit einem Puppentheater und einem Café, das Erwachsene nur in Begleitung der Jüngsten betreten durften. Wer an der Allee bummeln ging, freute sich schon Tage vorher auf dieses Abenteuer, denn anfangs war hier eine Menge los. Es gab knapp 150 Geschäfte und Café-Terrassen auf manchen der niedrigen Vorbauten, hinter denen die Häuser aufsteigen. Von dort konnte man alles wundervoll überblicken. In den Häusern selbst genossen die Bewohner einen für Friedrichshainer Verhältnisse sensationellen Komfort: Aufzug, Parkett, Müllschlucker, großzügige Treppenhäuser und Zimmer. Auf den Flachdächern gab es sogar Dachgärten für die Hausgemeinschaft und Künstlerateliers. Doch Fantasie und Experimentierfreudigkeit der ersten Jahre währten nicht lange. Wirtschaftliche Schwierigkeiten der DDR, kleinbürgerlicher Geist und gravierende bauliche Mängel an vielen Gebäuden brachten auch der Allee die Tristesse. Die Meißner Kacheln fielen zu Tausenden ab, Flachdächer erwiesen sich als undicht, saniert wurde nur das Allernotwendigste. Seither sind die Dachgärten ungenutzt, die Gastronomie erlahmte, das Kaufhaus des Kindes schloss Ende der siebziger Jahre.
Nach der Wende entwickelten sich die Dinge mitnichten zum Besseren, zumal die Straße zur Rentnerallee gealtert war. Viele der ersten Bewohner haben dort ihr Leben verbracht, Impulse von jungen Familien und Besserverdienenden fehlten. Außerdem gab es jede Menge Klagen wegen veralteter Standards. Keine Parkplätze, ungünstig geschnittene Geschäftsräume, miserable Radwege. Eine Phalanx von Problemen erschwerte den Start in die Marktwirtschaft, brauchte Zeit und Geld und hatte eine Ladenpleite nach der anderen zur Folge. Erst die Deutsche Pfandbrief- und Hypothekenbank zog 1993/94 die Notbremse: Sie kaufte die gesamte, bisher kommunal verwaltete Allee zwischen Strausberger Platz und Frankfurter Tor mit rund 2800 Wohnungen. Inzwischen hat sie nahezu den gesamten Abschnitt originalgetreu wieder hergerichtet und gründlich modernisiert. Ein Milliardenprojekt, finanziert aus einem privaten Anlegerfonds. Seither kommt das zweite Leben der Allee langsam in Schwung. Sie entwickelt sich auch für jüngere Leute mit besseren Einkommen zur attraktiven Wohnlage. Das neue Publikum lockt Geschäftsleute, noch fehlen schicke Boutiquen, aber nach und nach wird die Palette der Läden und Cafés vielfältiger – und vorbei ist auch die Zeit der pockennarbigen Fassaden. Viele Fronten sind komplett neu gekachelt. Scheint die Sonne auf diese glänzenden Wände, so wirken die Gebäude mit ihren Kranzgesimsen und ornamentalen Details wie Paläste aus dem Orient.
Wer die Allee erkunden will, bummelt am besten vom Strausberger Platz aus über die breiten Bürgersteige am linken Straßenrand. Hier dämpfen Baumreihen ein wenig den starken Verkehr. Wo heute am Platz die Fontäne sprudelt, war übrigens früher das **Berlinische Hochgericht.** Hans Kohlhase wurde hier 1540 aufs Rad geflochten, dessen Aufstand gegen die Obrigkeit Heinrich von Kleist in seiner Novelle „Michael Kohlhaas" erzählt. Wir lassen den Schauder hinter uns und wer-

Laubenganghaus, Rückseite

Hochhaus an der Weberwiese

fen einen Blick in die fünfziger Jahre: Ein Laden ist noch im Originalzustand erhalten, die Karl-Marx-Buchhandlung (Nr. 78) mit ihrer reichen Holzvertäfelung. Ein kleiner Abstecher führt hinter die große Häuserfront zur **Marchlewskistraße.** Gleich rechts steht das alte (15) **Spritzenhaus,** liebevoll restauriert und heute unter anderem Domizil des Heimatmuseums, das den Muff seiner Gattung abgestreift hat und mit eindrucksvollen Ausstellungen und Broschüren überrascht. Ein paar Schritte weiter dümpelt ein Teich unter Weiden, die **Weberwiese**. Hier breiteten die Weber einst ihre Stoffe zum Bleichen aus. Unmittelbar dahinter steht das erste (16) **Wohnhochhaus** Ost-Berlins, gleichfalls ein Werk Henselmanns. Mit seinen vierzig Metern wirkt es heute wie ein stämmiger Zwerg, aber es symbolisiert wie kein anderes Gebäude an der Allee die Euphorie der Aufbaujahre. „Friede diesem Hause, Friede dieser Stadt, dass sie den gut behause, der sie gebauet hat", steht als Leitspruch aus der Feder Bertolt Brechts über dem Eingang. Brecht war mit Henselmann gut bekannt und unterstützte die architektonischen Positionen der SED, die im Hochhaus an der Weberwiese ein Pilotprojekt sah. Binnen vier Monaten errichteten es Bautrupps in Sonderschichten; schon im Mai 1952, als das erste Haus an der Stalinallee gerade mal begonnen wurde, zogen die Mieter ein. Sie lebten anfangs in Ausstellungswohnungen, ständig spazierten offizielle Gäste durchs Gebäude und durften in die gute Stube gucken. Schließlich war ihr Domizil ein Musterhaus. Es gab das architektonische Programm für die nahe Prachtstraße vor.

Heute ist es ebenso denkmalgeschützt wie das (17) **Kino Kosmos** unmittelbar am Frankfurter Tor. Ein typischer Bau der frühen sechziger Jahre, dessen Foyer und eiförmiger Kinosaal schon alleine einen Filmbesuch wert sind. 1994 wurde es zum Multiplex-Kino ausgebaut, doch der alte Eindruck blieb vollkommen erhalten.

Gehen wir nun zur Kreuzung Karl-Marx-Allee, Warschauer Straße vor und schauen zurück. Schon auf dem Reißbrett müssen die beiden Wohntürme wie der Entwurf zu einer antiken Burg gewirkt haben. Quaderförmig die Schäfte, als habe ein Riese zwei Bauklötze aufgestellt. Doch oben, 44 Meter über der Allee, begannen die Architekten des „Frankfurter Tores" zu spielen. Säulen, Schnörkelgitter, hohe Fenster zieren zwei runde Türmchen. Ihre grünen Kuppeln sind den Domkuppeln am Gendarmenmarkt und den Türmen des Stadthauses am Molkenmarkt in Mitte nachempfunden. Kein Prospekt über Friedrichshain ohne dieses Bild. „Das Tor zum Herz von Berlin" schreibt der Bezirk darunter.

Nächster Halt: Der (18) **Bersarinplatz**. Eine Station vom „Tor" mit der Linie 20 entfernt. Ein gutes Beispiel für die teils kuriosen Straßenumbenennungen nach der Wende. Generaloberst Nikolai Bersarin leitete maßgeblich den Sturm der Roten Armee auf Berlin und war danach zwei Monate lang der erste sowjetische Stadtkommandant, bis er im Juni 1945 bei einem Motorradunfall in Lichtenberg ums Leben kam. Zwei Jahre später wurde er mit einer Straße und einem Platz geehrt. Die Petersburger Straße und der Danziger Platz erhielten seinen Namen. Doch

Platz der Vereinten Nationen am Südwestrand des Friedrichshains

in den frühen neunziger Jahren wollte die CDU alles rückgängig machen, was den SPD-Bürgermeister von Friedrichshain in Rage brachte. Schließlich fand man einen Kompromiss: Die Petersburger Straße bekam wieder ihren historischen Namen, der Platz, 1985/87 neu bebaut, darf weiter an den russischen Befreier erinnern.

Die nächste Straßenbahn-Station heißt also Petersburger, Ecke Straßmannstraße. Hier lohnt sich ein Ausstieg, denn im Kiez hinter der vierspurigen Hauptstraße verbirgt sich wiederum eine Wohnanlage des sozial engagierten Architekten Alfred Messel, die besser als jede andere erhalten ist. 1899 bis 1905 baute er mit Hilfe des Bankiers Valentin Weisbach und des „Vereins zur Verbesserung der kleinen Wohnungen in Berlin" das so genannte 19 **Weisbach-Viertel** an der Ecke Weisbach-, Ebelingstraße. Ein fantasievolles Stück Reformgeschichte mit Erkern und Giebeln und für die damalige Arbeiterschaft ungewöhnlich komfortablen Wohnungen. Außerdem legte Messel Wert auf großzügige, grüne Innenhöfe, in denen es sogar betreute Spielplätze und Badehäuser gab. Die gesamte Anlage wurde in den vergangenen Jahren unter der Regie der Wohnungsbaugesellschaft Friedrichshain liebevoll saniert. Flanieren wir durch die Weisbachstraße, eine jener typischen Berliner Straßen, in denen man sich von Balkon zu Balkon hangeln kann – ihr Anblick ist eine Erholung. Und steht eine Haustüre offen, treten Sie schnell ein: Die Innenhöfe sind auch heute grüne Oasen, von denen man draußen nichts ahnt.

Jetzt wieder vor zur Petersburger und diese hinauf bis zur Kreuzung Danziger Straße, Landsberger Allee. Vor dem Portal des 20 **Sport- und Erholungszentrums** (SEZ), 1978-81 gebaut, drängeln sich schon wieder Besucher der Ping-Pong- und Badminton-Halle. Viel Glas zwischen fachwerkartigen Stahlkonstruktionen macht das Gebäude transparent. Zwei Jahre lang stand es leer, nachdem man es 2002 wegen des gewaltigen Sanierungsbedarfs geschlossen hatte. Die Suche nach einem Investor zog sich hin, doch nun will die Leipziger Poseidon GmbH das SEZ nach und nach modernisieren – bis zum Wellenbad und der Eisbahn.

Vom SEZ ist es schließlich ein Katzensprung bis zum 21 **Volkspark Friedrichshain**. Gleich hinter dem SEZ zweigt

Friedhof der Märzgefallenen

die Langenbeckstraße von der Landsberger zum Hain ab, wir durchqueren ein Tor, bummeln durch den kleinen Freizeitpark des Erholungszentrums mit Wasserspielen und Pingpongtischen und verlassen diesen durch ein Gatter in Richtung Virchowstraße. Das ist ein asphaltierter, aber für Autos gesperrter Parkweg.

Man kann an dessen Ende irgendeine Richtung wählen und in die Natur eintauchen. Schlagen wir also das grüne Geschichtsbuch auf. Weil Friedrich der Große hundert Jahre zuvor den Thron bestiegen hatte, wurde 1840 gefeiert, und der Magistrat beschloss, ihm zu Ehren als östliches Gegenstück zum Tiergarten den „Friedrichs"-Hain anzulegen. Der Hofgärtner von Sanssouci und spätere Berliner Gartenbaudirektor Gustav Meyer sollte ihn planen. Er war ein Schüler von Peter Joseph Lenné und entwarf einen englischen Landschaftsgarten. 1848 wurde der Park eröffnet, 26 Jahre später ließ ihn die Stadt erweitern.

Seit den ersten Tagen des Parks gibt es an seinem Rande einen kleinen **Friedhof**, der zum Symbol des Kampfes für Demokratie und Freiheit wurde. Mehr als 200 gefallene Barrikadenkämpfer der Märzrevolution von 1848 wurden hier feierlich bestattet und später auch Tote der Novemberrevolution von 1918. An rund 3000 deutsche Spanienkämpfer, die zwischen 1936 und 1939 für die spanische Republik ihr Leben ließen, erinnert eine **Skulptur** am südwestlichen Parkrand. Der bronzene Interbrigadist mit gezücktem Schwert steht an der Friedenstraße, wurde von Fritz Cremer geschaffen und ist das einzige Denkmal seiner Art in Deutschland. Der (22) **Friedhof der Märzgefallenen** liegt nur ein paar Schritte entfernt von der schmalen Zufahrtsstraße zum Hauptportal des **Krankenhauses am Friedrichshain**. Das Hospital nahm 1874 seine ersten Patienten auf. Rudolf Virchow hatte die Architekten beraten und völlig neue Maßstäbe gesetzt. Licht, Luft und Sonne sollten die Heilung fördern, deshalb entstand eine überschaubare Krankenstadt mit einzelnen Pavillonhäusern. Dazwischen lagen große Rasenflächen. Im Krieg wurde das Krankenhaus zwar stark zerstört, doch sein Wiederaufbau lässt die Grundidee bis heute erkennen.

Wer mag, kann zwei „Berge" im Park erobern. Die Rede ist vom **Kleinen** und **Großen Bunkerberg**. Würde man sie von

Krankenhaus Friedrichshain

Am Märchenbrunnen

oben her anbohren, ginge es bald nicht mehr weiter, denn ihr Inneres birgt zwei riesige Flaktürme. Sie wurden 1940 mitten im Park gebaut und waren derart solide, dass ihnen kein sowjetischer Sprengsatz nach dem Krieg etwas anhaben konnte. Also schüttete man sie mit Trümmern aus den zerstörten Wohngebieten ein, kippte Erde darüber und bepflanzte sie im Stil des Parks. So entstanden die Bunker- oder Trümmerberge – der höchste wird im Volksmund „Mont Klamott" genannt. Von seiner Plattform hat man einen weiten Rundblick auf die umliegenden Bezirke, doch verträumter ist die Aussicht vom Südhang der kleineren Anhöhe. Da bieten sich gute Picknickplätze, unten im Tal der Schwanenteich, gegenüber der große Buckel mit seinen 78 Metern. Das hat für Berliner Verhältnisse schon etwas Gebirgiges.

Auf den Wiesen fliegen die Fresbeescheiben, tollen Kinder und kleine Hunde, werden Bücher aufgeklappt und Kuchenstücke ausgepackt. Ein Patchwork aus Decken. Die Friedrichshainer und die Leute aus Prenzlauer Berg mögen ihren Hain und kosten ihn aus, als wäre es der eigene Garten. Das war zur Kaiserzeit kaum anders, als Stadtbaurat Ludwig Hoffmann die Perle des Volksparks, den 23 **Märchenbrunnen**, plante. Am Eingang des Parks an der heutigen Ecke Friedenstraße, Am Friedrichshain sollte ursprünglich ein architektonisch pompöses Bauwerk die Besucher begrüßen, doch Hoffmann argumentierte, viele Kinder im grauen Osten hätten an einer großen Brunnenanlage mit Märchenfiguren „mehr Freude, als an einer hochgeschraubten Prunkarchitektur". In diesem Sinne hat der Märchenarchitekt, wie ihn die Berliner nannten, auch zahlreiche Schulen entworfen – mit Tierfiguren auf Portalen und Friesen.

Hier aber entstand eine der schönsten Brunnenanlagen Berlins mit Fröschen, Hunden, Löwen – aber vor allem: mit Hans im Glück, Rotkäppchen, Brüderchen und Schwesterchen und anderen Grimmschen Märchenfiguren zum Anfassen. Denn sie sind am Rande des Beckens in Augenhöhe der Kinder postiert. Sogar der Kaiser nahm an der Gestaltung des plätschernden Märchenbuches regen Anteil. Und 1913 hieß es „Wasser marsch!" – der Brunnen wurde feierlich eingeweiht.

Pause neben Aschenputtel. Blaue Stunde in Friedrichshain. Kleine Regenbogen fliegen vorbei, ein Junge planscht durch die Wasserspeier. Das Getriebe am Ostbahnhof ist hier so weit weg wie Berlin von Afrika.

Christoph Stollowsky

Alt-Stralau

Stadtoase am Wasser

Der Wind greift in die Erlen und macht dem Fluss eine Gänsehaut, Frachter ziehen vorüber, am Ufer schaukeln die Ruderboote. Keine Frage, wer hier lebt, braucht mehr als einen Parkplatz – er mietet vor der Haustüre auch einen Liegeplatz für den eigenen Kahn und erfüllt sich den Traum vom Wohnen am Wasser. Eine Illusion in der Stadt? Keineswegs. Seit der Wende wurden in Berlin etliche Siedlungen an den Ufern von Spree und Havel gebaut, zum Beispiel in Spandau und Köpenick oder auf der Halbinsel Stralau – einem ungewöhnlichen Zipfel von Friedrichshain.

Die Stralauer Allee am Osthafen entlang, dann geradeaus auf holprigem Asphalt unter der S-Bahn hindurch – so erreicht man die Landzunge zwischen den Wassern von Spree und Rummelsburger See. Lärm und Eile bleiben hinter den Gleisen zurück. „Alt-Stralau" steht auf dem Straßenschild, rechts alte Fabrikgebäude in dunklem Klinker, seit langem verlassen; dann neue Stadtvillen mit Balkons, Terrassen und Wintergärten. Schließlich ein paar Mietshäuser aus den Anfängen dieses Jahrhunderts und an der Spitze der Insel ihre mittelalterliche Vergangenheit: die **Stralauer Dorfkirche** inmitten des Friedhofs – wegen seiner Wasserlage einer der schönsten Berlins. Gleich nebenan die **Kirchweihwiese** und ein kleiner, vom Fluss umspülter **Park**. Geheimtipp für alle, die einen beschaulichen Flecken suchen.

Eine Halbinsel im Umbruch. Private Bauherren verwirklichen hier ehrgeizige Pläne. Nach den Vorgaben des Senats soll „eine der schönsten Wohngegenden Berlins" entstehen – „für Leute, die weder auf Natur noch auf Stadtnähe verzichten wollen". Knapp 6000 Miet- und Eigentumswohnungen in luxuriösen „Stadtvillen" sollen entstehen, ein Gutteil ist bereits fertig gestellt – außerdem sind Kindergärten, Läden, Sportanlagen und ein Uferwanderweg vorgesehen. Und natürlich gibt es am Rummelsburger See eine Marina: Dort schaukelt bereits eine ganze Sportbootflotte.

Gelingt dieses Projekt, gewinnt Stralau außer der Zukunft auch ein Stück Vergangenheit zurück. Denn vieles, was heute heruntergekommen aussieht, war früher Teil eines lebhaften Inselviertels, in dem weit mehr Menschen wohnten als die paar hundert, die hier zur Wendezeit noch zu Hause waren.

Blick zurück auf „Stralow", wie die Halbinsel bis 1891 hieß. Hier wurde jahrhundertelang gefischt. Der Name kommt aus dem Wendischen und bedeutet „Pfeilort", möglicherweise ein Hinweis auf die spitze Form des Landzipfels. Bekannt wurde Stralau Ende des 18. Jahrhunderts durch ein beliebtes Volksfest – den „Stralauer Fischzug". Wer hier seinen Spaß hatte, verdankte dies den Zwangsabgaben an die Kirche, denn seit 1574 bekam der Pfarrer des Dorfes in jeder Saison den Ertrag von vier Fischzügen – und es war Brauch, dies am 24. August zu erledigen. Als Dankeschön erhielten die Fischer reichlich Bier und Essen, gute Grundlagen für ein Tanzfest, das sich in Berlin bald zum populären Vergnügen entwickelte und Jahr für Jahr gefeiert wurde. Das hing mit Stralaus Wandel zum Erholungsort zusammen: Reiche Berliner bauten dort ihre Sommerhäuser, die Existenz eines solchen idyllische Fleckens sprach sich herum. Im Jahre 1850 strömten schon 70 000 Berliner zum „Fischzug". Doch das Fest geriet aus den Fugen, es wurde gestritten und gesoffen – und als sogar der Friedhof als Picknickplatz missbraucht wurde, war es dem Polizeipräsidenten zu viel: er untersagte 1873 weitere Fischzüge.

In dieser Zeit bekam die Landzunge ohnehin ein neues Gesicht. Fabrikanten entdeckten den günstigen Standort am Wasser. Bootswerften, Maschinenbauer und eine Brauerei ließen kaum mehr Platz für die alte Fischerdorf-Romantik. Außerdem wuchsen in ihrem Gefolge große

Stralauer Dorfkirche

Stralauer Uferpromenade

Karl-Marx-Gedenkstätte am Stralauer Spreeufer

Mietshäuser empor. 1920 lebten knapp 5000 Menschen auf Stralau, und es wurden noch mehr, zumal die Halbinsel besser als heute an den öffentlichen Nahverkehr angeschlossen war.

Das verdankten ihre Bewohner den U-Bahn-Bauern. Denn Ende des 19. Jahrhunderts misstraute man deren Fähigkeit, einen Tunnel unter der Spree zu bauen. Also traten sie den Beweis mit einem Probetunnel für die Straßenbahn an. Sie bohrten die Röhre im Schildvortrieb vom Zipfel der Insel nach Treptow hinüber und pressten das Wasser mit Druckluft aus der Baustelle. Diese Technik wurde hier erstmals in Deutschland angewandt. Bis 1932 rumpelte die Straßenbahn nun unter dem Fluss hindurch und verband Stralau mit dem Schlesischen Bahnhof (heute Ostbahnhof) und dem Südufer der Spree. Doch schließlich war der Tunnel reparaturbedürftig, außerdem nahmen die Fahrgastzahlen ab, er wurde geschlossen und soff später ab. Nur die Tunnelstraße erinnert noch an die einstige technische Sensation.

Jazzmusik treibt über den Fluss, drüben, auf der anderen Spreeseite, ist eine Menge Leben – Treptower Park, Gartenwirtschaft Zenner, Insel der Jugend, der Hafen der Stern und Kreis Schiffahrt. Doch alles klingt hier merkwürdig fern, Stralau bewahrt seine eigene Ruhe – und diese Stimmung drückt auch das Kirchlein aus. Im Jahre 1464 gebaut, steht es seither fest auf einem Feldsteinsockel und erscheint dennoch recht beschwingt dank seiner gotischen Fenster. Im Krieg zerstörten Bomben den Innenraum, 1949 wurde er wieder hergestellt.

Heute wird an vielen Insel-Ecken gewerkelt. Auf den Prospekten sind die neuen Wohnparks mit Licht, Luft und Wasser schon fix und fertig, aber im Alltag gibt es eine Menge zu tun. Noch fehlen Läden, Kindergärten, Gaststätten. Doch die neuen Insulaner genießen den Ausblick und das Gefühl, für eine Weile Pionier auf einem Eiland zu sein.

Christoph Stollowsky

Durch das östliche Kreuzberg

SO 36, Klein-Istanbul

Am Kottbusser Tor, am Südstern oder am Mehringdamm kann es einem freitags abends passieren, dass sich freundliche Menschen nach dem Weg „nach Kreuzberg" erkundigen. Die Berliner hinterlässt diese Frage zunächst einmal ratlos, verweist sie doch auf ein bestimmtes Klischee von Kreuzberg, das seine Erstbesucher gerne bestätigt finden möchten, ein Klischee, dem die Gegend, in der sie gerade herumlaufen – obwohl mitten in Kreuzbergs gelegen – so gar nicht entsprechen will. Es gibt nicht Kneipe an Kneipe, und keine fröhliche Bierseligkeit, die auf den Bürgersteig schwappt. Es gehört ein wenig Ortskenntnis dazu, um wenigstens ein bisschen vom Kreuzberger Klischee bestätigt zu bekommen.
Aber auch mit Ortskenntnis und guten Tipps ausgerüstet, wird man schnell feststellen: Es gibt viele Kreuzbergs – nicht nur in der Nacht –, je nachdem, wo man sich gerade befindet. Auch der östliche Teil, der alte Postbezirk SO (Süd-Ost) 36, hat unterschiedliche Gesichter.
Das (1) **Kottbusser Tor,** Kreuzungspunkt zweier U-Bahn-Linien, ist ein guter Ausgangspunkt für einen Spaziergang durch SO 36. Wer mit der Hochbahn (Linie 1) anreist, bewegt sich dorthin auf der Linie der ehemaligen Akzisemauer Berlins. „Ausstieg links" lautet die Durchsage im Zug, wenn die überirdische Untergrundbahn hält, und man begibt sich zunächst in das Untergeschoss der Station, vorbei an dem hier häufiger als anderswo präsenten hundebewehrten Wachpersonal, steuert dann auf die reiche Blumenpracht zu, die ein türkischer Florist dankenswerterweise täglich neu aufbaut, nimmt sie doch der unterirdischen Schalterhalle ein wenig von der Tristesse, die den ganzen Bahnhof umgibt.
Nur im April ist das anders: Dann blühen draußen vor der Station zwischen tosendem Verkehr auf der Insel im Kreisverkehr zwei wunderschöne Mandelbäume. Einmal jedes Jahr zur Blütezeit versammeln sich zwischen den Bäumen Freunde, Verwandte und Bekannte des türkischen Lehrers Celalettin Kesim zum Gedenken an den Gewerkschafter, der am 5. Januar 1980 am Kottbusser Tor verblutete, nachdem ihm rechtsradikale „Graue Wölfe" ein Messer in den Rücken gerammt hatten. An der Südostseite des Kreisverkehrs erinnert eine **Bronzestele** an Celalettin. Der türkische Bildhauer Hanefi Yeter hat sie zusammen mit Grundschülern geschaffen.

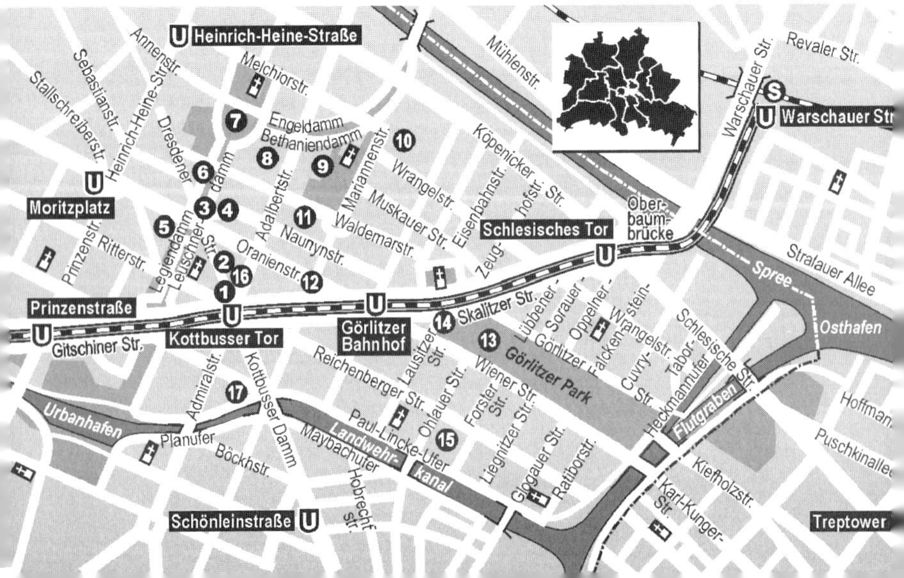

Die Bebauung am Kottbusser Tor – oft verniedlichend „Kotti" genannt – repräsentiert die erste Sanierungsphase Kreuzbergs, die in die Zeit Anfang der siebziger Jahre fällt. Damals wollten sich Stadtplaner und Politiker möglichst umgehend und radikal von dem baulichen Erbe der Gründerzeit trennen. Die Mietshäuser aus Backstein galten als veraltet: zu dunkel die Wohnungen in den unteren Etagen, zu gering der sanitäre Standard, zu mühsam das ewige Kohleschleppen. Der Abriss erfolgte hier mit einer Brutalität, die in Berlin nur noch im Weddinger Gesundbrunnen übertroffen wurde. Anstelle der alten Bebauung erhebt sich an der Nordseite des Platzes heute das **Zentrum Kreuzberg,** ein Hochhauskomplex mit Geschäftszeilen und Wohnungen für etwa 1000 Menschen.

Schon nach vier Jahren meldete der Bauherr Konkurs an, eine Zwangsverwaltung wurde eingesetzt, und seitdem hat die Berliner Bau- und Sozialpolitik ein Problem, das der ehemalige CDU-Fraktionschef Klaus-Jürgen Landowsky durch – wiederum – Abriss meinte lösen zu können, womit er nicht nur den maroden Baukörper loszuwerden gedachte, sondern auch dessen Bewohner, denen er allerlei Arten von Delinquenz vorhielt. Ob es sich lohnt, diesen Baukörper zu durchstreifen, mag jeder selbst entscheiden. Die unübersichtlichen, zugigen Passagen, in den letzten Jahren zum Leidwesen der Bewohner auch ein Ort des Drogenkonsums und -handels, wirken nicht gerade einladend.

Über Treppen erreicht man das erste Stockwerk. Dort befindet sich unter anderem eine der größten Moscheen des Bezirks, die **Mevlana-Moschee**. Ihre Gemeinde gehört zur konservativen Islamischen Föderation und gilt als fundamentalistisch ausgerichtet. In den Räumen darüber befindet sich das „Mala Kurda", das kurdische Haus – unschwer erkennbar an den im Eingangsbereich ausgehängten Öcalan-Plakaten. Im benachbarten Gewerbe-Flügel gibt es viel Leerstand. Hier wollten einige Unternehmensgründer

aus der Kreuzberger Szene das alternative „Kaufhaus Kreuzberg" gründen – nach einem Vorbild aus dem britischen Manchester. Einen Mietvertrag erhielten sie von der undurchschaubar agierenden Besitzergesellschaft trotz ihrer soliden Konzeption nicht. Das Verwaltungs- und Vermietungskonzept ist jetzt Gegenstand massiver öffentlicher Kritik. Der Verbleib von Millionen öffentlicher Fördermittel im Komplex Zentrum Kreuzberg soll einer genauen öffentlichen Prüfung unterzogen werden. Die Kaufhaus-Gründer begnügen sich derweil mit ihrer Kneipe „Möbel Olfe" im Erdgeschoss des Betonungetüms, in der allabendlich bei polnischem Bier die neuesten Kiez-Informationen ausgetauscht werden.

Ein leicht zu übersehener Wegweiser zwischen den Gemüseständen gibt die Richtung zur Dresdener Straße an, die früher in den Kreisverkehr am Kottbusser Tor mündete, durch das Zentrum Kreuzberg aber zur Sackgasse degradiert wurde. Hier ist es viel ruhiger, der Blick fällt in eine Gründerzeitstraße, deren Bebauung die Abrisspläne überlebt hat. Im Zuge der Internationalen Bauausstellung 1987 (IBA) ist sie sogar regelrecht herausgeputzt worden. Im Rücken liegt das schroffe, abweisende Hinterteil des NKZ, linker Hand das zugehörige ehemalige Parkhaus, das sich gleich nach Fertigstellung als überflüssig erwies und fortan nichts als ungenutzte Hässlichkeit darbot. Weil dem Überangebot an Pkw-Einstellplätzen ein Mangel an Kindergartenplätzen gegenüberstand, ließ die IBA das Parkhaus in eine große öffentliche Kindertagesstätte umwandeln: ein Glücksgriff architektonischer Stadtreparatur, davon kann man sich vor allem im Innern des Gebäudes überzeugen. Sehenswert ist auch das begrünte Spieldach. 160 Kinder können in der **Parkhaus-Kita** betreut werden.

Dass die daran anschließende Häuserzeile in der Dresdener Straße nicht abgerissen wurde, ist vor allem ein Erfolg der Berliner Mieterprotest- und Selbsthilfebewegung, die hier ihren Ausgangspunkt nahm. Sie wurde zunächst von Geschäftsinhabern initiiert, deren Umsätze wegen der doppelten Sackgassensituation der einstigen Hauptverkehrsstraße – die Mauer im Norden, das Zentrum Kreuzberg im Süden – ständig zurückgingen, weil die Laufkundschaft ausblieb. Werner Orlowsky, damals Drogist in der Dresdener Straße, avancierte zum Sprecher der Protestbewegung gegen unsinnige und sozial unausgewogene Stadtplanung. Die Alternative Liste hievte ihn 1981 – auf dem Höhepunkt des „Berliner Häuserkampfes" – an die Spitze des bezirklichen Bauressorts. Danach begann die Phase der „behutsamen Stadterneuerung".

Das 2 **Gebäude Dresdener Straße 12** ist ein gelungenes Beispiel dafür. Die Instandsetzung und Modernisierung kostete mit 1,3 Mio. DM ungefähr die Hälfte eines vergleichbaren Neubaus und erfolgte weitgehend in Übereinstimmung mit den Bewohnern.

Stehen geblieben ist dort im Hof das ehemalige **Fachwerk-Toilettenhäuschen**. Es hatte vier Sitzplätze – vor hundert Jahren ein Luxus in dieser Gegend! Aber was heute romantisch anmutet, verweist auf die damals erbärmlichen hygienischen Zustände: Die Aborte wurden nicht nur von den Bewohnern der Mietshäuser genutzt, sondern auch von den Arbeitern der Betriebe in den Fabriketagen, den Gästen der Kneipen in den Vorderhäusern und Straßenpassanten. Die gemauerte Sickergrube lag oftmals neben der Trinkwasserpumpe. Undichte Stellen bedeuteten eine ständige Gefahr für das Trinkwasser. Eine Cholera- und Typhusepidemie war 1866 die Folge. 1875 verfügten in diesem Teil Berlins nur die Hälfte der Wohnungen über eine Wasserleitung und nicht einmal 10 Prozent über ein WC. Erst nach und nach bekamen die Häuser Podesttoiletten auf den Treppenabsätzen und Kanalisationsanschlüsse.

Heute weist die Dresdener Straße die für Kreuzberg typische Mischung von Einzelhandel und Gastronomie auf. Ihr Tagleben unterscheidet sich stark von ihrem Nachtleben. Tags gehört die Straße den Kindern, den Bauarbeitern und den Parkplatz suchenden Autofahrern, abends den Kino- und Kneipengängern, und ganz spät lockt die immer überfüllte Nachtbar Würgeengel. Aber Vorsicht: Sie hat ihren Namen nach einem Buñuel-Film von 1962, in dem eine Partygesellschaft von einer geheimnisvollen Kraft am Ort ihrer Zusammenkunft festgehalten wird ...

Die Dresdener Straße mündet auf den 3 **Oranienplatz,** einen von mehreren Schmuckplätzen, die Peter Joseph Lenné in seinem Bebauungsplan für die Luisenstadt, wie der Berliner Süden damals hieß, vorgesehen hatte. Hätte sich die noch für ganz Berlin vorgesehene Verkehrsplanung der sechziger Jahre durchgesetzt, befände sich hier heute ein Autobahnkreuz. Die andauernde deutsche Teilung machte das aberwitzige, aber ernst gemeinte Vorhaben zu Makulatur.

Und so präsentiert sich der Oranienplatz heute als eine Mischung von großstädtischer Platzanlage und verspielter Grünanlage, die ein wenig mehr Pflege verdient hätte. Zur Zierde dient ein wenig „Kunst im Stadtraum": der **Katamaran** auf der Spitze eines Metallgestänges soll an die rege Schifffahrt auf dem Luisenstädtischen Kanal erinnern, der den Platz einst in Nord-Süd-Richtung durchquerte; der klobig wirkende **Brunnen** aus Granit ein paar Meter weiter ist mangels Haushaltsmitteln zu ewiger Trockenheit verdammt. Die Bezeichnung „Oranien" weist zurück in das frühe 18. Jahrhundert, als hugenottische Obst- und Gemüsebauern hier Gärten anlegten. Sie waren aus dem süd-

Am Oranienplatz

französischen Fürstentum „Orange" vor Verfolgungen geflüchtet und hatten in Berlin Aufnahme gefunden. Die Bebauung des Platzes stammt aus den ersten Jahren des 20. Jahrhunderts, nur die Nutzung hat sich geändert: Das ehemals feine (4) **Bekleidungsgeschäft** C&A Brenninkmeier (Oranienstraße 40/41 – mit sehenswertem Treppenhaus) teilen sich ein türkischer Hochzeits-Festsaal, eine Diskothek und ein Billig-Discounter.

Auf der diagonal gegenüberliegenden Seite (Oranienplatz 2) steht das von Max Taut 1927 entworfene erste (5) **Warenhaus** der gewerkschaftlichen Konsum-Genossenschaft.

In der Oranienstraße, die vor dem Krieg auch „Ku'damm des Osten" genannt wurde, befanden sich früher außerdem in Berlin führende Oberbekleidungsgeschäfte und auch das **Leiser-Schuhgeschäft** des Julius Klausner (Nr. 34), der 1898 aus Galizien nach Berlin gekommen war und von seinem Onkel Hermann Leiser Geld zur Eröffnung eines Schuhlagers geliehen hatte. Heute nutzt ein türkischer Supermarkt die Räume. Im Hof findet man den deutsch-türkischen Nachbarschaftstreffpunkt „Familiengarten".

Noch immer ist die Oranienstraße tagsüber vor allem Einkaufsstraße. Anziehungspunkte sind einige schrille Secondhandboutiquen und die im Kiez führenden Ausstatter für Radler und Musiker. In den letzten Jahren entwickelte sich die Straße außerdem zu einer Büchermeile. Einmal im Jahr und einzigartig in Berlin veranstalten die hier ansässigen Antiquariate, Buchhandlungen, Verlage und Bibliotheken die „Lange Nacht des Buches", ein großes Treffen von Schriftstellern, Journalisten und ihren Lesern. Wer Eintrittskarten für die gerade angesagten kulturellen Highlights sucht, wird in der **Theaterkasse KOKA**, Nr. 29, bestens beraten. Für den kleinen Hunger zwischendurch gibt es Schmackhaftes aus aller Welt. Nicht eines jeden Geschmack, trotzdem unbedingt empfehlenswert ist die Iskembe, eine türkische Flecksuppe mit reichlich getoastetem Pide-Brot, zum Beispiel bei Hazir in der Adalbertstraße 10. Abends locken gute Restaurants, z. B. Ossena und Kafka, oder die Szenekneipen Alibi, Bierhimmel, Oranienbar, Franken und Schnabelbar.

Folgt man vom Oranienplatz dem Fußweg im schon seit 1927 zugeschütteten Luisenstädtischen Kanal nach Norden, kann man nach wenigen Metern die Bronzebüsten der Gewerkschaftsführer Carl Legien und Wilhelm Leuschner im Gebüsch entdecken. Die beiden früheren Uferpromenaden sind nach ihnen benannt. Wilhelm Leuschner wurde von den Nazis als Angehöriger der Widerstandsgruppe „Kreisauer Kreis" 1944 ermordet. Das Gedenken an dieser Stelle verweist auf die Nähe zur ersten Berliner Gewerkschaftszentrale, fertig gestellt im Jahr 1900. Das rote **Backsteingebäude** steht am Engeldamm 62 im Bezirk Mitte; zu DDR-Zeiten war es „Krankenhaus Mitte".

Das Kopfgebäude der ehemaligen 6 **Markthalle VII** am Legiendamm 32 beherbergt die Gaststätte Kleine Markthalle, die ebenso wie die nur einen Steinwurf entfernte Henne an der Ecke Waldemarstraße, Leuschnerdamm überregionale Berühmtheit wegen ihrer Brathähnchen erlangt hat. Beide sind nur abends geöffnet. Zwischen den beiden Gaststätten steht ein lang gestreckter Bau, in dessen Putz ein großes verblichenes christliches Kreuz erkennbar ist. Die **Kirche** einer evangelischen Religionsgemeinschaft wurde 1998 von der Berliner Vereinigung der anatolischen Aleviten gekauft. Die religiöse Minderheit der Aleviten wird in der Türkei von der Sunnitenmehrheit ignoriert, teilweise auch verfolgt. Aleviten sind laizistisch und demokratisch ausgerichtet und zeichnen sich durch Toleranz gegenüber anderen Kulturen und Religionen und durch ein gleichberechtigtes Verhältnis zwischen den Geschlechtern aus.

Die **Waldemarbrücke** unterquerend, gelangt man in einen sehr gepflegten Abschnitt der neuen Grünanlage im Kanalbett. Sie gehört bereits zum Bezirk Mitte, war Teil des hier sehr breiten Grenzstreifens zwischen der „Hinterland-" und der „Vorderlandmauer" und wurde erst in den 1990er Jahren nach historischem Vorbild aus den dreißiger Jahren rekonstruiert – auffällig ist insbesondere der indische **Brunnen.**

Linker Hand warten neu errichtete Wohn- und Geschäftsbauten auf weitere Nutzer und Mieter. Im Baufieber der Nachwendezeit haben die Investoren den Bedarf an Neubauten an dieser Stelle offensichtlich überschätzt. Wer die Mieten aufbringen kann, siedelt lieber anderswo in der Stadt als gerade hier im Schnittfeld zwischen Kreuzberg und Mitte, das auch 15 Jahre nach der politischen Wende seltsam zerrissen wirkt. Neue Urbanität will sich nicht einstellen.

Auch die katholische St.-Michael-Gemeinde verharrt freiwillig im zunächst erzwungenen Zustand der Zerrissenheit: Der Kreuzberger Gemeindeteil nutzt eine Beton-Behelfskirche am linker Hand gelegenen **Alfred-Döblin-Platz,** die Katholiken aus Mitte behelfen sich mit der Ruine der ehemaligen **Garnisonskirche St. Michael**, die dem wüsten Gelände um das ehemalige 7 **Engelbecken,** einem künstlichen See im Verlauf des Kanals, so etwas wie Gestalt verleiht. Obwohl von der die beiden Bezirke bis 1990 trennenden Mauer so gut wie nichts übrig geblieben ist, will hier einfach nicht „zusammenwachsen, was zusammengehört".

Das Mauerbollwerk zog sich über Waldemarstraße und Waldemarbrücke und folgte dann dem Verlauf des Leuschnerdamms und Bethaniendamms. Genau genommen befanden sich die Bewohner der Mietshäuser am Leuschnerdamm schon, wenn sie aus der Haustür traten, auf dem Gebiet des sowjetischen Sektors. Denn die Grenze zwischen den Sektoren führte direkt an der Hausfassade entlang. Die Mauer stand nur einige Meter nach Osten versetzt; sie ließ einen schmalen Zugang zu den Kreuzberger Mietshäusern frei. West-Berliner Offiziellen, sprich Postboten, Polizei und Gerichtsvollziehern, war die Passage aber nicht gestattet. Kein Wunder, dass gemunkelt wurde, die Wohnungen in diesem Abschnitt des Leuschnerdamms stellten eine willkommene Wohnadresse für zwielichtige Gestalten dar, konnten sie doch vor Strafverfolgung oder Pfändungen sicher sein.

Der Spaziergang durch SO 36 führt weiter über das Gelände eines 8 **Kinderbauernhofes** im Winkel von Bethaniendamm und Adalbertstraße. Zischende

Gänse, meckernde Ziegen und grasende Pferde bevölkern diese Insel bäuerlichen Lebens mitten in der Großstadt. Der Kinderbauernhof ging 1981 aus einer Initiative von Besetzern der angrenzenden, damals leer stehenden Mietshäuser hervor. Kreuzberger Kinder, die vielfach noch nie eine Ziege oder ein Schwein „live" gesehen hatten, übernahmen mit Begeisterung die Pflege und Fütterung des Viehs, ritten auf den Ponys nicht nur in der Koppel umher, sondern auch schon mal bis zum Mariannenplatz, wo sie die Tiere stehen ließen und den herbeigerufenen Polizisten Gelegenheit gaben, mit Lassos Cowboy zu spielen und die Tiere wieder einzufangen.

Von der gegenüberliegenden Seite der Adalbertstraße bis zum Mariannenplatz erstreckt sich der große Komplex des ehemaligen 9 **Diakonissen-Krankenhauses Bethanien.** Zunächst fällt der Blick auf das backsteinerne „Seminargebäude". Dessen verglaste Dachterrassen, so heißt es, seien wegen ihrer Lage in luftiger Höhe und nahe der Sonne ein „Kreuzberger Davos" für Tuberkulosekranke gewesen.

Folgt man dem Weg am Mauerstreifen entlang, gelangt man zu einem weiteren Gebäude des Bethanien-Komplexes, dem „Martha Maria Haus", einem ehemaligen Schwesternwohnheim, das unter dem Namen **Rauch-Haus** als erstes besetztes Haus Berlins Geschichte gemacht hat. Im Dezember 1971 drangen 150 Schüler, Studenten, Lehrlinge, Arbeitslose und Trebegänger in das große leer stehende Gebäude ein und benannten es nach Georg von Rauch, der in Berlin zum Sympathisanten der Roten-Armee-Fraktion (RAF) geworden und durch den Schuss eines West-Berliner Kripobeamten ums Leben gekommen war. Bei der Besetzung des Martha-Maria-Hauses war die Agit-Rock-Gruppe „Ton, Steine, Scherben" zugegen, deren „Rauch-Haus-Song" bis heute die Hymne aller Hausbesetzer ist.

Das Rauch-Haus ist bis heute ein unter (bestimmten) Jugendlichen international bekanntes Wohnprojekt in Selbstverwaltung. Im Garten entstand vor einigen

Sommerhaus und Sommergarten am Mauerstreifen

Jahren zusätzlich die „Rollheimer"-Siedlung **Kreuzdorf.** Nachdem sich die West-Berliner Behörden allmählich mit dem Projekt abgefunden und es quasi legalisiert hatten, forderte die Hausgemeinschaft Anfang der achtziger Jahre die Staatsmacht der DDR heraus. Die Besatzung eines nur etwa zwanzig Meter entfernten Beobachtungsturmes auf dem Mauerstreifen war bei Sonnenschein den Spiegel-Blendattacken der Rauchhäusler schutzlos ausgeliefert, sodass sie den Turm schließlich aufgab, abreißen ließ und etwas weiter östlich neu errichtete. Die Bewohner der DDR-Sozialwohnungsbauten auf der anderen Seite des Grenzstreifens, die nächsten Nachbarn der Besetzer, fühlten sich durch stundenlange Beschallung aus großen Lautsprecherboxen belästigt. Die Rauchhäusler spielten für sie alte Ernst-Busch-Schallplatten mit Arbeiterliedern, die Internationale und – immer wieder – „Der Rote Wedding marschiert". Anzeigen wegen ruhestörenden Lärms, die nach wochenlangem Umweg über das Außenministerium der DDR und das Bonner Jugendministerium irgendwann den Berliner Senat erreichten, verliefen aber im Sande.

Das Hauptgebäude des **Bethanien,** seit 1974 Kulturzentrum, liegt am ebenfalls von Lenné geplanten **Mariannenplatz** und wird flankiert von der neoromanischen evangelischen **Thomaskirche,** einer der größten Kirchen Berlins, 1864-69 nach Plänen von Friedrich Adler errichtet. Nach aufwendiger Restaurierung wartet sie jetzt auf eine neue Nutzung, denn der heute kleinen Gemeinde reicht das nahe gelegene Gemeindehaus.

Das Bethanien war eines der ersten Gebäude auf dem Köpenicker Feld südöstlich Berlins. Errichtet wurde es 1847 nach Entwürfen des Schinkel-Schülers Ludwig Persius. Als Diakonissen-Anstalt galt es zunächst der Ausbildung von Schwestern im „Dienst für den Herrn", bald aber überwog die Versorgung von Kranken. Die schwere hölzerne Eingangstür gibt den Weg frei zur denkmalgeschützten Eingangshalle, und obwohl die letzten Schwestern und Patienten schon vor 35 Jahren das Haus verließen, meint man bis heute etwas von dem strengen pietistischen Geist zu spüren, der die Institution prägte.

Recht freundlich hat Theodor Fontane, 1848 der erste Apotheker der Diakonissenanstalt, die Atmosphäre im Bethanien erlebt: „Mein Leben mit den Diakonissen ist ein Idyll, wie's schöner nicht gedacht werden konnte." Erstaunlich genug: Die **Apotheke** ist noch da, und ihr Originalmobiliar kann durch eine gläserne Zugangstür jederzeit besichtigt werden. Von dem Inventar der Krankenhauskapelle, der Operationssäle und Krankenzimmer hat sich dagegen nichts erhalten. Seit 30 Jahren nutzen verschiedene soziale und kulturelle Einrichtungen den riesigen Gebäudekomplex, der als **Künstlerhaus Bethanien** einen weit über Berlin hinausreichenden Ruf zu verteidigen hat. Die Musikschule und der Kunstraum Kreuzberg, Ateliers, Werkstätten und Studios der Künstlerhaus Bethanien GmbH und des Berufsverbandes Bildender Künstler, das Sozialamt und verschiedene Jugendeinrichtungen verteilen sich über die einzelnen Etagen und Nebengebäude – eine kulturelle Vielfalt, die Anfang der siebziger Jahre in langen Kämpfen dem Senat abgetrotzt und gegen Abrisspläne durchgesetzt wurde. Den Garten nutzt in den Sommermonaten ein Freiluftkino. Weil sich der Bezirk die bauliche Unterhaltung des Bethanien inzwischen nicht mehr leisten kann, soll es an einen privaten Investor übertragen werden. Neue Ideen für diesen Ort sind also gefragt.

Die lang gestreckte Grünanlage des Mariannenplatzes mit der Theatermulde in der Mitte ist bei schönem Wetter Grillplatz und Liegewiese, leider aber auch ein großer Hundespielplatz. Am nördlichen Platzrand erinnert neben einem Toilettenhäuschen eine **Bronzetafel** des Bildhauers Nikolaus Langhans an den Rentner Wilhelm Lehmann, der im August 1942 an die Innenwand einer damals dort stehenden Bedürfnisanstalt die Worte „Hitler, du Massenmörder musst ermordet werden, dann ist der Krieg zu Ende", gekritzelt hatte. Sie kosteten ihn das Leben. Aufgrund einer Denunziation wurde er vom Volksgerichtshof zum Tode verurteilt und 1943 in Plötzensee hingerichtet.

Ein wenig weiter wird neben dem früheren Leibniz-Gymnasium (Mariannenplatz 28, heute ⑩ **Nürtingen-Grundschule**) der Schüler gedacht, die im Ersten Weltkrieg fielen. „Dulce et decorum est pro patria mori", heißt es dort. Eine weitere Tafel liefert die Übersetzung: „Es ist süß und ehrenvoll, für das Vaterland zu sterben", und distanziert sich gleichzeitig: „Mit diesem Spruch wurden in der Vergangenheit junge deutsche Männer auf den sogenannten Heldentod vorbereitet. Die Bezirksverordnetenversammlung Kreuzberg fordert demgegenüber im UN-Jahr des Friedens 1986: Nie wieder Krieg."

Am Südrand des Platzes stehen drei lustige Feuerwehrmänner aus Bronze und spritzen Wasser in ein Bassin: Der 1983 errichtete **Feuerwehrbrunnen** von Kurt Mühlenhaupt ersetzt ein im Krieg zerstörtes Denkmal von 1902, das an den aufopferungsvollen Einsatz der Berliner Feuerwehrleute erinnerte, und ergänzt eine ebenfalls auf „Feuer" bezogene **Reliefwand** von 1960 auf der gegenüberliegenden Straßenseite.

Durch einen Zugang in der Waldemarstraße 62/64 gelangt man in einen entkernten Blockinnenbereich, ein Beispiel für die etwas moderatere Form der Stadtsanierung in den späten siebziger Jahren, die immerhin die Blockrandbebauung respektierte bzw. sie durch Neubauten ersetzte. In dem großen gepflasterten Hof hat ein altes 11 **Ballhaus** von 1867 die Zeiten überdauert. Nach aufwendiger Sanierung ist es seit 1983 Spielstätte des Kulturamtes Kreuzberg.

Über die Naunynstraße und die Mariannenstraße – erwähnenswert das Frauen-Stadtteilzentrum **Schokoladenfabrik** mit dem türkischen Bad Hamam in Nr. 6 – gelangt man zum 12 **Heinrichplatz**, einem von Revolutionsmythen umrankten kleinen Platz, der so etwas wie das Herz von SO 36 darstellt. Westdeutsche Polittouristen versammeln sich hier schon Tage vor den traditionellen 1.-Mai-Demonstrationen, und Presse- und Fernsehreporter fallen in Scharen ein, wenn nur das Gerücht umgeht, es könne sich in SO 36 etwas „zusammenbrauen". Die Enttäuschung ist groß, wenn sie dann nur einige schwäbische Punks antreffen, die auf Mülltonnen wilde Rhythmen trommeln.

Vom Heinrichplatz aus gelangt man über Oranienstraße und Wiener Straße zum Gelände des einstigen Görlitzer Bahnhofes. Unterwegs sieht man rechts die Ruinenreste des während der Maikrawalle 1987 geplünderten und dann abgebrannten „Bolle"-Supermarktes. Auf diesem Gelände ist jetzt eine Große Moschee geplant.

Auf dem Bahnhofsgelände entstand nach zwanzigjähriger Planungs- und Bautätigkeit der 13 **Görlitzer Park**, die größte Erholungsfläche im Bezirk. Seit 1998 wird er von dem **Pamukkale-Brunnen** geschmückt, eine Reminiszenz an die berühmten Kaskaden in der Türkei.

Wer Kreuzberg an schönen Tagen im entspannten „Freizeitzustand" erleben möchte, der ist hier richtig: Fußballspieler und Radfahrer, Trommler und Bumerangwerfer, Hundebesitzer und Flaneure, Drachen, Lammkoteletts und Wasserpfeifen – der Görlitzer Park kennt dies alles auf einmal. Das moderne 14 **Spreewaldbad** an der Südseite des Parks mit der intelligenten Anti-Graffito-Fassade ist vor allem im Winter ein Anziehungspunkt. Nebenan trainieren Kinder und jugendliche Artisten

Bethanien

im Zelt des **Cabuwazi-Zirkus**. Gegenüber vom Hallenbad zweigt die Ohlauer Straße von der Wiener Straße ab und führt zum Landwehrkanal. Auf der linken Seite steht die Stammfabrik des bekannten Klavier- und Flügelherstellers C. Bechstein, der Kreuzberg vor wenigen Jahren verlassen hat. Ein Blick in den vorbildlich sanierten Hof beweist, dass die schon mehrmals totgesagte „Kreuzberger Mischung" von Wohnen und Gewerbe offensichtlich doch kein Auslaufmodell ist.

Das weiter südlich gelegene Hofgebäude Ohlauer Straße 39/41 war die erste städtische 15 **Desinfektionsanstalt** Deutschlands, errichtet im Jahr 1886. Immer wenn ansteckende Krankheiten wie Diphtherie, Cholera, Pocken, Typhus und Scharlach gemeldet wurden, rückten die Desinfektoren mit ihren „Effektenwagen" aus, um alles, was in den Wohnungen der Kranken nicht niet- und nagelfest war, abzuholen und im Wasserdampf der Desinfektionsanstalt zu desinfizieren. Die leeren Wohnungen wurden mit Formalin ausgeräuchert. Das Archiv des 16 **Kreuzberg-Museums** (Adalbertstraße 95, am Kottbusser Tor) bewahrt einige der damals häufig eingesetzten Formalinverdampfer aus Messing auf.

Hinter dem benachbarten ehemaligen **Umspannwerk** der BEWAG – jetzt ein sehenswertes Restaurant – biegt ein beliebter Wander- und Radweg am Ufer des Landwehrkanals ab. Links gelangt man bald zu einem selbst organisierten Boule-

Urbanhafen, Urban-Krankenhaus

Platz, rechts zu den Gartencafés an der Kottbusser Brücke. An schönen Tagen lässt sich kaum ein Platz zum Frühstücken finden, ebenso eng wird es abends in der gegenüberliegenden „Ankerklause". Ihr Name verweist auf die Anlegestelle der Reederei Riedel gleich nebenan; von hier gibt es Schifffahrten spreeaufwärts zum Müggelsee und weiter. An diesem schon zum Bezirk Neukölln gehörenden Ufer des Landwehrkanals, dem **Maybachufer**, findet dienstags und freitags an Nachmittagen ein großer Wochenmarkt statt, der so genannte Türkenmarkt.

Die Kottbusser Straße überquerend, gelangt man zu der 1913-16 von Alexander Beer entworfenen orthodoxen 17 **Synagoge** am Fraenkelufer 10-16, an die ein Gedenkstein erinnert. Das in der Pogromnacht 1938 von Nazis verwüstete und im Krieg schwer beschädigte Hauptgebäude wurde 1958 abgerissen. Es bot Platz für 2000 Männer und Frauen. Die heutige Synagoge ist die frühere Jugend- und Wochentagssynagoge. Die Gemeinde ist durch Zuwanderung russischer Juden wieder gewachsen.

Von der Admiralbrücke aus hat man einen schönen Blick auf den **Urbanhafen** – vor allem bei Sonnenuntergang. Vorn einige Restaurantschiffe, dahinter das Urban-Krankenhaus, das einzige in Kreuzberg. Rechts, am Fraenkelufer 40-44, ein Beispiel für das „postmoderne" Kreuzberg: eigenwilliger sozialer Wohnungsbau, entworfen von dem Architektenehepaar Hinrich und Inken Baller als Projekt der Internationalen Bauausstellung 1984-87 – beachtenswert vor allem auch die Brandwandbebauung im Hof.

Durch die Admiralstraße führt der Weg zurück zum **Kottbusser Tor**. Im vorderen Bereich der Straße sind einige fantasievoll restaurierte Altbauten nur erhalten, weil sie Anfang der achtziger Jahre widerrechtlich von jungen Leuten besetzt wurden. Sonst sähe es in der Admiralstraße heute überall so aus wie in ihrem nördlichen Abschnitt. Und der sich einmal stündlich drehende **Admiral mit Doppelgänger,** ein humorvolles Kunst-im-Stadtraum-Projekt der Bildhauerin Ludmila Seefried-Matejkova aus dem Jahr 1985, müsste mit seinem Fernglas vergeblich nach Resten der alten Admiralstraße suchen.

Wer zu weiteren Erkundungen in Kreuzberg aufbrechen möchte, kann dies vom Hochbahnhof Hallesches Tor aus tun. Die sich von hier aus fächerförmig nach Norden erstreckende, im Zweiten Weltkrieg fast völlig zerstörte Südliche Friedrichstadt war ein Schwerpunkt der **Internationalen Bauausstellung** (IBA) 1984-87. Man wollte, in deutlicher Abkehr von der bis dahin praktizierten Sanierungspolitik, bestehende Stadtviertel unter weitgehender Wahrung vorhandener Bausubstanz und des tradierten Straßenrasters revitalisieren. Bauten, die in diesem Zusammenhang entstanden, finden sich zwischen Oranien-, Linden- und Alte-Jakob-Straße, in der westlichen Kochstraße und um den Askanischen Platz.

Oder man nimmt den Hochbahnhof Schlesisches Tor zum Ausgangspunkt und entdeckt den östlichen Teil von SO 36: zum Beispiel das Schlesische Viertel mit seinem intakten Altbaubestand, die Eisenbahnmarkthalle an der Eisenbahnstraße mit ihrer gusseisernen Trägerkonstruktion, die alten Kasernen an der Wrangel- und Brommystraße und die zaghaften Ansätze von Loft-Wohnen und Designer-Chic in den alten Lagerhäusern an der Spree. Möglicherweise liegt hier die Zukunft Kreuzberg-Friedrichshains.

MARTIN DÜSPOHL

Durch das westliche Kreuzberg

Viktoria und die Generäle

Kreuzberg nähert man sich am besten mit der U-Bahn-Linie 1, die zwischen den Bahnhöfen Kurfürstenstraße und Warschauer Straße als Hochbahn geführt wird. Direkt hinter dem **U-Bahnhof Gleisdreieck** ist rechts die erste Attraktion zu sehen: das (1) **Deutsche Technikmuseum** auf dem Gelände des ehemaligen Anhalter Güterbahnhofs. In seinen Gebäuden fanden nicht nur ein 33 Meter langer Kaffeekahn Platz, sondern auch historische Flugzeuge, wie etwa eine alte Ju 52, und der 1941 in Kreuzberg entwickelte weltweit erste funktionsfähige Computer von Konrad Zuse. Zum Museum gehören neben anderen Abteilungen eine große Schifffahrtsabteilung, eine historische Mühle und eine Brauerei, zwei Lokschuppen mit einer großen Sammlung historischer Schienenfahrzeuge und das „Spectrum", in dem man spielerisch naturwissenschaftliche Grundkenntnisse erwerben kann. An der Front des Neubaus ist ein „Rosinenbomber" aus der Zeit der Luftbrücke zu bestaunen. Das Museum hält auch ein umfangreiches Archiv und eine Bibliothek zur Technikgeschichte bereit.

Wenige Minuten später erreicht die U-Bahn den (2) **Hochbahnhof Hallesches Tor.** Sein Name, wie auch der einiger anderer Bahnhöfe, erinnert an die früheren Stadttore der Berliner Zollmauer. An den Toren wurden Pässe kontrolliert und Zöl-

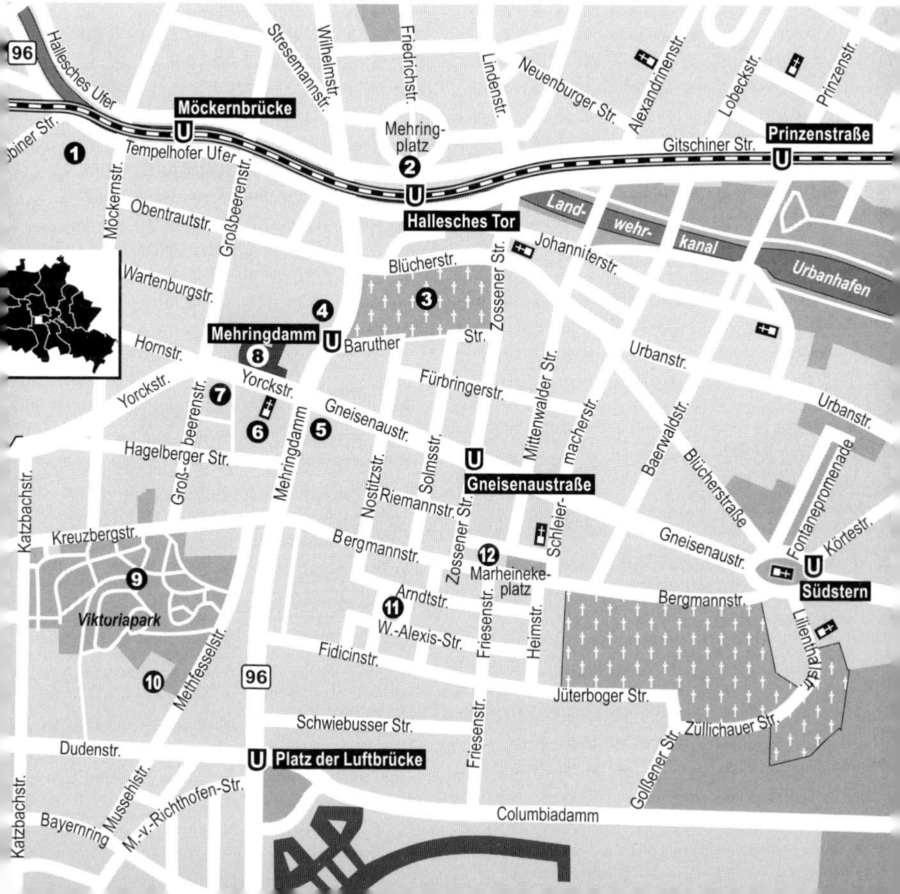

Willy Brandt im Willy-Brandt-Haus

le erhoben. Bereits diese frühe Berliner Mauer sollte auch Fluchtversuche vereiteln, nämlich die Desertionen der oft gegen ihren Willen in den Dienst des preußischen Königs gepressten Soldaten. Sie wurde erst nach 1860 abgetragen. Ihrem ehemaligen Verlauf, über Kottbusser und Schlesisches Tor, folgt heute die 1902 in Betrieb genommene U-Bahn-Linie.

Am Halleschen Tor beginnt der Spaziergang, ein erster Rundblick bietet sich vom nicht überdachten Teil des Bahnsteigs an. Unter der Plattform fließt träge das Wasser des **Landwehrkanals,** der Mitte des 19. Jahrhunderts nach Plänen des Gartenbaudirektors Lenné als zehn Kilometer langer Seitenarm der Spree angelegt worden ist. Er diente vor allem dem Antransport von Baumaterialien für die Stadterweiterung, ist dann aber als Wirtschaftsverkehrsweg überflüssig geworden; heute befahren ihn hauptsächlich Ausflugsschiffe.

Auf der südlichen Seite des Kanals haben sich noch einige Altbauten erhalten, unter denen die neoromanische Fassade des Ende 2000 geschlossenen **Postamtes** hervorsticht, die von dem Repräsentationsbedürfnis der kaiserlichen Epoche erzählt. Zur anderen Seite fällt der Blick auf einen spitzwinkligen Bau, der sich wie ein verglaster Tanker auf den Betrachter zuzubewegen scheint. Es ist die zwischen Stresemannstraße und Wilhelmstraße gelegene **Bundeszentrale der SPD,** 1997 fertig gestellt. Das Gebäude erinnert an das nahe gelegene Gewerkschaftshaus der IG Metall von Erich Mendelsohn in der Lindenstraße.

Gleich neben der SPD-Parteizentrale in der Stresemannstraße befindet sich eine der „Keimzellen" des türkischen Kreuzbergs. Eine **Tafel** im Durchgang erinnert daran, dass die Firma Telefunken hier 1964/65 mehrere hundert Arbeiterinnen aus der Türkei unterbrachte, darunter viele ausgebildete Schneiderinnen, von denen man wohl annahm, dass sie auch Transistoren zusammensetzen konnten.

Flankiert wird die Parteizentrale von **Wohnhäusern,** die bis 1975 nach Plänen von Scharoun und Düttmann am zerstörten Mehringplatz (vorher Belle-Alliance-Platz) errichtet wurden, weiter westlich ragt als markanter Riegel der schwarzgläserne Turm der **Postbank** auf.

In südöstlicher Richtung, am Blücherplatz, liegt das leicht geschwungene Gebäude der 1954 mit Spenden aus den USA errichteten vormaligen **Amerika-Gedenkbibliothek,** die jetzt Teil der Landesbibliothek Berlin ist. Nach der Wende wurde sie mit der Ost-Berliner Stadtbibliothek zusammengelegt und verfügt seitdem über die größten öffentlich zugänglichen Buchbestände Berlins. Die protestantische Backsteinkirche mit der großen Kuppel links davon, die **Heilig-Kreuz-Kirche,** ist zu einem sehenswerten Gemeindezentrum umgebaut worden. In dem großen zentralen Raum finden nicht nur Gottesdienste, sondern auch Konzerte, Ausstellungen und Theaterveranstaltungen statt; auch für ein kleines Café reicht der Platz. In der Kuppel kamen kirchliche Verwaltungsbüros unter. Die Wiese zwischen Gedenkbibliothek und Kirche ist für einen Park zu klein, wird aber dennoch als Picknick- und Sonnenfläche genutzt; abends und am Wochenende ist sie fest in den Händen der Boulespieler.

Verlässt man die U-Bahn-Station Hallesches Tor, muss man nur wenige Minuten Richtung Süden gehen, um in einen sehr lebendigen Stadtteil, die ehemalige Tempelhofer Vorstadt, zu gelangen. Links vorbei am ehemaligen Hertie-Kaufhaus,

Friedhofsmauer am Mehringdamm

in dem jetzt ein Einrichtungshaus sein Glück versucht, gelangt man über die Blücherstraße, die in der Nachkriegszeit brutal über das Gelände des einstigen Böhmischen Friedhofes geführt wurde, auf den selbst für Berliner Verhältnisse ungewöhnlich breiten **Mehringdamm**. Dort befindet sich der Eingang zu einer großen 3 **Friedhofsanlage** mit insgesamt fünf Friedhöfen. Sie wurden ab 1735, damals außerhalb der Stadtmauer, angelegt und gehören zu den ältesten Berlins. Zugleich waren sie die ersten, die nicht in der Nähe einer Kirche angelegt wurden. Prächtig geschmückte Ruhestätten und Mausoleen geben Zeugnis von der Berliner Grabmalskunst und laden ein zum Besuch berühmter Persönlichkeiten aus dem 18. und 19. Jahrhundert, darunter Adolf Glaßbrenner, Henriette Herz, E. T. A. Hoffmann, Georg Wenzeslaus von Knobelsdorff, Carl Ferdinand Langhans, Felix Mendelssohn-Bartholdy, Antoine Pesne und Rahel und August Varnhagen von Ense. Die Friedhofsgärtnerei hält einen „Liegeplan" bereit. Vom Böhmischen Friedhof sind zwei Gräberreihen erhalten. Die böhmischen Glaubensflüchtlinge hatten sich im frühen 18. Jahrhundert vor allem in der Wilhelmstraße und in Rixdorf (Neukölln) angesiedelt.

Scheinbar noch weiter in die Geschichte zurück weist das Gebäude auf der anderen Seite des Mehringdamms. Doch der graue Kasten, der sich mit seinen Ecktürmen und Zinnen Mühe gibt, wie eine alte Burg auszusehen, ist lediglich anderthalb Jahrhunderte alt. Er dient heute als 4 **Finanzamt** und wurde ursprünglich als Kaserne errichtet. Der Bau stammt aus der Zeit, als das Erscheinungsbild der ehemaligen Tempelhofer Vorstadt vom Militär bestimmt wurde. Noch im Januar 1919, nach dem verlorenen Ersten Weltkrieg, drangsalierten hier Freikorpstruppen in Diensten der neuen Regierung gefangen genommene „Spartakisten", die das nahe gelegene Verlagshaus der SPD („Vorwärts") besetzt hatten, und ermordeten sieben von ihnen. Lohnenswert ist ein Blick in den Hof, den ehemaligen Exerzierplatz. Dort nutzt ein Autohaus die ehemaligen Pferdeställe, die zuvor von ihm vorbildlich restauriert wurden.

Vom Militär künden überhaupt einige Straßennamen in diesem Teil Kreuzbergs. An der nächsten Ecke kreuzen Yorck- und Gneisenaustraße den Mehringdamm. Sie gehören zum so genannten Generalszug, der nach den Generälen der Befreiungskriege von 1813 bis 1815 gegen Napoleon benannt wurde, in der westlichen City mit der Tauentzienstraße beginnt und bis zum Südstern reicht. Die Nebenstraßen dieser Gegend wurden nach Schlachten benannt, in denen die Alliierten Siege gegen die Napoleonischen Truppen errangen – zum Beispiel Großbeeren und Katzbach –, oder nach patriotischen Schriftstellern aus dieser Zeit wie etwa Albert Gottlieb Methfessel, Willibald Alexis und Friedrich Max von Schenkendorf. Die breiten Verbindungsstraßen haben Boulevardcharakter, und an dieser belebten Kreuzung beginnt das urbane Kreuzberg in seiner typischen Mischung aus Wohngebäuden, Kleingewerbe sowie Kneipen und Vergnügungsstätten. Dabei ist auffällig, wie in manchen anderen Stadtteilen auch, dass sich zahlreiche Läden und Wohnungen im Souterrain befinden.

Eine Besonderheit findet sich im Hinterhof der Gneisenaustraße 2a – das ist die Adresse eines der selbst verwalteten Großprojekte der Stadt, des 5 **Mehring-Hofs**. 1979 hatten sich sieben Einzelinitiativen auf der Suche nach geeigneten Räumen zusammengetan und waren auf die Fabrik der einst berühmten Schriftgießerei Berthold gestoßen, die inzwischen Fotosatzmaschinen herstellte und größere Räume bezogen hatte. Seit 1980 werkeln ungefähr 30 verschiedene Betriebe und Projekte in den Räumen des rund 5000 Quadratmeter umfassenden Komplexes. Die goldenen Lettern des später in Konkurs gegangenen Vorbesitzers prangen immer noch über dem Haupteingang. Die heute dort ansässige Mischung ist bunt: Theater, Fahrradladen, Buchhandlung, Einzel- und Großhandel für Nicaraguakaffee, Wein, Tee, Schule für Erwachsenenbildung, Graphikbüro – um nur einige zu nennen.

Auf der anderen Seite des Mehringdamms, in der Yorckstraße, sind zwei Gebäudekomplexe bemerkenswert. Einer verbirgt sich unterhalb zweier schmaler Türme im Kleid der backsteinernen Neogotik. Es ist die zwischen bürgerlichen Mietshäusern eingezwängte 6 katholische **Kirche St. Bonifatius** (1906/07 von Max Hasak). Ihre beengte Lage ist auf die damals angewendete Fassadensteuer zurückzuführen: Bei frei stehenden Gebäuden wurde die gesamte Fassade besteuert. Die Katholiken, im protestantischen Berlin in der Minderheit, hätten die Summe für einen frei stehenden Bau nicht aufbringen können und passten ihn deshalb nicht nur in die Blockrandbebauung ein, sondern errichteten auf dem Grundstück auch Wohnungen und Läden. Die Durchgänge führen zu weiteren Wohngebäuden auf dem Hof, die das Kirchenschiff in der gesamten Blocktiefe umrunden.

Ein paar Schritte weiter fallen an einer reich verzierten hellen Fassade zwei Atlanten ins Auge, unter denen sich eine Durchfahrt auftut: der Eingang zu 7 **Riehmers Hofgarten,** einem Wohnkomplex zwischen Yorck-, Großbeeren- und Hagelberger Straße. Zu einer dreiflügeligen Anlage zusammengeschlossen, wurden ab 1881 20 Mietshäuser gebaut.

Ungewöhnlich waren die durchgängig großzügig geschnittenen Wohnungen mit Balkonen auch zu den Innenhöfen, vor allem aber die Tatsache, dass diese großen Höfe gärtnerisch gestaltet wurden – die gut erhaltene Anlage ist Beispiel für eine Baukultur, mit der der Bauherr – Maurermeister Riehmer – auf gut betuchte Mieter des kaiserlichen Berlins abzielte. In einem zu Riehmers Hofgarten gehörenden Mietshaus (Großbeerenstraße 57) zeigt heute das **Berliner Kinomuseum** Klassiker der Filmgeschichte, in einem anderen befindet sich ein stilvolles Hotel.

Eine gute Sicht aus Vogelperspektive bietet sich vom obersten Stockwerk des auf der anderen Straßenseite gelegenen Gebäudes aus dem Jahr 1954: Es ist das ehemalige 8 **Rathaus Kreuzberg**. Von dessen öffentlicher Kantine im zehnten Stock bietet sich zu drei Seiten ein Blick weit über die Bezirksgrenzen hinaus. Dass das Bürgermeisterbüro heute im „Fusionsbezirk" Friedrichshain liegt, entschied im Jahr 2000 ein Münzwurf mit einem 5-Mark-Stück. Pech für Kreuzberg! Vor dem Rathaus steht die Büste des Kreuzberger Vorkriegsbürgermeisters Carl Herz, der von den Nazis 1933 in erniedrigendster Weise aus dem Amt getrieben wurde, weil er Jude und Sozialdemokrat war. Er emigrierte, lebte nach dem Krieg in Israel und kehrte nie nach Berlin zurück.

Die Großbeerenstraße führt direkt auf den 9 **Kreuzberg** zu, die mit 66 Metern höchste natürliche innerstädtische Erhebung Berlins. Zum malerisch-romantischen Eindruck der Anlage trägt der wild zerklüftete Wasserfall bei, der nach dem Vorbild des schlesischen Zackenfalls im Riesengebirge angelegt wurde. Rechts davon steht das ehemalige Maschinen- und Gärtnerhaus des Viktoriaparks, in dem sich heute das „Double X" befindet, ein Freizeitzentrum für Mädchen. Das villenähnliche Gebäude ist nicht nur vom Verkehr der Kreuzbergstraße, sondern auch von einigen Volieren und Gehegen mit Kleingetier umgeben – ein Haus mit einem Hauch von Landidylle. Links des Wasserfalls hat sich ein weiteres Gebäude aus dem letzten Jahrhundert erhalten: das unter Denkmalschutz stehende grüne „Café Achteck", eine öffentliche Bedürfnisanstalt.

Dies ist das Entree zum Viktoriapark, der im Wesentlichen aus einigen Wiesen in Hanglage besteht, von denen aus sich zuweilen ein hübscher Blick über die Dächer Kreuzbergs auftut. Organisierten Frohsinn gibt es einmal im Jahr anlässlich der „Kreuzberger Festlichen Tage" Anfang September, ansonsten ist der Park ein nicht allzu schriller Ort der Kontemplation für die Anwohner, in dem auch gern FKK-gesonnt wird. Die geschlängelten Wege, die ihn durchziehen, führen zum **Nationaldenkmal** zur Erinnerung an die Befreiungskriege hinauf, 1818-21 nach Plänen von Schinkel errichtet. Als das gusseiserne, 20 Meter hohe Denkmal aufgestellt wurde, stand es auf der Hügelkuppe. 1878 wurde es auf einen acht Meter hohen Sockel gestellt, da es zwi-

Auf dem Kreuzberg

schen den mittlerweile hochgeschossenen Bäumen und Mietskasernen etwas verloren wirkte.

Hier liegt dem Betrachter die Stadt zu Füßen. Rechts des Wasserfalls sind die beiden Kuppeln des Französischen und Deutschen Doms, die Baumassen der Leipziger Straße, die Doppeltürme von St. Bonifatius mit dem scheinbar dazwischen stehenden Fernsehturm am Alexanderplatz zu erkennen. Weiter rechts folgen die gelben Häuser am Mehringplatz, die von weitem deutlich freundlicher wirken. Der dunkle kurze Turm mit dem grünen Hut gehört zum Märkischen Museum, die rote Kirche mit Kuppel ist die Heilig-Kreuz-Kirche am Blücherplatz. Weiter links ist ein weißes Hochhaus mit schwarzem Kern zu sehen, das Handelszentrum an der Friedrichstraße, daneben die Postbank und der kugelige Wasserturm auf dem Gleisdreieck-Gelände.

Nach Süden blickt man auf den Flughafen Tempelhof, rechts davon, dem Betrachter zu Füßen, liegt das Gelände der ehemaligen 10 **Schultheiss-Brauerei**. Man erreicht die Anlage, die sich mit vielen Türmchen und Zinnen wie ein mittelalterlicher Festungskomplex zeigt und derzeit zu einem attraktiven Wohn-, Kultur- und Gewerbepark entwickelt wird, über einen kleinen Spazierweg. Seit Mitte des vorigen Jahrhunderts wurde dort Bier gebraut, anfangs in der Tivoli-Brauerei und von 1891 bis 1992 bei Schultheiss. Der Brauerei gegenüber, an der Meth-

Am Chamissoplatz

fesselstraße 23/24, steht eines der vier noch erhaltenen Gebäude der ehemaligen Villenkolonie Wilhelmshöhe, die ab 1871 errichtet worden war. Auf der westlichen Straßenseite, etwas weiter unterhalb, liegt der **Kreuzberger Weinberg.** Seit dem Mittelalter trugen die Hänge des Höhenzuges Reben, die heutigen stammen aus Kreuzbergs Partnerstadt Wiesbaden. Die wenigen Hektoliter „Kreuz-Neroberger", die jedes Jahr geerntet werden, kommen nur zu besonderen Anlässen zum Ausschank.

Nach ein paar Schritten hat man den **Mehringdamm** wieder erreicht, und zwar genau dort, wo früher der „Kaiserstein" stand, ein Findling, der dem Kaiser das Aufsitzen zu Pferde ermöglichte, bevor er die Parade auf dem Tempelhofer Feld abnahm (heute Flughafen). Die Häuser beidseits dieser vierspurigen Straße wirken fast ein wenig zu klein für den breiten Boulevard, in jedem Fall aber sind viele von ihnen hübsch restauriert. Vor allem einige geschmückte Flure und Höfe atmen noch ausgehendes 19. Jahrhundert – eine Entdeckungsreise lohnt, z. B. in den Hof der Nr. 55 (Stammhaus der Sarotti-Schokoladenfabrik).

Kurz vorm Flughafen Tempelhof mündet die **Fidicinstraße** in den Mehringdamm. Zweierlei fällt auf: das Kopfsteinpflaster und, über den Dächern, der dicke rote Wasserturm, der die Gegend früher mit Trinkwasser versorgte und nun Stadtteil- und Jugendzentrum ist. Etwas versteckter: der von dem Maler und Bildhauer Kurt Mühlenhaupt gegründete Hof in der Fidicinstraße 40 mit englischsprachigem Theater („Friends of Italian Opera") und das sehenswerte Gelände der ehemaligen Hopf'schen Bierbrauerei in der Fidicinstraße 3. Viel Verkehr schiebt sich die Fidicinstraße entlang; Ursache dafür sind die sich von der nahen Friesenstraße die Jüterboger Straße entlang erstreckenden Kasernen des Königin-Augusta-Grenadier-Regiments und der Garde-Kürassiere, denn sie sind heute Sitz des Straßenverkehrsamtes und der Polizei.

Das Herz dieser Wohngegend mit viel alteingesessenem Gewerbe ist der 11 **Chamissoplatz.** Das Quartier um ihn herum steht als Gesamtensemble unter Denkmalschutz. Er ist mit seiner leichten Hanglage, den stuckverzierten Fassaden, kopfsteinpflasterbelassenen Straßen, Schinkelschen Gaslaternen und der ehemals als Pferdetränke dienenden Wasserpumpe einer der intimsten Kreuzberger Plätze. Rund um den Chamissoplatz und in den einmündenden Straßen sind inzwischen eine Vielzahl von Fassaden in einem ansehnlichen Zustand. Das war nicht immer so und täuscht bei nur flüchtigem Blick leicht darüber hinweg, dass sich einige Häuser noch in einem desolaten Zustand befinden. Lange hatte sich der Zustand ihrer Entstehungszeit erhalten – Kohleöfen, Gemeinschaftstoiletten, keine Bäder.

Zwar war die Gegend bereits seit 1964 geschützter Baubereich, aber erst dank der Mieterinitiative Chamissoplatz und zahlreicher Hausbesetzungen wurde seit den späten siebziger Jahren behutsam modernisiert. Es gibt einige Lokale und Galerien, aber wenig andere Geschäfte, sodass der Platz eine Insel der Ruhe ist, die nur samstags regem Treiben Platz macht, wenn hier der Öko-Markt abgehalten wird.

Ganz anders gibt sich die **Bergmannstraße.** Hier findet man das quirlige Kreuzberg mit türkischem Lebensmittelhandel, Weinhandlungen und Designerboutiquen, Trödlern und Bioläden, ungewöhnlichen Buchhandlungen wie „Chronika“, „UFO“ und „Hammett“ und natürlich Kneipen, Restaurants und Cafés. Man hat sich gut eingerichtet, und im Sommer sitzt das lässige Publikum bis in die Nacht auf dem Bürgersteig, umweht von Gerüchen aller erdenklichen Speisen dieser Welt. Die Bergmannstraße ist so etwas wie die Einkaufs- und Flaniermeile des Viertels – hier zu wohnen gilt als schick. Die Fassade und der Hof des **Kontorbaus** Bergmannstraße 102/103 sind wegen ihrer gewagten, aber gelungenen Form des Umgangs mit alter Bausubstanz einen Abstecher unbedingt wert.

Die Bergmannstraße führt über den 12 **Marheinekeplatz**, auf dem die gleichnamige **Markthalle** steht. Sie ist eine von 14 Markthallen, die in Berlin vor der Jahrhundertwende errichtet wurden und von denen lediglich vier erhalten geblieben sind. Diese hier präsentiert sich leider nicht mehr im Originalzustand, denn Kriegszerstörungen und vereinfachter Wiederaufbau lassen den ursprünglichen Charakter kaum erkennen. Immerhin ist die Markthalle nach wie vor mehr als nur ein Ort zum Einkaufen, sie ist Treffpunkt im Kiez, und die kleinen Stände bieten zumeist Qualität deutlich über Supermarktstandard. Der Platz wird von unterschiedlichen Kneipen gesäumt. Man trifft hier die Kreuzberger Szene, die sich beim ersten Sonnenstrahl in die Vorgärten setzt. Dann ist das angenehme Gemurmel wohliger Befindlichkeit zu hören, manchmal übertönt von dem Treiben auf dem Kinderspielplatz gegenüber. Die Inschriften der fantasievollen Brunnenanlage auf dem Platz sind zweisprachig – in Türkisch und Deutsch.

Auch die abzweigende **Zossener Straße** wartet mit Ausgefallenem auf. Neben den üblichen Imbissen findet sich hier ein Nebeneinander aus Hairstylisten, Vollwertkost-Imbiss, stadtbekanntem Comic-Fachgeschäft, gut sortierten Platten- und Buchläden (first und second hand), Knopfhandlung, Schuhen sauspitz, Spezialgeschäft für Radios aller Generationen und vielem mehr.

Am Marheinekeplatz

Auffallend sind auch hier die vielen glatten Häuserfassaden mit Rauputz, an denen früher gründerzeitlicher Stuck prangte, der Opfer der subventionierten Modernisierungspolitik der fünfziger Jahre wurde. Damals wurde der Putz abgeschlagen, weil man klare Linien und Flächen wollte. Erst allmählich setzte sich Verständnis für die charakteristischen Schnörkel und Gesimse durch. Nun wird die Neuanbringung von Stuck subventioniert.

Die ebenfalls von der Bergmannstraße abzweigende **Nostitzstraße** war in den zwanziger Jahren eine Bastion der kommunistisch geprägten Arbeiterbewegung und in den Dreißigern Schauplatz gewaltsamer Auseinandersetzungen mit den Nazis.

Der Rundgang schließt sich, wenn die Mauern des Kirchhofs der Jerusalem- und Neuen Gemeinde und der dahinter liegende Blücherplatz mit dem nahen **U-Bahnhof Hallesches Tor** am Ende der Zossener Straße wieder erreicht sind.

EBERHARDT ELFERT

Das alte Berliner Zeitungsviertel

Presse-Monopoly

Man sieht, was man weiß. Diese Maxime aller Stadtführer ist im alten Berliner Zeitungsviertel in Mitte und Kreuzberg weitgehend außer Kraft gesetzt. Man kann bestenfalls viel wissen. Das wenige heute noch Sichtbare ist ein kärglicher Rest einer großen Vergangenheit.

Dies hat vor allem mit dem 3. Februar 1945 zu tun, an dem um die Mittagszeit binnen 90 Minuten bei so genanntem Bombenwetter rund 1000 amerikanische Flugzeuge die Gegend zwischen dem heutigen Mehringplatz und der Leipziger Straße in Schutt und Asche legten.

Die publizistische Vielfalt der Jahre vor 1933 bleibt unerreicht. 1932 erschienen in Berlin 39 Tageszeitungen, so viele waren es 1989 in der gesamten DDR. Zu diesen Tageszeitungen kamen außerdem noch 32 Zeitungen für die Berliner Bezirke. Das Herz der Zeitungsstadt Berlin schlug in der Zimmerstraße, der Kochstraße und den angrenzenden Straßen. Zum Beispiel die Zimmerstraße: 1933 hatten acht Nachrichtenagenturen wie etwa Reuters oder Wolff's Telegraphenbüro dort ihren Sitz. Vier Berliner Redaktionen auswärtiger Zeitungen nutzten außerdem die ansässigen Bild- und Textagenturen. Fachblätter, angefangen von der „Allgemeinen Fleischer-Zeitung" bis zum „Sozialistischen Boten", wurden in insgesamt 17 Verlagen ediert. Und die drei Großen im damaligen Berliner Zeitungsgeschäft arbeiteten hier: Das Verlagsgebäude von Mosse erstreckte sich von der Jerusalemer bis in die Zimmerstraße, gerade gegenüber saß der Scherl Verlag. Selbst der Größte im Bunde, der Ullstein Verlag, hatte ab 1881 hier seinen ersten Sitz.

Café Adler, ehemals eine Apotheke, am Standort des früheren Grenzübergangs Checkpoint Charlie: Heute kann man dort entspannt seinen Kaffee trinken und dem Treiben der Touristen rund um das **Mauer-Museum** (Haus am Checkpoint Charlie) zusehen. Vor 1989 saß man hier dagegen Aug' in Aug' mit den Polizisten am Grenzübergang. Wenige hundert Meter entfernt wurde 1962 Peter Fechter von der DDR-Grenzpolizei bei einem Fluchtversuch erschossen. Ein in die Straße eingelassenes Band aus Steinen dokumentiert den Verlauf der Berliner Mauer, die bis 1989 das alte Zeitungsviertel in eine Ost- und eine West-Berliner Hälfte teilte. Bis vor kurzem warb auf einer Brandwand ein Schriftzug mit verblassenden Schriftzügen für eine Zeitung, die es nicht mehr gibt. Wenige Monate nach dem verheerenden Luftangriff vom Februar 1945 wählte die CDU mit Neue Zeit (1945-1994) einen programmatischen Namen für das Blatt einer konservativen Partei. Tatsächlich versuchte es, bevor es zur Blockflöte wurde, in den vierziger Jahren noch eigene Töne zu finden. 1990 kaufte die Frankfurter Allgemeine Zeitung das Blatt. Es hatte das gleiche Schicksal wie der Großteil der Tageszeitungen aus dem ehemaligen Berlin-Ost: Im Juli 1994 wurde es eingestellt.

Wendet man sich die Zimmerstraße nach Westen, sieht man inmitten von Brachflächen schräg gegenüber dem Café Adler den **Klinkerbau Nr. 86-89**, eines der beiden Häuser, die die Bombardierungen überstanden. Die Embleme über der Toreinfahrt in der Fassade deuten die ursprüngliche Funktion des Gebäudes an. Es werden Obst, Gemüse, Fische und eine Waage dargestellt, das rechte Relief zeigt mit der geflügelten Kappe und dem Heroldstab die Symbole des Handelsgottes Hermes, lateinisch Mercurius. Die Abbildungen verweisen auf die **Markthalle III**, die 1884-86 hier gebaut wurde. Später wurde ein Teil des Komplexes unter dem Namen Clou ein Vergnügungsbetrieb mit Musik, Tanz und Kabarett. Hier hatte Hitler am 1. Mai 1927 seine Berliner Premiere als Redner. Im Februar 1943 wurde das Clou zum Sammellager für Juden, die im Rahmen der so genannten Fabrikaktion deportiert werden sollten. Eine Gedenktafel erinnert an die Geschichte des Hauses.

Ehemalige Markthalle, Relief

Von 1934 bis 1945 befand sich hier die Redaktion des NS-Blattes Der Angriff. Das vom Berliner Gauleiter Joseph Goebbels 1927 gegründete aggressiv-antisemitische NS-Kampfblatt sollte der schwachen Berliner NSDAP Zulauf verschaffen. Auch die Norddeutsche Ausgabe des Völkischen Beobachters und viele andere NS-Zeitungen wurden hier herausgegeben. Als eine der wenigen Druckereien war die in der Zimmerstraße 86-91 von Kriegszerstörungen verschont geblieben. Deswegen konnten hier die KPD/SED-Zeitungen Deutsche Volkszeitung (1945/46) und Neues Deutschland (seit 1946) erscheinen. Geht man ostwärts wieder am Café Adler und dem Verlagsbau der Neuen Zeit vorbei, stößt man an der Ecke Zimmer- und Charlottenstraße auf das **Quartier Schützenstraße,** einen neu erbauten, farbigen Baukomplex von Aldo Rossi. Nichts erinnert daran, dass an dieser Ecke die Mutter der deutschen Nachrichtenagenturen, das Wolff'sche Telegraphenbüro (WTB), einst ihren Sitz hatte. Schräg gegenüber, in der Charlottenstraße 82, war die Berliner Redaktion der Essener National-Zeitung. Die Jüdin Felice Schragenheim, bekannt aus dem Film „Aimée und Jaguar", arbeitete hier 1944 unter falschem Namen.

Wenige hundert Meter weiter, an der Ecke Schützen- und Jerusalemer Straße, steht ein Gebäude, das sowohl in presse- als auch baugeschichtlicher Hinsicht von Bedeutung ist. An der Fassade zur Schützenstraße gibt ein **Relief** mit dem Drucker-Vogel Greif Aufschluss – zu lesen ist die Inschrift: „Berlin Druckverlag Rudolf

Mosse-Zentrum

Mosse, gegründet 1871". Mit dem von ihm entwickelten Anzeigenhandel legte der Kaufmann Rudolf Mosse das Fundament des modernen Zeitungsgewerbes. Zu dem kaufmännischen Erfolg gesellte sich dann der publizistische. Dies ist vor allem Theodor Wolff, dem langjährigen Chefredakteur des Berliner Tageblatts, zu danken. Die liberal-demokratische Zeitung nahm innerhalb der damaligen Presse Deutschlands eine Spitzenposition ein. Herausragende Journalisten wie etwa der Theaterkritiker Alfred Kerr sorgten für ein hohes Niveau. Nach Inhaftierung im KZ Sachsenhausen starb Wolff 1943 im Jüdischen Krankenhaus in Berlin. Der Zeitungsverband Deutscher Zeitungsverleger verleiht alljährlich einen Theodor-Wolff-Preis für herausragende journalistische Leistungen. Das 1995 eingeweihte **Mosse-Zentrum,** in dem sich heute die Philosophische Fakultät der Humboldt-Universität und das Druckhaus Mitte befinden, rekonstruiert einen Entwurf von Erich Mendelsohn aus dem Jahr 1923, der die ursprüngliche Gestaltung des Eckhauses durch Cremer und Wolffenstein (1901-03) modifiziert hatte. Dies war nötig geworden, weil nach der Besetzung des Zeitungsviertels im

Axel-Springer-Verlagshaus

Januar 1919 durch Aufständische der Mossebau beschädigt worden war. An die Stelle von Sandstein traten am Eckhaus Fensterbänder und Keramikplatten, die Vertikale des Altbaus wurde durch die Horizontale ersetzt. Dazu Mendelsohn selbst: „Der mittelalterliche Mensch, aus der horizontalen Ruhe seines beschaulichen Werktags, braucht die Domvertikale, um seinen Gott hoch oben zu finden. Der Mensch unserer Zeit, aus der Aufgeregtheit seines schnellen Lebens, kann nur in der spannungslosen Horizontalen einen Ausgleich finden."

Einen Steinwurf weiter, auf dem heutigen Gelände des Springer-Verlages, arbeitete der zweite der drei Großen. August Scherl hatte sich schon als Verleger von Groschenromanen, als Betreiber einer Rollschuhbahn und als Theaterdirektor versucht, ehe er 1883 mit dem Berliner Local-Anzeiger erfolgreich die Berliner Zeitungsbühne betrat. Als parteilose Zeitung für den kleinen Mann bot sie neben Sensationen und Unterhaltendem einen ausgeweiteten Lokalteil. Eine „Zeitung, die jedem etwas und den meisten alles bot, die schnell und umfassend und unterschiedslos berichtete, die keine Meinung, keinen Charakter, kein Gesicht hatte, die sich für niemand einsetzte außer für sich selbst, die keinen anderen Zweck verfolgte, als möglichst viele Inserate zu bringen und möglichst hohe Auflagen zu erzielen" (Mendelsohn). Der Berliner Local-Anzeiger wurde zum Prototyp der Generalanzeiger-Presse, die scheinbar parteilos, tatsächlich jedoch kaiser- bzw. regierungstreu berichtete. Neuartige Methoden sicherten seinen Geschäftserfolg. Fortsetzungsromane, deren Spannungshöhepunkte am Monatsende lagen, verhinderten Abbestellungen. Reklame, die Rubrik „Öffentliche Meinung" und auch Sprechstunden vergrößerten ihren Bekanntheitsgrad.

Am **Axel-Springer-Haus** befinden sich zwei figürliche Darstellungen. Ein vierteiliges Relief zeigt die Ausschnitte aus der Zeitungsarbeit: Redaktion, Satz, Druck und Vertrieb. Vor dem gläsernen Neubau steht die steinerne **Eule**, das Wahrzeichen des Ullstein Verlages. Ullstein hielt für den Hamburger Verleger Springer den Steigbügel für dessen Einstieg in den Berliner Zeitungsmarkt. 1956 nur Minderheitsaktionär, schluckte er 1967 die Ullstein AG vollständig. Mit dem Bau seines Firmensitzes auf dem Gelände des alten Scherl-Verlages unmittelbar an der Mauer besetzte Springer 1966 den Raum des alten Berliner Zeitungsviertels mit BILD und BZ nicht nur topographisch, sondern auch ökonomisch und politisch. Wo früher Mosse, Ullstein und Scherl um Groschen und Gesinnung des Leser konkurrierten, saß nun nur noch Springer. Von Scherl übernahm er das Grundstück und die konservative Haltung, von Ullstein den traditionsreichen Namen und die Orientierung am Geschmack des breiten Publikums.

Die Monopolisierung der Tradition ging einher mit der des Marktes. Noch 1986 verlegte Springer rund 80 Prozent der Berliner Tagespresse, derzeit sind es rund 70 Prozent. Als im April 1968 ein Mordanschlag auf Rudi Dutschke verübt wurde, machte die Außerparlamentarische Opposition Springer und seine Berichterstattung verantwortlich („Bild hat mitgeschossen"), und Wolf Biermann schrieb: „Die Kugel Nummer eins kam aus Springers Zeitungswald." Ostern 1968 versuchten Studenten die Auslieferung der Springer-Blätter in der Kochstraße zu verhindern, es kam zu Demonstrationen und schweren Zusammenstößen mit der Polizei.

Ullstein-Eule

Verwaltungsgebäude der GSW

Der nördliche Teil der Lindenstraße heißt heute Axel-Springer-Straße. 1995 nahm der Senat gegen Proteste der Bezirke Mitte und Kreuzberg die Umbenennung vor – auf den Tag genau 20 Jahre nach dem Attentat auf Rudi Dutschke.
An der Stelle des 1945 zerstörten Ullstein Verlags zwischen Markgrafen- und Charlottenstraße steht heute der neue Büroturm der **Wohnungsbaugesellschaft GSW** mit seinem elliptischen Vorbau. Seit 1881 befand sich hier das Stammhaus des größten der großen Drei in Berlin. Vor allem um die Jahrhundertwende brachte Ullstein Blätter auf den Markt, die enormen Erfolg beim Publikum hatten. Ein Verkaufsschlager wurde die neuartig bebilderte Berliner Illustrirte Zeitung ebenso wie die Berliner Morgenpost, die in den zwanziger Jahren auflagenstärkste Tageszeitung in Berlin war. 1904 wurde mit der BZ am Mittag das erste deutsche Boulevardblatt geschaffen. Sie galt bald als die „schnellste Zeitung der Welt". Rechtzeitig zum 50. Jubiläum konnte der Verlag 1927 mit der Einweihung des Ullsteindruckhauses in Tempelhof seine Stellung als europäischer Medienriese dokumentieren.
Ob stehend oder bewegt – auch die Bilder hatten bereits vor 1933 in der Kochstraße eine Heimat. Heinrich Hoffmann, Hitlers Leibfotograf mit einem Monopol für Führerbilder, vertrieb diese seit 1933 aus der Nr. 10. Über 20 Filmunternehmen hatten in der nicht so langen Straße ihren Sitz, die **Kochstraße 18** allein beherbergte vier Filmgesellschaften. Heute heißt das Gebäude Rudi-Dutschke-Haus und ist seit 1988 Sitz der taz, wie die tageszeitung umgangssprachlich heißt. Eine **Gedenktafel** am Hauseingang erläutert die Namensgebung: „... Mehrere tausend Menschen versuchten [Ostern 1968] die Auslieferung jener Tageszeitungen zu verhindern, in denen die Bewegung und die Person Rudi Dutschkes denunziert wurden. Aus der Einsicht in die Notwendigkeit einer alternativen Öffentlichkeit entstand 1979 die tageszeitung ..."
Vier muskulöse, schambedeckte Karyatiden symbolisieren die Last einer alternativen Medienexistenz ebenso wie die Farbreste von Wurfbeuteln an der Fassade.
25 Jahre taz: Chaos und Kampagnen, Kapitalschwäche und Karrieresprungbrett, Kritik und Krisen – nicht zu vergessen die Kreativität. Von sich selbst behauptet Berlins lange Zeit einzige überregionale Tageszeitung: „Im Vergleich zu uns sind alle anderen gleich." Entgegen mancher Erwartungen – und auch Befürchtungen – ist mit dem Regierungswechsel 1998 aus dem ehemaligen Szene- kein hauptamtliches Regierungsblatt geworden.
Mit dem Umzug der Regierung zogen auch die vielen Parlamentsbüros und Politischen Korrespondenten von Bonn nach Berlin, einige der großen Printmedien haben auch einzelne Redaktionen in die Hauptstadt verlegt. Sie konzentrieren sich heute wieder in den Straßen rund um die Friedrichstraße – allerdings nördlich der „Linden". Vorläufig wenigstens ist von dem Zuzug das alte Berliner Zeitungsviertel weitgehend unberührt geblieben und nicht zum „neuen" geworden.

Christoph Hamann

Pankow umfaßt seit der Bezirksfusion nicht nur Pankow, sondern auch Prenzlauer Berg und Weißensee. Die noch immer geführten Diskussionen über einen neuen Namen für den Bezirk und die offenkundigen Schwierigkeiten, einen Begriff zu finden, der allen Fusionspartnern gerecht wird, macht deutlich, daß sie nicht allzuviel verbindet. Außer einer gemeinsamen Vergangenheit als Vergnügungsort für die Berliner haben die drei Teile kaum Gemeinsamkeiten.

Prenzlauer Berg ist ein dicht besiedelter Innenstadtbezirk ohne größere Grünanlagen. Auf den Hügeln gab es nie ein Dorf, außerhalb der Berliner Stadtmauer siedelten sich zunächst Windmühlen und Brauereien mit angeschlossenen Biergärten an. Seit Ende des 19. Jahrhunderts entstanden überwiegend Mietskasernen, hier drängte sich das Proletariat. In der DDR galt der Bezirk seit den siebziger Jahren als Refugium der Nichtangepaßten und eine Ursprungszelle der Bürgerrechtsbewegung. Nach 1989 veränderte er sich noch einmal grundlegend: Hier zu wohnen gilt seitdem als schick, Singles und junge Familien mit hohem Einkommen bestimmen in einigen Vierteln das Bild, viele angestammte Einwohner zogen fort – in den neunziger Jahren hat sich die Bevölkerung zur Hälfte ausgetauscht.

Pankow

Ruhiger ging und geht es in **Weißensee** zu, einer Gründung aus dem 13. Jahrhundert. Sie weist noch heute den Charakter einer Vorortsiedlung auf. Ausgedehnte landwirtschaftlich genutzte Flächen und Laubenkolonien bestimmen vor allem in Richtung Stadtgrenze das Erscheinungsbild. Markante Bauwerke hat der Bezirk kaum aufzuweisen, von überbezirklichem Rang sind vor allem der große jüdische Friedhof und der Weiße See. Der See entwickelte sich seit den 1870er Jahren zu einem beliebten, von zahlreichen Lokalitäten gesäumten Ausflugsziel.

Dafür war auch **Pankow** bekannt, der Gassenhauer von „Bolle, der sich köstlich amüsiert", erzählt davon. Der Bezirk, 1920 aus den Ortschaften Niederschönhausen, Rosenthal und Buch gebildet, nobilitierte sich nach 1949 als Wohnsitz vieler Politgrößen, mit der internationalen Anerkennung der DDR siedelten sich viele Botschaften an – und Pankow war auch ein Zentrum der DDR-Opposition. Vor allem seine nördlichen Quartiere galten und gelten noch heute als Wohnbezirk für besondere Ansprüche. Und allein schon Park und Schloss Niederschönhausen sind einen Besuch wert.

Durch den südlichen Prenzlauer Berg

Die „klassische" Route

Die klassische Anfahrt nach Prenzlauer Berg ist die mit der U-Bahn-Linie 2, und seit 1993, als die Teilung der Strecke überwunden war, ist das wieder ganz einfach. Diese Annäherung bietet zudem die Möglichkeit, der Chronologie der baulichen Entstehung folgen zu können. Ausgangspunkt ist der (1) **U-Bahnhof Rosa-Luxemburg-Platz,** den man Richtung Torstraße verlässt.

Sie markiert den nördlichen Verlauf der im 18. Jahrhundert errichteten Berliner Akzisemauer mit ihren Stadttoren. Auch diese Mauer musste weg, stand allerdings nur der stürmischen städtischen Entwicklung im Weg. Sie verschwand 1867/68, ihre Topographie ist aber nach verschiedenen Straßenumbenennungen durch den heutigen Namen wieder im Stadtbild präsent.

An dieser Schnittstelle begann die städtebauliche Entwicklung des Prenzlauer Berges. Die Schönhauser Allee diente immer als Verbindung nach Pankow und Niederschönhausen – mit Schloss Schönhausen – und war bereits Mitte des 19. Jahrhunderts locker bebaut. Wenig hat sich davon erhalten, die großen Umbrü-

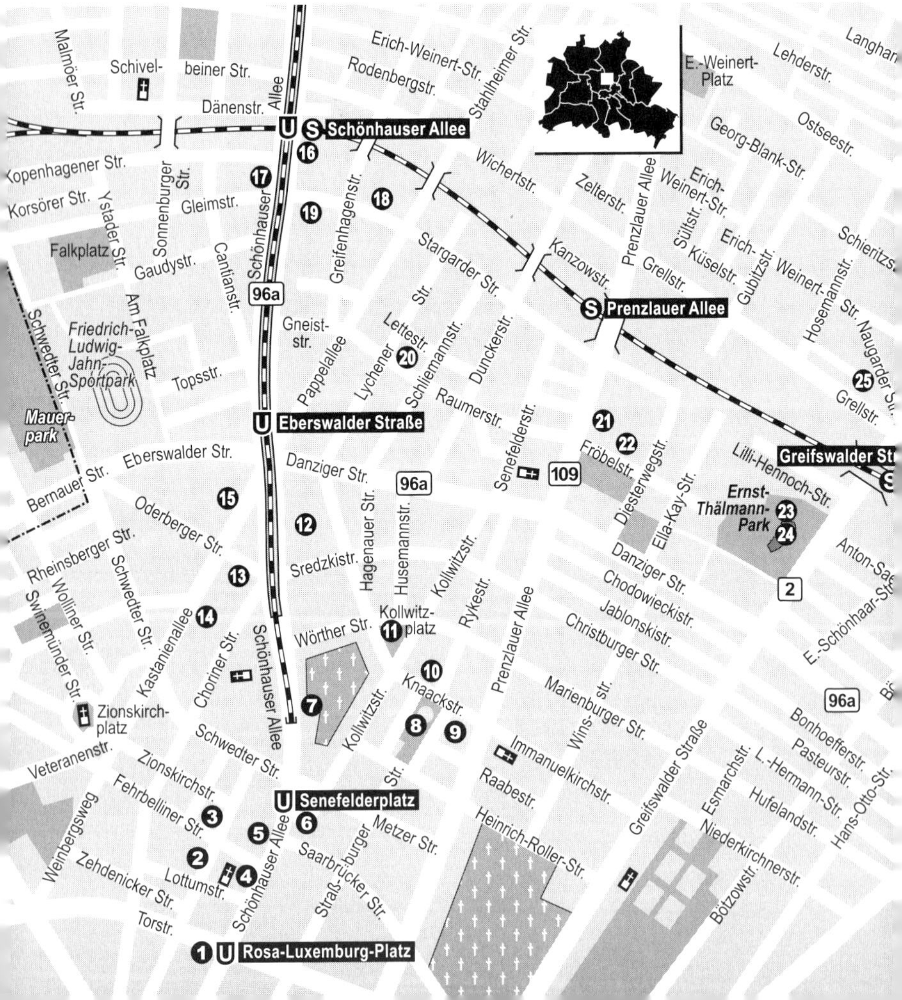

Hinterhof, Lottumstraße

Tordurchfahrt, Lottumstraße

che der Gründerzeit dokumentieren sich dafür umso eindrucksvoller. Die **Schönhauser Allee Nr. 6/7** oder **Nr. 8** sind typische Beispiele dafür: an der Straße die repräsentative Wohnanlage, dahinter ein mit weißer Keramik verkleideter Gewerbehof. Derartige Ensembles liegen vor allem an den wichtigen Hauptmagistralen, die durch den Bezirk führen.

Die ältesten Quartiere des Bezirks, zum Teil noch vor dem einschneidenden Jahr 1871 entstanden, liegen um die **Lottumstraße.** Die Architektur ist hier noch stark klassizistisch geprägt, die Fassaden mit ihren Gliederungen und Verzierungen legen vom Entstehungsdatum Zeugnis ab. Auf den Hinterhöfen lagen Werkstätten, Remisen und Stallungen, die mitunter später verdichtet, also überbaut wurden. Davon ist einiges erhalten, wenn auch viele Höfe durch Rekonstruktion („Reko") in den achtziger Jahren teilentkernt wurden. Leider standen damals denkmalpflegerische Absichten nicht Pate. Eine Plakette an der Christinenstraße 7 erinnert an die „Reko".

Das 2 **Eckhaus Lottum-, Christinenstraße** fällt mit seiner bunten Farbgestaltung aus der Reihe. Es kann stolz darauf verweisen, eines der ersten Selbsthilfeprojekte nach der Wende gewesen zu sein. Gleichzeitig erzählt es eine ungewöhnliche Geschichte. Seit seiner Errichtung 1865 war es bis 1982 im Besitz der gleichen Familie. Die letzte Besitzerin, eine alte Dame, verzichtete damals auf ihr Eigentum, da sie die geforderten Moderni-sierungsmaßnahmen mit den niedrig gehaltenen Mieten nicht finanzieren konnte. Ihre Tochter blieb in dem Haus wohnen, musste aber wegen beabsichtigter Rekomaßnahmen wie alle Mieter 1989 ausziehen. Allerdings organisierte sie sich extra eine gegenüberliegende Wohnung, um die Bauarbeiten „an ihrem Haus" beobachten zu können. Weihnachten 1989 zogen unangemeldet neue Mieter in das Haus ein – es wurde besetzt. Die Tochter konnte sich schließlich mit einer Gruppe der Besetzer einigen, zog auch wieder in ihr Haus zurück, und gemeinsam sanierten sie es nach ihren Vorstellungen. Ihr Antrag auf Restitution wurde mittlerweile positiv beschieden.

Hügelan mündet die Christinenstraße auf den 3 **Teutoburger Platz.** Als offener Grünplatz bereits im Hobrecht-Plan ausgewiesen, diente er zunächst als offener Markt. Der musste seinen Betrieb 1888 einstellen, als die städtischen Markthallen öffneten. Vielfach umgestaltet, verdankt der Platz sein jetziges Aussehen dem Engagement seiner Anwohner, die ihn in einen kleinen Schmuck- und Begegnungsplatz verwandelten: sie entsiegelten den Boden und schufen eine Hügellandschaft. Das Trafo-Häuschen am anderen Ende wird seitdem als Kiez-Treffpunkt und Anwohnercafé genutzt.

Seit 1994 ist das Gebiet um den Teutoburger Platz Sanierungsgebiet. Eine Bestandsanalyse ergab damals, dass 91 Prozent der knapp 6000 Wohnungen vor 1918 entstanden. Davon hatten 95 Prozent Einzelöfen mit Kohle, 47 Prozent kein Bad, 24 Prozent verfügten nur über eine Außentoilette. Inzwischen wurden Baulücken geschlossen, viele der Häuser saniert.

Christinen-, Ecke Fehrbelliner Straße

Die **Fehrbelliner Straße** macht da keine Ausnahme, ist zudem in geschichtlicher Hinsicht erwähnenswert. Hier lebte und arbeitete beispielsweise die Malerin Bärbel Bohley, die ihr Atelier zu einem der wichtigsten Treffpunkte oppositioneller Gruppen in der DDR machte, ständig bewacht von der „Sicherheit". Im September 1989 gründete sich hier das Neue Forum.

Die staatliche Anerkennung dieser politischen Gruppe war eine der wichtigsten Forderungen im Herbst 1989 und Bärbel Bohleys Wohnung Anlaufpunkt tausender, die sich als Mitglieder eintrugen.

Das daneben liegende Haus Fehrbelliner Straße 91 gehört heute der **Pfefferwerk** gGmbH. Es war 1892 als ein jüdisches Kinderheim errichtet worden, das wie alle jüdischen Einrichtungen 1942 schließen musste. Das Haus knüpft wieder an seine soziale Tradition an, unter anderem mit einem Nachbarschaftshaus. Eine Gedenktafel erinnert jetzt auch an das Kinderheim.

Auch die Fehrbelliner Straße 6, **Fehre 6** genannt, machte auf sich aufmerksam. Die Bewohner, ehemalige Besetzer mit legalisiertem Status, widersetzten sich erfolgreich dem Verkauf ihres Hauses an ein Immobilienunternehmen. Die benachbarte Pfefferwerk gGmbH ersteigerte das Haus und überließ es den Bewohnern gegen Entgelt zur langfristigen Nutzung. Die Sanierung nahmen sie selbst vor.

Die wuchtige neoromanische (4) **Herz-Jesu-Kirche** entstand 1898 als erste katholische Kirche im Bezirk, kamen doch viele Einwanderer aus katholisch geprägten Gebieten.

Wundern Sie sich nicht, wenn Sie Filmteams um oder in der Kirche sehen sollten. Sie ist ein beliebter Drehort geworden, und die Gemeinde finanziert so einen Teil der Unterhaltskosten. Vielleicht ist die Kirche auch geöffnet und gewährt einen Blick auf die reichhaltigen Mosaiken. Ein ganzer Häuserblock ist hier mit konfessionellen katholischen Einrichtungen belegt. Im Hof der dazugehörigen Schönhauser Allee 182 erinnert seit 1988 eine **Gedenktafel** an das „Hilfswerk beim bischöflichen Ordinariat". Es hatte hier von 1939 bis 1945 seinen Sitz und half vielen politisch und rassisch Verfolgten. Am eisernen Tor ist ein kleiner Riegel angebracht, der den Zugang zum Gelände ermöglicht.

Der rechte Backsteinbau, die **Theresienschule,** wurde 1897 als höhere katholische Mädchenschule eingeweiht. Von den Nationalsozialisten verboten, konnte sie 1946 auf Beschluss des Alliierten Kontrollrats wieder öffnen und existierte deshalb als konfessionelle Schule während der DDR weiter, was ungewöhnlich war. 1991 zog sie aus Platzgründen nach Weißensee.

Direkt um die Ecke stehen noch (5) **zwei Häuser** aus der anfänglichen Bebauung der Schönhauser Allee um 1850 (Nr. 177 A und B), gut erkennbar auch dahinter die Hangkante des Barnim. Nebenan am Pfefferberg weist eine Tafel auf die Brauerei Pfeffer und ihre Geschichte hin. Das Foto von einem der Gärkeller gibt einen kleinen Eindruck von der imposanten Unterkellerung des Hofes.

Von der Saarbrücker Straße aus eröffnet sich der Blick auf drei ehemalige Brauereien, die hier noch immer das Stadtbild prägen.

Man steht jetzt auf dem **Senefelderplatz.** Er war ursprünglich eine Restfläche, die sich aus dem Hobrechtschen Bebauungsplan ergab und, zu einem kleinen Schmuckplatz umgestaltet, wie ein Entree für den angrenzenden Bereich wirkt. Seit 1892 schmückt ein (6) **Denkmal für Alois Senefelder** diesen Platz. Er erfand die Lithographie, weshalb der Namenszug auf

Jüdischer Friedhof, Eingangsportal

der Vorderseite spiegelverkehrt aufgebracht ist. Auf dem hinteren Sockel ist zu lesen, dass die Fachgenossenschaft der Drucker Deutschlands Geld sammelte, um Senefelder – er lebte in München – zu ehren. Derartige Ehrungen „kleiner Leute" waren in der neuen Reichshauptstadt sonst nicht üblich. 1995 erhielt der Platz seine ehemalige Gestaltung zurück. Das „Café Achteck" stiftete die Berliner Firma Wall, die es sogar einer Funktion zuführte; die männlichen Besucher können sich davon auch überzeugen.

Eine Tafel mit historischen Aufnahmen informiert über den Platz. Auf einem Foto ist gut zu erkennen, dass am nördlichen Rand an der Metzer Straße einstmals Wohnhäuser standen; die jetzige Grünfläche markiert eine der wenigen größeren Zerstörungen des Zweiten Weltkrieges im Bezirk.

Das sich anschließende (7) Gebäude an der Schönhauser Allee stiftete 1881 das Konfektionärsehepaar Mannheimer als Jüdisches Altersheim. Ein Großteil der Bewohner wurde 1942 nach Theresienstadt deportiert, das Heim beschlagnahmt. Ab 1946 zog die Polizeidirektion vom Prenzlauer Berg dort ein und errichtete dort unter anderem Verwahrzellen. In diesen fanden auch die berüchtigten „Zuführungen am 7. und 8. Oktober 1989 statt. Die massiven und brutalen Übergriffe der „Deutschen Volkspolizei" und anderer „ziviler Kräfte" gegen friedliche Demonstranten in Prenzlauer Berg waren einer der vielen Tropfen, die im Herbst 1989 das Fass DDR zum Überlaufen brachten. Das Gebäude wurde mittlerweile der jüdischen Gemeinde rückübertragen, die Polizei zog im Frühjahr 2002 aus.

Neben dem ehemaligen jüdischen Altersheim liegt an der Schönhauser Allee der **2. Jüdische Friedhof** Berlins. Er wurde 1828 eröffnet, auf freiem Feld außerhalb der damaligen Stadt. Bis 1880 diente er als Begräbnisplatz, danach erfolgten hier nur noch Erbbegräbnisse. Er blieb, wenn auch stark verwahrlost, in großen Teilen erhalten und ist ein einzigartiges Zeugnis der Entwicklung und Liberalisierung des jüdischen Lebens im 19. Jahrhundert. Bedeutende Berliner Persönlichkeiten fanden auf ihm ihre letzte Ruhestätte, unter anderen der Verleger Leopold Ullstein, der Musiker Giacomo Meyerbeer und der Maler Max Liebermann, zu dessen Begräbnis 1935 nur noch wenige Teilnehmer erschienen, war er doch vorher schon durch die Nationalsozialisten stigmatisiert und geächtet worden.

Seit einigen Jahren gibt es verstärkt Bemühungen, den Friedhof vor dem Verfall zu bewahren und ihn zu dokumentieren. An den Wochentagen ist der Friedhof für die Öffentlichkeit zugänglich. Im Herbst 2003 wurde auf dem Grundstück der im Krieg zerstörten Trauerhalle mit dem Bau eines „Lapidariums" begonnen, das nach Fertigstellung Ende 2004 auch über den Ritus der jüdischen Bestattungen informieren möchte.

Die **beiden Häuser** rechts neben dem heutigen Polizeigebäude waren im Herbst 1989 die ersten besetzten Häuser in Ostberlin – eine ungewöhnliche Nachbarschaft. Die Besetzer kamen aus dem Umfeld der Umwelt-Bibliothek, jener Oppositionsgruppe, deren Mitglieder und Sympathisanten von den Genossen der Volkspolizei Wochen zuvor noch verprügelt worden waren. Sie zählten sich zur linksalternativen Szene. Um sie vor Angriffen kahlköpfiger Fußball„fans" des nahe gelegenen Jahn-Sportparks zu schützen, entstand zwischen Polizei und Hausbesetzern eine „Sicherheitspartnerschaft", ein in Berlin wohl einmaliger Vorgang und so nur in der Wendezeit möglich. Und noch ein Kuriosum: Einige eröffneten in unmittelbarer Nähe ein Café. Da die Umweltbibliothek in den Räumen der Zionskirche arbeitete, nutzten sie zur Ausstattung des Cafés nicht mehr von der Kirche benötigte Kirchenbänke. Das Café hat seitdem einige Besitzerwechsel hinter sich, die Kirchenbänke im **Chagall,** am anderen Ende des Senefelderplatzes, sind aber geblieben.

Die Schönhauser Allee ist die Hauptader des Bezirks, das Herz des Bezirks, den Kollwitzplatz, erreicht man jedoch, wenn man sie hier verlässt und über die Grünfläche zur Kollwitzstraße geht.

„Abenteuerlicher Bauspielplatz": Dieser Hinweis auf dem Weg ist schon von weitem nicht zu übersehen und nachmittags oder am Sonnabend das Handwerkern und die Geschäftigkeit der Kinder nicht zu überhören. Im Mai 1990 als erster pädagogisch betreuter Spielplatz in Ost-Berlin gegründet, ist er seitdem für viele Kinder ein wichtiger Bezugspunkt. Das Spielhaus, ein ökologisches Modellprojekt, wurde 1998 eingeweiht.

Etwas weiter lugt ein minarettähnlicher Turm über Baumwipfeln hervor. Er gehört zum (8) **Wasserturmareal** an der Belforter Straße, das auf dem höchsten Punkt des ehemaligen (Wind-)Mühlenberges liegt. Der schlanke Turm – ein Steigrohr – mit dazugehörigen Wasserbecken ist Teil der ersten zentralen Wasserversorgungsanlage Berlins, 1855/56 von einem englischen Privatunternehmen gebaut. Spreewasser wurde per Dampf gefiltert und über ein Leitungsrohr direkt auf den Berg gepumpt, um so die Häuser der Tiefstadt Berlin mit Wasser zu versorgen. Die beiden später überbauten Reservoirs sind seit 1995 in der warmen Jahreszeit der Öffentlichkeit zugänglich. Künstler setzen sich mit der „Kryptonale" und anderen Veranstaltungen mit diesen faszinierenden Räumen auseinander.

Das Anwachsen der Stadt in den siebziger Jahren des 19. Jahrhunderts machte eine zentrale städtische Wasserversorgung notwendig. Der große – dicke – Wasserturm wurde errichtet, eine technische Meisterleistung. Der Druckbehälter wurde nach oben gelegt und lag somit über der Höhe der Häuser. Um die im Innern liegenden Steig- und Fallrohre entstanden je Etage zwei tortenstückähnliche Wohnungen, die auch heute noch belegt sind. Seine eigentliche Funktion verlor der Wasserturm erst 1952.

Auf den Missbrauch des Wasserturmgeländes im Jahr 1933 als „wildes KZ" weist ein Gedenkstein an der Kolmarer Straße, Ecke Knaackstraße hin. Heute wird der von einem Spielplatz gerahmte Turm von vielen als das Wahrzeichen des Bezirks angesehen. Die ehemalige (9) **Gemeindeschule** an der Kolmarer Straße ist ein Werk des damaligen Berliner Stadtbaurates Hermann Blankenstein. Seine sparsamen, dennoch eindrucksvollen Bauten sind verschiedentlich im Bezirk anzutreffen.

Am Wasserturm

Diese Schule, mittlerweile Grundschule, schloss 1998, da die Schülerzahl stark gesunken war, ein Indiz für die sozialen Umbrüche. Inzwischen zogen die Volkshochschule, die Hauptbibliothek und das Prenzlauer-Berg-Museum dorthin. Ein Besuch ist lohnenswert, um sich über die Bezirksgeschichte zu informieren.

Das gegenüberliegende Haus **Diedenhofer Straße 5** ist, da exemplarisch für die Bebauung in den 1880er Jahren, als Baudenkmal ausgewiesen worden. Die Architektur ist ein „Neostil", eine Mischung aus Renaissance- und Barockelementen, typisch auch die Souterrainwohnungen. Fassade und Treppenhaus mit ornamentaler Malerei sind denkmalgerecht wieder hergestellt. Die Treppenaufgänge waren häufig die „Visitenkarten" der Häuser, und so legte der Bauherr auf ihre Gestaltung besonderen Wert. Absichtlich mit dokumentiert sind die Spuren des Krieges.

Nebenan liegt das Abgeordnetenbüro Wolfgang Thierses. Er wohnt schon lange am Kollwitzplatz und lehnte es nach seiner Wahl zum zweithöchsten Staatsrepräsentanten ab, in die ihm zustehende Dienstvilla nach Dahlem zu ziehen.

Am Anfang der breiten Rykestraße liegen, durch Davidsterne auf dem Gesims und dem schmiedeeisernen Tor ausgewiesen, jüdische Einrichtungen. Der (10) **rote Backsteinbau** in der Rykestraße 3 war eine jüdische Religionsschule, 1903/04 zusammen mit der auf dem Hof liegenden **Synagoge** erbaut. Aus der Religionsschule ging in der Weimarer Republik eine allgemeine Volksschule der jüdischen Gemeinde hervor, die im Juni 1942 schließen musste. 1933 waren im Bezirk von 314 392 Einwohnern ca. 18 000 jüdischen Glaubens, ein für Berlin relativ hoher Anteil. Nur knapp 100 von ihnen überlebten die NS-Herrschaft. Seit Oktober 1999 ist das Gebäude ein Jeschiwa, eine traditionelle jüdische Lehreinrichtung, in der vor allem für junge Männer aus Ost- und Zentraleuropa das Thora- und Talmudstudium gefördert und vermittelt wird. Eine Bronzetafel verweist auf eine ständige Ausstellung im Prenzlauer-Berg-Museum zur ehemaligen jüdischen Schule.

Synagoge Rykestraße

Die Synagoge wurde bewusst auf dem Hof errichtet: So sollte dem Gottesdienstbesucher Ruhe beim Eintritt in die Synagoge ermöglicht werden. Sie aus dem Straßenbild herauszunehmen schien zudem angebracht, diente die an der Straße gelegene Synagoge in der Oranienburger Straße doch häufig als Vorwand für antisemitische Ausfälle jener Zeit. Aufgrund ihrer Lage inmitten von Wohnhäusern blieb sie 1938 vor Brandstiftung bewahrt, vor Schändung und Verwüstung ihres Innern jedoch nicht. Nach einer notdürftigen Instandsetzung fanden Gottesdienste noch bis 1940 statt, danach erlitt sie durch Beschlagnahmung das Schicksal aller jüdischen Einrichtungen. 1953 als „Friedenstempel" neu geweiht, dient sie seitdem wieder als Synagoge. Sie ist im übrigen mit 2000 Plätzen die größte erhalten gebliebene Synagoge Deutschlands.

Entlang der **Rykestraße** haben sich, als Fortsetzung der Kneipenszene rund um den Wassserturm, viele Lokalitäten neu etabliert. Eine davon, in der Nr. 13/14, ist der **Seeblick**, eine zunächst ganz normale Kneipe. Diese Adresse avancierte nach der Wende zum Vorzeigeobjekt der behutsamen Stadterneuerung. In den achtziger Jahren gab es Pläne, Teile der Straße abzureißen. Dem widersetzten sich Anwohner erfolgreich durch Mitarbeit im Wohnbezirksausschuss (WBA, aus dem Kürzel wurde nach der Wende der Zusammenschluss „Wir Bleiben Alle"). Mitglieder dieser Bürgerinitiative gründeten Mai 1990 die Mietergenossenschaft Selbstbau e. G. und konnten beide Häuser als Selbsthilfeprojekt sanieren. Diese Geschichte ist auch ausführlich auf einer Tafel an der Straßenseite dokumentiert.

Wenige Schritte entfernt liegt der **Kollwitzplatz;** 1875 als Wörther Platz angelegt, erhielt er 1947 seinen heutigen Namen. Die Graphikerin und Bildhauerin Käthe Kollwitz lebte hier ab 1891. Seit 1960 erinnert an die Künstlerin ein 11 **Denkmal** des Bildhauers Gustav Seitz. Mitten auf dem Platz aufgestellt, ist die Bronze an manchen Stellen durch herumkletternde Kinder blank poliert.

Auf der Freifläche ihres im Krieg zerstörten Wohnhauses auf der Ecke Kollwitz-, Knaackstraße stand bis 1996 die Figurengruppe „Mutter mit Kind" des Bildhauers Fritz Diederich. Er hatte einst mit Käthe Kollwitz zusammengearbeitet und ließ sich von einer ihrer Graphiken zu dieser Arbeit anregen. Die Skulptur musste, trotz massiven Protestes, einem Neubau weichen und steht heute auf dem Gelände des Bezirksamtes. „Weil alle bislang offen gehaltenen Straßenecken heute wieder gnadenlos zugekleistert werden, ist dieser geradezu ideale Gedenkort verschwunden", bemerkte dazu der im Bezirk lebende Architekturkritiker Wolfgang Kil. Der Ersatz, ein Lichtkasten mit wechselnden Reproduktionen von Künstlern, die sich Käthe Kollwitz verpflichtet fühlen, ist umstritten.

Der kleine Park durchlüftet und begrünt die Gegend und gibt den Anwohnern Gelegenheit, Sonne und Licht zu tanken. Er spielte in ihrem Leben immer eine wichtige Rolle. Auch in der DDR-Zeit gestalteten ihn Initiativen (Kinderspielplatz) und erfüllten ihn durch Feste – Motto: Fete bei Käthe – mit Leben.

Eine Terraingesellschaft, der „Deutsch-Holländische Aktienbauverein", erschloss nach 1871 das Quartier um den Wörther Platz. Als Aktiengesellschaft verfügte sie über genügend Kapital, um flächendeckend Bauland zu erstehen. Die Gesellschaft trat selbst als Bauherr auf und errichtete erstmalig die Häuser seriell und somit kostengünstig. Auf eine allzu enge Hinterhofbebauung verzichtete sie. Besonders wohlhabendes und zahlungskräftiges Bürgertum sollte sich ansiedeln, die Straßen mit den Bäumen auf den breiten Bürgersteigen sind großzügig angelegt. Von den Häusern sind heute über 20 um den Platz und in den angrenzenden Straßen erhalten. Die Gegend wurde früher auch als „Geheimrathsviertel" bezeichnet. Rasant veränderte sich in den letzten Jahren das Leben um den Platz. Ein enormer Gaststätten-Boom setzte ein, von den Anwohnern nicht nur begrüßt. Verdrängung städtischer Infrastruktur ging damit einher. Kiezprojekte und Läden für den alltäglichen Bedarf schlossen.

Das **1900** an der Ecke zur Husemannstraße eröffnete bereits 1986. Es hatte ein für damalige Verhältnisse außergewöhnliches Flair und war schnell der Liebling vom Prenzlauer Berg. Im 1900 konnten und können Künstler regelmäßig Werke ausstellen. Der von den Inhabern selbst restaurierte Thekenschrank ist eine Augenweide. Allerdings haben mittlerweile die ehemaligen Eigentümer der Restauration ihre Lokalität verkauft.

Am Mauerpark

Heute scheiden sich am Kollwitzplatz die Geister: Dem Vorwurf des „Schickimicki" einerseits steht die Freude an einem lebendigen, attraktiven Quartier gegenüber. Molle und Korn haben ausgedient, Prosecco ist angesagt. Die vielen „Happy Hours" verraten aber, dass die Gastronomie an Grenzen gestoßen ist. So eröffnen jetzt wieder mehr Geschäfte, wenn auch, den Bedürfnissen der neuen Mieter angepasst, mit Waren gehobener Preisklassen. Zur Belebung trägt auch der beliebte Markt bei, der seit Juli 2000 donnerstags und sonnabends in der Wörther Straße abgehalten wird.

Die sich anschließende **Husemannstraße** trimmte die DDR 1987 auf historisch und machte ein patinafreies Vorzeigeobjekt aus ihr. Alte Straßenmöbel und Beschriftung sollten ihr Altberliner Flair verschaffen, kleine Handwerksstuben sowie zwei Museen die Straße zusätzlich beleben. Die Mängel der Rekonstruktion offenbarten sich einige Jahre später. Putzteile fielen ab, die Passanten mussten durch Holzbalustraden geschützt werden. Aber da war die DDR bereits Historie, und die Handwerker verließen aufgrund gestiegener Mieten ihre Werkstätten, um der Gastronomie Platz zu machen. Die Museen mussten ebenfalls ausziehen, als Letztes schloss im Sommer 2000 die Ausstellung „Stube, Kammer, Küche", die Rekonstruktion der Inneneinrichtung einer Wohnung um 1900. Ein Teil der Ausstellung befindet sich seit September 2003 in der Dunckerstraße 77. An einem Haus befindet sich noch ein letzter Hinweis auf eine dieser Werkstätten, eine Instrumentenschleiferei.

Sollte sich jetzt etwas Fußmüdigkeit einstellen, so gibt es hier die Möglichkeit, sich bei „feinöstlichen Spezialitäten" im „Ost-Kost" in der Sredzkistraße zu stärken, einem im April 2000 eröffneten Lokal.

Die ehemalige (12) **Schultheiss-Brauerei** empfängt den Passanten an der Knaackstraße wie eine Trutzburg aus roten und gelben Klinkern. Ein paar Schritte in die beeindruckende Anlage hinein, in einen noch fast vollständig erhaltenen Industriebau des 19. Jahrhunderts, sollte nicht versäumt werden. Heute heißt der Komplex KulturBrauerei und ist weit über den Bezirk hinaus als kultureller Veranstaltungsort bekannt.

Der Weg führt über die Schönhauser Allee hinweg in die Oderberger Straße.

Hier liegt ein wichtiges Gebäude der bezirklichen Hygiene, das vom Stadtbaurat Ludwig Hoffmann entworfene und 1902 eröffnete 13 **Stadtbad.** Der plastische Schmuck an dem Giebel weist auf die Bestimmung hin – und der Bau insgesamt darauf, dass in den meisten Wohnungen damals Duschen oder Bäder fehlten.
Auf langen Gängen, die von außen hinter dem Gebäude sichtbar sind, befanden sich die „Brause- und Wannenabteilungen". In der Schwimmhalle lernten viele Kinder aus dem Bezirk schwimmen, wahrscheinlich ohne zu wissen, das sie einem romanischen Kreuzgang nachempfunden ist. Seit 1986 ist das Bad aus baulichen Gründen stillgelegt, die Duschen schlossen 1997. Nach langjährigen Bemühungen haben Anwohner 2001 eine Genossenschaft gegründet, die das Bad übernehmen konnte und ein Konzept erarbeitet hat, „ein Angebot für die seelische und mentale Volkshygiene zu erstellen": Teilweise wird das Stadtbad jetzt schon für öffentliche Veranstaltungen genutzt.
Die **Kastanienallee** ist eine der ältesten Straßen des Bezirkes, bereits 1826 legte sie ein Privatier an. Heute ist sie durch ihre Lebendigkeit und zahlreiche Kulturprojekte, oft auf Hinterhöfen, geprägt. Überhaupt lohnen Blicke in die Höfe: Hier finden sich zum Teil noch Stallungen, deren Kühe einst den Bewohnern frische Milch lieferten.
Das 14 **Haus Nr. 77** von 1840 ist in seinem Kern das älteste erhaltene Wohnhaus im Bezirk und somit von hohem baugeschichtlichen Wert. Eine Künstlerinitiative rettete es durch Besetzung vor dem Verfall und sanierte und gestaltete es in den zurückliegenden Jahren. Heute hat hier auch das mit 32 Plätzen kleinste Kino Berlins seine Räumlichkeiten gefunden, das „Lichtblick".
Der 15 **Pratergarten** ist seit der Mitte des 19. Jahrhunderts nicht nur ein beliebter Biergarten, sondern war gleichzeitig auch vielfältige Vergnügungsstätte der „kleinen" Leute aus dem Bezirk. Durch die Übernahme der Volksbühne 1995 hat er diesen Charakter verloren, erfreut sich dafür in Theaterkreisen großer Beliebtheit. So konnte aber auch Berlins ältester Biergarten gerettet werden.
Die Einfahrt zur **Nr. 12** gewährt einen imposanten Durchblick auf drei hintereinander liegende Höfe, ein Zugang ist auch von der Oderberger Straße 15 aus möglich. Ein vierter wurde im Krieg zerstört, die Freifläche gestalteten Anwohner und Künstler bereits Anfang der achtziger Jahre zu einem Spiel- und Kunsthof mit Amphitheater um. Die Feste auf dem nach einer Skulptur so benannten „Hirschhof" waren beliebt und außergewöhnlich. Ob einige der dort aufgestellten Stuckelemente vom Berliner Stadtschloss stammen, ist umstritten. Es ist aber zumindest eine schöne Legende, auf einem vierten Hinterhof im Prenzlauer Berg Teile des nicht mehr vorhandenen Stadtschlosses zu finden.
Die **Oderberger Straße** bildet einen auffälligen Kontrast zur Kastanienallee: breit ist sie und ruhig. Ihr westliches Ende markiert die Bezirksgrenzen zu Mitte und Wedding. Nach links lässt der Grünstreifen den früheren Verlauf der Mauer erahnen, geradeaus ist der überraschend weitläufige **Mauerpark** ein Beispiel dafür, wie man aus einer innerstädtischen Brache ein attraktives Grün zaubern kann. Viel junges Volk hält sich hier auf, gibt sich mit Bällen unterschiedlicher Größe sportlich oder blinzelt, am Hang zum Jahn-Stadion und dem neu erbauten Velodrom liegend, in die Sonne.
Wen der Spaziergang hungrig gemacht hat, dem sei **Konnopke** empfohlen. Das Familienunternehmen in mittlerweile dritter Generation nimmt für sich in Anspruch, die Currywurst bzw. -soße erfunden zu haben, und ist seit 1930 im Dienste der Wurst tätig, lange schon eine echte Berliner Institution. Da der Imbiss an der Schönhauser Allee zudem unter dem Viadukt der U-Bahn liegt, kann „berlinischer" auch kaum eine Stärkung sein – aber bitte die Wurst ungeschnitten und „mit Schrippe".

Matthias Rau

Die Brauereien

Am Anfang war das Bier

Sei es Omen oder Menetekel: Am Anfang war das Bier, gehörten Ausflugslokale, Schankgärten und Brauereien zu den ersten „Mietern" des späteren Prenzlauer Berg. Hier ging es einst „mit Kind und Kegel ins Grüne vor die Tore der Stadt", konnten Familien nicht nur Kaffee kochen ... Das Bezirkswappen verrät, dass es hier einst auch Weinanbau gab. Allerdings war der Wein wohl längst nicht so wohlschmeckend und der Anbau nicht von wirtschaftlichem Erfolg gekrönt.

Ein Stadtplan von 1890 verzeichnet allein zwischen Schönhauser und Prenzlauer Allee sechs Brauereien. Vier Komplexe sind erhalten und dominieren topographisch heute noch den Eingang zum Bezirk: Der **Pfefferberg** an der Schönhauser Allee, gegenüber die **Königstadt-Brauerei,** weiter nördlich an der Magistrale die **Schultheiss-Brauerei,** an der Prenzlauer Allee die **Bötzow-Brauerei.** Sie überlebte, wenn auch ihrer ursprünglichen Funktion beraubt.

Sie besitzen ihre eigene Geschichte und mussten sich gemeinsam den Zeiten beugen: In der Zeit des Nationalsozialismus dienten sie als Luftschutzkeller für die Zivilbevölkerung und bombensichere Produktionsstätten für Rüstungselektronik, meist von Zwangsarbeitern produziert. In der DDR vergammelten sie fast unbeachtet oder fristeten ihr Dasein als Lagerhallen. Die Keller des Pfefferbergs nutzte die Volkspolizei sogar als Schießstand.

Nach der Wende gerieten sie verstärkt ins öffentliche Bewusstsein, auch in das von Investoren – nicht immer zu ihrem Vorteil. Die Bötzow-Brauerei beispielsweise soll ein Gewerbe- und Einkaufszentrum werden. Doch dafür möchte der Investor die unter Denkmalschutz stehende historische Bausubstanz teilweise abreißen. Es

Pfefferberg

zählt offenbar allein der Standort: „Citynah" – ein Filetstück.

Die Ansiedlung der Brauereien vor den Stadttoren geschah nicht zufällig. Der Barnim-Höhenzug bot gute geologische Voraussetzungen, um Gärkeller zu bauen. Sie wurden in offener Bauweise errichtet, dann gedeckelt und oberirdisch durch Produktionsgebäude überbaut. Dazu benötigten die Brauereien große Areale, die als Freiflächen nur außerhalb der Stadt zur Verfügung standen.

Auf dem Gelände ließen sich viele Gewerke nieder, die unmittelbar für die Brauereien arbeiteten, eine Konzentration der Produktion, die auch kostengünstig war. Die Pferdeställe, oft zweigeschossig und daher mit Rampe versehen, gehörten dazu, wie auch die brauereieigenen Ausschanklokale und Biergärten.

Seit der Reichsgründung 1871 durften Aktiengesellschaften gebildet werden, und wer die Zeichen der Zeit erkannte, konnte kräftig expandieren und sich ausreichend mit Kapital versorgen, einer guten Rendite für seine Aktionäre gewiss. „Aus verhältnismäßig kleinen Brauereien waren kapitalistische Unternehmungen ersten Ranges geworden, die ihren Absatz weit in die Provinz hinein ausdehnten, über eigene Ausschanklokale und durch 0Pachtverträge aller Art noch über einen Heerbann von unzähligen größeren und kleineren Gastwirtschaften verfügten", konstatierte Eduard Bernstein.

Die erste Brauerei auf diesem Areal gründete 1841 der süddeutsche Brauunternehmer Karl Pfeffer, ihm folgten Julius Bötzow und Jobst Schultheiss. Sie gaben ihren Unternehmungen auch ihren Namen, einzig die Brauerei Königstadt an der Schönhauser Allee bezeichnete sich nach dem damaligen Namen der städtischen Erweiterung, auf der sie lag.

Der **Pfefferberg** eröffnete 1921 auch den Reigen der Schließungen der eigentlichen Produktionsanlagen. Wahrscheinlich nicht ganz freiwillig, war die Brauerei doch von Schultheiss aufgekauft worden. Da sie auch den „Prater", einen berühmten Bier- und Vergnügungsgarten an der Kastanienallee, bewirtschaftete, war die Übernahme für Schultheiss umso lukrativer.

Mit der Einheit 1990 erwachten die Brauereien aus ihrem Dornröschenschlaf. Um sie einer neuen Nutzung zuzuführen, mussten zunächst die mitunter sehr schwierigen Eigentumsverhältnisse geklärt werden. Erst jetzt zieht deshalb beispielsweise Leben auf dem Gelände der **Königstadt-Brauerei** ein.

Ansässige Gewerbetreibende haben daher eine Genossenschaft gegründet und wollen nun einen Gewerbehof aufbauen. Zwei Jugendfreizeiteinrichtungen zogen ebenfalls in den letzten Jahren hierher. Die eine, das Neue Steinhaus an der Straßburger Straße, war der erste selbst verwaltete Jugendklub in Ost-Berlin nach der Wende. Ein weiterer kommunaler Jugendclub an der Saarbrücker Straße konnte auch dank einer Spende der „Königstadt-Gesellschaft" ausgebaut werden. Sie ist seit den zwanziger Jahren als ein Finanzierungsunternehmen unmittelbare Nachfolgerin der ehemaligen Brauerei und überreichte 1996 anlässlich des 125-jährigen Brauereijubiläums diese erfreuliche Gabe.

Den Biergarten an der Schönhauser Allee büßte die Brauerei allerdings jüngst gegen einen massigen Büroneubau ein. Der kleine Ehrenhof mit den Bäumen im 1. Obergeschoss ist eine Reminiszenz daran. Die rückwärtig gelegene Mälzerei wurde 1995/96 restauriert und zu einem Bürohaus ausgebaut. Der aufwendig sanierte Altbau ist heute begehrter Sitz von Unternehmen der Multimediabranche.

Die großen Biergärten und Ausschanklokale lagen an der Schauseite, während die Wirtschaftseingänge sich rückwärtig befanden. Klassisch ist die Anlage des **Pfefferbergs**. Der über dem Straßenniveau liegende Garten mit altem Baumbestand, eine Oase in der Großstadt, blieb erhalten. Er kann heute noch über die mit einem Mosaikbrunnen verzierte Zugangstreppe betreten werden. Zwei ursprüngliche Schankhallen begrenzten den Garten, eine ist noch unbeschädigt erhalten. Die eigentlichen Brauereigebäude mit mehreren Wirtschaftshöfen liegen hinter dem Garten, der Wirtschaftseingang an der Christinenstraße ist ebenerdig. Unter dem größten der Wirtschaftshöfe liegen die riesigen Gärkeller. Ihre Lüftungsschächte sind in dem Hofpflaster gut zu erkennen, wenn sie auch teilweise zugemauert sind.

Dass der Biergarten des Pfefferbergs im Sommer wieder bewirtschaftet wird, ist einer Initiative zu verdanken, die einen langen Atem besaß. Seit 1990 kämpfte die „Stadtkulturgesellschaft Pfefferwerk gGmbH" um die Liegenschaft der Brauerei. Sie entwickelte ein sich finanziell selbst tragendes Konzept einer Mischnutzung aus Gewerbe, Kultur- und Sozialeinrichtungen. Acht Jahre währte die Auseinandersetzung mit den Eigentümern, Bund und Land Berlin. Trotzdem konnte sich mit dem Pfefferberg einer der interessantesten Veranstaltungsorte Berlins etablieren, der besonders Weltmusik und modernes Tanztheater fördert. Eine Entscheidung ist nun gefallen. Unterstützt von privaten Spendern, erwarb Pfefferwerk Ende 1999 in einem Bieterverfahren das Gelände. Inwieweit sich das komplizierte Sanierungsmodell in die Tat umsetzen lässt und ein Teil – versprochener – Sozio-Kultur erhalten bleibt, wird sich zeigen.

Auch bei der Brauerei **Schultheiss** konnte 1998 mit den Sanierungsarbeiten begonnen werden. Ihren Besitz an der

Brauerei Pfefferberg

Schönhauser Allee, ein ganzes Karree umfassend, erwarb die Brauerei 1867. Zunächst entstanden mehrgeschossige Gärkeller. Das oberirdische Areal bebaute sie ab 1889 und beauftragte damit den Architekten Franz Schwechten.
Die Brauerei Schultheiss war schnell der Primus aller Brauereien in Berlin. Durch Fusionen und Übernahmen dehnte sie sich ständig aus, ihren Stammsitz behielt sie aber immer an der Schönhauser Allee. Diese Brauerei blieb ihrer ursprünglichen Bestimmung am längsten treu. Bis 1967 wurde hier unter dem Namen VEB Schultheiss Bier gebraut. Nach der Einheit übernahm die Treuhand die Liegenschaft. Ihre Verkaufsbemühungen scheiterten jedoch mehrmals. Daraufhin entwickelte die Treuhandliegenschaftsgesellschaft (TLG) ein eigenes Nutzungskonzept, dessen Kern ein großes Multiplex-Kino war. Dagegen gab es große Widerstände, die Anwohner befürchten vor allem riesige motorisierte Besucherströme. Nach langwierigen Verhandlungen konnte ein Kompromiss gefunden werden. Eine abgespeckte Variante des Kinos wurde realisiert, im Sommer 2000 konnte die Sanierung abgeschlossen werden. Kultur- und Dienstleistungseinrichtungen siedeln sich an, auch bekannte Berliner Verlage haben hier neue Räume gefunden. Das Ganze nennt sich **KulturBrauerei.**
Bereits in der Wende hatten sich verschiedene Initiativen mit dem Ziel zusammengeschlossen, das Gelände künstlerisch zu beleben. Sie gründeten 1991 die „Kulturbrauerei" und schlossen mit der Treuhand einen langfristigen Mietvertrag für ein Drittel des Geländes ab. Sie hat sich seitdem als „Zentrum für Kultur, Politik und Ökologie" einen Namen gemacht.
Sie vereint unterschiedlichste Gesellschafter unter ihrem Dach, z. B. Sonnenuhr: Hier betätigen sich geistig Behinderte künstlerisch. Ihr Theater Ramba-Zamba kann inzwischen sogar berühmt genannt werden. Die großen und kleinen Dinge des alltäglichen Lebens sammelt die „Stiftung Industrie- und Alltagskultur" und stellt sie im ehemaligen Pferdekrankenstall aus.
Da, wo früher Bier gebraut wurde, bieten sich heute vielfältige Möglichkeiten, am breit gefächerten Brauen der Kultur teilzunehmen – na denn: ein Prost auf die Kultur.

MATTHIAS RAU

Durch den nördlichen Prenzlauer Berg

Von der Mietskaserne zur Platte

Siehe Plan Seite 188

16 **Bahnhof Schönhauser Allee** gewaltig ist hier der Rhythmus der Stadt zu erleben. Der Verkehr kreuzt sich auf drei Ebenen. Unter Erdniveau die S-Bahn, 1870-77 angelegt und von weitsichtiger Planung kreuzungsfrei um die Stadt geführt. Die Straßenbahn hat das Privileg, ebenerdig verkehren zu dürfen. Ihren Platz muss sie dafür mit den Autos teilen, nicht immer zu ihrem Vorteil. Auf einem Viadukt rattert die U-Bahn. Unaufhörliche Menschenströme hasten aneinander vorbei, haben keinen Blick für unauffällige Kleinigkeiten ringsherum, die doch so viel über die Geschichte des Bezirks erzählen.

Die **Schönhauser Allee,** oft als „Boulevard des Nordens" bezeichnet, ist die Hauptschlagader des Stadtbezirks. Die Bewohner kommen zum Einkaufen oder auch nur zum Bummeln. Geschäft reiht sich an Geschäft. Aber der Puls stockt: Traditionsreiche Geschäfte schlossen, Billig-Discounter machen sie immer mehr zu einem Ramsch-Boulevard. Die im Frühjahr 1999 eröffneten AlleeArcaden, direkt am S-Bahnhof, führten zur von Kritikern prophezeiten weiteren Verödung der „Schönhauser".

Um die Jahrhundertwende hatte sich die Stadt bis an die Ringbahn vorgearbeitet. Im Gegensatz etwa zu dem stark jugendstilgeprägten Wohngebiet um den nahe gelegenen Arnimplatz liegt an der Hauptmagistrale die typische Mischung aus Wohn- und Gewerbegebäuden, bis zu drei Höfe hintereinander, wenn auch teilweise durch Kriegseinwirkung zerstört. Hier ließen sich einst italienische Einwanderer nieder, die besonders im Baugewerbe, beispielsweise als Stukkateure oder Gipsabformer, tätig waren und eine italienische „Kolonie" bildeten. An der Schönhauser Allee lag, auch in italienischen Händen, das Zentrum der Herstellung pneumatischer Musikinstrumente. Die bekannteste Firma, die Drehorgelfabrik Bacigalupo, arbeitete bis 1975 in der Schönhauser Allee 74A, eine Kopie des Firmenschildes hängt über dem Eingang.

Auch im Schatten des Hochbahnhofs befindet sich in der Nr. 74 eine der selten gewordenen Kiezkneipen, Zum Nordring, und verweist auf die Historie des Ortes. In den Höfen Quartier 73 haben verschiedene Kultureinrichtungen ihren Platz gefunden, unter anderem das Mimezentrum, Nachfolgerin des hier vor der Wende ansässigen Pantomimenzentrums Prenzlauer Berg.

Das sich aus den umliegenden Fassaden deutlich heraushebende heutige 17 **CinemaxX Colosseum** war ursprünglich ein Pferdedepot mit Wagenabstellhalle der Großen Berliner Pferde-Eisenbahn AG, des ersten ÖPNV. Reste dieser Nutzung wurden geschickt in die Kinoarchitektur integriert. Im vorderen Teil bereits 1924 zu einem Kino umgebaut, wurde es nach wechselvoller Geschichte im Dezember 1997 als erstes Multiplex-Kino des Bezirks eröffnet.

Auf der anderen Seite der Magistrale mündet die Stargarder Straße. Nach einigen Schritten erreicht man die 18 **Gethsemane-Kirche,** einen roten Klinkerbau mit spitz zulaufendem Kupferturm. Sie steht schräg zum Straßenverlauf auf einem begrünten Platzquadrat, das von ruhigen Seitenstraßen gesäumt wird.

Als sie 1891-93 erbaut wurde, war sie noch von Feldern umgeben. Mit finanzieller Unterstützung des Kaiserpaares sollte die kirchliche Obrigkeit hier als Erstes präsent sein, um die zukünftigen Anwohner des noch aufzubauenden Gebiets nicht erst in die Fänge der „Sozis" oder anderer Aufrührer geraten zu lassen. In der DDR-Zeit öffnete die Kirchengemeinde ihre Räume verschiedenen kirchlich nicht gebundenen Gruppen. Mit den im Oktober 1989 begonnenen Fürbittgottesdiensten wurde die Gethsemane-Kirche zu

Gethsemanekirche an der Stargarder Straße

einer der wichtigsten Anlaufstellen nicht nur für Oppositionelle. Viele Menschen fanden in dieser Zeit den Weg in die Kirche, um ihrem Wunsch nach politischen Veränderungen Ausdruck zu geben. Das brutale Vorgehen der Sicherheitskräfte gegen friedliche Gottesdienstteilnehmer, Demonstranten und unbeteiligte Passanten am 7./8. Oktober 1989 im Umfeld der Kirche mobilisierte eine bis dahin nicht für möglich gehaltene Öffentlichkeit – der Ausgang ist bekannt. Zur Erinnerung an diese bewegenden Tage steht im Garten der Kirche seit dem 7. Oktober 1990 das Relief „Widerstand" des Bildhauers Karl Biedermann, der Nachguss des „Geistkämpfers" von Ernst Barlach wurde 1994 aufgestellt.

Die umliegenden Häuser an der **Greifenhagener Straße** stehen unter Denkmalschutz, da sie herausragende Beispiele für die Bebauung aus dem Ende des letzten Jahrhunderts sind. Eine Bauordnung von 1887 verbot Kellerwohnungen, an ihre Stelle traten Erdgeschossläden. Aufwendige Stuckformen und Balkone mit schmiedeeisernen Gittern dominieren. Gegen diesen Gründerzeitprotz begann sich aber auch Widerstand zu regen, da er häufig dahinter liegendes soziales Elend und bauliche Defizite kaschierte. Die bauliche Manifestation dieses Widerstands liegt vis-à-vis in unmittelbarer Nachbarschaft.

Das (19) **Ensemble Stargarder Straße 3–5** ist einer der frühesten Reformwohnungsbauten in Berlin, 1900 erbaut für den „Berliner Spar und Bauverein 1892", eine Genossenschaft. Ihr Architekt Alfred Messel war ein Pionier des sozialen Wohnungsbaus. Er baute hier eine zweckmäßig geschnittene Wohnanlage, errichtete statt der Hinterhöfe ein Gartenhaus und verzichtete so auf das „Berliner Zimmer". Der Wohnwert aller Wohnungen war daher gleich. Geradezu revolutionär war die Ausstattung jeder Wohnung mit einer Innentoilette, Bäder und Waschküchen lagen auf den Dachböden. Die Bauten ergänzte der Architekt mit genossenschaftlichen Einrichtungen wie Läden, Kindergarten, Bibliothek. Der weiträumige Innenhof konnte gleichzeitig als Gemeinschaftsort genutzt werden. Wichtig war für Messel auch, die Bewohner eng an ihr Haus zu binden. Deshalb legte er großen Wert auf die äußere Gestaltung der Häuser, um sie von der Eintönigkeit der Miets-

Torschmuck an der Schönhauser Allee

kaserne abzuheben, wobei er auf aufwendige Verzierungen verzichtete. Stattdessen ist die strenge Fassade vielgestaltig mit Giebeln, Erkern, Balkonen und Türmchen gegliedert. Die Wohnanlage wurde nach der Wende von der Genossenschaft „1892" wieder übernommen und saniert. Der Eingang Nr. 3A ist meist geöffnet und erlaubt somit einen Blick auf den Innenhof.

Wogegen sich die Intentionen Messels und anderer Reformer richteten, wird wenige Meter weiter, an den Häusern **Stargarder Straße 7-10** sichtbar: aufwendiger Gründerzeitstuck an der Straßenfront verdeckt die tristen Höfe der tiefen Grundstücke. Auf ihnen sind hier besonders häufig die berüchtigten „Berliner Zimmer" zu finden. Dieses ist ein schlauchförmig lang gestreckter Raum zwischen den Hausflügeln, mit nur einem an der Stirnseite zum Hofgelegenen großen Fenster wenig belichtet; eine, so der Schriftsteller Günter Kunert, „bauliche Missgeburt". Diese Zimmer sind selbst bei den Einzimmerwohnungen häufig der einzige Wohnraum. Da die Nr. 10 auch als Gewerbehof genutzt wird, ist ein Blick hinter die Fassaden möglich.

Die Stargarder Straße war immer eine vielfältige Einkaufsstraße und konnte sich sogar teilweise in der DDR behaupten, es hielten sich auch Traditionsgeschäfte. Heute künden die Läden von der veränderten Bevölkerungsstruktur: „Castorf der Eisenhändler" und „Hacki unser Bäcker" stehen neben „Headhunter" und anderen, die vor allem die Bedürfnisse der Club-Generation befriedigen.

Hinter der Pappelallee liegt das von den Anwohnern **LSD-Viertel** – Lychener, Schliemann-, Dunckerstraße – genannte Gebiet um den Helmholtzplatz. Hier waren die Missstände in den Mietskasernen am drückendsten, enge Hinterhöfe mit mangelhafter Ausstattung die Regel – dies war einst der proletarische Prenzlauer Berg. Die kommunale Misswirtschaft der DDR ließ dieses Gebiet immer mehr verwahrlosen – „Ruinen schaffen ohne Waffen", kommentierte der Volksmund mit bitterem Humor.

Durch Wegzug zahlreicher Anwohner in die „Platte" entstanden aber auch seit den siebziger Jahren Nischen für ein bestimmtes Klientel. „Aussteiger" aus dem DDR-Alltag fanden besonders hier Möglichkeiten, sich Räume zu nehmen und nach ihren Neigungen zu leben und zu arbeiten. Zum Beispiel Jürgen Schweinebraden. In der Dunckerstraße 17 eröffnete er 1974 in einer Einzimmerhinterhofwohnung eine Galerie. Bei Konzerten, die hier ebenso stattfanden, spielten die Spitzen des europäischen Jazz. Die wechselnden Ausstellungen zeigten eine Kunst, die offiziell nicht erwünscht war. Schweinebraden bot den Behörden lange listig die Stirn, doch der immer massivere staatliche Druck zwang ihn 1980 zur Aufgabe und Ausreise – eine nicht untypische Biographie. Nicht zufällig sind in der Nähe auch heute noch einige Nachfolgeeinrichtungen ehemaliger Oppositionsgruppen zu finden.

Das GALREV Druckhaus-Verlag für Poesie in Berlin in der Lychener Straße 73 gründeten jene Literaten, die in den achtziger Jahren für Furore sorgten und den Bezirk bekannt machten. Sie artikulierten eine radikale Verweigerung gegenüber geltenden, nicht nur ästhetischen Normen und schufen mit ihrer Literatur auch eine eigene Sprache. Zwei ihrer Protagonisten schrieben jedoch nicht nur reine Poesie, sondern als IM auch für die „Firma" über ihre Mitstreiter – auch dies keine Einzelfälle.

Einige der in diesem Gebiet beheimateten Institutionen deuten an, dass sich die

Stargarder Straße

in den achtziger Jahren ausgebildeten Strukturen teilweise bis heute erhalten haben. Davon zeugt etwa der in der Wende gegründete BasisDruck-Verlag in der Schliemannstraße 23. Ebenfalls in diesem Haus beheimatet ist das Robert-Havemann-Archiv der Robert-Havemann-Gesellschaft e. V. mit dem angeschlossenen Matthias-Domaschk-Archiv. Diese Einrichtungen gingen aus den Teilen der Opposition hervor, die sich stärker für gesellschaftliche Veränderungen in der DDR engagierten.

Nicht zufällig sind in dieser Gegend einige Häuser von ihren Bewohnern im Rahmen von Selbsthilfeprojekten modernisiert worden, oft erkennbar an der originellen, auffallenden Fassadengestaltung. Dazu gehören etwa die Häuser Schliemannstraße 20 und 30 oder das Institut für Angewandte Kunst (Lychener Straße 60), das immer wieder durch ungewöhnliche Aktionen auf sich aufmerksam macht. Seit 1993 ist auch der (20) **Helmholtzplatz** als Sanierungsgebiet ausgewiesen. „Trotz Sanierungssatzung und aufwendiger Betreuung durch Bezirksamt, Mieterberatung und Sanierungsbeauftragten zieht bei Sanierung die Hälfte der Mieter aus", resümierte die Betroffenenvertretung im Juli 2000. Das Gebiet wird zunehmend von einem starken sozialen Gefälle und großen Einkommensunterschieden geprägt. Es sind solche Zuspitzungen, die den Kiez gefährden. Auch in der Dunckerstraße gibt es vielfältige Anwohnerinitiativen wie „K.R.Ä.T.Z.Ä." (Gleichberechtigung ohne Altersgrenzen) in der Dunckerstraße 12, das seit 1990 existierende Kinderspielzentrum Popelbühne und den Kiezladen, jeweils nur wenige Hausnummern voneinander entfernt. Ein wichtiger Treffpunkt für die älteren Menschen dieses Quartiers ist die Herbstlaube. Die Senioren initiierten zusammen mit dem Prenzlauer-Berg-Museum die seit Herbst 2003 im selben Haus gelegene Ausstellung „Zimmermeister Brunzel baut ein Mietshaus. Bauen und Wohnen in Prenzlauer Berg um 1990". Teile der Ausstellung stammen aus der ehemaligen Ausstellung in der Husemannstraße.

Große städtische Versorgungseinrichtungen entstanden während der Erschließung des Bezirkes am unmittelbaren Ende des damaligen Stadtgebietes, bildete doch die Ringbahn bis 1920 die Stadtgrenze. Das lang gestreckte Ensemble in kargem

Am Thälmann-Park

gelbem Klinker entlang der Prenzlauer Allee verrät seine Geschichte nicht gleich. Der Komplex, heute Sitz bezirklicher Einrichtungen, ist 1885-87 von Hermann Blankenstein als 21 **Städtische Siechenanstalt** und städtisches Hospital erbaut worden. Am Ausgang zur Fröbelstraße steht auch die 1996 vom Kollwitzplatz verbannte 22 **Skulptur** zur Erinnerung an Käthe Kollwitz. Der an der Fröbelstraße liegende rote Klinkerbau, das heutige Krankenhaus, war das ehemalige städtische Obdachlosenheim. Neben- und hintenan stand das Gaswerk IV zwischen Prenzlauer Allee und Greifswalder Straße. Hier wurde durch Verkokung von Steinkohle Stadtgas produziert.

Ursprünglich diente das Gas der Straßenbeleuchtung, später in den Haushalten auch zum Kochen. Voraussetzung für den Standort war die Anbindung an die Schiene, um die enormen Mengen Kohle und Abfallprodukte transportieren zu können. Riesige Gasometer entstanden als zusätzliche Speicher.

Die Umstellung auf Erdgas 1981 bedeutete das Aus für das Gaswerk. Auf dem Gelände, dem heutigen Thälmann-Park, sollte nach Beschluss der DDR-Führung ein innerstädtisches Musterneubaugebiet entstehen, ergänzt durch Kultureinrichtungen wie das Planetarium. Parallel zu den Bauarbeiten des Neubaugebietes wurden 1984 die Gasometer trotz massiver Bürgerproteste gesprengt.

Mit dem 23 **Thälmann-Park** wollte die DDR in der „Hochburg" der Mietskaserne beweisen, dass sie auch anspruchsvolle „Platte" bauen konnte. Die einzelnen Punkthäuser, ein bewusster Rückgriff auf die lange verpönte Moderne, umgeben parkähnliche Grünanlagen. Sogar ein Teich wurde angelegt, kleine Geschäfte und Lokale ersetzten den sonst üblichen „Fresswürfel". Auch die äußere Gestaltung mit Balkonen und Loggien hebt sich von der typischen, einfachen Plattenarchitektur ab. Wohnungen erhielten vorrangig diejenigen, die es „verdient" hatten, loyales Verhalten belohnte die DDR wie alle totalitären Systeme mit kleinen Privilegien. Zum 100. Geburtstag des Arbeiterführers und langjährigen KPD-Vorsitzenden Ernst Thälmann 1986 musste die Anlage fertig gestellt sein und wurde mit dem üblichen Spektakel eingeweiht. An der Greifswalder Straße steht eine 24 13 Meter hohe **Skulptur** des sowjetischen

Gegenüber dem Thälmann-Park

Bildhauers Lew Kerbel wie eine Apotheose: Thälmann in Kampfhaltung, die linke Faust geballt. Der Standort war wohl nicht zufällig gewählt, rauschte doch der Initiator dieses Monumentalwerkes, Erich Honecker, mit seiner Karawane aus Wandlitz kommend, über die Greifswalder Straße zur Arbeit ins Stadtzentrum.
Seit der Wende steht das Denkmal im Mittelpunkt kontroverser Diskussionen. Die Anwohner fordern, kein Wunder, den Erhalt. Ein anderer Vorschlag plädiert dafür, es mit Efeu zu begrünen.
Von hier aus bieten sich Spaziergänge in zwei Gebiete an, die keine spektakulären Bauten aufzuweisen haben, aber als lebendige Viertel sehenswert sind.
Südlich der Danziger Straße, zwischen Prenzlauer Allee und Greifswalder Straße, liegt das **Winsviertel.** Insbesondere im südlichen Teil sind zahlreiche spätklassizistische Fassaden erneuert, die Häuser der Winsstraße leuchten mittlerweile geradezu um die Wette. Umso stärker die Kontraste hinter den Fassaden: Oft liegen zwei Höfe dahinter, deutlich bescheidener als das Vorderhaus die Seitenflügel und Quergebäude und nicht selten lichtarm.
Östlich davon, jenseits der Greifswalder Straße, befindet sich das **Bötzowviertel,** früher ein Beamtenviertel. Seine Attraktivität verdankt es nicht nur der Nähe zum Volkspark Friedrichshain und seiner zugleich zentrumsnahen und ruhigen Lage, sondern vor allem den auch vergleichsweise gut erhaltenen Wohnungen. Wer genau hinschaut, erkennt die Unterschiede zur klassischen Mietskaserne: Die selbstbewussten Fronten mit zahlreichen Jugendstilelementen und die mitunter großzügigen Innenhöfe zeigen, dass das Viertel ursprünglich für das Bürgertum angelegt wurde.
Ohne diese Abschweifung gelangt man auf der Greifswalder Straße stadtauswärts zu einer (25) **Reformsiedlung** aus den zwanziger Jahren. Nördlich der Ringbahn – hier fährt sie über Erdniveau – steht die Wohnstadt „Carl Legien", eine der wichtigsten Siedlungen des Architekten Bruno Taut. Sie liegt zwischen Prenzlauer Allee und Greifswalder Straße und hat durch die beiden Bahnhöfe auch relativ günstige Verkehrsanbindungen. Die GEHAG (Gemeinnützige Heimstätten-Spar- und Bau-Aktiengesellschaft) baute 1929-31 die Anlage mit insgesamt 1200 Wohnungen in mehreren Abschnitten. Ein Zugang liegt an der Greifswalder Straße. Bruno Taut, der diesen Abschnitt zusammen mit seinem Bruder Max und dem Architekten Franz Hofmann entwarf, wollte zum einen dem eigenen Anspruch des neuen Städtebaus nach „Luft, Licht und Sonne" gerecht werden, zum anderen sollten die Wohnungen auch rentabel und bezahlbar sein. Allein die Bodenpreise waren aufgrund der innenstadtnahen Lage höher als bei anderen seiner Siedlungen. Die Architekten lösten diese Aufgabe, indem sie die viergeschossigen Häuser seriell bauten, gleichzeitig der Scheinindividualität des bürgerlichen Wohnhauses etwas entgegensetzend.
An der Nordseite (Naugarder und Rietzestraße) liegen die Nebenräume der Wohnungen und die geschlossene Front der Eingänge zu den einzelnen Blöcken. Ihre farbige und rekonstruierte Fassade hebt sich deutlich von der Umgebung ab. An der Südseite zur Grellstraße stehen die Blöcke in einer hofähnlichen Parkanlage. Sie schirmen einen Teil der dahinter liegenden Wohnungen ab und schaffen so einen fast intimen Innenraum. Der Wohnbereich und die Balkone liegen nach Süden. Versorgungseinrichtungen und Gemeinschaftswaschküchen vervollständigten die Reformideen.

Grellstraße

Die originale Farbgestaltung, weiße Putzflächen, aufgelockert durch die gelb, rot und schwarz lackierten Holzelemente an Türen, Fenstern und Dachgesimsen, wurde in den letzten Jahren wieder hergestellt. Mit dieser Siedlung setzte Taut einen neuen städtebaulichen Akzent, der in der DDR lange Zeit stark diskreditiert war. Ulbricht titulierte solche Anlagen als „Lungenheilanstalten", in denen der Proletarier zum Kleingärtner degradiert würde; Monumentalität war angesagt. Sein Nachfolger Honecker versprach, bis 1990 das Wohnungsproblem zu lösen, also wurde betoniert, ohne auf städtebauliche Gestaltung Rücksicht zu nehmen.
Davon zeugen die zwischen 1974 und 78 hoch gezogenen 26 **Plattenbauten** auf der anderen Seite der Greifswalder Straße. Hier entstand für ca. 10 000 Einwohner auf einer ehemaligen Laubenkolonie ein gesichtsloses Wohngebiet an der Grenze zum Stadtbezirk Weißensee.
Nach der Wende wurde das „Forum zur Urbanisierung der Wohnsiedlung Greifswalder Allee" gegründet und in einem Pilotprojekt nicht nur die Sanierung der Bauten vorgenommen, sondern auch die Infrastruktur verbessert. Die generellen Bausünden lassen sich jedoch nicht beheben. Die Häuser an der Greifswalder Straße sind für Taut eine Ohrfeige: einzig zur Straße hin orientiert und die Südseite mit einer Blendwand verschenkt – so kann „OBI" jetzt allerdings wirkungsvoll werben. Der Boom der Baumärkte im Osten zeigt, dass viele DDR-Bürger letztendlich doch lieber Kleingärtner waren und auch hier der Geschichte ihre Gerechtigkeit widerfuhr.

MATTHIAS RAU

Durch Pankow

Auflösung der Stadtlandschaft

Pankow ist nach der Panke benannt, einem Flüsschen, das südlich von Bernau entspringt, den Bezirk durchquert und in Mitte in die Spree fließt. Schon 1370 erwarb die Stadt Berlin im damals weit vor den Stadtmauern liegenden Dorf grundherrliche Rechte, 1688 siedelten sich im Ortsteil Französisch Buchholz Hugenotten an.

Anfang des 19. Jahrhunderts entdeckten die Berliner Pankow als Sommerfrische; die Reichen ließen sich hier Villen und Parks errichten, für die Ärmeren wurde das Dorf ein beliebtes Ausflugsziel. Zusammen mit Niederschönhausen und weiteren sieben Nachbardörfern wurde Pankow 1920 19. Bezirk von Berlin. Nach 1945 konzentrierten die Mächtigen der DDR hier ihre Wohnorte, Pankow war auch auch ein Zentrum der DDR-Opposition. Heute ist Pankow ein reiner Wohnbezirk, die Industrie, die es bis zur Wende durchaus gab, verschwunden.

Wer sich Pankow nähern möchte, tut dies am besten im Spazierengehen; der Ort ist ein ideales Revier für Flaneure. Pankow ist ein architektonisch abwechslungsreicher Bezirk, hier haben außer der vorherrschenden Gründerzeit- und Jugendstilbauweise auch Beispiele der Bauhausarchitektur den Krieg überstanden. Überhaupt wurden nur etwa drei Prozent der Häuser im Krieg zerstört, ganze Viertel blieben erhalten wie etwa das (1) **Kissingenviertel** südlich und nördlich der Kissingenstraße, die nach ihrer Dachform benannten (2) **Zeppelin-Häuser** an der Prenzlauer Promenade 129-143 oder die (3) **Wohnanlage Thulestraße** 61-63. Sehenswert auch ist die nach Entwürfen von Paul Mebes 1908-09 erbaute (4) **Paul-Franke-Siedlung** in der Grabbeallee 14-26.

Der S- und U-Bahnhof Pankow bietet sich als Ausgangspunkt für Spaziergänge durch das alte Pankow an. Der nahe gelegene spindelförmige (5) **Dorfanger**, Zentrum des Bezirks, der im 13. Jahrhundert angelegt wurde, blieb in seinem Grundriss unverändert, er wurde zur Insel in der Breiten Straße, deren Verkehr er in zwei Ströme teilt. Gründerzeit dominiert ringsum, etwas Platte und ein Einkaufscenter. Am westlichen Ende des Angers neigt die stolze **Halbmondträgerin**, eine Großplastik von Trak Wendisch, ihr Haupt gen Osten.

Jeden Dienstag und Freitag findet hier der Pankower Wochenmarkt statt, von dem seine Betreiber behaupten, er sei der älteste bestehende in ganz Berlin. Niemand käme heute auf die Idee, dass noch bis 1890 an dieser Stelle die Dorfschule und das Spritzenhaus mit fünf Gefängniszellen standen.

Die **Dorfkirche Zu den vier Evangelisten** am östlichen Ende des Angers stammt aus dem 15. Jahrhundert. Der alte Feldsteinbau wurde 1857-59 von F. A. Stüler um das dreischiffige Langhaus und die Türme erweitert, Portale und Säle zu beiden Seiten kamen 1906 dazu. Bis 1914 konnte sie die gläubige Bevölkerung Pankows aufnehmen, erst dann wurde eine zweite Kirche in der Elsa-Brändström-Straße, unweit des U-Bahnhofs Vinetastraße, erbaut. Die (6) **Hoffnungskirche** ist eine der schönsten Jugendstilkirchen von Berlin, besonders wegen der farbigen Gestaltung des Innenraums, der dunkelblaue Nachthimmel mit goldenen Sternen an der Decke über dem Altar erinnert an den Tempel einer Freimaurerloge.

Der erste Pankower Friedhof rund um die alte Kirche am Dorfanger musste Mitte des 19. Jahrhunderts dem Ausbau der Breiten Straße weichen. An der Südseite der Kirche blieben einige Gräber erhalten. Hinter Sträuchern ist etwa das gusseiserne Grabkreuz des 1837 verstorbenen Johann Heinrich Ludwig Schmelka zu sehen, seinerzeit der populärste Komiker in Berlin. Bis heute blieb der Bezirk Wohnort zahlreicher populärer Schauspieler;

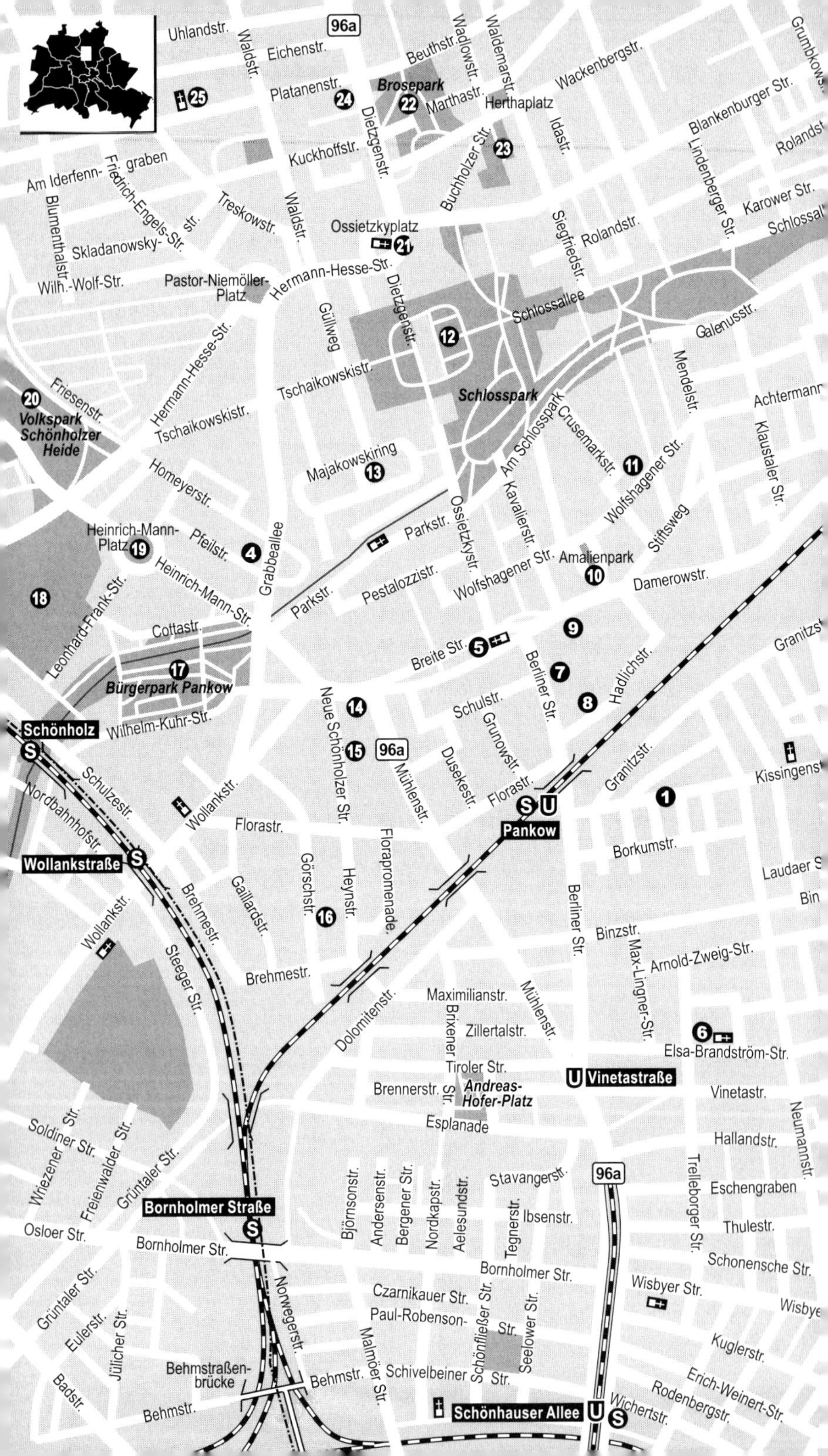

96a
Uhlandstr.
Eichenstr.
Waldstr.
Beuthstr.
Wadlowstr.
Waldemarstr.
Wackenbergstr.
Grumbkowstr.
Platanenstr.
Brosepark
Marthastr.
Herthaplatz
Blankenburger Str.
Kuckhoffstr.
Dietzgenstr.
Buchholzer Str.
Idastr.
Lindenberger Str.
Rolandstr.
Am Iderfenngraben
Friedrich-Engels-Str.
Blumenthalstr.
Treskowstr.
Skladanowskystr.
Ossietzkyplatz
Siegfriedstr.
Karower Str.
Schlossallee
Wilh.-Wolf-Str.
Pastor-Niemöller-Platz
Hermann-Hesse-Str.
Güllweg
Galenusstr.
Tschaikowskistr.
Schlosspark
Mendelstr.
Friesenstr.
Volkspark Schönholzer Heide
Am Schlosspark
Crusemarkstr.
Achtermannstr.
Klaustaler Str.
Majakowskiring
Homeyerstr.
Kavalierstr.
Wolfshagener Str.
Ossietzkystr.
Heinrich-Mann-Platz
Pfeilstr.
Grabbeallee
Parkstr.
Stiftsweg
Amalienpark
Heinrich-Mann-Str.
Pestalozzistr.
Damerowstr.
Leonhard-Frank-Str.
Cottastr.
Breite Str.
Granitzstr.
Berliner Str.
Hadlichstr.
Bürgerpark Pankow
Neue Schönholzer Str.
Schulstr.
Grunowstr.
Schönholz
Wilhelm-Kuhr-Str.
Mühlenstr.
Dusekestr.
Kissingenstr.
Schulzestr.
Wollankstr.
Florastr.
Pankow
Nordbahnhofstr.
Borkumstr.
Wollankstraße
Laudaer Str.
Brehmestr.
Gaillardstr.
Görschstr.
Heynstr.
Florapromenade
Binzstr.
Steeger Str.
Max-Lingner-Str.
Arnold-Zweig-Str.
Dolomitenstr.
Maximilianstr.
Brixener Str.
Zillertalstr.
Elsa-Brandström-Str.
Tiroler Str.
Vinetastraße
Brennerstr.
Andreas-Hofer-Platz
Vinetastr.
Esplanade
Neumannstr.
Soldiner Str.
Wriezener Str.
Freienwalder Str.
Grüntaler Str.
Hallandstr.
Björnsonstr.
Andersenstr.
Bergener Str.
Nordkapstr.
Aelesundstr.
Stavangerstr.
Tegnerstr.
Ibsenstr.
Trelleborger Str.
Eschengraben
Bornholmer Straße
Osloer Str.
Bornholmer Str.
Thulestr.
Schonensche Str.
Norwegerstr.
Czarnikauer Str.
Wisbyer Str.
Paul-Robeson-Str.
Schönfließer Str.
Seelower Str.
Eulerstr.
Jülicher Str.
Malmöer Str.
Kuglerstr.
Behmstraßenbrücke
Behmstr.
Schivelbeiner Str.
Badstr.
Erich-Weinert-Str.
Rodenbergstr.
Schönhauser Allee
Wichertstr.

auch der Anteil von bildenden Künstlern, Komponisten, Schriftstellern an der Gesamtbevölkerung war und ist hier höher als andernorts.
Wie überall in Deutschland wurde in der NS-Zeit dagegen eine Tradition unterbrochen, die Pankow bis dahin wichtige Impulse gegeben hatte: Von dem einstmals reichen jüdischen Leben blieben nur die Gebäude.
In das 7 **Gartenhaus** des ehemaligen Anwesens der jüdischen Familie **Garbaty**, Berliner Straße 126-128, bis 1990 von der Bulgarischen Botschaft genutzt, verlegte 1999 die rechtsradikale Partei Die Republikaner ihre Bundeszentrale. Nach anhaltenden Protesten musste die Partei diesen Standort 2003 wieder aufgeben.
Die Familie Garbaty-Rosenthal hatte 1906 mit der industriellen Produktion von Zigaretten begonnen. Die „Garbaty" wurde schnell zu einer der führenden Marken. Daneben wurde eine Zigarette namens „Königin von Saba" produziert, die im Volksmund „Königin von Pankow" hieß. Das 8 **Unternehmen** in der Hadlichstraße zeichnete sich durch vorbildliche hygienische und soziale Bedingungen für die Beschäftigten aus. 1938 wurde die Familie enteignet, ihr Besitz „arisiert". Die Garbatys, die über mehrere Generationen als großzügige Förderer sozialer und kultureller Einrichtungen in Pankow aufgetreten waren, flohen 1939 in die USA. Erst 1992 stellte die Zigarettenfabrik ihre Produktion ein, nachdem sie von der Treuhandanstalt verkauft worden war. Seither steht der interessante Industriebau leer, gelegentlich finden in einer Etage Kunstausstellungen statt. Gleich neben der Fabrik, **Nr. 120-121**, dämmerte bis zum Jahr 2000 ein Gebäude ungenutzt vor sich hin, bis 1990 Sitz der Kubanischen Botschaft und bis zu seiner zwangsweisen Schließung 1942 das II. Waisenhaus der Jüdischen Gemeinde Berlin.
Im Jahr 2000 ging das Gebäude in den Besitz einer Stiftung über und wird seitdem saniert. Hier sollen unter anderem eine Fachschule und die Bezirksbibliothek untergebracht werden.

Kavalierhaus

Der jüdische Arzt Emanuel Mendel war der Erste in Deutschland, der nach sanften Behandlungsmethoden für psychisch Kranke suchte, sein Sanatorium befand sich in der Breiten Straße 18. Außerdem gründete Mendel 1882 die erste deutsche Fachzeitschrift für Neurologie und Psychiatrie. Pankow besaß zu dieser Zeit eine eigene jüdische Gemeinde mit mehreren Synagogen, eine im Gemeindehaus in der Mühlenstraße 77, eine weitere im so genannten Judenhof in der Schönholzer Straße 9-11, beide heute Bürogebäude ohne Erinnerungstafel. Auch das Jüdische Lehrlingsheim in der Mühlenstraße 24, in dem jetzt die Bezirksbibliothek untergebracht ist, hatte eine eigene Synagoge. Im Gebäude der Volkshochschule in der Schulstraße 29 befand sich die 15. Religionsschule der Jüdischen Gemeinde Berlin.
Anfang der achtziger Jahre wurde in der evangelischen Gemeinde Alt-Pankow von der Pfarrerin Ruth Misselwitz eine Gruppe gegründet, die unter dem Namen „Pankower Friedenskreis" bereits Zeitgeschichte ist, aber immer noch aktive Arbeit leistet. Zunächst Teil der unabhängigen Friedensbewegung, die sich gegen die Stationierung von sowjetischen SS-20-Raketen in Mitteleuropa und die Militarisierung der DDR-Gesellschaft wandte, entwickelte sich der Friedenskreis zu einem Vorläufer von Neuem Forum, SDP und der Grünen Partei, aus deren Reihen bekannte Politiker wie Vera Lengsfeld und Werner Schulz hervorgingen.

Schloss Schönhausen

Unweit der Kirche in der Breiten Straße 45 befindet sich ein wunderbares Zeugnis barocker Baukunst, das 1770 erbaute eingeschossige 9 **Kavalierhaus.** Im Vorgarten des bis 1989 als Schulhort genutzten ehemaligen Ackerbürgerhauses stehen Steinkopien von vier Putti, die die vier klassischen Temperamente Sanguiniker, Phlegmatiker, Melancholiker und Choleriker symbolisieren. Vermutlich wurden die Originale, die sich im Märkischen Museum befinden, um 1700 von dem sächsischen Hofbildhauer Gottfried Knöffler geschaffen. Das kleine, seit 1990 leer stehende Haus befand sich in einem erbärmlichen Zustand, was seiner eleganten Erscheinung nicht schadete; wie eine gealterte Filmschönheit trotzte es den widrigen Umständen. Es wurde im Jahr 2000 von den benachbarten Caritas-Kliniken gekauft und denkmalgerecht saniert.

Dem wenig weiter gelegenen 10 **Wohnensemble Amalienpark** ist es da besser ergangen; es wurde gleich nach der Wende fast vollständig saniert, seither erstrahlt es in altem Glanz. Die eine sehr ruhige Parkanlage umfassende Wohnstraße wurde 1897 von der „Landhausbaugesellschaft Pankow" errichtet, Architekt war Otto March. Wer sich den Traum vom Wohnen in einem Park erfüllen möchte, sollte aber mindestens über das Einkommen eines Universitätsprofessors verfügen.

An den Amalienpark grenzt an der nördlichen Seite das weitläufige Gelände des 11 **Freibades Pankow.** Die Anlage entstand 1958-60 als Projekt im Rahmen des „Nationalen Aufbauwerks". So manchem Pankower Bürger rann beim kollektiven Arbeitseinsatz der Schweiß, andere engagierten sich vornehmer durch Geldspenden. Der Bau war der größte „Schwarzbau" der DDR, denn er wurde ohne Genehmigung des Magistrats begonnen. Als man im Roten Rathaus darauf aufmerksam wurde, waren die Arbeiten so weit fortgeschritten, dass sie nicht wieder rückgängig gemacht werden konnten.

Am anderen Ende des Freibadgeländes beginnt der 12 **Schlosspark** mit dem **Schloss Schönhausen.** Im Auftrag von König Friedrich Wilhelm III. legte Peter Joseph Lenné 1829 den Park in seiner heutigen Form an. Bis 1918 war der Besuch dieses königlichen Parks gebührenpflichtig, auch zu DDR-Zeiten waren lediglich zwei Drittel des Schlossparks öffentlich zugänglich. Der andere Teil ist zwar immer noch durch eine Mauer abgetrennt, die das Schloss samt Nebengebäuden umgibt, doch inzwischen wieder zugänglich.

Einen Herrensitz gab es bereits Ende des 17. Jahrhunderts. Im Jahr 1700 fanden hier Geheimverhandlungen statt, die der Gründung des Königreichs Preußen vorangingen. Nach Plänen Johann Arnold Nerings und des Baumeisters Eosander von Göthe wurde Anfang des 18. Jahrhunderts ein dem Zeitgeschmack entsprechendes äußerlich unscheinbares, aber im Inneren prunkvolles Schloss mit prächtig vergoldeten Stuckarbeiten, Gemälden, Seidentapeten und wertvollen Fußböden daraus gemacht, das später mehrfach umgebaut und erweitert wurde. Friedrich II. schenkte es 1740 seiner Frau Elisabeth-Christine, die über 50 Jahre hier lebte und nie in Potsdam war. In den zwanziger und dreißiger Jahren fanden im Schloss Ausstellungen des Pankower Kunstvereins statt. Nach Gründung des „Arbeiter-und-Bauern-Staates" hatte hier 1949-60 der erste und einzige Präsident der DDR, Wilhelm Pieck, seinen Amtssitz. Von ihm hält sich hartnäckig die Sage, er

Rathaus Pankow

habe sich gelegentlich von seinen Leibwächtern losgelöst, um Pankower Kneipen aufzusuchen, Gleiches wird von Fidel Castro behauptet, der öfter als Staatsgast hier weilte. Danach diente es noch einige Jahre bis zur Fertigstellung des Gebäudes am Marx-Engels-Platz in Mitte, dem heutigen Schlossplatz, als Sitz des Staatsrates, blieb dann bis zur Vereinigung Gästehaus der Regierung und war von der Außenwelt hermetisch abgeriegelt. Die letzten Staatsgäste vor der Wende waren Michail Gorbatschow und Larissa Gorbatschowa im Oktober 1989.

Das Schloss ist ein reiner Wohnbau ohne Keller und ohne Küche. Jede Speise musste in einem der Nebengebäude zubereitet werden, um dann einige hundert Meter zum Verzehr transportiert zu werden. Für größere Treffen ist das Schloss zu klein, darum gibt es in einem der Nebengebäude ein Konferenzzentrum. Hier tagte von Dezember 1989 bis zu den ersten freien Volkskammerwahlen im März 1990 der zentrale „Runde Tisch" der DDR. Zum bislang letzten Mal wurde Schloss Niederschönhausen im Juni 1990 zum historischen Ort: In den so genannten Zwei-plus-Vier-Verhandlungen, an denen die Vertreter der Siegermächte und die Außenminister der beiden deutschen Staaten teilnahmen, wurden die politischen Grundlagen für die Vereinigung geschaffen. Am 3. Oktober 1990 ging das Schloss in den Besitz des Bundesfinanzministeriums über. Die Nebengebäude des Schlosses gehören heute der Sicherheitsakademie des Bundes. Die zukünftige Nutzung des Schlosses selbst ist ungewiss. Teile der Gartenanlage sind bereits eingestürzt. Der Vorschlag von Johannes Rau, das Schloss für die Zeit des Umbaus von Schloss Bellevue als Amtssitz des Bundespräsidenten zu nutzen, scheiterte aus Kostengründen.

Das westliche Schlagwort vom „Regime in Pankow" bezog sich nicht alleine auf das Schloss, sondern meinte auch das angrenzende Regierungsviertel um den 13 **Majakowskiring**, in dem die oberste Führungsriege der DDR bis zu ihrem Umzug ins „Wandlitzer Ghetto" (Wolf Biermann) im Jahr 1960 wohnte.

Als Pankow Anfang des 20. Jahrhunderts städtischen Charakter annahm, entschloss man sich auch zum Bau eines großen, repräsentativen 14 **Rathauses** am westlichen Ende der Breiten Straße.

Der 1903 fertig gestellte Klinkerbau mischt spielerisch Jugendstil mit wilhelminischem Pathos. Von den Figuren in den Fassadennischen, die Bürgertugenden darstellen, wurde eine im Zweiten Weltkrieg zerstört. Heinz Knobloch stellte in seinem Text „Bei uns in Pankow" fest: „Im Krieg kam uns eine Tugend abhanden." Die Figur wurde erst 1987 durch eine neue ersetzt, dadurch ist sie heller als die drei anderen. Zusammen stellen sie die Tugenden Arbeit, Gerechtigkeit, Mildtätigkeit und Treue – die hellere Figur – dar.

Die 1881-87 erbaute 15 **Schultheiss-Mälzerei** südlich des Rathauses ist ein bemerkenswertes gründerzeitliches Industriebaudenkmal; mit den Dachaufbauten und beweglichen Hauben auf den Schornsteinen und Lüftungsrohren ist sie stadtteilprägend. Bis 1990 wurde die denkmalgeschützte Mälzerei als Lagerhaus genutzt. Seither steht sie leer und verfällt. Versuche, aus dem Gebäudekomplex ein Kulturzentrum zu machen, scheiterten.

In der Heynstraße befindet sich das 16 **Panke-Museum,** Heimatmuseum des Bezirks, in dem Besucher einen Einblick in die Ortsgeschichte von der Frühzeit bis in die Gegenwart erhalten. Zur Ausstellung gehört auch ein herrschaftliches Zimmer aus der Gründerzeit. Die hohen alten Kachelöfen, die Parkettfußböden, der prächtige Deckenstuck, die Wandbemalungen blieben erhalten, weil die Töchter des Rohrstuhlfabrikanten Heyn Veränderungen in der väterlichen Wohnung nicht zuließen. Man lasse sich unbedingt das Bad zeigen, in dem die riesige Wanne nur über ein Treppchen bestiegen werden kann.

Kurz vor dem S-Bahn-Wall, der die Bezirke Pankow und Wedding trennt, geht rechts die Schulzestraße ab. Diese Straße ließen sich die im Volksmund „Millionenschulzen" genannten Unternehmer 1886 als Privatstraße auf ihrem Grundeigentum bauen. Am Haus Nr. 36 erinnert eine Tafel an den Anführer des Kieler Matrosenaufstands Albin Köbis, der 1892 hier geboren und 1917 in Kiel hingerichtet wurde.

Die Schulzestraße mündet in die Wilhelm-Kuhr-Straße, die zum nahen Bürgerpark führt. Kurz vor dem Parkeingang steht auf der rechten Seite ein kleines, halb verfallenes **Fabrikgebäude**, hier erfand 1903 der Glasmacher Reinhold Burger die Thermosflasche. Ein anderer Pankower, der Ingenieur Paul Nipkow, ließ bereits 1884 ein Verfahren patentieren, das es ermöglichte, Bilder durch Auflösung in Punkte zu übertragen, die „Nipkow-Scheibe" war der Vorläufer der Bildröhre. Beide Erfinder wurden auf dem Friedhof an der Schönholzer Heide nordwestlich des Bürgerparks beigesetzt.

Von den drei an der Panke gelegenen großen Parkanlagen ist der 17 **Bürgerpark** die lebendigste. Die verkehrsgünstige Lage und das Gartenlokal mittendrin verlocken auf ein Bier im Grünen. Im Sommer finden hier sonntags klassische Konzerte statt, spätestens jetzt wird dem Besucher bewusst, dass Pankow in der Einflugschneise des Flughafens Tegel liegt. Das triumphbogenartige Parkportal von 1860 ist Wahrzeichen des Bezirks. Die lebensgroße **Johannes-R.-Becher-Plastik** ist eine der besten Arbeiten von Fritz Cremer, sie zeigt den Menschen Becher ohne falsches Pathos. Genau das aber machte man Cremer in der DDR zum Vorwurf; dabei störte die Parteifunktionäre am meisten, dass Becher mit den Händen in den Hosentaschen dargestellt wurde, berichtet Heinz Knobloch. Cremers gescholtenes Werk wurde im Bürgerpark regelrecht versteckt; eigentlich war es für das Kulturministerium in Mitte bestimmt.

Der Flachbau am Rande der großen Liegewiese ist die 1955 eröffnete **Parkbibliothek**. Sie ist die einzige in Deutschland, in der man sich von Mai bis September kostenlos mit Lektüre eindecken kann, die Heinrich-Mann-Büste auf ihrer Rückseite stammt von Gustav Seitz. Regelmäßig nutzen Bildhauer den Park als Freiluftgalerie – eine grüne Oase, die auch von Bewohnern angrenzender Bezirke gern besucht wird. Der Initiative des früheren Bürgermeisters Wilhelm Kuhr ist es zu danken, dass der Park nicht Baugrund wurde. Baron Killisch von Horn, der Gründer der Berliner Börsenzeitung, ein Parvenü, der sich den Adelstitel im Ausland kaufte, ließ sich Mitte des 19. Jahrhunderts Herrenhaus und Park errichten. Er scheute weder Kosten noch Mühe, um dem Papiermühlengelände ein „standesgemäßes Antlitz" zu verleihen: Künstliche Grotten gab es, einen Wintergarten, Pagodenbauten und Marmorplastiken sowie einen Felsen aus importiertem Muschelkalk. Im westlichen Teil des Parks befindet sich ein Spielplatz mit einem im Sandkasten integriertem Planschbecken, der bei Kindern sehr beliebt ist, auch der Anfang der neunziger Jahre gegründete Kinderbauernhof „Pinke-Panke", noch ein Stück weiter westlich im ehemaligen Mauerstreifen gelegen, wird gern genutzt.

Erst mit dem Ankauf durch die Gemeinde Pankow 1907 wurde der Park zum Bürgerpark. Noch bis 1925 wurde in der Panke gebadet, im Park gab es ein Freibad. Nach dem Krieg wurde der Bürgerpark von den Anwohnern zur landwirtschaftlichen Nutzfläche umfunktioniert, das Herrenhaus, 1964 ebenfalls abgerissen, zur Gaststätte mit Saalanbau. Für einige Jahre betrieb ein Drogist im Park einen „Heilbrunnen", der allerdings nicht vom Pankewasser gespeist worden sein soll. Der alte, 1841 angelegte Pankower **Gemeindefriedhof** ist heute in den Park mit einbezogen. Er liegt gleich rechts vom Haupteingang. Die Grabsteine der bekanntesten alteingesessenen Pankower Bürgerfamilien stehen dort, auch die pompöse Grabkapelle der Familie Killisch von Horn. Die Grabsteine in der Mitte sind zwar sehr dekorativ angeordnet, stehen aber nicht am historisch korrekten Ort.

Der Bürgerpark wird auf der nördlichen Seite von der Leonhard-Frank-Straße begrenzt. Die Nr. 11 war das Wohnhaus des Arbeitersängers und Schauspielers Ernst Busch. Gleich hinter seinem Haus, auf dem 18 **Pankower Friedhof III**, wurde er seinem Wunsch entsprechend beigesetzt. Auch Fritz Cremer und der Komponist Rainer Bredemeyer sind hier begraben.

Kirche, Ossietzkyplatz

Der Platz östlich des Friedhofs ist ein ruhiger Ort, zweistöckige Einzelhäuser um gepflegtes und kaum von Autos bedrohtes Grün. Er heißt 19 **Heinrich-Mann-Platz,** weil für den Schriftsteller hier ein Haus reserviert war. Mann starb aber kurz vor der geplanten Übersiedlung im amerikanischen Exil. Das reservierte Haus, Homeyerstraße 13, wurde an Arnold Zweig vergeben, der es bis zu seinem Tod 1968 bewohnte. Die so genannte „Intelligenzsiedlung" um den Platz war nach dem Dichter Erich Weinert benannt, der bis zu seinem Tode 1950 hier lebte. Überhaupt wohnten und wohnen in den Einfamilienhäusern zahlreiche Prominente. An vielen Häusern fehlt das Namensschild; die Bewohner möchten ungestört bleiben, egal, ob sie ehemalige Politiker oder Starreporter des DDR-Fernsehens sind.

Die Gartenlandschaft der Siedlung geht im Nordwesten in die des weitläufigen 20 **Waldparks Schönholzer Heide** über. Auf dem Ehrenfriedhof im Nordwesten der Heide, dem Denkmal für die Soldaten der Roten Armee in Treptow ähnlich, sind mehr als 13 000 im Kampf um Berlin gefallene sowjetische Soldaten bestattet. Das Material für den Bau des Ehrenmals stammt aus Hitlers Reichskanzlei.

Richtung Norden löst sich die Stadtlandschaft langsam auf. Mietshäuser werden seltener, Villen und Einfamilienhäuser häufiger. Eine schöne Wohngegend – kein Wunder, dass viele ausländische Botschafter in der DDR hier ihre Residenzen hatten, auch die Ständigen Vertreter der BRD in der DDR lebten hier.

Der heutige 21 **Ossietzkyplatz** war Niederschönhausens Dorfmittelpunkt. Die Friedenskirche erhielt ihre neoromanische Form 1869-71, Feldsteinreste der alten Dorfkirche aus dem 13. Jahrhundert wurden in die Westmauer des Kirchenschiffs einbezogen.

Hans Fallada, den Becher nach Pankow geholt hatte, starb am 5. Februar 1947 in der zum Hilfskrankenhaus umfunktionierten Schule von Niederschönhausen in der Blankenburger Straße. Im Herbst 1946 hatte Fallada in nur 24 Tagen den Roman „Jeder stirbt für sich allein" (540 Druckseiten) verfasst, sein Roman „Der Alpdruck" spielt sogar in Pankow.

Im November 1976 trafen sich im Haus des Schriftstellers Stephan Hermlin in der Hermann-Hesse-Straße 39 zwölf renommierte DDR-Künstler, um eine Protesterklärung gegen die Ausbürgerung von Wolf Biermann zu verfassen, die von zahlreichen weiteren bekannten Künstlern unterschrieben wurde. Wenig später fand im Haus von Manfred Krug in der Wilhelm-Wolff-Straße 15 ein Treffen von Unterzeichnern der Protesterklärung mit dem Politbüromitglied und ZK-Sekretär Werner Lamberz statt, das Krug heimlich auf Tonband aufzeichnete. In seiner Autobiographie „Abgehauen", die später durch Frank Beyer, ebenfalls ein Teilnehmer dieses Treffens, verfilmt wurde, verarbeitete Manfred Krug diese Aufzeichnungen. Die staatliche Reaktion auf diesen Protest beschränkte sich hauptsächlich auf eine Verschärfung des politischen Strafrechts, was eine Ausreisewelle auslöste, die bis 1989 nicht abebben sollte.

Anfang des 19. Jahrhunderts erwarben viele wohlhabende Berliner Baugrund in Niederschönhausen, bauten sich Villen und Landhäuser wie das des Bankiers Wilhelm Brose. Die Entwürfe dazu stammten von Schinkel, mit seinem Abriss Ende der vierziger Jahre verlor Pankow seinen einzigen Schinkelbau. Der Garten des Hauses an der Dietzgenstraße hingegen blieb erhalten und ist seit 1920 ein öffentlicher 22 **Park,** nach dem Bankier benannt.

Auf dem 23 **Friedhof** in der Buchholzer Straße östlich davon fanden unter anderem Carl von Ossietzky, der seine letzten Lebensjahre in Pankow verbrachte, und Max Skladanowsky ihre letzte Ruhe. Skladanowsky und sein Bruder Emil führten 1895 als Erste in Deutschland im Pankower Lokal „Feldschlösschen" in der Berliner Straße 27 „lebende Bilder" vor. Bis 1994 stand an dieser Stelle das Kino „Tivoli". Der Regisseur Wim Wenders ist Vorsitzender eines Vereins, der für die Wiedererrichtung dieses historisch bedeutsamen Kinos eintritt. Etwas weiter, auf der Ecke Dietzgen-, Platanenstraße, ist ein mit Schnitzereien reich verzierter Fachwerkbau, das 24 **Holländerhaus**, erhalten geblieben. Gäste des Bankiers Fetschow, der das Haus bauen ließ, waren neben Mitgliedern des Königshauses und Schinkel auch die Generale Gneisenau, Clausewitz und Scharnhorst. Etwas weiter, in der Platanenstraße, ist ein Zeugnis expressionistischer Baukunst zu bewundern: Die katholische Kirche 25 **St. Maria Magdalena** wurde 1929/30 nach Plänen von Felix Sturm erbaut. Der erste Pfarrer hier war Joseph Lenzel, der neben seiner Gemeindearbeit auch für die Betreuung polnischer Zwangsarbeiter zuständig war, was ihn in Konflikt mit den Nazis brachte. Joseph Lenzel starb 1942 im KZ Dachau.

Zu den beiden märkischen Dörfern Pankows ist es von hier nur ein Katzensprung. Nach **Rosenthal** verkehrt die Straßenbahnlinie 53, nach Blankenfelde der Bus 107.

Auch ein Abstecher nach **Buch** lohnt sich: zur Besichtigung der denkmalgeschützten Klinikanlagen, des Schlossparks und der barocken Schlosskirche, die im Krieg ihren Turm einbüßte. Alle Ziele sind bequem vom S-Bahnhof Buch erreichbar.

JÜRGEN MEINEL

Der Majakowskiring

Geschlossene Gesellschaft

Majakowskiring

Wer von der viel befahrenen Grabbeallee kommt, muss wissen, warum er in den unscheinbar liegenden Majakowskiring einbiegt. Hauptsächlich stehen relativ schlichte, hell getünchte Villen aus der Mitte der dreißiger Jahre des 20. Jahrhunderts auf den Grundstücken. Einige Fahnenmasten und dunkle Gedenktafeln an den Häusern erinnern an die DDR-Vergangenheit. Es gibt wenig Durchgangsverkehr, viel Grün, und an der östlichen Seite angrenzend den Schlosspark Niederschönhausen – ein idyllisches und zugleich unspektakuläres Bild. Es ist nur noch zu erahnen, dass in diesem Straßenzug Nachkriegs- und DDR-Geschichte geschrieben wurde.

An der Kronprinzen- und Viktoriastraße, wie der Ring damals hieß, gab es bis zum Einmarsch der Roten Armee in Berlin nicht viel Erwähnenswertes. Dass danach Wohnungen und Häuser von den Siegern in Beschlag genommen wurden, war keine Pankower Besonderheit, wohl aber die Einzäunung eines ganzen Wohngebiets für die östliche Besatzungsmacht. So entstand das „Städtchen". Nach einem Befehl der Sowjetischen Militäradministration erfolgte im Juli und August 1945 die Räumung der Villen, egal ob deren Eigentümer nun Mitglieder der NSDAP gewesen waren oder nicht. Sie erhielten zunächst weder Miet- noch Ausgleichszahlungen, am schmerzlichsten aber beklagten sie oft den Verlust des Gartens für den Eigenbedarf – Luxus in den Hungerjahren nach 1945.

In die zwangsgeräumten Häuser zogen vor allem sowjetische Offiziersfamilien. Aber auch deutsche Funktionäre bekamen Hausgrundstücke zugewiesen, allesamt Mitglieder der Kommunistischen Partei und Exilanten aus der Sowjetunion, die wichtige Posten in der sowjetischen Besatzungszone übernahmen. Unter ihnen waren beispielsweise Johannes R. Becher, Wilhelm Pieck und Walter Ulbricht.

Erst nach der Gründung der DDR erhielt der Straßenzug den Namen des russischen Schriftstellers Wladimir Majakowski, woran der Kulturpolitiker und Schriftsteller Johannes R. Becher schon deshalb seinen Anteil gehabt haben dürfte, weil er in der Nr. 34 wohnte und Majakowski, der in den zwanziger Jahren oft Berlin besuchte, übersetzt hatte. Er verschaffte auch Hans Fallada eine Villa, die dieser in jener Straße bezog, die heute nach seinem Geburtsnamen Rudolf-Ditzen-Weg heißt.

Nach der Staatsgründung im Oktober 1949 übergaben die Sowjets das „Städtchen" in die Verantwortung der DDR; Politbüromitglieder und Funktionäre der DDR genossen nun Wohnrecht.

Die vom sowjetischen Stadtkommandanten Kolikow genutzte Villa bezog der ehemalige Sozialdemokrat Otto Grotewohl in seiner Funktion als Ministerpräsident, worauf der Pförtneranbau im Eingangsbereich zurückzuführen ist. Grundstück und Gebäude wurden als Volkseigentum der kurz zuvor gegründeten DDR ausgewiesen. Der bekannte Weddinger Großbäcker August Wittler hatte hier auf jüdischem Grund 1936 sein Einfamilienhaus von 350 Quadratmetern Wohnfläche errichtet, das seine Familie im August 1945 räumen musste, während er als „Kriegsverbrecher" im sowjetischen Internierungslager saß und dort später umkam. Der Einzäunung folgte die Ummauerung des „Gettos", wie es Parteifunktionäre be-

Zum Majakowskiring

zeichneten. Der Majakowskiring konnte nur mit einem „Propusk", später einem Passierschein betreten werden – das abgesperrte Wohnviertel in „Pankoff" wurde zum Sinnbild für den geschlossenen Gesellschaftszustand der DDR. Im Sommer 1960 erfolgte der Umzug der Politbüromitglieder in die Waldsiedlung bei Wandlitz nördlich von Berlin. „Nur wenige Witwen ehemaliger Regierungsmitglieder und einstmals mächtige Männer waren hier wohnen geblieben", schrieb Monika Maron in ihrem Roman „Stille Zeile Sechs". Doch der Majakowskiring konnte erst seit den siebziger Jahren wieder ohne Passierschein betreten, wenn auch nicht befahren werden. Es war nach wie vor kein „normales" Wohnviertel, denn auch Botschaften nicht sozialistischer Länder zogen hinein, und die Grotewohl-Villa diente als Gästehaus des Ministerrats. 1980 übergab überraschenderweise der Magistrat von Ost-Berlin das Gebäude an die Berliner Sektion des Schriftstellerverbandes der DDR. Als dessen Mitglied hatte Stefan Heym seinen Roman „Collin" in der BRD erscheinen lassen und sollte dafür eine Strafe von 9000 Mark zahlen. Wegen ihres Protestes gegen diese Maßnahme wurden im Juni 1979 acht Autoren und Heym selbst aus dem Schriftstellerverband ausgeschlossen. Dieses „Wohlverhalten" honorierten die Machthaber mit dem Geschenk der „Grotewohl-Villa". Das abgeschirmte Literaturrefugium im Majakowskiring, in den achtziger Jahren von einigen Autoren auch strikt boykottiert, wandelte sich dank der Initiative von Schriftstellern und Künstlern nach der Wende in ein öffentliches und lebendiges Haus der Literatur. So entstand 1991 die „literaturWERKstatt berlin", die einen Teil des „Städtchens" öffentlich gemacht hat. Doch auch das ist Geschichte. Die Jewish Claims Conference erhielt das Grundstück aufgrund seiner jüdischen Vorgeschichte, und die „literaturWERKstatt" zog in den Prenzlauer Berg. Vielleicht kann zukünftig am und im dringend sanierungsbedürftigen Schloss Schönhausen nicht nur preußische, sondern auch DDR-Geschichte über diesen Teil Pankows vermittelt werden – sie hätte es verdient.

Ralph Hoppe

Um den Weißen See

„Die Stadt als große Wohnung"

Da man Weißensee nur oberirdisch erreichen kann, erfährt man gleichsam bereits in der Annäherung etwas über sein Verhältnis zur Großstadt. Besonders deutlich wird dies, wenn man vom Alexanderplatz mit der Straßenbahn über die Greifswalder Straße bis zur Ostseestraße fährt und ein paar Meter bis zum 1 **Ostseeplatz** läuft. Dieses Gebiet, heute im Ortsteil Prenzlauer Berg gelegen, gehörte im 19. Jahrhundert noch zu Berlin, war jedoch kaum entwickelt. Nur die breite Straße war bereits 1840 projektiert worden. Es handelt sich dabei um den von Lenné entworfenen Ringboulevard, der nach Westen zum Schloss Charlottenburg und von dort als „Generalszug" über Otto-Suhr-Allee, Tauentzienstraße, Yorckstraße, Gneisenaustraße in südöstlicher Richtung

Am Weißen See

und schließlich nach Norden über Lichtenberg zur Ostseestraße führen sollte. Ausgeführt wurden nur einige Nord- und Südabschnitte. Die überbreite Straße mit der uneinheitlichen Bebauung ist bis heute mehr Grenze zu Weißensee als verbindendes Element geblieben.

Die am Ostseeplatz stehenden Bauten sind ein letzter Versuch, diesen Ringboulevard wenigstens im Osten zu schließen. Die Wohnblöcke in neoklassizistischen Stilformen waren in den fünfziger Jahren als Nebenbaustelle der „Stalinallee" errichtet worden und sollten über einen neuen Straßenzug durch Lichten-

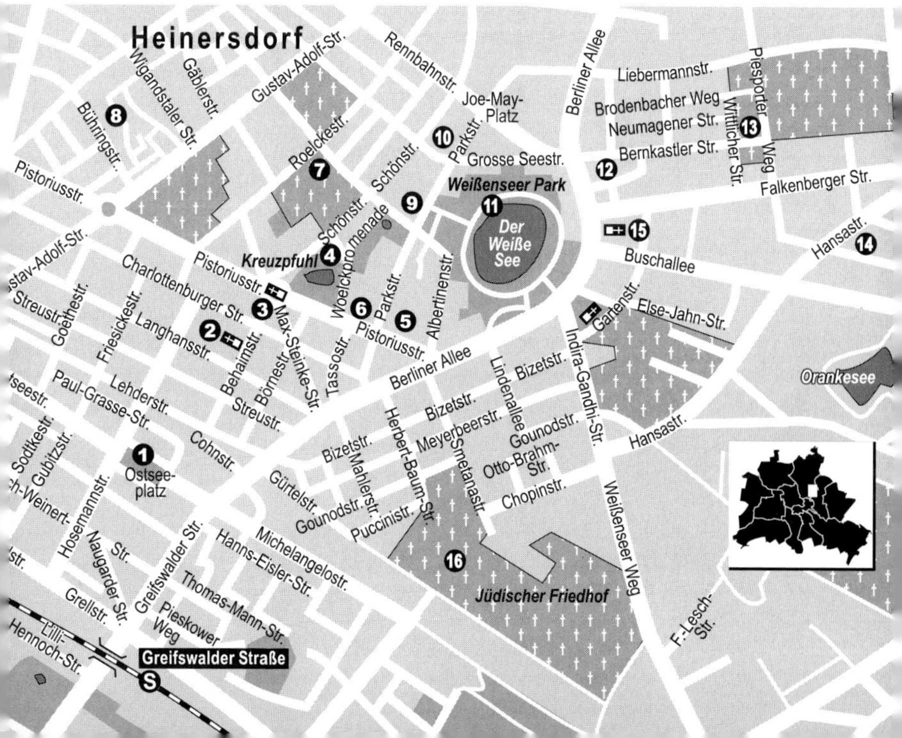

Kirchenruine am Mirbachplatz

berg mit dieser verbunden werden. Durch diese stalinistischen Bauten, die ihren Charakter durch eine etwas abenteuerliche neue Farbgebung sehr verändert haben, schlägt man sich über Roelkestraße zur Langhansstraße durch.

Die ehemalige Stadt- und spätere Bezirksgrenze ist im Stadtraum noch daran kenntlich, dass auf Weißenseer Gebiet im 19. Jahrhundert ein kleines Industrieviertel angelegt worden ist. Und daran, dass im Kontrast zur gerade durchschrittenen, zerrissen wirkenden Gegend die Straßen um die Langhansstraße mit ihrer weitgehend einheitlichen, oftmals dreistöckigen Bebauung ein kleinstädtisches, in sich geschlossenes Bild vermitteln.

In die Behaimstraße biegt man nach links ab. Man befindet sich jetzt mitten in **Neu-Weißensee,** einer ab 1880 eigenständigen Gemeinde, die durch Parzellierung des alten Rittergutes ab 1872 entstand. Die Mietshäuser wurden für den Mittelstand erbaut. Das von einer Aktiengesellschaft betriebene spekulative Unternehmen war sehr erfolgreich, Neu-Weißensee überflügelte das alte Weißensee in der Bevölkerungszahl deutlich. Die Spekulanten sind mit Straßennamen fest im Ortsbild verankert: Die Langhansstraße ist nicht nach dem Baumeister des Brandenburger Tores benannt, sondern nach dem Weißenseer Unternehmer, Herr Schön hat gleich zwei Straßen erhalten, denn die Gustav-Adolf-Straße trägt seine Vornamen und nicht die des schwedischen Königs. Herr Roelcke besaß weniger Fortune und verlor bei den Unternehmungen sein gesamtes Vermögen.

Von der Größe Neu-Weißensees kündeten auch die Kirchen: In der Behaimstraße hat sich die katholische (2) **Josephskirche** von 1899 mit danebenliegendem Gemeindehaus erhalten, auf dem benachbarten Mirbachplatz steht der Turm der im Krieg zerstörten evangelischen (3) **Bethanienkirche** von 1902. Das dem Turm gegenüberliegende Gemeindehaus von 1908 mit eigenartiger Stilmischung aus Landhaus und Romanik blieb dagegen unzerstört und dient heute auch den Gottesdiensten.

Über die Max-Steinke-Straße gelangt man vorbei an dem als Marktplatz angelegten Pistoriusplatz zur **Berliner Allee.** Diese zu DDR-Zeiten nach Klement Gottwald benannte Dorf- und Fernstraße ist so etwas wie die Haupteinkaufsstraße des Ortsteils, durch ständig wachsenden Verkehr aber eher strapaziös für die Nerven, als dass sie zum Bummeln einlädt. Der hier liegende, aber als solcher kaum mehr zu erkennende **Antonplatz** mit dem Kino Toni war einstmals als Kaiser-Wilhelm-Platz (mit Denkmal) die patriotische Ecke der Gemeinde.

Aus der gesichtslosen Ecke kann man sich in die Tassostraße retten. Wie sogleich erkennbar, ist sie leicht geschwungen. Sie entstammt nicht der Spekulationsphase, sondern der Reformzeit Weißensees. Um ihm nach der Zusammenlegung der beiden Ortsteile auch architektonisch zu neuem Ruhm zu verhelfen, berief der neue Bürgermeister Dr. Woelck 1906 einen Gemeindebaumeister, den erst 35-jährigen Carl James Bühring.

Bis 1915 bauten Woelck und Bühring ein unvollendet gebliebenes **Gemeindeforum.** Dies ist eine im Berliner Raum einzigartige Anlage des Reformbauens, wenngleich nicht in allen Bauten erhalten. Unter der Idee einer „Stadt als großer Wohnung" wurde ein Viertel aus Wohnungen und Gemeinschaftseinrichtungen geplant, das die vorhandenen Landschafts-

Am Kreuzpfuhl

elemente integrieren sollte. Die Bauten sind zumeist Klinkerbauten mit Feldsteinsockeln und bildnerischem Schmuck des Bildhauers Hans Schellhorn. Kernstück der Anlage ist der **Kreuzpfuhl,** um den sich die wichtigsten Bauten gruppieren. Das auffallendste Gebäude ist die ehemalige 4 **Oberrealschule** an der Paul-Ostreich-Straße. Zum Gemeindeforum gehörte auch eine Festhalle für 1000 Personen am Kreuzpfuhl gegenüber der Schule. Sie war der aufwendigste Bau Bührings, seit der Kriegszerstörung steht aber nur noch ein Rest. Historische Aufnahmen dieser Halle kann man sich im nahegelegenen 5 **Weißenseer Museum** – Pistoriusstraße 8 – ansehen. Das Eckgebäude Woelckpromenade, Pistoriusstraße war von seiner Funktion her etwas besonderes: ein 6 **Ledigenheim.** Zu dieser Zeit existierte Wohnraum für Alleinstehende praktisch nicht, da „Singles" im heiratsfähigen Alter mit Argwohn betrachtet wurden. Ein von der Gemeinde explizit als Ledigenwohnheim gebautes Haus war gesellschaftlich ein Wagnis. An der Pistoriusstraße steht auch noch das Entwässerungspumpwerk. Die größte Baumasse bilden aber die Wohnhäuser mit ihren plastischen Fassaden, deren Wirkung vor allem durch die Laubengänge und Loggien hervorgerufen wird. Eine **Gedenktafel** am Wohnhaus Woelckpromenade 5 erinnert an den bekanntesten Bewohner der Siedlung, der bis zu seinem Tod 1988 hier lebte: der Verleger und Professor für Literatur Wieland Herzfelde.

Nach dem Ersten Weltkrieg wurde das Gemeindeforum 1925-28 nach Norden um **Klinkerwohnbauten** von Josef Tiedemann ergänzt, die in ihrer Gestaltung offenbar vom Holländischen Viertel in Potsdam inspiriert wurden. Heute steht das Gebiet unter Denkmalschutz – zu Recht, denn es kann nach wie vor als das wichtigste Ensemble Weißensees gelten. Hat man diese Bauten mit ihren Höfen durchschritten, gelangt man an der Schönstraße zum 7 **Gemeindefriedhof,** dessen Eingänge 1915 ebenfalls von Bühring mit Torbauten geschmückt wurden.

Für viele ist ein Besuch Weißensees ohne einen Abstecher zur 8 **Kunsthochschule** undenkbar. Diese Institution war 1946 gegründet worden und auf Geheiß der sowjetischen Besatzungsmacht im folgenden Jahr zur Hochschule erhoben worden. In dem 1955/56 von Selman Sel-

Schule, Parkstraße

managic errichteten Komplex haben maßgebliche Stationen des Kunstlebens, aber auch der Kunstknebelung der DDR stattgefunden. Die Schule liegt in der Bühringstraße 20, gut einen Kilometer entfernt.

Wer sich die Kunsthochschule spart, biegt rechts in die Amalienstraße und findet dort einen eindrucksvollen großen Klinkerkomplex der Neuen Sachlichkeit. Erbaut wurde er als 9 **Weltliche Schule** 1929-31 von Reinhold Mittmann. Sehenswert ist auch das malerisch gruppierte 10 **Amtsgerichtsgebäude** in der Parkstraße, 1902-06 errichtet. Hohe Giebel, steile Dächer und ein Treppenhaus im Stil eines Burgtürmchens: Der an einem Park gelegene Bau im Stil der Neorenaissance erinnert ein wenig an ein Landschlösschen. Wie bei vielen Gebäuden des erfolgreichen Architektengespanns Paul Thoemer und Rudolf Mönnich ist das Treppenhaus mit seinen Schling- und Zellengewölben besonders ausgestaltet. Kurz vor dem Ersten Weltkrieg besaß Weißensee so gut wie alle Institutionen, die eine Stadt brauchte. Doch die Erhebung zur Stadtgemeinde wurde nicht mehr erreicht, auch Weißensee wurde 1920 zu einem Berliner Verwaltungsbezirk.

Mit der Parkstraße hat man inzwischen den Park rund um den namensgebenden See erreicht, der sich hinter alten Bäumen den Blicken auftut. Der 11 **Weiße See** ist das größte der auf der Hochfläche des Barnim von der Eiszeit zurückgebliebenen Gewässer. Mit einem Durchmesser von über 300 Metern ist er nicht Pfuhl, sondern echter See und war früher für Weißensee eine Erwerbsquelle – Karpfen gibt es hier heute noch. Andererseits war der See auch als Erholungsstätte begehrt: im Sommer zur Erfrischung, im Winter zum Eisvergnügen. Auf der einen Seite des Sees lag das Dorf, auf der anderen das Gut. Ein erstes, „Schloss" genanntes, Gutshaus war eine bescheidene Baulichkeit des 18. Jahrhunderts. Es wurde 1821 von Johann Heinrich Leberecht Pistorius übernommen, der es um eine Kartoffelbrennerei erweiterte. Dieser Kaufmann und Landwirt hatte 1817 einen neuen Brennapparat entwickelt, mit dem er der Spritherstellung einen neuen Impuls gab, Weißensee war zeitweilig geradezu ein Zentrum der Alkoholproduktion. Das Schloss wurde 1859 repräsentativ neu gebaut und diente ab 1877 als Ausflugsgaststätte „Zum Sternecker". In Gründerzeitmanier baute der Gastronom Sternecker die Anlage mit Park unter Einbeziehung des Sees zu einem Erlebnispark aus. Es gab ein Seetheater, ein Ballhaus, in dem fast 2000 Paare gleichzeitig die Beine schwingen konnten, ein Riesenrad, eine schwedische Rutschbahn, ein Hippodrom, eine Bahn. Auf dem See kreuzten kleine Dampfer und für romantischere Wasserfahrten standen 40 Gondeln zur Verfügung. Das Ganze nannte sich nun großspurig „Welt-Restaurant Schloss Weißensee" und bot als Besonderheiten große Feuerwerke und „Monstre-Concerte". Lange bevor der Lunapark Halensee entstand, war Weißensee Inbegriff der Volksbelustigung. Doch auf Dauer ließ sich die Anziehungskraft nicht halten, schon in den 1890er Jahren begann der Niedergang. Nach der Vereinigung der beiden Weißensee-Gemeinden wurde das Gelände als Volkspark umgestaltet. Aus dieser Zeit stammen die beiden Tritonen von Schellhorn am See und einige weitere Skulpturen. Vom Schloss findet man heute nichts mehr, es brannte 1919 ab – kokelnden Soldaten ist wahrscheinlich das vernichtende Feuer zu verdanken. Der heutige

Der Weiße See

Park hat trotzdem noch viele stimmungsvolle Partien und Lokalitäten zu bieten und ist an schönen Tagen entsprechend bevölkert. In der Mitte des Sees trägt seit den sechziger Jahren eine Fontäne zur heiteren Atmosphäre bei, gegenüber herrscht reges Treiben im Freibad und an lauen Sommerabenden lauschen manche am See lagernd den von der Freilichtbühne herüberschallenden Musikfetzen dort auftretender Popgruppen.
Geht man die Parkstraße weiter nach Norden, kommt man an schlichten Siedlungshäusern aus den dreißiger Jahren vorbei und erreicht gleich danach die Rennbahnstraße. Sie verweist auf die etwas weiter westlich gelegene Trabrennbahn, die nach Sterneckers „Welt-Restaurant" die zweite überregionale Berühmtheit Weißensees war. Der damalige Bürgermeister Feldtmann hatte es geschickt lanciert, dass 1878 die erste Trabrennbahn des Berliner Raums in Weißensee angelegt wurde. Auch sie gab der Entwicklung des Ortes einen entscheidenden Impuls, denn sie war lange Zeit der mit Abstand größte Steuerzahler der Gemeinde. Erst die Anlage modernerer Trabrennbahnen in Mariendorf und Ruhleben reduzierten die Bedeutung der Weißenseer Bahn, die sich darauf bald zu einer Radrennbahn wandelte. Sie ist mittlerweile abgerissen. Auf dem Weg zur Rennbahn kreuzt man die 1908 in Betrieb genommene Industriebahnstrecke Tegel-Friedrichsfelde. An ihr entwickelte sich neben der Rennbahn ein Industriegebiet. Auf diesem baute 1913 die Vitascope-Gesellschaft ein Filmatelier. Damit wurde Weißensee auch ein wichtiger Ort der Filmproduktion, der erst später von Tempelhof und der Ufa in Babelsberg überflügelt wurde. Hier wurde beispielsweise der seinerzeit berühmte Film „Das Kabinett des Dr. Caligari" hergestellt, auch Joe May drehte hier zahlreiche Abenteuerfilme, bis er zur Ufa wechselte.
Die Rennbahnstraße führt nach Osten wieder in Richtung Ortskern, links biegt man in die Caseler Straße ab. Hier sind die letzten Wohnbauten erhalten, die Bühring für Weißensee schuf. Auf Dauer war ihm die Stellung in Weißensee zu bescheiden. 1915 folgte er einem Ruf nach Leipzig, wo er als Leiter des Hochbauamtes von nun an die architektonischen Geschicke eine Großstadt zu lenken hatte. Gleich dahinter finden sich 12 **Bauten der GEHAG** von Bruno Taut aus dem

Dorfkirche Weißensee

Jahre 1926. Taut war berühmt-berüchtigt für seine Fassaden-Farben als kostengünstigstes Gestaltungselement der Häuser. Die heutige Farbigkeit ist nicht mehr original, das größere Haus war ursprünglich noch auffallender weiß-blau-rot-gelb-weiß gestreift.

Der Rundgang führt nun nach Osten über die Falkenberger Straße. Über die nach links führende Wittlicher Straße gelangt man zum 13 **Friedhof** der orthodoxen Separatgemeinde Adass Jisroel. Er wurde etwa gleichzeitig mit dem großen Friedhof der Jüdischen Gemeinde um 1880 angelegt, unterscheidet sich aber grundsätzlich von ihm. Gemäß der orthodoxen Prinzipien sind die Grabmale sehr schlicht, fast einheitlich gestaltet.

Die Falkenberger Straße führt weiter zum 14 **Volkspark am Faulen See.** Vorn an der Straßengabelung Hansastraße, Buschallee liegt ein früher in medizinischer Hinsicht berühmter Baukomplex von 1911, das erste Säuglings- und Kinderkrankenhaus Preußens, von Bühring mit Musterkuhstall und Milchtrinkanstalt erbaut.

Zum Ortskern geht es von hier über die verkehrsreiche Buschallee zurück. Auch sie ist von berühmten neusachlichen **Wohnbauten** Bruno Tauts gesäumt, die er 1928-30 für die GEHAG errichtete.

An der Berliner Allee hat man endlich den mittelalterlichen **Dorfkern** von „Witense" erreicht. Viel Dörfliches, geschweige denn Mittelalterliches ist hier aber nicht zu finden. Unbarmherzig rauscht der Verkehr, die Straßenbahntrasse macht aus der Straße mehr Grenze als Mittelpunkt des Ortes. Seit Jahrzehnten ist hier eine U-Bahn „nach Berlin" zur Entlastung geplant, doch bis zu ihrem Bau wird es wohl einige Zeit brauchen, neuere Planungen sprechen nun vom Jahr 2025. Rechts liegt die 15 **Dorfkirche,** ursprünglich ein mittelalterlicher Kastenbau mit querliegendem Westturm. Sie hatte um 1830 einen reizvollen neugotischer Turmaufsatz erhalten, der früher das Wahrzeichen des Dorfes war, aber nach der Kriegszerstörung durch einen einfachen Helm ersetzt worden ist. Das hübsche weiße Häuschen auf der gegenüberliegenden Seite der Berliner Allee, um 1860 in villenartigen Formen erbaut, ist das **Brecht-Haus** von Weißensee. Nachdem der Dichter nach seiner Rückkehr im unzerstörten Rücktrakt des „Adlon" logiert hatte, zog er 1949 mit Helene Weigel hierher. Das Haus war ihm aber zu abgelegen, so dass er Ersatz suchte und schließlich 1953 in die Chausseestraße umzog. Später diente das Weißenseer Haus als „Klub der Volkssolidarität", war aber schließlich nicht mehr öffentlich zugänglich. Nach der Wende stellte man fest, dass von hier aus mit Richtmikrophonen Gespräche und Versammlungen in der gegenüberliegenden Kirche abgehört worden waren.

Östlich der Berliner Allee liegt das so genannte **Komponistenviertel,** ein hübsches, ruhiges Quartier mit teilweise villenartig gestalteten Mietshäusern. Sämtliche Straßen waren bei Anlage nach siegreichen Schlachten des Deutsch-Französischen Krieges und gewonnenen Gebieten benannt und sollten damit einen zusätzlichen Anreiz für Käufer bieten. Nach 1945 wurden die Straßen nach Komponisten umbenannt, nur die Lothringer Straße erhielt den Namen des jüdischen Widerstandskämpfers Herbert Baum. Diese Straße ist der Zufahrtsweg zum großen 16 **jüdischen Friedhof.**

ANDREAS BERNHARD

Der jüdische Friedhof Weißensee

Mahnende Steine

1878 schrieb die jüdische Gemeinde einen Gestaltungswettbewerb für die Neuanlage einer 40 Hektar großen Begräbnisstätte in der außerhalb Berlins liegenden Gemeinde Weißensee aus, da der alte jüdische Friedhof an der Schönhauser Allee zu klein geworden war. Gewinner des Wettbewerbes wurde Hugo Licht, obwohl die Jury seinen Entwurf nicht sehr vorteilhaft befand, denn er sei „nicht sehr weihevoll ..., sondern neigt zur Profanarchitektur". Der **Klinkerbau** hinter dem Rondell, auf das man gleich nach dem Durchschreiten des mächtigen schmiedeeisernen Tores gelangt, erinnert an eine eklektizistische Variante eines italienischen Renaissance-Gebäudes, nüchtern, kühl. Die Einweihung des Geländes fand am 9. September 1880 statt. Eine zweite Neue Trauerhalle sowie sechs Gewächshäuser und zwei Palmenhäuser, 1910 errichtet, sind 1944 durch Bomben zerstört worden. Heute ist der Friedhof Grabstätte für 115 000 Tote.

In der Mitte des Rondells steht ein **Gedenkstein** für die sechs Millionen Juden, die von den Nationalsozialisten ermordet worden sind. Auf kreisförmig angeordneten Steinen sind die Namen aller großen Konzentrationslager eingemeißelt.

Beth ha Chajim, das heißt Friedhof, wörtlich „Haus des ewigen Lebens". Dieses Haus in Weißensee ist streng geometrisch in Haupt- und Nebenwege und diese wieder in rechteckige, dreieckige und trapezförmige Flächen unterteilt, mit platzartigen Erweiterungen an den Schnittstellen der Wege. Alle Grabfelder sind mit einer Kombination von Buchstabe und Ziffer gekennzeichnet. Das Feld A1 zum Beispiel, nahe der Trauerhalle, wurde als **Ehrenreihe** für hervorragende Persönlichkeiten jüdischen Lebens angelegt. Viele der dort aufgeführten Personen kennen heute nur noch wenige: Karl Emil Franzos (1848-

Vor dem Eingang des jüdischen Friedhofs

1904), der in seinem Hauptwerk „Der Pojaz" den Lebensweg eines Juden beschreibt, der wieder und wieder versucht, sich aus den Fesseln des galizischen Gettos und den Demütigungen der bürgerlichen Gesellschaft zu befreien. Oder Max Hirsch (1832-1905), Nationalökonom und Sozialpolitiker, der zusammen mit Franz Duncker 1868 den Verband der deutschen Gewerkvereine gründete. Oder Martin Riesenhuber (1896-1965), Religionsphilosoph. Er wurde 1933 Prediger und Seelsorger im Altersheim der Gemeinde in der Großen Hamburger Straße und beschrieb nach seiner von den Nazis veranlassten „Versetzung" auf den Weißenseer Friedhof in seinem Buch „Das Licht verlöscht nicht" eindringlich den Terror der Nazis. Riesenhuber blieb nach 1945 in Ost-Berlin und war treibende Kraft beim Wiederaufbau der jüdischen Gemeinde. Oder Lesser Ury (1861-1931), Maler und Graphiker, der zurückgezogen in seinem Atelier am Nollendorfplatz lebte und arbeitete. Ury war Mitglied der Berliner Secession und gehörte zu den Wegbereitern des deutschen Impressionismus. Wenige Schritte weiter befindet sich der **Ehrenplatz** für **Herbert Baum,** seine Frau Marianne und 26 weitere Gefährten, die 1942 einen Brandanschlag auf die Hetzausstellung „Das Sowjetparadies" vor dem Alten Museum im Lustgarten verübt hatten. Adolf Eichmann teilte den Vertretern der „Reichsvereinigung der Juden" in Berlin damals mit „daß im Zusammenhang

Grabstätte der Gruppe Herbert Baum und die Ehrenreihe

mit dem Anschlag ..., an dem fünf Juden aktiv beteiligt waren, fünfhundert Juden in Berlin festgenommen, davon 250 erschossen und 250 in ein Lager abgeführt worden sind ..." Herbert Baum, seine Frau Marianne und die Mitglieder der Gruppe, die meisten im Alter von 19 bis 23 Jahren, wurden hingerichtet.

Bereits bei der Gründung des Friedhofes gab es eine Einteilung der Grabfelder nach Erbbegräbnissen und Wahl- und Reihenstellen. Sie spiegeln – vom einfachen Stein bis hin zum pompösen Mausoleum – die damaligen Besitzverhältnisse wider, aber auch einen schier unglaublichen Reichtum an wertvollen bildhauerischen Werken und schlichten Glaubensbekenntnissen.

Die Natur hat sich diesen Ort zurückgeholt. Efeu bedeckt den Boden und kleidet Stein und Steinchen, wilder Hopfen würgt mit schenkeldickem Stamm Stelen und Platten. Weide, Pappel, Esche, Eiche, Brombeere und Hasel geben den gebrochenen Säulen Jakobs spärliches Licht. Urwald fast überall, wo man den Fuß hinsetzt – die ehemals akkurate Planung und Pflege gibt es längst nicht mehr. Still ist es hier, doch nicht ohne Leben. Über der Erde herrscht der Wind, der Gesang der Vögel, der leise Tritt der Katze, das Rascheln der Mäuse. Unter der Erde steht das Haus des ewigen Lebens – Beth ha Chajim.

Die Kartei, die Auskunft geben kann über die hier seit dem Jahr 1880 Bestatteten, ist damals in den Bombennächten gerettet worden. Bloch, Bernfeld, Jandorf, Tietz, Mosse, Cohen, Schwarz – an vielen Grabmälern sind die Namen der Verstorbenen nicht leicht zu entziffern, aber sie lesen sich wie ein Who is who des Bürger- und Großbürgertums aus den guten Wohnlagen Berlins – oder dem Scheunenviertel.

Sigmund Aschrott (1826-1915) liegt im Feld C2 unter einem der teuersten und aufwendigsten Berliner Mausoleen. Er war Bankier, und seine Grabstätte wurde von Bruno Schmitz erbaut, dem Architekten für eine Architekturauffassung, wie sie das gigantische Völkerschlachtdenkmal in Leipzig widerspiegelt.

Vielleicht dachte Kurt Tucholsky an ihn, als er 1925 unter dem Pseudonym Theobald Tiger in der Weltbühne dem Jüdischen Friedhof ein schmunzelnd-literarisches Denkmal setzte: „Wird einer dort frisch eingepflanzt / nach frommem Brauch / dann kommen viele angetanzt – / das muß man auch. / Harmonium singt Adagio / – Feld O – / das Auto wartet – Taxe drei – / – Feld Ei – / Ein Geistlicher kann seins nicht lesen. / Und was er für ein Herz gewesen, / hört stolz im Sarge der Bankier / in Weißensee / in Weißensee."

Tucholsky nahm sich nach der Machtergreifung der Nazis in Schweden das Leben. Das Familiengrab der Eltern Tucholskys gegenüber der Mauer in Feld T2 – zwei schwarze Platten, nach oben gerundet – ist ein Scheingrab, denn nur sein Vater ist hier bestattet. Seine Mutter Doris Tucholsky wurde 1943 als 74-Jährige nach Theresienstadt deportiert und ermordet. Es ist eines der nicht vergessenen Gräber, helle Kieselsteine bedecken das dunkle Grab. Tucholsky: „da kommst du hin, / da komm ich hin, / wenns mal vorbei." Er ist nie hier angekommen.

Am nördlich gelegenen Rand der Abteilung G7 ist eine Mauer mit eingelassenen Grabstenen zu sehen, auf denen Sterbeorte verzeichnet sind. 809 Urnen sind hier aufbewahrt: Asche ermordeter Juden aus den Konzentrationslagern.

Auf dem Feld Z4 erhebt sich das Familiengrab von Samuel Fischer (1859-1934), dem einstigen Buchhändler aus der Friedrichstraße. 1886 hatte er seinen eigenen Verlag gegründet, den S. Fischer Verlag, heute in Frankfurt am Main beheimatet. Eigentlich müsste man die wichtigen Autoren nennen, die nicht mit Samuel Fischer ins Gespräch und ins Geschäft gekommen sind, denn es sind wenige. Thomas Mann, Stefan Zweig, Boris Pasternak, Alfred Döblin, George Bernard Shaw, Hermann Hesse, Alfred Kerr, Jakob Wassermann und viele, viele mehr, sie haben ihn (fast) alle verehrt und als exquisiten Fachmann naturalistischer und sozialkritischer Literatur geschätzt, nicht nur, weil er ihnen auch zu Ruhm und Ehren verhalf. Seit 1995 ruht hier Samuels Nachfolger Gottfried Bermann Fischer, erst Chirurg, dann auch er Verleger.

Nicht weit von diesem Grab entfernt ist der **Ehrenfriedhof** zu finden, der 1927 für die im Ersten Weltkrieg gefallenen jüdischen Soldaten nach einem Entwurf des Gartenbaumeisters Alexander Beer eingeweiht wurde. Das 90 mal 49 Meter umfassende Areal ist durch eine übermannshohe Mauer umrahmt und in zwei Parterren aufgeteilt. Im oberen Parterre steht ein drei Meter hohes **Denkmal** wie ein monumentaler Altar, mit einer Inschrift versehen und der Abbildung eines Löwen, der nach Jakobs Weissagung Juda symbolisiert. Viele Männer jüdischen Glaubens waren freiwillig in den Krieg gezogen – für sie war Deutschland auch ihr Vaterland.

Von 1941 bis 1943 hat in Weißensee Martin Riesenhuber 1207 Juden begraben müssen, die den Freitod gewählt hatten. Es war die Zeit, wo Besuchern des Friedhofs ihre Kennkarten abgenommen und sie für den nächsten Tag zur Gestapo bestellt wurden. Auch von ihnen nahmen sich viele das Leben, andere tauchten unter, und wer sich tags drauf meldete, kam nie wieder zurück.

Noch einmal Tucholsky, nur um die Bitterkeit zu ertränken: „Du siehst noch drei, vier fremde Städte, / Du siehst noch eine nackte Grete, / noch zwanzig-, dreißigmal den Schnee – / Und dann: / Feld P – in Weißensee – / in Weißensee."

Klaus Esche

Charlottenburg-Wilmersdorf

Neben der historischen Mitte hat Berlin unverkennbar ein zweites Zentrum: die westliche City. Zu ihren markantesten Punkten zählen der Bahnhof Zoo, der Breitscheidplatz mit der Gedächtniskirche und die Neubauten in unmittelbarer Nähe des bekannten Café Kranzler. Das Tag und Nacht pulsierende Herz dieser City, die außerdem geprägt ist von Theatern, zahlreichen Hotels und Lokalen für jeden Geschmack, ist der Kurfürstendamm. Er verläuft teils auf Charlottenburger, teils auf Wilmersdorfer Gebiet und bildet die nahtlose Verbindung zwischen ihnen. Ohnehin wussten die Berliner nie so recht, wo die Grenze zwischen den beiden Bezirken verläuft. Die Charlottenburger gelten als ein wenig extrovertierter, die Wilmersdorfer als konservativer. Gutbürgerlich geht in es vielen Ecken beider Bezirke zu.

Charlottenburg hat mit dem gleichnamigen Schloss, dem ICC, den Messebauten mit dem Funkturm, der schnell zu einem Wahrzeichen ganz Berlins wurde, und dem Olympiastadion gleich mehrere überregional bekannte Bauten aufzuweisen. Sein heutiges Erscheinungsbild ist weitgehend von den Entwicklungen nach 1870 geprägt, die es einst zu einer der reichsten Städte in Deutschland machten. Das lässt sich heute noch an einigen öffentlichen Gebäuden dieser Zeit, aber vor allem an den vielen erhaltenen großbürgerlichen Fassaden ablesen.

Wilmersdorf hat dagegen kaum Einzelbauten von überregionaler Bedeutung zu bieten. Erwähnenswert sind unter anderem der Fehrbelliner Platz, der eines der wenigen erhaltenen baulichen Gesamtensembles aus der NS-Zeit demonstriert, und der Grunewald. Damit ist zum einen die 1894 gegründete Villensiedlung gemeint, bis heute Synonym für Reichtum und Eleganz, und zum anderen das ausgedehnte Wald- und Seengebiet, das sich im Westen bis zur Havel erstreckt. Es ist ein beliebtes Naherholungsgebiet, dessen südliche Hälfte zu Zehlendorf gehört.

Beide Bezirke haben ihre Wurzeln in Ortsgründungen des 13. Jahrhunderts, und für beide Bezirke sind diese ersten Anfänge nicht mehr stadtbildprägend oder gar identitätsstiftend. An vielen Ecken bilden gerade im Sommer die zahlreichen, das Straßenraster durchbrechenden Plätze die Mittelpunkte urbanen Lebens. Das ist geprägt von der funktionierenden Mischung aus Wohnen, Arbeiten und Vergnügen, die hier eine sehr geschätzte Wohnqualität vieler Viertel ausmacht.

Eine Annäherung an den Kurfürstendamm

Keine Zeit, keine Zeit

„Bombenstimmung" im Westen, der Kirchenbrand beleuchtet die umstehenden Häuser. Rauch steigt in die taghelle Nacht, Giebel stürzen auf den Auguste-Viktoria-Platz. In den Bombennächten geht mehr als ein Boulevard unter, eine Legende verschwindet.

Ende 1943 werden Romanisches Café und Gloria-Palast, legendäre Stätten des Amüsements und damit das Herz des heutigen Breitscheidplatzes, ausgelöscht. Nur das Rankeeck verharrt standhaft am Oval, in dessen Mitte der geschwärzte Hauptturm der pseudoromanischen **Kaiser-Wilhelm-Gedächtniskirche** verbleibt.

Bei Kriegsende sind am Kurfürstendamm von 235 Bauten noch 43 nutzbar. Es gibt im Ruinenmeer zwar wundersam erhaltene Häuserinseln zwischen Fasanen- und Uhlandstraße oder Schlüter- und Leibnizstraße, ansonsten aber liegt er brach.

Unbenannt sein Auftakt, kein offizieller Spatenstich setzt ihn ins Weltgeschehen. Ein Jagdvernarrter legt ihn wie eine Schneise durch die märkische Flur an, um seine Residenz mit einem Wildrevier zu verbinden. Als „Churfürsten Damm" weist der Knüppeldamm bis weit ins 19. Jahrhundert auf seine ursprüngliche Bestimmung als Königlicher Weg. Dann rüstet sich Berlin von der preußischen Residenz zur kaiserlichen Kapitale, schiebt in seinem Wachstum Vergnügungs- und Erholungsorte vor sich her: der Funke zur Entfachung als Boulevard. Bismarck sieht in ihm eine Champs-Elysées für Berlin, „Hauptader des Vergnügungsverkehrs" zum Grunewald, Spekulantenhände nehmen sich der lukrativen Grundstücke an, und plötzlich wird Berliner Tempo vorgelegt, immer hastig, immer eilig, keine Zeit, keine Zeit.

Baulich wird er nicht als Einheit errichtet, er ist eher eine aus dem Boden gestampfte Repräsentationsmeile, deren Eckpunkte ein Gasthaus und ein Tierpark bilden. Das Großbürgertum baut protzig, die Architekturkritik ist entsetzt, die Fachpresse spricht mit Verachtung von der „Kurfürstendammarchitektur", andere von „Geschwürhäusern".

Keine Urkunde erwähnt den Weg, als 1542 unter Joachim II. das Jagdschloss Grunewald entsteht, noch 300 Jahre später umstehen ihn Mühlen. 1875 auf 53 Meter Breite und 4,5 Kilometer Länge geschnürt, erstreckt er sich nun vom Landwehrkanal bis zum Halensee. Zehn Jahre später ist die Straßenanlage samt Dampfstraßen-

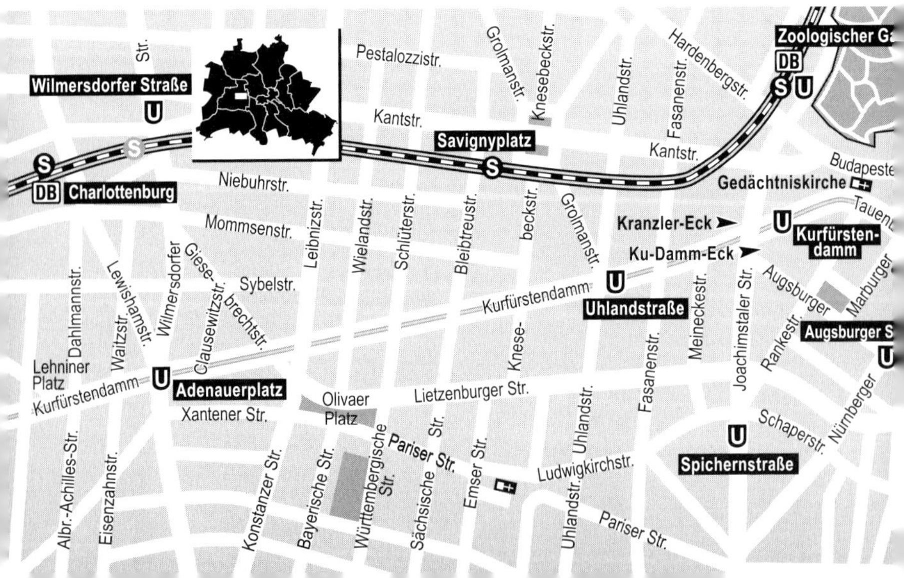

bahn errichtet, aber nur der Berliner Teil, der sich am 1844 eröffneten Zoologischen Garten vorbeizieht, ist zur Jahrhundertwende mit Wohnhäusern bebaut; seit 1925 nennt man dieses Wegstück zwischen Corneliusbrücke und Kaiser-Wilhelm-Gedächtniskirche Budapester Straße. Die Bebauung bis zur Leibnizstraße wird bis 1914 hochgezogen, bis zum Rathenauplatz schließen sich die Lücken erst nach dem Ersten Weltkrieg.

Es entsteht ein Gebilde, das zwar luxuriös ist, aber von den „Linden" nicht verschiedener sein kann. Dort herrschen Monarchie und Staatskunst, hier das Großbürgertum und später das ungezügelte Berlin, die Avantgarde. Während die Architektur der einen generalstabsmäßig geplant wird, überlässt man die andere dem baulichen Wust des gründerzeitlichen Geschmacks. Die bauliche Qualität eines Schinkel oder Langhans sucht man an der „Palaststraße der Maurermeister" fast vergeblich in der Fülle der Stile. Bekannt dagegen der den Polieren zugesprochene Satz: „Der Rohbau ist fertig, was soll denn nun für'n Stil ran?"

Die Parzellen, die noch leer stehen, werden verpachtet: Eine Sensation gibt es auf der Freifläche des späteren Mendelsohn-Baus am Lehniner Platz, wo tausenden Wasser- und Feuerspiele geboten werden. In einem riesigen Aushub werden 1904 Flottenschlachten en miniature geschlagen, für das Jahr 1905 wird mit einem fulminanten Feuerwerk der „Untergang von Pompeji" vor Augen geführt.

Der nicht mehr so „wilde Westen" mausert sich zum Zugpferd, bis sich schließlich die Baulücken in Baustellen verwandeln und die Vergnügungskarawane zum Halensee weiterzieht, wo 1909 der Lunapark eröffnet.

Ein Mythos wird geboren. Umtriebig ist er schon vor den „roaring twenties". Das „größte Caféhaus Europas", wie die Zeitgenossen urteilen, verliert seinen Wohncharakter, sieht sich im Allerlei neuer Zeitgeistströme, die im alten Zentrum Berlins chancenlos wären. Der Aufstieg des Kurfürstendamms, von Nationalisten offen

Berlin 1945, Gedächtniskirche

angefeindet, ist ein Spiegel der deutschen liberalen Phase in den Zwanzigern. Cafés, Kinos, Theater und Anstößiges zieht sich an ihm entlang, Lichtreklamen und ein immenser Verkehr zu jeder Tages- und Nachtzeit machen ihn zu einem wahren Großstadtboulevard. Endlos die Zahl der Vorüberziehenden, bewunderte Lichtgestalten, Musiker, Tänzer, Schriftsteller oder einfach nur Bohemiens.

Man haut sich die Nächte in den Lokalen um die Ohren, lauscht erstaunt den ersten Tonfilmen, kann sich an der „Tänzerin des Lasters" nicht satt sehen, ein knappes Bananenkostüm stellt Berlin auf den Kopf. Der „Blaue Engel" schwebt vorbei, die Meile gibt den Takt im Kabarett an, neue Gedanken werden in den Cafés bewegt. Es etabliert sich die bildende Avantgarde, die „Rinnsteinkunst" findet hier ihre größten Bewunderer. Man sitzt gegen das Tschingderassabum des Wilhelminischen Zeitalters zu Protest. Und hier, im Gebäude der Berliner Secession, werden auch erstmals in Deutschland Gemälde von Monet und Klee sowie Werke Beckmanns gezeigt, 1912 begeistert Picasso. Hier ist Berlin seit der Jahrhundertwende schon eine moderne, aufgeschlossene Stadt. Nicht alles ist Gold in den Zwanzigern, am Kurfürstendamm wird es dafür aber umso dicker aufgetragen.

Die Caféhauskultur etabliert sich, in nahezu 20 Häusern halten sich verkannte und arme Künstler stundenlang an einer

Kaiser-Wilhelm-Gedächtniskirche

Tauentzienstraße

Tasse Kaffee fest, leben Bohemiens von Gönnern, die sich ihrerseits zum Fünfuhrtee in bombastisch ausgestatteten Verzehrpalästen ein Stelldichein liefern.
Ein Wiener überzieht mit seinem „Kleinen Café" 1895 den Kurfürstendamm mit Kaffeeduft. Unumschränkter Herrscher des ersten Caféhauses vor Ort ist der Kellner Halm, „der König mit dem Zauberstab", wie Else Lasker-Schüler ihn nennt. Ihm obliegt es, nicht bezahlte Rechnungen an den Kunstsammler Simon weiterzuleiten. Und er kann auch schon mal den Kaffee in ein Wiener Schnitzel verwandeln. Als das Traditionshaus, mittlerweile als „Café Größenwahn" bekannt, 1913 entrümpelt wird, verschwindet nicht nur die schwülstige Einrichtung, sondern auch ein Großteil seiner Gäste ins Romanische Café. Hier verkehren Dix, Beckmann, Liebermann, spielen Brecht und Roda Roda Schach, dozieren Döblin und Benn, am Revoluzzer-Stammtisch schmieden Grosz und Heartfield wilde Pläne. Der „König der Schnorrer" Anton Kuh ist hier zu Hause, seine Mitternachtsauftritte als genialisch plaudernder Weltkommentator sind ein Muss. Ein noch unbekannter Österreicher beginnt hier mit der Reportage „Als Eintänzer im Hotel Eden" seine spätere Karriere. Mit „Menschen am Sonntag" hat dieser Billie (Billy) Wilder 1929 als Drehbuchautor im Unions-Theater (heute **Filmbühne Wien**) seinen Auftakt.
Da spielt das Filmtheater schon 13 Jahre Kintopp, wie auch das **Marmorhaus**. Am „Broadway von Berlin" zählt man zehn Lichtspielhäuser mit bis zu 1200 Plätzen und allem erdenklichen Komfort. Man hat auch hierin der Mitte Berlins längst den Rang abgelaufen. Filmgeschichte wird geschrieben: 1919 Lubitschs „Madame Dubarry", Murnaus „Tartüff" 1926, im Jahr darauf „Metropolis" von Lang. Auch der erste Tonfilm „Das Leben auf dem Dorfe" von 1922 wird im **Alhambra-Kino** gezeigt; das US-Tonfilmdebüt „The singing fools" ist 1929 ein solches Ereignis, dass eine Mitternachtsvorstellung nachgeschoben werden muss, um dem Andrang des fanatischen Berliner Publikums gerecht zu werden. Und schließlich leuchtet 1930 ein neuer Stern am Leinwandfirmament: die von Kopf bis Fuß auf Liebe eingestellte Marlene Dietrich.
Die Schlager Hollaenders werden auf der Straße und ab 1921 im **Theater am Kurfürstendamm** gesungen, die Theaterbesucher erfreuen sich an den bunten Bildern der Nachtrevuen. 1926 macht Josephine Baker mit dem Charleston die Stadt im Nelson-Theater (seit 1934 Astor-Kino) verrückt. Seit 1920 bedient Rudolf Nelson die Revuewelt, bei ihm tritt noch Marlene und nicht die Dietrich auf, die „verruchte" Anita Berber tanzt. Das Kabarett der Komiker – besser bekannt als KaDeKo – findet 1928 im eigens errichteten Mendelsohn-Bau für sich und unzählige Künstler eine Heimstatt: unter ihnen Claire Waldoff, Theo Lingen und Karl Valentin, die Conférenciers Fritz Grünbaum und Willi Schaeffers.
Schon im März 1927 verprügeln SA-Trupps „jüdisch" aussehende Menschen

Am Kranzler-Eck

und zerschlagen das Mobiliar des Romanischen Cafés. „Raus mit dem farbigen Pack aus Deutschland, schlagt die Judenlümmel tot", skandieren sie. Goebbels prophezeit drei Jahre später an der Ecke zur Uhlandstraße: „Kommen wird der Tag, an dem wir die Straße säubern." Am 12. September 1931 ziehen mehr als tausend SA-Männer über den Kurfürstendamm und misshandeln jüdische Bürger. Niemand schreitet ein. „Die Polizei konnte nicht gut annehmen, dass diese Trupps zum Kurfürstendamm fuhren, um gemeinsam eine Tasse Kaffee zu nehmen", kommentiert die Vossische Zeitung.

Ab 1933 beginnt der intellektuelle Aderlass. Ein Zeitzeuge schreibt über das Jahr 1933: „Unheimlich war der Wechsel vom Gestern zum Heute. Keine Sekunde hatten die Lichtreklamen am Kurfürstendamm ihr funkelndes Licht unterbrochen. Nur die Inschriften der Lichtreklamen, die Filme, die Theaterstücke waren andere geworden." Und tatsächlich scheint sich für den Außenstehenden und Besucher nicht viel geändert zu haben. Bis in die Kriegsjahre hinein wird Normalität demonstriert, die Gastronomie bietet alle Genüsse, eine Ufa-Premiere jagt die nächste, und selbst amerikanische Filme werden bis 1941 gezeigt. Die Qualität der Aufführungen in Kabarett- und Revuetheatern sinkt allerdings durch die Vertreibung vieler Protagonisten spürbar; nun schreiben Lincke und Eisbrenner Musik für die proppevollen Tanzlokale, in denen auch noch der schon längst im Rundfunk verbotene Jazz zu hören ist.

Der Boulevard fungiert im „Dritten Reich" als liberale Vorzeigestraße; insbesondere zu den Olympischen Spielen 1936 prägen mehr weiße Fahnen mit den völkervereinigenden Ringen das Straßenbild als Hakenkreuze.

Die „Arisierung" der Geschäftswelt 1938 ist das vorläufige Ende der gesellschaftlichen Entrechtung der jüdischen Bürger. Die sich seit dem „Judenboykott" 1933 schrittweise verschärfenden Repressionen schließen sie mehr und mehr vom öffentlichen Leben aus. Sie dürfen keine Theater, Kinos, Konzerte und Ausstellungen besuchen, sie müssen zu festgesetzten Zeiten in ihrer Wohnung bleiben.

Dann kommen die Kriegsjahre, immer wieder Luftalarm, Restaurants, Theater

Hotel Kempinski

Vase am Kurfürstendamm

und Kinos werden geräumt. Die Filmtheater bieten mit scheinbar unpolitischen Unterhaltungsfilmen weiter Abwechslung, auch während des von Goebbels proklamierten „totalen Krieges".
Kriegsende, Schlendern und Hasten. Wieder ins Kino und Kaffeeersatz vor Ruinen, um das Drumherum zu vergessen.
Man richtet sich ein, die Fünfziger werden zum Wiederaufbaujahrzehnt, wieder rastlos, viel brauchbare Architektur geht nun endgültig nieder. Wegen der Ungewissheit um die Sektorenstadt schließt offensichtliche Planlosigkeit die Kriegs- und Abrisslücken. Städtebaulich fügt sich anfangs das Neue mit klarer Sachlichkeit noch in die Umgebung ein, was man für Späteres nicht behaupten kann.
Eine neues Zentrum in der westlichen Teilstadt wird gesucht. Stars und Sternchen beleuchten wieder für kurze Zeit das notdürftig geflickte Pflaster. Der Kurfürstendamm wird unversehens vom spektakulären zum spekulativen Vorzeigeobjekt, zur Protestmeile. Es überrollt ihn jede gesellschaftliche Bewegung: Wirtschaftswunder und Aufbau, Fresswelle, Revolte, Sexwelle, Konsumwelle.
Kempinski, das 1953 durch die Errichtung des ersten Hotelneubaus vor Ort seinen angestammten Platz einnimmt, und der neue Gloria-Palast im darauf folgenden Jahr eröffnen wieder. Ab 1955 gibt es mit der „Entrümpelung" des **Breitscheidplatzes** den Startschuss zu großflächiger Neubebauung. Hochhäuser halten Einzug: Die Allianz und die Hamburg-Mannheimer durchbrechen die Traufhöhe. Typische Vertreter ihrer Zeit sind das **Maison de France** mit dem **Cinema Paris** sowie gegenüber das **Bewag-Haus**, ihm vorangestellt eine **Mosaikvase** aus bunten Steinchen des abgetragenen Langhauses der **Gedächtniskirche**. Deren Hauptturm darf bis heute als einziges Gebäude seine Kriegsnarben zeigen, eine unselige Rekonstruktion kann 1961 durch begleitende Bauten des Architekten Egon Eiermann verhindert werden. Die populären Filmpaläste erfahren letzte Aufmerksamkeit in der Zeit der Internationalen Filmfestspiele. 1951 aus der Taufe gehoben, werden sie vor allem in ihrer Anfangsphase das gesellschaftliche Ereignis in der abgenabelten Stadt und geben ab 1953 dem trüben Treiben am Kurfürstendamm etwas Glanz.
Dass sich eine andere Qualität des „neuen" West-Berliner Zentrums nicht nur am Zuzug von Versicherungen offenbart, sondern sich auch auf der Straße ablesen lässt, erkennt man gut an der Entwicklung zur Kundgebungsmeile. Vor dem Zweiten Weltkrieg ein äußerst seltenes Phänomen – demonstriert doch das Bürgertum höchstens Kauf- und Amüsierlust –, rückt der Straßenzug vor allem in den Sechzigern mit den Triumphzug von John F. Kennedy und einer Parade amerikanischer Streitkräfte von offizieller Seite in den Blickpunkt der Öffentlichkeit. Tausende stehen am Straßenrand und jubeln. Andere ziehen über den Boulevard, um immer wieder gegen den Vietnamkrieg zu demonstrieren, 1968 hat ein Attentat auf

Der Rathenauplatz, westlicher Endpunkt des Kurfürstendamms

Rudi Dutschke mehrere Straßenschlachten zur Folge.

Die Siebziger haben im Straßenbild kaum Spuren hinterlassen: **Wertheim** gibt es noch und auch das **Ku'damm-Karree**, das **Ku'damm-Eck** aber, von den Planern als wegweisendes Shopping-Center gepriesen und bald nach Fertigstellung allgemein als Bausünde anerkannt, ist mittlerweile abgerissen und durch einen etwas unmotiviert wirkenden Hotel- und Geschäftsbau ersetzt worden.

Die Achtziger bringen die Überflutung des einstigen Luxusgeschöpfes mit Billigketten. Der Spiegel titelt 1981: „Kudamm. Boulettenburgen am Boulevard". Die Konsumgesellschaft ergreift nun auch das „Schaufenster des Westens".

Der Kurfürstendamm ist schon lange kein Ort der intellektuellen Zusammenkunft mehr, die letzten Filmtheater haben den Wegzug der Internationalen Filmfestspiele in Berlins „neue" Mitte nicht überstanden. Dennoch ist der Ku'damm immer noch Berlins Vorzeigeboulevard, als Einkaufsmeile die unumstrittene erste Adresse im Westen der Stadt, und seine Seitenstraßen bedeuten immer noch das Rückgrat einer intakten Mischung aus Wohnen, Vergnügen und Arbeiten. Vor allem zwischen Breitscheidplatz und Olivaer Platz bilden Imbissbuden und Modeketten, Warenhäuser und Billigläden, Cafés, Restaurants und Hotels eine großstädtische Lebendigkeit, wie sie Berlin so kaum an anderen Orten aufweisen kann. Von der Vitalität zeugen auch die neuen Bauprojekte, wie immer man sie in ihrer architektonischen Qualität einschätzen mag: der lang gezogene Riegel hinter dem **Kranzler-Eck** oder auch der neue Baukomplex anstelle des alten **Ku'damm-Ecks**.

Sorgenvoll haben sich Stadtplaner, Bezirkspolitiker und die Lokalpresse in den letzten Jahren immer wieder gefragt, ob der Ku'damm der Konkurrenz der neuen alten Mitte um Friedrichstraße und Unter den Linden standhalten könne; sie befürchteten, die einstige Legende könne zu einer ganz normalen Straße herabsinken. Es fällt schwer, das zu glauben.

Jörg Schumacher

Die Fasanenstraße

Aktien, Luxus, Fluxus

Der Name ist nicht Schall und Rauch: Friedrich II. ließ hier 1755 einen königlichen „Fasanerie-Garten" anlegen, der 1841 nach Potsdam umzog, um dem neuen Zoologischen Garten Platz zu machen. Viel Zeit ist seitdem vergangen, und dem Halali der königlichen Meute ist längs der Fasanenstraße längst die Jagd nach Aktienkursen, Luxus und Kunst gewichen. Die Häufung von Läden, die international gesehen das Beste an Schmuck, Modeschöpfungen, Antiquitäten, Inneneinrichtungen und Kunst bieten, ist tatsächlich bemerkenswert. Die Kleiderordnung ist in der teuersten Straße Berlins sehr unauffällig, kann bei manchem Besucher der noblen Meile ab einer Mille für ein Herrenhemd ohne Ärmel beginnen oder bei 400 Euro für ein schlichtes Kostüm im Sonderangebot.

Die vorherrschenden Sprachen sind Französisch und Italienisch – zumindest auf den Reklameschildern der Boutiquen. Die meisten Restaurants und Cafés – mit französisch und italienisch klingenden Namen, versteht sich – führen eine gute bis sehr gute Küche, bessere bis sehr gute Weine sind im Angebot. Austern werden hier zum zweiten Frühstück allerdings nicht so demonstrativ geschlürft wie in den Passagen Hamburgs. So gesehen, ist die Fasanenstraße eine ganz normale Berliner Straße.

Sie beginnt im Norden an der Straße des 17. Juni wenig urban, vorbei an den Gebäuden der TU Berlin und der Hochschule der Künste. An der Hardenbergstraße säumen Bankgebäude und Hotels im schlichten Siebziger-Jahre-Baustil die Magistrale. Das stumpfe Gebäudeende der Berliner Industrie- und Handelskammer ragt zur Kreuzung Fasanenstraße, streng, schmal, hoch aufgeschossen und unter Denkmalschutz gestellt, in dessen Börsensaal die Berliner Börse bis 1998 ihren Geschäften nachging. Seitdem ist sie nebenan im Neubau des **Ludwig-Erhard-Hauses** untergebracht. Der erste Entwurf von Nicholas Grimshaw ließ Gutes verheißen, denn die Idee, das gesamte Gebäude an paraboloide Rundbögen aufzuhängen und ihm durch die gestaffelten Höhen den Eindruck eines amorphen Gebildes zu verleihen, war zumindest für Berliner Verhältnisse spektakulär, das „Gürteltier" geboren. Heute ist von der „Spiritualität" des Entwurfes nicht mehr viel zu merken: Um zusätzlichen (vermietbaren) Raum zu gewinnen, kragen nun aus der Seite kantige Gebäudeteile, denen große Glasflächen vorgehängt wurden – das Gürteltier mutiert zur Straßenseite optisch zu einer modernen Großgarage. Die markanten Füße, in denen die riesigen Bögen beidseitig des Gebäudes Halt finden, sind von klobiger Langeweile, und die Passage, die die innere Erschließung des Komplexes vorbereitet, erinnert an eine Bahnhofshalle.

Angenehm hingegen ist der Eindruck des Geländes bis zur Kantstraße, das von der rekonstruierten Auf- und Abfahrt und dem Terrassencafé des **Delphi-Filmpalastes** bestimmt wird. Vis-à-vis der Kantstraße ragt seit 1992 das Bürogebäude **Kantdreieck** von Josef Paul Kleihues auf, das seine Eigenart durch ein haifischflossenartiges, drehbares Segel auf dem Dach erhält. Zwischen dem Gebäude und der Fasanenstraße rauschen in einem ausgesparten Rechteck Wasserwellen in die Tiefe. Schade, dass man erst ganz nah herantreten muss, um in den optischen Genuss des Baches zu kommen.

In den Fenstern des Kantdreiecks spiegelt sich das rote Backsteinhaus der Fasanenstraße 13 unmittelbar am Viadukt. Ein steinernes Löwenpaar flankiert den Eingang zur **Galerie Springer & Winckler**. St. Lukas, der Schutzpatron der Künstler, schaut im Halbrelief auf den Besucher, Pferdeschädel hängen an der Fassade, das mit einer Ansammlung verschiedenster Stilformen daherkommt, ein Häuschen reitet auf dem Dachfirst, überall lugen Plastiken aus den Erkern und Ecken: das

Ludwig-Erhard-Haus

Jüdisches Gemeindehaus

Künstlerhaus zum St. Lukas, auch Künstlerburg genannt. Bernhard Sehring kaufte und bebaute das Grundstück 1889/90 ganz nach seiner eigenen Fasson in einer Zeit, als der Blick zum Grunewald nahezu unverbaut war. Typisch für seine überschäumende Fantasie war auch die Ausstattung der Atelierwohnungen, für die er altes Mobiliar, Gemälde, Skulpturen und Kleinkunst aus Italien und Tirol heranschleppen ließ. Außer Gemeinschaftsräumen für die Künstler gab es eine Künstlerkneipe, eine private Kunst- und Kunstgewerbeschule sowie eine Mal-, Zeichen-, Modellier- und Holzschnitzerschule. Sehring selbst wohnte in seinem verwunschenen Haus, auch Käthe Kruse, die hier ihre weltberühmten Puppen entwarf, Max Slevogt, George Grosz, Ernst von Wolzogen, Renée Sintenis und andere. Mit einem Gang in die Galerie und einem Blick durch das Gitter auf die schöne Brunnenanlage von Nikolaus Friedrich in der Mitte des Gartenhofes kann man den Besuch dieses besonderen Ortes beenden und sich auf der anderen Viaduktseite im **Zille-Markt** dem Stöbern in und Entdecken vom alten Krimskrams' widmen.

Der Gebäudetrakt der **Jüdischen Gemeinde** gegenüber befindet sich weit hinter der Bauflucht, an der die in der „Reichskristallnacht" angezündete und ausgebrannte Synagoge gestanden hatte. 1959 konnte das neue Gemeindehaus eingeweiht werden, ein schlichter Stahlbetonskelettbau, an dessen Fassade das Portal der zerstörten Synagoge den Zugang in das Innere markiert, das ebenso wie das bronzene Denkmal einer halb entrollten Thoraschrift und einer Gedenkplatte für die Opfer der Konzentrationslager an die Zerstörung und den Genozid gemahnen. Neben der jüdischen Volkshochschule sind hier eine öffentliche Bibliothek mit spezieller Literatur zum Judentum, ein Betsaal und das koschere Restaurant Arche Noah beheimatet.

Das sich anschließende zweistöckige **Gebäude** im Stile des italienischen Klassizismus mit einem für Berlin selten anzutreffenden aufgestockten Glockenturm ist ein Typus von Vorstadtvilla, wie sie bei der ersten Besiedlung dieser Gegend zum Ende des 19. Jahrhunderts verbreitet war. Heute im Besitz einer Privatbank, leidet der Bau unter dem vereinfachten Vorbau und unter der „modernistisch-futuristisch" anmutenden geschlossenen Brücke, die ihn mit einem fünfstöckigen „normalen" Bankhaus verbindet: Brüche, die auch durch den freundlich gehaltenen Zwischenhof mit Restaurantbetrieb nicht zu kitten sind.

Bis zum Kurfürstendamm wird man auf der anderen Straßenseite von der hellen Front des **Hotels Kempinski** begleitet. Makellos zieht sich die gerundete Ecke in den Boulevard, Musterbeispiel eines gelungenen Fünfziger-Jahre-Baues, der sich zwar stilistisch eindeutig von den anderen historischen Eckgebäuden abhebt, sich aber in ruhiger Geste dem Ensemble einfügt. Von den Eckbauten hier fällt das linke Gebäude auf, nicht nur weil es die Epoche ab 1873 widerspiegelt, sondern

Villa Grisebach, Detail

auch mustergültig restauriert worden ist. Es ist das ehemalige Kino Astor.
Hier beginnt das eigentliche Entree zu „der" Fasanenstraße. Deutete sich zuvor zwar durch gewisse Insignien an, dass sich Geld, Kommerz, Handel und Dienstleistungen auf wenigen Metern Straße gesucht und gefunden haben, gehört nun der weitere Weg in vielfältiger Abstufung Konsum und Genuss. Die relativ schmale Straßenführung, das dichte Laubwerk der Straßenbäume, steinerne Bänke auf den Trottoirs, die Vielzahl exquisiter Läden und sehenswerte Häuser vermitteln eine wohltuende Intimität.
Kultur-Höhepunkt der Fasanenstraße ist das so genannte **Wintergarten-Ensemble** mit den Häusern 23 bis 27. Den Namen erhielt es durch den Wintergarten, der dem Haus Nr. 23 angefügt ist und dem heutigen Café eine besondere Ausstrahlung verleiht. Das zurückgesetzte Gebäude im Stile eines italienischen Renaissance-Palastes, von Hans Grisebach gebaut, ist das Berliner Literaturhaus, in dem neben dem Cafébetrieb Lesungen und Ausstellungen stattfinden, die durch die wohlsortierte Buchhandlung im Untergeschoss ergänzt werden. Ein guter Ort für den Flaneur, um entspannt einen Apéritif zu nehmen oder sich im klassisch gestalteten Garten die Beine zu vertreten. Er käme an Plastiken vorbei, an einem hübschen Gartenhäuschen und an eine Tür, die ihn zum Besuch der weiteren rückwärtigen Gärten einlädt bis in Höhe des Hauses 27. Kunst begegnet ihm allenthalben und im kleinen Pavillon stehen einladend Tisch und Stühle.
Das Haus Nr. 24 stammt aus dem Jahre 1871 und war das erste Haus der Fasanenstraße. Es wurde von Maurermeister Martens errichtet und ist wie die Nr. 23 als frei stehende Einzelvilla nach spätklassizistischen Motiven konzipiert. In dem Bau ist die bekannte **Graphikgalerie** des Malers und Kunsthändlers Hans Pels-Leusden zu finden, dessen Sammlungen der Grundstock für das ebenfalls hier ansässige **Käthe-Kollwitz-Museum** waren. Die unmittelbar sich anschließenden Häuser Nr. 25 und 26 entwarfen und bauten Grisebach und Martens 1891/92 als fünfstöckige vorstädtische Reihenhäuser, für die damalige Zeit ebenfalls ein Novum. Besonders sehenswert ist die märchenhaft gestaltete **Villa Grisebach**, die heute Auktionshaus für die Kunst des 19. bis 21. Jahrhunderts ist. Jedes Detail des schmiedeeisernen Treppengeländers, der mit barocken und spätgotischen Malereien verzierten Bögen, der formenreichen Stuckaturen und der meisterlich restaurierten Räume ist berückend schön. Die meist anspruchsvollen Werke für die Auktionen komplettieren eine Gesamtschau von Lebenskultur und Kunst, wie sie für Berlin einmalig ist.
Das nächste Gebäude zeigt sich hingegen schlicht und zurückhaltend. Das letzte Haus des Ensembles, Nr. 27, ist ein moderner Fünfgeschosser von Hundertmark und Ketterer, auf dessen Fläche ebenfalls eine Grisebachvilla gestanden hatte, die aber im Zweiten Weltkrieg zerstört wurde.
Nr. 28 gehört nicht zum „Ensemble", ist aber aus anderem Grunde hervorzuheben. Hier traf sich in der Wohnung des Botschafters Ulrich von Hassell die „Mittwochsgesellschaft", ein konservativer Zirkel von Wissenschaftlern und Politikern, mit Kontakten zu den Widerstandsgruppen „20. Juli" und „Kreisauer Kreis". Von Hassell wurde nach dem missglückten Attentat auf Hitler wie Carl Goerdeler, Wilhelm Leuschner und andere am 8. Sep-

Literaturhaus-Café

tember 1944 zum Tode verurteilt und am selben Tage hingerichtet.
Rote Läufer auf dem Bürgersteig signalisieren, dass die vielen eleganten Geschäfte auf den König Kunde der „Haute Volaute" eingestellt sind. Ihr Renommee speist sich aus den Namen weltbekannter Modeschöpfer und Einrichtungsdesigner, der exquisitesten Weinkeller und teuersten Parfümlabore. Experimente sind hier out, klassische Eleganz in. Nirgendwo sonst ist Berlin Wien und Paris näher als hier – oder umgekehrt.
Mit dem Überschreiten der Lietzenburger Straße endet der Charlottenburger Teil der Fasanenstraße. Bis zum Fasanenplatz verändern sich merklich Bebauung und Breite. Die Mischung von neoklassizistischen Villen in gelbem Klinker mit Gründerzeit- und Siebziger-Jahre-Bauten mit unterschiedlichen Fluchtlinien und Traufhöhen bringen Unruhe in den Gesamteindruck, Freiflächen sind nicht selten von Großplastiken besetzt – wie zum Beispiel vor der **Galerie Bremer**, durch deren Ausstellungsräume die Scharoun-Bar zu erreichen ist. Der Architekt richtete in einem typischen Berliner Zimmer eine Bar ganz im Stil der fünfziger Jahre ein, die heute noch im originalen Interieur bis hin zu spiralgezierten Gläsern und Salzstangenhaltern zu bewundern ist.
Jeder Besucher des **Fasanenplatzes** ist von seiner Eigenart überrascht und berührt. Vier Straßen tangieren ihn, die Bäume halten die pralle Sonne ab und lassen ihn in einem fluoreszierenden Licht schimmern – ein märchenhafter Ort, der an die kühlen Pariser Plätze erinnert, zu denen die Bewohner vor der mittäglichen Hitze flüchten. Seitlich schimmert der kantige Bau der ehemaligen Freien Volksbühne durch das Grün.
Kriegsverschonte Wohnhäuser mit reichen Stuckfassaden säumen die Fasanenstraße bis zu ihrem Ende am Hohenzollerndamm. Von der Pariser Straße an dominieren allerdings die kantigen, nichtssagenden Bauten aus der Wiederaufbauzeit. Die nicht zu übersehende dunkel geklinkerte **Kirche** auf der anderen Seite des Hohenzollerndamms ist ein spätexpressionistisches Bauwerk aus den Jahren 1931/32 von Fritz Höger, dessen Eingangsportal und hoch aufragender Kirchenraum einen Abstecher lohnen.

Klaus Esche, Martina Weinland

Von der Kantstraße zum Rathaus Charlottenburg

Heimat der Musen

Eine sechsspurige Straße wie die Kantstraße benötigt vom flanierenden Spaziergänger eine gewisse Anpassungsgabe. Eingehüllt in Lärm und Hektik, wird sie sich dem Beschauer nur mit Geduld öffnen.

Sie ist die Ausfalltrasse von der „City" nach Westen und fängt an einem städtebaulich heftig umstrittenen Ort an: dem 1 **Schimmelpfenghaus**, das seit 1960 als quer gestellter Riegel die Straße vom Breitscheidplatz trennt. Die unglückliche Entscheidung aus der Wiederaufbauzeit wird seit Jahren heftig diskutiert – Ausgang ungewiss. Soll und kann ein Bauwerk, das die Sichtachse auf den Breitscheidplatz stört, aber unter Denkmalschutz steht, abgerissen werden? Pläne für eine Neubebauung existieren bereits.

An der rechten Seite ist eine städtebauliche Brache zu sehen, deren Story immer wieder durch die Gazetten der Stadt geistert, nicht nur, weil hier nach dem Willen des Getränkekonzerns Brau und Brunnen ein 37-stöckiges Hochhaus, das so genannte **Zoofenster**, errichtet werden sollte, sondern die spektakulären Umstände eines Teilabrisses, bei dem unter mysteriösen Umständen die Statik des zu erhaltenen Teilkomplexes so beschädigt wurde, dass ein vollständiger Abriss gerade noch vermieden werden konnte.

Zwei Bauten, sich direkt an der Ecke Joachimstaler Straße gegenüberstehend, bilden ein architektonisches Kontrastprogramm: links das Gebäude von 2 **Karstadt** Sport, gegenüber das Erotik Museum der Beate Uhse. Das Warenhaus hat, außer den umlaufenden Schaufenster-

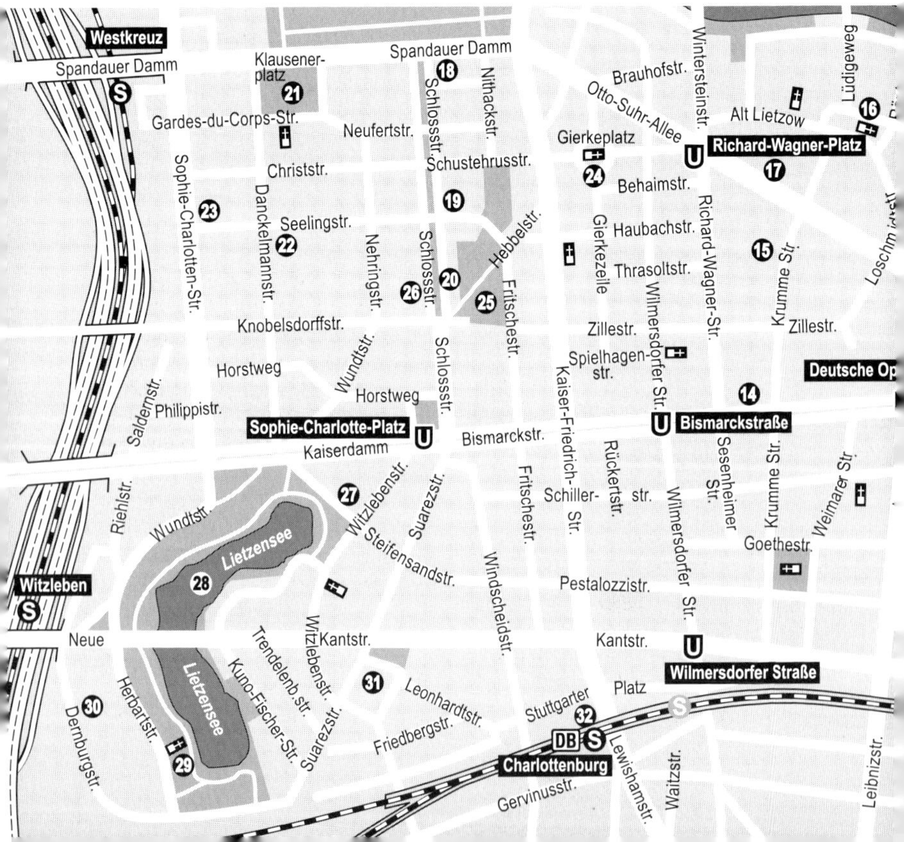

scheiben und den rückwärtig eingelassenen Fensterreihen, keine Fenster zur Straßenseite. Es stellt sich als leicht gekrümmter und entlang der Traufe sanft geschwungener Kubus dar, dessen Außenhaut vom einem verhaltenen Rautenmuster durchsetzt ist, in deren Mittelpunkte rötlich-ocker schimmernde Kreisflächen sitzen. Der außergewöhnliche Bau erinnert an die Ästhetik des Orients und ist in Berlin ohne Beispiel. Der Architekt Hanns Dustmann hat das ehemalige Bilka-Warenhaus mitsamt der sich anschließenden Ladenzeile und Café Kranzler am Kurfürstendamm 1956 entworfen. Hinter dem Warenhaus bis zur Hochbahntrasse, wo die 3 **Viktoria-Versicherung** ihr eigenwilliges, 20 Stockwerke hohes Scheibenhaus errichtet hat, befanden sich 1928-43 der Preußische Landesverband jüdischer Organisationen und die Vereinigte Zen-trale für jüdische Arbeitsnachweise, die Juden bei der Flucht aus Nazideutschland half und unter dem Druck der Gestapo Listen von jüdischen Bürgern zusammenstellte, die zur Deportation vorgesehen waren. Über diesen Schicksalsort ist wenig dokumentiert, nicht einmal eine schlichte Erinnerungstafel existiert.

Bilka und Viktoria-Versicherung

Ungerührt dieser Nachbarschaft, ist gegenüber in einem ehemaligen Konfektionshaus Beate Uhses 4 **Erotik Museum** beheimatet. Über drei Etagen werden den Besuchern die weltweiten Bestrebungen der Menschheit zur Befriedigung sexueller Lust anschaulich dargestellt. Das künstlerische Niveau der in Massen angesammelten Sexual-Exponate wird durch anerkannte Künstler wie Zille, Hrdlicka, Grosz oder Miniaturen aus Asien und dem Orient hochgehalten. Im ersten Stock stehen Kabinen, in denen man sich Sex-Videos abspielen lassen kann. Nur der Name des Museums ist falsch: Mit Erotik hat das wenig zu tun.

Hinter der Unterführung der Hochbahn eröffnet sich ein überraschendes Panorama: Das 5 **Theater des Westens** empfängt seine Gäste im Neorenaissancekleid mit kolossalen Säulen, Giebeln und einer breiten Freitreppe. Die Bühne verbirgt sich hinter einem zinnenbewehrten Trakt mit neogotischem Schmuck und Fachwerk-Fassadenteilen. Am Ende thront eine halbrunde Ruinenarchitektur, in der sich die Schreinerwerkstatt befindet. Dahinter sieht man auf die rückwärtige Bebauung der Hardenbergstraße und das Amerikahaus.

Das Theater des Westens wurde 1895/96 nach Plänen Bernhard Sehrings als privates Vorstadt-Theater der „leichten Muse"

Savignyplatz, Passage

gewidmet. Von „Frau Luna" bis zum neuesten Broadway-Musical kommt seitdem auf die Bühne, was Ballettbeine und bunte Kulissen in Bewegung versetzt. In einer Nische neben dem Theaterhaupteingang erinnert eine allegorische Frauengestalt an die damals selbständige Stadt Charlottenburg. Die Skulptur von Ludwig Manzel trägt das Modell des Theatergebäudes bei sich und wird von den „Schönen Künsten" begleitet. Im Keller wurde 1921 die Wilde Bühne von Trude Hesterberg eröffnet, ein berühmt-berüchtigtes Kabarett, für das Erich Kästner, Joachim Ringelnatz und Kurt Tucholsky menschlich-bissige Texte schrieben und wo der große Brecht, noch nicht sehr bekannt, seine „Soldatenlieder" vortrug.

Linker Hand führen Stufen zum **Delphi-Terrassengarten**, der jüngst wieder annäherungsweise in seinen ursprünglichen Zustand versetzt worden ist und von dessen Café aus man beim Anblick silbergrauer Züge auf dem Hochbahnviadukt gegenüber sein Fernweh pflegen kann. 1949 wurde das (6) **Delphi-Kino** eröffnet, das ein gelungenes Beispiel der Architekturauffassung der fünfziger Jahre ist. Im Souterrain des Hauses befindet sich der Jazzkeller Quasimodo, daneben das Zimmertheater Vagantenbühne, das schon seit Jahrzehnten immer wieder mal mit Sartre aufwartet.

Auf einer nahen anderen Bühne wurde progressive politische Literatur editiert. Die (7) **Weltbühne**, deren Herausgeber Carl von Ossietzky bis 1933 war, zog 1927 in die Kantstraße 152 ein. Ossietzky erhielt 1935 den Friedensnobelpreis, den er aber nicht entgegennehmen durfte. Er starb drei Jahre später in Berlin an den Folgen seiner KZ-Haft in Papenburg.

Im selben Haus residiert die **Paris Bar**. Die Gastronomie ist auf das Nachbarland eingestellt, ohne maßlos zu übertreiben. Sie ist auch keine der Bars, die modisch daherkommen und irgendwann ihr Outfit ändern, nur weil sich die Mode gewandelt hat. Die Gediegenheit strahlt gelebte Sesshaftigkeit und Lokalgeschichte aus, die Gäste sind häufig Dauergäste, nach dem Schriftsteller Moritz Rinke durchmischt von Vertretern der „Ich-kann-alles-kaufen-Kategorie" und „Hallo-hier-sitzt-ein-Kunstgenie-Kategorie".

Im zweiten Hof der Kantstraße 149 hat die in Berlin wohl renommierteste Fotogalerie (8) **Camera Work** eine Remise ausgebaut. Sie widmet sich der Präsentation weltbekannter Fotografen wie David Bailey, André Kertecz, Jean-Loup Sieff, Helmut Newton. Wenn auch der Nachwuchs zu kurz kommt, kann man hier ausgezeichnet verfolgen, wie das Medium Fotografie seit der documenta 1998 zunehmend an Prestige gewinnt, die Preise entsprechend steigen.

Nun ist es nicht mehr weit bis zum Savignyplatz. Man kommt noch am **Schwarzen Café** vorbei, dessen Gäste sich in ihrem Äußeren weitgehend an die Leitfarbe halten, und gegenüber nimmt ein Neubau namens **stilwerk** beinahe die gesamte Straßenfront zwischen Uhlandstraße und Platz ein, ohne dass die Fassade zur Belebung des Straßenbildes beitragen würde.

Auf den (9) **Savignyplatz** sind sternförmig sieben Straßen ausgerichtet, die laute Kantstraße durchschneidet ihn, und die S-Bahn bildet hinter ihrem Rücken einen Wall. Der Platz ist eine der wenigen innerstädtischen Grünflächen, deren Pflege sich das Gartenamt mit Hingabe widmet. Während der Vegetationszeit erblühen die Rabatten in monatlich wechselnden Farben. Komponiert hat die Platzanlage 1926/27 nach einem genauen Blütenplan Erwin Barth. Das strenge Rund wird durch Pergolen mit Bänken aufgelockert, am Nordrand stehen zwei Knaben mit Ziegen-

böcken von August Kraus. Eher wegen seiner Lage zwischen der Technischen Universität und dem Kurfürstendamm wird der Platz stark frequentiert.
Gerade in den letzten Jahren hat sich das Bild des gutbürgerlichen Charlottenburg gewandelt. Junge Generationen sind nachgezogen, für Touristen hat der Bezirk aufgrund seiner vielfältigen Angebote große Anziehungskraft. Die zahlreichen Cafés, Bars und Restaurants rings um den Savignyplatz sind voll von ihnen, und bei gutem Wetter verwandelt sich die Atmosphäre des Platzes in einen mediterranen Anger. Die angrenzenden Straßen leben davon: In den schön geschwungenen Bögen des S-Bahn-Viadukts lassen sich Geschäfte mit Mode, Schmuck und Antiquitäten finden, die Grolmanstraße ist bekannt für asiatische, italienische und französische Küche nicht nur für Gourmets und Nobelfans, der Zwiebelfisch ist traditioneller Treffpunkt grauhaariger Architekten, die Knesebeckstraße wird als Ansammlung von Buchläden und Antiquariaten gerühmt und die Carmerstraße ihrer schönen Häuser, vielleicht auch der Gulaschsuppe wegen, die in der Dicken Wirtin seit Jahrzehnten in bemerkenswert stabiler Qualität gereicht wird.
Wer die Carmerstraße entlangflaniert, gerät auf den **Steinplatz** an der Hardenbergstraße. Der Platz wird von der neobarocken Fassade der (10) **Universität Bildende Künste** beherrscht, von Kayser & von Großheim 1898-1902 gebaut. Zwei funktionale Gebäude, die Mensa der Technischen Universität und die Musikfachbereiche der UBK, flankieren den üppigen Bau. Auf der kleinen Grünfläche selbst befindet sich ein Mahnmal für die Opfer des Stalinismus von 1951 und ein Gedenkstein für die Opfer des Nationalsozialismus von 1953.
In einem der wenigen noch erhaltenen Altbauten, die ursprünglich diesem Platz Fassung gaben, befindet sich das **Kino am Steinplatz**, ein in den siebziger Jahren gegründetes Off-Kino mit nach wie vor ambitioniertem Programm und studentischem Publikum auch im angegliederten Café. Von besonderer Qualität ist das in der Uhlandstraße anschließende heutige **Altenheim**. Das 1906/07 von August Endell errichtete Gebäude strahlt mit sicher angebrachtem Dekor und feiner Gliederung der Fassade die noch unverbrauchte Kraft des Jugendstils aus.
An der Einmündung zur Knesebeckstraße, vorbei an repräsentativen Stadthäusern, liegt der Eingang des (11) **Renaissance-Theaters** mit einem Brunnen, auf dem bronzene Enten von August Gaul auf das sprudelnde Nass warten. Die Innenausstattung des Theaters mit Rosenholzintarsien im asiatischen Stil von César Klein ist sehenswert, sein Repertoire gehobenes Boulevard. Das Haus wurde 1926/27 durch Oskar Kaufmann zum Vorstadttheater umgebaut. Nach Kriegszerstörungen haben Rekonstruktionen 1946 und 1985 dem Bau gut getan, wobei vor allem die bläulich schimmernde Verglasung des Foyers nach Entwürfen von Hella Santarossa hervorzuheben ist.
Die Hardenbergstraße mündet auf den (12) **Ernst-Reuter-Platz**. Das ehemalige „Knie" – der Name leitet sich ab von dem Knick, den die Charlottenburger Chaussee vollzog – trägt seit 1953 den Namen des ersten Bürgermeisters von West-Berlin. Nach Plänen Bernhard Herinkes in den fünfziger Jahren zur Verkehrsdrehscheibe ausgebaut, wurde der Platz selbst nach Entwürfen von Werner Düttmann mit Wasserspielen ausgestattet – für Fußgänger ist die Insel durch einen Tunnel erreichbar. Die heute den Platz umschließenden Hochhäuser erinnern in nichts mehr an die frühere Vorstadtvillenbebauung und einstige Vergnügungspaläste. Die Fünfziger-Jahre-Hochhaus-Euphorie hat den Platz zu einer Ansammlung solitärer Bauten werden lassen und ist bar jeder Aufenthaltsfunktion. Fast alle Gebäude werden heute von der Technischen Universität genutzt, die seit 1878 in diesem Teil Charlottenburgs ansässig ist. Bei der Bebauung des Platzes spielte das „Knie" den Architekten manch unangenehmen Streich. Durch den hohen Grundwasserspiegel und kolkigen Zustand mussten alle

Schillertheater

Bauten „schwimmend", das heißt auf Pfählen gegründet werden.
Der Bismarckstraße westlich folgend, trifft man auf die filigrane Fassade des 13 **Schillertheaters**. Der 1951 erfolgte Wiederaufbau durch Völker & Grosse umschließt im Kern das alte teilkriegszerstörte Gebäude, das 1905-07 von Max Littmann und Jacob Heilmann als volkstümliches Bildungstheater errichtet wurde. Klassisches Kulturgut sollte den „kleinen Geistern" zu einer „großmütigen Weltsicht" verhelfen, so damals der Vorsitzende der Schiller-Theater-Gesellschaft. Die Eintrittspreise waren entsprechend niedrig, und der Zuschauerraum zeigte eine „demokratische", das heißt als Amphitheater gestaltete Form. Die Kombination aus künstlerischer Anämie und sparwütiger Kulturpolitik bedeutete 1995 das Aus für die Traditionsbühne. Seither wird sie für wechselnde Musicalproduktionen genutzt.
Nicht weit von hier entfernt steht die 14 **Deutsche Oper**, die ihren ersten Bau an gleicher Stelle 1911/12 nach einem Entwurf von Heinrich Seeling erhielt. Reste davon haben sich unter der Stahlverkleidung am rückwärtigen Gebäudeteil erhalten. Das architektonisch abweisende Gebäude an der Bismarckstraße wurde 1956-61 von Fritz Bornemann errichtet und entfaltet seine ästhetischen Qualitäten eher im Inneren. Als Gegensatz zur Staatsoper Unter den Linden war das Charlottenburger Haus von Anfang an als „Volksoper" geplant und gehörte in den zwanziger und dreißiger Jahren mit den Dirigenten Richard Strauss, Wilhelm Furtwängler, Erich Kleiber oder Otto Klemperer zu den angesehensten Häusern der Welt. Zur Auflockerung der Fassade schmückt seit 1961 eine abstrakte **Stahlplastik** von Hans Uhlmann die Front. Am nahe gelegenen U-Bahn-Eingang findet sich ein weiteres Kunstwerk: das im Halbrelief gearbeitete **Denkmal** von Alfred Hrdlicka für den während einer Demonstration gegen den Schah-Besuch im Juni 1967 in der Nähe von einem Polizisten erschossenen Studenten Benno Ohnesorg.
Die Krumme Straße nebenan, eine der ältesten Charlottenburger Straßen, zeigt noch kurz vor der Otto-Suhr-Allee vereinzelte Beispiele der Bebauung aus dem 19. Jahrhundert. Da diese Wohnungen keine eigenen Badezimmer hatten, wurde die Einrichtung von Stadtbädern gefördert. Das 15 **Stadtbad**, Krumme Straße 9/10, wurde 1899 von Paul Bratring in romanischem Stil erbaut. Es ist eines der bezauberndsten Hallenbäder Berlins, innen wie außen, und lädt zum Erlebnis einer längst vergessenen Badekultur im historistischen Ambiente ein. Das neue Hallenbad nebenan empfiehlt sich nur durch mehr Raum und Wasser.
Die Warburgzeile führt zum alten Dorfkern Charlottenburgs, 16 **Alt-Lietzow**. Die ehemalige **Villa Kogge**, Nr. 28, von 1864 ist der letzte erhaltene Bau und wird als Standesamt genutzt. Der Fassadenschmuck zeigt Reliefs des Bildhauers Christian Daniel Rauch und entspricht motivisch dem humanistischen Bildungsanspruch des Charlottenburger Bürgertums. Zur Dorfaue hin ist der Fries dem Denkmal Friedrichs II. Unter den Linden nachgebildet. Die Gartenseite erhielt Antikenkopien, die in Berlin seit den Befreiungskriegen auch beim Bürgertum in Mode gekommen waren. Auf dem Platz steht ein Kriegerdenkmal mit ruhendem Löwen von 1873, das an den letzten deutschen „Einigungskrieg" 1870/71 gegen Frankreich erinnert.
Viele Zweckbauten legen wenig Wert auf schöne Rückfronten. Nicht so in Charlottenburg – selbst die Rückseite des historistischen 17 **Charlottenburger Rat-**

Rathaus Charlottenburg, Detail

hauses, erbaut 1899 von Reinhardt & Süßenguth, 1911-16 durch Heinrich Seeling erweitert, drückt Selbstbewusstsein aus. Um 1900 war Charlottenburg eine der reichsten Gemeinden Deutschlands. Mit seinem 89 Meter hohen Turm überragt dieses Symbol von Bürgerstolz die Kuppel des nahen Charlottenburger Schlosses bei weitem. Besonders imposant ist die Rathausfront zur Otto-Suhr-Allee, die nach schwerer Zerstörung während des Zweiten Weltkrieges 1947-52 wieder hergestellt wurde. Kolossaler Figurenschmuck verschiedener Bildhauer gliedert die Fassade in enger Anlehnung an mittelalterliche Rathäuser und stellt Handwerkszünfte sowie Allegorien auf Kunst und Wissenschaft dar. Vor allem das aufwendige Stadtwappen mit Pallas Athene, ein Werk des Bildhauers Ernst Westpfahl, lenkt den Blick auf den Eingang. Durch das schmiedeeiserne Portal von A. M. Krause führt der Weg im Inneren zu einer repräsentativen Treppenanlage, einer steinernen Grotte und düster-festlichen Sälen. Der Ratskeller wurde in den sechziger Jahren teilrekonstruiert und präsentiert eine Intarsiendecke aus der berühmten Werkstatt Wilhelm Kimbels.
Der nahe gelegene Richard-Wagner-Platz mit U-Bahn-Station könnte Ermutigung für weitere Exkursionen sein.

Klaus Esche, Martina Weinland

Von der Schlossstraße zum „Stutti"

Zierde und Elend

Siehe Plan Seite 238

Barockes Rückgrat der Wohnviertel vor dem Charlottenburger Schloss ist die mit Linden bepflanzte Schlossstraße, die direkt auf das Schloss zuführt und dort von 18 **Eckbauten** des Architekten Friedrich August Stüler aus dem Jahre 1851 und anderen repräsentativen Gebäuden flankiert wird, in denen sich heute unter anderem das Ägyptische Museum, die Sammlung Berggruen und die Sammlung Bröhan befinden. Zwischen ihnen steht Prinz Albrecht von Preußen, eine Bronze, die 1901 von Eugen Boermel und Conrad Freyberg geschaffen wurde.
Die den ehemals königlichen Zufahrtsweg säumenden Villen entstanden überwiegend in der zweiten Hälfte des 19. Jahrhunderts (Nr. 18, 18a, 67) und präsentieren sich im spätklassizistischen Stil. Das Haus Nr. 67, 1873/74 von G. Töbelmann als herrschaftliche Villa erbaut, verweist mit den Rundbogenfenstern im Obergeschoss und ionischen Säulen auf das Schinkelsche Vorbild. Auch die späteren Bauten um die Jahrhundertwende passen sich dem großbürgerlichen Flair an. Ecke Otto-Grüneberg-Weg arrangiert sich die postmoderne 19 **Turnhalle** des Architekten Hinrich Baller von 1985 mit ihren leichten geschwungenen Formen und den großen Fensterflächen vorzüglich mit den benachbarten Fassaden, obwohl der Kontrast nicht größer sein könnte. Hinter der Turnhalle steht die klassizistische **Villa Oppenheim**, 1881 von Christian Heidecke erbaut und heute Sitz des Charlottenburger Kunstamtes. Unter Einbeziehung dieses Baues wurde 1919-22 die dahinter anschließende Schlesien-Oberschule nach Entwurf von Hans Winterstein erbaut. Die unverwechselbare Architektur der Ballers, häufig mit der des spanischen Jugendstilarchitekten Gaudi verglichen, ist auch in der Stallstraße, der Schustehrusstraße und besonders ausdrücklich an

Wohnhaus an der Schlossstraße

der 20 **Ecke Hebbelstraße** zu entdecken, die hier auch das Ende des repräsentativen Teils der Schlossstraße markiert. Deren breiter Mittelstreifen ist Turnierplatz der Boulespieler, und vor allem sommers treffen sich viele Anwohner aus dem Klausenerplatz-Kiez in einer der zahlreichen Gartenwirtschaften.

Links und rechts der barocken Schlossstraße verbergen sich zwei sehenswerte Kieze – nach Westen bis zur Sophie-Charlotten-Straße der „kleine Wedding" beziehungsweise das ehemalige Sanierungsgebiet Klausenerplatz, nach Osten der Kiez um Zillestraße und Gierkeplatz, der sich bis zur Höhe der Richard-Wagner-Straße hinzieht.

In jedem dieser Viertel kann mit dem Beschauen der Häuser, der Höfe und dem Leben und Treiben auf den Straßen viel Zeit vergehen. Der eigentliche 21 **Klausenerplatz** befindet sich am Rande des Spandauer Damms gegenüber dem Westflügel des Charlottenburger Schlosses und ist heute Zentrum des noch recht gut erhaltenen Viertels des späten 19. Jahrhunderts. Ein großer Spielplatz, der zweimalige Wochenmarkt, die weitgehend gelungene Randbebauung und, wie im gesamten Kiez, verkehrsberuhigte Straßen, machen ihn als Aufenthaltsort attraktiv, wenngleich sich die Freude der Bewohner ob der Sanierungsergebnisse in Grenzen hält, denn die heutigen Mieten können nur wenige von ihnen bezahlen, ein nicht zu übersehender Leerstand dämpft die Erwartungen des Flaneurs.

Besonders imposant, weil außerordentlich mächtig wirkend, die expressionistische **St.-Kamillus-Kirche** dort mit großer Freitreppe und expressionistisch modellierten Türgriffen – fliehender Menschenkopf – aus Messing.

Im Klausenerplatz-Kiez wechseln sich neben Resten der ursprünglich eingeschossigen Bebauung Wohnhäuser mit Berliner Traufhöhe, repräsentative Gründerzeitvillen, Wiederaufbauten der Nachkriegszeit und moderne Architektur ab. Der Maler, Fotograf und Zeichner Heinrich Zille, der bis 1929 hier wohnte, sorgte durch seine ironischen „Milljöh"-Beobachtungen dafür, dass die sozialen Missstände und die oftmals verheerenden Wohnverhältnisse, nicht nur in Charlottenburg, bekannt wurden. Der Kiez stand immer im Gegensatz zum nahen Schloss und hatte vielfach mit Unterversorgung, Überalterung und Verödung zu kämpfen. Gegen die Kahlschlagvorhaben der Neuen-Heimat-Baugenossenschaft in den siebziger Jahren setzten sich Bürgerinitiativen erfolgreich zur Wehr. Stattdessen wurde bewohnergerecht modernisiert, die Baulücken behutsam geschlossen.

Besonders sehenswert sind in diesem Quartier in der Danckelmannstraße 46/47 das ehemalige 22 **Ledigenheim** aus dem Jahre 1908 mit einer dreiteiligen Fassade mit Jugendstilelementen, die Christstraße mit ihrer nahezu geschlossen wirkenden spätklassizistischen Bebauung und den zahlreichen schmiedeeisernen Balkonen, in der Sophie-Charlotten-Straße 92 der 23 **Engelhardt-Hof**, wobei die Architekten Petra und Paul Kahlfeld mit viel Gespür für Integration und für das Detail Bauhaus-Formen einschleusten, die **Wohnsiedlung** eines privaten Bauvereins, die sich in der Horststraße reich gegliedert von der Sophie-Charlotten-Straße bis zur Wundtstraße hinzieht und von einer privaten Straße durchzogen wird.

Das Quartier rund um den 24 **Gierkeplatz** strahlt eine ganz andere Atmosphäre aus: Hier wechseln sich Wohnbauten für den Mittelstand mit Zeugnissen früh- bis neoklassizistischer Bauweise ab. Höhepunkte sind die evangelische **Luisenkirche** auf dem Gierkeplatz, die im Kern

Engelhardt-Hof

Charlottenburgs ältestes Haus

barock 1712 von Philipp Gerlach errichtet, 1823-26 durch Karl Friedrich Schinkel um den Turm erweitert und bei der 1987/88 erfolgten Restaurierung weitgehend der Schinkelschen Ästhetik angeglichen worden ist, das erste Charlottenburger Schulhaus in der Gierkezeile 39, und noch einige erhaltene eingeschossige Ackerbürgerhäuser aus den Anfängen des 18. Jahrhunderts, wie in der Schustehrusstraße 13 oder der Wilmersdorfer Straße 18. Die städtebauliche Entwicklung der Charlottenburger Altstadt kann besonders deutlich in der Haubachstraße abgelesen werden – vom eingeschossigen Bürgerhaus bis hin zur fünfgeschossigen Mietshausbebauung Nr. 21 und 23 aus der Zeit um 1900.

Über die Haubachstraße und dann die Hebbelstraße erreicht man bald wieder die Schlossstraße – diesmal das südliche Ende des barocken Abschnitts. Das spitz zulaufende Eckhaus signalisiert eindeutige Baller-Insignien, und gegenüber auf der anderen Seite der Allee ergeben sich nachbarschaftlich-freundliche Gespräche an den Biertischen des Gartenlokals Kastanie, das vor einigen Jahren des namensspendenden 180-jährigen Gewächses wegen eines Erdgaslecks verlustig gegangen ist. Eine **Gedenktafel** erinnert an den Kommunisten und Bewohner des Hauses Otto Grüneberg, der hier in der Nähe 1931 von SA-Leuten ermordet worden ist.

Auf der Mitte der Schlossstraße, in Höhe der quer laufenden Knobelsdorff- und Zillestraße, befand sich nicht nur ein marmornes Standbild „Leonore", sondern auch eine natürliche Vertiefung, eine eiszeitliche Schmelzwasserrinne, der Lietzengraben, der seit Anfang des 18. Jahrhunderts als so genannte Karpfenteichwiese genutzt wurde – ein Knüppeldamm überbrückte die „Wiese", um sich als „verlängerte" Schlossstraße in Höhe des heutigen Sophie-Charlotte-Platzes mit der großen Ost-West-Achse zu verbinden. Reste der „Wiese" machten den Bebauungsplänen dort bis in die heutige Zeit hinein aufgrund des moorigen Untergrundes große Schwierigkeiten. Das Gelände, 25 **Nasses Dreieck** genannt, umfasste ungefähr das Areal, das heute in Gestalt eines Spiel- und Bolzplatzes und als Auto-Reparaturwerkstatt zu erkennen ist. Um 1900 bemühte sich die Stadt Charlottenburg um den Kauf des damals betroffenen Geländes, mit der Absicht, es in eine Parklandschaft umzuwandeln. Die Stadtverordnetenversammlung lehnte allerdings ab, wenige Jahre später wurde das Nasse Dreieck vollständig mit Mietshäusern bebaut. Da die „Objekte" eindeutig in spekulativer Absicht hochgemauert wurden, achtete man auch nicht besonders auf eine sorgfältige Aufschüttung und Fundamentierung – schließlich wurden bis zu 20 Meter tiefe Pfähle im Untergrund verankert. Schon fünf Jahre später musste das erste Haus abgerissen werden, der Rest bedurfte ständiger Beobachtung und Stützung. Die schrägen Vorgänge im Nassen Dreieck lösten regelrecht Völkerwanderungen aus. Das endgültige Aus für 28 Häuser mit 460 Wohnungen, 20 Läden, drei Kneipen und ein Kino kam 1972, nachdem sich aufgrund des U-Bahn-Baus der Linie 7 der Grundwasser-

Am Lietzensee

spiegel um drei Meter gesenkt hatte. 1983 wurde das Gelände von Instandbesetzern aus dem Sanierungsgebiet Klausenerplatz besetzt, weil der damalige Baustadtrat Antes („Fall Antes") eine Bürgerbeteiligung am Bebauungsplan ablehnte. Trotz des Bürgerprotestes für eine „grüne Lösung" setzte sich das Bezirksamt mit einer teilweisen Neubebauung des Geländes durch: Zum Beispiel mit dem schon erwähnten Baller-Bau an der Ecke Hebbelstraße, der auf bis zu 30 Meter tiefen Pfählen steht. Aber langfristig sieht es gut für die „grüne Lösung" aus: Die Reparaturwerkstatt wird einer Parkanlage weichen, das Nasse Dreieck nicht weiter bebaut.

Der Rest der südlichen Schlossstraße bis zur U-Bahn-Station Sophie-Charlotte-Platz ist architektonisch ohne Bedeutung. Das trifft auch für das 26 **Altersheim** mit der Hausnummer 27 zu, das von Jürgen Sawade, dem Architekten des berühmt-berüchtigten Schöneberger „Sozialpalastes", Gerhard Spangenberg und Dieter Frowein Anfang der Achtziger errichtet worden ist. Bemerkenswert sind an dem Gebäude aber die schmiedeeisernen Gitter, die vom Vorgängerbau, einem Gymnasium, stammen und die ebenerdig angebrachten **29 Wandbilder**. Paul Blankenburg von der Künstlergruppe Ratgeb entwarf zusammen mit strafgefangenen Jugendlichen ein Kaleidoskop der deutschen Geschichte des 20. Jahrhunderts, angefangen mit Charleston tanzenden Damen über die Weltkriege, Studentenrevolte, Che Guevara, Salvador Allende. Das letzte Bild zeigt den Kreis der malenden Jugendlichen in einer beinahe paradiesischen Idylle; bedroht von der Zivilisation. Ansehenswert!

Den Kaiserdamm, der vom Sophie-Charlotte- Platz an Bismarckstraße heißt, säumen eine ganze Reihe besonders repräsentativer Geschäfts- und Wohnbauten des frühen 20. Jahrhunderts in jeder Stilvariante, am **Sophie-Charlotte-Platz** herrscht Neorenaissance vor. Diese Straßen- und Sichtachse bis Berlin-Mitte wurde 1904 als Verbindung mit dem vornehmen Neu-Westend angelegt, anlässlich der Olympiade 1936 achtspurig verbreitert und ist heute eine der meistbefahrenen der Stadt.

Der nächste Anlaufpunkt ist der idyllisch gelegene Lietzensee. Ihn kann man rasch über die Suarezstraße und Steifensandstraße oder über die Witzlebenstraße erreichen. Die Suarezstraße bietet sich für Nostalgiker an, da sie eindeutig von Trödlern beherrscht wird, die Witzlebenstraße hingegen ist eine ruhige Seitenstraße, in der ein **Schulgebäude** mit schönen Reliefs und Keramikplastiken betrachtet werden kann. Dort, wo sich endlich der Blick auf den See weitet, steht das nach Plänen von Kayser & von Großheim 1908 gebaute repräsentative ehemalige 27 **Reichsmilitärgericht**.

Das neobarocke Gebäude beherbergte 1936-1943 das Reichskriegsgericht. Hier wurden über 260 Oppositionelle des Hitlerregimes zum Tode verurteilt. Heute erinnert eine Gedenktafel an diese Opfer. Ab 1951 war das Gebäude für zwei Jahre Sitz des Kammergerichts. Inzwischen steht es leer und wird nur noch hin und wieder als Filmkulisse genutzt.

Der 28 **Lietzensee** ist ein malerischer Kolkarm der Spree. Einst im Privatbesitz derer von Witzleben, die hier Angelpartien als gesellschaftliches Ereignis inszenierten, wurde das Terrain 1904 an eine Baugenossenschaft verkauft. Der Landschaftspark wurde 1919/20 von Erwin Barth unter Einbeziehung vorhandener Privatgärten angelegt. Zur Erschließung Westends wurde die Kantstraße als Neue Kantstraße verlängert, über die Parksenke eine sandsteinerne Brücke gelegt, die mit allerlei einheimischem Getier geschmückt ist. Die nördliche Hälfte ist zunächst als Barockgarten mit Bosketten, Blumenrabatten und kleinen Alleen sowie einem ehemals als Meierei erbauten Parkhäuschen angelegt, das heute als willkommenes Parkcafé dient, und geht südlich in einen englischen Landschaftsgarten über. Dort markieren zur Dernburgstraße die schöne Kaskade von Erwin Barth und Heinrich Seeling und hochherrschaftliche Eckgebäude das andere Seenende. Entlang der Parkwege finden sich immer wieder Skulpturen, unter anderem ein Gefallenendenkmal von Eugen Schmohl, Sportler-Akte von den vergessenen Bildhauern Fritz Röll und Bernhard Bleeker und eine Tierplastik von August Gaul.

Der tief gelegene See ist ringsum mit einer Vielzahl repräsentativer Wohnhäuser bebaut. Besonders geeignet für einen Fassaden„spaziergang" ist die Herbartstraße, an der auch die 1995 abgebrannte 29 **Kirche am Lietzensee** stand. Sie wurde durch einen Neubau von Büttner, Neumann & Braun ersetzt. In der Dernburgstraße 44-52 leuchtet der expressionistisch gehaltene Komplex der ehemaligen 30 **Landespostdirektion**, 1925-28 von Willy Hoffmann erbaut. Wer die Dernburgstraße in der entgegengesetzten Richtung zur Friedbergstraße und weiter zur Leonhardtstraße geht, gerät unweigerlich in ein besseres Wohnviertel, das sich durch gründerzeitliche Bau- und Wohnkultur auszeichnet, zugleich als „kiezige" Gegend von nachbarschaftlicher Nähe, generationsübergreifender Kontakte und überraschend vielen Treffpunkten in Form von Restaurants und Cafés erzählen kann.

Von der Holtzendorff- und der Leonhardtstraße ergeben sich Blicke auf das neobarocke 31 **Amtsgericht**, das als ehemaliges Civilgericht 1895-97 von Poetsch & Clasen erbaut wurde. Die prunkvolle Ausgestaltung des Gebäudes sagt einiges über den demonstrativen Reichtum einer damals noch selbständigen Stadt aus. Ein zahlreiches Straßengewirr umgibt den

Amtsgericht Charlottenburg

Platz, der wie ein zu eng geratener Dorfanger wirkt. Vor dem Amtsgericht, auf dem kleinen Fleckchen Grün, erinnert die dunkle **Bronzeplastik** von Vadim Sidur in Form gestapelter Menschenleiber an die Ermordung von 900 000 Juden in Treblinka.

Selbst für Berliner Verhältnisse ist die Leonhardtstraße überraschend breit und außergewöhnlich ruhig. Dabei ist der größte Teil den Fußgängern vorbehalten, die hier unter Bäumen eine Vielzahl kleiner Läden frequentieren, aus denen man sich selbst für ein langes Wochenende mit allem Notwendigen versorgen kann – auch deshalb wird die Leonhardt gerne von „außerhalb" aufgesucht.

Ein anderer Grund für den vielen Besuch ist bestimmt in der dichten Ansammlung von Lokalitäten am Ende der Leonhardtstraße und dem Anfang des **Stuttgarter Platzes** zu finden, kurz „Stutti" genannt. Alleine sechs Cafés und Restaurants teilen sich die schönste Ecke des Platzes, jedes der Etablissements wird von einem anderen Publikum aufgesucht und viele von ihm sind „Stamm". Das hat auch damit zu tun, dass auf der Seite zur Stadtbahn hin ein attraktiver Spielplatz für die jüngste Generation mit Hügel, Seilbrücke und Brunnen bereitgestellt worden ist.

Der große Rest des „Stutti" bis hin zur Wilmersdorfer Straße dient nichts und niemand anderem als dem Verkehr. Dort auch ist der 32 **S-Bahnhof Charlottenburg** zu erreichen, von dem aus die Züge zu angenehmeren Orten tragen können.

KLAUS ESCHE, MARTINA WEINLAND

Schloss Charlottenburg

Lust auf Schloss

Der Haupteingang zum ehemaligen Hohenzollern-Residenzschloss befindet sich hinter hohen Schmuckgittern im Ehrenhof am Spandauer Damm in Höhe der barocken Schlossstraße. Den gepflasterten Hof beherrschen gleichermaßen das Reiterstandbild des Großen Kurfürsten und kamerabewehrte Besucher. Ursprünglich stand das Herrscher-Denkmal auf der Langen Brücke, der heutigen Rathausbrücke in Mitte. Die von Andreas Schlüter 1698-1703 geschaffene Plastik wurde während des letzten Krieges zur Sicherung abgenommen und sollte über die Spree in ein bombensicheres Depot gebracht werden. Auf seinem Weg zurück sank der Kahn 1947 im Tegeler See. Erst 1951 wurde der Kurfürst wieder gehoben. Inzwischen war das Potsdamer Stadtschloss ein Opfer der Bomben und rascher Ruinenbeseitigung geworden, das Berliner Stadtschloss aus ideologischen Gründen gesprengt. Die politische Stimmung während des Kalten Krieges verhinderte die Rückgabe, und so wurde das Denkmal nach Abschluss der Schlossrestauration hier vor der einzigen in Deutschland noch erhaltenen Hohenzollern-Residenz aufgestellt.

Der älteste Bauteil des Schlosses wird markiert von der etwas zu groß geratenen Kuppel des Mittelbaus hinter dem Großen Kurfürsten. Das zunächst als kleines Garten- und Lustschlösschen für die Kurfürstin Sophie Charlotte gedachte Gebäude wurde 1695-99 nach Entwürfen des Architekten J. Arnold Nering ausgeführt. Nachdem sich Kurfürst Friedrich III. 1701 in Königsberg zum ersten König in Preußen gekrönt hatte, genügte der Bau dem nun gestiegenen Prestigebedürfnis nicht mehr. Nach dem Tod Sophie Charlottes wurde das Schloss 1705 ihr zu Ehren in Charlottenburg umbenannt. Nach französischem Vorbild (Versailles) wurde das Schloss um die beiden Seitentrakte erweitert und erhielt so den prächtigen **Cour d'honneur**. Eingebettet in barocke Blumenrabatten, schließt sich südwestlich die **Große Orangerie** an, in der während der Wintermonate exotische Pflanzen aufbewahrt wurden und heute Wechselausstellungen gezeigt werden und gesellschaftliche Ereignisse stattfinden. Das Schlossensemble endet im Westen mit dem **Schlosstheater**, das von Langhans 1791 geplant und bis zur Mitte des 19. Jahrhunderts bespielt wurde. Seit 1953 ist dort das **Museum für Ur- und Frühgeschichte** untergebracht. Die östliche Erweiterung der Schlossanlage erfolgte nach dem Regierungsantritt Friedrichs II. (1704-86), der den zweigeschossigen Längsflügel von Knobelsdorff als Gegenstück zur Orangerie bauen ließ. Später befanden sich hier die Wohnungen von Friedrich Wilhelm III. (1796-1840) und Königin Luise, die inzwischen restauriert sind und wieder besichtigt werden können.

Ihr ältester Sohn, der 1861 verstorbene König Friedrich Wilhelm IV., war praktisch der letzte Schlossherr, denn nach seinem Tod wurde Charlottenburg nur noch sel-

Pforte und Schloss

ten bewohnt und mit Ende der Monarchie 1918 verstaatlicht.

Rundgang durch die Innenräume

Unter dem Turm mit Laterne und einer Fortuna als Windfahne betritt man den Hauptbau zunächst über die klassizistische **Säulenrotunde**, auf der ein mächtiger runder Turm ruht. Zur Parkseite öffnet sich ein weiterer Rundraum, der im Parterre direkten Zugang zum Park bietet. Im anschließenden Treppenhaus befindet sich der Gipsabguss der **Prinzessinnengruppe** von Gottfried Schadow (Marmor-Original derzeit im Alten Museum, Museumsinsel). Dargestellt ist links Luise, Prinzessin von Mecklenburg-Strelitz, die seit 1793 mit Friedrich Wilhelm III. verheiratet, nach ihrem patriotischen Einsatz während der napoleonischen Besetzung von Berlin und Preußen (1806) zur Nationalheldin stilisiert wurde. Neben ihr ihre jüngere Schwester Friederike, die spätere Königin von Hannover. Auf Befehl des Königs Friedrich Wilhelm III. verschwand die freizügige, kokette Marmorgruppe nahezu 100 Jahre – aus dem Blick der Öffentlichkeit – im Berliner Stadtschloss. Schadow brachte das Denkmal auf Miniaturformat und modellierte die Gruppe in Biskuitporzellan, um sie mehrfach verkaufen zu können. Bei der KPM (Königliche Porzellan-Manufaktur) ist sie nun seit 1976 wieder zu erwerben. Die anschließenden Räume sind nur mit Führung zu besichtigen oder auf Einladung des Senats, der die Prunkräume mit Vorliebe für Staatsanlässe oder Empfänge nutzt.

Denkmal für Luise und Friederike

Über eine der ältesten freitragenden Treppen Deutschlands gelangt man ins Obergeschoss zu den historischen Räumen. Von den ursprünglich hier liegenden Wohnräumen des Kronprinzen Friedrich Wilhelm (1713-40) war durch den Umbau von 1842 nichts mehr erhalten, und auch die spätere Dekoration wurde 1943 nahezu vollständig vernichtet. In den neunziger Jahren konnten jedoch Teile der „ersten Wohnung" des späteren Friedrich II. rekonstruiert werden, so gibt jetzt der **Weiße Saal**, allerdings anstelle des originalen Deckengemäldes von Pesne mit einer Neuschöpfung von Hann Trier (1972/73), einen Eindruck von der Vorliebe des Königs für französische Kunst.

Die Abfolge der Bilder beginnt östlich des ovalen Saales mit der Geschichte des Kurfürstentums Brandenburg, dem Aufstieg unter dem Großen Kurfürsten und seinen militärischen Erfolgen. In westlicher Richtung folgen Gemälde zur brandenburgisch-preußischen Geschichte unter Friedrich II., Ansichten des Berliner Schlosses, des Schlosses Monbijou, und der Prachtstraße Unter den Linden auf Gemälden von Eduard Gaertner.

Durch den östlichen Seitenflügel gelangt man zum Knobelsdorff-Trakt, in dessen Erdgeschoss sich rechts die Galerie der Romantik unter anderem mit einem berühmten Gemälde von Antoine Watteau „Einschiffung nach Cythera" und etlichen Gemälden von Caspar David Friedrich befindet. Im großen, modern ausgestalteten

Schinkelpavillon

Treppenhaus fällt vor allem die Deckenmalerei auf. Obwohl die alte Vorlage „Raub des himmlischen Feuers durch Prometheus" erhalten war, wurde bei der Instandsetzung bewusst ein moderner Entwurf bevorzugt. Die im so genannten Tachismus (Fleckenmalerei) gehaltene Decke malte Hann Trier bis 1974 aus.

Links im Erdgeschoss befinden sich die ehemaligen Arbeits- und Wohnräume von Friedrich Wilhelm III. Er war 1806, kurz vor dem Einmarsch Napoleons in Berlin, geflohen und dann mit seiner Familie nach Königsberg an die äußerste Grenze Preußens gezogen. Erst 1809 konnte die preußische Königsfamilie auf Vermittlung des russischen Zaren Alexander nach Berlin zurückkehren. Viele Gemälde aus der napoleonischen Zeit, so ein Bild Napoleons von David, etliche Porträts der Königin Luise, des Zaren Alexander und Ansichten von Moskau und Paris schmücken deshalb diese Räume. An den Wänden sind noch Teile der Originaltapisserien des 18. Jahrhunderts vorhanden. Neben einem Modell des Berliner Stadtschlosses ist das Prunkschlafzimmer des letzten deutschen Kaisers Wilhelm II. ausgestellt, das in seiner Prachtentfaltung einen guten Rückblick auf die wilhelminische Epoche bietet.

Im Obergeschoss, wo sich die Gemächer der Königin Luise befanden, erinnern zunächst Barockporträts und eine Ansicht von Schloss Rheinsberg an den Hofstaat Friedrichs II., der selbst nur wenig Zeit in Charlottenburg verbrachte. Das Schlafzimmer der Königin Luise (Ur-Großmutter Wilhelms II.) ist in zarten Pastelltönen gehalten. Das Bett, die beiden Blumentische und die Frisierutensilien auf der Kommode sind Originale. Da es sich um die erste Arbeit des Architekten Karl Friedrich Schinkel für das Königspaar handelt (1810), hat man sich zur Restaurierung der Ausstattung entschlossen.

Der Rückweg führt durch die **Spiegelgalerie**, die reichen Rokokostuck an den Wänden zeigt. Der überwiegende Teil des ausgestellten Schlossmobiliars stammt aus anderen Hohenzollernschlössern und wurde nach dem Zweiten Weltkrieg zusammengetragen.

Der Park und seine Bauten

Südöstlich fallen zwei moderne Bauten außerhalb des Parks ins Auge, die 1987 im Rahmen der Internationalen Bauausstellung (IBA) errichtet wurden. Im vorderen Gebäude von Andreas Brandt ist eine kleine Brauerei eingezogen, die das Luisenbier ausschenkt. Der rotblaue Klinkerbau dahinter, entworfen von Hans Kollhoff, will mit seinem Material an die in Berlin seit Schinkel und Mendelsohn heimische Tradition des Ziegelbaues anknüpfen. Vor dem Knobelsdorff-Flügel steht seit 1977 eine Kopie der Schlüterschen Statue des Kurfürsten Friedrich III., dem Bauherrn des Schlosses.

Nach Umrundung des Knobelsdorff-Flügels steht man unvermittelt einem südländisch-heiteren Bau gegenüber, dem **Schinkel-Pavillon**. Anlass zu dieser eher bürgerlich wirkenden Villa gab eine Italienreise Friedrich Wilhelms III., bei der dieser in der Villa Chiatamone in Neapel wohnte. Das Vorbild gefiel dem Monarchen so gut, dass er seinen Baumeister Schinkel 1824 mit diesem Bau beauftragte. Der nahezu quadratische und jeweils an zwei Seiten gleich gestaltete Pavillon erlaubt mit seiner Innenausstattung einen Blick in die Biedermeierzeit. 1943 wurde der größte Teil des Inventars vernichtet, konnte aber anhand guter Dokumentationen rekonstruiert werden. Hier sind unter anderen Werke von Schinkel

Abgestellte Dachreiter-Figuren

selbst und von Eduard Gaertner und Christian Daniel Rauch ausgestellt.
Die vom Pavillon ausgehende Hauptallee flankieren zwei Granitsäulen mit **Viktorien** von Rauch. Die ehemalige barocke Gartenanlage nach Plänen Simeon Godeaus, bei der drei Hauptachsen auf den ovalen Saal im Mittelbau zuführten, wurde bereits 1787 durch den aus England in Mode gekommenen Stil des Landschaftsgartens aufgelöst. In einer modernen Rekonstruktion ist es gelungen, das obere Gartenparterre im barocken Sinne mit Terrassen und zu Bosketten geschnittenen Bäumen neu anzulegen. Der akkurat gepflegte Gartenteil endet an einem See, dem ehemaligen **Karpfenteich**, den etliche Steinskulpturen und Vasen säumen. Im Hintergrund ist eine rote **Brücke** zu erkennen, die letzte noch erhaltene gusseiserne Bogenbrücke Deutschlands dieser Art, an der die Ildefonso-Gruppe („Tod und Schlaf") steht. Ab hier beginnt der von Lenné gestaltete englische Parkteil, von den Berlinern zur Erholung gern genutzt. In der Nähe ist ein weißer **Marmorobelisk** aufgestellt, der als Markierung an die ehemaligen drei Hauptachsen des Parks erinnern soll, die bis nach Tegel führten.
Die Spree, die vom königlichen Hofstaat als Verbindungsweg zum Stadtschloss benutzt wurde, begrenzt den Schlosspark auf dieser Seite.
An ihrer schattigen Uferallee steht ein ehemaliges Teehaus, das **Belvedere**. In dem 1788 von Langhans entworfenen Bau befindet sich eine kleine Porzellanausstellung der KPM. Ein Weg führt unter Linden zur Luiseninsel, die mit der Anlage des Karpfenteichs um 1802 entstand. Auf dem dreieckigen Terrain befinden sich heute verschiedene Antiken-Nachbildungen („Amor", „Kauernde Aphrodite").
Nach abwechslungreichem Inselrundgang führt ein südwestlicher Weg zu dem 1810 nach Schinkels Entwurf erbautem **Mausoleum** für die früh verstorbene Königin Luise. Dem Anlass entsprechend verändert sich plötzlich das heitere Gesicht des Parks, und die Bepflanzung wirkt würdevoll und ernst. Nach dem Tod Friedrich Wilhelms III. 1840 wurde das Mausoleum zum ersten Mal erweitert, für die Beisetzung Kaiser Wilhelms I. und Kaiserin Augustas erfolgte 1890 ein zweiter Umbau. Der Eingang liegt in dem ursprünglich tempelartigen Bau, der sich als säulen—umstandener Raum mit dezentem Ober-

licht präsentiert. Bis 1841 stand dort der Sarkophag der Königin Luise. Das Meisterwerk des Bildhauers Christian Daniel Rauch, der anfänglich als Kammerdiener in den Diensten der Königin gestanden hatte und von ihr für das Bildhauerstudium freigestellt worden war, zeigt die verstorbene Königin als Schlafende. Das Denkmal wurde bei den Erweiterungen in den Kreis der später hier Beigesetzten versetzt und steht durch seine lebendige Darstellung im Gegensatz zu den steifen Grabmälern Friedrich Wilhelms III. von Rauch, Kaiserin Augustas und Kaiser Wilhelms I.; die letztgenannten Werke von Erdmann Encke.

Eine Tannenallee führt vom Mausoleum zum ehemaligen Schlosstheater. Der Landschaftsgarten wechselt erneut in Nähe des Schlosses wieder zu streng symmetrischen barocken Karrees und Rondells. Die Hauptallee leitet wieder zurück zur Hauptfront des Schlosses. Zwischen der Großen und Kleinen Orangerie, in der ehemals die Schlossgärtner ihre Unterkünfte hatten, befindet sich gegenüber der Eingang zur **Eosander-Kapelle**. Die ehemalige Hofkirche ist eine noch immer beeindruckende Rauminstallation des Rokoko, in dessen Zeit man es verstand, kleine Räume durch Wanddekoration und Spiegelelemente optisch zu vergrößern; eine Besichtigung ist leider nur mit Führung oder bei Orgelkonzerten möglich.

Auf der anderen Seite des Spandauer Damms fallen zwei weitere schlossartige Bauten auf. In Korrespondenz zu der großen Kuppel des Schlosses sind die Eckbauten der ehemaligen Kasernen ebenfalls mit Kuppeln bekrönt und flankieren die hier beginnende Schlossstraße. Die Gebäude wurden 1851-59 durch den Architeken Friedrich August Stüler errichtet. Das linke beherbergt heute noch das **Ägyptische Museum** und die berühmte Büste der Königin Nofretete, soll aber in den nächsten Jahren umziehen auf die Museumsinsel. Direkt anschließend befinden sich in einem modernen Trakt das **Heimatmuseum Charlottenburg** mit interessanten Ausstellungen rund um das Kiezleben und die **Naturwissenschaftliche Sammlung** der Stiftung Stadtmuseum Berlin. Letztere lockt vor allem zur Osterzeit mit abwechslungsreichen Angeboten.

In dem Gebäude auf der gegenüberliegenden Straßenseite präsentiert seit 1997 der Privatsammler Heinz Berggruen seine beachtliche **Sammlung der Moderne** mit Picasso im Mittelpunkt, die Ende des Jahres 2000 von der Stadt Berlin erworben worden ist. Direkt daneben ist der Eingang zu der ehemals privaten **Sammlung** des Bankiers **Bröhan**, die hervorragende Beispiele deutschen Jugendstils in wohnlicher Atmosphäre, aber auch Bilder des sozialkritischen Malers Hans Baluschek ausstellt. In den letzten Jahren konnte das Dachgeschoss als Ausstellungsfläche hinzugewonnen werden und bietet so den entsprechenden Rahmen für eine außerordentlich sehenswerte Silbersammlung des 20. Jahrhunderts. Der kleine, aber feine Kulturstandort Charlottenburg beweist auch hier seine Noblesse.

MARTINA WEINLAND

Ecbatane vor dem ICC

Funkturm, ICC, Messehallen und Haus des Rundfunks

Der Mensch baut seine Stadt

Anfang des 20. Jahrhunderts hatte Berlin seine alten Grenzen längst auch über die Stadt Charlottenburg hinaus überschritten. Mit der Verlängerung Neue Kantstraße und dem Ausbau der großen Achse Kaiserdamm 1904-06 wurden im Westen neue Wohngebiete erschlossen. Zur ältesten Villenkolonie Deutschlands, Westend, kam der Stadtteil Neu-Westend hinzu mit nicht minder vorzüglich gebauten Wohnungen – auch heute noch eine gute Visitenkarte. Als eine nicht minder gute Adresse entstand schon vor dem Ersten Weltkrieg am Ende der Neuen Kantstraße im Charlottenburger Viertel Witzleben auf einem riesigen Exerziergelände ein neues Messe- und Ausstellungsgelände.

Zum Wahrzeichen der neuen technischen Ära wurde am heutigen Messedamm der 1926 errichtete (1) **Funkturm** von Heinrich Straumer. Bei seiner Einweihung am 3. September sprach der Rundfunkpionier und „Spreekieker" Alfred Braun die leicht pathetischen Worte: „Funkturm Berlin, wir weihen dich ein. Berlin wird sein, und du wirst sein. Berliner Jahre kommen und gehen, Sturm wird kommen – der Turm wird stehen! Wahre deine eiserne Rippe allzeit vor schnödem Bruch, sage der Welt mit eiserner Lippe allzeit deinen Spruch: Achtung, Achtung – hier ist Berlin!" Pünktlich zur dritten Deutschen Funkausstellung 1929 konnten vom Turm die ersten, noch tonlosen Fernsehbilder der Fernsehstation Witzleben gesendet werden. In der Eisenkonstruktion dem Pariser Eiffelturm ähnlich, erreicht der „Lange Lulatsch" eine Höhe von 138 Metern, in etwa 55 Meter Höhe befindet sich ein Restaurant, in 125 Metern Höhe eine Aussichtsplattform. Die Eckpfeiler ruhen auf speziell für diesen Zweck von der Königlichen Porzellan-Manufaktur hergestellten Porzellanformen, die das Gesamtgewicht von 600 Tonnen tragen. Bei einem Großbrand 1935 wurden die Pfeiler erheblich beschädigt, die ursprünglichen Messehallen rund um den Turm vernichtet. Nach dem Zweiten Weltkrieg stand er praktisch dreibeinig da.

Das (2) **Ausstellungs- und Messegelände** ist mit dem benachbarten Internationalen Congress Centrum (ICC) der größte Veranstaltungsort in Berlin. Jährlich finden hier etwa 40 Messen, Kongresse und Ausstellungen statt.

Die Vorgeschichte des (3) **ICC** liegt in der Politik des Kalten Krieges begründet, denn seit dem Mauerbau versuchte man sich in beiden Stadthälften auch auf architektonischem Gebiet gegenseitig zu überbieten. Eine der östlichen Herausforderungen stellte der Bau des Palastes der Republik in den siebziger Jahren dar, dem

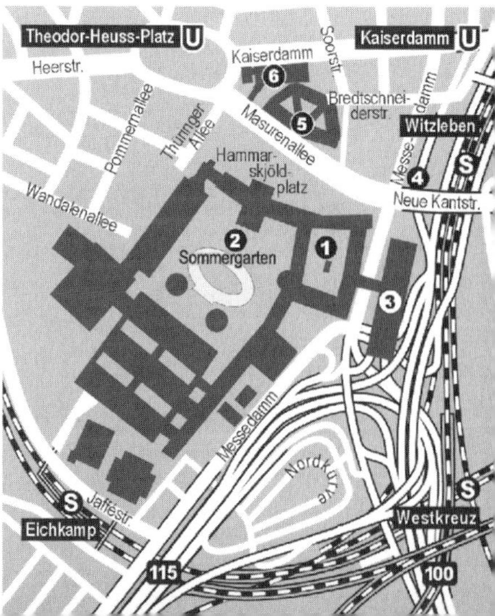

die Westseite mit dem Bau des ICC 1979 antwortete. Bei beiden Bauten wirkte ironischerweise der inzwischen übergewechselte Architekt Ralf Schüler mit. Der enge Bauplatz, der aber verkehrsgünstig direkt neben der Stadtautobahn gelegen ist, bestimmte die lang gestreckte Form von 320 mal 80 Meter und ließ als einzige Möglichkeit für den Haupteingang nur die Schmalseite zur Masurenallee zu, abgewandt vom eigentlichen Messebereich. Damit der Besucher sich überhaupt zurechtfindet, wurde vor dem Eingang die Plastik (4) **Ecbatane** (= Der Mensch baut seine Stadt) von Jean Ipousteguy aufgestellt. Der gigantische Mensch-Computer-Zwitter, in dem sich das Erhabene der Menschwerdung, die Herrschaft über Technik und Wissenschaften widerspiegeln soll, wurde außerhalb jeden künstlerischen Wettbewerbs realisiert.

Der Bau selbst verfügt über zwei große Konferenzsäle und fasst immerhin 9000 Personen, was vor allem beim alljährlichen Presseball mitzuerleben ist. Mehrere kleine Sitzungsräume sowie Restaurants finden sich auf den galerieartigen Etagen. Die Erschließung erfolgt über ein zentrales Vestibül, von dem, einem Flughafenterminal nicht unähnlich, über verschiedene Counter und Rolltreppen die jeweiligen Räume erreichbar sind. Der großzügig angelegte Dachgarten mit schönem Panoramablick ist leider verschlossen – überhaupt wirkt die gesamte Architektur des Baus eher abweisend.

Ein Übergang führt vom ersten Stock des ICC zum 390 000 Quadratmeter großen Messegelände, auf dem diverse Klein- und Großveranstaltungen abgehalten werden. Publikumsmagneten sind die Grüne Woche, die Internationale Tourismus-Börse sowie die alle zwei Jahre stattfindende Internationale Funkausstellung. Der noch heute dominierenden Messe-Haupthalle schloss sich ursprünglich zu beiden Seiten eine so genannte gläserne Galerie an, durch die man zu den frei stehenden Einzelhallen gelangte. Sie verschwand 1975 im Vorgriff auf das Bauvorhaben ICC. Ein weiteres Projekt, von Hans Poelzig und Martin Wagner 1928 entwickelt, bei dem das gesamte Areal überdacht und zudem einen großen Zentralbau am heutigen **Hammarskjöldplatz** als architektonisches Gegengewicht zum Haus des Rundfunks erhalten sollte, wurde nur ansatzweise bis 1930 begonnen, so der als Oval angelegte **Sommergarten** hinter den Hallen („Poelzigsches Ei"), heute als Skulpturengarten mit Werken zeitgenössischer Berliner Künstler geschmückt. Für

den Eingangsbereich entschieden sich die Nationalsozialisten nicht für die Poelzigsche Idee, sondern für eine 35 Meter hohe **Ehrenhalle** nach Plänen von Richard Ermisch, eingefasst von den je 102 Meter langen Seitenhallen, hinter denen die in den fünfziger Jahren errichteten Hallen von Gustav Müller und Franz Heinrich Sobotka stehen. Das Messegelände ist in den letzten zwanzig Jahren ständig erweitert und um neue Hallen vergrößert worden, die sich allesamt in Richtung Jafféstraße befinden und nunmehr einen Rundgang bilden.

Die Ehrenhalle nimmt einen städtebaulich schroff abweisenden Bezug auf das gegenüberliegende 5 **Haus des Rundfunks** von Hans Poelzig aus den Jahren 1929-31. Es ist das erste Funkhaus in Deutschland; 1924 nahm im Vox-Haus in der Potsdamer Straße der erste Sender seinen Betrieb auf. Poelzig hatte als Grundform ein Dreieck gewählt, dessen Hauptfront an der Masurenallee als Gerade von 150 Meter Länge fungiert, die Schenkel konkav gekrümmt. Zur Straße hin liegen die Büros, dahinter die vom Lärm abgeschirmten drei Sendesäle mit hervorragender Akustik, wovon der größte 1100 Personen fassen kann. Interessant und auffällig durch ihr Material ist zunächst

Haus des Rundfunks, Lichthof

die Fassade, die ursprünglich ganz in Schwarz, dann mit so genannten Berliner Pfeifenköpfen, also weißen Kacheln, verkleidet werden sollte. Schwarz war der Leitung des neuen Hauses zu abweisend, gegen die „Pfeifenköpfe" sprachen die hohen Produktionskosten. Schließlich fiel die Wahl auf eine Steinfassung aus Oberklinge in Anthrazit und Rot mit silbrigbläulichem Schimmer. Während die Außenhaut durch changierende Klinker, regelmäßige Fenstergruppen und gute Proportionen besticht, ist im Inneren vor allem der Blick vom zentral gelegenen Lichthof auf die umlaufenden Galerien faszinierend. Im Foyer steht Georg Kolbes Akt „Zur Nacht" und diagonal gegenüber die „Hommage an Kolbes Zur Nacht", eine abstrakte Skulptur von Volkmar Haase.

Blick über den Lietzensee auf den Berliner Funkturm

Im Programm des Senders regelmäßig vertreten waren zum Beispiel Erich Kästner, Ernst Toller, Alfred Döblin und Walter Benjamin. Funkinszenierungen von Bert Brecht, Lesungen von Heinrich George und Gerhart Hauptmann gingen ebenfalls hier auf Sendung. Ab 1933 wurde der Sender zu einem der wichtigsten Propagandamittel des NS-Staates. Von hier aus wurde während des Krieges Feindsender in Richtung England mit Jazzmusik und Siegesmeldungen produziert; für Deutsche war das Hören von „Negermusik" allerdings verboten. Nach der Übernahme des unzerstörten Funkhauses im Mai 1945 wurde bis 1952 unter sowjetischer Kontrolle gesendet, obwohl der Komplex auf dem Gebiet der britischen Alliierten stand. Als „Gegenfunk" etablierten die Amerikaner den RIAS (Rundfunk im Amerikanischen Sektor) nahe dem Rathaus Schöneberg.

Nach Schließung des Berliner Rundfunks wurden die Sendeanlagen und Studioeinrichtungen demontiert und in den neuen Ost-Berliner Standort Adlershof gebracht. Das Haus des Rundfunks blieb bis 1956 leer und abgesperrt. Nach Übergabe an die Bundesrepublik und umfassender Renovierung bezog im Dezember 1957 der drei Jahre zuvor gegründete SFB (Sender Freies Berlin) das Gebäude. Im Nordwesten schließen sich architektonisch eher nichtssagend die 6 **SFB-Fernsehstudios** an, 1963-71 nach Plänen von Robert Tepez. Heute residiert hier der RBB, der im Jahr 2002 aus SFB und ORB fusionierte Rundfunk Berlin-Brandenburg.

Das Haus des Rundfunks war einst das größte und modernste seiner Art in Europa. Das ist Vergangenheit, aber es gehört nach wie vor zu den besten architektonischen Entwürfen, die Berlin aus dem 20. Jahrhundert für einen Zweckbau aufzuweisen hat, und es ist nach der Zerstörung von Poelzigs Hauptwerk, dem Schauspielhaus für Max Reinhardt, ein letztes bedeutendes Zeugnis dieses Architekten.

Klaus Esche, Martina Weinland

Das Olympiagelände

Bunte Bänke, Rollende Steine

Ganz im Westen Charlottenburgs, unmittelbar vor der Havelseenkette, liegt das 132 Hektar große Olympiagelände, das die Nationalsozialisten anlässlich der Olympischen Spiele 1936 anlegten und in dessen Zentrum das Olympiastadion steht.
Schon 1916 sollte in Berlin Olympia sein. Doch 1914 hatte Deutschland den Ersten Weltkrieg angezettelt. Ein Land, dass an einem Krieg beteiligt ist oder einen solchen verursacht, darf keine Olympischen Spiele abhalten; so der olympische Kodex. Aber auch für die Weimarer Republik waren keine Olympischen Spiele zu haben, zu misstrauisch stand die Welt den inneren politischen Schieflagen gegenüber. Dafür bot Dr. Theodor Lewald, Präsident des Olympia-Organisationskomitees, schon im März 1933 Hitler an, die Spiele 1936 auszutragen. Interessant ist, dass die Nazis bis 1933 von Olympischen Spielen nichts wissen wollten, es existierte sogar ein „Deutscher Kampfbund gegen die olympischen Spiele".
Das Areal, auf dem die Olympischen Spiele 1936 stattfanden, heißt immer noch **Reichssportfeld** und wurde zwischen 1934 und 1936 nach einem Entwurf des Berliner Architekten Werner March errichtet, dessen Vater Otto 1908 etwa dort, wo das Olympiastadion steht, das Deutsche Stadion und die Grunewald-Pferderennbahn entwarf. Von dieser Anlage sind an der Jesse-Owens-Allee noch die unscheinbaren Eingangsportale zu sehen, zwischen denen 1936 die Sportler, Hitler und Ehrengäste durch einen zur alten Anlage gehörenden Tunnel direkt unter das Stadion gefahren wurden.
Den besten Überblick über das olympische Gelände erhält der Besucher vom Plateau des westlich gelegenen Glockenturms aus. Gleichzeitig hat er eine ausgezeichnete Sicht auf die Havelseenkette bis nach Potsdam und darüber hinaus und auf die Berliner Stadtsilhouette.
Der Glockenturm ist Teil der (1) **Langemark-Halle**, die als nationale Gedenkstätte der Nazis an die im Ersten Weltkrieg bei der Schlacht um den belgischen Ort „gefallenen Söhne des Vaterlandes", „die für Deutschland singend in den Tod gezogen" sind, erinnern soll. An den Schmalseiten der Halle sind Verse von Walter Flex und Hölderlin angebracht. Hölderlin: „Lebe droben, o Vaterland, Und zähle nicht die Toten, Dir ist, Liebes, Nicht einer zuviel gefallen".
Der **Glockenturm** und die **Olympische Glocke** sind nicht original. 1947 wurde der Turm wegen erheblicher Kriegsschäden gesprengt, die zehn Tonnen schwere Glocke stürzte ab und erhielt einen Riss. Zuerst vergraben, 1956 wieder hervorgeholt, ist sie seitdem, des Hakenkreuzes ledig, am südlichen Außenrand des Stadions aufgestellt. Der neue Glockenturm wurde 1961/62 errichtet, ein Nachguss der Glocke eingehängt. Die Kosten von 1,16 Millionen DM übernahm Werner March.
In luftiger Höhe breitet sich zu Füßen des Turms in Richtung Osten das (2) **Maifeld** aus, auf dem 1936 die Polowettbewerbe und das Dressurreiten stattfanden. Dann folgt das riesige Oval des (3) **Olympiastadions**, das für 100 000 Besucher konzipiert worden ist, davor jeweils ein Doppelpack der kantigen Türme, wie sie am Haupteingang zu sehen sind. Werner March favorisierte ursprünglich eine unverkleidete Stahlbetonskelettkonstruktion mit verglasten Zwischenwänden, die

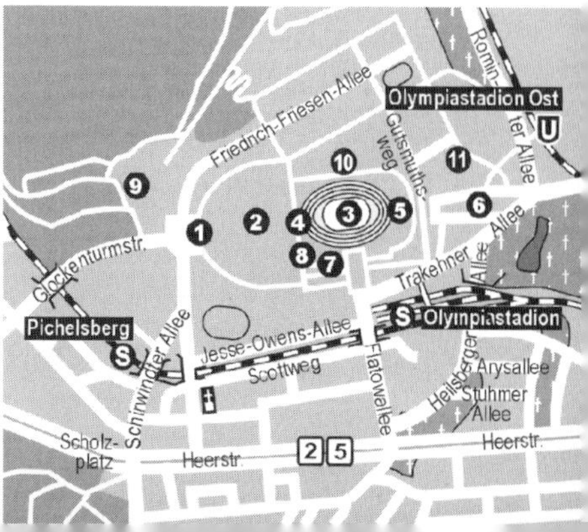

Haupteingang

auf Hitlers strikte Ablehnung stieß. March verwirklichte daraufhin den Vorschlag des Reichsarchitekten Albert Speer, die äußeren Stützpfeiler aus massivem fränkischem Muschelkalkstein zu errichten und die Zwischenwände mit Platten aus demselben Material zu verkleiden.
In der Westkurve ist das 4 **Marathontor** als 25 Meter breiter Einschnitt in den Oberring auszumachen. An den seitlichen Wänden des Tores sind die Namen der Olympiasieger eingelassen und eine Gedenktafel für den Generalsekretär und Leiter der Spiele, Carl Diem. Unter dem Tor liegt der Marathontunnel, durch den zur Eröffnung der Spiele die Vertreter der Nationen einzogen und, erstmals in der Geschichte der modernen Olympischen Spiele, die olympische Fackel vom griechischen Olymp zum Austragungsort getragen wurde. Über dem Tunnel steht auf einem Sockel der Dreifuß mit der Schale des olympischen Feuers.
Das Stadion war leicht erkennbar in einen Ober- und einen Unterring unterteilt. Der Unterring mit der Sportfläche lag zwölf Meter unterhalb der Bodenlinie, der Oberring ragte mit seinen 31 Sitzreihen nur 16,5 Meter darüber.
Mittig der südlichen Längsseite des Ovals kragte die Führerloge, auch Ehrenloge genannt, hervor, in der Hitler mit seinen Gefolgsleuten und ausländischen Ehrengästen saß. Über der Ehrenloge zog sich an der oberen Kante des Oberrings eine 120 Meter lange überdachte Loge für die Berichterstatter von Presse und Rundfunk und dem Spielleiter entlang.
Das Stadion ist voll unterkellert, die unterirdischen Straßen sind so breit, dass die Sportler und Sportlerinnen mit Militär-Lkw aus dem Olympischen Dorf im westlich von Berlin liegenden Elstal durch den **Marchtunnel** bis zu ihren Umkleidekabinen transportiert werden konnten. Zwei Jahre nach dem Fest wurden hier Zwischendecken und Bunkerwände eingezogen, in deren Räumen die Firma Blaupunkt u. a. Zünder für Flugabwehrwaffen produzierte.
Weiter in östlicher Richtung liegt der Haupteingang mit dem 5 **Olympischen Tor**, markiert durch den jeweils 35 Meter hohen Bayern- und Preußenturm – die Wahrzeichen der Olympischen Spiele haltend, fünf Ringe für fünf Kontinente.
Vor dem Haupteingang liegt der 6 **Olympische Platz**, der in die Olympische Straße mündet, umgeben von Parkplätzen und dem Friedhof Heerstraße.
Die weiteren Anlagen des Reichssportfeldes sind, ausgehend vom Olympischen Tor im Uhrzeigersinn: der ehemalige Bahnhof Reichssportfeld, der heutige **U-Bahnhof Olympiastadion**, der ebenfalls aus Anlass der Olympischen Spiele angelegt wurde. Die Südachse des Platzes trug den Namen Reichssportfeldstraße, die erst 1998 nach zehnjährigem Widerstand von Anwohnern bis hin zur Gerichtsposse in Flatowallee umbenannt werden konnte; nach den jüdischen Cousins Alfred und Gustav-Felix Flatow, die 1896 bei den ersten Olympischen Spielen der Neuzeit in Athen Goldmedaillen im Turnen gewonnen hatten. Von den Nazis wurde einer der Cousins in das Konzentrationslager Theresienstadt deportiert und ermordet.

Weiter im Uhrzeigersinn sind die 7 **Stadionterrassen** zu sehen, die als Restaurantgroßbetrieb schon vor dem Alten Stadion errichtet wurden. Mehrmals geändert, wurde es vor allem der nationalsozialistischen Architekturauffassung angepasst. Zur Olympiade konnten hier 5000 Menschen auf einmal verköstigt werden.

Dann folgt das 8 **Reiterstadion**, das in den zwanziger Jahren als Teil des ehemaligen Rennbahngeländes zu den modernsten und größten Anlagen seiner Art in Europa gehörte. Heute sind neben den Stallungen noch der Reiterplatz und die Tribüne zu sehen, die anlässlich der Olympischen Spiele zwar versetzt wurde, aber den ursprünglichen Charakter beibehielt.

Auch die 9 **Waldbühne** ist Teil des Olympiageländes und liegt westlich des Glockenturms in einer Senke des Murellenberges (61 Meter), **Murellenschlucht** genannt. Der ehemalige Schießplatz der Briten wird heute von der Berliner Polizei genutzt und ist nach wie vor Sperrgebiet. Nahe des heutigen Munitionsdepots wurden auf der Wehrmachtserschießungsstätte zwischen August 1944 und April 1945 mehr als 200 Soldaten standrechtlich erschossen. Ein Mahnmalweg soll vom Glockenturm auf den Murellenberg und weiter zur Murellenschlucht führen.

Die Waldbühne wurde zwischen 1934 und 1936 als Freilichtbühne mit 88 Stufen für 20 000 Zuschauer errichtet, von Werner March nach dem Vorbild antiker Theater und der Idee von Joseph Goebbels. Während der Olympiade 1936 wurden hier die Turnwettkämpfe abgehalten, zwischendurch gab es national-kultische Darbietungen aus nationalsozialistischem Repertoire; das war der eigentliche Hauptbestimmungszweck der Bühne. Die Nazis tauften die Bühne nach dem ersten nationalsozialistischen Lyriker und Dramatiker Dietrich Eckart (1868-1923), erster Schriftleiter des Völkischen Beobachters. Die Wiedergeburt der Bühne nach langer Gammelzeit leiteten die Rolling Stones 1966 ein. Heute ist sie Veranstaltungsort für klassische Konzerte, Filme oder die Toten Hosen. Die Akustik der Orchester kann schon mal durch den Regen weich gezeichnet werden, doch solcher Unbill widersteht die außerordentliche Atmosphäre der Anlage und die Bühnen-Fangemeinde ohne Einbußen.

Das 10 **Schwimmstadion**, das sich im Norden unmittelbar an das Olympiastadion anschließt und aus zwei Becken be-

Langemarkhalle

steht, steht auch heute noch der Öffentlichkeit zur Verfügung. Anlässlich der Schwimmweltmeisterschaft 1978 wurde die Anlage modernisiert, aber die originalen verputzten Arkadengänge, die Keramikfliesen und der Kunststeinfußboden blieben erhalten.

Linker Hand des Olympischen Platzes sind der 11 **Hockey-** und die **Tennisplätze** zu sehen, weiter nördlich und etwas abgelegen das so genannte **Sportforum**, die ehemalige Reichsakademie für Leibesübungen, mit dem Haus des Sports als ehemaligem Sitz des Reichssportführers. Bis zu ihrem Abzug war das Sportforum Hauptquartier der britischen Streitkräfte, heute wird an dem Plan für ein Zentrum des Hochschulsports gearbeitet. Interessant ist der von March entworfene Kuppelsaal mit einer geschwungenen Decke aus Sichtbeton. Hier und in der Deutschlandhalle fanden die olympischen Boxkämpfe statt.

Doch nicht nur die Architektur ist auf dem Olympiagelände mit eindrucksvollen Bauten vertreten. In strenger Zuordnung zu ihnen stehen eine ganze Reihe von monumentalen **Plastiken** an markanter Stelle – riesige Pferde nebst Rossehalter (Josef Wackerle), Sportler der verschiedensten olympischen Disziplinen (Karl Albiker, Arno Breker, Sepp Mages, Willy Meller u. a.) oder Reliefs (Arno Lehmann, Gustav Seitz). Sie gehören zu dem „Gesamtkunstwerk Reichssportfeld", das vor allem Werner March vertrat. Die stilistischen Merkmale der Skulpturen: geringe Dynamik und Statuarik, Vereinfachung, Blockhaftigkeit und „Strenge" der Formen – im Grunde ein vereinfachter Klassizismus. Dass diese stilistische Richtung nicht eine Erfindung der Nationalsozialisten war, sondern ihre Wurzeln in der der Innerlichkeit zugewandten Bildhauerei zu Beginn der 1930er Jahre hatte, vertreten durch die „Klassiker" Georg Kolbe, Fritz Klimsch und Richard Scheibe, ist häufig übersehen worden. Und doch ist es das Repertoire, aus dem sich die aggressivdynamische Kunstauffassung der Nazis später nährte.

Noch im März 1945, als Berlin schon von der Roten Armee eingekesselt war, forderte Carl Diem auf dem Reichssportfeld von der eben rekrutierten Hitlerjugend-Division „Großdeutschland" den „siegreichen Endkampf". Am 28. April 1945 stürmte die Hitlerjugend auf Befehl der SS das von den Sowjets eingenommene Stadion. In deren MG-Salven starben 2000 junge Menschen.

Das gesamte Olympiagelände steht mitsamt des reichhaltigen Inventars an Plastiken und Reliefs unter Denkmalschutz – und das nicht immer in bestem Zustand. Erst mit der Bewerbung als Austragungsort der Fußballweltmeisterschaft 2006 kam etwas Sanierungs-Bewegung in Bund und Land Berlin. Als erstes wurde 1999 unter äußerstem Zeitdruck ein Teil der Sitzbänke gegen Schalensitze ausgewechselt. Diese und der Entwurf von von Gerkan sehen weitreichende Änderungen der Anlage vor, unter anderem ein riesiges Dach. Bei all den teuren Plänen wird einer nicht im Regen stehen: Hertha BSC.

KLAUS ESCHE

Gedenkstätte in Plötzensee

Mordstätte und Ort des Gedenkens

Der schmale Plötzensee mit Strandbad liegt schon jenseits der Charlottenburger Bezirksgrenze auf Weddinger Terrain. In Charlottenburg aber, umgeben von Autobahnen, Schnellstraßen und akkurat vermaßten Plötzenseer Kleingartenkolonien verbergen sich Orte nationalsozialistischer Verbrechen und Orte des Gedenkens an diese schrecklichen Taten.

Hinter den alten roten Ziegelfassaden des ehemaligen preußischen Zuchthauses Plötzensee am Friedrich-Olbricht-Damm verbüßen heute Jugendliche ihre Haftstrafen. Die Nachbargebäude gehören zum modernsten Frauengefängnis der Bundesrepublik mit einer totalen Überwachungs- und Sicherungskonzeption. Bei der Planung dieser Anlagen fehlte jegliches Gespür für die Bedeutung der Orte hier.

Der bedrückendste Ort dieser Gegend liegt auf einer Enklave des Jugendgefängnisses am Hüttigpfad. Ein kleiner Ziegelschuppen ist dort vom übrigen Gefängnisbereich abgetrennt.

Hier wurden von 1933 bis zum 2. Mai 1945 2915 Menschen hingerichtet. 1574 von ihnen waren in einem engeren Sinne politisch Verurteilte, die bewusst Widerstand gegen das NS-Unrecht geleistet haben. Die anderen galten als „Volksschädlinge“: Rüstungsarbeiter, die Ausschuss produziert, Hunderte von Menschen, die sich aus Not – meist nach Bombenangriffen – Kleinigkeiten angeeignet hatten, wie zum Beispiel ein Paar Handschuhe, sechs Stück Seife oder zwei Gläser Marmelade. Unter den Widerstandskämpfern aus 19 Staaten war das jüngste Opfer ein 16-Jähriger, der Flugblätter gegen den Krieg hergestellt und verteilt, das älteste ein 83-Jähriger, der einem anderen Verfolgten Unterschlupf

Der Hinrichtungsraum

gewährt hatte. Allein in der Nacht vom 7. zum 8. September 1943 fanden 186 Menschen den Tod durch Erhängen, 117 weitere folgten kurze Zeit später, teilweise ohne rechtskräftig abgeschlossenes Gerichtsverfahren.

Die Verurteilten warteten im so genannten **Todeshaus** auf ihr Ende. In kleinen, kalten, dürftig beleuchteten Zellen, mit Handschellen gefesselt, verbrachten sie die Zeit vor ihrer Hinrichtung durch das Fallbeil oder den Strick. Kurz vor der Exekution wurden die Hände auf dem Rücken gefesselt und den Frauen die Haare abgeschnitten. Der Hinrichtungsraum war durch einen schwarzen Vorhang geteilt. Im hinteren Bereich stand rechts die Guillotine. Sie verschwand nach Kriegsende. Im linken Teil des Raumes war ein Waschbecken angebracht, unter dem Dach acht Fleischerhaken an einem Eisenträger, um mehrere Opfer gleichzeitig aufhängen zu können. Daran wurden auf ausdrücklichen Befehl Adolf Hitlers die Widerstandskämpfer des 20. Juli erhängt, damit der Todeskampf so lange wie möglich dauerte. Die Hinrichtung wurde für den Diktator auf Film festgehalten.

Alfred Hrdlicka: Gekreuzigter und Linker Schächer, zu Erinnerung an die Ermordeten von Plötzensee

Heute ist der Hinrichtungsraum Teil der Gedenkstätte. Neben ihm in einem zweiten Raum befindet sich die Dokumentation einiger ausgewählter Urteile des Volksgerichtshofs und des bürokratischen Ablaufs der Hinrichtungen. Vor dem Hinrichtungsschuppen wurde eine mit Muschelkalkplatten verkleidete Gedenkwand für die Opfer errichtet. Die Ähnlichkeit mit den Fassaden von Repräsentationsbauten der Nazis ist nicht zufällig. Der Architekt dieser Wand war vor 1945 Mitarbeiter der Generalbauinspektion Berlin unter Albert Speer.

Evangelisches Gemeindezentrum Plötzensee

Die 1968-70 errichtete Kirche am Heckerdamm ist von außen sehr unscheinbar. Ungewöhnlich ist das Innere, der sparsam ausgestattete quadratische Gottesdienstraum aus Beton mit dem Altar in der Mitte des Raumes. Das Tageslicht dringt nur durch ein kleines Quadrat in der Decke ein – wie in einem Gefängnis. An den Wänden hängen die Tafeln des **Plötzenseer Totentanzes** von Alfred Hrdlicka, deren Grundmotiv und Hintergrund die Haken und Fenster des Hinrichtungsraumes in Plötzensee sind. Sie erinnern an mittelalterliche Totentanzdarstellungen, erweitert um den Blick auf Gewalt und Sterben heute. Die Themen: „Kain erschlägt seinen Bruder Abel"; „Tod im Boxring"; "Tod im Showbusiness" – Sterben als Objekt voyeuristischer Neigungen; „Tod des Demonstranten" – ein Berliner Polizist erschießt den Studenten Benno Ohnesorg; „Tod einer Minderheit", das die Ausrottung eines Indianerstammes im Amazonasgebiet zeigt. Das „Emmausmahl" zeigt Jesus in der Mitte im Hellen sitzend, als Häftling unter Häftlingen mit kahl geschorenem Kopf. Ein Wächter im Dunkel in SS-Uniform führt Gefangene hinaus. Die „Kreuzigung" ohne Kreuz zeigt Jesus und die Schächer an den Haken der Hinrichtungsstätte Plötzensee. Das Bild „Enthauptung Johannes des Täufers – Die Guillotine" bringt die Massenhinrichtung in Plötzensee 1943 mit der biblischen Geschichte in Verbindung. Der Henker trägt die Gesichtszüge Adolf Hitlers.

Maria Regina Martyrum

Wenige Meter vom Evangelischen Gemeindezentrum Plötzensee entfernt ist 1960-63 die katholische Gedenkkirche Maria Regina Martyrum zwischen der Straße Am Heidebusch und der Bielestraße entstanden. 1984 kam ein **Karmeliterinnen-Kloster** hinzu. Der graue Vorhof des Gotteshauses erinnert an den Appellhof eines Konzentrationslagers – an der rechten Außenwand ein Kreuzweg mit Freialtar von Otto Herbert Hajek. Der einzige Schmuck der massigen Oberkirche ist das geheimnisvolle Zeichen **Apokalyptische Frau** von Fritz König an der Fassade – Symbol für Verfolgung. Im Untergeschoss der Kirche befindet sich

Gedenkstätte, Krypta von Maria Regina Martyrum

eine Krypta mit der **Gedenkstätte für die Märtyrer**. Fritz König schuf eine **Maria**, die den Leichnam Jesu auf dem Schoß hält. Sie steht auf Steinplatten mit den Namen der Opfer. Unter der Platte die Urne des Führers des katholischen Laienbundes Erich Klausener, der während des „Röhm-Putsches" ermordet wurde. Weitere Tafeln sind dem Gründer des Hilfswerks für „nichtarische" Christen, Dompropst Bernhard Lichtenberg (in der St.-Hedwigs-Kathedrale bestattet), dem in Plötzensee hingerichteten Berater des „Kreisauer Kreises" Alfred Delp und allen Opfern gewidmet, denen das Grab verweigert wurde.

Die Oberkirche ist mit Sichtbetonwänden und sparsamer Ausschmückung so ungewöhnlich wie das Evangelische Gemeindezentrum. Auch hier erhält der Raum nur wenig Tageslicht an den Längsseiten, wie eine Zuchthauszelle. Das **Altargemälde** von Georg Meistermann symbolisiert den Übergang von der Nacht des Bösen und des Todes zum Licht der Erlösung durch

Im Hof

Christus. Ein Lamm und das „Auge Gottes" sind die Hoffnung im Licht, daneben eine Sichel als Symbol des Gerichts und der Heilige Geist in Form von sieben gelben und roten Flammen.

Klaus Esche

Von der Wilhelmsaue zum Fehrbelliner Platz

Das ökumenische Viertel

Wer die Reste des alten Wilmersdorf finden will, muss genau hinschauen. Die dörflichen Spuren sind, von ganz wenigen Ausnahmen abgesehen, verschwunden, und den Weg in die ehemalige Aue muss man kennen. Mit der U-Bahn am Bahnhof Berliner Straße angekommen, findet man sich oberirdisch an der Kreuzung zweier viel befahrener Straßen wieder, deren Ränder von Hochhäusern eingefasst werden. Man muss ein kleines Stück südwärts entlang der autobahnähnlichen Magistrale laufen, bis sich nach rechts eine unscheinbare Straße öffnet.

Die **Wilhelmsaue** ist in ihrem Anfang eine kleine baumbeschattete Straße, links erheben sich zunächst Altbauten, rechts uninspirierte Wohnblöcke aus den fünfziger Jahren. An Naturkostladen, Galerie, Werbeagentur und Reisebüro vorbei gelangt man ein paar Schritte weiter zu einem begrünten Mittelstreifen, der die Wilhelmsaue teilt. „Du befindest Dich hier auf der ehemaligen Dorfaue im ältesten Teil unseres Bezirks", erläutert die Inschrift dort auf einem (1) **Stein** in großen Lettern. Dic Erklärung ist nicht überflüssig, denn die „Bauerngehöfte, Felder, Wiesen und Seen", die einst hier standen, sind nur noch mit Fantasie zu erahnen. Den Stein setzten 1933 die Faschisten an den Fehrbelliner Platz, um ihre „Märtyrer" zu ehren. Das Bezirksamt änderte nach dem Zweiten Weltkrieg Standort und Beschriftung. Dem kleinen Platz um den Stein schließt sich ein Kinderspielplatz an.

Links von dem Denkmal, Nr. 120, liegt das älteste Wohngebäude Wilmersdorfs. Es ist das nach einem der ehemaligen Besitzer, dem Augenarzt Schoeler, benannte (2) **Schoeler-Schlösschen**, trotz des Namens eher elegante Stadtvilla denn herrschaftliches Repräsentationsgebäude. Der Grundstein für den Bau wurde 1752 gelegt, das Haus seitdem mehrfach verändert und aufgestockt und immer neuen Nutzungen zugeführt. Die Gartenanlage der Villa ist öffentlich zugänglich und ein Bindeglied zwischen Dorfaue und dem (3) **Volkspark**, der sich als Grünzug vom Schöneberger Rathaus bis zur Rudolstädter Straße zieht, wie ein übergroßer Vorgarten mit Fußballfeld, rosa Müllkörben und gleich mehreren Spielplätzen. Dieses entspannte Bild wird südlich davon mit großzügigen Wohnhäusern, einigen Schulen und Kirchen aus spätwilhelmi-

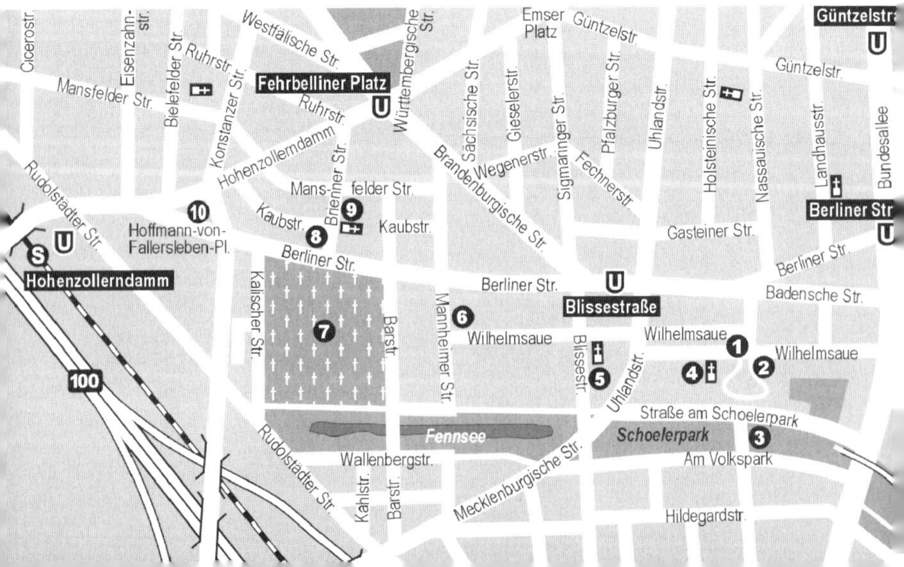

Schoeler-Schlösschen, Rückseite

nischer Zeit entlang baumgeschmückter Straßen fortgesetzt. Eher noch als in dem alten Dorfkern ist hier die Atmosphäre greifbar, die typisch ist für Wilmersdorf: eine zurückhaltende Behaglichkeit, wie sie vor allem Gut- und Besserverdienenden jenseits der vierzig eigen ist.
Am Schoelerpark befand sich früher der Wilmersdorfer See mit einer Badeanstalt und mehreren Garten- und Tanzlokalen. Die „Schrammsche Bade- und Vergnügungsanstalt" war das bekannteste der vielen Etablissements. Der See wurde in den zwanziger Jahren zugeschüttet, dafür später der Fennsee hinter der Blissestraße angelegt.
Gleich neben dem Schlösschen erhebt sich der 65 Meter hohe Turm der 1897 errichteten 4 **Auenkirche**, ein Bau im Stil der märkischen Backsteingotik. Das Gebäude schuf Max Spitta, ein bekannter Kirchenarchitekt. Im Eingangsgiebel ist ein aus 72 000 Steinchen zusammengesetztes Mosaik der berühmten Deutschen Mosaik-Werkstätten zu sehen, im Inneren der Kirche die größte Orgel Berlins zu bewundern. Die Windfahne auf dem Vorbau erinnert noch an die alte Dorfkirche, die nach Einweihung der Auenkirche abgerissen wurde.
Die Wilhelmsaue bietet ein uneinheitliches Bild: Bauten aus verschiedenen Epochen stehen zumeist beziehungslos nebeneinander. Nur sieben Villen konnten sich gegen die großstädtische Bebauung der Aue behaupten. Auch sie sind keine Überbleibsel des alten Dorfes, sondern stammen aus dem 19. Jahrhundert und zeugen davon, dass die Bauherren – die Bauern

Auenkirche

Blisse, Schramm, Mehlitz und andere – durch Grundstücksverkäufe zu Geld gekommen und Rentiers geworden waren. So wurden, ähnlich den Schöneberger Kollegen, aus Kartoffelbauern Millionenbauern. Das kinderlose Ehepaar Christian und Auguste Blisse stifteten den größten Teil ihres Vermögens für den Bau eines Waisenhauses, des **Blissestifts**. Es wurde 1911 eröffnet und befindet sich noch heute, nunmehr in städtischer Regie, in der Wilhelmsaue 116-117.
Kurz dahinter wird die Wilhelmsaue durch die Uhlandstraße auseinander gerissen, hier eine Ausfallstraße aus der autobegeisterten Nachkriegszeit. Sie endete früher hier, und an der Stelle des heutigen Durchbruchs prunkte die Büste des Namensgebers der Aue, Kaiser Wilhelm I.
In dem Teil der Wilhelmsaue, die auf der anderen Seite dieser Ausfallstraße liegt, fällt die Nr. 112 wegen ihrer Farbgebung auf. Das in Rosa gehaltene Haus ist das

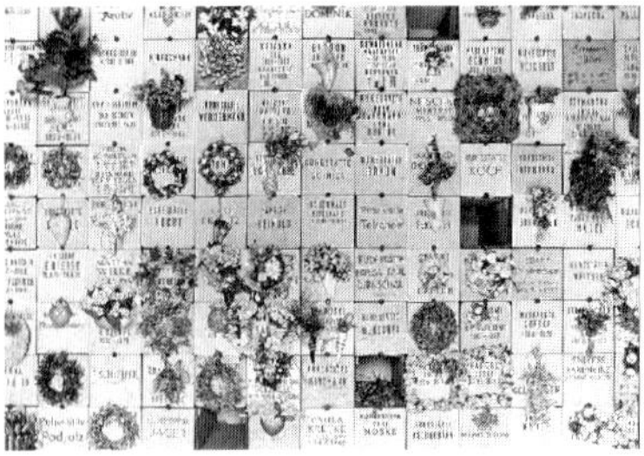

Städtischer Friedhof, Urnenwand

(5) **Kirchengebäude der Christi Wissenschafter**, nach den Plänen Otto Bartnings gebaut und 1937 seiner Bestimmung übergeben.

Auch die dahinter kreuzende **Blissestraße** ist eine hektische Verkehrsschneise, aber dafür so etwas wie eine kleine Kulturmeile. Das **Kino Eva**, das den diskreten Charme der Fünfziger atmet, ist immerhin schon seit 1921 unter demselben Namen in der Nr. 18 beheimatet. Mittwochs lebt dort um 15.30 Uhr der „Alte Deutsche Film" wieder auf. Daneben befindet sich das **Blisse 14**, ein Programmcafé, das zu seiner wichtigsten Aufgabe die Integration von Behinderten gemacht hat. Der „Sonntagsjazzfrühschoppen" ist inzwischen weit über die Bezirksgrenzen populär. Im Sommer veranstaltet Blisse 14 mit den nahe gelegenen Jazzkneipen **Flöz** und **Badenscher Hof** ein Jazzfest unter freiem Himmel.

Etwas entfernt, dort wo die Blissestraße auf die Berliner und die Brandenburgische Straße trifft, stand bis zur Zerstörung im Krieg das erste Wilmersdorfer Rathaus. Es wurde 1895 eingeweiht. Das rasante Wachstum des Ortes, der 1866 nur 6000 Einwohner zählte, aber 1907 bei Erhalt der Stadtrechte schon über 70 000 Einwohner hatte, ließ den Bau bald zu klein werden. Heute residiert die Bezirksverwaltung am Fehrbelliner Platz.

Im westlichen Teil bietet die Wilhelmsaue ein zerrissenes Bild: Eine letzte alte Villa, etwas Gründerzeit mit Remisen und Kleingewerbe, einige Neubauten und Baulücken münden in die Mannheimer Straße. An der Ecke verspricht ein altes Schild an der Kneipentür Apfellimonade vom Fass, ein anderes lädt zum Mitspielen bei den „Gasteiner Buben" ein. Hier sind vornehmlich Häuser aus dem Wiederaufbauprogramm der fünfziger Jahre zu sehen. Vor dem Haus Mannheimer Straße 27 erinnert ein in den Gehweg eingelassener und leicht zu übersehener (6) **Granitstein** an den „letzten Zufluchtsort der deutschen Revolutionäre Rosa Luxemburg und Karl Liebknecht vor ihrer Ermordung durch marodierende Reichswehrtruppen am 15. 01.1919".

In der Berliner Straße weisen Blumenläden, ein Bestattungsinstitut und eine Grabmalfirma den Weg zum (7) **Städtischen Friedhof**, der mit dem **Krematorium** ein weitläufiges Areal bis zum Volkspark einnimmt. Gegenüber der Brienner Straße liegt der Eingang zum älteren Teil der Anlage. Hier sind die Erbbegräbnisse der Millionenbauern zu sehen, befinden sich unter anderem die Gräber der Architekten Peter Behrens und Heinrich Seeling, des Komponisten Theo Mackeben, des Berlin-Forschers Kurt Pomplun und des Schriftstellers Fedor von Zobeltitz. Der neoklassizistische Bau des Krematoriums ist 1922 seiner Bestimmung übergeben worden. Die Figuren der „Trauernden" rechts und links des Weges zum Hauptportal dominieren den Vorplatz. Das Krematorium ist mittlerweile stillgelegt, an seine Stelle ist das neue Krematorium in Treptow getreten. Rechts des Eingangs das Columbarium, die Urnenhalle, ein wahres Labyrinth, in dessen Wänden bis hoch zur Decke Urne an Urne steht.

Hier beginnt gleichsam ein ökumenisches Pflaster, denn etwas weiter, an der Ecke zur Brienner Straße ist die bekannteste Berliner (8) **Moschee** zu bewundern, nach Plänen von K. A. Herrmann 1925 im Mogulstil errichtet. Es ist ein zurückhaltend-eleganter Bau in hellen Pastellfarben, der von einem Park umspielt wird. Von den zwei ehemals je 32 Meter hohen Minaretten sind nur noch halbhohe Stümpfe übrig geblieben – von hier aus kann keiner mehr zum Gebet rufen. Die zehn Meter im Durchmesser messende

Auferstehungskathedrale

Kuppel ist das Tüpfelchen auf dem i des Wilmersdorfer „Tadsch Mahal" in Miniatur. Da der Imam von der pakistanischen Religionsgemeinschaft „Ahmadiyya Anjuman" gestellt wird, besteht keine Bindung zu der Mehrzahl der Berliner Muslime, die ja Türken sind.

Schräg gegenüber fällt ein schmaler Turm aus dunkel gebeiztem Holz auf. Es ist ein Glockenturm, der zu dem Gebäude dahinter gehört, einem Flachdachbungalow, dessen Nutzung als 9 **Kirche der dänischen Gemeinde** ohne ihn nicht erkennbar wäre.

Ein paar Minuten entfernt, am Hoffmann-von-Fallersleben-Platz, scheint sich die 10 **Auferstehungskathedrale** der russisch-orthodoxen Kirche hinter den Bäumen des umgebenden Parks verstecken zu wollen. Der von fünf kupferfarbenen Zwiebeltürmchen mit Goldkreuzen bekrönte Bau bildet einen deutlichen Kontrast zu seiner allzu unwirtlichen Umgebung. Dass er sich zwischen Autobahnzubringer, Tankstelle und Kleingartenkolonie wiederfinden würde, war wohl bei der Einweihung 1938 nicht vorauszusehen. Der Vorgängerbau befand sich im zweiten Stock an der Ecke Hohenzollerndamm, Ruhrstraße, wo noch der Name „Dom-Hotel" an den einstigen Sakralbau erinnert.

Die russisch-orthodoxe Kirche in Wilmersdorf ist ein Relikt aus der Zeit nach der Oktoberrevolution, als Berlin neben Paris eines der europäischen Zentren der russischen Emigration war und der Bezirk wiederum das russische Zentrum Berlins. So gleicht die Liturgie in der Auferstehungskathedrale der in den Gotteshäusern Russlands, als außergewöhnlich mag aber gelten, dass hier deutsch gesungen wird.

Hier findet sich im Kleinen, was Wilmersdorf insgesamt auszeichnet: Mehrere Dutzend Kirchen und Religionsgemeinschaften haben sich angesiedelt, die meisten von ihnen sind aber im Stadtbild nicht mit Minarett oder Zwiebelturm präsent.

Man kann vom „Kirchenviertel" aus den Weg nach rechts fortsetzen und sich, hinter der Ruhrstraße gelegen, das größte Verwaltungsgebiet Berlins anschauen. Es entstand seit den dreißiger Jahren rund um den **Fehrbelliner Platz** – kein Ort, der zum längeren Verweilen einlädt. Da bietet es sich schon eher an, im nahe gelegenen **Preußenpark** unter Bäumen den Spaziergang zu beenden.

Andreas Koska

Der Fehrbelliner Platz

Unentschlossene Monumentalität

Der Fehrbelliner Platz ist weder besonders schön noch wirklich monumental, aber er ist neben dem Tempelhofer Flughafen und dem Olympiastadion die geschlossenste Architektur-Hinterlassenschaft des „Dritten Reiches". Noch in den zwanziger Jahren war er ein städtebaulich amorphes Gebilde mit Laubenkolonien. Nur in einiger Entfernung entstanden Bauten, so an der Westfälischen Straße Verwaltungsgebäude für die Reichsversicherungsanstalt für Angestellte, heute BfA. Anfang 1933 legte die SA an der Nordseite des Platzes ihren zentralen „Appellplatz" mit einem großen Findling als Gedenkstätte der „Märtyrer" an. Ihr folgte durch Übernahme der Reichsversicherungsanstalt die Deutsche Arbeitsfront (DAF) als wichtigste Institution.

Die DAF war nach Auflösung der Gewerkschaften 1933 gegründet worden. Sie regelte mit ihren korporativen Mitgliedern nahezu das gesamte nicht-militärische Leben des NS-Staates. Sie tat sich mit der Lage ihrer Bauten am Fehrbelliner Platz schwer. Der erste Neubau nach 1933 war daher kein DAF-Bau, sondern die neue Verwaltung der Nordstern-Versicherung zwischen Hohenzollerndamm und Brandenburgischer Straße. Egon Firle entwarf ihn 1934 als gerundeten Bau. Das Gebäude ist ein für die damalige Zeit moderner Stahlskelettbau mit Verkleidung in Naturstein. Wer dieses Gebäude als „typisch faschistisch" einschätzt, läuft einem Vorurteil auf; es ist ein unentschlossen halb modernes Haus in zurückhaltender Gestaltung. Firles Fassadengestaltung mit den Platten zwischen den Fenstern hat etwas Textilhaftes und verwischt die Geschossunterteilung. Das Innere ist mit den engen Treppenhäusern und dem gläsernen Fahrstuhlschacht ebenfalls sehr unrepräsentativ. Allein die Vorfahrt mit den beiden Fahnenmasten weist die zeittypische hohle Monumentalität auf.

Kurz darauf schrieb das Bezirksamt einen Wettbewerb für den gesamten Platz aus. Ein Beitrag sah den Platz als riesiges halbes Oval mit der DAF als mittigem Monumentalbau vor. Bemerkenswerterweise gewann dagegen Firle den Wettbewerb mit der kleineren Lösung, einem Halbrundplatz in Fortsetzung der Rundung des Nordsternhauses. Die DAF hatte ein ihrer Größe entsprechendes Repräsentationsbedürfnis. Nach dem Siegesentwurf hätte sie kaum architektonisch auftrumpfen können, und so zog sie sich, gleichsam schmollend, von allen Neubauplanungen zurück.

Daher stellte das Deutsche Reich das Grundstück zwischen Brandenburgischer Straße und Barstraße der neu geschaffenen Reichsgetreidestelle zur Verfügung. In Fortführung der Firleschen Rundung baute Ludwig Moshammer bis 1938 hier ein völlig gesichtsloses Verwaltungsgebäude. Es war, um Metall einzusparen, als Stahlbetonbau konstruiert worden.

Schließlich wurde während des Krieges von der Reichsleitung verfügt, dass die DAF nun am Fehrbelliner Platz bauen müsse. Aufgrund der Kriegslage musste nun selbst der DAF-Bau als konservativer Mauerwerksbau ohne Stahlträger errichtet werden. Das Innere ist entsprechend eng strukturiert. Das Ergebnis konterkarierte alle früheren DAF-Bestrebungen: Statt der gewaltigen Selbstdarstellung war der gefälligste, konservativste und

Die Sieben Schwaben

Rathaus, Innenhof

damit „faschistischste" Nazibau des Fehrbelliner Platzes entstanden.

Das Bild wurde 1936 durch den zurückhaltend gestalteten Bau der Karstadt-Verwaltung auf der nördlichen Seite komplettiert.

Nach Kriegsende wurden die Bauten pragmatisch weitergenutzt. In die Karstadt-Verwaltung zog das Hochbauamt, ins Nordsternhaus der Innensenator, und im DAF-Gebäude fand der Bezirk Wilmersdorf endlich das Domizil für sein Rathaus. Der runde Hof wurde zeittypisch mit Wappen ehemaliger deutscher Ostgebiete geschmückt und erhielt schließlich noch als unpassende Zier des Mittelrunds den venezianischen Brunnen, der nach Abriss von Schloss Brüningslinden in Kladow heimatlos geworden war.

1970 wurde die noch unbebaute Platzseite von der BfA mit einem modernen Verwaltungsgebäude architektonisch geschlossen. In der Fachwelt ist dieser Bau in seiner sachlichen Gestaltungsweise geschätzt. Hatten Jan und Rolf Rave hier noch versucht, mit Sachlichkeit die Nazibauten zu kontern, versuchte Gerhard Rümmler etwas später mit der Gestaltung des U-Bahnhofs dagegen erfolglos, die Altbauten mit modischer architektonischer Lautstärke zu übertönen.

Die Plastiken über den Durchgängen der ehemaligen Nordstern-Verwaltung symbolisierten Schutz durch das Versicherungswesen und stammten von Waldemar Raemisch und Arno Breker. Als nun Anfang der siebziger Jahre eine erste „Aufarbeitung" der nationalsozialistischen Kunstgeschichte begann, empfand man auf einmal Werke von Breker am Haus des Innensenators als anstößig und beseitigte sie. Die Skulpturen von Raemisch konnten dagegen seltsamerweise verbleiben. Ergänzend fand eine Ausschmückung des öffentlichen Raumes mit modernen dekorativen Bildwerken statt. Viele sind schon wieder verschwunden, einige besonders populäre oder leicht zu übersehene haben sich erhalten wie die „Grünen Menschen" auf dem Mittelstreifen des Hohenzollerndamms. Als Schildbürgerstreich erwies sich jedoch der Ankauf der populären „Sieben Schwaben". Die vom Künstler vorgesehene ebenerdige Aufstellung konnte nicht belassen werden, da die Lanze für Fußgänger auf dem Bürgersteig eine Verletzungsgefahr dargestellt hätte. Der dann gewählte Standort auf dem Mittelstreifen der Straße bildete für die möglicherweise von der Fahrbahn abkommenden Fahrzeuge eine angeblich tödliche Gefahr, sodass die Gruppe schließlich doch wie ein Denkmal aufgesockelt werden musste.

Andreas Bernhard

Durch Grunewald

Berlins exklusivste Adresse

Was dem Besucher sofort, dem Einheimischen hingegen nur selten auffällt, ist das viele Grün der Berliner Innenstadt. Gesäumt wird sie von zahlreichen größeren Waldflächen: im Norden der Spandauer Forst, im Südosten die Müggelberge und im Westen das bekannteste Waldgebiet, der Grunewald mit dem Villenvorort gleichen Namens.

Einige Seen fügen sich malerisch in die Landschaft ein, gespeist von einer Pumpstation und der Havel, die hier eher den Charakter eines großen Sees mit zahlreichen Buchten aufweist. Die größte und bekannteste Havelbucht ist im Südwesten des Grunewaldes der Wannsee mit Strandbad. Als Seenkette folgen Schlachtensee, Krumme Lanke, Langes Luch, Grunewaldsee und Hundekehle, allesamt beliebte Badegewässer.

Als Schauplatz der Geschichte tritt vor allem der ehemalige Spilesee, der heutige (1) **Grunewaldsee**, in Erscheinung. Bereits im 16. Jahrhundert wurde seine Umgebung zum beliebten Jagdrevier der brandenburgischen Kurfürsten: ein Jagd-

schloss und ein Knüppelweg, der von dort zum Berliner Schloß führte, der „Churfürstendamm", entstanden.
Ende des 19. Jahrhunderts entdeckte das wohlhabende Bürgertum den grünen Westen als feine Wohngegend, auf der Insel Schwanenwerder wurden prächtige Landsitze errichtet. Auch heute ist Schwanenwerder etwas Besonderes, und so hat unter anderem das amerikanische Aspen-Institut hier seinen Sitz in einem repräsentativen Bau der fünfziger Jahre. Auch im Ortsteil Schlachtensee und in der Gegend um den nahe gelegenen Wannsee, heute beide zum Bezirk Zehlendorf gehörend, entstanden Landhauskolonien der gut betuchten Berliner Gesellschaft.

Bahnhof Grunewald

Ihre Angehörigen – unter ihnen viele Ärzte, hohe Beamte, Bankiers und Künstler – siedelten sich auch in der Villenkolonie Grunewald an, die wohl bekannteste und teuerste unter den „feinen" Berliner Adressen. Östlich unseres Ausgangspunktes, des 2 **S-Bahnhofs Grunewald**, gelegen, ist auch heute noch an den oft unbeschrifteten Klingelschildern abzulesen, dass Prominente die ruhige und dennoch zentrumsnahe Lage am Ende des Kurfürstendamms zu schätzen wissen. Zwar gehört, wie ein neuerer Architekturführer zu berichten weiß, „die Einheit von baulicher Repräsentation und gesellschaftlicher Exklusivität der Vergangenheit" an, das Viertel entlang der kleinen Seen weist aber noch immer zahlreiche prunkvolle Häuser auf großzügigen Grundstücken auf.
Bereits bei der Anlage, die auf Initiative Bismarcks kurz nach der Reichsgründung geschah, wurde festgelegt, den „idyllisch-märkischen" Waldcharakter zu bewahren. Für die Bebauung des morastigen Bodens mussten die ursprünglichen Wasserläufe zu den Seen Hertha-, Hubertus-, Königs- und Dianasee zusammengefasst werden. Die neue Gemeinde erhielt bereits um 1890 mit dem Bau der S-Bahn den nötigen Verkehrsanschluss an das wirtschaftliche Zentrum in Berlin-Mitte. Dem Reichtum der Landgemeinde entsprechend, wurde der S-Bahnhof Grunewald im Stil englischer Landhäuser erbaut.
Ein in die Gleise eingelassenes **Mahnmal** am ehemaligen Güterbahnhof erinnert an ein schreckliches Kapitel der Geschichte: Ein großer Teil der Berliner Juden ist von hier aus in die Vernichtungslager depor-

Mahnmal zur Erinnerung an die Deportationen, Detail

tiert worden, unter ihnen auch zahlreiche Bewohner Grunewalds. Die neuen Herren bezogen die Villen. Göring und Goebbels etwa wohnten kurze Zeit Wand an Wand, Koenigsallee Nr. 68 und 70. Zynischer noch mutet die Besitznahme durch die braunen Machthaber an, steht man einige Meter weiter vor dem 3 **Gedenkstein**, der an den 1922 von Rechtsradikalen ermordeten Reichsaußenminister Walther Rathenau erinnert. Er wohnte in der Koenigsallee 65.

Unser Spaziergang führt uns durch einen Tunnel des Bahnhofs, der unter der Avus hindurchführt, in den Grunewald.

Rechter Hand hat ein traditionsreiches Gartenlokal wieder eröffnet und könnte jetzt zum Einkehren verführen, gegenüber gibt es einen Fahrradverleih, der auch Tandems anbietet. Ob zu Fuß oder nun per Rad, man folgt dem mit Linden bepflanzten Hauptweg, dem Schildhornweg. Bald schon wird rechts das 4 **Forsthaus** sichtbar, vor dem sich abgezäunt eine kleine Baumschule befindet, die über die hiesige Vegetation wie auch deren Gefährdung informiert. Gegenüber hat eine große Gärtnerei ihre Anlagen. Die Lindenallee wird in Höhe der Laubenkolonie zur Kastanienreihe. Parallel laufen der Reit- und Fahrradweg und zu beiden Seiten ein Wanderweg. Die nun leicht bergab führende Strecke ist von Steineichen gesäumt, linker Hand taucht ein eigentümlicher Bewuchs auf. Die seit den dreißiger Jahren hier vorhandene Kiesgrube hat sich inzwischen zu einem Biotop mit seltenen Wiesenpflanzen entwickelt, Röhricht wächst auf feuchtem Gelände gut. Der abschüssige Weg führt weiter zum 5 **Teufelssee**, der zwar zu den kleinen Berliner Seen zählt, dafür aber der tiefste ist und auch in heißen Sommern angenehm kühl bleibt. Hier tummelten sich schon vor Kolles Aufklärungskampagnen die Nacktbadeanhänger, wie auch heute noch. Am rechten Seeufer befindet sich ein ehemaliges Pumpwerk, ein frühes Beispiel Berliner Industriearchitektur. Seit seiner Stilllegung wird es vom **Ökowerk** genutzt, das dort mit Ausstellungen, Kursen und Vorträgen für mehr Umweltverständnis wirbt. Über den Wipfeln ist bereits der Sendemast des nahe gelegenen Teufelsbergs zu erkennen, zu dem unser Rundgang später führen wird.

Zunächst geht es weiter nach links und leicht wieder ansteigend durch eine Birkenallee in Richtung Havelchaussee. Farne, Gräser und Kiefern säumen den Wegesrand. Die Kiefernbewaldung ist nicht ursprünglich. Erst unter Friedrich II. wurde der schnell wachsende Nadelbaum zur Aufforstung gewählt, nachdem die Laubbäume radikal der Säge zum Opfer gefallen waren. Der wirtschaftliche Nutzen der Nadelträger war allerdings gering, die Monokultur entzog darüber hinaus dem sandigen Boden wichtige Nährstoffe: Verkarstung drohte, und so wird nach und nach wieder mit Laubbäumen aufgeforstet. Die zuweilen bis in die Wohngegenden vordringenden Wildschweinfamilien gefährden jedoch immer wieder diese Bemühungen.

An der Havelchaussee ergibt sich wiederum eine Möglichkeit zur Pause. Die **Alte Liebe** hat zwar keine besonders ausgefallene Küche zu bieten, ist aber ein origineller Ort: ein Restaurationsschiff.

Von hier aus kann man noch einen kurzen Abstecher nach links zum 6 **Grunewaldturm** unternehmen. Dieser durch zahlreiche Türmchen verspielt wirkende Backsteinturm, 1897-99 von Heinrich Schwechten im Stil der norddeutschen Backsteingotik errichtet, bietet einen großartigen Havelblick aus einer Höhe von 80 Metern in das Umland: rechter

Hand etwas Stadt, rückwärtig Wald und Teufelsberg, geradeaus die Havel. Die Statue des ersten deutschen Kaisers grüßt in der Eingangshalle des Turms, ein Werk des Bildhauers Ludwig Manzel.
Zwischen hügeligen Havelbergen mit Ausblicken auf den Fluss und grüne Täler geht es bergab. Am Ende versandet der Weg ein wenig, ehe man die Badestelle **Kuhhorn** erreicht. Hier ist die Havel, die von rechts durch den Stößensee nach links zum Wannsee fließt, relativ breit und sauber. Das wissen offenbar auch die Biber zu schätzen, die seit einigen Jahren hier wieder heimisch sind.
Am gegenüberliegenden Ufer fällt rechts ein großer Gebäudekomplex auf. Es ist die ehemalige **Villa Lemm**, bis 1991 Amtssitz des britischen Stadtkommandanten, jetzt Residenz des Honorarkonsuls der Bahamas. Zur Anlage gehören auch das Boots- und Teehaus am Wasser. Den Freizeitwert der Berliner Gewässer auch für Nicht-Villenbesitzer bezeugen die zahlreichen Segler und Surfer. Rechts am erlengesäumten Ufer bieten immer wieder kleine Buchten Ausblicke auf die Havel.
Eine dieser Ausbuchtungen trägt den Namen (7) **Schildhorn** und ist ein sagenumwobener Platz. Direkt hinter der DRLG-Station führt ein kleiner Sandweg bergan zu dem **Denkmal**, das 1845 der romantisch veranlagte König Friedrich Wilhelm IV. zur Erinnerung an den Wendenfürsten Jacza errichten ließ. Der slawische Herrscher lebte im 6. Jahrhundert. Nach einer verlorenen Schlacht im nördlichen Kladow gegen die Christen stand ihm als Fluchtweg nur die Durchquerung der Havel offen. Sollte ihm diese gelingen, so die Sage, würde er zum Christentum übertreten. Wohlbehalten am anderen Ufer angekommen, hängte er seinen Kriegsschild an den Nagel und konvertierte.
Wer nun eine etwa halbstündige Fahrt mit einer erneuten Pause verbinden möchte, sollte dem Uferweg südwärts so lange folgen, bis eine kleine Bucht mit auffallend vielen Schwänen sichtbar wird. Kurz hinter diesem Vogelparadies befindet sich die Abfahrtsstelle für die kleine Seilfähre, die

Heinz-Galinski-Schule

das „Festland" mit der idyllischen kleinen Insel Lindwerder verbindet. Hauptattraktionen sind der kleine baumbeschattete Park und eine Gaststätte.
Über Havelchaussee und Schildhornweg erreicht man den (8) **Teufelsberg**, eine künstliche Anhöhe neueren Datums: West-Berlins nicht verwertbare Trümmer waren hier nach dem Zweiten Weltkrieg aufgeschüttet worden: 500 Meter breit, 110 Meter hoch und einen Kilometer lang, begruben sie den Rohbau der hier von den Nationalsozialisten errichteten Wehrtechnischen Fakultät. Die Berghänge bieten heute Möglichkeiten für vielerlei Sportarten wie Drachensteigen, Drachenflug und Jogging, Ski und Rodel im Winter. Im Dezember 1986 fand sogar der Ski-Weltcup im Parallelslalom für Herren hier statt.
In der Nähe der Teufelsseechaussee zweigt der Maikäferpfad ab und führt durch die **Eichkampsiedlung**, die um 1900 aus der Gartenstadtbewegung hervorging.
Ein Abstecher in die Waldschulallee führt zu der 1997 eingeweihten jüdischen **Heinz-Galinski-Schule**, einem architektonisch interessanten Bau des israelischen Architekten Zvi Hecker in der Form eines aufgeschlagenen Buches. Dieses Motiv verwendete er, da im Hebräischen Schule = „Haus des Buches" bedeutet.
An den Sportplätzen vorbei oder über das Einbahnstraßengewirr der Siedlung erreicht man wieder den Ausgangspunkt, den **S-Bahnhof Grunewald**.

Martina Weinland

Vom Rathaus Schmargendorf zum Rüdesheimer Platz

Ein bisschen Land, ein bisschen Stadt

Um nach Schmargendorf zu kommen, fährt man mit der S-Bahn bis zur Station **Heidelberger Platz**. Dessen früherer Name – Schmargendorf – verdeutlicht, dass er gleichsam das Entree in den Ortsteil bildet, der über die nach Westen führende Mecklenburgische Straße erreicht wird. Ein Weg allerdings, der eher durch eine öde Vorstadt zu führen scheint als durch einen noblen Westbezirk: Baumarkt, Autohäuser, Autobahnbrücke, McDonald's, Zigarettenfabrik, das Achtziger-Jahre-Gebäude eines Verlages, Supermarkt und Kleingartenkolonien. So steigt man besser in den Bus 249 und fährt einige Stationen vor bis zur Ecke Breite, Berkaer Straße, mitten ins **Zentrum** des Ortsteils.

Hier befand sich ursprünglich einmal der Anger von Schmargendorf. Nur wenige Kilometer südwestlich vom alten Wilmersdorf gelegen, hatte sich das Koloniedorf aus dem 13. Jahrhundert recht langsam über Rittergut und Domäne zur Vorortgemeinde entwickelt, die die Berliner vor allem wegen der zahlreichen Ausflugsgaststätten auf dem Weg in den Grunewald anzog.

Erst Ende des 19. Jahrhunderts, als die kaiserliche Hauptstadt aus allen Nähten zu platzen schien, bekam Schmargendorf einen städtischen, wenn auch mehr kleinstädtischen Charakter. 1872 wurde die Dorfstraße, heute Breite Straße, gepflastert, 1892 brannte die erste Gaslampe, und an der neu angelegten Straße nach Wil-mersdorf, dem Hohenzollerndamm, entstanden luxuriös ausgestattete Mietshäuser und Stadtvillen.

Durch die Berkaer Straße, die Einkaufsmeile von Schmargendorf, kommt man direkt auf den **Berkaer Platz**, an dem vor allem das **Rathaus** ins Auge fällt. Noch an Felder grenzend, wurde es 1900-02 im neugotischen Stil nach Entwürfen von Otto Kerwien errichtet. Dem imposanten Bau aus rotem Backstein sieht man an, dass die Schmargendorfer Bauern durch ihre Landverkäufe an Bauherren und Bodenspekulanten zu Geld gekommen waren. Heute ist in dem Gebäude das Standesamt Wilmersdorf untergebracht – mit hohem Turm, Zinnenkranz, zahlreichen Wappen und mittelalterlichem Ambiente einer der beliebtesten Orte zum Heiraten in Berlin.

Das angrenzende Wohngebiet ist typisch für die Gegend. Neben Villen, Einfamilienhäusern und überaus großzügig ausgestatteten Wohnungen ließen vor allem in den zwanziger und dreißiger Jahren Wohnungsbaugesellschaften und -genossenschaften in Schmargendorf und Wilmersdorf Siedlungsbauten errichten.

Über die Friedrichshaller Straße – die Straßen der Umgegend tragen alle Namen von Kurbädern – gelangt man auf den Kolberger Platz; mittwochs und samstags ist hier Markt. Von dort geht es zurück auf die Breite Straße, vorbei an den pavillonartigen Geschäften aus den sechziger Jahren auf der gegenüberliegenden Seite bis zur alten **Dorfkirche**. Sie liegt etwas zurückversetzt und ist leicht zu übersehen. Der schlichte, aus Feldsteinen aufgemauerte Saalbau stammt aus dem 14. Jahrhundert; auf dem Friedhof nebenan liegt unter anderem der Maler Max Pechstein begraben. Biegt man dann von der verkehrsreichen Breiten Straße in die Kirchstraße ein, wird es gleich ruhiger. Kurz vor der Heiligendammer Straße, auf der linken Seite, gibt es eine kleine Besonderheit, einen Bierverlag. Auf dem Hof des Wohnhauses vom Ende des 19. Jahrhunderts weisen Bierkästen den Weg zu einem kleinen Büro des Getränkemarkts, wo man auch ausgefallene Biersorten aus ganz Deutschland bekommt.

Durch die Misdroyer Straße geht es weiter in die ländliche Region an der Lentzeallee. Links fallen die zweistöckigen Siedlungshäuser mit ihrem dörflichen Charakter gleich ins Auge. Nach Plänen von Heinrich

Autobahnüberbauung Schlangenbader Straße

Schweitzer waren sie 1920 für die Gemeinnützige Dahlemer Kleinhaus GmbH errichtet worden, zu jedem dieser Häuser gehörte ein Stallgebäude und ein Gartengrundstück. Hier konnten sich die Mieter Hühner, Kaninchen und vielleicht auch ein Schaf halten. Aus den Ställen wurden später großzügige, helle Anbauten, die so manchen Spaziergänger sehnsuchtsvoll nach eventuell frei werdenden Häuschen schauen lassen. Auf der anderen Seite der Allee, dort beginnt bereits das zu Zehlendorf gehörende Dahlem, fühlt man sich dann tatsächlich aufs Land versetzt. Felder und Stallgeruch – man ist irritiert. Hier befinden sich Versuchsfelder und Einrichtungen von landwirtschaftlichen Instituten der Berliner Universitäten.

Läuft man weiter nach links die Lentzeallee hinunter, nimmt man zwei in dieser Gegend überraschend unkonventionell aussehende Gebäude wahr, das 1974 nach Plänen der Berliner Architekten Hermann Fehling und Daniel Gogel fertig gestellte Max-Planck-Institut für Bildungsforschung sowie das 1978-1981 für eine Elektronenspeicherringanlage errichtete Haus von Gerd Hänska und Bernd Johae. Sie bilden jeweils ein reizvolles Gegenstück zu dem Koloss an der Schlangenbader Straße, der alles in dieser Gegend überragt.

600 Meter lang, 46 Meter hoch und 75 Meter breit – die **Autobahnüberbauung Schlangenbader Straße** ist eine Wohnanlage für 5000 Menschen mit Supermärkten, Kneipen, Restaurants, Friseursalon, Apotheke, Boutiquen – eine Kleinstadt für sich.

Eingeweiht wurde sie im Jahr 1980 zusammen mit dem Abzweig Steglitz der Stadtautobahn, die in einem Tunnel durch den Gebäudekomplex führt. Wer mit dem Auto auf der A 104 gleich hinter der Auffahrt Breitenbachplatz in den Tunnel einfährt, kann sich kaum vorstellen, dass sich über ihm noch 1750 Wohnungen türmen. Und auch jene, die vielleicht gerade auf der Sonnenterrasse ihrer Wohnung sitzen und bis zum Grunewald hinüberblicken, merken nichts von dem ununterbrochen fließendem Verkehr zu ihren Füßen. Zu ihrer Entstehungszeit galt die „Schlange", wie der Komplex allgemein genannt wird, als eine bautechnische Sensation, ein einzigartiges Experiment des „Recyclings von Verkehrsflächen", ein Pilotprojekt für die Mehrfachnutzung des in West-Berlin so

Ludwig-Barnay-Platz

knappen Bodens. Wenn auch gefeiert als ein modernes städtebauliches Unternehmen, blieb es jedoch immer umstritten. Es wollte sich an die bestehenden Wohnquartiere nie so recht anpassen, schien eher wie ein riesiger Ozeandampfer über sie hinwegzuschwimmen. Auch die Wohnqualität innerhalb des Komplexes ließ bald zu wünschen übrig. Im Lauf der Jahre machte sich auf den langen Fluren, die die Wohnstadt durchziehen, auf den Höfen und in den unübersichtlichen Parkdecks Verfall breit, die „Schlange" drohte zu einem Getto für sozial Schwache zu werden. Umfangreiche Renovierungen, eine verbesserte Betreuung durch die DEGEWO und die Abschaffung der Fehlbelegungsabgabe sollen heute dafür sorgen, dass die Schlangenbader Überbauung wieder zu einer interessanten, anziehenden Adresse wird.

Geht man die Lentzeallee bis zum Ende, kann man die „Schlange" nun links liegen lassen und einige Schritte rechts zum Breitenbachplatz vorlaufen. Von dem einheitlichen Platzensemble aus den frühen dreißiger Jahren funktioniert nur noch ein Teil, denn hier dominiert die Autobahnbrücke.

Nach dem Unterqueren der Brücke gelangt man zum **Südwestkorso**. Gleich am Anfang fällt der Blick auf ein rotes Klinkergebäude im Stil der Neuen Sachlichkeit. Das inzwischen unter Denkmalschutz gestellte **Institutsgebäude** der Freien Universität wurde 1929/30 von Max Taut und Franz Hoffmann für die Reichsknappschaft errichtet. Das Stahlskelett des Baus ist mit Siegersdorfer Keramikplatten verkleidet, wodurch die Konstruktion sichtbar wird. Hinter dem Gebäude, in der Binger Straße mit ihren größeren und kleineren Einfamilienhäusern, gibt es noch zwei Wohnhäuser im Stil der Neuen Sachlichkeit zu entdecken – und eine prachtvolle Villa, bei deren Anblick man sich überraschenderweise nach Italien versetzt fühlt. 1924/25 wurde sie als Wohnhaus für einen Bankdirektor errichtet und in den letzten Jahren wieder herausgeputzt.

Nun geht es einige Schritte zurück zum Südwestkorso, an der Sparkasse vorbei in Richtung der Siedlungsbauten aus den zwanziger Jahren. Hier beginnt die **Wilmersdorfer Künstlerkolonie**. Die Berufsgenossenschaft deutscher Bühnenangehöriger und der Schutzverband deutscher Schriftsteller hatten hier 1927/28 für ihre Mitglieder Wohnblocks um den Laubenheimer Platz, heute Ludwig-Barnay-Platz, bauen lassen, um ihnen günstigen Wohnraum bieten zu können. Bis zum Frühjahr 1933 lebten hier etwa 300 Schriftsteller, Journalisten, Maler, Sänger und Schauspieler, unter ihnen international berühmte Persönlichkeiten wie Ernst Busch, Erich Weinert, Ernst Bloch, Arthur Köstler, Walter Hasenclever, Alfred Kantorowicz, Manès Sperber, Susanne Leonhard, Johannes R. Becher und Axel Eggebrecht. Die zumeist auch politisch engagierten, links eingestellten Künstler und Intellektuellen waren den Nationalsozialisten verhasst. Nach Hitlers Machtübernahme versuchten sie dann auch sehr schnell, dem „Kulturbolschewismus" ein Ende zu bereiten. Am 15. März 1933 kam es zu einer Großrazzia im „Roten Block". In seinem Buch „Sie flohen vor dem Hakenkreuz" schildert der Journalist Walter Zadek, seit 1925 Ressortchef beim „Berliner Tageblatt", seine Verhaftung in der Künstlerkolonie: „... In meiner Wohnung [Bonner Str. 3] hatte ... alle vierzehn Tage eine Art jour stattgefunden, an dem sich Dichter, Politiker, Musiker usw. gegenseitig an- und aufregten, darunter

An der Ahrweiler Straße

Rüdesheimer Platz

Maler des Bauhauses, Mitarbeiter der Weltbühne, Schauspieler von Reinhardt ..., am 15. März 1933 werden die Wohnblocks der ‚Künstlerkolonie' von Polizei und SA-Leuten umstellt. Ich werde durch sieben schwer bewaffnete Jungen des Kommando zur besonderen Verwendung misshandelt und mit blutendem Gesicht die Treppe hinuntergestoßen. Halb bewusstlos höre ich: ‚Wirst du Judenschwein wohl schneller laufen!' ... Unten werde ich auf einen Polizeiwagen hinaufgestoßen ..."

Viele der Bewohner um den Laubenheimer Platz wurden verhaftet, andere verließen Deutschland. Ein **Gedenkstein** auf dem **Ludwig-Barnay-Platz** erinnert heute an die Opfer des NS-Terrors.

Vom Barnay-Platz geht es wieder zurück zum Südwestkorso und von dort links in die Ahrweiler Straße durch das so genannte **Rheingauviertel**, die Wiesbadener Straße überquerend, bis an den Rüdesheimer Platz. Die großzügige, gepflegte Anlage bildet das Zentrum einer Gartenterrassenstadt, die 1910-1914 entstand. Die Bebauung des Platzes erfolgte nach Plänen von Paul Jatzow im „Charakter einer englischen Landhaussiedlung". Die viergeschossigen Putzbauten mit hohen Dächern, unterschiedlicher Gliederung und unsymmetrisch angebrachten Erkern nehmen diesen städtischen Wohnhäusern die sonst übliche Strenge und Eintönigkeit. Spaliere und terrassenförmige kleine Gärten vor den Erdgeschossen unterstreichen den Landhauscharakter. Es ist eine bis heute begehrte Wohngegend.

Der von hohen Bäumen umgebene **Rüdesheimer Platz**, auf dem bei schönem Wetter zahlreiche Bänke und Stühle zum Ausruhen einladen, wird an der Ostseite durch einen Kinderspielplatz begrenzt. Am gegenüberliegenden Ende erhebt sich der steinerne Siegfried auf einem Felssockel in der Pose des Rosslenkers – gleichsam als Illustration des Rheingauviertels. Flankiert von „Vater Rhein" auf der linken und einer kräftigen weiblichen Figur, der „Mosel", auf der rechten Seite, beherrscht er die Brunnenanlage und das Terrain. An beiden Seiten des Brunnens führen Stufen auf eine mit Linden bestandene Fläche, die sich an warmen Sommerabenden in einen Treffpunkt der Wilmersdorfer, Schmargendorfer und auch Friedenauer Familien verwandelt.

Jedes Jahr von Anfang Juni bis Ende August gibt es das Weinfest auf dem Rüdesheimer Platz, auf dem Winzer aus dem Rheingau ihre Weine ausschenken – täglich. Außer Tischen und Stühlen wird nichts geboten, das Übrige bringen die Berliner selbst mit. Die einen den Döner von der Ecke, die anderen ihre Leckerbissen aus der eigenen Küche, und wieder andere lassen sogar den Sushi-Koch anreisen. Allen gemeinsam ist das Vergnügen, mit einem Glas Wein und netten Leuten den Abend im Freien zu verbringen – mitten in der Stadt, und doch draußen.

Der Weg von dort nach Hause ist unkompliziert: Von der **U-Bahnstation Rüdesheimer Platz** der Linie 1 kommt man fast überall hin.

Antonia Meiners

Spandau

Von Berlin aus gesehen, liegt Spandau jenseits der Havel. Umgekehrt trifft diese Beobachtung noch stärker zu. Auch heute noch, über 80 Jahre nach der Eingemeindung der selbständigen Stadt in die Metropole, die wohl eher als Zwangsvereinigung empfunden wurde, fahren die Spandauer „nach Berlin", wenn sie sich gen Osten bewegen. Sie sagen dies mit einem Selbstbewusstsein, das sich auch aus der Kenntnis ihrer Geschichte speist. Denn Spandau ist älter als Berlin. 1197 wurde es erstmals urkundlich erwähnt, 1232 erhielt es Stadtrecht und durfte folgerichtig fünf Jahre früher als der große Nachbar seine 750-Jahr-Feier begehen. Die Ansiedlung entstand entlang des Handelswegs Berlin–Magdeburg am Zusammenfluss von Havel und Spree in zwei Teilen: eine Burg auf dem Gebiet der heutigen Zitadelle und der Ort selbst, die jetzige Altstadt.

Danach aber lag Spandau im Schatten Berlins. Nach dem Bau der Zitadelle entwickelte sich hier eine ausgedehnte Militärindustrie, die mit der 1722 gegründeten Gewehrmanufaktur ihren Anfang nahm. Zivile Industrie siedelte sich aber erst gegen Ende des 19. Jahrhunderts an, mit der Etablierung der Siemens AG wurde Spandau schließlich zu einem der größten Industriegebiete Berlins.

Durch Kriegsbeschädigungen und sorglosen Umgang mit der Altbausubstanz in den ersten Nachkriegsjahrzehnten erlitt der Bezirk erhebliche Verluste. Trotzdem stellt die Altstadt heute ein zusammenhängendes historisches Ensemble dar, wie es Berlin kein zweites Mal zu bieten hat – auch ein Grund für das Selbstbewusstsein der Spandauer. Gekrönt wird dieses mittlerweile sanierte Gebiet von der mächtigen Zitadelle, einem ehemaligen Festungswerk.

Aber Spandau ist nicht nur Geschichte. Die 220 000 Einwohner sind umgeben von Wald, Grün und Landwirtschaft – und vom Wasser, das allein ein Zehntel der Fläche einnimmt. Zum Bezirk gehören weiter auf der westlichen Seite der Havel die Dörfer Gatow und Kladow mit Kurortcharme, aber auch, im Ortsteil Ruhleben, riesige städtische Versorgungseinrichtungen: ein Müllverbrennungswerk, Kläranlagen und ein Heizkraftwerk.

Spandau rückte in den 1980er Jahren durch den U-Bahn-Anschluss näher an Berlin. Dennoch besitzt die Altstadt immer noch einen kleinstädtischen Charakter, was auch daran liegen mag, dass sich Berliner oft nur zum Weihnachtsmarkt hierher bemühen. Dafür trifft man gerade in den Sommermonaten Touristen aus vielen Ländern an – beides wissen die Spandauer zu schätzen.

Durch die Altstadt Spandau

Mittelalter und Festungsgeschichte

Verkehrsschneisen haben die Altstadt Spandau im Griff und schnüren sie von den umgebenden Stadtteilen ab. Sieht man aber von der verkehrsreichen Straße Am Juliusturm ab, die Altstadt und Kolk auseinander reißt, ist heute noch der überkommene Stadtgrundriss erhalten, der Spandau sein kleinstädtisches Gepräge gibt. Viele kleine Geschäfte, Cafés und Lokale machen einen Bummel durch die Fußgängerzone, die fast die gesamte Altstadt umfasst, angenehm. Besonders stimmungsvoll ist der Spandauer Weihnachtsmarkt, der, obwohl einer der größten Deutschlands und weit über die Bezirksgrenzen hinaus bekannt, seinen beschaulichen Charakter noch nicht verloren hat.

Einen Rundgang durch die Altstadt kann man im (1) **Gotischen Haus** in der Breiten Straße 32 beginnen. Dieses spätgotische Bürgerhaus ist eines der bedeutendsten mittelalterlichen Baudenkmäler im Berliner Raum. Ein repräsentativer Ziegelbau wie dieser war im 15. Jahrhundert in den Städten der Mark Brandenburg äußerst selten. Zunächst entstand der mittelalterliche „Kernbau", der auf beiden Geschossen zwei Räume enthält. Er ist von außen wie auch in seinem Inneren daran zu erkennen, dass er steinsichtig, also nicht verputzt ist. Im Erdgeschoss waren der vordere und der hintere Raum durch eine doppelte Spitzbogenarkade miteinander verbunden. Diese sowie das gut erhaltene Netzrippengewölbe des hinteren Raumes geben einen deutlichen Hinweis auf den Reichtum des damaligen

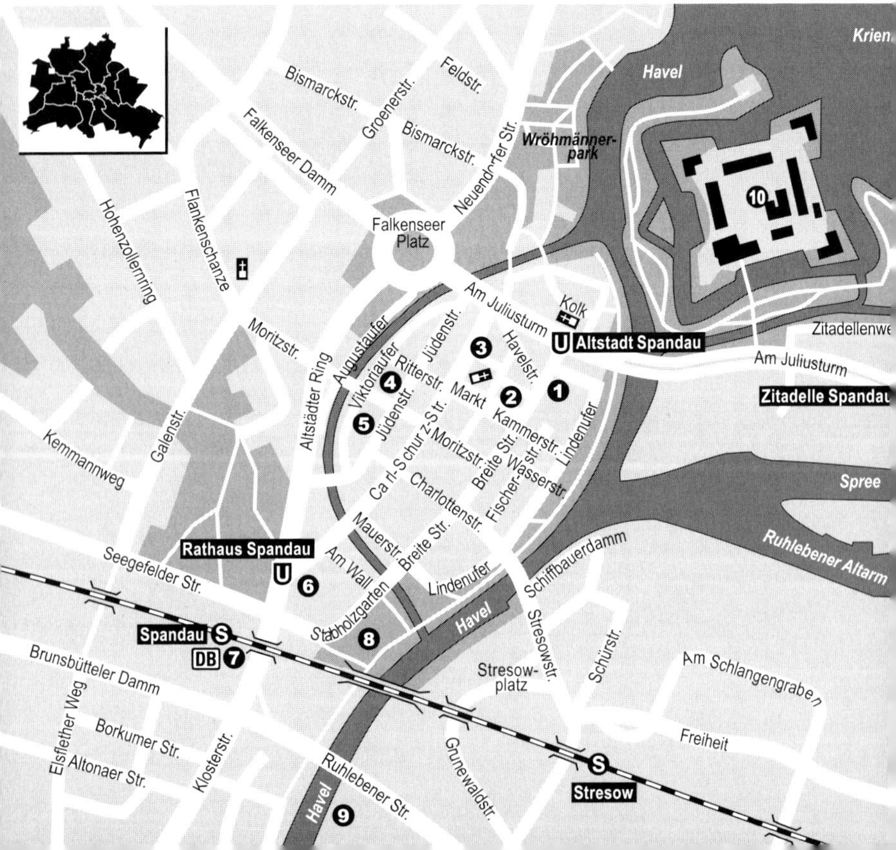

Gotisches Haus

Marktplatz

Nikolai-Kirche

Hausherrn. Im 16. Jahrhundert kam der Anbau einer Durchfahrt mit darüber liegendem Speichergeschoss hinzu. Nach einem verheerenden Brand wurde das Haus um 1800 in Teilen neu errichtet, die man an ihrem hellroten Außenputz erkennen kann. Im Obergeschoss befindet sich eine Dependance des Stadtgeschichtlichen Museums, die sich mit dem Thema „Bauen und Wohnen in der Altstadt vom Mittelalter bis zur Altstadtsanierung" beschäftigt.

Der zentrale Platz in der Altstadt ist der 2 **Markt**, der wie die umliegenden Straßen als Fußgängerzone gestaltet ist. Blumenkübel, Sitzmöbel und das obligatorische Kaufhaus lassen eher an eine westdeutsche Kleinstadt der siebziger Jahre denken.

Geht man durch die Mönchgasse, vorbei an der Büste des Freiherrn vom Stein, die ursprünglich – wie auch das Denkmal Albrechts des Bären – an der Siegesallee im Tiergarten stand, gelangt man zum **Reformationsplatz**.

Er wird von der schräg auf ihm stehenden 3 **St.-Nikolai-Kirche** beherrscht. Der imposante Backsteinbau mit hoch aufragendem Satteldach gilt als Reformationskirche für die Mark Brandenburg, weil Kurfürst Joachim II. 1539 hier am Abendmahl nach der lutherischen Lehre teilnahm. Zum Gedenken an dieses Ereignis wurde 1889 vor dem Kirchturm das von Erdmann Encke geschaffene Standbild Joachims II. aufgestellt. Daneben befindet sich das Denkmal für die Gefallenen der Kriege gegen Napoleon 1813-15. Die Spandauer Bürgerschaft hatte 1816, während der Feiern aus Anlass der „ruhmreichen Beendigung der Freiheitskriege", den Beschluss gefasst, ein Denkmal zu stiften. Es wurde noch in demselben Jahr nach einem Entwurf von Karl Friedrich Schinkel errichtet.

Über 600 Jahre ist die dreischiffige Hallenkirche alt. Dendrochronologische Untersuchungen – Bestimmung des Alters von Hölzern anhand der Jahresringe – lassen den Rohbau der Kirche auf ca. 1365 datieren. Auf den Fundamenten eines Vorgängerbaus soll 1467/68 der Turm erbaut worden sein, der im 16. Jahrhundert wohl der höchste Turm in der Mark Brandenburg war. 230 Stufen muss man erklimmen, will man wie einst Theodor Fontane die herrliche Aussicht bis weit ins Land genießen. Auch ein Blick in das Innere der Kirche lohnt sich, nicht zuletzt wegen der reichen Ausstattung. So sind dort zum Beispiel ein Taufbecken von 1398, mehrere kunstvoll gestaltete Epitaphien und der steinerne Renaissancealtar zu besich-

Spandauer Stadtmauer

tigen. Gleich neben der St.-Nikolai-Kirche befindet sich das **Museum Spandovia sacra**, das über die Geschichte der Gemeinde informiert. Wer sich von so viel Historie und Treppensteigen erst einmal erholen möchte, kann dies im Museumscafé tun, das sich im Wintergarten des Hauses Reformationsplatz 12 befindet.
Überquert man den Reformationsplatz, kommt man zum **Archäologischen Keller**, den die Spandauer „Knochenkeller" getauft haben. Nicht ohne Grund, denn die großen Fenster geben den Blick nicht nur auf die Fundamente eines großen Gebäudes, sondern auch auf einige Gräber frei. Unter dem Kellerfußboden des aus dem 16. Jahrhundert stammenden Vorgängerbaus befinden sich ältere Feldsteinfundamente. Sie stammen von einem etwa sieben Meter breiten Gebäude, das unter dem Haus Reformationsplatz 2 weiter verfolgt werden kann. Daraus ergibt sich eine Mindestlänge von 40 Metern. Die Archäologen nehmen an, dass es sich dabei um den Rest eines bisher unbekannten Dominikanerklosters handelt.
Ein weiteres Relikt aus mittelalterlicher Zeit befindet sich gegenüber der St.-Nikolai-Kirche in der Carl-Schurz-Straße 49. Niemand würde vermuten, dass unter diesem modernen Haus ein Keller liegt, der aus dem 15. Jahrhundert stammt. Als erster Eigentümer des Grundstücks ist der Patrizier und Bürgermeister Claus Hönow nachweisbar. In späterer Zeit bewohnten die königlichen Regimentskommandeure, unter anderem Heinrich, Prinz von Preußen, der Bruder Friedrichs des Großen, das Haus. Seit 1850 befand sich auf dem Grundstück das Königliche Kreisgericht, danach bis 1945 das Amtsgericht.
Von hier aus gelangt man mit wenigen Schritten zum **Kolk**, das eine Reihe von interessanten Bauten zu bieten hat. Wir schlendern aber über die Moritzstraße zur schmalen Jüdenstraße, die bis 2002 Kinkelstraße hieß. Benannt war sie nach Johann Gottfried Kinkel, dem Bonner Dichter und Gelehrten, der wegen seines Engagements in der Revolution von 1848/49 zu lebenslanger Haft verurteilt worden war, die er in Spandau abbüßen sollte. Seine Befreiung durch seinen Schüler Carl Schurz, der später Innenminister der USA wurde, ist wohl eine der spannendsten Spandauer Geschichten. Dass die Straße rückbenannt wurde, liegt nicht daran, dass man Kinkels Bedeutung schmälern will,

Spandauer Rathaus

sondern an dem politischen Hintergrund der Benennung. Vormals hieß die Straße Jüdenstraße, ehe sie 1938 von den Nationalsozialisten zur Kinkelstraße gemacht wurde; sie ließen alle Berliner Straßen, „deren Bezeichnung auf Juden zurückzuführen" ist, umbenennen.

In der Jüdenstraße steht das so genannte 4 **Wendenschloss**. Es verkörpert den Typ eines aufwendigen Ackerbürgerhauses und ist ursprünglich um 1700 erbaut worden. 1966 aber ist es abgebrochen und durch einen Neubau mit vorgeblendetem Fachwerk ersetzt worden, sodass von dem alten Haus nichts mehr erhalten ist.

Geht man die Jüdenstraße weiter bis zum Ende, gelangt man an das Viktoriaufer. Zwischen Stephan- und Moritzbrücke ist ein 116 Meter langes Stück 5 **Stadtmauer** aus dem 14. Jahrhundert erhalten. Die Höhe des hier erhaltenen Mauerteils ist 1920 um die Hälfte verkleinert worden, anders als am Hohen Steinweg, wo die Mauer noch immer 6 Meter hoch ist. Der Rundturm ist eine Ergänzung aus dem Jahre 1920, die Ziegelsteine für diesen Bau aber sind so alt wie die Stadtmauer, sie stammen von der abgebrochenen Moritzkirche, die einmal zwischen der Jüdenstraße und der Stadtmauer gestanden hat.

Am Rande der Altstadt in der Carl-Schurz-Straße erhebt sich das 6 **Spandauer Rathaus**. Es wurde auf dem Gelände der Bastion I der ehemaligen Stadtbefestigung für die damals ungeheure Summe von sechs Millionen Mark errichtet. Die feierliche Einweihung fand 1913 statt. Seine monumentale Architektur gibt Zeugnis von dem Selbstbehauptungswillen der Spandauer. Zu dieser Zeit zeichnete sich schon ab, dass Berlin an einer Eingemeindung der aufstrebenden Havelstadt interessiert war. Die Hauptfassade des Rathauses ist nicht Berlin zugewandt, sondern den westlichen Erweiterungsgebieten Spandaus. Die Architekten waren Heinrich Reinhardt und Georg Süßenguth, die auch schon das Rathaus der Nachbarstadt Charlottenburg entworfen hatten. Es handelt sich um ein Rechteck von 117 mal 48 Meter Seitenlänge, dessen Fronten durch Vorsprünge und Risalite gegliedert sind und vier Binnenhöfe umschließen. Man sollte unbedingt einen Blick in die neoklassizistische Eingangshalle werfen, die nach der Rekonstruktion ihre eigentümliche grünliche Färbung zurückerhielt.

Zitadelle, Festungsgraben

Altstadt-Panorama

Der imposante Bau wirkt allzu groß auf dem vergleichsweise bescheidenen Vorplatz. Dieser Eindruck wird vor allem durch den Altstädter Ring hervorgerufen, eine Verkehrsschneise, die in der Nachkriegszeit angelegt wurde. Vor dem Rathaus liegt auch der Eingang zum U-Bahnhof, Endstation der Linie, die von Spandau quer durch die Stadt bis nach Neukölln führt. Von hier fahren die Busse in alle Stadtteile, den ganzen Tag über pulsiert diese Ecke im hektischen Rhythmus eines Verkehrsknotenpunktes.

Dazu trägt auch der 1998 zu neuem Leben erweckte 7 **Bahnhof** bei. Nach 18 Jahren ist Spandau damit als letzter Berliner Bezirk wieder an das S-Bahn-Netz angeschlossen. Lichtdurchflutet ist die 200 Meter lange gläserne Halle des S-Bahnhofs, die zusammen mit dem doppelt so langen Fernbahnhof einem „Glaspalast" gleicht. Den Entwurf dafür lieferte der bekannte Architekt Meinhard von Gerkan.

Geht man um das Rathaus herum, den Stabholzgarten entlang, kommt man zum sogenannten 8 **Batardeau**, einem Werk der Wassertechnik im Festungsbau, das den Wasserstand in den Festungsgräben regulierte. Dieses Stauwehr wurde 1841-47 im Zuge der Neubefestigung der Altstadt angelegt. Der runde Turm, genannt „Bär", sicherte die Staumauer. Bereits seit dem Dreißigjährigen Krieg wurde Spandau zur Festungsstadt bestimmt, mit Bastionen, Wällen und Schanzen versehen, die immer weiter ausgebaut wurden. Um diese Entwicklung nachzuvollziehen, muss man nicht in Archiven oder Bibliotheken forschen, sondern nur in den U-Bahnhof Zitadelle hinabsteigen, an dessen Wänden neben Gemälden und Stadtansichten auch Pläne und Karten zu diesem Thema angebracht sind.

Will man sich von den Festungswerken ein Bild machen, ist ein Spaziergang zu der an der Ruhlebener Straße, versteckt inmitten einer Schrebergartenkolonie gelegenen 9 **Burgwallschanze** zu empfehlen. Sie war Teil der Stresowbefestigung, die seit Mitte des 19. Jahrhunderts zum Schutz von Geschützgießerei, Artillerie-Werkstätten und Zündhütchenfabrik errichtet worden war. Die Burgwallschanze wurde 1855-62 erbaut. Ihr Kernwerk, das so genannte Reduit, verfügte dank seiner basilikaähnlichen Form über zahlreiche Schießscharten. Nach 1903 wurde die gesamte Befestigung bis auf dieses Kernwerk geschleift.

Hier befindet man sich bereits außerhalb der Altstadt, Spandau zeigt ein eher zerrissenes Gesicht: ringsum Industrieanlagen, auf der anderen Seite der Havel die Wilhelmstadt mit einigen erhaltenen Gründerzeitbauten.

Wer mehr von mittelalterlicher und Festungsgeschichte sehen möchte, dem sei ein Besuch der 10 **Zitadelle** angeraten, dem wohl bekanntesten Bauwerk des Bezirks.

ANDREA THEISSEN

Die Zitadelle Spandau

Baudenkmal – Kulturzentrum – Naturschutzgebiet

Siehe Plan Seite 280

Sogar einen eigenen U-Bahnhof hat die Zitadelle. Mit großflächigen Reproduktionen von Gemälden, Plänen und Karten vermittelt er dem Besucher einen ersten Eindruck von der Geschichte der Renaissancefestung. Ungefähr 300 Meter muss man von dort gehen, ehe man die mächtige Festungsanlage mit ihren hohen Mauern, den Schießscharten, der repräsentativen Fassade des Torhauses und dem zinnenbewehrten Juliusturm vor sich sieht.

Die Zitadelle hat einen Hauch von Filmkulisse, und wohl nicht zufällig ist sie heute einer der kulturellen Mittelpunkte Spandaus. Hier finden Konzerte und Ausstellungen statt, Künstler haben ihre Ateliers und Kunsthandwerker ihre Werkstätten, es wird Theater gespielt, man kann Fledermäuse beobachten, Burgfeste werden veranstaltet. Und hier befindet sich auch das Stadtgeschichtliche Museum Spandau, das in dem 1856-58 nach Plänen des Schinkelschülers Carl Ferdinand Busse errichteten **Zeughaus** untergebracht ist. Auf der Erdaufschüttung davor, dem Glacis, hat seit 1921 die **Freilichtbühne** ihren Platz. Für den Naturschutz ist die Zitadelle wegen des üppigen und artenreichen Pflanzenwachstums und vor allem wegen der über 10 000 Fledermäuse bedeutsam, die in den Kasematten, den Verteidigungsgalerien, ihr Winterquartier gefunden haben. Mit der ursprünglichen Bedeutung der Festung hat dies allerdings wenig zu tun.

An geschützter Stelle, allseits von Wasser umgeben, entstand schon im 8. Jahrhundert eine Siedlung auf dem Gelände der heutigen Zitadelle. Die Bewohner des Dorfes waren Slawen. Reste einer aus dem

11. Jahrhundert stammenden Holz-Erde-Mauer sind noch vorhanden. Sie befinden sich in der Westkurtine, hinter dem Juliusturm.

Nachdem die Askanier die Slawen im Zuge der Ostkolonisation unterworfen und die Herrschaft in der Mark Brandenburg angetreten hatten, bauten sie die Spandauer Burg um 1200 zu einem Militär- und Verwaltungszentrum ihrer Landesherrschaft aus. Daran erinnert das Denkmal Albrechts des Bären, das von der zu Anfang des 20. Jahrhunderts geschaffenen Siegesallee im Tiergarten stammt. Die Spandauer Burg war eine der Burgen entlang der Havel-Nuthe-Linie. Sie sicherte wichtige Handelswege und diente als Zollstelle. Solange es noch keine feste Residenz im Land gab und die Markgrafen regierten, indem sie von Ort zu Ort reisten, besuchten sie oft auch diese Burg.

Das älteste erhaltene Gebäude auf der Zitadelle ist der fast 31 Meter hohe **Juliusturm** aus der ersten Hälfte des 13. Jahrhunderts. Von seiner Plattform aus konnten die Landstraßen überwacht werden, seine dicken Mauern boten Schutz vor Angriffen. Der Zinnenkranz wurde von Karl Friedrich Schinkel 1838 als Ersatz für die 1813 stark beschädigte Mauerzier geschaffen. Von hier hat man einen grandiosen Blick über die Altstadt Spandau und die Havellandschaft.

Der **Palas**, der Wohn- und Saalbau der Burg, stammt nach neueren Analysen der Gründungspfähle aus der Zeit zwischen 1450 und 1470. Bei Grabungen an den

Blick vom Juliusturm

Das Wahrzeichen von Albrecht dem Bären

Fundamenten des Palas und an anderen Stellen wurden jüdische Grabsteine freigelegt. Der Fundort der 70 bisher ausgegrabenen Steine ist in Zusammenhang mit den im Mittelalter aufflammenden judenfeindlichen Ausschreitungen zu erklären. Dabei wurden wahrscheinlich auch die jüdischen Friedhöfe vor den Toren Spandaus geplündert und deren Steine als billiges Baumaterial benutzt. Die Grabsteine kann man heute in der Bastion Königin besichtigen.

In der Mitte des 16. Jahrhunderts fasste Kurfürst Joachim II. den Plan, eine Festung in Spandau zu bauen. Die alte Burg konnte dem kurfürstlichen Hof wegen der verbesserten Angriffswaffen nicht mehr den nötigen Schutz bieten. Die Bauarbeiten begannen 1560 und sollen 1594 beendet gewesen sein. Die Zitadelle, ein Quadrat von vier Kurtinen, an den Ecken mit je einer spitzwinkligen Bastion bewehrt, ist unter der Leitung eines Architekten aus der Toskana, Rochus Guerrini Graf zu Lynar, vollendet worden – die Italiener waren zu dieser Zeit in der Festungsbaukunst führend.

Ein solides Bollwerk und nur ein einziges Mal in seiner Geschichte umkämpft: im Frühjahr 1813 in den Befreiungskriegen gegen Napoleon. Aber nicht die Feinde Preußens belagerten und beschossen die Festung. Vielmehr waren es die verbündeten preußischen und russischen Truppen, die die französische Besatzung vertreiben wollten. Bei diesem Angriff flog das Pulvermagazin in die Luft und verwüstete den südlichen Teil der Zitadelle.

Sie war nicht nur militärischer Stützpunkt, sondern diente lange Zeit, bis 1876, auch als Staatsgefängnis. Erster verbürgter Insasse war der Raubritter Dietrich von Quitzow, der 1402 von den Spandauern hier festgesetzt wurde. 1848 sind in der Zitadelle in den Märztagen gleich 495 Revolutionäre inhaftiert worden.

Auch als Tresor wurde sie benutzt. 120 Millionen Mark, der so genannte Reichskriegsschatz, Teil der Reparationszahlungen der Franzosen nach dem Krieg von 1870/71, wurden bis 1919 im Juliusturm aufbewahrt. Die dafür angefertigte Panzertür ist noch erhalten.

1935 richteten die Nationalsozialisten auf der Zitadelle Heeresgasschutzlaboratorien ein, in denen chemische Kampfstoffe entwickelt, getestet und in kleineren Mengen produziert wurden. Lange waren die Auswirkungen zu spüren, so begann 1988 eine groß angelegte polizeiliche Suchaktion nach Überbleibseln dieser Gifte, die erst 1992 abgeschlossen werden konnte.

1945 kapitulierte nach zweitägiger Belagerung durch die Sowjetarmee und zähen Verhandlungen die Besatzung der Zitadelle, 1950 folgte ihre Freigabe durch die britische Armee.

Seitdem dient die Zitadelle ausschließlich zivilen Zwecken, zur Freude der etwa 100 000 Besucher im Jahr.

Andrea Theissen

Durch den Spandauer Kolk

Altbau – Neubau – Neuer Altbau? Oder: Wie erkenne ich ein Baudenkmal?

Eine der einschneidendsten Veränderungen, die die Spandauer Altstadt seit ihrer Gründung im hohen Mittelalter erfahren hat, ist die seit 1978 laufende Sanierung im Rahmen des Städtebauförderungsprozesses.

Seit dieser Zeit haben sich die Gestalt und das Erscheinungsbild des altstädtischen Straßenraumes grundlegend gewandelt. Alte Häuser wurden saniert und restauriert sowie Neubauten eingefügt, die Straßen- und Platzräume sind neu gestaltet. Geht man heute durch die Altstadt, sind erneuerungsbedürftige Häuser die Ausnahme.

Ganze Straßenzüge wurden im Abstand weniger Jahre durchgehend saniert, eine Gleichzeitigkeit, die in der Geschichte Spandaus sicherlich einmalig ist. Genau diese flächendeckende Stadtbildpflege mit ihren hohen Standards lässt Alt- und Neubauten im Straßenbild verwandt erscheinen, Renovierungen und Restaurierungen verwischen den Unterschied zwischen Neuem und Altem zusätzlich. So ist es manchmal sogar für den Fachmann schwierig, die alte von der neuen Bausubstanz zu unterscheiden. Wie problematisch das im Einzelnen sein kann und welch detektivisches Beobachten nötig ist, soll in einem kleinen Rundgang durch den Spandauer Kolk gezeigt werden.

Ausgangspunkt des Spazierganges ist die **Dammbrücke** zwischen dem Oranienburger Tor und dem Kolk. Zur rechten Seite steht eines der bedeutendsten mittelalterlichen Denkmale Spandaus, die um 1350 entstandene (1) **Stadtmauer** mit einem so genannten Wiekhaus, einem gegen die Stadt hin offenen Turm zur zusätzlichen Sicherung der Stadtmauer. 1985 restauriert, zeigt die unterschiedliche Farbe des Backsteines deutlich den Unterschied zwischen dem noch vorhandenen und den nach wissenschaftlichen Befunden hinzugefügten, restaurierten Bauteilen. Der westliche Mauerabschnitt ist jünger und stammt erst aus dem späten 18. Jahrhundert. Zu dieser Zeit diente die ehemalige Wehranlage nur noch als Zollmauer. Betrachtet man sich die Backsteine dieses Mauerabschnittes näher, so ist in der Struktur, der Farbe und dem Format ein deutlicher Unterschied zu den mittelalterlichen Backsteinen zu erkennen.

Nach diesem unter denkmalpflegerischen Gesichtspunkten restaurierten Objekt geht es zu einem weiteren vorbildlich restaurierten Baudenkmal: der „Thorschreiberey am neuen Thor", dem heutigen Restaurant (2) **Spandauer Zollhaus**. Auch nach seiner Modernisierung ist die Gestalt des Hauses nahezu unverändert geblieben. Hier ist man nicht dem Versuch erlegen, dieses Gebäude durch falschen Dekor oder gar eine Fachwerkfassade zu „verschönern". Vielmehr war man lediglich bemüht, die Substanz wieder in einen bewohnbaren Zustand zu bringen. So erscheint das um 1693/94 für den Torschreiber und den Hegemeister erbaute Haus äußerlich in einem undefinierbaren Alter, die Fassade ist schlicht und schmucklos. An- und Umbauten sowie Nebengebäude zeugen vom steten Nutzungswandel des Hauses während der Jahrhunderte. Hervorzuheben ist der

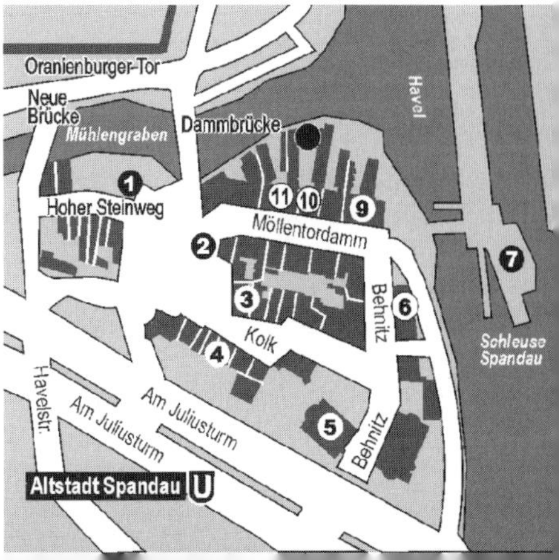

Im Kolk

Marienkirche

Seitenflügel mit einem Kielbogendach aus der Mitte des 19. Jahrhunderts und das Nebengebäude von 1895. Die in Berlin einzigartig erhaltene Fachwerkfassade nach Süden, ein Doppelportal zum Hof und ein handwerksgeschichtlich hervorragender Dachstuhl sind dem Haus erhalten geblieben. Nach der Modernisierung lassen sich die geschichtlichen Spuren noch immer ablesen. Das ist leider immer noch eine Ausnahme in der heutigen Modernisierungspraxis.

Nun geht es nach rechts zwei Häuser weiter zu dem 3 **Kleinwohnhaus Kolk 13** von 1867. Die in grün gehaltene, differenziert gegliederte spätklassizistische Stuckfassade ist völlig neu! Und nicht nur sie, denn außer der Hülle ist auch das Innere des Gebäudes vollständig umgebaut. Von außen kann man das dem ehemaligen Wohnhaus des verstorbenen Heimatforschers Albert Ludewig allerdings nicht mehr ansehen. Erst durch ein Foto der stucklosen Fassade aus den fünfziger Jahren wurde dieser verblüffende Sanierungs„fall" wieder entdeckt. Dort ist zu erkennen, dass der Hauseingang rechts ebenso verschwunden ist wie der Kellerabgang links. Innen mit dem benachbarten Haus verbunden und außen mit einer sehr detailreichen, „neuen alten" Fassade versehen, darf es weniger als ein Baudenkmal denn als ein bemerkenswertes Beispiel der Stadtbildpflege gelten.

Weiter geht es zur südlich gelegenen Häuserzeile 4 **Kolk 1–6**. Im Katasterplan „Intra moenia" von 1728 sind die Grundstücke Nr. 1 und 2 schon parzelliert, während die anderen noch „wüste Stellen" sind, die nach dem Dreißigjährigen Krieg keine neuen Besitzer mehr gefunden hatten. Die Ursprungshäuser sind also in der ersten Hälfte des 18. Jahrhunderts errichtet worden und haben seither die unterschiedlichsten Umbauphasen erlebt. Recht gelungen ist die Integration des Altbaus Kolk 1 (die linken vier Hausachsen mit Putzquaderung im Erdgeschoss) in das 1970 fertig gestellte Atelierhaus für und von den Architekten Bodo Fleischer und Georg Lichtfuß. Das Alte bleibt neben dem Neuen bestehen und wird durch ein expressiv gestaltetes Bindeglied verknüpft. Auch das Haus Kolk 2 mit seiner 1983 liebevoll restaurierten Straßenfassade ist geglückt. Einmalig in der Altstadt ist der reich gegliederte Horizontalbalken zwischen den Geschossen. Eindrucksvoll sind die mächtigen, bebeilten und daher weniger glatten Balken zu sehen, und wer will, kann sie auch erfühlen. Doch aufgepasst, „richtiges" Holz existiert dort nicht mehr, denn die Balken mussten durch eine injektierte Kunstharzverbindung verfestigt werden.

Unrenoviert und dem Verfall preisgegeben zeigt sich die **Alte Kolkschenke** als ein „echtes" Baudenkmal. Zwar lassen sich hier die geschichtlichen Spuren an der Fassade noch unverfälscht ablesen, aber in seiner Substanz marode, ist dem Gebäude ein einfühlsamer Architekt zu wünschen, der die Geschichte und die Entwicklung des Hauses ernst nimmt und ihm eine neue adäquate Nutzung gibt. Vielleicht kann man dann wieder als

Kolk 5

Kneipengast einen Blick in das Innere des Hauses werfen.

Beim Nachbarhaus Kolk 4 und dem gegenüberliegenen Haus Kolk 12/13 existiert noch das Doppelportal, charakteristisch bei barocken Mietshäusern in der Altstadt. Zwei Türen liegen direkt nebeneinander, von der die eine das Erdgeschoss erschließt, während die andere nach außen aufschlägt. Direkt dahinter führt die steile Treppe ins Obergeschoss. Während diese Eingangssitution bei der Nummer 4 noch original ist, lässt das Obergeschoss große Zweifel an seiner Echtheit aufkommen. Allzu glatt sind die gesägten Holzbalken, und nach weit über 200 Jahren steht das Obergeschoss ohne jegliche Verformung einfach zu gerade. Es ist bei der Renovierung 1977 vollständig erneuert worden.

Das folgende Haus Kolk 5 ist ein ganz besonderer Leckerbissen in dieser Hauszeile. Endlich ein vollständig erhaltenes Fachwerkgebäude, zudem schön restauriert, zeigt es eine typische Gestaltung des frühen 18. Jahrhunderts. Aber warum wird dieses Haus im Band „Bauen der (19)70er Jahre in Berlin" erwähnt? Die Lösung des Rätsels: die Straßenfassade wurde 1974 (!) nach altem Vorbild mit neuen Materialien wieder errichtet und dahinter befindet sich ein völliger Neubau. Auf den ersten Blick täuschend echt, entlarvt erst der zweite Blick das Haus als geschichtliche Illusion. So ist bei einem barocken Bürgerhaus weder mit einem Betonsockel zu rechnen noch mit allzu glatten, gesägten Hölzern. Das Haus ist der „älteste" Neubau in der Spandauer Altstadt.

Den Schlusspunkt am Ende der nördlichen Kolkreihe bildet das sowohl unter baugeschichtlichen als auch denkmalpflegerischen Gesichtspunkten interessante Kleinstmiethaus des Maurermeisters C. Karras von 1905. Die hohe Grundstücksauswertung führt zusammen mit der vorgegebenen altstädtischen Parzellenstruktur zu einer etwas kurios wirkenden hoch aufragenden Gebäudegestalt. Recht gelungen ist die sehr eigenständige, moderne Fassadenmalerei von Manfred Henkel aus dem Jahre 1974.

Nun geht es vorbei an der 1848 geweihten katholischen 5 **Alten St. Marienkirche** des Königlichen Bauinspektors

Kolk 2

Julius Manger. Gegenüber liegt das polychrome Sichtbacksteingebäude des preußischen Militärfiskus von 1868, das sehr gelungen in den Neubau eines Kindergartens integriert wurde. Ebenfalls bemerkenswert ist das kleine, sehr sorgfältig restaurierte Fachwerkgebäude aus der ersten Hälfte des 19. Jahrhunderts. Das als 6 **Heinemannsche Haus** bekannte Denkmal Behnitz 5 ist das reichste überkommene spätbarocke Bürgerhaus der Spandauer Altstadt. Um 1770 erbaut, erscheint es heute wieder in „altem" Glanz. Dies ist immer ein deutlicher Hinweis auf eine Sanierung. In der Tat sind nicht nur die beschädigten Bauteile einschließlich des gesamten Daches 1976/77 völlig ausgetauscht worden. Zahlreiche geschichtliche Spuren, wie ein Ladeneinbau an der Südwestecke, sind zugunsten eines zurückgebauten „reinen" Barockhauses verschwunden. Um das Haus noch repräsentativer zu gestalten, schreckte man auch nicht davor zurück, die ehemals glatten Pilaster mit einer erfundenen Gliederung zu versehen. Viel geschichtsträchtiger ist das gegenüberliegende, 1861/ 62 erbaute spätklassizistische Mietshaus Behnitz 6. Hier zeigen sich einige Nutzungsänderungen im Erdgeschoss. So wird von den zwei Eingangstüren nur die rechte benutzt, und an der Ecke zum Möllentordamm ist ein kleiner verschwundener Laden noch zu erahnen. Zwar ist das Erdgeschoss nicht ganz so stimmig wie beim gegenüberliegenden Gebäude, aber es regt an, nach Veränderungen und Umbauten zu suchen und zu fragen, was sich dort einmal befunden haben mag. Und die Qualität des Hauses ist hoch genug, dass es diese Umbauten verkraftet und seine vornehme Haltung bewahrt.

Hinter dem Heinemannschen Haus liegt die 2002 eingeweihte 7 **Schleuse Spandau**. Die 12,50 Meter breite und 115 Meter lange Schleusenkammer ist 4 Meter tief und überwindet eine Hubhöhe von 2,40 Metern. Im Rahmen des Verkehrsprojektes Deutsche Einheit erbaut, erfüllt sie damit auch die Normen für 110-Meter-Schiffe. Erst im Mittelalter wurde an dieser Stelle ein Durchstich geschaffen, der sich bis heute zum eigentlichen Flussbett der Havel entwickelt hat. Ab 1258 ist hier ein Mühlenstandort belegt, und eine erste Schleuse ist dort im 16. Jahrhundert nachweisbar. Der 1993 wegen Baufälligkeit geschlossene Vorgängerbau entstand mit dem Ausbau des Großschifffahrtsweges Stettin–Berlin im Jahre 1910.

Unmerklich haben wir beim Gang zur Schleuse das eigentliche Altstadtgebiet verlassen und haben an der Stelle des längst verschwundenen Mühlentores die Landgemeinde Damm betreten.

Sie liegt ausschließlich auf der nördlichen, rechten Straßenseite des Möllentordammes, während die südliche Seite vor der mittelalterlichen Stadtmauer lag. Die Mauerseite kam um 1700 in Spandauer Besitz, während die Landgemeinde selbst erst 1875 eingemeindet wurde. Sie war 1560 als eigenständige Siedlungseinheit mit dem Bau der Zitadelle Spandau entstanden. Sechs königliche Fischer mussten vom nahe gelegenen Kiez durch den Neubau der Zitadelle zwangsumgesiedelt werden und fanden auf dem „Damm" ihre neue Heimat. Die Grundstücke besaßen daher alle Fischereirechte. Typisch sind die lang gezogenen, bis zum Wasser führenden Parzellen, die im 19. Jahrhundert zunehmend mit Nebengebäuden bebaut wurden. Einblicke in die **Hofräume** erhält man zum Abschluss des Rundganges, wenn man über die Dammbrücke nach

Spandauer Uferlandschaft

rechts ein Stück dem Uferweg folgt. Insbesondere das frühindustrielle Mietshaus Nr. 7 und die Häuser 8 **Möllentordamm 9 und 10** zeigen eine vielgestaltige Hinterhofbebauung aus dem Ende des 19. Jahrhunderts.

Beim Durchschreiten des Straßenraumes mit seinen schmucken spätklassizistischen oder späthistoristischen Fassaden darf wieder überlegt werden, welche davon alt, renoviert oder erneuert sind. Hier einige Tipps: Während sich die Frage bei den Häusern 9 **Möllentordamm 6** und **7** (noch) nicht stellt, hat das gegenüberliegende Doppelmietshaus, wohl von 1885, eine unverfälschte Fassade. Beachtenswert sind etwa kleine Details wie die Fensterkreuze mit Zinkgusskapitälen. Renoviert, aber ebenfalls alt, sind auch die Fassaden der Häuser 10 **Nr. 3** (um 1870), **Nr. 2** (vor 1898) und **Nr. 9** (von 1897). Dagegen sind die Fassaden der Häuser **Nr. 10** und 11 **Nr. 11** in den letzten Jahren völlig neu entstanden. Bei der Nr. 10 diente eine historische Fotografie dazu, die Fassade aus der Zeit um 1880 zu rekonstruieren. Trotz der guten Vorlage gelang es nur unzureichend, das originale Bild wieder herzustellen. Hier ist im Vergleich nachzuvollziehen, dass das Gesims zur Sockelzone neu ist, die Fenstergitter der Kellerfenster fehlen und die Fensterbänke im Erdgeschoss mit Konsolen statt mit einer Zierleiste versehen sind. Statt einer Putzquaderung gibt es eine Bänderung im Erdgeschoss, und die Lambrequins (Zinkbleche zum Schutz von Jalousien) fehlen. Auch die Fassadenbemalung wurde nicht erneuert, und das Dachgesims ist weniger reich verziert.

Nun sind wir wieder am Ausgang des Rundgangs angekommen. Hier gibt es eine reiche Auswahl von Gaststätten oder Restaurants, in denen sich nicht nur die gewonnenen Eindrücke setzen können. Zu nennen sind das „Spandower Zollhaus“, das „Restaurant Kolk“ oder das gegenüberliegende „Brauhaus in Spandau“ mit angeschlossenem Biergarten.

Peter Petersen

Durch die Siemensstadt

Ein Jahrhundert Industriegeschichte

Neben Borsigwalde in Tegel und Spindlersfeld in Köpenick ist die Siemensstadt ein nach den Industriebaronen des vorletzten Jahrhunderts namentlich benannter Berliner Stadtteil und unter ihnen bestimmt der bedeutendste. Ein Rundgang kommt einem Streifzug durch ein Jahrhundert Industrie- und auch Wohnungsbau-Architekturgeschichte gleich. Beides kann man in jeweils drei nacheinander entstandenen Entstehungsphasen deutlich unterscheiden.

Wie andere Berliner Großbetriebe entschloss sich auch Siemens zur so genannten Randwanderung und stieß bei der Suche nach einem großen, billigen, unbebauten Terrain fast zwangsläufig auf das Gelände zwischen Charlottenburg und Spandau. Die beiden damals selbständigen Städte stritten sich lange um dieses zwischen ihnen liegende Niemandsland. Siemens half ein wenig nach – Spandau erhielt 1908 den Zuschlag.

Das alles beherrschende Werksgelände weist auf der Fläche von mehr als einer Million Quadratmetern über 300 Werksgebäude auf. Der erste Ansiedlungsabschnitt befindet sich am Siemensdamm

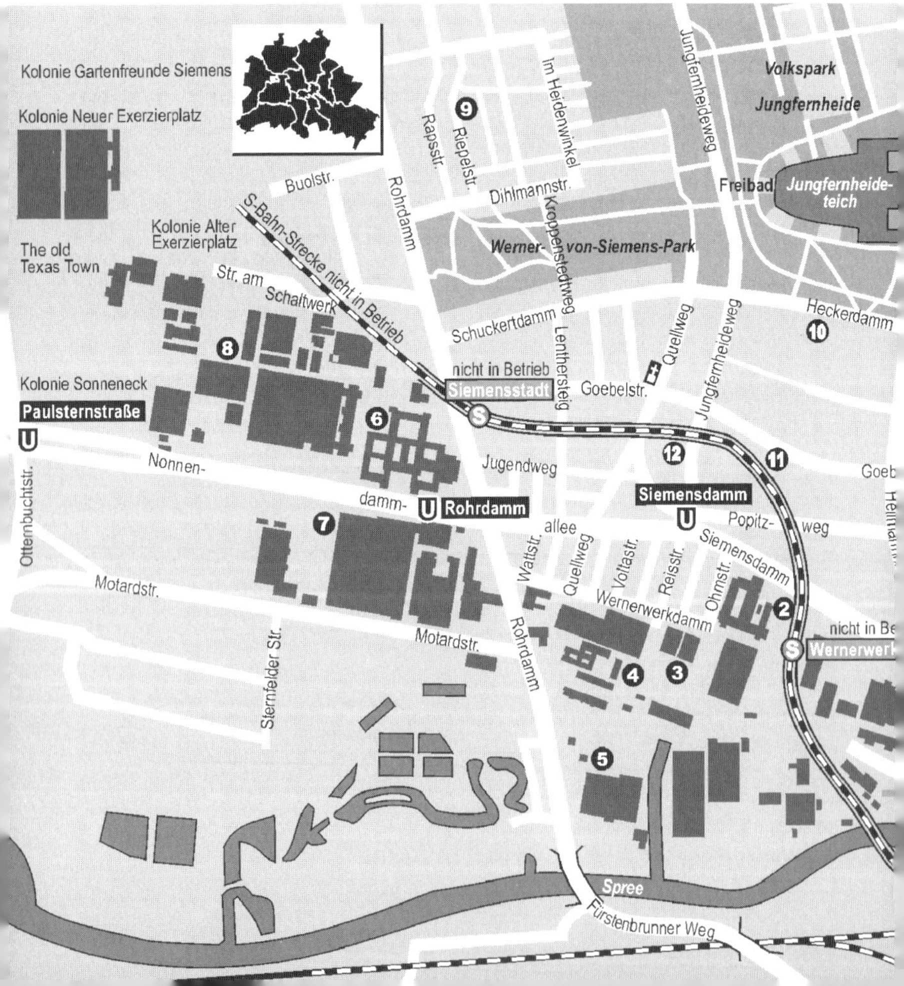

gegenüber dem Einkaufszentrum. Dort steht das 1 **Blockwerk II**, in dem ab 1924 Sicherungsanlagen für die Eisenbahn und heute Geräte für die drahtlose Nachrichtentechnik gebaut werden.
Am stillgelegten S-Bahnhof Wernerwerk steht das 2 **Wernerwerk X**, einstmals das zentrale Verwaltungsgebäude, heute die zentrale gewerbliche Ausbildungsstätte und Rechenzentrum. 1958 wurde es unter Denkmalschutz gestellt. Das gegenüber dem Hochhaus am Wernerwerkdamm gelegene 3 **Blockwerk I** wurde 1906 errichtet, 1911 und 1914 mit Treppen- und Uhrenturm erweitert. Es galt damals als das erste und modernste Fabrik- und Verwaltungshochhaus Europas und der Architektur-Prototyp des Siemens-Hausarchitekten Hans Hertlein. Im Krieg stark zerstört, wurde der obere Teil des Blockwerkes nach dem Krieg bis auf den ersten Stock abgetragen und durch mehrere Dachaufbauten ergänzt.
Weil der aufstrebende Konzern seinen Mitarbeitern die bis dahin endlosen Anfahrtswege aus den entfernten Wohnquartieren ersparen wollte, wurden 1904-05 auf Firmenkosten Wohnungen im Gebiet Reis-, Ohmstraße und Wernerwerkdamm errichtet, die noch heute dem Konzern gehören. In Abkehr vom Mietskasernenbau der Innenstadt gab es hier bereits keine Seiten- und Querflügel mehr.
Neben dem Wernerwerk I entstand 1914-22 das 4 **Wernerwerk II** für die Fabrikation von Messinstrumenten. Charakteristisch ist der über 70 Meter hohe Uhrenturm, der allerdings nichts anderes als die Umkleidung eines Schornsteines und eines Wasserreservoirs ist. Er wurde schnell das Wahrzeichen der aufstrebenden Siemensstadt und blieb es bis heute. Für das direkt an die Spree 1898-99 gebaute 5 **Kabelwerk Westend** – die eigentliche Keimzelle der Siemensstadt – war eine unberührt gebliebene Naturlandschaft zerstört und ein Spreearm zugeschüttet worden. Wegen des sumpfigen Untergrundes musste es auf Holzpfähle gestellt werden. 1977 ließ die Konzernleitung dieses Denkmal der eigenen Geschichte

Wernerwerk X

schleifen; seitdem steht an seiner Stelle der Neubau des „Fernschreiberwerkes".
Werner Siemens fing 1847 – zehn Jahre nach Borsig – mit 6872 geliehenen Talern auf einem Kreuzberger Hinterhof am Schöneberger Ufer an; seine profitable Beteiligung an allen folgenden Kriegen löste wahre Expansionsschübe aus. Das genaue Ausmaß der Beteiligung an der Kriegspolitik der braunen Machthaber wird sich wohl nie gänzlich klären lassen. Die seit 1939 anschwellende Rüstungsproduktion bescherte dem Konzern volle Auftragsbücher und Kassen, sie erschöpfte aber auch das Berliner Arbeitskräftepotenzial. So bekam Siemens von den Arbeitsämtern ausländische und jüdische Zwangsarbeiter, Kriegsgefangene und Häftlinge zugeteilt. Immerhin zahlte Siemens als einer der wenigen deutschen Großbetriebe schon vor Jahren an einige der Opfer Entschädigungen.
Sicher sind die Leistungen des Industriegiganten bei der elektrotechnischen Entwicklung beachtlich. Allerdings ließen und lassen sich Kriegs- und Friedensproduktion nie eindeutig voneinander trennen; mit dieser Ambivalenz muss der Konzern bis heute leben, und negative Schlagzeilen gehören eben auch zum Firmen-Image. Siemens ist in Berlin wie in Deutschland der größte private Arbeitgeber. Die Liste seiner weltweiten Geschäftsbeteiligungen ist schier endlos. Er dirigiert damit nicht nur einen gewichtigen Teil des Verkehrswesens – Eisenbahn-, Flugzeug-

und Schifffahrtselektronik –, sondern auch der Rüstungs- und Atomindustrie und schickt sich an, durch europäische Zusammenarbeit den Japanern und Amerikanern auf dem EDV- und Telekommunikations-Weltmarkt Paroli zu bieten. Mit dem Kauf der Nürnberger Schuckertwerke stieg Siemens 1903 in die Starkstromtechnik ein und begründete mit der Siemens-Schuckertwerke GmbH, deren Gelände sich westlich des Rohrdamms ausbreitet, die zweite Expansionsphase. An der Nonnendammallee, Ecke Rohrdamm, entstand das neue (6) **Verwaltungsgebäude**. Das 1934 im NS-Stil errichtete „Ehrenmal" zum Gedenken an die Gefallenen des Ersten Weltkrieges wurde 1970 geringfügig umgebaut und erhielt sieben monolithische Stelen zum Gedenken an die Opfer des Zweiten Weltkrieges. Nach Übersiedlung der Konzernzentrale 1957 nach München befinden sich hier nur noch die Berliner Verwaltung und das Bildungszentrum.

Zwischen Quellweg, Jugendweg und Mäckeritzstraße erfolgte 1908-13 folgerichtig auch die zweite Phase des Siemens-Wohnungsbaus, zu dessen Architektur aber nichts zu sagen ist.

Ein besonderes Kapitel der Konzerngeschichte verbindet sich mit dem in seiner Architektur eher an einen Hauptbahnhof erinnernd (7) **Dynamowerk**, in dem zunächst elektrische Großmaschinen, im Ersten Weltkrieg dann auch Minen und Granaten, in den siebziger Jahren Pumpenspeicheranlagen für Atomkraftwerke produziert wurden. Anlässlich der Reichstagswahl vom 12. November 1933 erklärte der „Führer" Siemensstadt demonstrativ zu seinem Wahlkreis und gab dort auch seine Stimme ab. Zwei Tage zuvor hielt er im Dynamowerk seine berühmte Rede an die deutsche Arbeiterschaft, die über alle Sender übertragen wurde. Ein von Siemens extra für diesen „Gemeinschaftsempfang" hergestelltes Radiogerät erhielt im Andenken an dieses Datum die Typenbezeichnung „1011".

Das 1926 gegenüber dem Dynamowerk erbaute (8) **Schaltwerk** galt jahrzehntelang als die Repräsentation der wirtschaftlich- industriellen Macht schlechthin. Der mehrschiffige zweistöckige Hallenbau war ursprünglich für den Bau von Kriegsflugzeugen konzipiert, die bis 1919 hier montiert wurden. Danach erfolgte die Produktionsumstellung auf Schalttafeln. Als genial muss die Konstruktion der quer gestellten zehngeschossigen Hochhausscheibe mit durchgehenden Hallen und vorgesetzten Türmen für Treppen, Aufzüge und Versorgungseinrichtungen wohl tatsächlich gelten. Der Hochbau war in allen möglichen Kunsttechniken der am meisten abgebildete Industriebau der zwanziger Jahre; beliebt war die nächtliche Erleuchtung aller Fenster, die im Zusammenspiel mit dem nachtblauen Himmel und der schwarzen Silhouette der Fabrikgebäude zum Symbol der inzwischen hier etablierten „Elektropolis" wurde. Heute wird nur noch in den Etagen 1-5 produziert und darüber verwaltet.

Der Vollständigkeit halber sei auf den dritten Entstehungskomplex hingewiesen. Über den Saatwinkler Damm gelangt man zum **Werksgelände Gartenfeld**, das architektonisch allerdings ohne Reiz und historisch belanglos ist. Dort befinden sich das Kleingerätewerk, das neue Kabelwerk, die Siemens-Werkstatt und der Kundendienst.

Zwischen Jungfernheideweg und Rohrdamm hat Siemens 1922-30 nach Entwürfen des Hausarchitekten Hertlein auch das dritte (9) **Wohnungsbauprojekt** des Konzerns errichten lassen. Mit der Anlage von Hausgärten und einem Marktplatz sollte ein dörfliches Ambiente vermittelt werden. Zur geistlichen Erbauung der großen „Siemens-Familie" ließ Hertlein 1931 mit finanzieller Unterstützung des Großbetriebes noch eine **evangelische** und 1935 eine **katholische Kirche** hinzustellen, die beide nicht die Urheberschaft des Industriearchitekten verleugnen können: Im Grunde sind es Fabrikbauten mit einem Kreuz oben drauf. Zwischen ihnen liegt das Arbeiterinnen-Erholungsheim „Siemensgarten" (seit 1932 Siemens-Klubhaus). Mehr Kitsch als Kunst, vergoss

Hertlein hier wie aus einem riesigen Kinderbaukasten Bauklötze in allen möglichen Formen und Farben, selbst die Mülltonnenhäuschen erhielten heimelige Schindeldächer.

Die Nähe des Volksparks Jungfernheide war ausschlaggebend für die nun auch staatliche Entscheidung, eines der Großprojekte im sozialen Wohnungsbau der zwanziger Jahre hier zu errichten. Die Wohnsiedlung „Siemensstadt" sollte neue Formen der Bautechnologie, der Finanzierung und des sozialen Zusammenlebens der Mieter ermöglichen. Die Wohnungen waren für die damalige Zeit ungewöhnlich großzügig, durchschnittlich 54 Quadratmeter groß. Jede Wohnung besaß ein Bad, WC, Zentralheizung, Warmwasser und einen Balkon oder eine Loggia.

Der Gegensatz zur Siemens-Wohnungsbauarchitektur ist unübersehbar. Interessanterweise bedienten sich die Architekten teilweise der industriellen Vorfertigung von Haussegmenten, was den Kollegen des Industriekonzerns Siemens nie eingefallen war.

Mit den 10 **Zeilenbauten** von Hugo Häring am Heckerdamm und Paul Rudolf Henning an der Goebelstraße wurden hinsichtlich Länge, Höhe und Abstand der Zeilen untereinander Verhältnisse geschaffen, für die es kein Vorbild gab. Rasenflächen zwischen ihnen sollten einen Übergang in den Naturraum des Volksparks Jungfernheide schaffen, glatte weiße Flächen, natürliche Mineralfarben und braune Ziegel den Bezug zur umgebenden Natur herstellen.

Als optische Abschirmung des Bahndamms wurde entlang der Goebelstraße der etwa 500 Meter lange Block des Architekten Otto Bartning gebaut, im Volksmund wegen seiner Einförmigkeit auch treffend als 11 **Langer Jammer** bezeichnet. Das Heizwerk ist durch den Torbogen Goebelstraße 55 erreichbar, von dort aus erschließt sich dem Betrachter auch die unvermutet reich gestaltete Rückseite des Blocks – eine typische Attitüde der Bauhausleute, die mit nach außen gezeigter Schroffheit und nach innen gezogener Heimeligkeit die wohnblockinterne nachbarschaftliche Kommunikation fördern wollten.

„Langer Jammer", Goebelstraße

Am Jungfernheideweg, noch vor der S-Bahn-Brücke, gelangt man in den ausschließlich von Hans Scharoun gestalteten Südabschnitt dieser Siedlung. Die V-förmige Anordnung sollte den Besucher gleichsam als Trichter in den hinter dem Bahndamm liegenden Hauptbereich der Siedlung hineinziehen. Dem schräg von der Fluchtlinie der Straße abweichenden Block steht ein anderer gegenüber, dessen Stilelemente wegen er rasch die Bezeichnung 12 **Panzerkreuzer** erhielt und lange Zeit Ziel polemischer Pressekampagnen war.

Scharoun selbst hat jahrelang am Jungfernheideweg 4 gewohnt; wie anders würden Wohnungen heute gebaut, müssten deren Architekten seinem Beispiel folgen und in die an ihren grünen Tischen entstandenen Häuser des „sozialen" Wohnungsbaus ziehen.

Bernhard Müller

Das Dorf Kladow

Havelland in Spandau

Bis 1989 waren die Spandauer Dörfer Gatow und Kladow die einzigen Landgemeinden des Havellandes, die der mauerumgrenzte West-Berliner ohne aufwendige Grenzformalitäten erleben konnte. Im Berliner Stadtbereich zwischen Bauerngehöften und Feldern entlangzugehen war nicht nur für die auswärtigen Gäste eine besondere Attraktion. Die Nähe zum Wasser und die landschaftlich schöne Lage ließen die beiden Dörfer auch für den erholungssuchenden Großstädter zum wichtigen, wenn auch weit entfernten Ausflugsort werden. Mit der neuen politischen Situation nach der Grenzöffnung 1989 versucht sich Kladow wieder den neuen Bedingungen anzupassen. Im Spannungsfeld zwischen Berlin, Spandau und Potsdam gelegen, ist Kladow nicht nur attraktives Wohngebiet für großstadtmüde Städter, sondern auch immer mehr Neuberliner finden in den alten Villen und neu entstehenden Wohngebieten eine Heimat. Auf den durch die Stilllegung des Gatower Flughafens frei werdenden Flächen entsteht die „Landstadt Gatow" mit über 1000 Ein- und Mehrfamilienhäusern. Nicht nur dieses größte Eigenheimprojekt der Bundesrepublik Deutschland in Berlin wird es in Zukunft immer schwieriger werden lassen, den dörflichen Charakter Kladows zu bewahren und die Entwicklung zu einer Schlafstadt vor den Toren der Regierungsstädte Berlin und Potsdam zu verhindern. Nach dem Abzug der Royal Air Force 1994 wurde auch der Flughafen Gatow neu genutzt. Hier befindet sich heute das **Luftwaffenmuseum** des Militärgeschichtlichen Forschungsamtes. Hier sind auch Militärmaschinen des ehemaligen Warschauer Paktes zu sehen, die als Bestände der Luftstreitkräfte der Nationalen Volksarmee der ehemaligen DDR mit übernommen wurden.
Vor dem Hintergrund dieser weitreichenden Veränderungen ist es wichtig, die herausragenden Erholungsräume um Kladow zu erhalten. Es liegt im Interesse aller, die Gatower Rieselfelder und die Haveluferzone vor baulichen Zugriffen zu bewahren und die intensive Nutzung durch die Freizeitkultur einzuschränken. Vieles wird dort möglich sein, aber eben nicht alles.

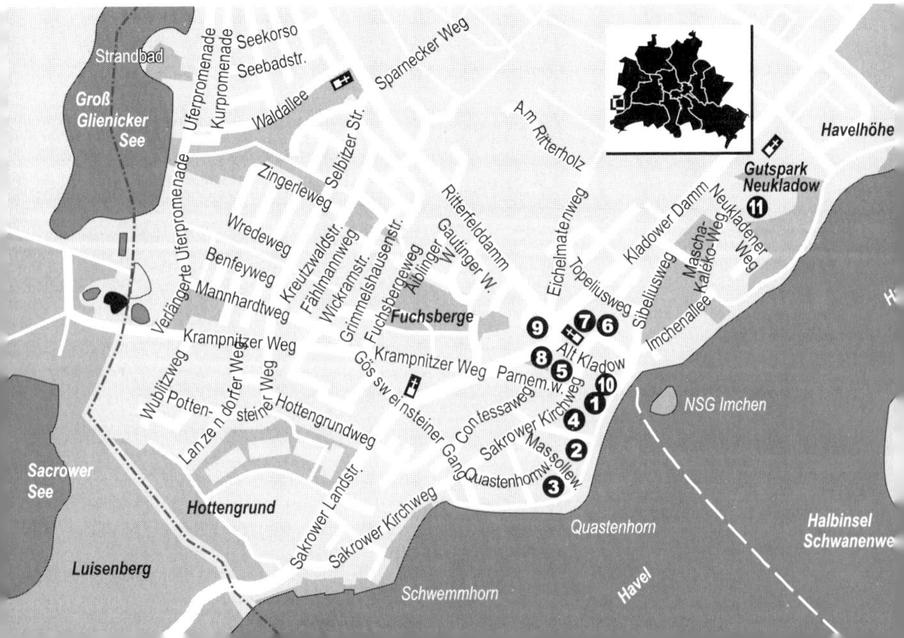

Blick auf die Insel Imchen

Eine der schönsten Möglichkeiten, sich dem Dorf Kladow zu nähern, ist die Anreise mit der BVG-Fähre. Die Überfahrt, die in unmittelbarer Nähe des S-Bahnhofs Wannsee beginnt, dauert rund 20 Minuten. Nachdem man sich am Anleger eingeschifft hat, geht es hinaus auf den Großen Wannsee, der in den Sommermonaten fest in der Hand der Freizeitwassersportler ist, aber innerhalb der Woche an Frühlings- bzw. Herbsttagen noch etwas von seiner ursprünglichen Unberührtheit ausstrahlt. Vorbei am Heckeshorn und dem Strandbad, begegnet dem Passagier bereits auf „Berliner" Seite ein erstes Stück Kladow, die Insel Schwanenwerder. Der „Cladower Sandwerder" wurde erst 1882 von der Gemeinde Kladow an den Petroleumlampenfabrikanten und Bauspekulanten Friedrich Wilhelm Wessel verkauft und entwickelte sich seitdem zu einem luxuriösen Villenvorort am Rande Berlins. Während nun das Schiff die seenartige Erweiterung der Havel überquert, tritt die Berliner Uferlinie immer mehr zurück, und in Fahrtrichtung taucht die eiszeitliche Hügellandschaft der Nauener Platte auf. Je mehr man sich Kladow nähert, desto augenfälliger bestimmen die großbürgerlichen Wohn- und Sommerresidenzen die Uferzone des Dorfbereiches.

Etwa zeitgleich mit der Einrichtung der Fährverbindung Wannsee–Kladow im Jahre 1892 wurde die Umgebung des Dorfes als Wohn- und Villengebiet entdeckt. 1887 hatte der Berliner Großindustrielle Robert Guthmann das Gut Neu-Kladow und weitere Grundstücke im Dorf gekauft, und ab 1894 legte er zusammen

Haus Trinitatis

mit dem aus Rohrbeck stammenden Kladower Bauerngutsbesitzer Ernst Schütze in spekulativer Absicht die Uferstraße Imchenallee an. Sie entstand durch die Aufschüttung des Schwemmlandes mit Berliner Hausschutt und ist wie die durch Guthmann 1903 künstlich erweiterte und erhöhte **Insel Imchen**, vor dem Kladower Anleger gelegen, eine von Menschenhand geschaffene Landschaft dieser Zeit.

Hat man das Schiff verlassen, kann man bei einer Anzahl von Ausflugslokalen einkehren. Auch die denkmalgeschützte ehemalige 1 **Ausflugsgaststätte Seglerheim** von 1924/25 konnte vor dem Verfall gerettet werden. Als „Bistro Verde" wird sie gerne von den Wochenendausflüglern angenommen. Dagegen wurde das benachbarte Baudenkmal eines einfachen Büdnerhauses bis auf eine gemauerte Schwarze Küche vollständig abgetragen. Um den Schornsteinschlot herum entstand unter dem Deckmantel der Denkmalpflege ein kompletter Neubau, der heute ebenfalls als Gaststätte fungiert. Immerhin ist es in der „Büdnerstube" möglich, einen Blick auf die alte Küchenanlage und deren Schornstein zu werfen.

Der Rundweg führt vom Alten Seglerheim entlang der Havel nach links bis zum Sakrower Kirchweg. Heute wieder als „Privatstraße" gekennzeichnet, geht man zwischen Zäunen entlang die unbefestigte Imchenallee hinunter. Der für die Fußgänger geöffnete Fahrweg gehört zu den jeweiligen Grundstücken der angrenzenden

Villa Oeding

Villen. Die merkwürdig schmalen, abgetrennten Uferzonen waren ursprünglich einmal als Anleger der am Hang stehenden Landhäuser konzipiert. Als erstes taucht am Hang das großvolumige **Landhaus Ciro** auf. Die 1913 von Mathilde Trautmann erbaute Villa war bereits 1919 im Besitz des geheimen Kommerzienrat Georg Kühn, der es seiner Tochter Veronika Braun zur Hochzeit schenkte. 1935 wurden die Räumlichkeiten als Hotel Ciro genutzt, dessen Terrassenrestaurant „Mustafa" die Berliner Prominenz anzog. Von hier aus hat man Ausblick auf den Wannsee und den Grunewald bis hin zur Pfaueninsel, eine Sicht, die in Berlin ihresgleichen sucht. Erst im Jahr 1946 zogen die schlesischen Hedwig-Schwestern in das Haus ein und nutzen es seither als Kinderheim. Nur kurz dahinter folgt die bedeutendste Hausgruppe in Kladow mit der 2 **Villa Oeding**, dem ehemaligen Haus Trinitatis und dem Wohnhaus des Direktors Alexander Müller. Die heutige Villa Oeding ist ein 1922/23 für den Hofrat Wilhelm Oeding durchgeführter Umbau eines 1893 entstandenen Hauses. Es bildete den Rahmen für eine sehr bedeutende private Kunstsammlung und wurde in Stilanlehnung an Louis Quinze und süddeutsches Rokoko erbaut. Warum und wie die Anlage in die Nutzung von Hans Albers, Erik Charells und Martha Goebbels kam, ist nicht geklärt. Möglicherweise ist der Familie des Geheimrats Oeding das gleiche Schicksal der Zwangsenteignung widerfahren wie etwa der ebenfalls in Kladow wohnenden jüdischen Familie Kutschera.

Ab 1933 verschwand das jüdische Großbürgertum, das hier ab 1910 gesiedelt hatte. Die heute im Privatbesitz befindliche Villa Oeding erstrahlt seit kurzem wieder in neuem Glanz, nachdem sie nach Jahren des Verfalls denkmalgerecht saniert werden konnte.

Das gleiche gilt für das daneben liegende, 1911 erbaute **Haus Trinitatis**, die ehemalige Villa Hugo Hoffmann. Ursprünglich als reines Sommerhaus geplant, ist es nach Jahren des Leerstands heute denkmalgerecht renoviert. Links neben diesem im historistischen Stil erbauten Haus zeigt das **Wohnhaus** des Direktors **Alexander Müller** noch die großbürgerliche Gesinnung seines Erbauers. Es wurde ebenfalls Anfang des 20. Jahrhunderts errichtet, ist allerdings durch eine Sanierung leider entstellt.

Am Abzweig des Masolleweges geht es nun rechts bergan. Vorher durchschreitet man eine Einfriedung, die das Ende des ehemaligen Schützeschen Geländes markiert. Das benachbarte Gebäude mit Fasanerie soll dem bereits erwähnten Bauern Ernst Schütze als Sommersitz gedient haben. Wie moderne Architektur verunstalten kann, zeigen die auf der linken Seite befindlichen Gebäude des 3 **Heilpädagogischen Zentrums**. Der in seiner großflächigen Ausdehnung völlig unproportionierte moderne Terrassenbau lässt von der ursprünglichen Geländeform fast gar nichts mehr erkennen. Eine Graslandschaft mit einer geduckten Betonburg lässt das Gelände zu einer aseptischen Öde verkommen.

Vorbei an alten und neuen Einfamilienhäusern geht es nun in Richtung Dorf auf dem Sakrower Kirchweg voran. Durchaus nicht so alt, wie es der Name vermuten lässt, ist der Weg in diesem Bereich erst nach der Separation vor 1848 entstanden. Erste bescheidene eingeschossige Häuser kündigen das eigentliche Dorf an. Es sind die Häuser kleinerer Bauern und Handwerker, die alle vor oder um 1900 entstan-

Kladower Dorfkirche

den sind. Das (4) **Nebengebäude** des Schlachtermeisters Paul Dieck schiebt sich dicht an die Straße. Weiß gekalkt, wird dieser nüchterne Backsteinbau durch ein fein gegliedertes Hexagramm am Giebel besonders hervorgehoben, kurioserweise bekrönt durch ein darüber liegendes Kreuz. Hier lag das ehemalige Atelier von Kurt Mühlenhaupt.

Vorbei am nunmehr schon seit Jahren geschlossenen Restaurant des Landhauses Lösche, ist mit dem Bauernhof von F. W. Schulze das Dorf erreicht. Das benachbarte Wohnhaus **Sakrower Kirchweg 9** des Bodenspekulanten Ernst Schütze zeugt mit seiner vornehmen und mit reichem Stuckdekor versehenen Fassade vom städtischen Einfluss auf das dörfliche Bauen um 1900. Sehr schön ist das runde, hinter dem Wohnhaus gelegene Taubenhaus mit „Retirada", sprich Abortanlage.

Vom bescheidenen Wohnen der unterbäuerlichen Schichten um 1800 zeugt dagegen das gegenüberliegende (5) **Kossätenhaus** am Sakrower Kirchweg 6/8. Klein und gedrungen, war es für zwei Familien ausgelegt, die sich eine gemeinsame, noch bestehende „Schwarze Küche" teilten. Diese Kochstelle ist ein Raum im Zentrum des Hauses mit einem nach oben offenen Schlot für den Rauchabzug. Die ursprüngliche Reetdeckung ist leider durch ein Wellblechdach ersetzt worden.

Direkt hinter dem Gebäude liegt der Skulpturengarten des Bildhauers Volkmar Haase. Sein Wohnhausneubau ist eingepasst in ein Stallgebäude, das zum bereits am Dorfplatz gelegenen Schulzeschen Bauernhof gehört. Gegenüber der Stallung liegt der ehemalige Gasthof Helgoland, das älteste, nicht mehr existierende Ausflugslokal Kladows.

Nun geht es direkt auf die Kirche zu, und man steht im Zentrum des mittelalterlichen Dorfes. Bis heute wird die Kirche von Bauerngehöften flankiert.

Das Dorf ist während der askanischen Frühkolonisation Ende des 12. Jahrhunderts und der beiden ersten Jahrzehnte des 13. Jahrhunderts entstanden. 1267 wurde der Ort „Clodow" erstmals urkundlich erwähnt. Als typische deutsche Dorfgründung ist es ein Breitgassendorf. Es bildet eine breite Gasse, an die sich beiderseits die Gehöfte anlehnen und die keinem größeren Verkehr dient. Im Zentrum der Anlage steht die (6) **Dorfkirche**,

Kladower Künstlergarten

die nach einem Brand von 1808, dem beinahe das ganze Dorf zum Opfer fiel, im neogotischen Stil erneuert wurde. Ihr heutiges, völlig entstelltes Aussehen erhielt sie mit dem Umbau von 1953. Alt sind immerhin noch der Standort und die Friedhofsmauer.

Auf dem Plateau rund um die Kirche wohnten die so genannten Hüfner, die wichtigen Bauern des Dorfes. Einige ihrer Wohnhäuser fallen noch ins Auge. Da ist links neben der Kirche der 7 **Hof** des Bauern Friedrich Parnemann. Er ist der letzte Dreiseithof des Dorfes und besitzt hinter Wellblech versteckt auf dem Hof eine der letzten Fachwerkscheunen des Ortes. Auf der rechten Seite, schräg gegenüber, hat ein weiterer Parnemann gebaut. Sein 8 **Haus Alt Kladow 21/23** fällt durch seine 1908 neu gestaltete Jugendstilfassade auf. Der Stall ist seit 1930 zum Restaurant „Dorfkrug" umgebaut.

Direkt der Kirche gegenüber liegt die alte 9 **Dorfschule** und **Küsterei** von 1876. Mit einem Kiosk versehen, erinnert heute nichts mehr an ihre alte Funktion. 1902 wurde sie überflüssig, da sie durch den benachbarten Nachfolgebau ersetzt wurde. Rechts daneben lugt das Wohnhaus des ehemaligen Hofes Marzahn hindurch. Hier soll bis 2005 das Vereins- und Museumshaus des „Kladower Forums" entstehen. Er liegt an der alten Straßenführung des Kladower Dammes, die hinter dem Haus entlangläuft. Die heutige Trasse entlang des 1930 erbauten Pfarrhauses ist eine Verkehrsbegradigung der Nachkriegszeit.

Einen Besuch lohnt auch das dahinter gelegene Gemeindezentrum der evangelischen Kirche. 1974 fertig gestellt, verkörpert es einen sehr gelungenen Entwurf der Berliner Scharoun-Schule von Stepan Heise.

Nach diesem Abstecher auf den Dorfplatz geht es nun zurück zur Havel in Richtung Gut Kladow. Wenn wir der Straße Alt-Kladow folgen, kommen wir an den 10 **niedrigen Häusern** der dörflichen Unterschicht vorbei. Hier wohnten die Büdner (etwa Alt Kladow 1) und Hirten (Alt Kladow 3/5). Die heute als Parkplatz genutzte Fläche war die Ablage des Dorfes. Dies war der Ort, wo Vieh zur Tränke getrieben oder über den Fluss transportiertes Material gelagert werden konnte. Zudem war Kladow ohne „Krug und Brunnen", sodass „die Einwohner ihr Wasser aus der Havel, die unter vorbeifleußt, nehmen müssen; von wo sie auch zu gewissen Jahres Zeiten zu Düngung der Äcker Wasser Maß holen".

Der sehr schönen Allee folgend, geht es nun auf das 11 **Gut Kladow** zu. Vorbei an teils qualitätvollen Sommerhäusern der 1930er Jahre und jungen Neubau- und Reihenhaussiedlungen, betritt man durch das Tor den großräumigen Park der Gutsanlage. Das Herrenhaus liegt auf der so genannten „Insel", einer Düne, die von einem jetzt verlandeten Arm der Havel umflossen wurde. Diese Düne ist heute durch einen Landschaftspark mit Gartenflächen gegliedert. Und während die Uferdüne mit Robinien, Ahorn und Eichen besetzt ist, zeigt sich das ehemalige Fenn als Auenlandschaft mit Erlen und Birken.

1799 übernahm der Potsdamer Kabinettsrat Anastasius Ludwig Mencken das Lehnschulzengut Kladow und errichtete wohl kurz darauf das Guts- und Verwalterhaus. Allerdings verstarb Mencken bereits 1801, das Gut wurde von den Erben zwei Jahre später wieder verkauft. Menckens Tochter, die hier auf dem Gut gelebt hatte, war die Mutter Otto von Bismarcks. Nach zahllosen Besitzerwechseln gewann das An-

Gutshaus Neukladow, Tor zur Neukladower Allee

wesen erst mit dem Erwerb durch Robert Guthmann wieder an Bedeutung. Während es ihm beim Kauf im Wesentlichen um das über 90 Morgen große Gutsgelände ging, das er in spekulativer Absicht zu nutzen gedachte, machte sein Sohn das Gutshaus zum Rahmen für seine bedeutende Kunstsammlung. Nach dem Umbau im Jahre 1910/11 durch Paul Schultze-Naumburg – er fügte dem Gebäude insbesondere die Terrassenanlage zur Havel an – wurde es zu einem bedeutenden gesellschaftlichen Treffpunkt. Mit dieser Neugestaltung entstanden auch die bereits 1923 in die Alte Nationalgalerie übertragenen Fresken von Max Slevogt.

Aber diese Blütezeit war nur von kurzer Dauer, denn Robert Guthmann entzog seinem Sohn 1921 kurzerhand das zugesprochene Wohnrecht auf Lebenszeit, und 1928 ging das Haus in den Besitz der Stadt Berlin über. Mit dem Ausbau Kladows zum nationalsozialistischen Militärstützpunkt durch den Bau des Flughafens Gatow und weiterer großer Kasernenanlagen ab 1935 geriet auch das Gut in das Blickfeld des Militärs. 1936 entstanden hier im Park Wehrmachtsbaracken, in denen ein Jahr später die Legion Condor untergebracht wurde. Sie kam zur Unterstützung der spanischen Faschisten unter Franco zum Einsatz und erlangte unter anderem mit der Bombardierung der Stadt Guernica traurige Berühmtheit. Erst vor einiger Zeit wurde dieses wichtige Zeugnis der Kladower Gutsgeschichte abgerissen.

Nunmehr ist geplant, die „Stiftung Lebensfarben" in dem Gutshaus unterzubringen. Sie fördert den Aufbau und die Pflege einer Sammlung historischer Tasteninstrumente. 2003 haben bereits erste Konzerte im Gebäude stattgefunden. Damit besteht die Chance, an die Blütezeit Robert Guthmanns anzuschließen.

Über die Straßenzufahrt zum Gut oder einen Umweg durch die unter Denkmalschutz stehende Gartenanlage kommt man zum Abschluss der Tour an das ebenfalls von Paul Schultze-Naumburg errichtete Torhaus. Man verlässt nun den engeren Gutsbezirk und geht entweder die Straße 179 zurück zur Anlegestelle oder zur Haltestelle an der Sakrower Landstraße, um dort in den Bus in Richtung Altstadt Spandau einzusteigen.

Peter Petersen

Topographisch gesehen, besteht der Großbezirk im Südwesten Berlins vor allem aus Naherholungsflächen. Auch darüber hinaus weisen die beiden Bezirke Steglitz und Zehlendorf Gemeinsamkeiten auf, und wo die Trennlinie verläuft, ist an kaum einer Stelle auszumachen.

Das hat auch damit zu tun, dass ihre Entwicklung zum Teil parallel verlief. Sowohl Steglitz als auch Zehlendorf verdanken der 1838 eröffneten Bahnlinie Berlin–Potsdam sehr viel. Die bis dahin abseits der Stadt Berlin liegenden Dörfer wurden zu beliebten Wohnorten vor allem derjenigen, die sich Villen leisten konnten. Fortan genoss das Großbürgertum die Kombination von Landidylle und Anbindung an die preußische Hauptstadt. Durch den Bau des Teltowkanals, der 1906 seiner Bestimmung übergeben wurde, siedelte sich auch etwas Industrie an, sie wurde aber nie stadtbildbestimmend.

Die Quartiere des Bezirks **Steglitz** sind nicht auf einen Nenner zu bringen. Neben den Villensiedlungen im Süden, im Ortsteil Lichterfelde, gehören noch die Ortsteile Lankwitz und das namensgebende Steglitz dazu, das vor allem wegen der Schlossstraße bekannt ist, einer der großen Berliner Einkaufsmeilen. Hier ist der Bezirk noch am ehesten Großstadt. So sie nicht zum Einkaufen kommen, zieht es die Berliner zumeist zum nahe gelegenen Schlösschen und vor allem zum Botanischen Garten, der überbezirklichen Attraktion.

Zehlendorfs Lage an Grunewald und Havelseen, in unmittelbarer Nähe der preußischen Residenzstadt Potsdam, hatte Anfang des 19. Jahrhunderts die adlige Fantasie beflügelt. Um die Havelseen herum entstand eine einzigartige Kulturlandschaft, ein Ensemble aus Parks und Rui-

nen, Schlösschen und Kirchen. Die Kombination von bürgerlicher Entdeckerlust und kaiserlichem Repräsentationsbedürfnis legte schließlich am Ende des 19. Jahrhunderts den Grundstein für die Museen und die Wissenschaftseinrichtungen, die seinen nördlichen Teil, Dahlem, heute noch auszeichnen.

Bis heute ist Steglitz-Zehlendorf ein Ort gediegen-bürgerlichen Wohnens geblieben. Das lässt sich auch an einigen Zahlen ablesen: Die Zehlendorfer haben das höchste Durchschnittseinkommen unter den Berlinern, die Steglitzer liegen noch im oberen Drittel.

Steglitz-Zehlendorf

Rund um das Steglitzer Dorf

Und heute ein Schuhgeschäft

Das neue Zentrum von Steglitz lässt nichts vom alten erahnen. Wie neben ihr nur noch die Wilmersdorfer Straße in Charlottenburg ist die Schlossstraße in ihrer Funktion als Einkaufsmeile ein Produkt der Nachkriegszeit. Tradition oder Chic hat sie wenig zu bieten, dafür in andernorts selten erreichter Vollständigkeit die Ansammlung der üblichen Kaufhäuser, zumeist im Kleid nüchterner Zweckbauten aus den sechziger und siebziger Jahren. Mit dem 1970 eröffneten „Forum Steglitz" kann sie stolz das erste Shopping-Center der Stadt vorweisen, und dass zwischen Walther-Schreiber-Platz und Hermann-Ehlers-Platz gleich 37 Schuhläden angesiedelt sind, dürfte ein innerstädtischer Rekord sein. Vielleicht drängen sich deshalb die Massen auf den Bürgersteigen und die Stoßstangen auf den vier Spuren, die schönen Fassaden einiger alter Bürgerhäuser wenigstens verblassen neben soviel Hektik und greller Leuchtreklame.
Man sollte sich aber nicht nach dem ersten Augenschein von ihr abwenden, die Schlossstraße ist für die eine oder andere Überraschung gut.
Da gibt es an der Ecke zur Gutsmuthsstraße den 1 **Titania-Palast**. 1928 in Stil der Neuen Sachlichkeit erbaut, beeindruckte er mit seinem 30 Meter hohen Lichtturm. Über 2000 Personen hatten in diesem Lichtspieltheater Platz, im Parkett, auf dem Rang, den Logen und Balkonen. Nach dem Krieg, den der Titania-Palast relativ unbeschadet überstanden hat, wurde der Kinosaal vielfältig genutzt. Die Philharmoniker unter Leo Borchard gaben hier ihre ersten Nachkriegskonzerte, die Operette fand ihr Publikum, die Freie Universität Berlin hielt ihre Gründungsversammlung ab. In den sechziger Jahren wurde das Kino geschlossen und erst mit dem einsetzenden Kinoboom der letzten Jahre wieder eröffnet. Auch der Turm erscheint wieder in hellem Licht. Aus einem Saal wurden allerdings sechs kleinere Säle. Der größte von ihnen erinnert mit steil angeordneten Sitzreihen und einem traumhaft schönen Samtvorhang voller goldener Sterne noch an die Pracht der vor langer Zeit hier gezeigten Operetten und Revuen.
Von weitem sichtbar, scheint mitten aus der Straße ein roter Betonpilz in die Höhe zu wachsen. Es ist der 2 **Bierpinsel**, genau auf der Verbindung zwischen zwei Stadtautobahnen gelegen. Er beherbergt ein Turmrestaurant, seine wesentliche

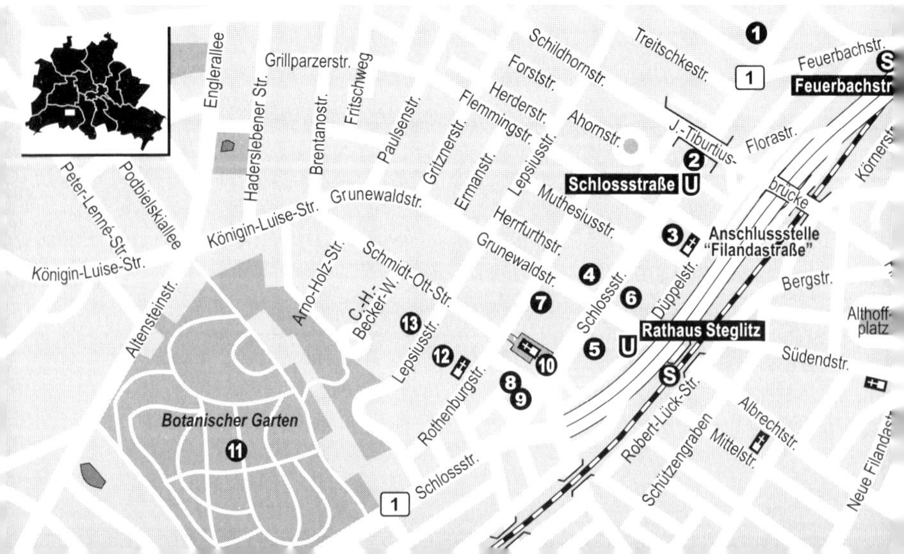

Blick auf die Schlossstraße

Funktion ist aber die einer unfreiwilligen Markierung für den U-Bahnhof Schlossstraße.

Von hier aus bieten sich Abstecher in die Seitenstraßen an, die mehr als die Magistrale etwas von der Geschichte des alten Steglitz vermitteln. In der Kieler Straße etwa steht die 100-jährige katholische (3) **Rosenkranzbasilika**. Nach dem Krieg fungierte die Kirche als Bischofssitz und wurde dafür später mit der Ehrenbezeichnung Basilika ausgezeichnet. Sie ist am Tage geöffnet und kann besichtigt werden.

An der Fassade gegenüber befindet sich eine kleine bronzene **Gedenktafel**, die berichtet, dass sich in diesem Haus das erste Steglitzer Kaufhaus, gegründet von Moritz Feidt, befand. Es ist heute – ein Schuhladen.

Ein Gang durch die gegenüberliegende **Zimmermannstraße** lohnt ebenfalls. In Kontrast zur Schlossstraße überwiegen kleine Läden, die Passanten bewegen sich langsamer. Der Zeitungshändler oder der Bäcker sind kleine Informationsbörsen und Treffpunkte, dazu Kneipen und ein Antiquariat: Kiezatmosphäre.

Hier im Haus **Nr. 34** versteckte sich nicht nur der spätere Ministerpräsident Bulgariens, Georgi Dimitroff, vor seinen Häschern, hier wohnte auch Raoul Hausmann, einer der führenden Köpfe des Dadaismus in Berlin. Das „Zentralamt des Dadaismus" und der Verlag Grüne Leiche hatten nicht zufällig hier ihren Sitz.

Im Vorgarten des Irish-Pub trifft man auf den Schauspieler Rolf Zacher, der in der Zimmermannstraße wohnt, oder blickt auf das Haus **Nr. 23**, in dem G. Belwe, Fritz Helmuth Ehmcke und Friedrich Wilhelm Kleukens 1900 die Steglitzer Werkstatt gründeten, nachdem sie einige Jahre zuvor im Hühnerstall mit dem Kunstdruck begonnen hatten. Die Steglitzer Werkstatt gilt als die Mutter aller Privatpressen. Die daran erinnernde Gedenktafel ist seit 20 Jahren verschwunden.

Die parallel verlaufende Muthesiusstraße hieß bis 1925 Miquelstraße, in der **Nr. 8** wohnte Franz Kafka, der danach wenige Schritte weiter in die Grunewaldstraße Nr. 13 zog. In der Grunewaldstraße weisen zwei Gedenktafeln darauf hin. Man kann die Dachkammern besichtigen, in denen der Dichter damals wohnte: Familie Fuchs im Haus ist gern zu einer Führung bereit.

Rathaus Steglitz

Spiegel-Gedenkwand

Nach dem tödlichen Autounfall des bekannten Landhausarchitekten Hermann Muthesius an der Ecke Schlossstraße wurde die Miquelstraße nach ihm umbenannt. An dieser Unfallecke befand sich früher das erste Steglitzer Kino, das „Metropol-Theater", heute – natürlich – ein Schuhgeschäft.

Etwas weiter wird bald ein Einkaufstempel – ein Glaspalast mit den Namen „Schlossgalerie", mit dessen Bau im Frühjahr 2004 begonnen wurde – gänzlich den roten Backsteinbau des alten 4 **Rathauses** in den Hintergrund treten lassen. Das damals größte Dorf Preußens wünschte sich einen repräsentativen Verwaltungsbau zur Darstellung seiner Selbständigkeit und ließ Ende des letzten Jahrhunderts durch die im Rathausbau erprobten Architekten Heinrich Reinhardt und Georg Süßenguth sein Rathaus errichten. Der mit roten Ziegeln verblendete Bau wird von einem Turm beherrscht, an dem die reiche Gliederung mit Zinnen und Türmchen auffällt – damals Anklang an die märkische Backsteingotik und heute an die dörfliche Vergangenheit des Bezirks.

Dort, wo jetzt der U-Bahn-Eingang liegt, befand sich vorher der Ratskeller. Erwähnenswert vor allem, weil in ihm 1896 der „Wandervogel" gegründet wurde, eine Jugendbewegung, die schnell ganz Deutschland erfasste. Eine Gedenktafel am Rathaus erinnert daran. Eine weitere Gedenktafel im Rathaus informiert darüber, dass noch im April 1945 ein junger Soldat wegen Desertion an einer Laterne an der Ecke Schlossstraße, Albrechtstraße erhängt worden ist.

Der gotisierende Bau mit Turm und Turmuhr mag lange beeindruckt haben, heute wirkt er nur noch klein und zierlich angesichts des Hochhauses gegenüber. Es ist der 1969-75 errichtete so genannte 5 **Kreisel**, ein Komplex, der nicht wegen seiner gewagten Lage zwischen den Verkehrsschneisen oder etwa gelungener Architektur Berühmtheit erlangte, sondern als Investitionsruine, die Berlin einen frühen Bauskandal bescherte. Die Berliner Regierung wackelte, als die ausführende Bauherrin Sigrid Kreßmann-Zschach in die Zahlungsunfähigkeit schlitterte und der Bau, der bis dahin bereits über 230 Millionen Mark verschlungen hatte, noch nicht bezugsfertig war. Immerhin hatte die Stadt Bürgschaften übernommen. Der Rohbau beherrschte jahrelang den Hermann-Ehlers-Platz. Nach der doch noch erfolgten Fertigstellung zog das Bezirksamt Steglitz in das Gebäude. Weitere 100 Millionen waren dafür nötig – wohl noch immer zu wenig, wies es doch schon zehn Jahre später Mängel auf, deren Beseitigung erneut kostspielig war. Empfehlenswert ist, vor allem bei schönem Wetter, der Besuch der im 24. Stock befindlichen Kantine. Der Rundblick von oben entschädigt für den Anblick von unten.

Von hier kann man gut erkennen, wie die Stadtautobahn, auch ein Produkt dieser Zeit, den Bezirk zerschneidet. Dem Bau von Stadtautobahn und Kreisel fiel das alte Zentrum fast vollständig zum Opfer, unter anderem der alte Bahnhof und der Albrechtshof, eine Gebäudekomplex, der in seiner Mischung aus Wohnen, Arbei-

Auto-Pavillon, im Hintergrund die Schwartzsche Villa

ten und Vergnügen den Hackeschen Höfen in Mitte ähnlich war.
Auf dem 6 **Hermann-Ehlers-Platz**, der jetzt hoffentlich sein endgültiges Aussehen erhalten hat, steht eine **Gedenkwand**, in der sich die Umgebung wie auch die vorbeigehenden Passanten spiegeln. Auf den 18 stählernen Spiegeln sind die Namen der über 1700 Steglitzer Juden eingeschrieben, die während der NS-Zeit in Gettos und Konzentrationslager deportiert worden sind. Um diese Wand der Berliner Architekten Wolfgang Göschel und Joachim von Rosenberg spielte sich eine Bezirksposse ab. Die von der CDU dominierte Bezirksverordnetenversammlung stritt über Jahre über das Für und Wider und das Wie. Erst als sich der damalige Bausenator einschaltete, konnte sie errichtet werden. Sie steht in direktem Bezug zur Steglitzer Synagoge im Hof des Hauses Düppelstraße 41. Die **Synagoge** hat die Reichspogromnacht äußerlich unbeschadet überstanden, da sie wegen der Nähe zu den Wohnhäusern nicht angezündet wurde. Leider sind wegen eines Neubaus an der Straßenseite inzwischen Zugang und Einblick nicht mehr möglich. Dem Kreisel gegenüber, in den Rothenburgpark eingebettet, findet sich die 7 **Schwartzsche Villa**, 1895-97 erbaut. Nach dem Krieg hatte die Villa mehrere Nutzer, stand schließlich leer und sollte abgerissen werden. Dank einer Bürgerinitiative wurde sie gerettet, restauriert und dient heute dem Kulturamt als Ausstellungs- und Theaterstätte. Angegliedert ist ein Café, das im Sommer besonders empfehlenswert ist, wenn man unter den Buchen im Garten sitzen kann.
Die Villa ist ein Teil des so genannten Steglitzer Kulturzentrums, das seine Fortsetzung in dem auffällig rot getünchten 8 **Wrangel-Schlösschen** findet, einem ehemaligen Gutshaus. Die Villa wurde von David Gilly, einem Lehrmeister Schinkels, 1804 für Herrn von Beyme errichtet. Erst 1850 bezog der reaktionäre General von Wrangel das Haus, allerdings nur als Sommerresidenz. Später wurde es als Hotel, Schankwirtschaft und Disco genutzt, bis es nach der 750-Jahr-Feier Berlins mit Spendengeldern renoviert werden konnte. Der alte Name blieb haften. Jetzt steht der gedrungene, mit einem Säuleneingang geschmückte Bau für Ausstellungen zur Verfügung. Es schließt sich das ehemals staatliche 9 **Schlossparktheater**

Am alten Friedhof, Schlossstraße

an, vor dem Krieg durch die Intendanz Paul Henckels, nach dem Krieg durch die Boleslav Barlogs zum Ruhm gelangt. Seit einigen Jahren wird es als Privattheater geführt, das sich trotz der Ferne zu den traditionellen Theaterlandschaften in Charlottenburg und Mitte behaupten kann. Das **Adria**, 1922 erbaut und auch heute noch ein Kino mit 1000 Plätzen, komplettiert das „Kulturzentrum", das hier gewachsen ist.

An das alte Dorf Steglitz erinnert an dieser Stelle nur der Rest des ⑩ **alten Friedhofs**. Hinter einer niedrigen Mauer befinden sich noch einige wenige Gräber. Das Holzkreuz für Pfarrer Moldaenke wurde gerade erneuert. Ein Stein erinnert an den Unternehmer Heese. Johann Adolf Heese, ein Seidenfabrikant, pflanzte in Steglitz, etwa zwischen S-Bahn und Filandastraße, Maulbeerbäume für die Seidenraupenzucht. Die Straßennamen Filandastraße und Plantagenstraße zeugen noch davon. Eine Epidemie ließ die Raupen sterben und das Unternehmen scheitern. Heese wohnte im Haus Nr. 3 der nach ihm benannten Straße jenseits der Autobahn.

Der älteste Grabstein des Friedhofs ist im Durchgang zur „neuen" Kirche angebracht. Er erinnert an den Gutsbesitzer Christoph Erdmann von Spiel, dem auch Dahlem gehörte. Die hinter dem Durchgang befindliche **Matthäuskirche** ist ein Nachfolgebau der altersschwachen kleinen Dorfkirche, die schon vor hundert Jahren baufällig und zu klein für die größer werdende Gemeinde war.

An diesem Knick verliert die Schlossstraße ihren Charakter als Shopping-Zentrum. Sie geht in eine Ausfallstraße Richtung Potsdam über, gesäumt von Wohnbauten und dem eindrucksvollen ⑪ **Botanischen Garten**. Unser Spaziergang führt nicht zu dieser Attraktion, vielmehr ist unser Ziel der Fichteberg, den wir über Seitenstraßen erreichen.

In der Wrangelstraße erinnert leicht versteckt hinter einer Hecke ein Findling an die jüdische Blindenanstalt. Die Insassen wurden in der NS-Zeit deportiert, das Gebäude wurde dann von der Gestapo genutzt. Es ist bei späteren Bombenangriffen teilweise zerstört worden. Die ⑫ **Allgemeine Blindenanstalt** befindet sich in der Rothenburgstraße. Ein Laden und eine Blindenschule sind ebenfalls auf dem Gelände zu finden. Die Schule betreut ein kleines **Blindenmuseum**, in dem Sehende sich mit den verschiedenen Lese- und Schreibtechniken für Blinde vertraut machen oder selbst in die Lage eines Blinden versetzen können. Das Museum ist mittwochs und sonntags geöffnet.

Zwischen der Anstalt, den Gebäuden des Fichtenberggymnasiums und der um die Integration von Kindern mit geistiger Behinderung bemühten Rothenburg-Grundschule führt der Pfad der Zeunepromenade auf den Gipfel des ⑬ **Fichtenbergs**, mit immerhin 68 Metern die höchste Erhebung im Bezirk.

Das erste Stück der Promenade hat noch etwas Ursprüngliches, es ist zerklüftet und wild. Die Hänge der Anhöhe sind seit Beginn des 20. Jahrhunderts zum bevorzugten Wohngebiet geworden, vergleichbar mit Dahlem. Hier wohnte und wohnt das gehobene Bürgertum in großzügig dimensionierten Villen, beispielsweise der Philosoph Paulsen, der Wissenschaftler Carl H. Becker, der Architekt Otto Techow, die Schauspielerin Rotraut Richter oder der Filmproduzent Erich Pommer.

Der Carl-H.-Becker-Weg trug bis vor kurzem den Namen des Antisemiten und Nationalisten Dietrich Schäfer, der hier im Haus Nr. 29 wohnte. Auf Initiative der

Auf dem Fichtenberg

Fichtenberg-Gymnasiasten wurde sein Name entfernt. Der seines Lehrers Heinrich Gotthard von Treitschke, als Historiker und Publizist Apologet antisemitisch-nationalen Gedankenguts, ist allerdings in Steglitz noch auf Straßenschildern zu lesen.

Ein kleines Stück des Fichtenbergs ist als Grünanlage öffentlich zugänglich, im Sommer Liegewiese, im Winter Rodelbahn. Benannt ist der Park, wie eine Inschrift auf einem **Findlingsstein** verrät, nach Ruth Andreas-Friedrich. Die Journalistin, Schriftstellerin und Widerstandskämpferin war zusammen mit ihrem Lebensgefährten, dem Dirigenten Leo Borchard, Mitbegründerin der Widerstandsgruppe „Onkel Emil" in Steglitz.

Hier am Gipfel entspringt die Bäke. Ein kleines Bächlein, das erst jenseits der S-Bahn sichtbar wird. Früher mündete der Bach, der jedes Jahr halb Steglitz unter Wasser setzte, in den Griebnitzsee. Der Teltowkanal ist an seine Stelle getreten. Der immer wieder in Steglitz, Lichterfelde, Wannsee, Teltow und Stahnsdorf auftauchende Straßenname – Bäkestraße – markiert den alten Verlauf.

Von dem unter der Parkanlage befindlichen Bunker soll ein Tunnel zum nahe gelegenen SS-Wirtschafts- und Verwaltungshauptamt geführt haben. Von hier aus wurden alle Vernichtungs- und KZ-Lager logistisch und wirtschaftlich verwaltet. Die Vermarktung des Todes fand hier, vom Schreibtisch aus, statt.

Der Fichtenberg wird von zwei **Wassertürmen** gekrönt. Der kleinere steht auf dem Gelände des angrenzenden Botanischen Gartens, der größere und interessantere an der Schmidt-Ott-Straße 13. In dem sieben Stockwerke hohen Backsteinbau sitzen heute die Meteorologen der Freien Universität.

Vom Fichteberg führt der Weg über die Grunewaldstraße zurück zur U- oder S-Bahn. Im **Haus Nr. 4** wohnte der Schriftsteller August Scholtis, er verhungerte hier in den Nachkriegsjahren. Sein Grab auf dem Friedhof an der Heerstraße ist zum Ehrengrab erklärt worden. So kümmert man sich wenigstens heute um einen, der zu Lebzeiten der Hilfe bedurft hätte.

ANDREAS KOSKA

Der Botanische Garten

Von Mimosen und Fleischfressern

Der Zoologische Garten hat einen Bahnhof, der seinen Namen trägt. Warum also nicht auch der Botanische Garten? Hat er. Nicht ganz so unmittelbar vor der Haustür wie beim Zoo. Dafür geht man aber sofort durch Straßen und über Plätze, die nach Pflanzen benannt sind. Hortensien zum Beispiel, Tulpen oder Begonien. Der Begonienplatz liegt an der Straße Unter den Eichen direkt dem **südlichen Haupteingang** des Botanischen Gartens gegenüber. Man muss sich nach dem Lösen der Eintrittskarte nicht gleich entscheiden, ob man in Europa bleiben will oder nach Asien, Afrika oder Amerika wandern möchte. Gleich hinter dem

Kiosk jedenfalls kann man das bei einem Bier oder einem kleinen Imbiss in Ruhe überlegen. Die verschlungenen Wege zu den – floristischen – Kontinenten sind nicht weit und führen durch den Baumgarten (= Arboretum) unter hohen spindelförmigen Zypressen oder breit ausladenden Ahornbäumen, Fichten, Buchen oder durch sanft geschwungene Wiesen und an Teichen vorbei zum Ziel der Wünsche. Bänke gibt es genug für ein Päuschen, und manchmal bietet sich auch eine Ecke Rasen zum Betrachten an – und zum Hören: Nachtigallen sind hier vertreten wie in der Stadt Spatzen.

Wer sich den Pflanzen des Botanischen Gartens systematisch nähern will, hat es hier denkbar einfach, kleine Übersichtspläne werden an den Eingängen angeboten, dort stehen auch entsprechende Hinweistafeln. Und das 42 Hektar große Gelände ist so groß nicht, dass man sich in den einzelnen „Abteilungen" verirren könnte, obwohl es der größte Botanische Garten Europas ist. Sumpf- und Wasserpflanzen sind an dem Haupteingang gegenüberliegenden **Eingang Nord** an der Königin-Luise-Straße systematisch angepflanzt. Wenige Schritte vom Hauptausgang Süd entfernt beginnt der **Duft- und Tastgarten**, wo auf Hochbeeten eine Pflanzenzusammenstellung auf Nasen und Hände wartet; für Sehbehinderte sind hier die Etiketten zusätzlich mit Brailleschrift versehen. Im westlichen Teil liegen die Abteilungen **Nutzpflanzen** und **Arzneipflanzen**, die zur Blüte- und Erntezeit eine Augenweide für jeden Gärtner und Gourmet darstellen. Südlich davon ist die **System-Abteilung** eingerichtet.

Nach welchem Ordnungssystem Pflanzen zu klassifizieren sind, ist eine Frage, der schon vor Aristoteles nachgegangen worden ist. Eine erste systematische Übersicht lieferte Carl von Linné mit seinem erstmals 1735 veröffentlichten Buch „Systema Naturae". Nur war es kein natürliches System, sondern unterschied die Pflanzen nach ihren Sexualorganen. Weil er zum Beispiel „zwei Staubblätter und ein Fruchtblatt in einer Blüte" als „zwei

Männer und eine Frau in einem Bett" beschrieb, zog er die Kritik des Vatikans auf sich. Doch Linné selbst schon wusste, dass sein System nur ein hilfreiches (und bildhaftes) Provisorium sein konnte. Jean-Baptiste de Lamarck 1809, Charles Darwin 1859 mit seiner Evolutionstheorie und Ernst Haeckel 1866 begründeten dann die natürlichen Systeme, von denen auch heute noch nebeneinander feine wissenschaftliche Unterscheidungen existieren, die aber nur den echten Botaniker interessieren. Wer mehr darüber wissen will, ist im Botanischen Museum am Eingang Nord gut aufgehoben. Willdenows Sammlung mit Tausenden getrockneter Pflanzen aus allen Kontinenten, Lieferungen aus der zweiten Cookschen Weltumsegelung 1775/76 und die von Alexander von Humboldt bilden den Grundstock der über zwei Millionen umfassenden historischen Sammlung, bestehend aus Herbar, Bibliothek und in Alkohol konservierten Pflanzen. Jedes Jahr kommen über 25 000 Fundstücke dazu, die ausgewertet oder getauscht werden. Auch über die Geschichte des Botanischen Gartens sind dort interessante Details zu erfahren: Als Vorgänger des Botanischen Gartens gilt der Kurfürstengarten im Lustgarten am ehemaligen Berliner Stadtschloss, dessen gärtnerische Anlage getreu seinem Vorbild im linken Innenhof des Gewächshauses A-O hergerichtet worden ist. 1679 ordnete der Große Kurfürst die Anlegung eines großen Mustergartens auf dem Gelände des heutigen Kleistparkes an, aus dem sich mit der Zeit ein Botanischer Garten entwickelte, der mit Johann Gottlieb Gleditsch und Carl Ludwig Willdenow zu hohem wissenschaftlichen Ansehen kam. Mit der Ausweitung des Pflanzenbestandes mit Schwerpunkt subtropischer und tropischer Pflanzen aus den überseeischen Gebieten der Kolonialmacht Deutsches Reich war eine Verlagerung des Bestandes unumgänglich; der Umzug nach Dahlem und der Ausbau des Geländes, für das die auch heute noch existierende Domäne Dahlem Land abtreten musste, dauerten von 1897 bis 1904, die Leitung hatte zu dieser Zeit Adolf Engler inne. Während des Zweiten Weltkrieges wurde der Botanische Garten erheblich zerstört, der Wiederaufbau dauerte teilweise bis in die achtziger Jahre.

Neben den natürlichen sind die künstlichen Anlagen, die Gebäude des Botanischen Gartens, die zweite Attraktion. Damit sind nicht nur die gläsernen

Gewächshäuser mit ihrer Pracht an tropischen und subtropischen Pflanzen gemeint. Die backsteinernen und weinumrankten Wirtschafts- und Verwaltungsgebäude wie auch die kleineren Bauten, die vereinzelt irgendwann des Weges auftauchen und die Blicke auf sich ziehen, sind ansehenswert. Unter dem beduinenzeltartigen Englerpavillon hat einst der damalige Direktor seine Vorlesungen abgehalten, die hübsche Japanlaube mitten in der Asienflora besticht durch ihre akribisch gearbeiteten Details, und Plastiken begleiten an vielen Stellen den Besucher. Geht man aber den Hauptweg zwischen Eingang Süd und Eingang Nord weiter, kommt man unweigerlich zu den gläsernen Palästen oder Kathedralen, attraktiv am Hang des Fichteberges gelegen. Zuerst trifft man auf ein Gewächshaus in Form einer dreischiffigen Basilika, das etwas unromantisch den Namen Haus P trägt und wie die anderen Glasbauten in den Jahren 1900-09 errichtet wurde. Die folgenden **Gewächshäuser A** bis **O** bilden ein geschlossenes Ensemble von miteinander verbundenen einzelnen Abteilungen, in deren Zentrum das Haus A, das Große Tropenhaus, steht. So gewaltig seine Ausmaße sind (Grundfläche 60 mal 30 Meter, Höhe 23 Meter) und obwohl es zu den größten der Welt zählt, gelingt es nicht immer, den schnellwüchsigen Tropenpflanzen Platz auf Lebenszeit einzuräumen. Bei dem dort herrschenden künstlichen Klima mit hoher Feuchtigkeit und Temperaturen zwischen 24 bis 30 Grad Celsius wächst zum Beispiel der Riesenbambus pro Tag zwischen 10 bis 30 Zentimeter; man kann also mit etwas Geduld erleben, wie sich das Gras zügig zur Decke streckt. Über 150 Jahre alte Palmfarne sind hier zu sehen, Palmen oder so sonderbare Pflanzen wie der Duftende Schneckenfaden. In der dem Haus A vorgelagerten gläsernen Zunge, das Viktoria-Haus, ruhen die Teller der Riesenseerosen auf dem Wasser, von der Decke hängen Fleisch fressende Großblütige Pfeifenblumen, bei unglaublich drückender Schwüle. Die Pflanzenwelt der anderen Abteilungen dieses Komplexes könnte dazu nicht kontrastreicher sein: Im Wüstenklima gedeihen Kakteen als Säulen, Kugeln, Sträucher und in kunstreichen Formen und Ausbildungen, mit Blüten, die die Besucher entzücken. Andere Breitengrade, andere Pflanzenwelten: Beispielhaft sind die Pflanzengruppen des Kaplandes, Australiens, südlichen Afrikas oder die interessanten Sammlungen der Fleisch fressenden Pflanzen, Myrtenbäume, Eukalyptusbäume, Agaven oder Akazien; die Sammlung der Kamelien im Haus N gehört während der Blütezeit vom Dezember bis April mit Recht zu den beliebtesten Anlaufpunkten der Pflanzenfreunde.
Verlässt man die gläsernen Bauten und tritt auf den Hauptweg, senkt sich vor einem die barock gehaltene Gartenanlage ins Tal. Man kann den Kurven eines riesigen Blütenstandes folgen und sich entscheiden, ob man nochmals nach Europa, Asien, Afrika, Amerika oder aber wieder nach Berlin möchte.

Klaus Esche

Die Lichterfelder Fantasievillen

My home is my castle

Die mit kleinen Türmchen verzierten Dächer, die umlaufenden Zinnen, die vorspringenden Erker, die zierlichen Zugbrücken und die trockenen Burggräben lassen einen sofort an das geflügelte Wort der Angelsachsen denken – my home is my castle. Diese kleinen Burgen von Lichterfelde sind ohne Ausnahme Visitenkarten des Baumeisters Gustav Lilienthal. Lilienthal schuf in Lichterfelde-West rund 30 dieser Gebäude, wovon etwa 20 noch zu bewundern sind.

Gustav Lilienthal, der jüngere Bruder des „Ikarus" Otto, war Baumeister, Erfinder, Reformer und, wie sein Bruder, Flugpionier. Er erfand zusammen mit Otto den später für andere zu einem Verkaufserfolg gewordenen „Anker-Steinbaukasten"; er entwarf Stickmuster, leitete mit seiner Schwester Marie eine Handarbeitsschule in der Brunnenstraße. In Tegel erinnert ein Gedenkstein an den Mitbegründer und Architekten der Baugenossenschaft Freie Scholle in Reinickendorf, und bei Oranienburg ist die Genossenschaft Eden, in der Tabak und Alkohol ebenso verboten waren wie Fleischverzehr, Ausdruck seiner Reformideen.

Beeinflusst durch Aufenthalte in England und Australien, wo er Arbeitervororte im Stil von Reihenhaussiedlungen kennen gelernt hatte, versuchte er, auch den weniger wohlhabenden Schichten möglichst preiswerten Wohnraum im Grünen zu erschließen.

Nach Lichterfelde zog es zuerst Otto Lilienthal. Das von Gustav für seinen Bruder in der Lichterfelder Boothstraße erbaute Landhaus steht leider nicht mehr.

Dagegen ist das Doppelhaus **Tietzenweg 51/53** noch erhalten. **Nr. 51** baute Gustav für seinen eigenen Bedarf. Später zog die größer gewordene Familie in die

Paulinenstraße 25

Marthastraße 5a. An der Pforte verzeichnet dort heute noch ein kleines ovales Schild seinen Namen mit dem Zusatz: „Baumeister und Flugforscher". Das Haus befindet sich nach wie vor in Familienbesitz, seine Enkelin Frau Anna S. Halle bewohnt es. Die Hausherrin erzählt gern die Geschichte des Gebäudes und zeigt das mit Erinnerungsstücken an die Brüder angefüllte Burginnere.

Mit der **Marthastraße 4, 4a** und **5** finden sich weitere Bauwerke Gustav Lilienthals. Am Haus Marthastraße 5a ist eine Zugbrücke angebracht, Ähnliches kann man auch in der **Paulinenstraße 24–28** und im **Weddigenweg 17** bewundern. Frau Halle erklärt: „Die Zugbrücken haben zweierlei Funktionen. Einerseits sollen sie die Niveauunterschiede ausgleichen – andere Architekten bevorzugen für diesen Zweck fantasieloserweise eine Treppe –, andererseits überspannen sie den Burggraben." Und die Burggräben, besonders deutlich am Weddigenweg 17 zu erkennen, erfüllen ebenso einen praktischen Zweck, verschaffen den Souterrain- und Kellerräumen Tageslicht. Auch die verspielten Türmchen und Zinnen sind nicht einfach nur Zierrat, sie dienen als Schornsteine und Luftschächte für die Heizungsanlagen der Häuser.

Die verputzten Fassaden der Lilienthal-Bauten werden durch Klinkerornamente gegliedert, die Eingangsbereiche und Fenster sind durch rote Steine eingefasst. Die kleinen Balkone und die Terrassen sowie vorspringende Treppenhäuser vermitteln

Marthastraße 5

Paulinenstraße 26

Paulinenstraße 24

zuweilen den Eindruck, als seien sie aus Anker-Bausteinen zusammengesetzt. Das oftmals an den Fassaden emporrankende Efeu vertieft den Eindruck des romantisch Verspielten.

Nicht an allen Gebäuden sind die Intentionen Lilienthals noch erkennbar. So ist das Haus **Ringstraße 60** grau in grau verputzt, die Schmuckelemente sind verdeckt, die Fensterfronten verändert, „modernisiert" worden. Aus einer fantasievollen Burg wurde auf diese Weise ein langweiliger Kasten. Am Haus **Walter-Linse-Straße 9** hat man sich dagegen bemüht, die Besonderheit der Architektur zu bewahren. Die Fassade strahlt in frischem Weiß, jedes Fenster, jede Tür und jedes Türmchen ist mit rot leuchtendem Klinker abgesetzt.

Weitere Lilienthal-Burgen findet man in der **Potsdamer, Baseler** und **Ringstraße**. Etwas abseits, schon auf Steglitzer Gebiet, steht in der **Barsekowstraße 14–16** das einzige von ihm ausschließlich für gewerbliche Zwecke errichtete Gebäude. Ein Maleratelier, eine Tischlerei und ein Fitness-Studio sind hier heute zu Hause.

Die „Burgen von Lichterfelde" sind bei einem gemütlichen Spaziergang in knapp einer halben Stunde zu erkunden. Dabei könnte man noch einige weitere Skurrilitäten Lichterfeldes anlaufen: die an eine Käseglocke erinnernde Johanneskirche in der Ringstraße, das Rother-Stift in der Friedrichstraße, das mit seiner roten Backsteinarchitektur die Bauten der Hansestädte nachahmt, oder das Reiterstandbild Kaiser Wilhelms I. im Vorgarten der **Steinäckerstraße 6**.

ANDREAS KOSKA

Durch Dahlem

Das Dorf war nie Dorf

Dahlem ist vieles: Landhausviertel und Universitätsgebiet, Museumsstandort und Forschungsstätte, dazu ein bisschen Ländlichkeit und der Grunewald mit seinem Schloss. In der Woche beherrschen die Studenten das Straßenbild, am Wochenende strömen Berliner an den Grunewaldsee, wo die geliebten Vierbeiner baden können, oder zur Domäne, durch regelmäßige Veranstaltungen ein Anziehungspunkt für Familien. Nur die reinen Wohngebiete bieten ein durchgehend ruhiges bis lebloses Bild.

Dahlem unterscheidet sich durch seine Entstehungsgeschichte von allen anderen Landhausvierteln Berlins. Nicht ein Spekulant errichtete eine Kolonie, sondern der Staat Preußen entdeckte für sich die Möglichkeit, das neue „Akademische Viertel der Reichshauptstadt" hier anzulegen und durch Parzellierungsgewinne zu finanzieren. Ein sicherlich etwas abenteuerliches Unterfangen, denn Dahlem lag ja damals noch weit außerhalb Berlins. Aber die 530 Hektar große Staatsdomäne war ein wirtschaftlich kränkelndes Unternehmen und bot sich zur baulichen Erschließung an. 1901 bewilligte der Landtag dafür die stolze Summe von 9 Millionen Mark. Das hochfliegende Projekt des „Akademischen Viertels" mit Hochschulen, Archiven und Museen ist durch den Ersten Weltkrieg nur in Ansätzen verwirklicht worden, neben anderen Gebäuden wurden Geheimes

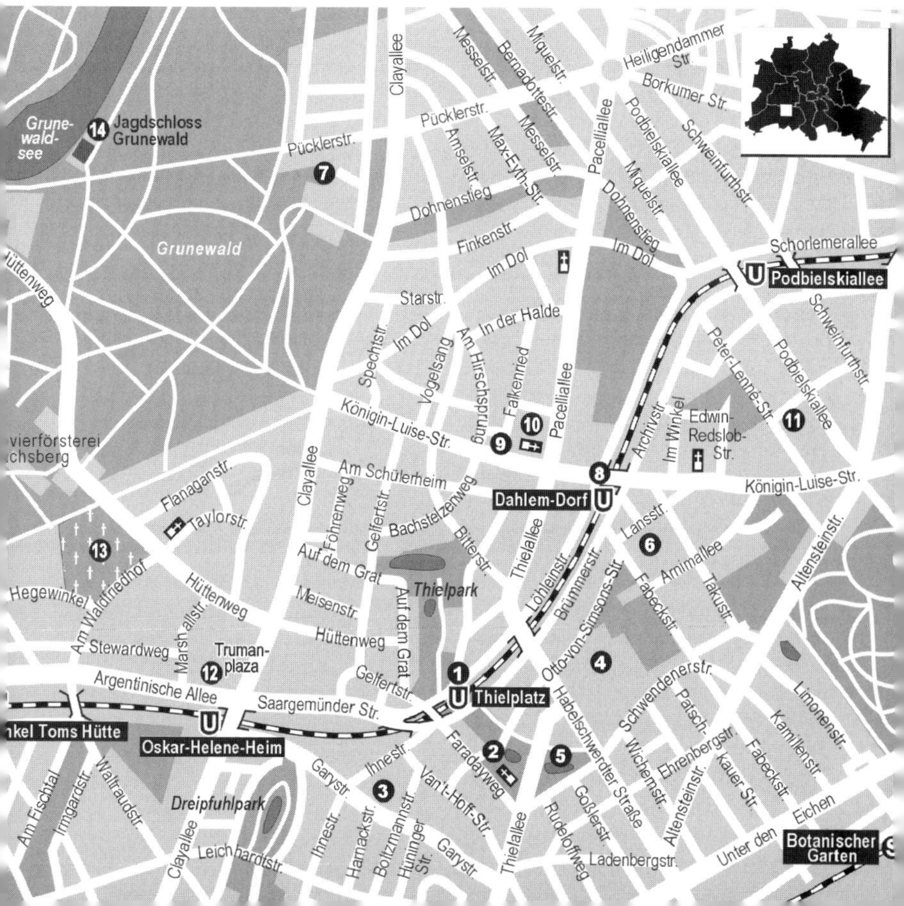

Thielpark

Staatsarchiv, Völkerkundemuseum und Kaiser-Wilhelm-Institute errichtet. Erst nach dem Zweiten Weltkrieg hat man mit der Ansiedlung der Freien Universität und der Einrichtung des Museums wieder daran angeknüpft.

Für einen Rundgang bietet sich der 1 **U-Bahnhof Thielplatz** als Ausgangspunkt an. Er war Endpunkt der 1913 eröffneten Linie zur Anbindung der Kaiser-Wilhelm-Institute. Die Gründung der „Kaiser-Wilhelm-Gesellschaft zur Förderung der Wissenschaften" 1911 unter Adolf von Harnack sollte vor allem eine Kaderschmiede der Wissenschaft des Deutschen Reiches schaffen, daher auch der damals geprägte Begriff eines „deutschen Oxford". Das gelang auch weitgehend durch überragende Gelehrte wie Max Planck, Otto Hahn, Fritz Haber, Emil Fischer, Otto Warburg und Albert Einstein. Der Nationalsozialismus führte durch Emigration und Verlagerung des Staatsinteresses allein auf die Rüstung zu einem tief greifenden Einschnitt, die bauliche Zerstörung erfolgte durch den Krieg. Wo die Grundlagen der modernen Naturwissenschaft gelegt wurden, wo die erste Atomspaltung gelang, lag 1945 alles in Trümmern. In Göttingen begann Max Planck die „KWG" wieder aufzubauen. Da die amerikanische Besatzungsmacht den alten Namen ablehnte, wurde die Institution nach Plancks Tod als „Max-Planck-Gesellschaft" neu benannt. Sie übernahm die 34 ehemaligen Kaiser-Wilhelm-Institute in den westlichen Besatzungszonen, verlegte aber ihren Hauptsitz nach München. Dennoch prägen noch heute die zahlreichen mächtigen Institutsbauten von des Kaisers Lieblingsarchitekten Ernst von Ihne das Ortsbild.

Aufgelockert wird das Stadtbild vom **Thielpark**. Er ist zwar nur ein schmales Parkband, das aber von Max Dietrich ab 1930 so geschickt landschaftlich ausgestaltet worden ist, dass es auch einen ausgedehnten Spaziergang lohnt. Berlinern ist er kaum bekannt, dafür den Studenten der verstreut liegenden FU-Institute, die hier an schönen Sommertagen ihre Vorlesungs- und Seminarpausen zur Entspannung auf frisch gemähten Rasenflächen nutzen. Hier findet sich auch ein Naturdenkmal, der mit etwa 50 Tonnen größte erhaltene eiszeitliche Findlingsblock Berlins, der 1912 die Ausschachtungsarbeiten des U-Bahn-Baus kurz vor dem Endpunkt unterbrach.

Hinter dem Bahnhof erhebt sich im Thielpark die große evangelische Pfarrkirche Dahlems, die 2 **Jesus-Christus-Kirche**. Sie ist innerhalb der Sakralarchitektur des 20. Jahrhunderts bedeutend: Jürgen Bachmann, einer der beiden Architekten des Rathauses Schöneberg, brachte 1930 mit ihrem Bau die Moderne nach Dahlem. Auf den ersten Blick wirkt sie etwas kastenförmig, doch dem geneigten Blick offenbaren sich viele qualitätsvolle Details des Altmeisters. Die Kirche war nach 1945 wichtig für das Konzertleben Berlins. Die Konzertsäle der Stadt waren zerstört, und die Jesus-Christus-Kirche war unter Mitarbeit eines Akustikers entworfen worden, sodass bis zur Eröffnung der Philharmonie beispielsweise die „klassischen" Einspielungen der Philharmoniker unter Karajan hier stattfanden.

Ganz in der Nähe, in der Kaiserswerther Straße, liegt ein ehemals politisch für Berlin wichtiges Gebäude. Heinrich Straumer hat es 1927 als **Versicherungsgebäude** erbaut. 1945 bezog es die Alliierte Kommandantur als höchstes, mit der „Obersten Gewalt" in Berlin beauftragtes Organ der Siegermächte des Weltkrieges.

Folgt man von hier der Thielallee, stößt man bald auf die großflächigen Bauten

Philosophisches Institut der Freien Universität

der **Freien Universität.** Wegen der zunehmenden Einflussnahme von SED und sowjetischer Besatzungsmacht auf die Fachbereiche der traditionellen Universität Unter den Linden wurde 1948 als politische Gegeninstitution die „Freie Universität" mit reger Unterstützung durch die amerikanische Besatzungsmacht gegründet. Lehre und Forschung fanden zunächst in provisorischen Unterkünften, unter anderem den alten Kaiser-Wilhelm-Instituten statt. Dann wurden erste Neubauten mit amerikanischer Unterstützung errichtet, so die alte Mensa und vor allem der (3) **Henry-Ford-Bau** 1952-54, in dessen Audimax nicht nur während der 68er-Unruhen leidenschaftlich Gesellschafts- und Hochschulpolitik unter der Studentenschaft diskutiert wurde.

Drei Kernbereiche machten die neue Universität schnell über die Grenzen hinaus bekannt: das Otto-Suhr-Institut, das Maßstäbe für die Politikwissenschaft setzte, das Osteuropa-Institut, das an der ehemaligen Nahtstelle zweier Systeme hervorragend besetzt war, und als Pendant das John-F.-Kennedy-Institut für Amerikastudien. Bundesweit erlangte die FU aber vor allem als ein Zentrum der Studentenbewegung ab Ende der sechziger Jahre die größte – nicht von allen positiv aufgenommene – Berühmtheit.

Die meisten Institute verteilten sich auf umgenutzte Villen- und Wohnbauten. Einen einzigen Versuch zur Zentralisierung machte man ab 1967 mit den (4) **Neubauten** für die geisteswissenschaftlichen Institute zwischen Fabeckstraße und Habelschwerdter Allee. Dem Campus-Gedanken folgend, errichtete man zweigeschossige großflächige Bauten, deren Inneres labyrinthisch durch Gänge und „Plätze" erschlossen ist. Das Äußere des ersten Bauabschnitts wurde mit verwitterungsfähigen Stahlplatten verkleidet, die Fassaden des 1972 begonnenen zweiten Bauabschnitts erhielten eine Verkleidung mit Aluminiumplatten, sodass beide Gebäude umgangssprachlich bald als „Rost"- und „Silberlaube" bezeichnet werden. Sehr viel gelungener ist das schräg gegenüberliegende, 1982 gebaute (5) **Philosophische Institut** an der Habelschwerdter Allee 30. Es ist ein typischer Bau des Architektenpaares Baller mit organischen Dachformen und gläsernen Fassaden.

Benachbart liegt das 6 **Museum Dahlem**, bislang eines der wichtigsten touristischen Ziele des Ortes. 1907 hatte der damalige Generaldirektor Wilhelm von Bode ein Konzept entwickelt, in Dahlem ein Museumsviertel zur Entlastung der Museumsinsel anzulegen. 1914 wurde ein erstes Museum in der Arnimallee für die Ostasiatische Kunst gebaut. Durch den Krieg wurden die ehrgeizigen Planungen unterbrochen, und der einzig ausgeführte Bau diente lediglich als Depot. Erst durch die Teilung der Stadt nach dem Zweiten Weltkrieg wurde Dahlem Museumsstandort. Die alte Dreiflügelanlage von Bruno Paul wurde ausgebaut und sukzessive durch Neubauten erweitert. Hier fanden die in den westlichen Besatzungszonen geborgenen Kunstwerke Berlins eine zwischenzeitliche Heimstatt. Mittlerweile sind sie zum Kulturforum um- beziehungsweise auf die Museumsinsel zurückgezogen, und in Dahlem wird zukünftig nur noch die außereuropäische Kunst präsentiert, wenn Dahlem als Museumsstandort nicht sogar aufgegeben wird.

Dahlem besitzt aber noch ein weiteres Kunstmuseum. Es findet sich versteckt am Grunewald im Bussardsteig 9. Das 7 **Brücke-Museum** ist unbedingt sehenswert und sehr intim. Der damalige Senatsbaudirektor Werner Düttmann baute es 1967 in der Art eines großen Bungalows. Es entstand dank Stiftungen der Maler Erich Heckel und Karl Schmidt-Rottluff. Sie hatten neben Nolde, Kirchner, Pechstein und anderen der 1911 nach Berlin umgezogenen expressionistischen Künstlergruppe „Die Brücke" angehört. Ihre Kunst war von den Nationalsozialisten als „entartet" verfemt worden, das Brücke-Museum war damit auch eine Wiedergutmachung für die NS-Kulturpolitik. Deren Umsetzung besorgte in den dreißiger Jahren im Nachbargebäude der Bildhauer Arno Breker, wo er seine kolossale Staatskunst für „Reich und Führer" schuf.

Die Königin-Luise-Straße ist Dahlems Einkaufsmeile, sehr bescheiden, wie man schon auf den ersten Blick erkennt. Das liegt weder an fehlender Bevölkerung oder gar an Kaufkraftmangel, vielmehr daran, dass Dahlem ein „motorisierter" Ortsteil ist. Wer hier wohnt, ist mit dem Auto in nur wenigen Minuten in der City. Viel bestimmender für die Straße als die Geschäfte sind Gaststätten, deren Charakter weitgehend von der studentischen Klientel – auch gesetzteren Alters – geprägt ist. Belebtester Ort an Wochentagen ist daher auch der namenlose Platz vor dem U-Bahnhof, der ein Hauptausstiegspunkt der Studenten ist.

Die Gestaltung der Bahnhöfe war von Kaiser Wilhelm beeinflusst. Er wünschte ländlich angepasste Baulichkeiten. So gibt sich der 8 **U-Bahnhof Dahlem-Dorf** als reetgedecktes niederdeutsches Fachwerkbauernhaus. Da es aber weder ein Fachwerk- noch ein Bauernhaus und zudem nicht einmal historisch gesehen ortstypisch ist, stellt der Bahnhof eine der prägnantesten architektonischen Stilmaskeraden seiner Zeit dar. Dass ausgerechnet er als einziger Bahnhof den Zusatz „Dorf" besitzt, ist überdies seltsam, da Dahlem seit 1803 kein Dorf mehr war. Damals hatte man die letzten Bauern nach Schmargendorf umgesetzt, ihre Gehöfte abgerissen – Dahlem war damit nur noch Gutsanlage. Darum findet man hier einige Gutsarbeiterhäuser, aber kein einziges Bauernhaus, auch der ländliche „Alte Krug" war das zum Gut gehörende Milchpächterhaus.

Erhalten ist allein der 9 **Dorfanger**, auf ihm erhebt sich ein kleiner künstlicher Hügel mit einem rundbogigen Eingang. Dieser Eingang führt lediglich in den 1709 angelegten Eiskeller des Gutes, in den früher die vom Dorfteich abgeernteten Eisschollen eingelagert wurden, wo sie der Herrschaft bis in den Sommer zur Kühlung zu Verfügung standen.

Neben dem Gutshaus der Domäne ist vor allem die **St.-Annen-Kirche** im Ortskern sehenswert. Sie stammt aus dem 14. Jahrhundert, war zunächst nur ein Kastenbau, der aber – einzigartig unter den Berliner Dorfkirchen – mit Wandbildern zur Annenlegende geschmückt war. Die Kirche

Friedhof an der Pacelliallee

muss also eine besondere Bedeutung gehabt haben, die wir aber nicht kennen. Im 15. Jahrhundert ist noch ein gewölbter Chor angebaut worden. Das Kircheninnere ist noch heute sehr stimmungsvoll. Im 19. Jahrhundert diente die Kirche dann auch der Technik: Auf dem Dachtürmchen befand sich Station 2 des Optischen Telegraphen, mit dessen beweglichen Armen von 1832 bis 1849 Nachrichten von Berlin bis ans Westende Preußens in Koblenz übermittelt wurden.

Im 20. Jahrhundert war die Kirche dann ein Zentrum der Bekennenden Kirche. Von hier aus wirkte Martin Niemöller mit einer Schar Gleichgesinnter gegen die Gleichschaltung der Kirche im Nationalsozialismus. Das von der Kirchengemeinde für Niemöller vorgesehene Grab belegt heute Rudi Dutschke.

Das schöne (10) **Pfarrhaus**, das neben dem Friedhof an der Pacelliallee liegt, hat 1906 Heinrich Straumer gebaut, heute beherbergt es das Friedenszentrum Martin Niemöller. Der die Dahlemer Kirche umgebende Kirchhof mit seinen alten Feldsteinmauern und der daran anschließende kommunale **Friedhof** weist viele Gräber aus der Kultur- und Wissenschaftsgeschichte auf. Ein einziges Grabmal ragt aus dem eher gesichtslosen Friedhof hervor: die dorische Säulenhalle des 1911 gestorbenen Ludwig Leichner, eines der reichsten Dahlemer Bürger. Leichner war eigentlich unter den Namen „Rafaele Carlo" als der seinerzeit bedeutendste Wagner-Bariton berühmt geworden. Als Hobby betrieb er chemische Studien und erfand dabei die bleifreie Weißschminke. Das war ein Durchbruch auf dem Kosmetiksektor, konnte man sich doch nun ohne die Gefahr einer Bleivergiftung so weiß wie nötig für das dämmrige Licht der Bühne schminken. Bei Herrn Leichner klingelten fortan die Kassen, was ihm auch gestattete, der Stadt Berlin das Wagnerdenkmal im Tiergarten zu stiften. Nördlich des Ortskerns erstrecken sich die Gebiete Dahlems, in denen man bei einem Spaziergang die Landhausbaukunst des 20. Jahrhunderts in aller Vielfalt studieren kann. In der Zwischenkriegszeit wurde Dahlem zum Synonym für gebildetgutbürgerliches Wohnen ohne Protz und Pomp. Nobelpreisträger wohnten neben Kaufleuten und Beamten, und anders als in den traditionellen Villenkolonien konnte man Vermögen und Stand der hier Sie-

Alliierten-Museum

delnden kaum mehr an ihren Häusern ablesen. Es herrschte und herrscht ein gewisses Understatement, das sich auch in fehlenden Namensschildern niederschlägt. Einige der Villen sind am Klingelschild gelegentlich als Studentenwohnheim ausgewiesen, verbergen aber Verbindungshäuser, die meist nur durch ihre Flaggen erkennbar sind. Auch die doch etwas auffällige Krankenhausdichte dient weniger der allgemeinen Gesundheitsversorgung als vielmehr der kosmetischen Chirurgie und der standesgemäßen Geriatrie. In den oft etwas verschlafen anmutenden Wohnstraßen weisen häufiger Polizeiposten auf hier zu schützende Politiker oder Botschafter. Mit Grunewald gehört Dahlem zu den bevorzugtesten Wohngebieten für Personen aus Politik und Wirtschaft. Seit dem Regierungsumzug nach Berlin wurden auch zahlreiche Häuser zu Residenzen der Botschafter umgebaut. Und auch der Bundespräsident ist „Dahlemer".

Das wohl künstlerisch bedeutendste Haus liegt an der Peter-Lenné-Str. 28-30, heute Sitz des 11 **Deutschen Archäologischen Instituts**, 1912 als Wohnhaus des Archäologen Theodor Wiegands erbaut. Er war seit 1911 Direktor der Antikensammlungen und ließ sich das Haus in sehr harten klassizistischen Formen von Peter Behrens entwerfen. Die Bauformen, die die meisten flüchtigen Betrachter für nationalsozialistisch halten, waren als Gegenpol zur vom Kaiser bevorzugten Prachtentfaltung gedacht. Wiegand war eine der wichtigsten Persönlichkeiten der Berliner Museumslandschaft. Das Haus ist auch im Inneren erhalten.

Doch auch die „klassischen" zwanziger Jahre haben ihre Spuren hinterlassen: Beidseitig der Schorlemerallee (7-23) liegt die **Versuchssiedlung** der Architektengemeinschaft Luckhardt & Anker von 1924-30. Da Dahlem zu dieser Zeit bereits einen positiven Klang hatte, versuchten die Architekten hier Prototypen von modernen Bauten als Schauobjekte zu errichten, weitere Aufträge haben sie allerdings nicht dadurch erhalten. In den Häusern Nr. 7-11 wohnten die Luckhardts selbst sowie der Regisseur Fritz Lang mit seiner damaligen Frau, der Autorin Thea von Harbou. Die Bauten sind konstruktiv und formal unterschiedlich gestaltet und gehören zu den wichtigsten Bauten der zwanziger Jahre in Berlin.

Von Ortskern und Landhausgebiet ist es nicht weit zur Clayallee, die die Grenze zum Grunewald bildet. Sie hieß ursprünglich Kronprinzenallee und wurde bereits 1949 als Dank der (West-)Berliner an den „Vater der Luftbrücke" umbenannt, denn hier hatte bis kurz nach der Wende an der Grenze zur Saargemünder Straße das amerikanische Headquarter seinen Sitz gefunden. Auch das war für Dahlem typisch: uniformierte amerikanische Soldaten, Wohnbauten, die Einkaufs- und Versorgungseinrichtungen an der 12 **Trumanplaza**. Davon sind allein das Gotteshaus, das Steuben-Denkmal und das „outpost"-Kino geblieben, in dem seit kurzem das **Alliierten-Museum** die Erinnerung an die Besatzungs- und Schutzmächte wach hält.

Am Gotteshaus, das auch als Synagoge dient, liegt der Eingang zum 13 **Waldfriedhof Dahlem**. Im Selbstverständnis vieler Dahlemer ist er der einzig standesgemäße Begräbnisplatz. Angelegt wurde er 1930-32 und ist für seine Zeit sehr typisch, denn als gärtnerisch reizvoller Heckenfriedhof ist die eigentliche Zweckbestimmung als Grabfeld auf den ersten Blick kaum zu erkennen. Der Pflegestand der Gräber spricht für die hier trauernde Klientel. Vorn links am Eingang befindet sich ein Liegeplan, anhand dessen man

sich auf die etwas schwierige Suche der zahlreichen Prominentengräber von Erich Mühsam bis Gottfried Benn machen kann. Geht man jenseits des Hüttenwegs durch den Wald, stößt man bald auf das **Forsthaus Paulsborn**. Es ist 1908 in Renaissanceformen als die große Restauration des Grunewaldes erbaut worden.

Nicht weit davon liegt Dahlems kunsthistorisch bedeutendstes Bauwerk, das weiß getünchte (14) **Jagdschloss Grunewald**. Hier am Spilsee in der Teltowschen Heide hatte die Dahlemer Gutsfamilie von Spil ein Jagdhaus. Der Pracht liebende Kurfürst Joachim II. kaufte Haus und See, um sich ab 1542 ein Jagdschloss bauen zu lassen. Über dem Eingangsportal befindet sich ein Relief mit Hirschen und der Inschrift, die das Schloss als „zum grünen Walde" bezeichnet. Dieser Name ist im Laufe der Zeit auf den Wald übergegangen. Das Schloss ist eines der wenigen erhaltenen Renaissance-Bauwerke im Berliner Raum. Es sah allerdings ursprünglich sehr viel wehrhafter aus, denn die zum See gelegenen Bauteile waren Türme, und der Bau war von einem Wassergraben umgeben. Im 18. Jahrhundert wurde das Jagdschloss aufgestockt, seither gibt nur noch die Vorhalle mit ihrem Kielbogen, den Schießscharten und dem Treppenturm einen Eindruck vom Ursprungsbau. Im Inneren befindet sich als sehenswertester Raum der nur für Berliner Verhältnisse als repräsentativ zu bezeichnende Renaissancesaal, das älteste erhaltene Profaninterieur Berlins. In der Vorhalle fällt vor allem das so genannte Zecherrelief auf, das die am Schlossbau beteiligten Caspar Theyss (Architekt),

Jagdschloss Grunewald

Kunz Buntschuh (Bauführer) und Hans Schenk (Bildhauer) auf ironische Weise darstellt. Als der Grunewald seine Funktion als Hofjagdrevier verlor, verwaiste auch das Jagdschloss. Nach der Verstaatlichung richtete dann die Schlösserverwaltung eine Kunstsammlung in den Räumen ein, die nach dem Zweiten Weltkrieg kontinuierlich ergänzt wurde und außerordentlich sehenswert ist. Neben der Porzellan- und Zinnsammlung ist vor allem die Gemäldesammlung bemerkenswert, über 200 Objekte deutscher und niederländischer Meister aus dem 16. bis 19. Jahrhundert. Hier kann man Kunst wirklich genießen, denn während draußen Hundertschaften von Berlinern ihre Hunde ausführen, ist im Schloss das Wachpersonal gegenüber dem Publikum meist in der Überzahl. In den Nebengebäuden kann man sich anhand von Waffen aus der Sammlung des Prinzen Carl über historische Jagdformen in Brandenburg informieren oder das mangelnde Forstwissen des Großstädters in der Waldlehrschau aufbessern. Natürlich besitzt auch dieses Schloss sein Gespenst in Form der „weißen Frau", hier Joachims Geliebte Agnes Sydow, die angeblich nach seinem Tode im Schloss eingemauert worden sein soll, sich aber seit Verstaatlichung des Gebäudes nicht mehr als Geist gezeigt hat.

ANDREAS BERNHARD

Domäne Dahlem und Museumsdorf Düppel

Ziegen hinterm Herrenhaus

Domäne Dahlem

Ein Besuch der **Domäne Dahlem** entführt in eine Zeit, wie man sie in einer Großstadt nicht unbedingt vermuten würde. Nähert man sich ihr vom gegenüberliegenden U-Bahnhof Dahlem-Dorf, rückt als Erstes das Herrenhaus ins Blickfeld, das in seinem Kern auf das Jahr 1560 zurückgeht und somit der älteste Profanbau des heutigen Berlins ist. Seit 1995 zur Stiftung Stadtmuseum gehörig, befindet sich in ihm ein Museum, das sowohl mit seinen historischen Räumen als auch mit Wechselausstellungen zum Thema Ernährung und Versorgung von Stadt und Land einen Besuch wert ist. Glanzstück der Räume ist die Hofstube mit Sterngewölbe und mittelalterlichen Konsolfiguren, die sich noch aus dem Vorgängerbau erhalten hat.

Das allein ist ungewöhnlich. Mindestens genauso ungewöhnlich ist, dass sich im Hofgarten des Herrenhauses frei laufende Tiere vergnügen und von ferne die Arbeit eines Schmieds zu hören ist. Die Domäne Dahlem ist ein lebendiges Museum und gleichzeitig ein Ökodorf, das eine Landwirtschaft mit historischen Wurzeln betreibt und sich bei der Arbeit zuschauen lässt.

Die eigenen Wurzeln reichen bis ins Jahr 1976 zurück. Ein „Verein der Freunde der Domäne Dahlem" rettete das ehemalige Stadtgut, wo bis zur Schließung 1975 jahrhundertelang Ackerbau betrieben worden war. Alte Techniken wurden wieder belebt, und so arbeiten heute eine Schmiede, eine Töpferei, wird wieder die Technik des Blaudrucks gepflegt.

Sie haben ihren Platz in den alten Gebäuden gefunden. Vor allem der zweistöckige Pferdestall von 1830, in dem die Hofschmiede untergebracht ist, ist in seinen Ausmaßen beeindruckend. Ihm gegenüber befindet sich die Stellmacherei, der einzig bekannte Bau in Kalk-Prisé-Bauweise, der im Berliner Raum errichtet wurde. In einem Museum sind alte Geräte ausgestellt, die die Landgutbetreiber seit 1987 gesammelt haben: Sensen und Mistgabeln, alte Wagenräder und Dreschflegel, aber auch historisches Spielzeug und Haushaltsgegenstände.

Im nördlichen Teil des Gutes liegen die Anbauflächen. Verschiedene Stauden- und Fruchtfolgen, wie sie im 19. Jahrhundert üblich waren, geben einen Einblick in vergangene Landwirtschaftstechniken, aber auch in die moderne Bioland-Bewirtschaftung. Dazu gehört, dass neben Traktoren Zugpferde eingesetzt werden – ein Bild, das viele Besucher staunen lässt.

Sie kommen in Scharen zu dem dreimal jährlich stattfindenden Markt, auf dem Bioland-Produkte und Blauwäsche, Töpfereiwaren und Flechtkörbe sowie Honig der gutseigenen Bienenvölker angeboten werden.

Da erstaunt es fast schon nicht mehr, dass die Domäne auch die bedeutende bienenkundliche Armbruster-Sammlung besitzt, die in ihrem Kern auf die Sammlung des Dahlemer Instituts für Bienenkunde zurückgeht, die seit den zwanziger Jahren angelegt wurde. Einiges davon wird auch in dem Herrenhaus ausgestellt.

Die Sammlung soll einmal in die Villa daneben umziehen, um sie dann vollständig präsentieren zu können, ein Handwerkszentrum und ein Bildungswerk das Ensemble komplettieren. Gelebte Historie – und ein Blick nach vorn.

Museumsdorf Düppel

Noch etwas mehr an den Stadtrand und noch weiter in die Zeit zurück führt der Weg zum **Museumsdorf Düppel**. An der Zehlendorfer Clauertstraße stößt man zunächst auf einen Palisadenzaun, dahinter auf Holzhäuser, die unter anderem Weberhaus, Töpferei und Schmiede beherbergen. Die Besonderheit liegt aber nicht nur in den rekonstruierten Gebäuden, sondern vor allem in ihrem Innenleben, das die mittelalterliche Landwirtschaft auf nachgebildeten Werkzeugen, unter anderem Webstühlen und Töpferscheiben, so authentisch wie möglich vorführt. Dazu gehört auch, dass mittlerweile zurückgezüchtete Tierarten wie Weideschwein und Skuddenschafe gehalten werden.

Bereits 1939 deuteten archäologische Funde auf eine Siedlung aus dem Spätmittelalter hin. Doch konkrete Hinweise auf ihre Lage wurden erst entdeckt, nachdem im Zweiten Weltkrieg auf dem Gelände östlich des Machnower Krummen Fenns eine Bombe einschlug und im Bombentrichter Tonscherben entdeckt wurden. Die Ausgrabungen, die ab 1960 stattfanden, brachten die schwach erkennbaren Umrisse eines slawischen, hufeisenförmig angelegten Dorfes aus der Zeit um 1200 ans Tageslicht. Soweit erkennbar, handelte es sich um eine Anlage von 80 Meter Länge und nur 25 Meter Breite. An den Längsseiten fanden sich Reste von zwei schräg gegeneinander versetzten Toren und eine Palisadenfront mit Wehrgang. In der zweiten Siedlungsphase war ein Dorf mit etwa 16 Höfen entstanden. Sie ordneten sich im Halbrund um den zentralen Dorfplatz, der unmittelbar an das Fenn anschloss.

1975 gründeten Berliner einen Förderverein, dessen Mitglieder sich die mittelalterlichen Techniken für Landwirtschaft und Handwerk aneigneten. Seither entstanden acht Häuser, niedrige Pfostenbauten mit geflochtenen, lehmverputzten Wänden, ein Getreidespeicher und der historische Brunnen. Die Neubauern legten eine so genannte Klotzbeute (Bienenwirtschaft), Bauerngärten und Wildpflanzensammlungen an und stellten teilweise die ursprünglich das gesamte Dorfareal umschließende Palisade mit Tor wieder her. All das kann während der Sommermonate besichtigt werden.

Die ursprüngliche Siedlung wurde zusammen mit drei weiteren in diesem Gebiet nachweisbaren Dörfern bereits wenige Jahre nach ihrer Gründung wieder aufgegeben. Wahrscheinlich hatten sich die leichten Sandböden für die Landwirtschaft als ungeeignet erwiesen, auch war in dem nur wenige Kilometer entfernten und expandierenden Cedelendorp (das heutige Zehlendorf) Lehmboden zu finden. So vermuten die Experten, dass eine Siedlungskonzentration stattgefunden hat und aus ursprünglich vier Dörfern eins wurde. Mit dem Museumsdorf Düppel, das ebenfalls zur Stiftung Stadtmuseum gehört, ist es in die Gegenwart zurückgekehrt.

Martina Weinland

Vom Bahnhof Zehlendorf zur Krummen Lanke

Landhauskolonien und Versuchssiedlungen

Zehlendorf, das ist die halbe Wegstrecke von Berlin nach Potsdam. Zwei preußische Meilen – etwa 14 Kilometer – von beiden Städten entfernt, wechselte man die Pferde. Verkehrsknotenpunkt war das Dorf schon im Mittelalter, schließlich trafen sich hier acht Straßen. 1838 bekam Zehlendorf auch einen Haltepunkt an Preußens erster Eisenbahn und vergrößerte sich dadurch sprunghaft. Der unter der Bahnanlage sich durchzwängende Teltower Damm ist seit dem Mauerfall wieder viel befahrene Durchgangsstraße, zudem wurde in letzter Zeit der Versuch unternommen, am Bahnhof mit Neubauten ein Geschäftszentrum zu installieren. Aber am (1) **S-Bahnhof Zehlendorf** hat sich auch noch ein dörflicher Bau erhalten, der als Gaststätte „Fürstenhof" einst glanzvolle Zeiten hatte. Es handelt sich ursprünglich um ein Gehöft, das an der Gabelung der Straßen nach Teltow und (Klein-)Machnow lag und durch den Bau der Eisenbahn ebenso wie die Machnower Straße abgeschnitten wurde.

Geht man hinter dem Fürstenhof über den Postplatz zur Beuckestraße, stößt man dort inmitten eines kleinen Villengebietes auf die heutige (2) **Schadowschule**. Sie ist eine monumentale, aber schlicht gestaltete Backsteingruppe von 1912 und architektonischer Ausdruck der Zehlendorfer Gesinnung in der Kaiserzeit. Wilhelm II. wollte mit seinen gewaltigen neubarocken Bauten mit Pomp repräsentieren. Das Bildungsbürgertum fand dies protzig, wenn nicht gar geschmacklos. Der Zehlendorfer Architekt Paul Mebes war Initiator der Gegenbewegung. In der Architektur der Goethezeit fand man das Vorbild für zeitgemäße moderne Baukunst. Entsprechend hat Mebes an der Schadowschule Lünettenfenster, dorische Säulen und klassizistische Friese verwendet. Und der Bildschmuck ist natürlich auch gegen den Kaiser gesetzt, ohne dass der sich angegriffen fühlen konnte: Luther, Goethe und Bismarck blicken als Vorbildgestalten vom Giebel herab; Skulpturen des Zehlendorfer Bildhauers Walter Schmarje.

Geht man über das Rathausgelände zurück zum Teltower Damm, kommt man am einzigen Denkmal Zehlendorfs vorbei. Erst seit 1992 steht (3) **Der Trommler**, den Schmarje 1913 zur Jahrhundertfeier der Völkerschlacht bei Leipzig geschaffen hat, in sehr bescheidener Aufstellung im Freien. Denn er ist zwar ein Hauptwerk des Bildhauers, aber eine militärische Figur, deren repräsentativere Aufstellung lange nicht opportun war.

Das (4) **Zehlendorfer Rathaus** von 1926 ist das früheste aller nach Bildung Groß-Berlins gebauten Bezirksrathäuser. Eduard Jobst Siedler gab dem Bau ein modernes, aber dem Landhausgebiet angepasstes Gepräge. Anstelle des Rathauses stand früher eine Schmiede und davor eine Kastanie, an der der Überlieferung zufolge schon der Alte Fritz sein Pferd angebunden hatte. Diese Kastanie war der historische Dorfbaum des Ortes. Ausgerechnet zur 750-Jahr-Feier Zehlendorfs gab er seinen Geist auf und wurde durch ein schon recht großes Exemplar nachgepflanzt, dem aber natürlich alle Weihen der Hohenzollernpferde fehlen.

In der am Rathaus verlaufenden Kirchstraße hat die evangelische Kirchengemeinde 1905 ihre der Ortsgröße angemessene (5) **Pfarrkirche** gebaut. Sie scheint auf den ersten Blick etwas stiefmütterlich positioniert zu sein, ist aber in die Achse der Berliner Straße gesetzt: Wenn man von Steglitz kommt, ist ihr Turm schon von weitem der Blickpunkt Zehlendorfs. Der Dorfanger ist noch erhalten, aber ohne Dorfteich und lieblos als Grünanlage gestaltet, die letzten dörflichen Häuser verschwanden hier in den

zwanziger Jahren. Auf der Westseite wird er begleitet von einer schönen Jugendstilvilla, dem düsteren Gemeindehaus und dem hübschen Scharfe-Haus von 1892, das heute das Standesamt beherbergt.
Die Zehlendorfer wussten ihren Wohnort schon immer zu schätzen. Darum riefen sie zur letzten Jahrhundertwende, als der Ort zu boomen begann, den „Ausschuss zur Verhütung von Verunstaltungen" ins Leben. Federführend war Paul Mebes, der sich zum Ärger der ortsansässigen Architekten nun in alle Bauanträge einmischte, aber andererseits viele schöne Fassadenkorrekturen durchführte, wie man an der Ostseite des Teltower Dammes sehen kann. In den siebziger Jahren sahen die Zehlendorfer, wie im benachbarten Lichterfelde durch den Ausbau der Bundesstraße 1 das Stadtbild komplett vernichtet wurde. Sie wurden aktiv und gründeten die „Wählergemeinschaft unabhängiger Bürger" (WUB), mit der der geplante Zehlendorfer Tunnel auch verhindert werden konnte. Die WUB hat sich seitdem als bürgerliche Variante der Alternativ-Parteien in Zehlendorf und Steglitz etabliert.
Im Siebenjährigen Krieg wurde Zehlendorf zerstört. Von der steinernen mittelalterli-

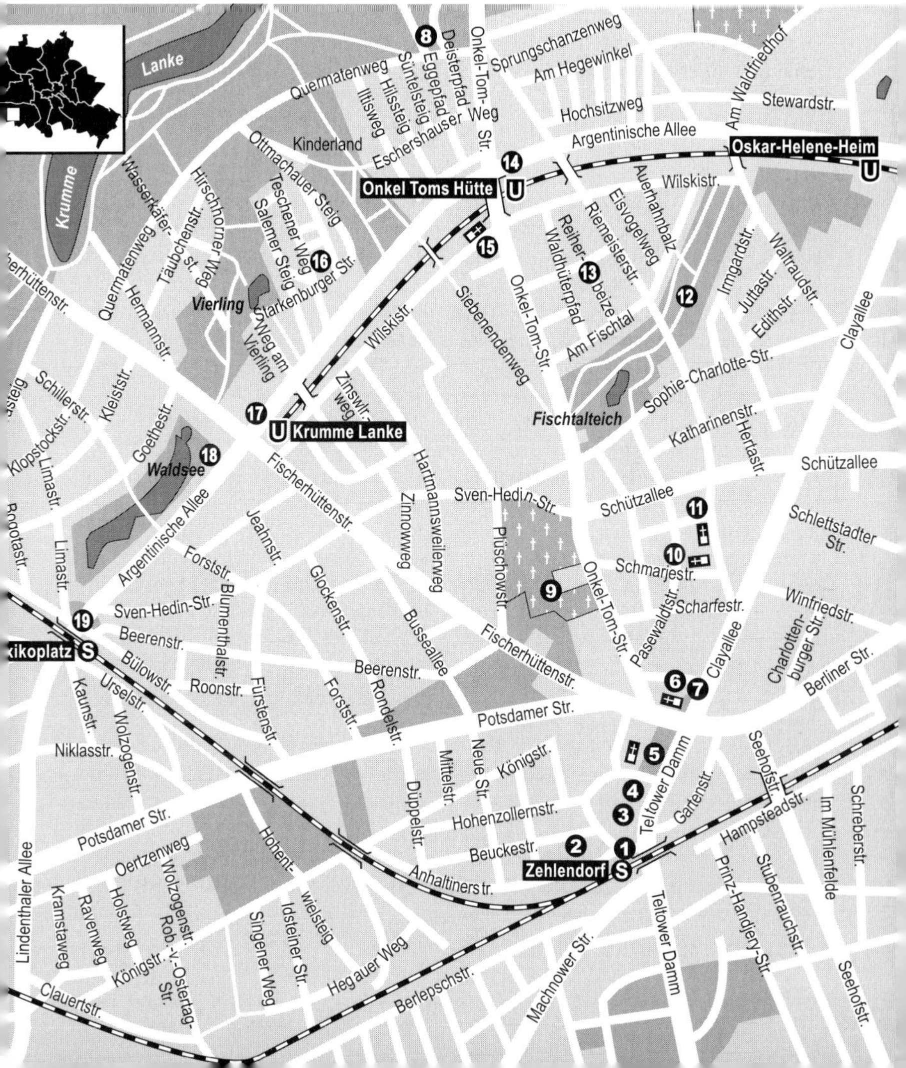

Dorfkirche Zehlendorf

chen Dorfkirche waren wohl nur noch Reste übrig geblieben, sodass man sie nicht wieder aufbaute, sondern einen Neubau errichtete. Friedrich der Große stiftete 6000 Taler, eine ungewöhnlich hohe Summe, nur zu erklären durch das Interesse des Königs an einem architektonischen Blickpunkt an der öden Strecke von Berlin nach Potsdam. Und vielleicht hatte Friedrich auch sentimentale Gründe, denn seine Amme war eine Zehlendorferin. Historisch verbürgt ist, dass der Architekt mit der halben Bausumme durchbrannte. Die 1768 erbaute neue achteckige 6 **Dorfkirche** ist trotzdem für ein 200-Seelen-Dorf erstaunlich groß und besaß auch einen Dachturm für die Glocke. Zehlendorf kann sich rühmen, die älteste Kirchenglocke Berlins – aus dem 13. Jahrhundert – zu besitzen. Nur hängt sie nicht mehr in der Dorfkirche, sondern befindet sich in der Schlachtenseer Johanneskirche. Denn am Zehlendorfer Turm war gespart worden, sodass man ihn schon nach 20 Jahren abtragen musste. Der Kirchhof birgt einige hübsche Grabmale, darunter der Stein des Pasewaldt, der zur „Franzosenzeit" 1813 den napoleonischen Truppen als Schlachtbank diente. An der Kirchhofmauer stehen auch noch altersschwache Maulbeerbäume des 18. Jahrhunderts als letzte Erinnerung an den Versuch, in Preußen Seidenraupenzucht zu betreiben.

Zur Clayallee hin schließt das alte 7 **Schulhaus** von 1828 an, das die heimatkundliche Sammlung des Bezirks beherbergt. Davor steht die Zehlendorfer **Friedenseiche** von 1871, ein mittlerweile bemerkenswerter Baum.

Geht man die Potsdamer Straße nach Westen, zweigt schräg links am Brunnen der Königsweg ab. Er war zur Zeit Friedrichs II. die direkteste Verbindung nach Potsdam. Die heutige Straßenverbindung der B1 wurde erst 1794 als erste Kunststraße Preußens gebaut, verkürzte den Weg erheblich und war mit der zweispurigen Pflasterung äußerst modern. Beim Ausbau der Reichsstraße 1 in den dreißiger Jahren machte man die alte Fahrbahn zum Mittelstreifen und legte seitlich neue Fahrbahnen an, wodurch ein ausgesprochen großzügiger Straßenzug entstand, dessen schöner alter Baumbestand durch Autounfälle ab und an verkleinert wird.

Die abzweigende Onkel-Tom-Straße führt zum 8 **Riemeisterfenn**, wo früher eine beliebte Gastwirtschaft von einem Wirt namens Thomas betrieben wurde. Als der Roman von Beecher-Stowe auch in der deutschen Übersetzung populär geworden war, nannten die Zehlendorfer die Gastwirtschaft „Onkel Toms Hütte". Sie existiert schon lange nicht mehr, der Name lebt aber in Straße und U-Bahnhof fort. In dieser Straße liegt die reizvolle alte Feuerwache und dahinter der 9 **Gemeindefriedhof**. Er ist seit seiner Eröffnung 1872 vielfach erweitert worden und besitzt viele sehenswerte Grabmäler auch aus der heutigen Zeit. Das auffallendste entstand mit monumentaler Büste für den Schauspieler Heinrich George, dessen Gebeine auf Betreiben seiner Söhne 1996 vom Friedhof des Speziallagers Sachsenhausen überführt wurden.

Die Scharfestraße wurde nach Sidonie Scharfe benannt, der wohltätigsten Zehlendorferin. Sie war Spross einer durch den Bauboom reich gewordenen Bauernfamilie, blieb unverheiratet und war schließlich Miterbin des Familienvermögens. Schon für den Bau der Pauluskirche stellte sie das Grundstück in der Kirchstraße zur Verfügung. Dann schenkte sie Grundstücke und 40 000 Goldmark für die nach ihr benannte Stiftung „Betagte Zehlendorfer Damen".

Friedenseiche und Heimatmuseum Zehlendorf

Von der Scharfestraße gelangt man über die Clayallee zur Riemeisterstraße. Hier beginnt „Zehlendorf-Grunewald", eine heute nicht mehr gebräuchliche Bezeichnung für die von einer AG gebaute Landhauskolonie. Die an der Straßenecke liegende 10 **Herz-Jesu-Kirche** mit ihrem fachwerkverkleideten Pfarrhaus hat Christoph Hehl entworfen, der immer um außergewöhnliche Bauten für die katholische Kirche bemüht war. Die Gewölbe des quadratischen Kirchenraums ruhen auf einem Mittelpfeiler, an dem Bronzefiguren des Bildhauers Josef Limburg aus der Bauzeit 1908 stehen, darunter eine für die Zeitgeschichte wichtige Madonna. Im protestantischen Preußen war seit 1897 die von Fritz Schaper geschaffene „Preußische Madonna" – Königin Luise mit Wilhelm I. als Kind auf dem Arm – so beliebt, dass sie als Statuette in zahlreichen „vaterländisch" gesinnten Haushalten aufgestellt wurde. Von katholischer Seite wurde dies als Gotteslästerung empfunden. Mit der Madonna der Herz-Jesu-Kirche gelang der Gegenschlag, sie wurde unter dem Begriff „Zehlendorfer Madonna" reichsweit beliebt und ebenfalls in verkleinerten Nachgüssen vertrieben. Das Objekt darf bis heute als das einzige gelten, das den Begriff „Zehlendorf" überregional bekannt gemacht hat.

Die Riemeisterstraße hat ihren Charakter als großzügige Hauptstraße eines Landhausviertels fast geschlossen bewahren können. An der Ecke zur Schützallee steht ein eigenartiges Gebäude, mit seinen Kuppeln mutet es ein wenig an wie eine russischorthodoxe Kapelle. Es handelt sich um die Villa des Verlegers Calé von 1907, die im Volksmund wegen der bekrönenden Viktoria 11 **Engelsburg** genannt wird.

Von der Schützallee biegt man links in die Milinowskistraße ein, die für die Blüte ihrer Kastanien berühmt ist. Über Schmarje- und Schweitzerstraße führt der Weg weiter durch ein schönes und erstaunlich geschlossen erhaltenes Landhausgebiet vom Anfang des Jahrhunderts zu einem bemerkenswerten Haus an der Ecke zur Sophie-Charlotte-Straße 7, das sich der Architekt Heinrich Tessenow 1929 erbaut hat.

Man wendet sich nun dem 12 **Fischtal** zu, einer Hinterlassenschaft der Eiszeit, die in den zwanziger Jahren von Zehlen-

Haus Tessenow

Fischtalpark

dorfs Stadtgärtner Max Dietrich zur ersten Parkanlage in expressionistischen Stilformen in Deutschland ausgebaut wurde. Den Reiz, für den die Anlage einst berühmt war, kann man heute nicht mehr so recht nachvollziehen, da die Nadelbäume hochgeschossen und verkahlt sind.

Einen ganz anderen Charakter als die zuvor durchschrittenen Landhausgebiete weist eine andere 13 **Siedlung** aus den zwanziger Jahren auf, die sich nördlich an das Fischtal anschließt und international unter dem Namen **Onkel-Tom-Siedlung** berühmt wurde. Das Gebiet war ein Teil des Grunewaldes, den der Kaufmann Adolf Sommerfeld 1922 erwarb und als Versuchssiedlung den „Kieferngrund" errichtete, eingeschossige Holzhäuschen an der Onkel-Tom-Straße 62-64. Im folgenden Jahr entstand schräg gegenüber die nächste Versuchssiedlung, **Sommerfelds Aue**, nur vier Häuser klein. Diese Mauerwerksbauten wurden von berühmten Architekten gebaut: Erich Mendelsohn und Richard Neutra. Als echte Versuchssiedlung gab es hier auch eigenartige Bauideen, wie eine Drehbühne im größten Raum, mit der man seine Nutzung variieren konnte. Sommerfeld ließ im Folgenden das Waldgebiet durch Straßentrassen für den Bau einer Großsiedlung vorbereiten. 1926 musste er das Gebiet an die GEHAG verkaufen, die bis 1932 eine eigene Großsiedlung mit etwa 2200 Wohnungen baute. Diese Siedlung heißt offiziell **Waldsiedlung Zehlendorf**, da sie die einzige Großsiedlung der zwanziger Jahre mit altem Baumbestand war. Architekten waren Fred Forbat, Otto Rudolf Salvisberg und Hans Gerlach unter Federführung von Bruno Taut. Taut war berühmt-berüchtigt für seine mutige Farbigkeit als kostengünstigstes Fassadengestaltungselement und sachliche Architektur. Kaum verwunderlich, dass in Zehlendorf die geschmacklichen Alarmglocken der Kommerzienräte und Professoren auf Hochtouren liefen. Bunte Flachdachhäuser für die „kleinen Leute" – Ortsbild und politische Mehrheiten waren in Gefahr! Da man die Siedlung nicht verhindern konnte, formierte sich eine Gegenbewegung, es brach der so genannte „Zehlendorfer Dächerkrieg" aus: 1928 wurde südlich an die von den Traditionalisten abfällig genannte „Papageiensiedlung" die **Siedlung Fischtalgrund** unter einheitlich „heimischen" Satteldächern gebaut. Um den Architekten Heinrich Tessenow hatten sich die berühmtesten weniger avantgardistischen Architekten Berlins geschart. Die Häuser dieser Siedlung sollten vorbildliches Mittelstandswohnen repräsentieren und daher mit Individualität gegen die angebliche Uniformität der Waldsiedlung ankämpfen. Immerhin bedurfte es 16 Architekten, um dieses Ziel zu erreichen. Das Einkaufszentrum dieses gesamten Wohngebietes liegt aber in der Großsiedlung, ungewöhnlicherweise als Ladenpassagen entlang des im Jahre 1931 eröffneten 14 **U-Bahnhofs Onkel Toms Hütte**.

U-Bahnhof Krumme Lanke

Ihm gegenüber erhebt sich die 1935 gebaute 15 **Ernst-Moritz-Arndt-Kirche** („EMA"), ein für die Zeit geschmackvoller und auch im Inneren sehenswerter Bau. Nicht ganz so qualitätsvoll, dafür mit Fachwerkdetails heimattümelnd an die herrschende Architekturideologie angepasst, hat Hans Gerlach 1938 an der Argentinischen Allee die 16 **Kameradschaftssiedlung der SS** gebaut.
An der Kreuzung mit der Fischerhüttenstraße liegt der 17 **Bahnhof Krumme Lanke**, Endstation der U-Bahn-Linie. Die Bausubstanz stammt zwar komplett von der „Sanierung" 1989, das Gebäude ist aber trotzdem einer der wichtigsten neusachlichen Verkehrsbauten der zwanziger Jahre. Alfred Grenander, von dem man sonst aufwendigere Konstruktionen wie zum Beispiel den U-Bahnhof Hermannplatz kennt, hat den Bau als elegante Pavillonarchitektur entworfen.
Geht man die Argentinische Allee weiter, findet man zur Rechten das 18 **Haus am Waldsee**, das in der Kulturgeschichte (West-)Berlins seit 1945 eine wichtige Rolle gespielt hat. Das Haus der Jugend daneben ist ein eindrucksvolles und typisches Beispiel für ein Zehlendorfer Land-

Haus am Waldsee

haus von 1910. Wir befinden uns hier schon in der Kolonie Zehlendorf-West, einem ab 1901 angelegten Gebiet.
Die Zehlendorfer Landhausviertel waren schon zur Kaiserzeit reichsweit bekannt. Ein Abstecher in die umliegenden Straßen verrät, warum, denn in diesen Straßen rund um den Waldsee ist Zehlendorf wirklich „vom Feinsten", und für die hier Wohnenden ist schon Dahlem keine Wunschadresse mehr.
In der Hermannstraße 14 liegt das **Haus Perls**. Ludwig Mies van der Rohe hat es 1911 als eines seiner ersten Werke in sehr knapper, an Schinkel orientierter Architektursprache erbaut. Typischer für die Landhausarchitektur sind die Werke von

Beispiel einer Landhausvilla in der Gegend um den Mexikoplatz

Hermann Muthesius. Man kann sagen, dass er die Wendung von der Villa zum Landhaus, von der bloßen Repräsentation zum behaglich-großzügigen Wohnen erst durchgesetzt hat. Er hatte das Glück, im staatlichen Auftrage den noch unerforschten historischen englischen Landhausbau zu untersuchen. Nach seiner Rückkehr baute er für seinen Vorgesetzten in Zehlendorf-Süd, in der **Knesebeckstraße 5** ein Landhaus nach englischen Gestaltungsprinzipien. Die Räume waren ihrer Funktion entsprechend ineinander verschachtelt und nicht einfach aufgereiht, die Architektur hatte den Bewohnern zu dienen und nicht wie bisher Repräsentationsbühne zu sein. Das Haus wurde ein „Renner", zu Scharen zogen Architekten und Architekturinteressierte zum „englischen Haus" und bescherten Muthesius zahlreiche Aufträge. Besonders typische frühe Beispiele sind die Häuser Bogotastraße 15 von 1904 und Limastraße 29 von 1907.

Als Beispiel der neusachlichen Richtung der zwanziger Jahre sei das berühmte Haus **Fischerhüttenstraße 106** erwähnt. Walter Gropius hat es 1928 gebaut, Marcel Breuer schuf die Innenausstattung. Das Haus wird meist als „typisch zwanziger Jahre" charakterisiert, wenn man sich aber in den Zehlendorfer Landhausvierteln umsieht, bemerkt man gleich, dass derart radikal gestaltete Wohnhäuser in der Zwischenkriegszeit eher die Ausnahme waren.

Wer will, kann noch einen Abstecher zum nahe gelegenen **Schlachtensee** oder zur Krummen Lanke unternehmen oder gleich am (19) **Mexikoplatz** den Spaziergang mit Kaffee, Kuchen, Pasta oder Wein ausklingen lassen.

ANDREAS BERNHARD

Der Mexikoplatz

Aus Sand und Sumpf ein Eden

Steigt man an der Station Mexikoplatz aus der S-Bahn, so verlässt man den Bahnhof durch eines der schönsten Jugendstilgebäude Berlins. Den Besucher empfängt der zentrale Platz einer Berliner Vorortkolonie der Jahrhundertwende, die der Zehlendorfer Chronist Kurt Trumpa 1987 anlässlich der baulichen Wiederherstellung so beschrieben hat: „Zugleich aber genoß man als Bürger beim Eintritt in seinen heimischen Bereich ein Gesamtkunstwerk. Hier wurde man von einem Platz empfangen, in dem sich unverwechselbar der Wohnbezirk manifestierte, dem man zugehörte, in dem man zu Hause war."

Noch bis zum Ende des 19. Jahrhunderts war die Landschaft um den heutigen Mexikoplatz von leichtem Waldboden und sumpfigen Niederungen geprägt. Die Gegend gehörte zu den geringwertigen Böden der Zehlendorfer Feldmark. 1901 erwarb die Zehlendorf-West-Terrain-Aktiengesellschaft, hinter der einer der reichsten Männer Preußens stand, Graf Guido Henckel von Donnersmarck, hier rund 400 Morgen Land für vier Millionen Goldmark. In nur wenigen Jahren wurde aus märkischem Sand und Sumpf ein Eden, für das die Terrain-Gesellschaft mit dem Satz warb: „Die Freuden und Annehmlichkeiten des Landlebens genießen, ohne den Komfort der Großstadt zu entbehren!" Industrieunternehmen hatten in dieser eleganten, verkehrstechnisch gut erschlossenen Villenkolonie nichts zu suchen. Darin waren sich Gemeindeverwaltung, Terrain-Gesellschaften und Anwohner von Anfang an einig.

Der Grunewald war schon in der ersten Hälfte des 19. Jahrhunderts ein beliebtes Ausflugsgebiet der Berliner und die Hütte des Fischers Belitz am Schlachtensee ein gern besuchter Erfrischungsort. Daraus entstand 1854 das älteste Lokal dieser Gegend: die Alte Fischerhütte.

1904 wohnten unter den Kiefern des südlichen Grunewalds bereits über 2000 Neu-Zehlendorfer, meist wohlhabende Geschäftsleute und höhere Beamte, die ihr Geld in Berlin verdienten. Sie waren nun „Schlachtenseer", und viele sind es über Generationen bis heute geblieben, obwohl es amtlich keinen Ortsteil Schlachtensee im Verwaltungsbezirk gibt.

Dort, wo die Wannseebahn den Bärenschen Weg, heute Beerenstraße, zu ebener Erde kreuzte und ein Bahnwärter über die Verkehrssicherheit wachte, ließ die Gemeinde vom Zehlendorfer Maurermeister Fritz Schirmer den Bahnhof nach einem Entwurf der Architekten Gustav Hart und Alfred Lesser errichten. Die Einweihung des Empfangsgebäudes fand am 1. Mai 1905 statt. In den folgenden Jahren wurden die den Platz begrenzenden Geschosswohnbauten mit ihren stark gegliederten Landhausfassaden errichtet, der Zehlendorfer Gartenarchitekt Emil Schubert gestaltete die Grünanlagen.

Der letzte Krieg und die Nachkriegszeit hatten auch an diesem Platz Spuren hinterlassen; die Randbebauung war beschädigt, ganze Dachstühle fehlten, und die Bausubstanz wurde willkürlich und ohne Rücksicht auf die Gesamtgestaltung ver-

ändert. Seit den sechziger Jahren spalteten sechs Fahrbahnen den Platz. Erst 1983 wurde mit einem Erhaltungsgebot die ursprüngliche Substanz gesichert, sodass auf dieser Grundlage zur 750-Jahr-Feier der Stadt Berlin die Gebäude und der Schmuckplatz wieder hergestellt werden konnten. Mit viel Ortskenntnis, umfangreicher historischer Recherche und Einfühlungsvermögen hat der Architekt Rupert Stuhlemmer diese Aufgabe so überzeugend gelöst, dass sich dem Besucher der Platz heute fast so darbietet wie zu seiner Fertigstellung im Jahre 1910.

Ein großer Teil der neuen Bauten war bereits bezogen, als 1911 die Station, die zuerst Zehlendorf-Beerenstraße hieß, den Namen der Kolonie Zehlendorf-West übernahm. Die Landgemeinde profitierte bis zur Bildung Groß-Berlins von den hohen Einkommen der „Kolonisten". Ihr fielen damals die Grund- und Gebäudesteuern, die Gewerbesteuer und zusätzlich frei aushandelbare Zuschläge zu den Staatssteuern zu. Für diese wohlhabenden Zehlendorfer Neubürger war die schnelle Verbindung nach Berlin zu den dortigen Büros, Bankhäusern oder Ministerien ein wichtiges Argument. Schon vor 90 Jahren fuhr die Wannseebahn, je nach Tageszeit, im 5- bis 10-Minuten-Takt mit 146 Zügen täglich über Zehlendorf-Mitte nach Berlin. Die Fahrtzeit zum Potsdamer Bahnhof in Berlin betrug 26 Minuten, mit den ab Zehlendorf ohne Zwischenaufenthalt durchgehenden Zügen, den so genannten Bankierszügen, sogar nur 17 Minuten.

Es ist aber nicht nur äußerliche Tradition, die diesen ruhig und grün gebliebenen Berliner Vorort kennzeichnet. So haben sich viele Häuser bis heute im Familienbesitz vererbt. Die Geschäfte am Platz sicherten stets eine Grundversorgung. Die zweite Apotheke Zehlendorfs eröffnete beispielsweise schon 1910 im damals noch feuchten Neubau am Platz. Als die BVG den von der Reichsbahn eingestellten S-Bahn-Betrieb 1985 wieder aufnahm, endete für die Buchhandlung mit Antiquariat im Bahnhofsgebäude die Zeit der Abgeschiedenheit. Mit Literatur- und Kunstveranstaltungen war das stillgelegte Gebäude über fünf Jahre im Bewusstsein der Bevölkerung erhalten worden. Auch der seit einigen Jahren von vielen Künstlern mitgestaltete Adventsmarkt vor und im Bahnhofsgebäude ist Ausdruck des gemeinsamen Lebens in diesem „unverwechselbaren Wohnbezirk" im Berliner Südwesten.

Schließlich sei noch nachgetragen, dass die S-Bahn-Station 1985 nach dem Mexikoplatz benannt wurde, der straßengeographisch zusammen mit der Argentinische Allee, der Limastraße und der Bogotastraße einen kleinen lateinamerikanischen Schwerpunkt bildet.

Benno Carus

Wannseer Ufertour

Über den „drive" in den „pleasureground"

Wannsee ist als Name so bekannt, wie es als Ort eigentlich unbekannt ist. Der Begriff steht für Badevergnügen, Ausflugslokale und Wannsee-Konferenz. In diesem äußersten Südwesten Berlins stoßen zudem Potsdamer Parklandschaft und Berliner Villenkolonien aufeinander.

Wannsee ist aber auch eine Insel, rundherum Wasser und Wald, kilometerweit Ufer und Natur, Kunst und Geschichte. Die hier vorgeschlagene Route ist ein Tagesprogramm für konditionsstarke Spaziergänger. Man kann es sich mit dem Fahrrad erleichtern, aber auch nur Abschnitte heraussuchen, denn in Stolpe, Klein-Glienicke, an der Pfaueninsel und Am Löwen kreuzen jeweils Buslinien, die zum 1 **S-Bahnhof Wannsee** zurückführen. Dort beginnt auch der Spaziergang. Der Bahnhof, ein expressionistischer Klinkerbau, 1927 von Richard Brademann errichtet, ist heute ein Verkehrsknotenpunkt von Bahnen, Bussen und Schiffslinien. Er ersetzte einen Vorläufer in Burgenform, der ab 1874 als Endpunkt der Wannseebahn entstand. Diese war vom Berliner Bankier Wilhelm Conrad initiiert worden, um die von ihm gegründete „Villenkolonie Alsen" am gegenüberliegenden Ufer des Wannsees an Berlin anzubinden. Da sich damals zwischen Zehlendorf und Potsdam nur unbesiedeltes Gebiet erstreckte, glaubte niemand an den wirtschaftlichen Erfolg des Unternehmens, und die Berliner spöttelten über die „Wahnsinnsbahn, die auf Conrädern rollt". Doch Conrad behielt Recht, alsbald florierten sowohl die Bahnlinie als auch seine Villenkolonie, zumal auch auf dem östlichen Wannseeufer eine „Villenkolonie Wannsee" entstand.

Wind, Wasser, Möwen und Schiffe: Ein Anflug von frischer Meeresatmosphäre ist dem Wannsee eigen, die den West-Berli-

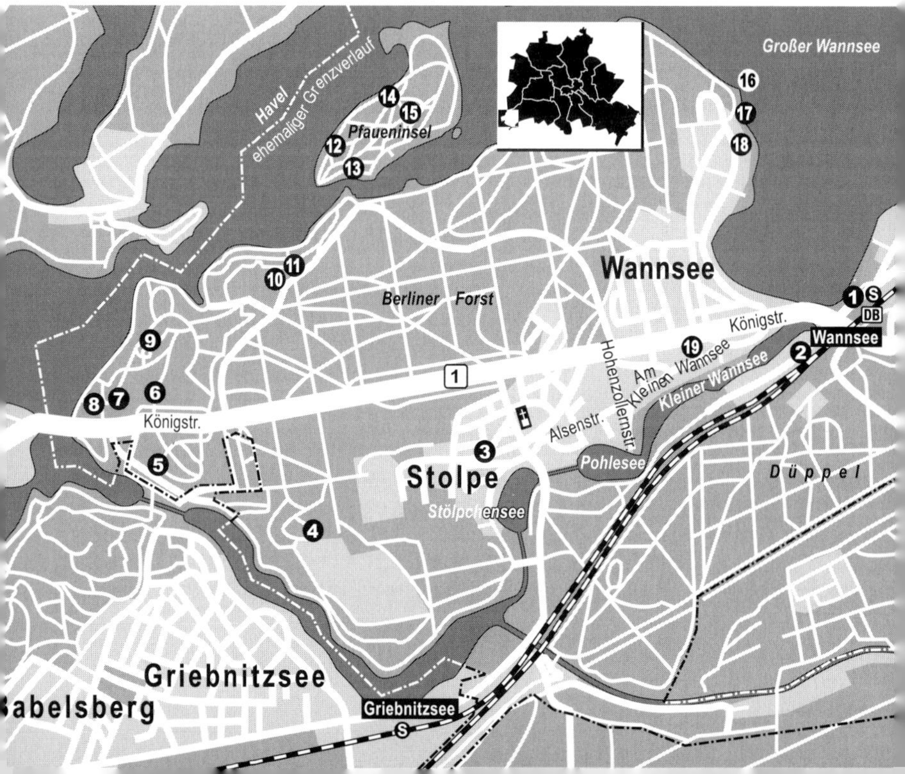

nern zu Mauerzeiten die Illusion eines Ausfluges aus der Stadt hinaus geben konnte. Vom See wendet man sich nach Süden zur Königstraße und biegt in die Bismarckstraße ein. Sie verdankt ihr Entstehen dem Bau des Teltowkanals 1900-06. Damals wurden die Seenketten „Weißes Holz" (Kleiner Wannsee und Pohlesee) und „Stolper Loch" (Stölpchensee und Griebnitzsee) durch Stichkanäle zum Umfahren der Insel Wannsee verbunden. Wassersportvereine und vermögende Leute siedelten sich auf den Uferstreifen an. Doch schon zuvor war die Bismarckstraße ein Waldweg mit einer besonderen Attraktion: dem 2 **Kleistgrab**. Hier hatte am 29. November 1811 Heinrich von Kleist sein Leben und das seiner Freundin Henriette Vogel beendet. An der Stelle, wo, wie die Kirchenchronik berichtet, „der Mord und der Selbstmord geschah", wurden sie in ungeweihter Erde begraben.

Unter den vielen Villen der Bismarckstraße fällt besonders die Nr. 30a mit ihren Gartenanlagen auf. Das historisierende Gebäude wurde erst in den zwanziger Jahren von Alfred Breslauer erbaut. Vom Ende der Bismarckstraße steigt man rechts durch den Wald hinunter zum Uferweg, der einem hübsche Perspektiven auf Villenkolonien und das Dorf Stolpe bietet. Das erreicht man über die Alsenbrücke zwischen Stölpchen- und Pohlesee.

3 **Stolpe** ist ein kleines Dorf zwischen Stölpchensee und Pohlesee und hat rund um die Dorfkiche und in der Alsenstraße sein ländliches Erscheinungsbild des 19. Jahrhunderts behalten. Mit Stolpe verbinden sich zwei bekannte Persönlichkeiten, die hier auch auf dem Friedhof begraben sind. Der eine ist der Architekt Hans Poelzig, der andere ist der als „Eiserner Gustav" bekannt gewordene Droschkenkutscher Hartmann. Er startete 1929, im Zeitalter der Motorisierung, 68-jährig eine von den Medien spektakulär verfolgte Droschkentour Wannsee–Paris–Berlin, auf der er sowohl von Deutschen als auch von Franzosen stürmisch gefeiert wurde. Gleich in der Nähe befindet sich das neugotische **Rathaus Wannsee**, 1901 von Otto Stahn gebaut. Kurz zuvor waren die Villenkolonien Alsen und Wannsee sowie das Dörfchen Stolpe zu einer Gemeinde von etwa 2300 Einwohnern zusammengeschlossen worden. Dafür brauchte man natürlich ein repräsentatives Amtsgebäude, das seinen Standort an der Abzweigung der Dorfstraße an der Berlin–Potsdamer Chaussee erhielt.

Mit Stolpe hat man auch einen Außenpunkt der Potsdamer Kulturlandschaft erreicht: Die 1858/59 erbaute **Dorfkirche** war für das damalige 400-Seelen-Dorf viel zu groß und aufwendig. Doch Friedrich Wilhelm IV. wollte im Sinne der Verschönerung der Potsdamer Umgebung landschaftlich wirksame Architekturen. Und so finanzierte er, wie in Sacrow, auch in Stolpe den Kirchbau. Der thront nun wie eine Kathedrale im Taschenformat über den dörflichen Häusern.

Erreicht man über den Uferweg den Griebnitzsee, mündet gegenüber der Teltowkanal. Er war Anfang des Jahrhunderts als einer der wichtigsten Wasserwege im Berliner Umland im Bett der Bäke gebaut worden. Über dieses Flüsschen führte, ganz nah, eine Brücke, die durch Hans Kohlhaase bzw. Kleists „Michael Kohlhaas" und seine hier angeblich versenkten, jedoch nie gefundenen „Silberkuchen" berühmt geworden ist. Wenn man am Griebnitzsee die schönen Uferwege entlangläuft, sieht man am gegenüberliegenden Ufer die Villenkolonie Neubabelsberg, die ebenfalls ein Wohnort der reichen Berliner war und heute zu Potsdam gehört. Dort in der Karl-Marx-Straße befinden sich noch beachtliche Villenbauten, unter denen einige als Sitz der Delegationen während der Potsdamer Konferenz 1945 fungierten.

Für echte Wanderer bietet sich auf der Wannseer Uferseite ein Querfeldein-Abstecher mit Erklimmen des 4 **Hirschberges** an. Von ihm aus hat man den schönsten Ausblick auf Neubabelsberg und die Bauten der Sternwarte. Folgt man dem Ufer weiter, gelangt man alsbald zum Dorf 5 **Klein-Glienicke**, das seit dem 19. Jahrhundert zur Gemeinde Neuba-

belsberg gehörte und wie diese auch von UFA-Stars wie Lilian Harvey bewohnt war. Die große Straße des Dorfes ist im Barock als schnurgerade Allee auf das Jagdschloss, heute eine internationale Begegnungsstätte, angelegt worden.

Im Dorf Klein-Glienicke beginnt die **Potsdamer Parklandschaft**, die seit 1990 zum Weltkulturerbe der UNESCO gehört und damit neben den Berliner Museumsschätzen die bedeutendste kunsttouristische Attraktion Berlins und Potsdams darstellt. Auf Berliner Gebiet gehören dazu die Pfaueninsel, Nikolskoe und die Glienicker Parkanlagen: Nachdem 1660 eine erste Holzbrücke beim Dorf Klein-Glienicke errichtet worden war, wurde für den Kurprinzen Friedrich das Jagdschloss Glienicke erbaut. Nördlich des Jagdschlosses entwickelte sich eine Gutsanlage, die 1794 durch die Erbauung der Berlin–Potsdamer Chaussee vom Schloss getrennt wurde. Während das repräsentative eigentliche Schloss in der Folge zur Tapetenfabrik und zum Waisenhaus verkam, entwickelte sich das Gut allmählich zu einer Schlossanlage mit Park. 1824 erwarb Prinz Carl von Preußen das Anwesen. Eines seiner Hauptcharakteristika war seine Sammelleidenschaft; außer Gemälden sammelte er unter anderem Schiffe, Geschütze, Kutschen, Pferde, Hunde, Antiken, byzantinische, mittelalterliche und Renaissance-Kunst, barocke Skulpturen, Waffen, Jagdgerät und Ostasiatika. Für all diese Sammlungen benötigte Carl Platz zur Aufbewahrung, zahlreiche Nebenbauten entstanden. Carl war vermögend, hatte Geschmack und wusste die besten Künstler seiner Zeit hinzuzuziehen: Lenné und Pückler für die Gärten, an denen er mitgestaltete; Schinkel, Persius, von Arnim und Petzholtz für die Bauten. Carl wurde uralt, fast 60 Jahre lang konnte er seinen Besitz ausbauen. Zum Schluss wurden gar das Jagdschloss und Teile des Dorfes hinzugekauft. So entstand eine Parkanlage von einzigartiger künstlerischer Qualität und Atmosphäre. Nicht alles kann man heute noch sehen, die meisten Stücke der Kunstsammlungen des Prinzen hat sein Enkel Anfang des 20. Jahrhunderts zur Begleichung von Schulden veräußert.

Um den „englischen" Landschaftspark auf dem Weg zur Pfaueninsel auch im Sinne seiner Schöpfer zu erleben, sollte man eine Wanderung am (6) **Mitteltor** beginnen, heute ein unscheinbarer Parkzugang mit Treppenanlage gegenüber dem

Jägertor

Böttcherberg. Früher zweigte hier der „drive" ab, der große Parkumfahrungsweg, der den in der Kutsche Fahrenden zu den wichtigsten Parkattraktionen führte. Man kommt am großen Wiesengrund mit dem Findling vorbei, in den Prinz Carl sein Erwerbsdatum von Glienicke einmeißeln ließ. Bevor man das Schloss erreicht, passiert man links den **Wirtschaftshof** mit dem Stall für Schafe (zum Abgrasen der Wiesen), dem Kuhstall (für den prinzlichen Milchbedarf) und der Konditorei. Das Ganze ist von Persius und Arnim als eine reizvolle Baugruppe mit Turm und Durchblickstor gestaltet worden und sollte dem Besucher vorgaukeln, Carls Reichtum beruhe auf der Landwirtschaft, wie dies bei den britischen Lords mit ihren berühmten Parkanlagen ja tatsächlich der Fall war.
Das 7 **Schloss** führt seine Bezeichnung zu Unrecht, denn Schinkel baute das einstige Gut zu einem großen Landhaus mit italienischen Anleihen um. Prinz Carl ließ über den Kunsthandel antike Fragmente kaufen und in die Wände des Gartenhofes dekorativ einmauern, als habe man sie, wie in Italien üblich, beim Hausbau gefunden. Der Haupteingang zum Haus liegt auch nicht außen, sondern versteckt im Gartenhof. Diesen wiederum betrat man durch das Tempelchen, das vor der Verlängerung des Ostflügels 1950 frei stand. Der Gartenhof war der am üppigsten bepflanzte Teil der Glienicker Anlagen.
Vom Schloss bis zur Brücke erstreckt sich der 8 **Pleasureground**, der Hausgarten. Er ist gegen den Park abgezäunt, in dem Vieh und Wild frei herumlief. Hier finden sich zahlreiche Parkbauten.
Vorn am Greifen- und Johannitertor liegt das nach Plänen von Persius erbaute **Stibadium**, der prachtvollste der Teeplätze im Garten mit schönem Potsdamblick. Der „Thee" war die Abendmahlzeit für die prinzlichen Herrschaften, die Glienicke allsommerlich von Juni bis November bewohnten. Vor dem Schloss liegt die Löwenfontäne Schinkels. Der nahe gelegene Laitièrenbrunnen ist ein Werk des Bildhauers Sokolow und stellt die Fabel Lafontaines dar, der wir den Begriff „Milchmädchenrechnung" verdanken. Das Häuschen am Gartenzaun mit florentinischer Architektur und römischen Mosaiken ist die **Neugierde**. Seinen Namen hat es, da man drinnen hinter Gardinen verborgen das Treiben auf der Chaussee beobachten und kontrollieren konnte. An der Ecke des Pleasuregrounds zur Brücke hin liegt die **Rotunde**, auch fälschlich „Große Neugierde" genannt. Der Säulenrundbau ist ein Aussichtspavillon. Auch heute noch ist der Blick hinüber zum Bruderschloss Babelsberg und in den Jagdschlossgarten wunderschön. Das burgähnliche Gebäude am Ufer des Babelsberger Parks war einst das Dampfmaschinenhaus.
Der Blick fällt auch auf die **Glienicker Brücke**. In den Zeiten des Kalten Krieges war sie die einzige Brücke zwischen amerikanischem Hoheitsgebiet und dem Ostblock. Darum fand hier der Austausch von Agenten statt, der die Brücke weltweit bekannt machte. Auf der Wiese vor der Rotunde stehen und liegen zahlreiche Säulentrümmer, darunter immerhin Überreste des berühmten griechischen Poseidontempels auf Kap Sunion und des Pantheons in Rom.
Das sich nördlich anschließende **Casino** mit seinen langen Pergolen war als Dependance des Schlosses der wichtigste Parkbau und Schinkels erstes Werk für Glienicke. Der Name meint wirklich nur „Häuschen"; gespielt wurde hier nicht. Auf seiner Terrasse kann man sich beim Sonnenuntergang über der Wasserfläche des Jungfernsees gut vorstellen, wie sich die prinzlichen Herrschaften damals an Italien erinnert fühlten. Der Weg vom Plea-

An der Glienicker Brücke

sureground in den Park führt durch den **Klosterhof**, an den sich rechts die Orangerie anschließt. Der Klosterhof ist aus Fragmenten mittelalterlicher Bauten, zum Beispiel denen eines Klosters aus der Nähe von Venedig, zusammengesetzt, wie beispielsweise der Markuslöwe im Vorhof demonstriert.

Der 9 **Park** ist großzügiger gestaltet als der Pleasureground. Gen Norden stößt man auf die schöne Baugruppe des Hofgärtner- und Maschinenhauses mit Wasserturm. Persius hat es für die Glienicker Wasserspiele erbaut. Oben, unter dem Reservoir-Geschoss, liegt ein Aussichtsraum – die blauen Läden der Rundbogenfenster sind herausnehmbar. Es folgt eine „alpine" Parkpartie, die Prinz Carl mit dem Landschaftsmaler Schirmer gestaltet hat. Findlingsblöcke sind zur Teufelsschlucht getürmt, ein künstlicher Wasserfall stürzt herab und darüber spannt sich die Teufelsbrücke, eine künstliche Ruine. Nahebei das Matrosenhaus für die invaliden Seeleute, die Carls Miniaturfregatte betrieben. Schließlich ganz im Norden der Jägerhof in englisch-neugotischen Formen, von Schinkel für die Piqueurs und die königliche Hundemeute der wiederbelebten königlichen Parforcejagd erbaut. In dem durchwanderten Parkgebiet standen noch weitere Bauten wie Schießhütte und Kugelfang, die ebenso wenig erhalten sind wie Jagdschirm, Rohrhaus, Baumkanzel und Türkisches Zelt.

Wenn man den Park durch das Jägertor verlässt, das mit Fragmenten märkischer Befestigungsanlagen geschmückt ist, und auf das Krughorn tritt, bietet sich nochmals ein wunderbarer Rundblick an: links der Pfingstberg, gegenüber die Sacrower Heilandskirche, die von Persius gemäß des Königs Idee von der „Kirche über den Wassern" halb in die Havel gebaut wurde, und rechts die Pfaueninsel mit ihrem kulissenhaft wirkenden Schloss.

Nach **Moorlake** sollte man über den weniger frequentierten Weg im Park wandern. Man durchquert dann den Bergpark, der zu Carls Zeiten großspurig „die Carpathen" genannt wurde. Das idyllisch an einer Havelbucht gelegene heutige Wirtshaus Moorlake wurde von Persius als „prinzliche Unterförsterei" errichtet.

Die älteste Gaststätte ist hier aber das 10 **Blockhaus Nikolskoe**, ein zweigeschossiger Bau in Stil eines russischen Bauernhauses. 1819 ließ es Friedrich Wilhelm III.

Restaurant Nikolskoe

Kirche St. Peter und Paul

als Überraschung für seine Tochter Charlotte und seinen Schwiegersohn, den späteren Zaren Nikolai, erbauen. Der zur Bewirtschaftung eingesetzte ehemalige Leibkutscher Iwan Bockow missachtete das königliche Schankverbot und begann Ausflügler zu bewirten. Daraus entwickelte sich nach und nach der Ruf dieser Gaststätte über Berlins Grenzen hinaus. Neben dem Blockhaus steht seit 1838 die 11 **Kirche St. Peter und Paul**. Heute ist sie eine beliebte Ausflugs-, Weihnachts- und Hochzeitskirche. Auch dieser Bau sollte eine Art Überraschung für Charlotte und Nikolai sein, die Zwiebelkuppel auf dem Turm spielt auf russisch-orthodoxe Baugepflogenheiten an. Das Innere der nach Stülers Plänen erbauten schlichten Kirche ist als einziger unverändert erhaltener Sakralraum der Schinkelzeit einen Besuch wert. Neben St. Peter und Paul wurde für die Pfaueninsulaner noch die „Königliche Freischule", heute Försterei, und dahinter der **Friedhof** angelegt, der, einer der kleinsten Berlins, aufgrund der hier bestatteten „exotischen" Bewohner der Gegend sehenswert ist. Auf dem Weg zur Pfaueninsel-Fähre kommt man an einem Wirtshaus vorbei, das ehemals die Stallung der Pfaueninsel war.

Die **Pfaueninsel** war für die Berliner im 19. Jahrhundert Inbegriff einer exotischen Märchenwelt. Seit Friedrich Wilhelm III. sie an einigen Wochentagen für die Bevölkerung freigab, kamen sie zu Tausenden. Für jene Zeit konnte es kaum eine größere Ansammlung von Attraktionen geben: Die ersten Fontänen Preußens, eine der größten Palmensammlungen Europas, einer der bedeutendsten Rosengärten, eine Tiersammlung in exotischen Bauten, die später den Grundstock des Berliner Zoologischen Gartens bildete, ein „Neger", ein Südseeinsulaner, ein „Riese" und zwei „Zwerge", die als Hofangestellte ihren Dienst verrichteten und gleichzeitig die Schaulust befriedigten. Von all dem ist natürlich kaum noch etwas zu sehen, und doch ist der Park der Pfaueninsel mit seinen Bauten eine der bedeutendsten Anlagen in Deutschland geblieben.

Zur Zeit des Großen Kurfürsten unterhielt auf der damals noch Kaninchenwerder genannten Insel der Alchemist Kunkel ein Laboratorium. Er verbesserte hier die Produktion des Rubinglases, das seinerzeit Weltruf genoss. Das Volk erfand damals das Märchen, Kunkel versuche für den Kurfürsten die künstliche Goldherstellung zu entdecken, was dem Eiland eine geheimnisvolle Aura verlieh. Friedrich Wilhelm II. entdeckte die Insel für die Jagd und kaufte sie 1793.

Zunächst lagerte man nach dem Jagdvergnügen unter orientalischen Zelten, bald aber wurde der Wunsch nach einem festen Sommerhaus wach. So wurde jenes eigentümliche 12 **Schlösschen** vom Hofbaumeister Brendel als künstliche Ruine in Fachwerkkonstruktion errichtet. Es meint zwar ein „verfallenes römisches Landhaus", doch steht es architektonisch englischen Burgtürmen näher. Das Innere ist als von der Wandmalerei über Tapeten und Bespannungen bis hin zum „Leibstuhl" vollständig erhaltene Wohnung der Zeit Friedrich Wilhelms II. einzigartig. Man nimmt an, dass Friedrich

Pfaueninsel, Königin-Luise-Tempel

Pfaueninsel, Schloss

Wilhelms Geliebte, die Gräfin Lichtenau, Einfluss auf die Ausgestaltung dieses wohl auch als Liebesnest zu verstehenden Schlösschens genommen hat. Jedenfalls spiegeln die Räume die ganze Bildungs- und Sehnsuchtswelt des späten 18. Jahrhunderts wider: vom Antikenzimmer bis zum Lesekabinett in Form einer Bambushütte auf Tahiti. Die Holzvertäfelungen im Saal zeigen das große handwerkliche Können der Potsdamer Tischler. Das kulissenhafte Äußere des Baus mag befremden, die Pfaueninsel war aber lediglich Dependance des Neuen Gartens, und dem dortigen Marmorpalais diente das Pfaueninselschloss als „point-de-vue". Friedrich Wilhelm II. erlebte die Fertigstellung nicht mehr, sein Sohn, der sogleich die Gräfin Lichtenau festsetzte, nahm die Insel als Sommersitz in Beschlag.

Damals erblühte die Insel im Schmuck der gärtnerischen Anlagen, die Lenné und der Hofgärtner Fintelmann schufen. Davon kann man heute nach den gartendenkmalpflegerischen Wiederherstellungen wieder viel erleben. Im Frühling und Sommer bietet die Insel Reize für alle Sinne, unterstützt durch ihre Eilands-Atmosphäre. Im Herbst und Winter dagegen ist sie durch ihre einsame „Caspar-David-Friedrich-Stimmung" einen Besuch wert.

Der Rundweg um die Pfaueninsel beginnt zwangsläufig am 13 **Fährhaus**, links davon das Kastellanshaus aus der Zeit Friedrich Wilhelms II. Aufsteigend zum Schloss rechts der biedermeierlich anmutende Blumengarten und links das Schweizerhaus, das Schinkel für die Hofangestellten bauen ließ. Die Küche lag am Havelufer, so war das Schloss vor Gerüchen und Brand geschützt. Damit nun Seine Majestät nicht im Park über sein Küchenpersonal stolpern musste, ist der Küchenbau unterirdisch mit dem Schloss verbunden. Hinter dem Schloss erstreckt sich der große Wiesengrund mit der herrlichen Sichtachse zur Meierei. Ein paar Säulentrümmer und die rekonstruierte Bepflanzung der Umgebung markieren den Standpunkt des 1880 abgebrannten Palmenhauses. Weiter in Richtung Meierei stößt man auf den als künstliche römische Ruine gestalteten 14 **Jacobsbrunnen** und die Martinseiche mitten auf dem Weg.

Im Zentrum der Insel erhebt sich das 15 **Kavalierhaus**, erbaut für die Königskinder und Hofangehörigen – entsprechend nüchtern ist das Innere. Schinkel hat es 1824 bauen lassen und dabei in den turmartigen rechten Teil eine gotische Fassade aus der Brodbänkengasse in Danzig eingefügt. Kurios ist zweifellos, dass es diese Fassade heute zwei Mal gibt; hier im Original und am originalen Standort in Gdansk als Kopie. Die **Meierei** am Ende der Insel stammt von 1794, auch sie als künstliche Ruine erbaut – wie alle Ruinenbauten soll damit die Erhabenheit der Natur über das Menschenwerk versinnbildlicht werden; diese hier im Stil der Gotik, etwas primitiv ausgefallen. Im Obergeschoss liegt ein prächtiger Saal, unten ist die Molkenstube. Hier gedachte der Monarch Ende des 18. Jahrhunderts sozusagen kuhwarme Milch zu trinken

Am Flensburger Löwen

und das einfache Landleben ganz köstlich zu finden. Der Kuhstall war das kapellenartige Bauwerk seitlich der Meierei.
Südlich der Meierei geht man in Richtung Fähre über Luisentempel, Baumborkenhäuschen, Voliere zurück, erreicht schließlich die Säulenfontaine auf der Höhe und das Maschinenhaus darunter am Ufer. Kurz vor der Fähre liegt noch das reetgedeckte Bootshaus, das einst für die Fregatte „Royal Louise" gebaut wurde.
Der namensgebende Vogel der Insel ist in vielen Exemplaren anzutreffen. Da auch Pfauen nach der Balzzeit ihre Schmuckfedern verlieren, sind sie einen Teil des Jahres weniger attraktiv für die Besucher. Die Vögel wurden hier nicht als Symbol der Eitelkeit gehalten, vielmehr sah man in ihnen ein Sinnbild des verlorenen Paradieses – ein schillernd schöner Vogel mit seltsam hässlich-klagenden Rufen, die der Insel eine etwas melancholische Stimmung verleihen.
Zurück auf dem „Festland", kann man seinen Weg über die Uferpromenade mit schönen Aussichten auf die Pfaueninsel, den Kälberwerder und den Schwanenwerder fortsetzen. Am gegenüberliegenden Ufer ist das Dorf Kladow zu sehen, zu erkennen an seinen Villen. Nach einiger Zeit erreicht man in 16 **Heckeshorn** einen Ausflugspunkt mit Dampferanlegestelle und Restaurationsbetrieb, überragt von einer aufrecht sitzenden Löwenstatue. Von hier hat man den besten Blick auf das **Strandbad Wannsee**. Gebadet wird dort schon seit 1912. Die heutige mit Terrassen weit ausladende Badeanlage ist noch immer die größte ihrer Art in Europa. Stadtbaurat Martin Wagner und Richard Ermisch haben sie 1929/30 im Stil der Neuen Sachlichkeit erbaut und paßten sie sowohl in der Form als auch durch die braun gehaltene Verfliesung hervorragend der Landschaft an.
Zu Hunderttausenden strömen die Besucher jeden Sommer, weniger weil sie Fliesen zu schätzen wissen als vielmehr den einen Kilometer langen Sandstrand, von dem aus sich herrliche Blicke auf die Boote und Surfer auf dem Wasser und bis an die gegenüberliegenden Ufer bieten.
Am 17 **Flensburger Löwen** hat man die eingangs erwähnte Villenkolonie Alsen des Bankiers Conrad erreicht. Hinter dem Namen Alsen und der Löwenstatue verbirgt sich nationalistisch-patriotische Gesinnung. Wilhelm Conrads Schwager, der General von Colomier, war als Führer der preußischen Artillerie im Deutsch-Dänischen Krieg maßgeblich bei der Erstürmung der Düppeler Schanzen und dem Übertritt auf die dänische Insel Alsen unter der Führung des Prinzen Friedrich Carl beteiligt. Angeblich fand er die dänische Ostseelandschaft und das Wannseegebiet derart ähnlich, dass man sich zu dieser Namensgebung entschloss. Die Löwenstatue wiederum ist der Abguss einer Kriegsbeute vom dänischen Friedhof in Flensburg. Conrads Kolonie ist die älteste und abgelegenste Berliner Villenkolonie. Sie war keineswegs nur Spekulationssache. Vielmehr sollte sie im Sommer der Ort sein, an dem sich die gut situierten Geschäftsleute, Künstler und Wissenschaftler Berlins den Garten- und Wassersportfreuden hingaben. Die meisten dieser Herren waren geschäftlich und privat miteinander verbunden und verkehrten im „Club von Berlin", ein Millionärsclub, dessen Vorsitzender Conrad zeitweilig war.
Die Kolonie sollte auch ein Gartenkunstwerk sein. Conrad gewann den Lenné-Schüler Gustav Meyer, später Berlins erster Stadtgartendirektor, für das landschaftsgärtnerische Konzept. Nach und nach verwandelte sich das Waldgebiet in eine blühende Parklandschaft mit pitto-

Haus der Wannsee-Konferenz

Liebermann-Haus

resken Villenanlagen und einem, trotz unterschiedlicher Bauherren und Architekten, harmonischen Erscheinungsbild. Auf den Höhen entstanden schlossähnliche Villen, in den Niederungen eher gestreckte Anlagen. Die Kolonie Alsen war ein bildungsbürgerliches Gegenstück zu den Glienicker Parkanlagen. Conrads Konzept ging auf; die Liste der Reichen und Berühmten, die sich hier einkauften, ist lang und reicht von den Bankiers Abel und von der Heydt über die Künstler Begas, Liebermann und Werner und die Verleger Langenscheidt und Parey bis Sauerbruch und Siemens.

Die alten Eigentümerlisten führen auch viele jüdische Namen, heute sind diese Grundstücke in öffentlichem Besitz. Die ehemaligen Besitzer wurden spätestens 1941 enteignet, ihre Villen von NS-Größen und ihren Profiteuren in Beschlag genommen. Daneben residierten auch eine Vielzahl von NS-Institutionen, wie etwa die Schulungsburg der Deutschen Arbeitsfront, Am Großen Wannsee. So war es denn auch kein Zufall, dass jene furchtbare „Konferenz" in Wannsee stattfand. In der 1914 erbauten (18) **Villa Marlier** Am Großen Wannsee 56/58, neben dem Stichweg zum Löwendenkmal, eröffnete am 20. Januar 1942 Reinhard Heydrich, Himmlers rechte Hand und Chef der Sicherheitspolizei, eine Konferenz, die „die organisatorischen, sachlichen und materiellen Voraussetzungen zur Durchführung der angestrebten „Endlösung der Judenfrage" schaffen sollte. Das hier verfasste „Wannsee-Protokoll" war nichts anderes als die Absichtserklärung zur Ermordung von 11 Millionen europäischen Juden. Erst 50 Jahre später wurde die Villa als Gedenkstätte eröffnet.

Besichtigen kann man auch das Haus Nr. 42 an der Ecke zur Colomierstraße. Hier hat der Maler Max Liebermann ab 1909 seine Sommer malend verbracht. Es ist vor kurzem zu einem Kunsthaus mit Liebermann-Gedenkstätte ausgebaut werden. Noch weiter südlich liegt neben dem ehemaligen Hotel „Schwedenpavillon" das „Vereinshaus Seglerhaus am Wannsee". Dies war der Ort, wo sich die Alsener Kolonisten zum Segeln und zur Pflege der sozialen Kontakte trafen. Hier grenzte man sich auch ab von den anderen Wannseern – man war „Wannseeat". Ein Abstecher zum nahe gelegenen **Millionenfriedhof** lohnt, wo die hiesigen Herrschaften von Conrad bis Sauerbruch im Tode vereint ruhen.

Die einstmals blühenden Villenanwesen sind im Süden der Kolonie dem Unverstand der Nachkriegszeit zum Opfer gefallen, Conrads eigenes Haus hat man gar zugunsten eines Garagendecks abgerissen. Einen Abglanz früherer Zeiten bietet noch die Straße Am Kleinen Wannsee. Das heutige (19) **Immanuel-Krankenhaus** ließ sich Arnold von Siemens Ende des 19. Jahrhunderts erbauen. Die Villa ist zwar durch Aufstockung in den fünfziger Jahren entstellt worden, die Nebengebäude und der herrliche parkartige Garten geben aber eine Ahnung von der paradiesischen Sommerfrische, die einst nur vermögende Berliner hier genießen konnten.

Andreas Bernhard

Der Großbezirk Tempelhof-Schöneberg ist mit fast 350 000 Einwohnern der bevölkerungsreichste Bezirk Berlins. Haftet Schöneberg der Ruf eines „schrillen" Wohnbezirks an, gilt Tempelhof eher als bürgerlich-langweilig. Schöneberg hat das wenigste Grün in der Stadt, Tempelhof durchziehen ausgedehnte Parks und Grünanlagen. In Schöneberg leben 15 Prozent mehr Ausländer als in Tempelhof, dort wohnen 10 Prozent mehr Senioren.

Beide Bezirke gehen auf Orte zurück, die im 13. Jahrhundert erstmals erwähnt werden, und beide Bezirke weisen Punkte auf, die untrennbar mit der Gesamtgeschichte Berlins verbunden sind: In Schöneberg sind es das Rathaus, nach 1948 Sitz des West-Berliner Abgeordnetenhauses sowie des Senats und bis zur Wiedervereinigung Symbol für die politische Selbständigkeit West-Berlins, und das ehemalige Preußische Kammergericht, 1944 Sitz des Volksgerichtshofs und nach dem Krieg des Alliierten Kontrollrats; in Tempelhof ist es der Flughafen, während der Blockade die wichtigste lebensrettende Verbindung für West-Berlin.

Bis zum Zweiten Weltkrieg gab es in **Tempelhof** eine eher geringe Bebauung. Zusammengewachsen aus den vier ländlichen Ortsteilen Tempelhof (gegründet 1247), Marienfelde (1344), Mariendorf (1372) und Lichtenrade (1375), wurde der 1920 nach Berlin eingemeindete Bezirk weitestgehend erst seit den fünfziger Jahren in großem Stil bebaut. Der hektische Bauboom und die Grundstücksspekulationen der Gründerjahre hatten den späteren Bezirk Tempelhof weitgehend verschont, bis 1895 war die Einwohnerzahl

Tempelhof-Schöneberg

auf nur rund 10 000 gestiegen. Mit der Inbetriebnahme des Teltowkanals 1906 kam es auch hier zu einem wirtschaftlichen Aufschwung, einem Bevölkerungsanstieg und einer stärkeren Anbindung an Berlin. Zu den Wahrzeichen Tempelhofs gehören die nach dieser Zeit entstandenen Lagerhäuser am Kanal und das Ullsteinhaus, einst Druckhaus des größten Berliner Zeitungs- und Zeitschriftenverlages der zwanziger Jahre.

Schöneberg geriet dagegen schon in der Mitte des 19. Jahrhunderts in den Einflussbereich der Metropole. Als es 1898 die Stadtrechte verliehen bekam, wurde es bereits von einer modernen Großstadtarchitektur bestimmt, in der rund 100 000 Bewohner lebten. Schöneberg wurde, wie auch Tempelhof, 1920 Groß-Berlin angeschlossen und zeigt sich mit sehr unterschiedlichen Vierteln: das Gebiet rund um den Nollendorfplatz mit großstädtischem Flair und kulturellem Leben, das Bayerische Viertel mit besseren Wohnquartieren, der Norden mit tiefen Baublöcken und Mietskasernenfluchten, nicht weit davon die „Rote Insel". Mittendrin liegt die einstige Dorfaue und am westlichen Rand die ehemalige Landgemeinde Friedenau. Bis heute prägen die verschiedenen historischen Bebauungsphasen das Stadtbild Schönebergs und das Leben seiner Bewohner.

PETRA ZWAKA

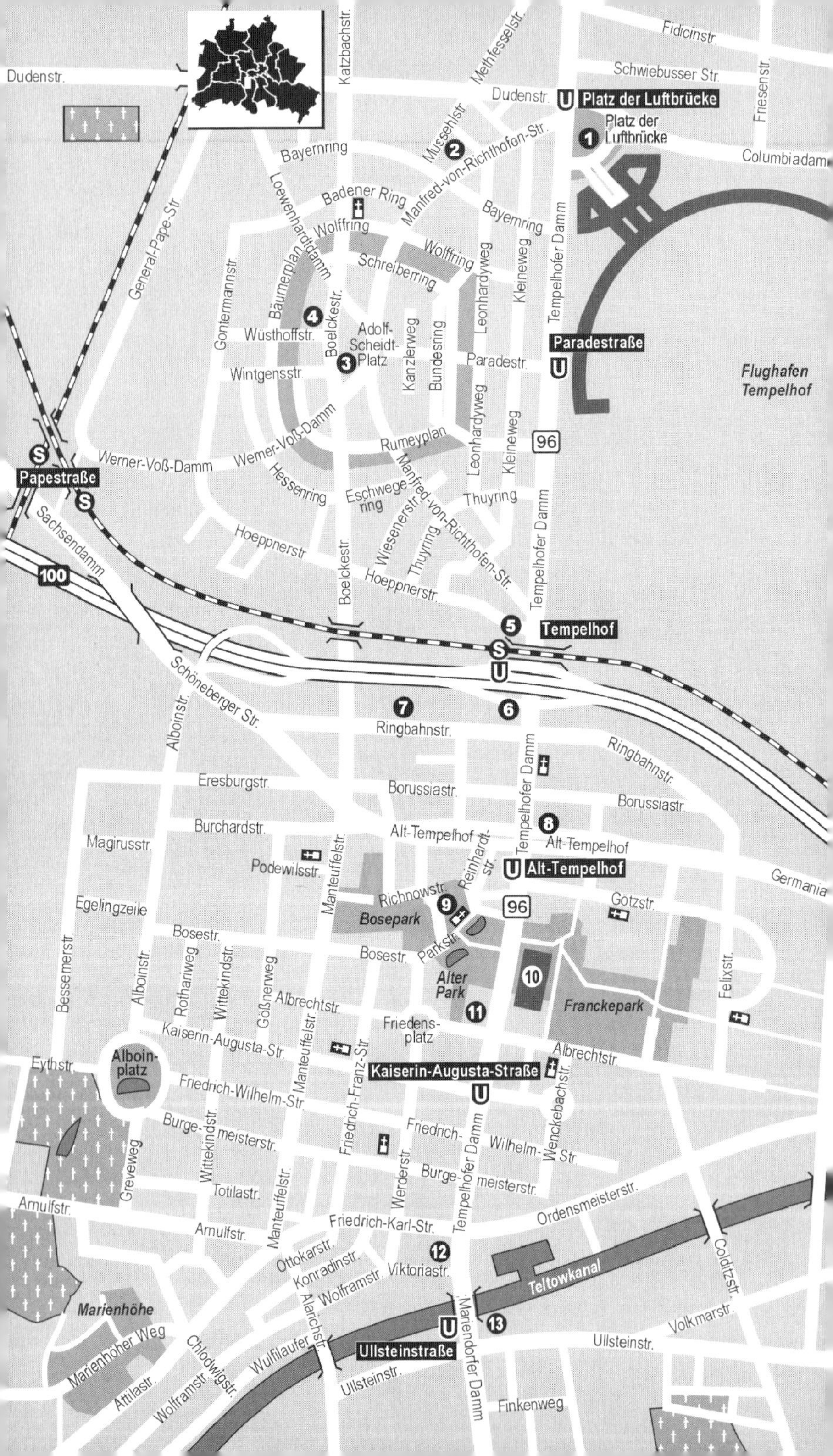
Dudenstr.
Katzbachstr.
Methfesselstr.
Fidicinstr.
Schwiebusser Str.
Friesenstr.
Dudenstr.
Platz der Luftbrücke
Platz der Luftbrücke
1
Columbiadamm
Mussehlstr.
2
Bayernring
Manfred-von-Richthofen-Str.
Badener Ring
Loewenhardtdamm
Bayernring
Wolffring
Wolffring
Schreiberring
General-Pape-Str.
Gontermannstr.
Bäumerplan
Boelckestr.
4
Leonhardyweg
Kleineweg
Tempelhofer Damm
Wüsthoffstr.
Adolf-Scheidt-Platz
3
Kanzlerweg
Bundesring
Paradestraße
Paradestr.
Flughafen Tempelhof
Wintgensstr.
Werner-Voß-Damm
Rumeyplan
Leonhardyweg
Kleineweg
96
Papestraße
Werner-Voß-Damm
Hessenring
Eschwegering
Manfred-von-Richthofen-Str.
Thuyring
Sachsendamm
Hoeppnerstr.
Wiesenerstr.
Thuyring
Tempelhofer Damm
100
Boelckestr.
Hoeppnerstr.
5
Tempelhof
Schöneberger Str.
7
6
Ringbahnstr.
Alboinstr.
Ringbahnstr.
Eresburgstr.
Borussiastr.
Tempelhofer Damm
Borussiastr.
Burchardstr.
Alt-Tempelhof
8
Magirusstr.
Alt-Tempelhof
Reinhardtstr.
Podewilsstr.
Manteuffelstr.
Alt-Tempelhof
Germania
Richnowstr.
9
Egelingzeile
Bosepark
96
Götzstr.
Bosestr.
Parkstr.
Bosestr.
Bessemerstr.
Rothariweg
Wittekindstr.
Gößnerweg
Alter Park
10
Felixstr.
Alboinstr.
Albrechtstr.
11
Franckepark
Friedensplatz
Kaiserin-Augusta-Str.
Albrechtstr.
Eythstr.
Alboinplatz
Friedrich-Franz-Str.
Manteuffelstr.
Kaiserin-Augusta-Straße
Friedrich-Wilhelm-Str.
Burgemeisterstr.
Wittekindstr.
Friedrich-Wilhelm-Str.
Wenckebachstr.
Greveweg
Tempelhofer Damm
Werderstr.
Burgemeisterstr.
Totilastr.
Arnulfstr.
Manteuffelstr.
Arnulfstr.
Friedrich-Karl-Str.
Ordensmeisterstr.
Ottokarstr.
12
Colditzstr.
Konradinstr.
Viktoriastr.
Teltowkanal
Wolframstr.
Alarichstr.
Mariendorfer Damm
Marienhöhe
13
Volkmarstr.
Marienhöher Weg
Chlodwigstr.
Wulfilaufer
Ullsteinstraße
Ullsteinstr.
Attilastr.
Wolframstr.
Ullsteinstr.
Finkenweg

Vom Platz der Luftbrücke bis zur Grenze nach Mariendorf

Fliegerhorst und Storchennest

Flughafen Tempelhof

Am 1 **Platz der Luftbrücke** bilden Dudenstraße und Columbiadamm die Grenze zu Kreuzberg. Hier steht unübersehbar und als weithin bekanntes Wahrzeichen von Tempelhof das nach Plänen von Eduard Ludwig errichtete **Luftbrückendenkmal**, vom Berliner Volksmund auch „Hungerharke" genannt. Die drei Betonrippen im oberen Bereich des künstlerisch eher anspruchslosen Objekts symbolisieren die Luftkorridore nach Berlin, durch die die Stadt fast eineinhalb Jahre lang versorgt wurde. Bemerkenswert ist, wie Ludwig die nationalsozialistische Platzgestaltungsidee aufgriff und ihr mit seinem Denkmal entgegenarbeitete. Er vermied es, die monumental-symmetrische Anlage noch nachträglich aufzuwerten, indem er den Betonblock aus der zentralen Achse der kreisrunden Anlage herausgedreht aufstellen ließ. Mit Hilfe dieser Asymmetrie hielt er Distanz zu diesem Paradebeispiel faschistischer Platzplanung. Bewusst wahrgenommen, stellt seine Arbeit ein störendes Element dar – sie wird optisch selbst von den gigantischen Bauwerken des Zentralflughafens Tempelhof nicht erdrückt.

Manche älteren Berliner Bürger erinnern sich noch an jene Zeiten nach dem Ersten Weltkrieg, als der zivile Luftverkehr vom legendären Tempelhofer Feld aus aufgenommen wurde – abgefertigt wurden die Fluggäste anfangs nur in ein paar hölzernen Baracken. Seit den achtziger Jahren des 19. Jahrhunderts waren auf dem damaligen Exerzier- und Paradefeld der preußischen Armee schon die ersten waghalsigen Versuche gestartet worden, mit Hilfe der Motorkraft in der Luft zu bleiben. Nachdem ein gewisser Orville Wright dann im September 1909 vor dem schaulustigen Berliner Publikum seine Schauflüge inszeniert hatte, war der Sprung zur linienmäßigen Verkehrsluftfahrt nicht mehr weit, und Berlin mit seinem Tempelhofer Feld entwickelte sich während der zwanziger Jahre rasch zu einem ihrer bedeutendsten Knotenpunkte. Der Name Tempelhof war damals Inbegriff der zivilen Luftfahrt und in der ganzen Welt bekannt. So konnte der zweite Neubau des **Flughafens** unter der Nazi-Herrschaft keineswegs verwundern – die technische Entwicklung hatte die Möglichkeiten des alten Tempelhofer Rollfeldes schon zu Beginn der dreißiger Jahre überholt.

Für Propaganda waren die neuen Bauten auf alle Fälle gut. Der Architekt Ernst Sagebiel steuerte den Entwurf bei, Ende des Jahres 1935 wurde mit den Vorbereitungsarbeiten begonnen. Der Flugverkehr wurde aber trotzdem fast unvermindert fortgeführt, da sich die alten Anlagen etwa in der Mitte des heutigen Flugfeldes befanden. Den Hauptteil des neuen Komplexes bildete ein bogenförmiges, fast 1,2 Kilometer langes Gebäude, in dessen Zentrum sich ein 400 Meter langer und 50 Meter tiefer überdachter Flugsteig befindet. Rechts und links davon waren die Flugzeug- und Werkstatthallen untergebracht. In der Mitte fungiert die quaderförmige Abfertigungs- und Eingangshalle als gewaltiger Mittelpunkt der Anlage. Auf dem Stadtplan, besser noch aus der Luft wird sichtbar, dass das Ganze einem mächtigen Adler nachempfunden war – eine bevorzugte Schmuck- und Bauform während der NS-Zeit.

Die Dimensionen des Flughafens machen deutlich, wohin die Reise seinerzeit gehen sollte. In Erwartung einer glorreichen deutschen Zukunft war er auf das 30fache des damaligen Bedarfs berechnet worden, gedacht auch als repräsentatives Eingangstor für die neue Hauptstadt. Ende April 1945 kam dann allerdings die Rote Armee und besetzte die Gebäude, bis sie, nach der Bildung der vier Sektoren, unter die Kontrolle der US-Army kamen. Danach konnte Tempelhof seine alte Bedeutung nicht wiedergewinnen, heute wird ein Flughafen mitten in der Stadt von vielen Bürgern als eher störend empfunden. Gegen die vom Land Berlin für Herbst 2004 vorgesehene Schließung wächst jedoch Widerstand.

Ein Teil des Platzes der Luftbrücke, der vor dem zentralen Eingangsgebäude, hieß seit 1985 inoffiziell Eagle Square. Ein **Adlerkopf** auf Waschbetonsockel, nachts gespenstisch beleuchtet, weist den Weg. Eine eigenartige amerikanisch-berlinische Prominenten-Koalition war seinerzeit auf den Gedanken gekommen, den Kopf des „1000-jährigen" Schmuckvogels vor dem Eingangsbauwerk wieder aufzustellen. Oben auf dem Dach hätte er die Flugsicherheit beeinträchtigt – wie vor 1962, als der Adler im Ganzen demontiert worden war.

Geht man den Columbiadamm entlang der gewaltigen Gebäudekomplexe bis zu deren Ende, kommt man an den Ort, wo sich einmal das Columbiahaus befand. Etwas weiter östlich erinnert eine hier abgestellte **Skymaster**, der „Rosinenbomber", an die 462 Tage der Luftbrücke.

Vom Platz der Luftbrücke führt der Weg entlang der Manfred-von-Richthofen-Straße. Gleich dort, wo sie vom Tempelhofer Damm abzweigt, fallen zwei **Rundbauten** ins Auge, die offenbar früher entstanden sind als der Flughafen. Es handelt sich dabei um das so genannte Eingangstor nach Neu-Tempelhof. Schwer vorzustellen, dass sich hier bis kurz vor dem Ersten Weltkrieg nur eine Sandwüste befand – jenes Exerzierfeld der Preußen eben.

Berlin platzte damals aus allen Nähten, die Spekulation mit Grund und Boden trieb die farbigsten Blüten und am Ende wurden auf dem westlichen Tempelhofer Feld dann ab 1912 die definitiv letzten Berliner Mietskasernen hochgezogen. Man plante in großem Umfang: Bis zur Ringbahn hin war Wohnraum für gut 60 000 Menschen vorgesehen. Wieder einmal sollte im großen Stile gut verdient werden, obwohl das Mietskasernenmodell immer mehr kompetente Kritiker gefunden hatte. Auch hier in Neu-Tempelhof entstand der Widerspruch zwischen den protzigen Fassaden und Vorderhauswohnungen und den hinten um den Hof gruppierten Unterkünften. Dem maßgeblich an den Entwürfen beteiligten Berliner Architekten Bruno Möhring wurde dann auch in der Fachpresse vorgehalten, er habe das Problem der fensterlosen Wohnung nun restlos gelöst.

Auch das 2 **Haus Schulenburgring 2** gehört noch in diese Ära, mit ihm hat es allerdings noch eine besondere Bewandnis. Eine unauffällige Informationstafel am Hauseingang gibt dazu erste Hinweise, obwohl die Hauptsache leider falsch bezeichnet ist. Wie schon erwähnt, stand der Flughafen ab dem 26. April 1945 unter der Kontrolle der Roten Armee und vom darauf folgenden Tag an bis zum 4. Mai befand sich im Erdgeschoss des Hauses der Kommandostand von General Wassili Tschuikow, dem Befehlshaber der sowjetischen 8. Gardearmee. Im ersten Stockwerk war General Katukow von der 1. Gardepanzerarmee untergebracht. Die sowjetischen Soldaten hatten, vom Sü-

den Berlins kommend, zu diesem Zeitpunkt das Gebiet bis zum Landwehrkanal unter ihre Kontrolle gebracht und bereiteten sich nun auf die Eroberung des Stadtzentrums vor. Am 2. Mai 1945 dann erklärte in diesem Haus der letzte Kampfkommandant der Berliner Garnison, General Hellmuth Weidling, nach mehreren Verhandlungen die bedingungslose Kapitulation. Darauf hatten sich die Alliierten vor allem weiteren Vorgehen verständigt, nicht auf einen Waffenstillstand mit den Deutschen, wie es auf der – privaten! – Tafel zu lesen ist.
Direkt gegenüber, in dem **Eckhaus** Mussehlstraße 22, befand sich vom Sommer 1931 bis November 1938 die Synagoge des Israelitischen Religionsvereins Neu-Tempelhof. In der Nacht vom 9. zum 10. November 1938 wurden Synagoge und Thora geschändet. Eine Gedenktafel im – üblicherweise verschlossenen – Hausflur erinnert an diesen Ort und die Geschehnisse.
Im weiteren Verlauf der Manfred-von-Richthofen-Straße fällt eine Veränderung der Bebauung auf. Abrupt hören die Mietskasernen auf, auf der linken Seite sind plötzlich nur noch ein paar Schrebergärten, auf der rechten ein paar triste Nachkriegsgebäude zu sehen.
Und noch ein Stück weiter wird es dann richtig gemütlich mit den kleinen zweigeschossigen Häuschen samt Vorgärten – man ist mitten in Neu-Tempelhof angelangt.
Pech für die Mietskasernen-Bauherren auf dem Tempelhofer Feld: Der Erste Weltkrieg machte ihnen einen dicken finanziellen Strich durch die Rechnung. Und während der Weimarer Republik kam die Berliner Regierung, 1925 eigens per Gesetz, vom Mietskasernenbau als Standardunterkunft vollkommen ab; in der Folge bestimmte der so genannte Reformwohnungsbau das Geschehen. Licht und Luft war die Devise der zwanziger Jahre. Die Stadt bietet dafür eine große Zahl sehr anschaulicher Beispiele, und Neu-Tempelhof ist eines der frühen und eher merkwürdigen.

Adolf-Scheidt-Platz

Am (3) **Adolf-Scheidt-Platz** steht man im Herzen der auch **„Fliegersiedlung"** genannten Anlage. Während der nationalsozialistischen Herrschaft waren viele Straßen umbenannt worden, seit 1936 zieren Fliegerhelden aus dem Ersten Weltkrieg die Straßenschilder. Manfred von Richthofen, Ernst Udet und Werner Voss sind wahrscheinlich die Bekanntesten aus dieser illustren Riege.
Schon 1919 waren die Grundstücke neu in 350 Quadratmeter große Parzellen eingeteilt worden, und von 1920-28 entstand Stück für Stück eine Kleinhaussiedlung, in der die Wohnungen als Eigentum zum Verkauf standen. Die Haushälften waren für damalige Verhältnisse gut ausgestattet, gegen Aufpreis bekam der zukünftige Besitzer eine Warmwasserheizung eingebaut. Zu jeder Wohneinheit gehörte ein kleiner Garten, der zusammen mit den anderen Karrees eine umfangreiche Freifläche bildete.
Näher betrachtet, mutet die Lösung dieses Wohngebiets etwas eigenartig an – es gehört aber zu den Siedlungsmodellen der Gartenstadtbewegung. Die meist zweigeschossigen Häuser sind mit Walmdächern versehen und mit reliefverzierten Fassaden geschmückt; man findet winzige, funktionslose Torbögen, zwischendurch lockern kleine Plätze die Siedlung auf.
Dieser Illusion von heiler Welt wird am Adolf-Scheidt-Platz auch künstlerischer Ausdruck verliehen: 1931 wurde das Storchennest von Ernst Seger aufgestellt. Und am Ende sind sogar die öffentlichen Toilettenhäuschen, zu sehen zum Beispiel

an der Richthofen-Straße, Ecke Schreiberring, baulich-ästhetisch angeglichen worden. Zu einer Großstadt will das alles nicht recht passen. Die Problematik liegt aber weit mehr in dem im Vergleich zum geschaffenen Wohnraum unverhältnismäßig großen Flächenverbrauch. Das städtebauliche Resultat war in jeder Hinsicht eine Enklave, die bis heute noch keinen Anschluss an das stetig wachsende Berlin gefunden hat.

Am Adolf-Scheidt-Platz gibt es eine **Gedenktafel** für den Schöpfer der Siedlung, den Tempelhofer Baustadtrat Fritz Bräuning und eine weitere, nur wenige Häuser daneben, für den 1939 von den Nazis ermordeten Gewerkschafter und Sozialdemokraten Lothar Erdmann. Beide stehen repräsentativ für das Publikum, das während der zwanziger Jahre hier Wohnungseigentum erwarb. Das damals geforderte Mindestkapital belief sich auf 7000 Goldmark, infrage kamen deshalb in erster Linie Beamte, Abgeordnete und Selbständige. Der drückenden Berliner Wohnungsnot konnte daher mit dem Bau der Siedlung nicht begegnet werden.

Was später, in den sechziger und siebziger Jahren, beim Bau der Großsiedlungen keine Selbstverständlichkeit war, wurde aber in Neu-Tempelhof eingeplant: öffentliche Infrastruktureinrichtungen. Neben dem Schulgebäude an der Boelckestraße bildet die (4) **evangelische Kirche** auf dem Tempelhofer Feld ein markantes Bauwerk. Von Bräuning gleich mit entworfen und 1927-28 errichtet, zeigt sie, dass Monumentalität in den zwanziger Jahren nicht mehr gefragt war. Zwar wurden traditionelle Formen wie Spitzbogen, Dreieck und „klassischer" Portaleingang verwendet, heraus kam aber eben doch nur eine schlichte Predigtkirche – im Volksmund „Gebetsgasometer" geheißen. Ganz anders als der plumpe Betonklotz der katholischen Kirche aus den sechziger Jahren ein paar Schritte weiter passt sie gut in das Siedlungsbild.

Am Ende der Manfred-von-Richthofen-Straße liegt der (5) **S-Bahnhof Tempelhof**. Von hier aus fällt der Blick zurück auf den anderen Haupteingang in die Siedlung, der dem Baustil der zwanziger Jahre entspricht und deutlich eleganter ist als die massigen Häuser am Platz der Luftbrücke. Über Bahnhof und Eingangsbauwerk befindet sich übrigens geradewegs die Einflugschneise für den Flughafen – ein Erlebnis besonderer Art, wenn wenige Meter über den Gärten Flugzeuge lärmend zur Landung ansetzen. Kein Wunder, dass sich eine Bürgerinitiative gebildet hat, die die Schließung des Flughafens fordert. Gleich neben der Bahn führt auch noch eine Brücke der Stadtautobahn über den Tempelhofer Damm – im Ganzen ein ungemütlicher Ort, an dem das vergleichsweise bescheidene Backsteinbauwerk (6) **Tempelhofer Damm 118** zunächst gar nicht weiter auffällt.

Das dreigeschossige Haus gehörte einmal zu einer für den preußischen Staat zentralen Institution: seiner Armee. Es war das Inspektorengebäude der in den Jahren 1883-86 errichteten Kasernenanlage der Eisenbahnpioniere, die Ende des 19. Jahrhunderts folgerichtig an Ringbahn und Exerzierplatz ihr Quartier bezogen. Die Ringbahn selber war gerade zehn Jahre früher gebaut worden, nicht etwa für die Bürger, sondern für den schnellen Transport von Soldaten zum Tempelhofer Feld.

Dass auch andere Menschen ihre Wege damit zurücklegen konnten und die Industrialisierung gefördert wurde, war zunächst nur ein Nebeneffekt. Viel wichtiger war, dass die Eisenbahnsoldaten seit dem Deutsch-Französischen Krieg von 1870/71 den Schlachtenausgang zunehmend beeinflussten und entsprechend trainiert werden mussten.

Viel ist nicht übrig geblieben von Kasernen und Preußens Gloria. Krieg und Autobahnbau setzten den Anlagen mächtig zu. Den letzten Rest, die ehemaligen (7) **Mannschaftsunterkünfte** in der Ringbahnstraße, nutzt derzeit die Berliner Stadtreinigung. Das Inspektorenhaus sollte zwischenzeitlich zugunsten eines Park-and-Ride-Platzes abgerissen werden.

Mittlerweile steht es, eher zufällig als geplant, unter Denkmalschutz.
Auf der anderen Seite der Ringbahn liegen zwischen General-Pape-Straße und Werner-Voß-Damm weitere Kasernenbauten und Wagenremisen der Eisenbahnpioniere aus rotem Backstein. Am Haus Werner-Voß-Damm 62, heute für Gewerbe genutzt, erinnert eine **Gedenktafel** an die Opfer des frühen Naziterrors 1933, die in den Kellern der Kaserne an der General-Pape-Straße malträtiert wurden.
Nur ein kleines Stückchen weiter wandelt sich das Bild wieder komplett. Der kurze Weg durch die Ringbahnstraße hinein in die Neue Straße fördert Überraschendes zutage. Vom Verkehrslärm kaum belästigt, lässt sich einmal in Ruhe besehen, wie Tempelhof sich ab der zweiten Hälfte des 19. Jahrhunderts allmählich vom Dorf zur Berliner Vorstadt wandelte. Man muss aber auch an diesem Ort, wie so oft, die Fantasie bemühen. Wegzudenken sind die großen Mietshäuser, die asphaltierten Straßen. Die etwas verlotterten Kleingartenanlagen weisen am ehesten darauf hin, dass hier eine Tempelhofer Bäuerin einmal ihren Gemüsegarten angelegt hatte.
Ab 1863 war im Umkreis des Dorfes in großem Stil parzelliert worden, wobei einige Bauern durch stückweisen Verkauf ihrer Ländereien beachtliche Erlöse erzielen konnten. Aber nicht nur die Bodenspekulanten übten ihren Einfluss aus – neue Formen der Architektur veränderten alsbald auch den Charakter der Dorfanlage. Bis 1874 wurde die so genannte Neue Straße erschlossen und auf beiden Seiten mit je acht zweigeschossigen Wohnhäusern bebaut. Der spätklassizistische Stil, an Schinkel orientiert, war gerade noch in Mode. Es findet sich hier denn auch eine Mischung aus abgespeckten Ausgaben Berliner Villen und Potsdamer Vorstadtbebauung wieder, das Ganze in die Form einer Reihenhausanlage gezwängt. Mieter waren zunächst Verwaltungsbeamte und Offiziere der nahe gelegenen Kasernen, entsprechend wurden

Tempelhofer Dorfaue

in die Höfe, wie noch heute zu sehen, Remisen für Pferd und Wagen gebaut. Die Fertigstellung der benachbarten Militärobjekte verzögerte sich aber, so wurde anderweitig vermietet: an Tischler, Klempner, auch ein Pferdeschlachter und ein kleiner Käsefabrikant waren eine Zeit lang dabei. Dass in der Neuen Straße einmal der Scharfrichter gewohnt haben soll, gehört zu den netten Geschichten, die immer mal wieder auftauchen.
Am Ende der Neuen Straße wird es dann wieder schlagartig ungemütlich: Von einem 8 **Dorfanger** kann in Tempelhof sicherlich nur noch der Form halber die Rede sein. Die Kraftfahrzeuge rücken einem zu fast allen Tageszeiten so bedrohlich auf den Leib, dass es schwer fällt, in Ruhe die letzten Reste des Dorfes zu betrachten – die Tempelhofer Dorfaue ist eine geschundene Anlage, kurz nach dem Zweiten Weltkrieg ohne Konzept bebaut. Vor allem der Verkehr sollte fließen. Geradezu rührend nimmt sich da die Hinweistafel am Haus Alt-Tempelhof 21 aus, die darüber aufklärt, dass hier vom 13. bis 19. Jahrhundert der Lehnschulzenhof nebst Dorfgericht gestanden hat.
Direkt gegenüber der Neuen Straße sind noch drei mittlerweile sanierte Vorzeigeausgaben von Bauernhäusern aus den zwanziger Jahren des 19. Jahrhunderts erhalten – letzter Blickfang an einem unwirtlichen Ort. Durch mehrere große Brände verschwanden seinerzeit die meisten der strohgedeckten alten Lehmfachwerk-

Rathaus Tempelhof

bauten, die durch ihre Schwarze Küche mit der offenen Feuerstelle ständig gefährdet waren. Großzügigere Wohnhäuser traten dann an ihre Stelle. Ansonsten ist nur noch ein einziger Stall auf dem Grundstück Nr. 35 übrig geblieben. Zweckmäßig modernisiert, beherbergt er heute eine Einrichtung für behinderte Menschen.

Am nordwestlichen Ende von Alt-Tempelhof, Ecke Stolbergstraße, fällt vielleicht noch die geschlossene Wohnbebauung auf, die von ihrer ursprünglichen Zielsetzung her so gar nicht in diese Gegend passte. Es ist ein Siedlungsbau der Berliner Bau- und Wohnungsgenossenschaft von 1892, bei älteren Tempelhofern auch als das **Rote Schloss** bekannt. Geplant war seinerzeit, für die Arbeiter der Königlichen Eisenbahn-Inspektion und der Schultheiss-Brauerei Wohnungen in der Nähe ihrer Arbeitsstätten zu errichten. Aber die Gemeinde Tempelhof wollte unter keinen Umständen ein Fabrikarbeiterort werden. Mehr als fünf Jahre stritten die Parteien hin und her, bis 1906 endlich der Grundstein gelegt werden konnte. Heraus kam ein mustergültiger Reformwohnungsbau, in dem die Bewohner über lange Zeit soziale und kulturelle Aktivitäten entfalteten, die in Tempelhof zu dieser Zeit nicht selbstverständlich waren.

Das Rote Schloss, heute in einem warmen Gelbton gehalten, wich im Übrigen bewusst von den damals üblichen Formen ab. Die Asymmetrie der einzelnen Blocks gestattete zum einen eine günstige Ausnutzung des Grundstücks, zum anderen sind aber alle Wohnungen von der Straße her erschlossen. Die berüchtigte protzig-überladene Fassadengestaltung auf der Schauseite bei schmucklosen Rückseiten gibt es hier nicht. Erker, Loggien und Balkone gliedern auch die Hofseite, integriert sind großzügige Spiel- und Gartenanlagen.

Wie auch immer, Tempelhof ist auf jeden Fall mehr durch seine Ritter als durch Heerscharen von Fabrikarbeitern bekannt geworden. Wer andere Dörfer in der Mark Brandenburg besucht hat, dem wird hier auffallen, dass die 9 **Dorfkirche** von vor 1250 als ältestes Bauwerk am Ort weitab vom Anger steht. Sie gehörte einmal zu einem Komturhof des Ordens der Templer. Tempelhof war einer seiner wichtigsten Stützpunkte. Von diesem Hof hat aber bis heute niemand eine klare Vorstellung gewonnen, weil weder einzelne Gebäude noch Mauerreste archäologisch nachgewiesen werden konnten. Lediglich die Teiche in den Parkanlagen um die Kirche sind Reste eines Grabensystems, das den Komturhof umschlossen hatte. Und mittendrin stand die Kirche, heute das letzte konkrete Zeugnis. Und auch diese hat mit dem Mittelalter nicht mehr viel gemein. Während des Zweiten Weltkriegs wurde sie derart schwer von Bomben getroffen, dass sie beinahe komplett wieder aufgebaut werden musste. Die äußere Form kündet deshalb eher vom waltenden Zeitgeist der fünfziger Jahre. Vor allem der Turm macht das deutlich, Fachwerk sieht ja irgendwie nach vergangenen Zeiten aus. Der Denkmalschutz spielte aber bei der Rekonstruktion des Gotteshauses keine große Rolle. Nach dem Krieg war die Arbeit an der Kirche eher ein Hoffnungszeichen, Ausdruck der Verbundenheit mit dem zerstörten Heimatort. Die Gedenktafel an der Außenmauer für den beim Brandlöschen ums Leben gekommenen Soldaten wurde dabei nicht vergessen – sie gehört dazu.

Am 20. April 1936, bei der Grundsteinlegung für das neue 10 **Rathaus**, traten fahnen- und flaggenbewehrte Formationen von NSDAP, SA, SS, Arbeitsfront und Wehrmacht an, um der Grundsteinrede des parteilosen Bezirksbürgermeisters Dr. Bruns-Wüstefeld den theatralisch-würdevollen Rahmen zu geben: Erst nachdem der Nationalsozialismus das Steuer der Stadtverwaltung ergriffen und herumgeworfen habe, hätten die Bitten Tempelhofs Gehör gefunden und sei ein neues Bezirksverwaltungsgebäude errichtet worden. So habe auch Tempelhof seinen Anteil an der Schicksalswende des deutschen Volkes. Inzwischen hatten die Nazis allerdings die kommunale Selbstverwaltung per Gesetz beseitigt.

Für die damalige Zeit ist der Bau erstaunlich schlicht geraten. Was ihm fehlte, war der nun in der Tat nicht mehr notwendige Saal für die Bezirksverordnetenversammlung, für das kommunale Parlament also. Den brauchte man aber nach dem Zweiten Weltkrieg, und so kam mit dem 1969 von Willi Kreuer entworfenen Anbau ein architektonisches Denkmal zustande, das an die massiven Eingriffe in die Stadtverwaltung erinnern soll.

Dazwischen wurde der Bezirk für kurze Zeit in dem 11 Gebäude **Tempelhofer Damm**, Ecke **Albrechtstraße** verwaltet – hier befand sich im Mai 1945 zum Beispiel die Kommandantur der sowjetischen Besatzungsmacht.

Gleich hinter der 12 **Ufa-Fabrik** erreicht man die Grenze zwischen den bezirklichen Ortsteilen Tempelhof und Mariendorf, an dieser Stelle deutlich markiert durch den Verlauf des Teltowkanals. Das mächtige 13 **Ullstein-Haus** steht schon auf der Mariendorfer Seite. Mit dem Bau der knapp 40 Kilometer langen und damals hochmodernen Wasserstraße, die seit 1906 die Havel mit der Spree und die Elbe mit der Oder verbindet, erfolgte in kurzer Zeit der wirtschaftliche und bevölkerungsmäßige Aufschwung des gesamten Berliner Südens.

Im Dezember 1900 hatte der Kronprinz dazu den ersten Spatenstich im Babelsberger Schlosspark getan. Den Rest, nämlich den körperlich enorm anstrengenden Aushub in einem traditionell feuchten Gelände, haben damals in sechs Jahren vor allem ausländische Arbeiter vollbracht. Russen, Galizier, Polen, Italiener und Kroaten waren, folgt man zeitgenössischen Berichten, offenbar belastbarer als die einheimischen Kräfte. Schlecht bezahlt wurden sie schon für damalige Verhältnisse, gleichzeitig waren sie einem rigorosen Arbeitsreglement unterworfen.

Tempelhofer Hafen

Das Tempelhofer **Hafengelände** entstand zur gleichen Zeit auf einem Areal von Schmutztümpeln, die als Sammel- und Verdunstungsbecken für die örtliche Kanalisation dienten. Gleich mit errichtet wurde das imposante Lagerhaus, das hier aus gutem Grund steht, denn der Hafen Tempelhof befand sich seinerzeit an derjenigen Stelle des Kanals, die Berlin am nächsten lag, war also wichtige Güterumschlagstelle.

Der Betrieb auf der für die Stadt einst wichtigen Wasserstraße war in den ersten Jahrzehnten nach dem Zweiten Weltkrieg weitgehend bedeutungslos, da an der Staatsgrenze zur DDR geschlossen. Das hat sich zwar inzwischen geändert, nicht aber, dass der Kanal zu den schmutzigeren Berliner Gewässern gehört. Käme überhaupt jemand auf die Idee, hier schwimmen zu wollen, bestünde Gefahr für Leib und Leben. Nun soll hier in den kommenden Jahren ein großes Freizeitzentrum errichtet werden.

Reinhard Peiler, Reinhard Hanke

Das ehemalige KZ am Flughafen

„Fragen Sie nach dem Columbia-Haus!"

Den englischsprachigen Besucherinnen und Besuchern der Olympischen Spiele 1936 konnte es passieren, dass ein Untergrund-Flugblatt sie aufforderte, sich nicht vom Schein des nationalsozialistischen Deutschlands blenden zu lassen: „Ask to see the Columbia House, and other prisons with their torture chambers." Diese Frage nach dem Konzentrationslager und den Folterkellern hat sich auch heute noch nicht erübrigt, obwohl das Columbia-Haus nicht mehr existiert. Wer etwas darüber erfahren will, muss Erkundigungen einziehen.
Das Columbia-Haus, in dem die Nazis drei Jahre lang politische Gegner gefangen hielten, war erst Gefängnis der Geheimen Staatspolizei und ab 1934 Konzentrationslager. Es befand sich auf dem Gelände des Flughafens Tempelhof am Columbiadamm.
Als am 7. Juni 1927 die aus New York kommenden Ozeanflieger Clarence Chamberlain und Charles Levine mit dem Flugzeug „Columbia" auf dem Flughafen Tempelhof landeten, hätte wohl niemand gedacht, dass sechs Jahre später der Name Columbia mit einer der schlimmsten Folterstätten des nationalsozialistischen Deutschlands in Verbindung gebracht werden könnte.
Der 1896 als Militärarrestanstalt errichtete Gebäudekomplex bestand aus einem Arresthaus mit 156 Zellen, einem Gerichtsbau, einer Beamtenunterkunft sowie Nebenanlagen. Die noch heute auf der dem Gefängnis gegenüberliegenden Straßenseite befindlichen Kasernen entstanden gleichzeitig in ähnlicher äußerlicher Gestaltung. Bis 1918 dienten die Gebäude als Militärarrestanstalt, danach gehörte das „Gefängnis Tempelhofer Feld" zum Strafvollzugsamt Berlin.
Die leer stehende Anlage in der damaligen Columbiastraße 1-3 wurde im Juli 1933 wegen Überfüllung des in der Prinz-Albrecht-Straße 8 gelegenen „Hausgefängnisses" der Gestapo zum Polizeigefängnis.
Zu den ersten Häftlingen gehörte der am 14. Juli 1933 mit der Gefangenen-Nummer 231 in Zelle 78 untergebrachte Schriftsteller, Pazifist und Homosexuelle Kurt Hiller. Die Zahl der Häftlinge wuchs von 80 im Juli 1933 auf 450 im Februar 1934. Damit waren die 156 Einzelzellen des Columbia-Hauses heillos überfüllt und die Lebensbedingungen der Inhaftierten unerträglich, zumal Quälereien durch die Aufseher zur Tagesordnung gehörten. Hiller beschrieb die SS-Männer, denen er ausgesetzt war: „Meine Statistik am Material von sechzig bis siebzig SS-Männern aller hier vertretenen Chargen hat ergeben, daß etwa fünfzehn Prozent dieser Leute anständige Menschen waren, etwa 55 Prozent sittlich gesinnungsloser Durchschnitt, der sich anpaßt und mitmacht, etwa dreißig Prozent ausgemachte Sadisten." Auch vor Mord schreckten die Wachleute nicht zurück. Im Winter 1933/34 starben mehrere Männer – teilweise angeblich durch Selbstmord. Der Terror gegen die Gefangenen nahm solche Ausmaße an, dass im September 1934 „Schikanen" und „Quälereien" ausdrücklich durch Himmler verboten wurden – ein wohl einzigartiger Vorgang.
Im Dezember 1934 wurde das Gefängnis als Konzentrationslager „Columbia" der „Inspektion der Konzentrationslager" unterstellt. Die Tatsache der Umbenennung von „Polizeigefängnis" in „Konzentrationslager" war mehr als ein Namenswechsel. Sie markiert den Übergang vom unorganisierten, dabei aber schrankenlosen Terror durch die Gestapo und SS in ein System der Gewalt, das bis ins Kleinste durchorganisiert war. Das Columbia-Haus wurde von der Geheimen Staatspolizei von da an nur noch für Häftlinge genutzt, die noch verhört und in andere

Konzentrationslager überführt werden sollten.
Bis zur Schließung im Herbst 1936 wurden im KZ Columbia mindestens 8000, vermutlich sogar 10 000 Häftlinge festgehalten. Unter ihnen waren Prominente wie der damalige kommunistische Jugendfunktionär Erich Honecker, die Reichstagsabgeordneten Willi Agatz, Theodor Neubauer und John Schehr, der Nachfolger des verhafteten KPD-Vorsitzenden Ernst Thälmann, und der Arbeitersportler Werner Seelenbinder. Sie trafen dort auf Genossen aus der Sozialdemokratie wie Karl Ebert (ein Sohn des früheren Reichspräsidenten Friedrich Ebert), Ernst Heilmann (Abgeordneter im Preußischen Landtag), Franz Klühs (stellvertretender Chefredakteur des „Vorwärts") und den späteren Berliner SPD-Landesvorsitzenden Franz Neumann. Zu der Gruppe der jüdischen Häftlinge gehörten u. a. der Rabbiner Leo Baeck (Präsident der „Reichsvertretung der deutschen Juden"), Max Naumann (Gründer und Vorsitzender des Verbandes nationaldeutscher Juden) sowie der Jurist und spätere Ankläger bei den Nürnberger Prozessen Robert M. W. Kempner. Weiter sind bekannte Persönlichkeiten wie die Kabarettisten Werner Finck und Walter Gross sowie der aus dem Schweizer Exil nach Deutschland zurückverschleppte Schriftsteller Berthold Jacob zu nennen.
Während der Arbeiten zum Ausbau des Flughafens Tempelhof wurde das Columbia-Haus im Oktober 1936 aufgelöst und abgerissen. Die Insassen wurden in das neue im Norden Berlins gelegene Konzentrationslager Sachsenhausen überführt. Das Columbia-Haus verschwand damit nicht nur vom Erdboden, sondern bis in die achtziger Jahre hinein auch aus dem kollektiven und individuellen Gedächtnis der Stadt Berlin.
In unmittelbarer Nähe des „vergessenen Lagers" befindet sich seit dem 3. Dezember 1994 ein von dem Bildhauer Georg Seibert entworfenes **Denkmal**, das an die Leiden der Insassen erinnern soll.
Es steht gegenüber dem ursprünglichen Standort am Columbiadamm, Ecke Golßener Straße. Mit plastischen Zitaten für Teilstücke eines Hauses – Außenwand, Trennwände, Giebel und Dach – wird assoziativ auf das nicht mehr vorhandene Konzentrationslager hingewiesen.
Falls Sie daran vorbeikommen sollten – fragen Sie doch mal nach dem Columbia-Haus.

Kurt Schilde

Das Ullsteinhaus

Turmbau zu Tempelhof

Bei seinen Spaziergängen durch das Berlin der zwanziger Jahre besuchte der Schriftsteller Franz Hessel auch das Ullsteindruckhaus in Tempelhof und war überwältigt von diesem Monument der neuen Zeit: „Ja, da stehen wir wie betäubt im Riesensaal der Berliner Illustrirten und sehen an der Decke die Papierrollen hinlaufen, sich niederlassen in das eiserne Greifen und Drehen und als bebilderte, aufgeschnittene fertige Zeitschrift herausspazieren."

Die Bewunderung des Literaten galt der größten und modernsten Druckerei Europas, die von der Fachwelt als Wunderwerk der Technik gefeiert wurde. Obwohl gerade das leuchtende Rot des Gemäuers schon von weitem ins Auge fällt, handelt es sich bei dem Gebäude nicht um einen Ziegelbau, sondern um eine schwere Eisenbetonkonstruktion mit einer Verblendung aus Klinker. Die sechs Stockwerke überragt der 76 Meter hohe Turm mit einer Uhr, die einen Durchmesser von 7,20 Meter hat. Plastiken wie etwa die über zwei Meter hohe Bronze-Eule von Fritz Klimsch, das Wahrzeichen des Ullstein-Hauses, oder die dekorativen Figurenbildnisse von Wilhelm Gerstel und Josef Thorak unterstreichen den repräsentativen Charakter des Entwurfs von Eugen Schmohl.

Der Standort am Teltowkanal erwies sich für die Druckerei als geradezu ideal. Er ermöglichte sowohl den Massentransport der benötigten Baustoffe auf dem Wasserwege wie auch den des Papiers für den laufenden Betrieb. Die Anbindung an den Eisenbahnverkehr und die geplante U-Bahn erleichterten den Personenverkehr, und der Flughafen Tempelhof lag nicht weit. Entscheidend war auch die geringe Entfernung zum Stammhaus in Kreuzberg: Die Zeitungsdruckerei und die Setzerei arbeiteten weiter in der Kochstraße. Mit dem Wagen konnten die Druckformen für den Buchdruck über die Hauptverkehrsstraßen schnell und leicht nach Tempelhof transportiert werden.

Ullstein-Eule

Im Bau des herausragenden Ullsteindruckhauses kam die Stellung des Verlages im damaligen deutschen Presse- und Verlagswesen sinnfällig zum Ausdruck. Das Unternehmen stand auf der Sonnenseite der Konjunktur und expandierte in der Zeitungs-, Zeitschriften- und Buchbranche. 1927, 50 Jahre nach seiner Gründung, arbeiteten rund 10 000 Beschäftigte für das Unternehmen, jeder siebente Deutsche las ein Druckerzeugnis aus dem Hause Ullstein.

Besonders zu Zeiten des Verlagsgründers Leopold vereinigte die Ullstein-Eule gleichermaßen ökonomischen Erfolg und politischen Fortschritt. Als streitbarer Publizist und Berliner Stadtverordneter lagen er und mit ihm seine liberaldemokratischen Zeitungen in Dauerfehde mit dem Bismarckschen Obrigkeitsstaat. Mit dem zunehmenden geschäftlichen Erfolg schwand jedoch das politische Profil. Dies zeigte sich vor allem in der Endphase der

Weimarer Republik. Dennoch war der „jüdische Verlag" vor 1933 bevorzugtes Ziel nationalsozialistischer Angriffe.

Als Hermann Ullstein 1928 dafür plädierte, Hitler durch alle legalen und verfassungsmäßigen Methoden zu bekämpfen, wurde er von seinen Brüdern und anderen Verlagsdirektoren überstimmt: Der Verlag könne es sich nicht leisten, eine politische Meinung zu haben. Mehr noch – einer der Ullsteinbrüder betonte: „Unsere Stärke besteht darin, keine Meinung zu haben."

Die politische Anpassung an die zunehmend autoritäre Großwetterlage beschrieb der streitbare Publizist Carl von Ossietzky 1932 als „Abmarsch Ullstein zur gelben Presse".

Hitlers Ernennung zum Reichskanzler kommentierte die Vossische Zeitung noch kämpferisch mit den Worten: „Die Zeichen stehen auf Sturm." Was folgte, war jedoch nur Rückzugsgefecht bis zur Selbstaufgabe. Als mit dem Schriftleitergesetz vom Oktober 1933 die Unabhängigkeit der Presse abgeschafft wurde, merkte die gleiche Zeitung an, es sei zu begrüßen, dass damit die letzten Schmockfiguren aus dem journalistischen Bereich verschwinden würden. Schon ab März 1933 hatte die Verlagsleitung die Arisierung des Unternehmens in eigener Regie vollzogen. Im Sommer 1934 ging es an den NSDAP-eigenen Eher-Verlag über, die Verlegerfamilie musste ausscheiden. Damit war die politische und personelle Gleichschaltung eines der größten Verlage im Deutschen Reich abgeschlossen. Den Namen Ullstein behielten die Nationalsozialisten aber bis 1938 bei. Die Leser sollten noch unter unverdächtigem Namen im NS-Sinne beeinflusst werden können.

Ullsteinhaus, Foyer

Als der Familie Ullstein 1952 ihr Besitz zurückgegeben wurde, war dies allenfalls ein symbolischer Akt. Als Konkurrenten waren sie auf dem Berliner Pressemarkt nicht gefragt. 1956 erwarb Axel Cäsar

Springer eine Sperrminorität im Verlag, 1959 übernahm er das angeschlagene Unternehmen. Der Zeitungskönig hatte seine Pläne: Im gleichen Jahr wurde der Grundstein für das Springer-Haus samt Druckerei in Kreuzberg gelegt. Das Ullsteindruckhaus in Tempelhof wurde 1961 verkauft.

Als reine Lohndruckerei von Aufträgen abhängig, war das Ullsteinhaus gegenüber den Druckkapazitäten von Großverlagen immer weniger konkurrenzfähig. Beinahe 60 Jahre wurden in Tempelhof Bücher, Zeitungen und Zeitschriften gedruckt – 1985 gingen die Lichter endgültig aus. Der letzte Inhaber erwarb das Unternehmen für den symbolischen Preis von 3 DM. Es handelte sich jedoch um einen Betriebsausschlachter: Wegen Betrugs und betrügerischen Bankrotts wurde er 1989 zu 21 Monaten Gefängnis verurteilt.

Seit 1989 erfährt der Medienstandort Berlin eine Wiederbelebung. Auf den Standort Tempelhof kann und muss auch die Axel Springer AG allerdings nicht mehr zurückgreifen, 1993 eröffnete sie in Spandau ihr neues Druckzentrum.

Das Gebäude in Tempelhof befindet sich heute im Besitz einer großen Berliner Immobilienfirma und beherbergt neben Abteilungen des Bezirksamtes Tempelhof Einzelhandelsgesellschaften verschiedener Branchen.

Christoph Hamann

Zweimal Ufa

Oase in der Kulturwüste

Es ist nicht leicht zu finden, das kulturelle Kleinod Tempelhofs. Wer zum ersten Mal auf der Suche nach dem Gelände am Tempelhofer Damm in die Viktoriastraße einbiegt, der fängt an zu zweifeln. Hier zwischen piefigem Neubau aus den siebziger Jahren und den schmucklosen Altbauten soll sich eine Kommune befinden? Nach ein paar Schritten schwinden die Zweifel. Gleich hinter dem Finanzamt deutet eine Reihe von Flachbauten das Ungewöhnliche an. Ein paar Meter weiter entdeckt der Spaziergänger schnell den Eingang zur **Ufa-Fabrik**: Ein Aluminiumtor mit einer baldachinartigen Halbkugel obendrauf. Dahinter öffnet sich eine eigene Welt, wie sie bunter und quirliger kaum sein kann.

Der Ruf der Ufa-Fabrik reicht längst über die Bezirks- und Stadtgrenzen hinaus, der Ruf des Bezirks Tempelhof ist nach wie vor vor allem mit dem Flughafen verbunden. Umso erstaunlicher ist es, dass sich ein links-alternatives Grüppchen im langweiligen Tempelhof niederließ und von dort aus der Utopie vom freien Leben in der Gemeinschaft in die Wirklichkeit half. Eine spannende Geschichte.

Am 8. Juni 1979 rieben sich die Tempelhofer erstaunt die Augen. Eine Gruppe von 60 Leuten, zumeist im alternativen Kreuzberg beheimatet, besetzte im Schatten des Ullsteinhauses das leer stehende Gelände in der Viktoriastraße 10-18. Mehr noch, die „Fabrik für Kultur, Sport und Handwerk", wie sich der Zusammenschluss mehrerer Projekte nannte, hatte Großes vor. Die „Kulturwüste" Tempelhof, als Beamten- und Angestelltenwohnstatt bekannt, sollte einen Farbtupfer erhalten. Die Alternativen planten nicht nur, in einer riesigen Kommune zusammenzuleben, sondern auch, eine Be-

gegnungs- und Kulturstätte zu schaffen, offen für alle Berliner – und alles ohne staatliche Subventionen.
Heute, 25 Jahre nach der Besetzung, leben die Leute von der Ufa-Fabrik immer noch zusammen. Und arbeiten: In einem Café, einer Vollkornbäckerei, im einzigen Kino des Bezirks, oder sie spielen in der berühmten Sambatruppe – die beim Berlin-Marathon den Läufern alljährlich bei Kilometer 33 einheizt –, sie rackern in einem Kinderzirkus, einer Fahrradwerkstatt und und und ...
Was sich in den vergangenen beiden Jahrzehnten an der Viktoriastraße zwischen Teltowkanal, dem Schokoladenhersteller Sarotti und Finanzamt entwickelt hat, sucht deutschlandweit seinesgleichen. Die Ufa-Fabrik ist die älteste und größte Kommune Deutschlands. Besonders stolz ist die Multikulti-Truppe auf die ökologische Energiegewinnung, die das 18 000 Quadratmeter große Gelände versorgt. Ein Blockheizkraftwerk speist Energie ins Stromnetz der Bewag. Den – vorläufig – letzten Höhepunkt bildete 1997 die Errichtung der Solaranlage, damals der größten der Stadt.
Wer an einem Sommerabend das Gelände betritt, wird sofort von der Atmosphäre des Ortes gefangen genommen. Spielende Kinder, tollende Hunde, kaum 50 Meter weiter das Café Olé, die Tische und Stühle stehen im Freien. Zumeist herrscht ein buntes Treiben an Menschen, die auf dem Gelände wohnen, arbeiten, eines der vielen Kulturangebote wahrnehmen oder einfach nur zum Schauen vorbeikommen. Von überall her rauschen Musikfetzen durch den Wind – sei es aus dem Café, aus dem Freilichtkino, das es seit einigen Jahren zusätzlich im Sommer gibt, oder aus einem der Fenster, hinter denen die heute noch 50 Kommunarden wohnen. Manchmal zeigt ein Feuerschlucker seine Kunst, ein anderes Mal üben Jongleure neue Tricks, und immer mit dabei: Juppi. Der Mitbegründer der Ufa-Fabrik ist gleichermaßen die Seele und das Aushängeschild der Kulturoase. Auch wenn er die 50 schon hinter sich gelassen hat, blitzt aus seinen Augen noch jene unbefangene Lust, Neues zu erleben, die ihn vor mehr als 30 Jahren dazu brachte, die pfälzische Heimat zu verlassen und nach Berlin zu gehen. Niemand spricht Juppi mit seinem bürgerlichen Namen Josef Becher an. Sein Schicksal ist wie kein zweites mit dem der Ufa-Fabrik verbunden. Eine Utopie wollte er damals zusammen mit seinen Freunden Wirklichkeit werden lassen; nun, nachdem sie sich in all den Jahren bewährt haben, bestimmt Pragmatismus das Handeln. Aus der wilden Kommune ist ein Kultur-Dienstleistungsunternehmen geworden, das 130 Menschen Arbeit bietet. Subventionen des Berliner Senats gehören zu einer festen Größe im Etat – zu wichtig ist dem Senat die positive Ausstrahlung der Riesen-WG über die Stadtgrenzen hinaus.
Das war nicht immer so. Zunächst wurden die langhaarigen Alternativen skeptisch beobachtet. Einer Räumung nach

Die Hauptverkehrsstraße auf dem Ufa-Gelände

den ersten Tagen der Besetzung kamen die Kommunarden nur dadurch zuvor, dass sie das Gelände vorübergehend verließen. Die Verhandlungen mit dem Senat über einen Mietvertrag gestalteten sich zäh. Die zunächst geforderten 12 000 Mark waren für das Häuflein Lebenskünstler unerschwinglich. Man einigte sich auf einen Betrag unter 5000 Mark.
Auch die Anwohner beobachteten das Treiben auf dem Gelände anfangs misstrauisch. Jahrzehntelang herrschte Ruhe auf dem Gelände. Nach dem Niedergang der Ufa und einigen missglückten Versuchen, das Filmen in Tempelhof weiter am Leben zu halten, gelangte das traditionsreiche Areal in das Eigentum der Deutschen Bundespost. Das Gelände war längst heruntergekommen, die Post nutzte es als Abstellfläche für ihren Fuhrpark. So dümpelte das Ufa-Gelände dahin, bis eine Gruppe von Fantasten sich dem Stiefkind der Berliner Städteplaner – zwar illegal, aber immerhin – annahm.
Schnell hatte sich die Ufa-Fabrik etabliert – nicht zuletzt durch ihr Lebensmittelangebot. Zu Zeiten, als man hierzulande noch bescheiden in Weiß-, Grau- und Schwarzbrot unterschied, präsentierten die Bäcker dort Backwaren in allen Körnervariationen. Zum fünfjährigen Bestehen sendete der Sender Freies Berlin (SFB) direkt aus der Tempelhofer Enklave.
Die endgültige Anerkennung erhielt die Ufa-Fabrik dann in der Mitte der achtziger Jahre. Der Berliner Kabarettist und Aussteiger Wolfgang Neuss stand vor Gericht – sein Haschisch-Konsum war Gegenstand des Verfahrens. Da schlugen die Macher der Ufa-Fabrik dem Gericht vor, Neuss zu sozialer Arbeit auf dem Bauernhof des Geländes zu verurteilen. So geschah es. Fortan fütterte Neuss am Morgen die Schweine. Abends saß er auf einem Podest im Café und sinnierte über den Weltfrieden und die Unfähigkeit der Politik.
Nach 25 Jahren ist die Ufa-Fabrik aus dem Bezirk nun nicht mehr wegzudenken. Das „Nachbarschafts- und Selbsthilfe-Zentrum" (NUSZ) – ebenfalls auf dem Gelände beheimatet – ist Anlaufpunkt für alle Tempelhofer. Von Internetkursen über Tanzworkshops bis hin zu Esoterikveranstaltungen bietet es eine ganze Palette an Angeboten für jedermann. Vor allem für Kinder ist die Ufa-Fabrik ein Paradies. Neben Bauernhof und Kinderzirkus gibt

Ponyreiten auf dem Ufa-Gelände

es Sing- und Spielkurse für den potenziellen Kommune-Nachwuchs. Etwa 45 Kinder gehen in die Freie Schule der Fabrik, die seit 1980 anerkannt ist. Lernen ohne Stundenplan und Zeugnisse – wer träumte nicht davon?

Das ist die zweite Geschichte des Geländes. Die erste begann weit vor dem Zweiten Weltkrieg. Tempelhof war die Heimat der Universum-Film Aktiengesellschaft, kurz Ufa. Alle Vorkriegsfilme von Rang wurden hier produziert, gedreht und geschnitten. In den Gebäuden der heutigen Ufa-Fabrik befand sich das Kopierwerk der legendären Ufa. Fritz Langs „Metropolis" und Robert Wienes „Dr. Caligari" wurden in den Hauptgebäuden einen Steinwurf weit entfernt hinter dem Ullsteinhaus gedreht. Noch heute wird dort in der Oberlandstraße die ZDF-Hitparade gesendet. Heinz Rühmann und Hans Albers gingen bei der Ufa ein und aus. Dann kamen die Nazis. Unrühmlich endete das erfolgreichste Kapitel des Ortes mit der Produktion von Propagandafilmen und Durchhaltestreifen unter Anleitung des Reichspropagandaministers Goebbels.

Nach dem Krieg folgte das Ende. Das Zentrum der westdeutschen Filmindustrie wurde in München bei der Bavaria aufgebaut. Die DDR drehte in den Filmstudios Babelsberg bei Potsdam. Schautafeln am Eingang der heutigen Ufa-Fabrik erzählen auch diese Geschichte: den Wandel eines Stückes Wiese vom Ackerland zum Filmzentrum über das Dasein im Dornröschenschlaf als Fuhrpark der Post bis hin zu dem, was es jetzt ist: eine Kulturoase in Tempelhof.

Die Steine stehen still aufeinander, sie erzählen die Geschichte der vergangenen 80 Jahre, und sie spiegeln die Versuche der beständigen Wiederbelebung wider. Die Bildausstellung am Eingang des Ufa-Geländes mag vielen den Blick für die wechselhafte Geschichte öffnen, was tatsächlich zählt, ist der lebendige Blick nach vorn. Und der lohnt einen Spaziergang allemal.

JENS ANKER

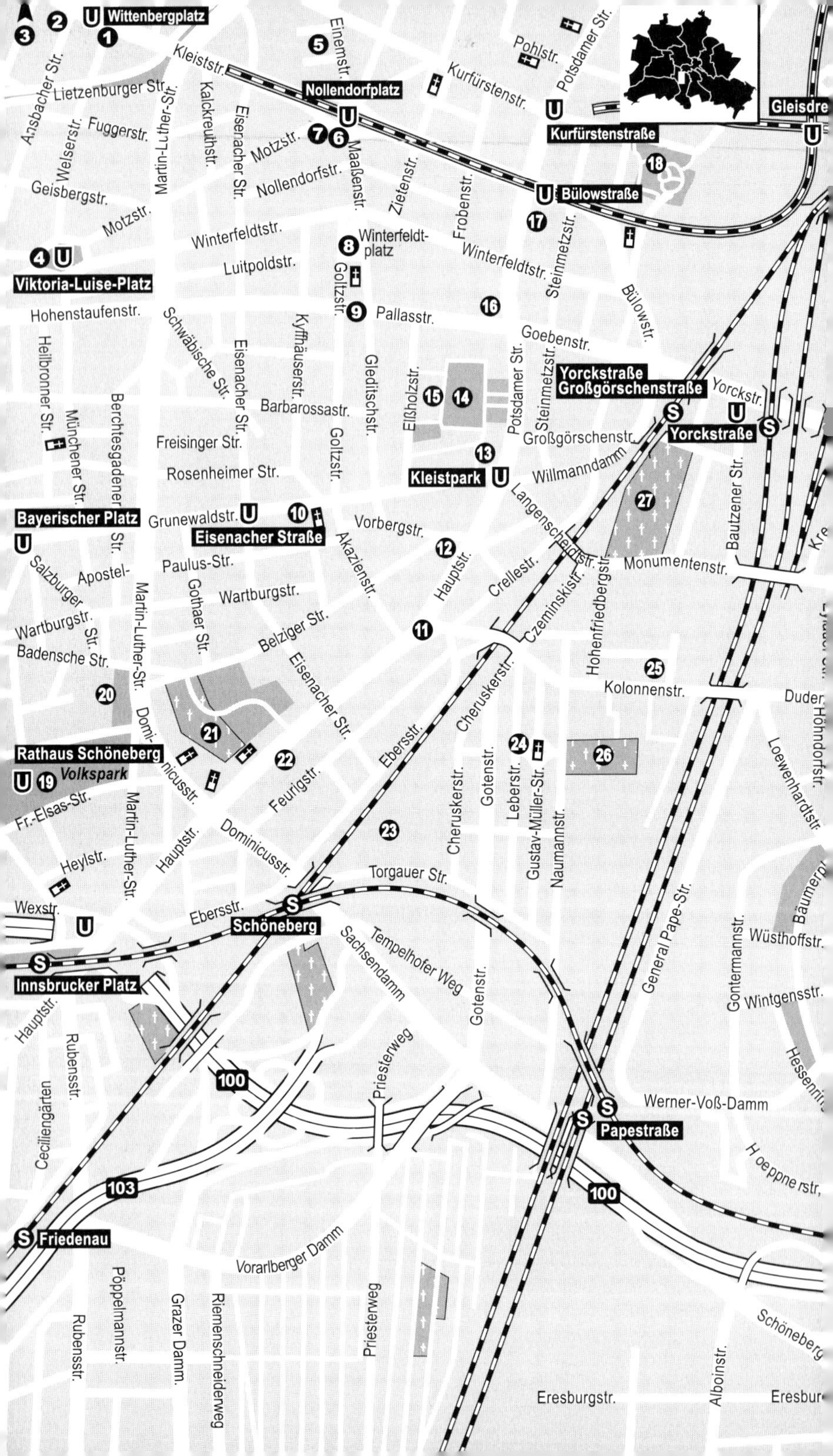

Wittenbergplatz
Nollendorfplatz
Kurfürstenstraße
Gleisdre
Bülowstraße
Viktoria-Luise-Platz
Yorckstraße Großgörschenstraße
Yorckstraße
Kleistpark
Bayerischer Platz
Eisenacher Straße
Rathaus Schöneberg
Volkspark
Schöneberg
Innsbrucker Platz
Papestraße
Friedenau
Ansbacher Str.
Lietzenburger Str.
Kleiststr.
Einemstr.
Pohlstr.
Potsdamer Str.
Kurfürstenstr.
Fuggerstr.
Welserstr.
Martin-Luther-Str.
Kalckreuthstr.
Eisenacher Str.
Motzstr.
Maaßenstr.
Nollendorfstr.
Geisbergstr.
Zietenstr.
Frobenstr.
Winterfeldtstr.
Winterfeldt-platz
Steinmetzstr.
Luitpoldstr.
Goltzstr.
Pallasstr.
Bülowstr.
Hohenstaufenstr.
Schwäbische Str.
Kyffhäuserstr.
Gleditschstr.
Goebenstr.
Heilbronner Str.
Elßholzstr.
Yorckstr.
Münchener Str.
Berchtesgadener Str.
Barbarossastr.
Großgörschenstr.
Freisinger Str.
Rosenheimer Str.
Willmanndamm
Grunewaldstr.
Vorbergstr.
Langenscheidtstr.
Bautzener Str.
Monumentenstr.
Salzburger Str.
Apostel-Paulus-Str.
Hauptstr.
Crellestr.
Akazienstr.
Gothaer Str.
Wartburgstr.
Czeminskistr.
Hohenfriedbergstr.
Belziger Str.
Badensche Str.
Cheruskerstr.
Kolonnenstr.
Duder
Höhndorfstr.
Dominicusstr.
Eberstr.
Gotenstr.
Leberstr.
Gustav-Müller-Str.
Naumannstr.
Loewenhardtstr.
Fr.-Elsas-Str.
Feurigstr.
Heylstr.
Torgauer Str.
Bäumerpl
Wexstr.
Ebersstr.
Sachsendamm
Tempelhofer Weg
General Pape-Str.
Gontermannstr.
Wüsthoffstr.
Wintgensstr.
Hessenring
Rubensstr.
Cecilengärten
Priesterweg
Werner-Voß-Damm
Hoeppnerstr.
Vorarlberger Damm
Pöppelmannstr.
Grazer Damm
Riemenschneiderweg
Schöneberg
Eresburgstr.
Alboinstr.
Eresbur
100
103

Vom KaDeWe zur Potsdamer Straße

Vielschichtige Viertel, gemischte Kulturen

Auf einem Spaziergang durch Schöneberg überquert man mehrere sehr unterschiedliche Plätze: Plätze mit Märkten, Plätze mit Brunnen und Fontänen, aber auch Plätze, die vom Autoverkehr zerschnitten oder von der U-Bahn-Linie und von Bahnhöfen dominiert werden. Sie prägen den westlichen Teil des Bezirks, und es bietet sich an, sich bei einem Gang durch Schöneberg an ihnen zu orientieren.
Wenige Orte in Berlin besitzen die vielfältige Lebendigkeit des 1 **Wittenbergplatzes**. Er ist ein auch an Wochentagen stark frequentierter Platz, denn er wird nicht nur wegen seines Marktes und der umliegenden Einkaufsmöglichkeiten aufgesucht, sondern mehr noch notgedrungen überquert. Treff- und Orientierungspunkte sind hier das nostalgisch und historisierend wieder hergestellte Eingangsgebäude der U-Bahn mitten auf dem verkehrsumtosten Platz oder einer der beiden Brunnen hüben oder drüben.
Oder gleich das 2 **KaDeWe**, doch wenn man von den Waren- und Lebensmittellabyrinthen dieses Konsumtempels verschluckt wurde, dürfte man kaum noch Kraft für einen Spaziergang haben, selbst wenn man nur ein Gläschen körnigen Delikatesssenf aus Dijon oder eine bestimmte Morchelsorte aus Südostasien erstanden haben sollte.
Von diesen kleinen Verlegenheitskäufen von Dingen, die man nicht wirklich zum Leben braucht, lebt seinerseits das 1906 errichtete, 1927 von dem berühmten Kaufhausgründer Hermann Tietz übernommene Warenhaus. Damals wurde hier, mitten in den Wohngebieten des neuen Westens, das später erst fünfstöckig erhöhte Kaufhaus von Anfang an als luxuriöse Einkaufsstätte für die eher wohlhabende Bevölkerung konzipiert, die sich rund um den Wittenbergplatz Richtung Charlottenburg, aber auch in südlicher Richtung am Viktoria-Luise-Platz und am Bayrischen Platz ansiedelte. Ob man nun mit dem Schauder der Abwehr über so viel Luxus und Nepp oder mit einem wohligen Gefühl eines auf Erden erlebten Warenparadieses durch die Etagen schwebt, bleibt jedem Gemüt und Geschmack unbenommen.
Reizvoll ist es in jedem Fall, sich von den engelskalt und heiß lächelnden Damen im Erdgeschoss taxieren zu lassen, ob es beim flüchtigen Kunden nur für ein Pröbchen oder den obligaten Schnuppertest reicht oder ob man sich fast unbesehen den edlen Halbliterflakon festlich einpacken lässt. Gipfel der kulinarischen Lüste ist die oberste Etage. Wenn sich auch sonst das kaum vorhandene Großbürgertum Berlins lieber in Villen und Landhäusern versteckt, hier zeigt es sich gerne unter seinesgleichen, unter Stars und Sternchen und solchen, die sich dafür halten oder auf Teufel komm raus gehalten werden wollen.
Frische Luft weht auf dem Wittenbergplatz, und wer nicht ohnehin mit der U-Bahn gekommen ist, sollte sich zumindest die Schalterhalle des Bahnhofs einmal ansehen. Die alten Werbetafeln und viele kleine Details, Fliesen, Geländer und Lampen gemahnen an die vermeintlich gute alte Zeit. Auch vor dem zuerst 1902 als Jugendstilbau, 1913 dann als kreuzförmiges Eisenwerkfachgebäude errichteten U-Bahnhof lässt sich auf Bänken Großstadtluft schnuppern: Bettler, Musiker, Paare und Passanten, da fällt es gar nicht auf, dass die den Platz säumenden Häuser beileibe nicht alle besonders schön sind.
Hier gibt es etliche Cafés und Boutiquen, Antiquitätengeschäfte in der Keithstraße und natürlich etliche Kneipen unterschiedlichster Couleur. Und wer sich auf den Mittelstreifen des Tauentzien stellt, kann erkennen, wo Schöneberg in die wirklich nobleren Bezirke übergeht: gen Westen erhebt sich die allseits bekannte Gedächtniskirche. Davor noch winden sich

Am Viktoria-Luise-Platz

zwei gut verschweißte, dickleibige Aluminiumwürmer an- und ineinander, die das Künstlerehepaar Matschinsky-Denninghof zum seinerzeit krähwinklig umstrittenen Skulpturenboulevard anlässlich der 750-Jahr-Feier Berlins beigesteuert hat. Ebenso beziehungsreich wie fast schon prophetisch haben sie ihr Gebilde eine 3 **Ost-West-Skulptur** genannt. Ein beliebtes Fotomotiv direkt an der Schwelle von Schöneberg nach Charlottenburg. Der Kurfürstendamm beginnt dann hinter der Gedächtniskirche.

Vom Einkauf zum Amüsement ist es bekanntlich nicht weit. Die gutbürgerliche Wiege Schönebergs muss man beim Übergang in die vermeintlichen Abgründe des Bezirks kaum verlassen.

Vom Wittenbergplatz in südlicher Richtung über die breite Lietzenburger Straße gelangt man in die Welser-, Fugger- und Augsburger Straße, wo der prächtige Altbaubestand aus der Gründerzeit und den folgenden Jahren noch gut erhalten ist oder wieder restauriert wurde. Tagsüber hat die Gegend etwas Anheimelnd-Gediegenes und die geöffneten Cafés sind auf ein eher gut situiertes Publikum eingestellt.

In der Welserstraße befand sich bis vor seinem Umzug an den Potsdamer Platz das Kino Arsenal mit der Stiftung Deutsche Kinemathek – sein Umzug ist ein Verlust für Schöneberg. Drum herum befinden sich in den vielen Erd- und Souterraingeschossen eine Menge von Kneipen und Etablissements, die wohl für jeden Geschmack etwas anzubieten haben. Clubs und Bars für diejenigen, die nur mal schnuppern wollen, Treffs für die Schwulen- und Lesbenszene von hauchzart bis leder- und nietengesäumt, nichts, was es hier nicht gäbe.

Manche nennen diese Gegend liebevoll „verrucht", andere sogar „gefährlich", die Grenzen des bürgerlichen Geschmacks werden hier sicherlich ab und an überschritten, vielleicht auch zuweilen die Grenzen des Gesetzes.

Von hier bis hinüber zum Winterfeldtplatz und Nollendorfplatz befindet sich das Zentrum der Schwulenbewegung in unzähligen Filialen und Ausformungen. Hier tobt alljährlich das Schwulen- und Lesbenfest im Frühsommer mit Tanz, Gesang und Ringelpietz zum Anfassen. Dann wird die Regenbogenfahne gehisst und die kleine rote Schleife als Zeichen der Solidarität mit den Aids-Opfern ans Revers gesteckt und ordentlich geplant und organisiert für den Karneval der Geschlechter, den Christopher-Street-Day im Hochsommer, wenn alle Hüllen fallen können.

Bedächtiger geht es am 4 **Viktoria-Luise-Platz** zu. Nur wenn die Fontäne mitten auf dem Areal mächtig rauscht und die Kinder der Gegend den sorgsam eingezäunten Rasen endlich erobert haben, konzentriert sich des Lebens Fülle auf der 1898/99 erstmals errichteten Gartenanlage mit ihrer erst 1980 wieder in den Originalzustand zurückversetzten Gestalt. Wunderbar lässt es sich hier lesen, dösen oder schwärmen, eine Vielzahl junger Damen strömt nachmittags aus den Gebäuden des 1902 von Alfred Messel erbauten Traktes des Lettevereins auf den Platz und in die feinen Cafés. In diesem Gebäudetrakt bildet man seit 1966 den – einem gewissen Narzissmus nicht abgeneigten – Nachwuchs in Mode, Design und medizinisch-technischen Berufen aus, man zeigt gerne, was man trägt und hat und vielleicht auch schon kann: Der viktorianisch anmutende Platz wird zum Laufsteg harmloser Eitelkeiten. Der Regisseur Billy Wilder, der hier bis zu seiner Emigration nach Amerika wohnte, hätte auch sicherlich heute noch seine Freude an den Lustbarkeiten der Jugend.

Hochbahn und Metropol-Theater

Es lohnt noch ein Blick auf die Pergola des 1910 angelegten U-Bahn-Eingangs, bevor man sich in die auf den Nollendorfplatz zulaufende Motzstraße begibt. Hier ist dann gleichsam, wie eigentlich überall in Schöneberg, eine literarische Parade abzunehmen, denn in der Nr. 38 wohnte Robert Musil 1927, und Rudolf Steiner gründete im Haus Nr. 30 im Jahr 1913 die Anthroposophische Gesellschaft in einer Wohnung, in der er zwei Jahrzehnte lang auch wohnte. Kurz vor dem Nollendorfplatz sieht man rechts (Nr. 7) das **Hotel Sachsenhof** – damals Hotel Koschel –, in dem von 1924 bis zu ihrer Emigration 1933 die jüdische Dichterin Else Lasker-Schüler unter ärmsten Bedingungen wohnte. Der Dichterin ist mit der Umbenennung der jenseits des Nollendorfplatzes verlaufenden Mackensenstraße in Else-Lasker-Schüler-Straße eine späte und – schaut man sich diese unwirtliche Straße genauer an – etwas lieblose Ehrung zuteil geworden.

Sie befindet sich in dem ehemaligen, schon näher an den Tiergarten heran gelegenen 5 **Kielgan-Viertel**, von dem heute nur noch einzelne Villen und Landhäuser übrig geblieben sind. Der wohlhabende Gärtner Georg Friedrich Kielgan erwirkte seinerzeit die Grundbuchorder, dass in dieser Gegend nur solche Einzelbauten und keine durchgehende Bebauung mit Mietskasernen und Ähnlichem errichtet werden durfte. Wer durch die Maienstraße oder die Ahornstraße geht, kann die ein und andere Villa noch bewundern.

Seufzend erinnern sich alte Berliner an diese Gegend und vor allem an den 6 **Nollendorfplatz**, dessen einstige Gestalt nur auf alten Abbildungen auf verblüffende Weise sichtbar wird. Der U-Bahnhof mit einem mächtigen Dach war noch um 1920 ein Verkehrsknotenpunkt von erhabener Würde. Heute kreuzen hier zwar immer noch vier U-Bahn-Linien, und die transparente Eisenhallenkonstruktion hat wieder etwas Charme und Klarheit erlangt, aber die Gebäude der Nachkriegszeit direkt am Platz lassen doch fast alle sehr zu wünschen übrig. An der Eingangshalle des Bahnhofs befindet sich eine Gedenktafel für Homosexuelle, die während der Nazi-Zeit verfolgt und ermordet worden sind, ein steinerner Winkel.

Der Gebäudekomplex des heutigen 7 **Metropol** lässt noch etwas von der eins-

tigen Pracht erahnen, die einmal am Nollendorfplatz herrschte. Die heutigen Tanz- und Veranstaltungssäle haben eine lange Theatertradition hinter sich: 1906 gebaut, wurde das Theater 1927 vom politisch-avantgardistischen Regisseur und Intendanten Erwin Piscator übernommen. Nach dessen rascher Pleite wurde es ein Kinosaal, später sogar ein Erotik-Kino, doch weder die Nationalsozialisten mit ihren dumpfen Manifestationen noch der Krieg konnten die Mauern dieses Gebäudes restlos schleifen, und so steht es zumindest in restaurierter und wechselhaft musikalisch bespielter Größe an seinem angestammten Platz.

Schon in der Motzstraße fallen die unzähligen Antiquitätengeschäfte jeglicher Epochen ins Gewicht; sie setzen sich zwischen Nollendorf- und Winterfeldtplatz fort, die zusätzliche Anhäufung von Antiquariaten macht diese Ecke zu einem Paradies für Sammler, Trödler und Bücherwürmer. Wer hier nicht findet, was er sucht, der findet doch allerhand Dinge und Bücher, die schon lange auf einen gewartet haben, von der edelsten Erstausgabe bis zum speckigsten Schmöker für eins fuffzig zum Runterhandeln. Die Maaßenstraße mit ihren Cafés, Boutiquen und Läden für fast alle Bedürfnisse des täglichen Lebens verbindet den Nollendorfplatz mit dem Herzen von Schöneberg, von dem alle Lebensadern des Bezirks ausgehen und wieder zurückfließen, jedenfalls am Markttag.

Die Rede ist vom (8) **Winterfeldtplatz**, über dessen Ambiente und Flair schon vor Jahren Leichenpredigten gehalten wurden, weil er eher langweilig und unattraktiv umgestaltet wurde. Die Kritiker bedachten aber nicht, dass es die Menschen sind, die diesen Platz zu dem machen, was er auch heute noch ist: ein lebendiger Mittelpunkt inmitten eines vielfältigen Viertels der gemischten Kulturen und Generationen – mit all den mitlaufenden Konflikten. Der Platz im Schatten der katholischen St.-Matthäus-Kirche hat die Kämpfe zwischen Hausbesetzern und Ordnungshütern in den achtziger Jahren ebenso überstanden wie die teilweise sehr rigide und im wahren Wortsinn asoziale Sanierungspolitik etlicher Senatoren und Wohnungsbauspekulanten.

Wer erleben möchte, wie großflächige Sanierung, Verkehrsberuhigung und falsche Historisierung als angeklebter Zierrat und somit falsches Zitat ganze Straßenzüge fast ersticken können, der gehe von der Maaßenstraße in die Schwerin- und die Zietenstraße und schnell wieder zurück.

Doch den Winterfeldtplatz hätte man wahrscheinlich sogar ganz als Ödfläche belassen können, er zieht die Leute aus dem Viertel an, die auf der Leerfläche alle nur denkbaren Trendsportarten auf wie vielen Rädern oder Rollen auch immer ausüben. Höhepunkt der Schöneberger Woche ist neben dem etwas intimeren Mittwochs-Markttag der Samstag. Wer wirklich nur rasch einkaufen möchte, sollte besser vor zehn Uhr kommen, wer sich allerdings damit begnügt, mal hier 100 Gramm skandinavische Walderdbeeren zu erstehen und mal dort eingelegte Wachteleier zu verkosten, weil es viel mehr darauf ankommt, sich wie beiläufig auf dem Markt sehen zu lassen als Paar oder gleich als Familienformation, der kommt um die Mittagszeit gerade recht ins pralle Gedränge.

Schwäbisch wird hier genauso gesprochen wie Persisch, ein paar Marktleute – meist die lautesten – sind sogar Berliner, viele Türken und Landwirte aus dem Brandenburger Umland mit wirklich frischem Obst und Gemüse, man muss sich nur umschauen. Allerhand Tand und feinste Kleinodien aus vielerlei Werkstätten und

Ländern von Asien bis Afrika über alle Berge und wieder zurück findet der Marktgänger selbstverständlich auch.
Ringsherum gibt es nicht nur ein Kindertheater direkt am Platz, mehr von den eingefleischten Müttern als von ihren Kindern beherrscht, mehr noch Cafés und Imbissstuben, indische, arabische Garküchen, die berühmte Berliner Currywurst muss man schon ein bisschen suchen. Das alles zieht den erschöpften Marktgänger an den fröhlichen Musikanten direkt an der Kirche vorbei in die Goltzstraße.
Bevor man gleich in eines ihrer Szenecafés geht, sollte man noch einen Blick auf die 9 **Eckhäuser** der Goltzstraße werfen, Ecke Pallasstraße ist die Apotheke sehenswert und rechts das gekachelte Haus mit dem Restaurant ebenso.
Die Laden-, Miet- und Gewerbestruktur ändert sich auch hier von Jahr zu Jahr und von Haus zu Haus, was der flüchtige Passant ja meist nur merkt, wenn etwa ein schöner alter Schuhladen durch einen beliebigen Schickimicki-Laden abgelöst wird. Nichts gegen schicke Läden, doch wenn sie zunehmend die Bäcker, Obstläden und anderen kleinen Geschäfte für den täglichen Bedarf verdrängen, dann wird die ganze Gegend eintönig, eindimensional, und dann müssen die Leute, die es irgendwie süß und originell finden, bei der alten Tante Emma mal was einholen zu gehen, auch zum Supermarkt pilgern.
Man kann sich auch kreuz und quer durch Schöneberg bewegen, gerade in dieser Gegend, bei der es ungerecht ist, die eine Straße hervorzuheben und eine andere nicht zu nennen. Wer also vom schnurgeraden Weg gerne einmal abschweift, kann in die Barbarossastraße und zum gleichnamigen Platz schlendern, auch die dort passierende Eisenacher Straße bietet auf ihrer ganzen Länge Cafés, Lädchen, Restaurants und nicht zuletzt Kinderspielplätze. Mit Kindern lässt es sich gerade in diesem Teil Schönebergs im öffentlichen Raum sehr gut leben.
Folgt man der Goltzstraße weiter und hat die Grunewaldstraße überquert, dann sieht man rechter Hand die 10 **Apostel-**

Eckhaus Goltzstraße

Paulus-Kirche: Hier beginnt die Akazienstraße. Unter Akazien wandelt man nun leicht bergan, und diese kurze Strecke, die über nicht mehr als zwei Straßenkreuzungen hinwegreicht, ist eine kleine Welt für sich und doch nicht abgeschlossen von außen, mit fließenden Schwellen in die Nebenstraßen hinein. Hier dräut kein miefiger Kiez, wie die kleinste Einheit Berliner Provinzialismus gerne beschwörend aufgerufen wird, hier existiert keine Idylle, keine Abgeschlossenheit im Gassenglück und verquastem Zille-Milieu.
Die **Akazienstraße** ist ganz bei sich und fächert doch Weltläufigkeit bis in die feinsten Nuancen hinein auf. Die Mischung macht die Atmosphäre, die nach Ladenschluss nicht vollständig in sich versinkt, sondern andere Qualitäten bekommt als tagsüber.
Vom Stoffladen mit seinen sonst kaum noch vorrätigen Kostbarkeiten aus Brokat, Seide und Flanell bis zu dem Juwelier, wo vom billigsten Steinchen bis zum kostbaren Smaragd alle Schätze dieser Erde verborgen zu sein scheinen, von der esoterischen Buchhandlung bis zum Geflügelhändler, bei dem sich vor den Feiertagen lange Schlangen bis weit auf den Bürgersteig bilden, gibt es so vieles zu entdecken, ohne dass man nach etwas Bestimmtem suchen müsste. Alle Gerüche des Orients, aus Indiens, Arabiens, Frankreichs, Italiens und Portugals Küchen schweben durch die Straße. Eine Lust ist es, die Sinne zu öffnen für diejenigen, die dazu Zeit und Muße haben.

Kleistpark, Königskolonnaden

Abrupt endet die Akazienstraße an der Hauptstraße mit ihrem tosenden Durchgangsverkehr und der abweisend drohenden Spiegelfassade der Kaiser-Wilhelm-Passage. Banken, Kaufhäuser, Supermärkte, diese Welt hat einen rasch wieder eingeholt.

Von hier kann man am erbarmungswürdig zugerichteten 11 **Kaiser-Wilhelm-Platz** vorbei die Hauptstraße hinunter Richtung Kleistpark gehen und muss schon ein bisschen aufpassen, dass man bei all der Geschäftigkeit und dem Verkehr nicht die heute angegraut und unscheinbar veraltet wirkende Fassade – Nr. 14-16 – verpasst, hinter der sich einmal die weithin bekannte Kur- und Badeanstalt 12 **Maison de Santé** – das Haus der Gesundheit – verborgen hat. Von hier fällt die Hauptstraße weiter ab zum Kleistpark hin und zur Grunewaldstraße.

Etwas ratlos mag man am Kleistpark stehen und sich vielleicht noch mal zur Besinnung in eines der Cafés zurückziehen. Besonders erschreckend sind die 13 **Monumentalbauten** an der Ecke zur Grunewaldstraße anzusehen, die 1938/39 für die Hauptvereinigung der „Deutschen Milch- und Fettwirtschaft" und für die „Oberste Bauleitung der Reichsautobahn" errichtet wurden, heute residiert dort die BVG.

Bis in die dreißiger Jahre hinein gab es hier noch große Freiflächen, die durch eine Art Lunapark – Rummel und Lichtspielhäuser unter freiem Himmel – genutzt wurden. Weiter in die Grunewaldstraße hinein wird es baulich etwas humanistisch-klassizistischer, obwohl das Gebäude der „Hochschule der Künste" und der Musikschule auch einigen Respekt einflößen.

Vor allem beginnt aber am Kleistpark die berühmt-berüchtigte Potsdamer Straße, die sich von hier bis zum neuen Potsdamer Platz durchzieht. Die Potsdamer Straße war und ist Legende, Mythos, Historie, Abklatsch, Aufschwung, Niedergang, Untergang – was immer die Etiketten für welche Epoche auch immer gewesen sein mögen oder immer noch sind. Ein bisschen Wahrheit, oder besser: Geschichte steckt ja hinter allen Etiketten und Klischees, genauer betrachtet wirken sie dann nicht mehr ganz so unumstößlich und geheimnisvoll.

Mit Historie fängt es linker Hand, kurz hinter dem Kleistpark und den Kompaktbauten der NS-Zeit, gleich an. Plötzlich steht man vor restaurationsbedürftigen Kolonnaden, Säulengängen mit mythologischen Figuren und Putten, die in den 14 **Heinrich-von-Kleist-Park** hineinlocken. Hier befand sich einmal der Kräuter- und Gemüsegarten des Großen Kurfürsten. Er hatte den Botaniker Elßholz zum Aufseher für die hier befindlichen Gärten des Hofes bestimmt, bis die ganze Anlage von 1801 an zum Botanischen Garten mit Gewächsen aus Übersee und vielen anderen Ländern umgestaltet wurde. Der romantische Dichter Adelbert von Chamisso war von 1819 bis zu seinem Tod 1838 Kustos in diesen Anlagen. Überlegt man sich, dass der Autor des „Peter Schlemihl", der seinen Schatten an den Teufel veräußert hat, kurz vorher einige Jahre als Naturforscher um die ganze Welt gesegelt war, nach Amerika, Asien und Russland, dann könnte man glauben, ihm wäre hier zwischen Kräutern und Rabatten vielleicht etwas langweilig geworden. Doch ebenso mag er sich in diesen Gärten mit gleich gesinnten Dichtern wie Karl August Varnhagen von Ense, Friedrich de la Motte-Fouqué, Joseph von Eichendorff, Karl Immermann, Wilhelm Müller und

Chateaubriand auf das Vortrefflichste unterhalten haben.
Heinrich von Kleist gehörte allerdings nicht zu den damaligen Begleitern Chamissos, denn der hatte sich schon 1811 am Wannsee mit seiner Geliebten umgebracht und war als Dichter noch lange nicht anerkannt oder gar durch eine Platzbenennung geehrt worden. Das geschah erst zum hundertsten Todestag.
Besonders romantisch mutet der Park auch heute nicht an, besonders wenn man Funktion und Geschichte des mächtigen Gebäudes, das den Park fast erdrückt, genauer betrachtet. Von 1909 bis 1913 wurde hier nach Entwürfen von Paul Thoemer und Rudolf Mönnich das 15 **Preußische Kammergericht** fünfgeschossig hochgezogen. Hinter der neobarocken Fassade verbergen sich gut 500 Räume, in denen während der Nazizeit der Volksgerichtshof unter Roland Freisler Unrecht sprach, unter anderem auch die Todesurteile gegen die Widerstandskämpfer des 20. Juli 1944. Nach dem Krieg tagte in dem Gebäude der Kontrollrat der Alliierten, sodass an gleicher Stelle 1972 auch das Viermächteabkommen unterzeichnet wurde, das die Mauern zwischen Ost und West wenigstens nach einer Seite hin ein wenig lockerte. Die Alliierten verschwanden dann 1990, Kammergericht und andere Behörden zogen ein. Die beiden martialischen Rossebändiger standen lange Zeit vor dem Stadtschloss in Berlin-Mitte, und auch die 1777-80 von Carl von Gontard entworfenen so genannten **Königskolonnaden** stehen hier erst seit 1910, denn in der Königstraße – nahe dem Alexanderplatz – störten sie den rasant anwachsenden Verkehr. Irgendwie verirren sich doch immer wieder ein paar Leute hierher, die sich dann auf den Grünflächen verteilen oder sich sportlich betätigen – viele Alternativen gibt es in Schöneberg nicht.
Zurück in der Hauptstraße, fällt direkt an die Königskolonnaden anschließend das **Kathreiner-Hochhaus** auf, ein schöner, heller und travertinverkleideter Bau von dem namhaften Architekten Bruno Paul im Stil der Neuen Sachlichkeit der späten zwanziger Jahre. Drinnen amtiert die Senatsinnenverwaltung, gegenüber die Heilsarmee – Wechselbäder der Zuständigkeiten.
Weiter geht es zur Ecke der Pallasstraße mit ihrem weithin bekannten Jugendzentrum Drugstore. Hier wird es historisch wieder heikel, nicht nur, weil da noch ein wieder kürzlich funktionstüchtig gemachter Bunker einen ebenso mächtigen wie unverrückbaren Eindruck macht. Vom Sportpalast zum 16 **Sozialpalast** schlägt sich hier ein Bogen deutscher Ungemütlichkeiten. Seit 1840 stand an gleicher Stelle noch das Anwesen des Oberbaurates August Leopold Crelle, dann wechselten die Besitzer zwischen der heutigen Pallas-, Goeben- und Potsdamer Straße, bis auf dem Gelände 1910 der Berliner Sportpalast zur Freude der sportbegeisterten und amüsierwilligen Berliner eröffnete. Berühmt war er für seine Eisrevuen, für die umjubelten Boxkämpfe (Max Schmeling!) und die volkstümlichen Berliner Sechstagerennen, berüchtigt dann während der NS-Herrschaft für die völkisch-politischen Veranstaltungen, die an diesem Ort abgehalten wurden. Reichspropagandaminister Joseph Goebbels entlockte dem aufgehetzten Publikum hier die gebrüllte Zustimmung zum „Totalen Krieg" und damit zum eigenen Untergang.
Dann gab es wieder Radrennen, Rock- und Popkonzerte, aber 1974 wurde der

Sozialpalast, Pallasstraße

Sportpalast abgerissen und der von Beginn an umstrittene Sozialbau in einer ebenso gigantischen wie labyrinthischen Betongestalt aufgebaut. Da die Mieten erschwinglich waren, zogen dort hauptsächlich türkische Familien ein, doch die Unübersichtlichkeit und Anonymität des ganzen Komplexes begünstigten Kriminalität, Drogenmissbrauch und Verwahrlosung, sodass vor einigen Jahren noch einige Law-and-Order-Politiker meinten, wenn man den ganzen Bereich abreißen würde, hätte man auch die Probleme gelöst. Dagegen wehrten sich aber nicht nur die Bewohner selbst, denn neben allen Missständen besteht hier auch ein beträchtlicher Anteil sozial funktionierenden Lebens.

Wie vielfältig sich türkisches Leben allerdings entwickeln kann, ohne zum hermetisch abgeriegelten Getto zu werden, zeigt gerade in diesem Viertel der Bereich um den Sozialpalast herum mit seinen Obst- und Gemüseläden, deren Auslagen die Bürgersteige prägen, mit den vielen Kultureinrichtungen, Teestuben und vielem anderen mehr. Ohne soziale Konflikte vertuschen zu wollen, spürt man doch, dass die Mischung aus einheimischen, zugezogenen und fremden Elementen funktioniert.

Schräg gegenüber vom Sozialpalast ist noch eine der Hochburgen der – mittlerweile legal hausenden – autonomen Hausbesetzerbewegung vorhanden, man erkennt es an den herausgehängten Bettlaken mit wechselnden Parolen, je nachdem, welches Unrecht gerade in allen Ländern der Welt zu beklagen ist. Dort befindet sich das Frauenzentrum und Café „Begine".

Nähert man sich der **Hochbahntrasse** mit der sehenswert hoch gestelzten Eisenkonstruktion, dann ist man auch schon im Zentrum des Mythos Potsdamer Straße und Bülowstraße, auch wenn für den flüchtigen Betrachter vorerst nur Banken und Verwaltungsgebäude zu erkennen sind. Zum Verweilen lädt erst einmal das 17 **Mediencafé Strada** mit seinem Hofgarten in einem der schönsten Häuser (Nr. 131) dieser Gegend ein. Franz Kemnitz erbaute es 1897, literarische Inspirationen erhält man nebenan in der Buchhandlung Kommedia, Landkarten von allen Winkeln dieser Erde bei Schropp.

Die an der Hochbahn sich kreuzenden Straßen – Potsdamer Straße und Bülowstraße – waren im letzten Drittel des 19. Jahrhunderts die beiden Prachtboulevards Berlins, mehr noch als der heutige Kurfürstendamm. Im Laufe der Jahre entwickelte sich die Gegend um den **Bülowbogen** zum Kneipen- und Amüsierviertel, Prostitution, Spielhöllen und Kleinkriminalität in jedem Winkel, aber auch Ballhäuser für das Tanzvergnügen. „Walther'chens Ballhaus" war vielleicht das bekannteste Etablissement, bis die Leute lieber zu Hause vor dem Fernseher blieben. 1975 wurden dessen viel besungene Räumlichkeiten abgerissen, ungefähr dort, wo Richtung Kreuzberg der hohe Turm der Lutherkirche in den Himmel ragt. Wenn man die Steinmetz-, Alvensleben- und Kirchbachstraße durchquert, erblickt man mit einigem Schaudern die Ergebnisse der Sanierungen aus den siebziger und achtziger Jahren. Es ist zwar ruhig, und es wurden auch ganz sorgsam Pflanzen in Kübeln und etliche Sitzmöbel aufgestellt, aber die gesellige städtische Atmosphäre scheint erstickt zu sein.

Durch den Abriss der Häuser und Hinterhöfe und damit der Beseitigung gewachsener Strukturen und des sozialen Umfeldes schafft man zwar Wohnraum, aber keine Wohnlichkeit und soziale Verbindlichkeit. Die Mietshäuser wurden entweder ganz abgerissen oder nur das Vorderhaus grundsaniert, die Hinterhöfe aber radikal entfernt. Dadurch wurden auch die Menschen vertrieben, die teilweise arm waren, aber doch hier ihre Heimat hatten, die sie sich an gleicher Stelle zu den dann veränderten Mieten nicht mehr leisten konnten und wollten.

Die Potsdamer Straße in Richtung Kurfürstenstraße, wo Schöneberg, aber nicht die „Potse" endet und der Bezirk Tiergarten anfängt, ist bis heute das Gebiet der Prostitution geblieben, wenn auch in

grundlegend veränderter Gestalt. Der Straßenstrich hat sich in die Nebenstraßen verzogen, in die Kurfürstenstraße und die Frobenstraße, und wer sich angesichts der jungen, drogenabhängigen Frauen noch ein romantisches Rotlicht-Milieu suggerieren mag, dem ist nicht zu helfen. Offensiv und kaum zu bewältigen sind die Dealer sämtlicher Drogen, die ihre Kunden schon auf dem Bahnsteig des U-Bahnhofs erwarten und abfangen. Die Kurfürstenstraße ist die Verwaltungsgrenze zum Bezirk Tiergarten, und deshalb sind die Polizisten von der einen Seite für den gegenüberliegenden Bürgersteig nicht zuständig.
Der größte Teil des Amüsierbetriebs läuft allerdings in kleinen Pensionen, Clubs, Spielhallen und dunklen Kneipenhöhlen. Video- und Sexläden ergänzen das Ambiente, doch dazwischen läuft das „normale" Geschäft, türkische Lebensmittelläden, Fastfood-Ketten und Ramschkaufhäuser, aber auch traditionell bewährte Fachgeschäfte für Fotografie, eine Buchhandlung für Juristen und solche, die es werden wollen: Die Potsdamer Straße versprüht immer noch einen spröden, schmuddeligen, herben, vor allem aber lebendigen Charme.
Wer so weit in der Potsdamer Straße vorgedrungen ist, den wird es vielleicht auch weiter hinauf treiben nach Tiergarten, an den Pressedomizilen Der Tagesspiegel, Tip, Zweite Hand und dem einzigen Devotionaliengeschäft Berlins Ave Maria vorbei zum neuen Potsdamer Platz, zum Kulturforum oder zur Staatsbibliothek.
Oder er bleibt in Schöneberg, läuft die Kurfürstenstraße in östlicher Richtung, bewundert die schöne **Apotheke** im Haus Nr. 154, in dem Walter Benjamin einige seiner Jugendjahre verbracht hat, und begibt sich in den 18 **Nelly-Sachs-Park**. Mit der jüdischen Dichterin Nelly Sachs, die in der Maaßenstraße am Winterfeldtplatz geboren wurde, hat der kleine Park mit dem künstlichen Teich und dem Kinderspielplatz nichts zu tun. Auf der Ostseite des Platzes steht das hier einzig noch erhaltene Gebäude in unverminderter Pracht, das 1899 von Ludwig Hoffmann erbaute **Verwaltungsgebäude der Volksbadeanstalten**. In den letzten Jahren sind auf der hier lange vor sich hin dämmernden Brachfläche ein paar durchaus sehenswerte Wohnhäuser entstanden, ein Anzeichen dafür, dass nicht nur bei den großen Bauprojekten des neuen Berlin Sorgfalt, Geschmack und Funktionalität walten können.

Am Bülowbogen

Die Hochbahn macht hier, vom Ausgangspunkt Wittenbergplatz kommend, eine lange Kurve zum Gleisdreieck und zum Potsdamer Platz hin. In der angrenzenden Dennewitzstraße fahren die U-Bahn-Züge einer anderen Linie direkt durch ein Haus hindurch. Das gibt es nur einmal in Schöneberg und in Berlin!

Trügerische Idylle

Etwas abseits des hier beschriebenen Spaziergangs, aber vom Viktoria-Luise-Platz oder vom Rathaus Schöneberg zu Fuß oder mit der U-Bahn rasch zu erreichen, ist der **Bayerische Platz** an der Grunewaldstraße. Die „jüdische Schweiz" wurde das Viertel um den Platz herum lange Zeit genannt, denn in den Straßen, die nach Städten Bayerns, Südtirols oder Österreichs benannt wurden, lebten viele wohlhabende jüdische Bürger. Die 1909 von Max Fraenkel erbaute Synagoge stand in der Münchner Straße Nr. 37, wo man aber heute nur noch eine **Gedenktafel** findet. Dabei wurde die Synagoge während der antisemitischen Novemberpogrome wegen ihrer Nähe zu anderen

Wohnhäusern kaum zerstört. 1956 fiel sie dann aber der neuen Bauplanung zum Opfer.

Diese Synagoge war einer der Sammelpunkte für die Deportation der Juden in die Vernichtungslager, wie auch viele so genannte „Judenhäuser" in der Gegend. Nur wenig erinnert heute in Schöneberg an die jüdischen Mitbürger – Anfang 1930 waren es 16 000 Menschen – dieses Bezirkes. Lediglich auf dem Wittenbergplatz und auf dem Kaiser-Wilhelm-Platz an der Hauptstraße stehen große schwarze Tafeln, auf denen die Namen der Konzentrationslager kommentarlos aufgelistet sind.

Ein Gang durch das Bayerische Viertel ist jedoch auf ebenso unspektakuläre wie eindringliche Art mit Erinnerungen an die Unterdrückung, Vertreibung und Vernichtung der Juden verbunden. 1993 wurden an 80 Laternenpfählen in gut sichtbarer Höhe Schilder mit augenscheinlich absurd klingenden Gesetzestexten angebracht, die auf der einen Seite eine piktogrammatische Abbildung wie aus einem Schulbuch zeigen, auf der anderen Seite aber beschriftet sind: „Juden dürfen am Bayerischen Platz nur die gelb markierten Sitzbänke benutzen"; „Jüdische Beamte werden aus dem Staatsdienst entlassen"; „Jüdische Kinder dürfen keine öffentlichen Schulen mehr besuchen"; „Jüdischen Schriftstellern wird jede schriftstellerische oder literarische Tätigkeit in Deutschland untersagt". Darunter steht das jeweilige Datum des Erlasses, von 1933 bis zum Ende des jüdischen Lebens in Deutschland, kein Kommentar, keine Moral, kein Fingerzeig auf Gesetzgeber, Mitwisser, Dulder oder ausführende Organe. Die Künstler Renata Sih und Frieder Schnock haben diese Tafeln, die vor der bunten Reklame der Läden fast verschwinden und doch unvermittelt ins Auge springen, installiert.

Der Platz selbst wird von einem **Bayerischen Löwen** auf hohen Stelzen beherrscht; weit aufgerissen ist das Maul und eine Tatze ausgestreckt, oder gähnt er gar angesichts der beschaulichen Feierabendstimmung, die hier die Gegend meistens durchdringt? Viele Künstler, Musiker und Schriftsteller wohnten von jeher in diesem Viertel, Vladimir Nabokov etwa, einer der vielen Russen, die nach der russischen Revolution in den zwanziger Jahren in Berlin nicht nur „Charlottengrad", sondern auch Wilmersdorf und Schöneberg bevölkerten und eine eigene Kultur und Infrastruktur aufrechterhielten. Arno Holz wohnte ebenso im Bayerischen Viertel wie zeitweise Egon Erwin Kisch, George Grosz, Ernst Toller oder Joseph Roth. Am längsten hauste wohl Gottfried Benn in der Gegend, der kurze Zeit mit den Nazis fraternisierte und nach plötzlicher Einsicht in die realen Ziele der vermeintlichen Herrenmenschen in die „innere Emigration" verschwand.

Von 1937 bis zu seinem Tod 1956 wohnte und praktizierte Dr. Benn in der Bozener Straße 20, ein nicht geringer Teil seines Spätwerkes entstand in der Eckkneipe zur Grunewaldstraße hin und in einer Gaststätte am nahe gelegenen Innsbrucker Platz. Dieser Platz ist beileibe nicht sehenswert, denn er wird von der Stadtautobahn und anderen Straßen buchstäblich zerschnitten. Man muss ihn aber überqueren, wenn man die Siedlung **Ceciliengärten** erreichen möchte, ein Bauensemble, das der Architekt Heinrich Lassen 1924-1928 im Auftrag der Gemeinnützigen Heimstättengesellschaft der Berliner Straßenbahnen als Beamtensiedlung errichten ließ. Der zentrale Platz dieser drei- bis fünfgeschossigen Häuserzeilen mit expressionistischen Bauelementen und anheimelnden Torbögen mit Trutzburgcharakter ist ein ovales Parkgelände mit einem Fuchsbrunnen und zwei beachtenswerten Skulpturen von Georg Kolbe, „Der Morgen" und „Der Abend". An dieser Stelle sagen sich offenbar wirklich die Füchse gute Nacht, so beschaulich und verschlafen liegt der Platz inmitten so durchdringender Feierabendidylle.

STEFAN EGGERT

Durch Friedenau

Noblesse und Kleinbürgerglück

Friedenau ist eine Idylle in unmittelbarer Nähe zur Berliner Mitte, die von jeher viele Künstler und Akademiker angezogen hat und auch heute noch gut situierte Kleinfamilien von den Mietverhältnissen der Innenstadt hierher lockt. Hätten doch bloß nicht alle Bewohner mindestens ein Auto, das sie ja irgendwo abstellen müssen! In Friedenau hat man im Gegensatz zu vielen Straßen der Innenstadt mit Altbaubestand die Straßen noch nicht derart erweitert, dass gar kein Baumbestand mehr übrig blieb.

Alle Wege durch Friedenau gehen günstigstenfalls vom 1 **Friedrich-Wilhelm-Platz** aus, und ein Blick auf den Stadtplan verdeutlicht, warum das so ist. Von dem Platz mit der im neugotischen Stil 1891-94 von Carl Doflein erbauten evangelischen Kirche Zum Guten Hirten gehen fast alle Straßen dieses Bezirks sternförmig aus und werden durch die hufeisenartig zusammenlaufende Stubenrauch- und Handjerystraße mit den kreisrunden Platzanlagen ebenso durchkreuzt wie zusammengehalten. Diese vordergründig zwar abstrakte, aus der Vogelperspektive aber sehr anschauliche Gestalt hat ihre historischen Ursachen, die etwa seit 1870 zur Entwicklung der Villenkolonie Friedenau aus dem ehemaligen Rittergut Deutsch-Wilmersdorf führten. Das ganze Gebiet hatte 1865 der Hamburger Kaufmann Johann Anton Wilhelm von Carstenn erworben, und nach seinen Plänen wurde die Kolonie dann langsam erweitert, zuerst südöstlich vom Friedrich-Wilhelm-Platz, in der Niedstraße, der Albe- und in der Handjerystraße. Die klein wirkenden Landhäuser und Villen aus dieser Gründerzeit kann man heute noch bewundern. Manchmal ist oben noch ein Dachgeschoss aufgesetzt worden, immer ist aber noch ein kleines Gartengrundstück vorhanden, das, je nach Laune und Gemüt der Besitzer oder Mieter, gründlich gepflegt wird oder lässig verwildert vor sich hin träumt. 1874 zählte Friedenau 1104 Einwohner, es existierten etwa 80 Landhäuser und Villen, und die westliche Hälfte der Kolonie blieb lange Zeit so gut wie unbebaut. Friedenau lag ja sozusagen weit vor den Toren Berlins, allenfalls die heutige Rheinstraße war als Hauptachse zwischen dem Berliner Schloss und Potsdam, wo auch die Eisenbahnlinie verläuft, verkehrstechnisch erschlossen. Seit den neunziger Jahren durften durch Erwirken des Landrates Stubenrauch auch vielstöckige Mietshäuser zwecks Erweiterung des Wilhelminischen Großstadtgürtels gebaut werden. Der Grundstein für das Rathaus an der Rheinstraße wurde 1913 gelegt, doch bis dahin hatte die Bebauung Friedenaus mit Mietshäusern innerhalb zweier Jahrzehnte wieder einen gewaltigen Sprung gemacht. Erst 1920 wurden Friedenau und Schöneberg verwaltungstechnisch zusammengefasst.

Literarisch hochkarätig beginnt es gleich, ausgehend vom Friedrich-Wilhelm-Platz, in der **Niedstraße**. Erich Kästner hatte eine Wohnung in der Nr. 5, Günter Grass wohnte lange Zeit in dem kleinen Haus Nr. 13 und bekochte seine Gäste mit legendären Fischgerichten. Der Wochenmarkt, auf dem er einkaufte, liegt ganz am Ende der Niedstraße im Schatten des Rathauses auf dem Breslauer Platz. Ein schönes Bild gibt der 2 **Renée-Sintenis-Platz** mit seinen schlanken Birken

in der parallel verlaufenden Schmargendorfer Straße mit dem Postgebäude im expressionistischen Stilgefühl. Im Nachbarhaus von Günter Grass (Nr. 14) wohnte der mit ihm befreundete Uwe Johnson nach seinem „Umzug" – wie der Autor der „Jahrestage" es nannte – aus der DDR nach West-Berlin im Jahr 1959. Er bezog in dem hochgeschossigen Mietshaus das Dachatelier, das lange Zeit vor ihm der expressionistische Maler Karl Schmidt-Rottluff zeitweise als Atelier genutzt hatte. Eine **Gedenktafel** für den unter unglücklichen Lebensumständen in England verstorbenen Autor wurde ihm nun endlich gewährt, denn seinen Mitbewohnern war der hoch gewachsene Mann nicht geheuer. Neben seiner unkonventionellen Gestalt „empfing" Uwe Johnson auch noch zuweilen Gäste aus der berühmt-berüchtigten „Kommune 1", die man in Friedenau nicht gerne litt.

Eine literarische Institution ist die 1931 von Andreas Wolff ins Leben gerufene (3) **Wolff's Bücherei** in der Bundesallee Ecke Kundrystraße. Von hier ist es dann nicht weit zur Sarrazinstraße, vorbei an dem – mit einer burschenschaftlichen Fahne verunzierten – Landhaus von Max Trappe (Nr. 19). Max Frisch wohnte in den siebziger Jahren mit Frau Marianne in dem Mietshaus Nr. 8, ebenso Ernst Jandl. Über die Sarrazinstraße gelangt man zum

Am Rande von Friedenau

Perelsplatz, sollte aber über die Elsastraße einen kleinen Schlenker über den wahrlich zauberhaften Cosimaplatz machen. Richard Wagners Opernheroinen standen hier Pate für so manche Namensgebung. Senta, Eva, Brünhilde und eben Elsa gehen gleichsam vom Cosimageviert in alle Himmelsrichtungen, zum (4) **Perelsplatz** folge man der Evastraße.

Der Jurist Friedrich Justus Perels war während der Nazizeit Mitglied der illegalen „Bekennenden Kirche" im Widerstand. Kurz vor Kriegsende wurde er noch hingerichtet, seit 1961 ist der Platz nach ihm benannt. Fritz Zahn hat die Platzanlage entworfen, auf der auch Berlins vielleicht architektonisch reizvollste Bedürfnisanstalt 1910 von Hans Altmann erbaut wurde, ein Fachwerkbau mit Schieferdach. Das mächtige Gebäude auf der Nordseite ist das Friedenauer Gymnasium, das so unterschiedliche Geister wie Egon Bahr oder Karl-Eduard von Schnitzler (der „Sudel-Ede" vom Schwarzen Kanal des DDR-Fernsehens) als Schüler sah. Dahinter endet abrupt der Ortsteil Friedenau mit der Stadtautobahn und dem Güterbahnhof Wilmersdorf, sodass man sich links, an den Verkehrstrassen entlang (oder über den Cosimaplatz mit einem netten Café) durch die Varziner Straße, am gleichnamigen Platz und dem S-Bahnhof Bundesplatz vorbei über die wiederum stark befahrene Bundesallee hinweg in den **Südwestkorso** hineinretten sollte: Hier kann man wieder aufatmen, denn die Friedenauer Idylle setzt sich fort. Am Südwestkorso findet man in einem ehemaligen Kino eines der wenigen Theater

Landhaus Max Trappe

Gymnasium, Perelsplatz

in Schöneberg und Friedenau, das Kleine Theater. Passend dazu die Adresse Stubenrauchstraße 47, wo 1927 das Gesangsensemble Comedian Harmonists ins Leben gerufen wurde.

Eine letzte Ruhestätte hat auf dem (5) **Friedenauer Friedhof** an der Stubenrauchstraße die in Schöneberg gebürtige Marlene Dietrich gefunden, womit der unscheinbare Gottesacker eine weltweit bekannte Pilgerstätte geworden ist. 1992 wurde die im Pariser Exil verstorbene Schauspielerin und Sängerin in der Stadt begraben, in der sie – wie sonst kaum jemand anderes – die Gemüter im Guten wie im Schlechten erhitzte, hatte sie sich doch vom Nazi-Deutschland abgewandt und für die amerikanischen Soldaten gesungen. Manch enttäuschter Liebhaber hat ihr das übel nachgetragen, aber vielleicht legen die ja heimlich kleine Blumensträuße auf Marlenes Grab?! Der expressionistische Autor und Nachdichter von Arthur Rimbaud Paul Zech ist hier ebenso begraben wie der berühmte italienische Komponist Ferruccio Busoni.

Geht man die Stubenrauchstraße weiter über den Schillerplatz, gelangt man über einen schmalen Zugang neben der (6) **Nr. 6** in den **Georg-Hermann-Garten** und zu einem Denkmal für den jüdischen Autor so populärer Romane wie „Jettchen Gebert", „Kubinke" oder „Henriette Jacoby". In der damaligen Kaiserallee – heute Bundesallee 108 – wohnte Georg Hermann mit Frau und Kindern. Das Haus steht nicht mehr, dafür gelangt man durch einen imposanten Torbogen zu der Georg-Hermann-Gedenktafel am Kinderhort. 1943 wurde Georg Hermann, der die Entwicklung Friedenaus von der Landhauskolonie zum großstädtischen Quartier in seinen Büchern feinfühlig beschrieben hat, mit einer seiner Töchter und einem Enkelkind ins Konzentrationslager Westerbork verschleppt. Er starb 1943 auf dem Transport nach Auschwitz.

Bei einem Spaziergang in Friedenau nimmt man hauptsächlich die Parade der reizenden Vorgärten und schönen Fassaden ab. Architektonisch und historisch interessant wird es wieder auf der **Rheinstraße** mit der ehemaligen Optischen Anstalt Goerz (Nr.44-46, Zugang auch über Holsteinische Straße), ein weitläufiger (7) **Gewerbehof** (1897-1916 erbaut), der auch heute noch ein Musterbeispiel für die gelungene Verknüpfung von Gewerbe, Verwaltungstrakten und Kultureinrichtungen ist.

Um zum **S-Bahnhof Friedenau** mit seinen umliegenden Cafés und Restaurants zu gelangen, muss man an der Kaisereiche (Rhein-, Ecke Saarstraße) vorbei, am besten durch die Wielandstraße, denn hier wohnte von 1898 bis 1902 Rosa Luxemburg in dem Mietshaus Nr. 23, bevor sie in die Cranachstraße 58 und dann aber in die Mietskasernen der Innenstadt zog. Was für Kontraste selbst in der Friedenauer Idylle mit Patina, Glanz und Gloria, Noblesse und Kleinbürgerglück.

STEFAN EGGERT

Vom Rathaus Schöneberg zur Roten Insel

Proletarische Steinwüste oder piefige Establishmentecke?

Siehe Plan Seite 360

Der „schöne Berg" südwestlich Berlins ist im Mietskasernenmeer nur noch schwer auszumachen. Neben dem erhöhten Standpunkt der Dorfkirche springt nur das Gefälle der Hauptstraße vom Kaiser-Wilhelm-Platz zum Kleistpark ins Auge. Das ist jene Bodenwelle, an der die Hochfläche des Teltow zum Urstromtal abfällt.

Noch im 17. Jahrhundert war das Gebiet Sumpfgelände. Heute ist Schöneberg einer der spannendsten Berliner Ortsteile und auch einer der uneinheitlichsten. Entsprechend schwankt die Einschätzung durch die anderen Berliner: Für die Wilmersdorfer etwa ist Schöneberg proletarische Steinwüste, für die Kreuzberger dagegen piefige Establishmentecke.

Um wesentliche Abschnitte der Schöneberger Geschichte kennen zu lernen, bietet es sich an, einen Rundgang am 19 **U-Bahnhof Rathaus Schöneberg** zu beginnen. Der hiesige Wohlstand ist schon daran zu erkennen, dass die damals eigenständige Stadt Schöneberg 1909 ihre eigene U-Bahn-Linie vom Nollendorfplatz zum Innsbrucker Platz baute. Der U-Bahnhof liegt an dem bandförmigen Volkspark, den die Gemeinden Schöneberg und Wilmersdorf gemeinsam anlegten und dessen Schöneberger Teil mit beschaulichen Ecken einen Spaziergang wert ist. Daneben liegt das „neue" 20 **Rathaus Schöneberg**, ein Gebäude, das zwar als politischer Ort – Sitz des West-Berliner Senats während der Teilung der Stadt – international bekannt wurde, aber schon als Bauwerk eine Sonderstellung unter den Berliner Rathäusern einnimmt. 1911-14 erbauten Jürgenen & Bachmann den Repräsentationsbau, mit dessen Größe sich nur das Spandauer Rathaus messen konnte. Einzig verunglückt wirkte der damals sehr kleinteilige Turmabschluss. Aufgrund der am Turm aufgestellten vier allegorischen Gestalten frotzelte der Berliner Volkswitz, es handele sich um die Gestalten der hiesigen vier Sinne, denn den Schönebergern fehle der Geschmack. Nach den Kriegszerstörungen wurde der Turm vereinfacht und großzügiger in den Formen wieder hergestellt, um die Freiheitsglocke aufzunehmen. Seit der Gesamtberliner Senat im Roten Rathaus residiert, befindet sich im Rathaus Schöneberg wieder die Bezirksverwaltung.

Über die Dominicusstraße erreicht man an der Hauptstraße den 21 **Dorfanger** mit **Dorfkirche** und **Kirchhof**, fast unscheinbar an der quirligen vierspurigen Straße gelegen. Schöneberg war im Mittelalter als das Berlin nächstgelegene Dorf gegründet worden, damit prädestiniert als ein Ort der ländlichen Sommerfrische für die Städter. Zudem lag es verkehrsgünstig an der Straße nach Potsdam, Brandenburg und Magdeburg.

1760 wurde es im Siebenjährigen Krieg von den russischen Truppen des Generals Totleben (!) niedergebrannt. Wie wichtig dem König der repräsentative Wiederaufbau des Dorfes an der Poststrecke war, zeigt sich noch heute an der für das damalige 200-Seelen-Dorf eigentlich viel zu kostbar gestalteten Dorfkirche, deren Bau der König bezuschusste. Das Gotteshaus von 1764 ist allerdings auch das einzige Gebäude, das vom eigentlichen Dorf die Zeiten überdauert hat, der Bauboom, dem sich die „Schönberger Millionenbauern" hingaben, veränderte den Ort völlig, 1889 wurde das letzte strohgedeckte Fachwerkhaus am Dorfanger abgerissen. Das Missverhältnis von Reichtum und bäuerlicher Abstammung hat 1891 Max Kretzer in seinem Roman „Der Millionenbauer" geschildert. Der Stoff wurde von Kretzer schließlich dramatisiert und errang damit auch überregional einen so großen Erfolg, dass „Schöneberger Millionenbauer" bald und bis heute zu einem feststehenden Begriff wurde.

Friedhof Hauptstraße

Links neben der Dorfkirche steht seit 1961 das chaotische Bauensemble der **Paul-Gerhardt-Kirche** mit ihrem expressionistisch gezackten, spitz nach oben ragenden Turm und der dahinter liegenden **St.-Norbert-Kirche** von Fehling, Pfannkuch & Gogel. Die damals in Fachkreisen gefeierte, sehr expressive Architektur wurde bei der Bevölkerung nicht gerade wohlwollend aufgenommen und avancierte im Volksmund zur „Sprungschanze Gottes". Schräg gegenüber harrt der zehn Jahre zuvor erweiterte 22 **Prälat** von 1937 einer unsicheren Zukunft. Es ist das letzte Gebäude des Ausflugsortes Schöneberg und letztendlich der Nachfolger des 1375 erstmals erwähnten Dorfkruges. Da sich die gastronomischen Gewohnheiten der Gesellschaft geändert haben, können „Marmor-, Kronen- und Bankettsaal", die in den 1970er Jahren noch Rahmen von glänzenden Festen waren, nicht mehr rentabel bespielt werden.

Das Ausflugsziel Schöneberg entwickelte sich seit Ende des 18. Jahrhunderts rasant, der Ort war auch einer der Linien-Endpunkte für die seit 1825 von Herrn Kremser eingeführten Pferde-Fuhrwagen. „Panniers Caffeehaus" oder „Lindenpark" waren in Berlin bekannte Vergnügungen, die vom Feuerwerk bis zum Theater die verschiedensten Attraktionen boten. Der von Heinrich Seidel in „Leberecht Hühnchen" beschriebene „Schwarze Adler" in der Hauptstraße 25/26 hat sogar Theatergeschichte geschrieben: Hier hat David Kalisch 1847/48 seine später ungemein populär gewordenen Possenspiele erstmals dem Berliner Publikum vorgestellt. Erklärlich, dass man diesem Ort, nachdem er verstädtert war, traurig hinterhersang: „Es war in Schöneberg, im Monat Mai ..."

Ob nun das im Lied besungene Küssen in Schöneberg üblicher war als in anderen Dörfern, mag dahingestellt bleiben, festzustellen bleibt, dass die Schöneberger Gaststätten und die ihnen angeschlossenen Annehmlichkeiten im 19. Jahrhundert beliebter waren als etwa die in Pankow, Wilmersdorf oder Charlottenburg. Das führte auch schon vor der Reichsgründung dazu, dass Schöneberg der sich am stärksten im Berliner Umkreis entwickelnde Ort war. Bereits 1860 wohnten in Schöneberg 7700 Menschen, während die meisten anderen Dörfer damals um die 500-1000 Einwohner zählten. Damals leis-

tete sich die Gemeinde an ihrer Dorfstraße bereits durchgehende Gasbeleuchtung! Ende des 19. Jahrhunderts gab es dann kein Halten mehr: Zwischen 1894 und 1900 stieg die Bevölkerung Schönebergs um 50 000 Einwohner an, Schöneberg erlangte 1898 Stadtstatus und veränderte sein Erscheinungsbild völlig; geht man die Hauptstraße weiter nach Norden, so hat sie hier jeglichen ländlichen Reiz verloren: Sie besitzt den Charakter einer kaiserzeitlichen Geschäftsstraße.

Der 11 **Kaiser-Wilhelm-Platz** im Norden des Dorfkerns wurde durch Abriss eines Bauernhofes an der Einmündung der Kolonnenstraße in die Hauptstraße geschaffen. Hier fand auch ein Standbild Wilhelms I. als „vaterländisches Denkmal" seine Aufstellung, es wurde im Zweiten Weltkrieg eingeschmolzen. Schon damals plante man, die Kolonnenstraße nach Westen durchzubrechen und an die Gleditschstraße anzuschließen. Diese immer wieder neu geplante Verkehrsachse, die den Ortscharakter völlig verändert hätte, ist mit der Sanierung der prachtvoll stuckierten Häuser wohl endgültig in den Planungsschubladen verschwunden. Der Platz heißt noch immer Kaiser-Wilhelm-Platz, obwohl 1973 die BVV beschlossen hatte, ihn in Salvador-Allende-Platz umzubenennen: Die Bevölkerung akzeptierte dies nicht, sodass alsbald eine Rückbenennung zugunsten des Kaisers erfolgen musste. Doch statt Wilhelms Standbild steht hier heute ein anderes Denkmal, eine Tafel mit den Namen deutscher Konzentrationslager.

Am Kaiser-Wilhelm-Platz pulsiert das Schöneberger Leben. Aus dem gutbürgerlichen Schöneberg nordwestlich der Hauptstraße schwappt über die Akazienstraße auch ein wenig Atmosphäre vom Vergnügungsviertel herüber. Sonst kauft man hier überwiegend ein oder gönnt dem Magen etwas von dem hier reichlich gebotenen Fast Food. Die vielen türkischen Geschäfte und Gaststätten künden davon, dass Schöneberg nicht minder „multikulturell" ist als Kreuzberg. Bei einem Ausländeranteil von 20 Prozent verwundert es nicht, dass sich in einem der Häuser des ehemaligen 12 **Maison de Santé** Berlins drittgrößte Moschee, die „Sultan Emir Camii" befindet, äußerlich allerdings nur durch Aufschriften als moslemisches Gotteshaus erkennbar.

1861 wurde diese „Kur- und Irrenanstalt", wie es damals hieß, von Eduard Levinstein gegründet, der in die seinerzeit drakonischen psychiatrischen Behandlungsmethoden – eher Beruhigungs- bzw. Austreibungsmethoden – einen reformerischen Ansatz hineinzubringen versuchte. Geht man von der anderen Seite – über Akazien- und Belziger Straße – an den Gebäudekomplex heran, dann sieht man noch die verschiedenen Häuser der Herren- und Damenbeobachtungsstationen und den Schornstein des Maschinenhauses. Nach dem Zweiten Weltkrieg wurde die Klinik geschlossen, wahrscheinlich war sie als psychiatrische Anstalt zu klein geworden und zu nahe an den gutbürgerlichen Wohngebieten gelegen.

Blickt man sich auf dem Platz zwischen den Bauten der steinernen Stadt um, kann man sich Schönebergs berühmteste Zeit als Ausflugsort nicht mehr vorstellen. „Soweit das Auge reicht, sieht es nur Grün auf der Erde, hier Bäume, dort Wiesenteppiche, von Rinnsalen durchfurcht, deren Ränder blaue Säume von Vergißmeinnicht einfassen", schrieb die Dichterin Helmina von Chézy 1816, als sie sich in Schöneberg aufhielt. Berühmteste hiesige Gastgeberin war Johanna Hensel, die in einem der 1750 erbauten Kolonistenhäuser der Weberkolonie „Böhmerberg" ihren Alters-

Crellestraße

sitz nahm. Da ihre Kinder vielfältig musisch begabt und tätig waren, trafen sich hier Künstler und Verwandte wie von Arnim, Brentano, Mendelssohn-Bartholdy, Stägemann, Olfers. Möglicherweise hat die Tochter Luise Hensel hier auch ihr einzig berühmt gewordenes Lied „Müde bin ich, geh zur Ruh' ..." geschrieben.
Gesichert ist aber, dass Wilhelm Müller hier 1816 die meisten seiner so populär gewordenen „Müller-Lieder" zu Papier gebracht hat. Es sind neben dem in der Zöllner-Vertonung bekannten „Das Wandern ist des Müllers Lust" vor allem jene Lieder, die Franz Schubert in den Zyklen „Die schöne Müllerin" und „Die Winterreise" vertont hat. Ausgerechnet dieses für die Literaturgeschichte so bedeutende Haus wurde 1973 der banalen eingeschossigen Architektur eines Supermarktes geopfert.
Ganz anders ist der Charakter des Gebietes auf der anderen Seite der Hauptstraße. Geht man vom Kaiser-Wilhelm-Platz in die **Crellestraße**, befindet man sich in einem sehr ruhigen, eher kleinbürgerlich-handwerklichen Gebiet. Hier gibt es viele Geschäfte und Institutionen alternativer Ausrichtung.

S-Bahnhof Schöneberg

Die Grundstücke auf der rechten Seite sind sehr tief und gehen zum Bahngelände durch. Früher war hier sehr viel Kleingewerbe angesiedelt. Nach dem Zweiten Weltkrieg verkam das Gebiet und war eine Schöneberger „Schmuddelecke". Das hat sich seit der Sanierung der achtziger Jahre stark geändert. Besonders die Ausweisung als verkehrsberuhigte Zone, in Berlin eine Rarität, hat bewirkt, dass lebenswerter Straßenraum entstanden ist.
Über die Kolonnenstraße gelangt man zur **Schöneberger Insel**. Ein stählerner (23) **Gashochbehälter** ist ihr Wahrzeichen, er grüßt die Autofahrer auf Stadtring und Westtangente. Insel ist dieser Schöneberger Ortsteil nur insofern, als dass er auf allen Seiten von Bahnanlagen umgeben ist. Im Osten und Westen sind es die Gleisstränge der Potsdamer Bahn und der „Militärbahn", im Süden ist es der Stadtbahnring, der diesen Kiez von der übrigen Welt trennt. Diese Lage hat jedoch zu einem sehr eigenen Lebensgefühl geführt.
Die Insel wird von der alten Ost-West-Straße, die nach den zum Tempelhofer Feld marschierenden Soldaten den Namen Kolonnenstraße erhielt, dominiert und gleichsam geteilt. Umso augenfälliger ist der Charakter der stillen Seitenstraßen.
Wohl aufgrund der reichlich vorhandenen Bahnanlagen entstand nördlich dieser Straße auch ein Kasernenkomplex für das Eisenbahn-Regiment. Bis zur Weimarer Republik war die Insel wie viele andere Berliner Stadtteile vom Militär geprägt, in

Langenscheidtbrücke, einer der Zugänge zur Roten Insel

den Mietskasernen wohnten vor allem Kleinbürgertum und Arbeiterschaft. Parzelliert wurde das unattraktive Ackerland nach dem Deutsch-Französischen Krieg, und die neue Haupterschließungsstraße, heute Leberstraße, wurde konsequenterweise nach der Siegesschlacht von Sedan benannt.

Nur wenige Berliner kennen dieses Gebiet oder den Namen „Schöneberger Insel", nicht verwunderlich, hat es doch wenig Spektakuläres zu bieten, von bekannten Namen einmal abgesehen. Das berühmteste Kind der Insel ist zweifellos der „Blaue Engel" Marlene Dietrich, die in der Sedanstraße das Licht der Welt erblickte (**Gedenktafel** an der Nr. 64). In der gleichen Straße wuchs die in Ulm geborene Hildegard Knef auf, die sich im „Geschenkten Gaul" dieses für Kinder nicht besonders schönen Viertels erinnert. Doch auch in den benachbarten Straßen der Insel haben bedeutende Personen gelebt. Der Dichter Paul Zech verbrachte hier bis zu seiner Emigration einige Jahre seines Lebens mit Blick auf die Ringbahn und Straßenschlachten zwischen Kommunisten und SA.

Bekannt wurde die Insel als Wirkungsfeld des Liberaldemokraten Friedrich Naumann und des Sozialdemokraten Julius Leber. Leber hatte sich nach seiner Entlassung aus dem KZ Sachsenhausen 1939 an einer Kohlenhandlung in der Torgauer Straße beteiligt. Hier lag auch sein politisches Arbeitsfeld, bis ihn hier die Gestapo nach dem fehlgeschlagenen Attentat vom 20. Juli 1944, dessen führender politischer Kopf er war, festnahm und er nach dem Freislerschen Schauprozess hingerichtet wurde. Heute sind nach Naumann und Leber zwei Straßen benannt.

Die Insel ist ein typischer Berliner Kiez. Alteingesessene, Arrivierte, Ausländer, Kinder und Alte bilden eine lebendige Mischung und „bespielen" oft lautstark die vergleichsweise schmalen Straßen. Entsprechend unterschiedlich ist der Charakter der zahlreichen Gaststätten, die oft die Funktion einer Stammkneipe haben.

Die Insel hätte man in den vierziger Jahren fast abgerissen: Wären die monströsen Ausbaupläne Speers für die „Welthauptstadt Germania" Wirklichkeit geworden, würde man sich hier heute an der Rückseite der Monsterbauten der Nord-Süd-Achse befinden.

Früh formierte sich auf der dicht besiedelten Insel eine Arbeiterbewegung, was ihr den Ruf als „Rote Insel" eintrug. Dies wurde bald ein so feststehender Begriff, dass sich später ein KP-Blatt diesen Namen gab. Doch zunächst hatte sich das Kaiserreich mit dem aufmüpfigen Stadtteil zu beschäftigen.

Obgleich die Schöneberger Apostel-Paulus-Kirche nur zehn Fußminuten entfernt lag, nutzten sie die Inselbewohner nicht – sie sahen sich als eigenständiger Stadtteil. Einer solchen „Entchristlichung" entgegenzuwirken lag sowohl der Kirche als auch der Kaiserin, im Volksmund als „Kirchenjuste" tituliert, am Herzen, galt es doch, dem drohenden Sozialismus durch sittliche Ermahnung und geistige Versorgung entgegenzuwirken.

So entstand 1910 auf dem Gustav-Müller-Platz die evangelische Inselkirche, die aus Anlass des 100. Todestages von Königin Luise den wahrhaft hohenzollernschen Namen (24) **Königin-Luise-Gedächtnis-Kirche** erhielt. Sie ist ein vergleichsweise bescheidenes und pittoreskes Gotteshaus, ein weinbewachsener Rundbau mit Jugendstilelementen unter kleiner Kuppel.

Königin-Luise-Gedächtnis-Kirche

Zwölf-Apostel-Kirchhof

Auch die Katholiken errichteten sich eine Kirche. 25 **St. Elisabeth** entstand jedoch nicht auf einem Platz, sondern aus Kostengründen in Mietshäuser eingezwängt auf einem normalen Grundstück in der Kolonnenstraße. Mögen die beiden Kirchen auch die heute bedeutendsten Baudenkmale der Insel sein, sehr viel dominanter waren früher die Gewerbeanlagen: neben Werksanlagen das Gaswerk, das Elektrizitätswerk, die Müllverbrennungsanlage.

Von der Königin-Luise-Gedächtnis-Kirche wendet man sich an der benachbarten Naumannstraße zum 26 **Zwölf-Apostel-Kirchhof**, der nicht so viele Berühmtheiten wie der St.-Matthäus-Kirchhof aufzuweisen hat. Er war der Begräbnisplatz des „Alten Westens", also des Gebietes um Potsdamer Straße und Nollendorfplatz. Darum ruhen hier auch ganz und gar unproletarische Künstler, wie des Kaisers Leib- und Magen-Maler Anton von Werner und der Bildhauer Reinhold Begas, der „Schöpfer" unter anderem der Siegesallee. Weniger konservativ geht es am Eingang zur Kolonnenstraße zu, dort liegt der liberale Historiker Johann Gustav Droysen begraben, und am Hauptweg, an dem Friedrich Naumann seine Ruhestätte gefunden hat.

Geht man über die Kolonnenstraße weiter nach Norden, kommt man an einem Traditionsbetrieb der Insel vorbei, den Steinmetzwerkstätten Scherhag. In der benachbarten Monumentenstraße 35 fand sich ein weiterer Traditionsbetrieb, die Kunstschmiede Paul Marcus. Sie war überregional berühmt und arbeitete sowohl für das Reichstagsgebäude als auch für den großen Tempel in Bombay. Auf dem Zwölf-Apostel-Kirchhof ist noch eine Grabanlage für Karl Paul Marcus erhalten. Über die Hochkirchstraße führt der sehr ruhige Weg zu der größten Sehenswürdigkeit der „Insel", den alten 27 **St.-Matthäus-Kirchhof**.

Andreas Bernhard

Der Alte St.-Matthäus-Friedhof

Treffpunkt des Großbürgertums

Eigentlich gehört der Alte St.-Matthäus-Friedhof gar nicht nach Schöneberg, sondern zur evangelischen St.-Matthäus-Gemeinde im ehemaligen „Geheimratsviertel" in Tiergarten. Das einstige Großbürgertum – Kaufleute, Bankiers, aber auch Künstler und Schriftsteller wie Theodor Fontane – wohnte hier in schönen Villen und vornehmen Stadthäusern. Begraben ließ man sich, da ein Friedhof das Stadtbild gestört hätte, andernorts, vornehmlich aber auf dem Friedhof an der Großgörschenstraße, direkt am gleichnamigen S-Bahnhof, zwischen Eisenbahngleisen und den Hinterhöfen von alten Mietshäusern. In der Ansammlung von Berühmtheiten kann er als der Friedhof aus der Gründerzeit schlechthin gelten. Status und Selbstbewusstsein der Reichen und Neureichen sind an vielen aufwendig, mitunter protzig gestalteten Grabmälern ablesbar. Wandelt man den Hügel zwischen Grabsteinen und Mausoleen hinauf, kann man einige Entdeckungen historischer wie kunsthistorischer Art machen. Eine Liste aller berühmten Namen wäre lang und kann hier nicht gegeben werden, ein Orientierungsplan am Eingang erleichtert das Aufsuchen einzelner Ruhestätten.

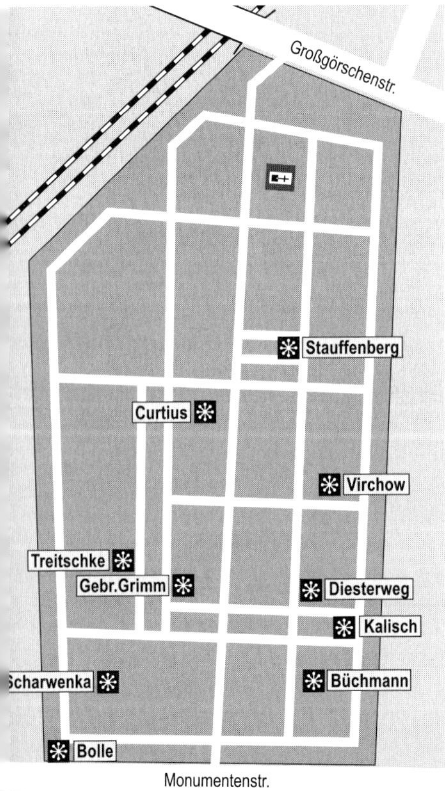

Die Männer des Widerstandes und des Attentats vom 20. Juli 1944 haben hier einen erst 1979 errichteten Gedenkstein erhalten. An gleicher Stelle wurden sie – Claus Schenk Graf von Stauffenberg, Ludwig Beck, Friedrich Olbricht, Albrecht Merz von Quirnheim und Werner von Haeften – nach Verhaftung und Erschießung auch begraben, dann aber wieder von der SS exhumiert und verbrannt. Die Asche der so auch noch im Tode Geschundenen wurde auf den Rieselfeldern der Vorstadt verstreut.

Weiter den Hügel hinauf findet man die aufgereihten Grabsteine der Grimms. Die „Märchenbrüder" Jakob und Wilhelm sammelten nicht nur volkstümliche Märchen, sondern auch die „Deutschen Sagen" und trugen vor allem das „Deutsche Wörterbuch" zusammen, ein Bildungsreservoir unendlichen Reichtums. Die liberalen Brüder wurden als Mitglieder der freisinnig-kritischen „Göttinger Sieben" 1837 aus dem hannoverschen Staatsdienst entlassen und von Preußen aufgenommen. Hermann und Rudolf Grimm waren die nicht ganz so berühmten Söhne Wilhelms.

Deutschnational und perfide antisemitisch wird es mit dem Historiker und Politiker Heinrich von Treitschke, der 1896 hier eine Ruhestätte gefunden hat, ein Kolonialist und Judenfeind ohne Kompromisse. Wie gerne rettet man sich daher zu Geistesgrößen wie dem Archäologen Ernst Curtius, dem Pädagogen Adolf Diesterweg, dem Mediziner Rudolf Virchow oder

Grabmal der Familie Bolle

David Kalisch, Gründer der satirischen Zeitschrift „Kladderadatsch".
Sehenswert in seiner feinen Schlichtheit ist der Grabstein von Georg Büchmann, dem unermüdlichen Sammler „Geflügelter Worte", der 1884 im „Maison de Santé" verstarb. In griechischen Lettern steht auf dem Grabstein das Pindar-Wort: „Eines Schatten Traum ist der Mensch". Schon stößt man hinter der Grabstele Georg Büchmanns an die Begrenzungsmauern des Friedhofes.
Bereits 1938 wurde ein Teil des Gräberfeldes eingeebnet oder auf den Südwest-Friedhof nach Stahnsdorf verlegt. Albert Speers größenwahnsinnige Stadtplanung für Berlin-Germania sah gar die völlige Planierung des Friedhofes vor, die aber wegen des Krieges nicht mehr realisiert worden ist.
Immer an der Mauer zur Monumentenstraße entlang gelangt man zum imposanten Familien-Mausoleum einer Berliner Lokalgröße, dem Unternehmer Carl Bolle. „Bimmel-Bolle" ließ als Betreiber einer Meierei seine Milchwagen durch ganz Berlin fahren. Ganz nah steht unter Schutzplanen die Statue eines Trauernden mit Lyra auf dem Grab des Komponisten Xaver Scharwenka, ebenfalls an der Mauer zur Stadtbahn hin liegt die Grabstätte des Komponisten Max Bruch.

Grabmal X. Scharwenka, Komponist

Das sind nur einige wenige Beispiele für die hier bestatteten Persönlichkeiten, sie ließen sich um ein Vielfaches erweitern.

STEFAN EGGERT

Die Berliner lassen Neukölln zumeist links liegen. Nicht ganz zu Unrecht, denn historisch oder städtebaulich herausragende Bauten sind auf den ersten Blick kaum zu entdecken, und von Kinos abgesehen scheint die Kultur unterrepräsentiert. Folgerichtig flaniert man hier nicht, man shoppt – unter den Einkaufsmeilen Berlins genießt die Karl-Marx-Straße den Ruf der preisgünstigen Alternative. Sicher: Es gibt Rixdorf, ein Stück konserviertes 18. Jahrhundert, die Hasenheide, einer der größten innerstädtischen Parks, oder den „Türkenmarkt" am Maybachufer. Dennoch gilt Neukölln als grauer, wenn auch geschäftiger Bezirk ohne Tradition. Auch das nicht ganz zu Unrecht.

Um den Dorfkern des alten Rixdorf siedelten sich zunächst Fuhrbetriebe und Brauereien an; seit den 1860er Jahren wurde das Gebiet südlich des Kottbusser Tores in Rekordtempo bebaut, zumeist mit anspruchslosen Mietskasernen für das Proletariat der aufstrebenden Hauptstadt. 1899, als Rixdorf zur Stadt erklärt wurde, hatte es bereits 80 000 Einwohner. Seit 1912 in Neukölln umbenannt, wurde es zusammen mit den Dörfern Britz, Buckow und Rudow 1920 zu einem Berliner Bezirk vereint.

Neukölln

Heute leben in Neukölln über 300 000 Menschen, etwa die Hälfte davon in den Neubauvierteln im Süden, deren bekanntestes die Gropiusstadt in Rudow ist. Im Norden, zwischen Kreuzberg und der Ringbahn, beherrschen nach wie vor die Mietskasernen das Bild, unterbrochen lediglich von einigen kleineren Parks und dem Rollbergviertel, an dem sich beispielhaft zeigen lässt, wie Kahlschlagsanierung und sozialer Wohnungsbau neue soziale Spannungen schaffen.

Dahinter aber sind Seiten von Neukölln verborgen, die gleichermaßen sehenswert wie den Rest-Berlinern oft unbekannt sind oder von ihnen nur selten mit diesem Bezirk in Verbindung gebracht werden: die Hufeisensiedlung von Bruno Taut, in Britz ein Schloss und der weitläufige Britzer Garten, das gut erhaltene Viertel um die Schillerpromenade, das einen Einblick in die spätwilhelminische Epoche erlaubt, Kunst und Kultur in vielen Hinterhöfen entlang der Karl-Marx-Straße. Hinter der spröden Fassade lassen sich einige Kostbarkeiten von Rang aufspüren – man muss lediglich ein wenig genauer hinschauen.

Durch Neukölln

Amüsemang auf Hinterhöfen

Bereits der **U-Bahnhof Rathaus Neukölln** scheint den Grundakkord vorzugeben: Die den Namenszug umgebende blaue Linie kann in das Einheitsgrau keine Farbe bringen. Die Menschen überrollen in Lawinen den Perron, bepackt mit Einkaufstüten und ohne Spur von Ruhe, eilen die Treppen herauf und herab. Steht man oben an einem der Ausgänge auf der Mittelinsel der Karl-Marx-Straße, blickt man auf Autoschlangen in beiden Richtungen und überfüllte Bürgersteige. Reklame klettert die Fassaden hoch.

Die Karl-Marx-Straße, bis 1947 Berliner Straße und Bergstraße, wirkt, als sei sie aus ihren Kindersachen herausgewachsen. Alles ist etwas zu klein, etwas zu eng. Sie ist nicht schön, und in ihrem oberen Teil, zum Hermannplatz hin, haben die vielen kleinen Geschäfte keinen leichten Stand. Hier aber, bis zum Kreuzungspunkt mit der S-Bahn, ist sie eine quirlige Einkaufsmeile und wartet hinter dem scheinbaren Einheitsgrau mit Überraschungen vor allem in Hinterhöfen auf.
Ihr Publikum ist gemischt: Gruppen junger Musliminnen, die mit glitzernden, gemusterten Kopftüchern und schicken langen Mänteln kichernd und schwatzend einkaufen gehen, Hausfrauen mit schweren Tüten, Kinder, die versuchen, ihre Eltern für diese oder jene Attraktion in den Schaufenstern zu interessieren, anatolische Patriarchen mit Bart und kunstvoll

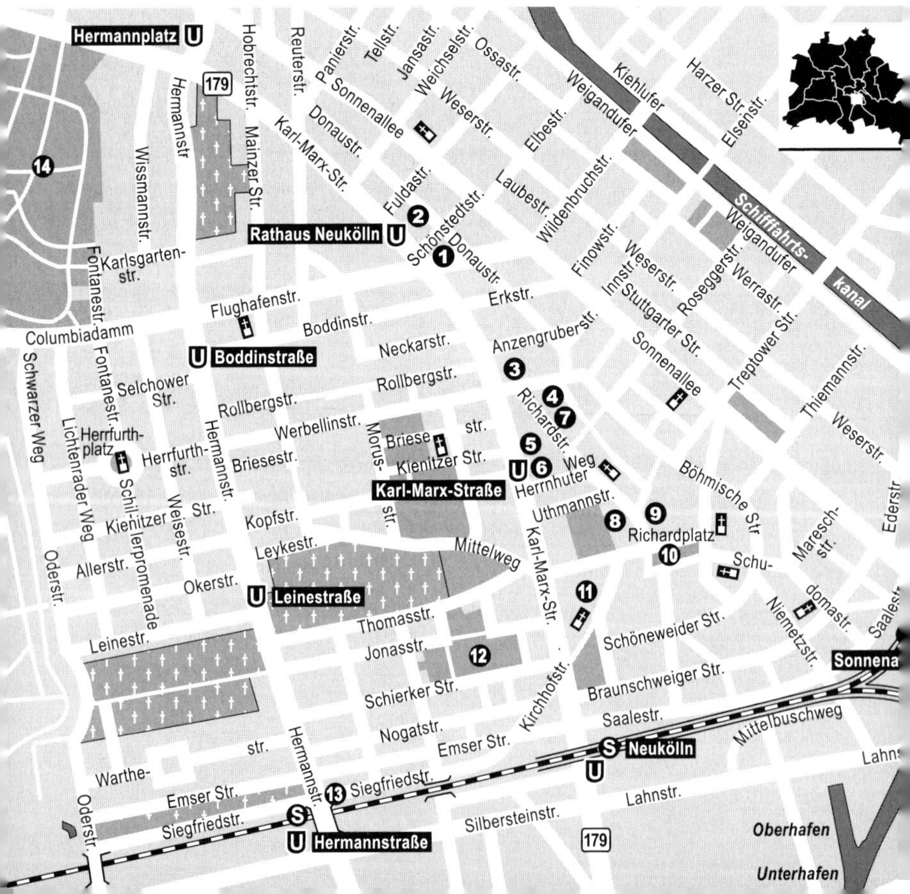

gestrickter Mütze, Studenten und deutsche Durchschnittsbürger neben türkischen Jungs, die oft in Gruppen auftreten, einige – fast – von der Zeit verschonte Alt-68er; nur Touristen sieht man hier ganz selten.

Auf der einen Straßenseite fällt ein repräsentativer Bau ins Auge, das 1 **Rathaus Neukölln**. Als es Anfang des 20. Jahrhunderts gebaut wurde, trug die Stadt noch den Namen Rixdorf. Sie erhielt als zweite Vorortgemeinde Berlins 1899 Stadtrechte, als sie immerhin schon über 80 000 Einwohner zählte, zumeist Arbeiter, die hier vor den Toren Berlins billigste Wohnungen fanden. Rixdorf brauchte aber auch betuchte Steuerzahler und hoffte mit der Namensänderung in Neukölln, die 1912 erfolgte, den eigenen Ruf aufzubessern und attraktiver zu werden.

Der Bau, der von dem 67 Meter hohen Turm beherrscht wird, stammt vom Rixdorfer Stadtbaumeister Reinhold Kiehl, der verschiedene Repräsentationsbauten für Rixdorf errichtete, wie auch das Stadtbad, die Baugewerbeschule oder den „Pilz" am Richardplatz. Es war schon der zweite Rathausbau; der erste befand sich auf dem heutigen Vorplatz, war 15 Jahre älter, kleiner und reichte für die wachsenden Erfordernisse der gewachsenen Verwaltung nicht mehr aus. Der ursprüngliche Turm wurde im Zweiten Weltkrieg zerstört. Die Krönung des neuen Turms bildet eine goldene Fortuna, deren Fahne, vielleicht symbolisch, sich im Wind dreht.

Im Rathaus Neukölln kann man sich an einem **Gedenkterminal**, dem ersten dieser Art in Berlin, über den Widerstand gegen die Nationalsozialisten informieren, der hier eine besonders starke Ausprägung fand.

Der massige Bau, der fast zu groß für seine Umgebung erscheint, steht in Kontrast zu dem zierlichen Gebäude links daneben. Es ist das im Stil der Neorenaissance gehaltene 2 **Amtsgericht**, erbaut in der Jahrhundertwende.

Gegenüber stellt die Boddinstraße eine Verbindung zur Hermannstraße her. Beide Straßen sind nach dem ersten besol-

Rathaus Neukölln

deten Bürgermeister Rixdorfs, Hermann Boddin, benannt. In der Boddinstraße 64 befindet sich die Bergklause. Das ist nicht besonders erwähnenswert, finden sich in Neukölln doch viele Kneipen und gerade auch noch viele typische Eckkneipen; das besondere an dieser ist der Wirt. Der hauptberufliche Raubtierdompteur steht immer zwischen seinen Gastspielen hinter dem Tresen.

In der **Isarstraße Nr. 8** erinnert eine Berliner **Gedenktafel** an den Neuköllner Rabbiner Dr. Georg Kantorowsky und an die ehemalige Synagoge im Hof. Wie alle jüdischen Einrichtungen war sie in der Pogromnacht 1938 geplündert und verwüstet worden. Da das Gebäude nahe an den Wohnhäusern stand, wurde sie aber nicht angezündet. Das Gebäude wird heute als „Königreich-Saal der Heiligen der letzten Tage" von den Zeugen Jehovas genutzt.

Über die Neckarstraße, vorbei an der Rückfront der Kindl-Brauerei, führt der Weg zurück zur Karl-Marx-Straße. Ihr Erscheinungsbild wird hier von den Warenhäusern bestimmt. An der Stelle von **Hertie** befand sich früher das Kaufhaus Joseph. 1936 wurde der jüdische Besitzer Joseph, der seit 1900 das Unternehmen leitete, zum Verkauf gezwungen. In Anzeigen betonte der neue Besitzer Friedland, dass es fortan ein „arisches Haus" sei.

Die Ecke Karl-Marx-Straße, Anzengruberstraße wird gänzlich von dem im gleichen Jahr wie das Rathaus vom Postbau-

Historische Post

rat Struve erbauten (3) **Hauptpostamt** eingenommen. Ein hübscher Bau, dessen Wirkung zwischen den Kaufhäusern allzu sehr beeinträchtigt wird. Ein Stück weiter liegt der Platz der Stadt Hof, der eigentlich nur ein vergrößerter Eingangsbereich des Kaufhauses ist und der der Schlange vor dem Geldautomaten der Bank Raum bietet – für das Wappenmosaik hat kaum jemand einen Blick übrig.

Es lohnt sich, in die hier mündende Ganghoferstraße zu gehen. Das (4) **Stadtbad Neukölln**, äußerlich ein eher zurückhaltend gestalteter Bau, wurde 1914 eingeweiht. Die beiden Schwimmbecken sind für Wettkämpfe nicht geeignet. Wer jedoch in Ruhe ein paar Schwimmzüge inmitten antikisierender Säulen machen möchte, ist hier richtig. Sauna und Solarium unter Kuppeln ergänzen das Angebot, Brausen- und Wannenbäder sind auch heute noch vorhanden. Überhaupt ist die Innengestaltung des Bades ein Genuss: die Wasser speienden Walrosse, die mosaikverkleideten Rundbögen, die Glasdecke und die moderne Wandbemalung in der Eingangshalle.

Über einen Atriumhof erreicht man die ehemalige Lesehalle des Bades, in der heute das **Heimatmuseum Neukölln** untergebracht ist. Die von Emil Fischer als naturkundliches Schulmuseum gegründete Einrichtung ist eines der aktivsten Heimatmuseen Berlins. Es präsentiert in wechselnden Ausstellungen interessante Aspekte der Stadt- und Bezirksgeschichte, etwa „Spuren jüdischen Lebens in Neukölln" oder „Neukölln City. Stationen einer Stadt".

Etwas weiter zweigt die Richardstraße ab, die zum Böhmischen Dorf und zum Richardplatz führt. An der Richardstraße 12-13 bildet die (5) **Passage** einen leicht skurrilen Durchgang zur Karl-Marx-Straße. Die burgähnliche Anlage, zwei Innenhöfe mit umgebenden Mietshäusern und Ladenpassage, wurde 1909 von Paul Hoppe als „Gesellschaftshaus" errichtet. Im Brückengebäude fanden ein kommunales Sprechtheater, ein Lichtspiel-Theater und schließlich ein Möbellager Platz. Nach der Restaurierung sind hier wieder ein Kino und die Neuköllner Oper untergebracht. Sie ist das Aushängeschild des ansonsten überschaubaren, aber qualitätsvollen Neuköllner Kulturlebens.

Gleich daneben, in der Richardstraße, liegt ein bemerkenswerter Hof: der **Pasewaldtsche Hof**, auch „Büdner-Dreieck" genannt, beherbergte Kleingewerbe wie eine Schmiede und ein Schlachthaus. Das seit 1986 unter Denkmalschutz stehende Idyll beherbergt jetzt das Puppentheatermuseum.

Lässt man sich weitertreiben, gelangt man zum (6) **Saalbau Neukölln**, bekannter Ort für Musik- und Theateraufführungen und ebenfalls im Hinterhof gelegen. Das in den Jahren 1875/76 von Maurermeister Teichmann errichtete Repräsentationsgebäude, in dessen Fassadengestaltung auf Barock und Renaissance zurückgegriffen wurde, war Veranstaltungsraum der Kommune, dann Theater, Kino, viel später Passierscheinstelle, schließlich baufällig und gesperrt. Nach der Restaurierung und Übernahme durch das Neuköllner Kulturamt haben nun 400 Personen Platz im Großen Saal. Das angeschlossene **Café Rix**, auch im Hof, ist über die Bezirksgrenzen hinaus bekannt. Das nächste Haus, der nächste Hof: **Karl-Marx-Straße 178**. Als Erstes fällt ein älteres, lang gezogenes und niedriges Gebäude auf. Über der Eingangstür kündet eine Tafel davon, dass es ein Bauernhaus von 1827 ist und die Bauherrin die Witwe Marie-Luise Eggert war. Links neben dem Gebäude steht ein schwarzer Grabstein, der weiter erzählt, dass die

Denkmal Friedrich Wilhelms I.

Witwe nur drei Jahre nach dem Hausbau verstarb. Das Vorderhaus gehört, wie man dem „Stillen Portier" entnehmen kann, noch heute der Familie.

An der Ecke zur Uthmannstraße, in Höhe der ersten Etage, erinnern kunstvoll aus dem Putz herausgearbeitete Koffer an ein alteingesessenes, in ganz Berlin bekanntes Geschäft, Koffer-Panneck; es ist inzwischen genauso wie die traditionsreiche Bickhardtsche Buchhandlung und die Eisdiele Moritz verschwunden. Die üblichen Ketten sind stattdessen eingezogen, als Letztes trotzt noch Musik-Bading dem Trend und bleibt standhaft da, wo es vor über 80 Jahren anfing.

Inzwischen dominieren Billigläden, Restpostenhändler und Filialgeschäfte, die man in jeder Einkaufsstraße findet, die wichtigste Geschäftsstraße des Bezirks. Aber die Traditionsgeschäfte der Zukunft scheinen die türkischen Imbissstuben, Schmuckhändler und Bäckereien zu sein, die seit einigen Jahren das Straßenbild bereichern und einen Hauch von Nahem Osten verbreiten.

Diese Mischung setzt sich weiter die Straße entlang fort, wird aber nicht mehr von architektonisch oder kulturell herausragenden Bauten unterbrochen. Und so bietet sich ein Abstecher nach links an: Entweder über die Uthmannstraße, die als Filmkulisse bei der Verfilmung der „Blechtrommel" diente, oder über den Herrnhuter Weg in Richtung **Böhmisches Dorf**. Es ist ein erstaunlicher Kontrast zur Einkaufsmeile, der sich in der Richardstraße auftut. Auffällig ist die Ruhe, sind die kleinen Geschäfte und Gewerbebetriebe auf den Höfen. Und die Häuser selbst, zweistöckige schmale Bauten, die wie Überbleibsel einer längst vergangenen Zeit wirken. Zur Einstimmung ist ein Abstecher in den (7) **Hinterhof** der **Nr. 98a** angeraten, gegenüber dem eindrucksvollen Bau des 1926 errichteten Umspannwerkes. Die Künstlergruppe Ratgeb hat auf der Brandmauer ein Wandgemälde geschaffen, das die Geschichte der Böhmen in Rixdorf erzählt.

1737 wurden 18 böhmische Familien, Glaubensflüchtlinge, in Rixdorf durch Friedrich Wilhelm I. angesiedelt. Es handelte sich um Mitglieder der Herrnhuter Brüdergemeinde. Das Bild zeigt sie bei der Ankunft. Neun Doppelhäuser wurden entlang der heutigen Richardstraße errichtet, an der Rückseite die Kleine Straße

Hinterhof am Richardplatz

angelegt, 1905 in Kirchgasse umbenannt. Gegenüber den Scheunen der ersten Kolonisten siedelten sich elf Jahre später weitere Familien aus Böhmen an. Das heute sichtbare **Böhmische Dorf** entlang der Richardstraße, der Kirchgasse und dem Jan-Hus-Weg ist allerdings eine nicht ganz originalgetreue Kopie, die ursprüngliche Bebauung wurde bei einem Großbrand 1849 vernichtet.

Der Mann mit der Tuba auf dem Wandbild erinnert an die Osterprozessionen der Böhmischen Gemeinden, die jeden Ostersonntag in der Morgendämmerung zum Böhmischen Friedhof führen und bei denen der Toten des letzten Jahres gedacht wird. Die Nachkommen der Böhmen sind, soweit noch gläubig, in drei Gemeinden zusammengeschlossen, der evangelisch-böhmischen Bethlehemsgemeinde, der Herrnhuter Brüdergemeine und der böhmisch-lutherischen Gemeinde.

Das **Haus der Bethlehemsgemeinde** befindet sich direkt neben dem Wandgemälde. Das 1835 errichtete Gebäude ist eines der wenigen, die bei dem großen Brand verschont geblieben sind. Hier befand sich bis 1874 die böhmische Schule. Die Brüdergemeine hat ihr Domizil in der Kirchgasse 14-17; ein schmuckloser, im Jahre 1965 eingeweihter Stahlbetonbau.

Die Einheitlichkeit der alten Anlage, bestehend aus neun Doppelhäusern, ist beim Wiederaufbau nach 1849 verschwunden. Die einen bauten auf den alten Grundmauern, drehten aber die Bauten um 90 Grad, zu sehen etwa in der Richardstraße 90 und 82. Andere Häuser, wie die Nr. 88, erhielten einen neuen Grundriss. Das Haus wurde über die ganze Grundstücksbreite mit einer in der Mitte befindlichen Durchfahrt errichtet. Am Haus Nr. 90 erinnert eine kleine Brandtafel an das Unglück und den Wiederaufbau.

Die Hofgebäude der Nr. 82 haben den Brand überstanden, und so sind der Stall und das Milchhäuschen die ältesten Gebäude im Böhmischen Dorf.

Das **Doppelhaus 80/81** ist als einziges originalgetreu wieder errichtet worden. Hier wohnt heute der Chronist der Böhmen, Manfred Motel. Das Haus in der **Richardstraße 87**, das die anderen überragt, war der Amtssitz des letzten böhmischen Dorfschulzen, Daniel Wanzlik. Seine Initialen sind in der Tür zu sehen.

Die „heile Welt" des böhmischen Dorfes hatte gegenüber in der Richardstraße 35 ihren Widerpart. Hier stand die berüchtigte Richardburg, ähnlich dem „Meyershof" in Wedding eine der größten Mietskasernen Berlins. In 150 aus Stube und Küche bestehenden Wohneinheiten wohnten auf sechs Höfe verteilt über 1000 Menschen in äußerst bedrückenden Lebensverhältnissen. Das Haus wurde 1971 abgerissen, an seiner Stelle befindet sich jetzt der (8) **Comeniusgarten**, benannt nach dem Universalgelehrten, Pädagogen und letzten gemeinsamen Bischof der Böhmen, Johann Amos Comenius. Im Park findet sich eine zwei Meter hohe Statue des Böhmen. Ein kleiner Gedenkstein an der Ecke Kirchgasse nennt die Lebensdaten des Philosophen.

Auf dem Vorplatz des Gebäudes an der Kirchgasse 3 steht ein (9) **Denkmal Friedrich Wilhelms I.** Die Nachkommen der Böhmen ließen es „in Dankbarkeit" 1912 durch Alfred Reichel aufstellen. Die Reliefs des Sockels zeigen Szenen der Auswanderung ihrer Vorfahren; dazu standen einige Böhmisch-Rixdorfer Modell, sodass heute noch dieses Denkmal so etwas wie ein Familienalbum ist.

Daneben befindet sich das älteste **Schulhaus** Rixdorfs,1753 errichtet, an dessen Giebel ein Kelch an die gleichzeitige Nutzung als Bethaus erinnert. Eine Tafel an der Hauswand erläutert seine Geschich-

Eingang zur Schmiede auf dem Anger des Richardplatzes

te. Daneben duckt sich, als letztes seiner Art, ein Büdnerhaus, wie es für die zweite Gruppe der Kolonisten gebaut wurde.
Zwischen der Kirchgasse 3 und 5 hindurch führt ein schmaler Weg. Über ihn gelangt man in eine kleine Parkanlage, danach am Hofgebäude und den Stallungen des Anwesens vorbei zum 10 **Richardplatz**.
Er ist heute vor allem wegen des traditionsreichen Weihnachtsmarktes bekannt. Seine Geschichte reicht aber weit länger zurück. Hier war der Dorfplatz, das Zentrum von Deutsch-Rixdorf, seit 1360 urkundlich im Besitz des Johanniterordens. Gebäude aus dieser Zeit sind nicht mehr erhalten, Gründerzeitfassaden stehen neben zweistöckigen Häusern, aber noch immer hat der Platz ein fast dörfliches Flair.
Dazu trägt auch die alte **Schmiede** gegenüber der Nr. 3 bei, deren erste Erwähnung aus dem Jahre 1628 datiert. Falls der Schmied Christian Lang anwesend ist, darf man ruhig einen Blick in die Werkstatt werfen. In der Schmiedewohnung ist nun ein Frauenprojekt untergebracht. An der Ecke zur Hertzbergstraße gibt es noch die Destille Grützmacher, seit 1924 hier ansässig und bekannt für ihre Schnäpse und Liköre mit „Lokalkolorit" wie den „Rixdorfer Galgen". Die zwei **Stadtvillen** daneben, die Häuser Nr. 24 und 25 aus den Jahren 1876 und 1878, sind schmuckvoll aufgetakelt. Daneben wirkt die alte **Dorfkirche** bescheiden und in die Ecke gedrängt; ursprünglich Anfang des 15. Jahrhunderts erbaut, sieht man ihr an, dass sie in den folgenden Jahrhunderten mehrmals umgestaltet und erweitert wurde; seit der Übergabe an die Böhmen 1912 heißt sie Bethlehemskirche.
Auf der südlichen Platzseite betreibt die Familie Schöne in der Nr. 18 seit 1894 ein Fuhrgeschäft, bekannt vor allem durch die weißen Brautkutschen. Der Betrieb verfügt immerhin über 50 verschiedene Fuhrwerke und hat mehr als 30 Pferde. Das der Familie gehörende Haus, an dem eine Brandtafel an eine kleinere Feuersbrunst Anfang des 19. Jahrhunderts erinnert, stammt aus dem Jahr 1803.
Der Vollständigkeit halber sei noch auf ein weiteres Bauernhaus am Richardplatz 6 hingewiesen und auf ein Brunnenhäuschen in der Platzmitte, den 1910 von Kiel errichteten Pilz.
An der westlichen Seite schließt sich der Karl-Marx-Platz an. Dort gibt es zwischen

Kiosk auf dem Richardplatz

zwei Mietshäusern einen auch für Neuköllner Verhältnisse ungewöhnlichen Hofeingang, den zum 11 **Böhmischen Friedhof**. Den Schlüssel zum Friedhof erhält man bei Blumen-Hagen am Karl-Marx-Platz 14. Man hinterlegt ein Pfand, geht ein paar Schritte bis zur eisernen Eingangspforte und kann sich in die Welt der böhmischen Exilanten hineindenken. Die Fantasie wird durch eine Tafel unterstützt, die links vom Eingang steht und die Geschichte der Anlage wiedergibt. Im herrnhutischen Teil des Friedhofs sind die Schwestern und Brüder der Gemeinde nach dem Tod wieder getrennt, so wie auch schon im Leben beim Gottesdienst. Der 1751 angelegte Friedhof ist der zweitälteste Berliner Friedhof, auf dem noch bestattet wird.

Auf der Stirnseite des Karl-Marx-Platzes ist 1986 ein Brunnen des Berliner Bildhauers Hartmut Bonk installiert worden. Genau an dieser Stelle befand sich früher ein Kaiser-Wilhelm-Denkmal.

Gegenüber der 1879 eingeweihten, von Kreisbaumeister Bohl gebauten Magdalenenkirche leiten Schierker Straße und Jonasstraße bis zum 12 **Körnerpark**, einer ehemaligen Kiesgrube. Der Grubenbesitzer, Herr Körner, machte mit Kies seinen Kies und schenkte später das Gelände der Stadt. Heute ist der 1916 im Stil des Barock in der Mulde angelegte Park mit seine Wasserspielen eine seltsame, versteckte Schlosspark-Imitation zwischen den Mietskasernen. In der Orangerie, die wie die Stufen einer großen Freitreppe an die eine Schmalseite der Grube gebaut ist, befinden sich die Neuköllner kommunale Galerie und ein Café.

Hier, zwischen den beiden Achsen der Hermannstraße und der Karl-Marx-Straße, also den alten Wegen von Berlin nach Cottbus und Dresden, verläuft entlang der Rollberge ein kleiner Grünzug, der mit der Lessinghöhe und zahlreichen Friedhöfen seine Fortsetzung findet.

Auf dem **St.-Thomas-Kirchhof** stehen die Markierungslichter der Einflugschneise des Flughafens Tempelhof mitten zwischen den Gräbern, beim Landeanflug der Maschinen sollte man den Kopf einziehen. An den Friedhofsmauern an der Oderstraße liegt auch die größte Sportarena des Bezirks, das **Werner-Seelenbinder-Stadion**, das heute verschämt nur noch „Stadion Neukölln" genannt wird: Seelenbinder war Widerstandskämpfer und Kommunist. Nur ein versteckter Gedenkstein erinnert noch an den Sportler.

Die Hermannstraße bietet ein ähnliches Bild wie die Karl-Marx-Straße; hier aber befinden sich fast ausschließlich kleinere Geschäfte.

Man kann, bevor es zurück in Richtung Ausgangspunkt geht, noch einen Abstecher nach Süden machen, zum 13 **U-Bahnhof Hermannstraße**. Erstaunt ist man über die an Wänden im Treppenbereich und auf dem Bahnsteig befindlichen Aufschriften. „Zu den Schutzräumen Gr. 1 für 477 Personen", „Raum 1 46 Personen" oder „Raum 10 48 Personen" ist dort zu lesen. Das letzte Stück der U-Bahn-Linie 8 wurde seit den zwanziger Jahren geplant und zu großen Teilen vor Kriegsbeginn erbaut, aber erst 1998 fertig gestellt. In den Bombennächten des Zweiten Weltkrieges dienten die Tunnel als Luftschutzbunker.

Wendet man sich von den Friedhöfen aus in die andere Richtung, lassen sich links und rechts Blicke in gänzlich unterschiedliche Viertel werfen. Auf der östlichen Seite der Herrmannstraße ragt zunächst der **Neuköllner Wasserturm** über die Dächer. Früher standen hier Windmühlen, jetzt sind es alte Mietshäuser und neue Wohnsilos. Das **Rollbergviertel** war eines der am dichtesten besiedelten Gebiete Berlins, das wegen der selbst für Berlin überaus bedrückenden Wohnverhältnisse schnell traurige Berühmtheit erlangte. Seit den sechziger Jahren wurde es saniert, es entstand aber eine unwirtliche Landschaft entlang der Werbellinstraße, Stadt in der Stadt und heute wieder ein Problemkiez, dem durch umstrittenes Quartiersmanagement geholfen werden soll.

Noch vor den Mietskasernen entstand die 1872 gegründete **Kindl-Brauerei** an der Rollbergstraße. Die an der Hermannstraße beheimateten Kindl-Festsäle sind zum Supermarkt geworden. Immerhin steht das sehenswerte Gebäude noch.

Weiter in Richtung Hermannplatz ändert sich der Charakter der Straßen erneut. Vor allem um die Flughafenstraße ist das Straßenbild durch zahlreiche Trödler bestimmt, mit allgemeinem Sortiment oder auch spezialisiert auf Haushaltsgeräte oder Computer aus zweiter Hand.

Nördlich der Allerstraße kann man in die spätwilhelminische Epoche eintauchen. Streift man durch die unspektakulären Straßen, fällt das relativ einheitliche Aussehen der sparsam geschmückten Fassaden auf. Aufwendigere Stuckverzierungen finden sich fast nur entlang der Schillerpromenade, die mit dem rondellartigen **Herrfurthplatz** den Mittelpunkt des gut erhaltenen und oft unterschätzten Viertels bildet. Es ist im ersten Jahrzehnt dieses Jahrhunderts von einer Terraingesellschaft parzelliert und mit Gestaltungsauflagen an Bauherren verkauft worden. Schon der begrünte Mittelstreifen der Schillerpromenade deutet an, dass hier keine Mietskasernen im alten Stil errichtet wurden, und tatsächlich verdienen mitunter die Querflügel ihre Bezeichnung Gartenhaus.

Von hier ist es nicht mehr weit zum 14 **Volkspark Hasenheide**. Wer sich lieber wieder in hektischem Großstadtgewusel treiben lassen will, kann dies am nahe gelegenen **Hermannplatz** tun.

Auf dem Karl-Marx-Platz

Links beherrscht ein großes Warenhaus die Szenerie. Es ist aber nicht mehr als der reparierte und 1999/2000 umgebaute Rest des ehemals siebenstöckigen Warenhauses von 1930, das mit Lichtdomen, Dachgarten und direktem Zugang zur U-Bahn für Aufsehen sorgte. In den letzten Tagen des Zweiten Weltkriegs wurde es von der SS gesprengt, die die Warenlager nicht in „Feindeshand" fallen lassen wollte.

Der schmale Platz ist laut und hektisch, Blumenkübel an den Seiten und vierspurige Straßen drum herum. Wichtig ist er als Verkehrsknotenpunkt, je nach Blickwinkel Ein- oder Ausgang zum Bezirk Neukölln. Und wohin man sich nun wenden mag, kann man, über eine Currywurst gebeugt, an einer der zahlreichen Imbissbuden herausfinden.

Andreas Koska

Die Hasenheide

Wo das Turnen erfunden wurde

Gleich hinter dem Eingang zur Hasenheide, in der Nähe des Hermannplatzes, beginnen die Liegewiesen und ziehen sich, von asphaltierten Wegen unterbrochen, den leichten Hügel hoch. Decken, Picknickkörbe und Hunde mit ihren Besitzern bilden das übliche Bild eines Parks. Dazu gehören auch die Jogger, die zwischen ihnen laufen und um das **Denkmal** mit dem kleinen Platz davor herum, das auf der Spitze dieser leichten Anhöhe thront – ohne vermutlich zu wissen, wen sie da umkurven.

Den einen Fuß leicht vorgesetzt, die linke Hand in die Hüfte gestemmt und den Blick in die Ferne gerichtet: Der bärtige Herr im halblangen Mantel könnte ein Naturforscher sein oder ein Philosoph. Aufschluss über seine Profession geben die Tafeln, die in das Denkmal eingemauert sind. Sie kommen aus Buenos Aires, Philadelphia oder aus „Deutsch-Österreich", von Turnvereinen oder Turnbezirken und huldigen: Friedrich Ludwig Jahn.

Die Gruppen, die sich hier verewigt haben, haben mit ihren Spenden das Denkmal ermöglicht, das 1872 eingeweiht wurde. Es steht nicht zufällig hier, was schon allein daraus deutlich wird, dass es gegenüber noch eine Jahnstraße mit einer Jahn-Büste an der Hausnummer 11 gibt. Sie erinnert daran, dass der Pädagoge hier einmal gewohnt hat. Zudem existiert noch eine **Jahn-Eiche** am Ausgang zur Karlsgartenstraße, deren nebenstehende Hinweistafel nochmals ausdrücklich kundtut, warum dieser Name so wichtig ist: „Hier stehst Du an der Geburtsstätte des deutschen Turnens. Turnvater Jahn richtete 1811 an dieser Stelle der Hasenheide den ersten deutschen Turnplatz ein."

Von Riegen und uniformer Kleidung ist heute nichts mehr zu sehen. Rechts am Denkmal schließen sich Spielplätze an, ein kleines Tiergehege mit etwas Federvieh und Damwild sowie eine Minigolfanlage. Es sind, wie auch das „Naturtheater", das in den Sommermonaten als Freiluftkino genutzt wird, Anlagen aus den fünfziger Jahren, als aus der Grünfläche der heutige Volkspark entstand.

An einigen Stellen ist er von Furchen durchzogen, Überbleibsel der jahrzehntelangen Nutzung eines Teils des 1834 von Peter Joseph Lenné angelegten Parks als Schieß- und Übungsplatz für das preußische Militär. Eine Art von Traditionspflege, denn das Turnen sollte nicht zweckfrei sein, Leibeserziehung und Nationalstolz waren miteinander verbunden. Jahn war mitnichten ein Vorturner, der den Bürgern sportliche Übungen lediglich zum Ausgleich für die im Berufsleben degenerierten Muskeln empfahl. Die deutschen Burschen sollten für ihre Verwendung im Krieg 1813/14 gegen Napoleon fit gemacht werden. Und so sah der Turnplan neben Fechten, Laufen oder Schwimmen unter anderem auch „weite Märsche machen, Lasten tragen, Schießen, Linien, Massen, Colonnen auf dem kürzesten Wege formieren" vor.

Den Freizeitsportlern, die sich da heute mit Boule, Fußball, Volleyball oder In-die-Sonne-Gucken trainieren und den immerhin 56 Hektar großen Park zusammen mit den Hobbygrillern im Sommer in ein großes grünes Wohnzimmer für die umgrenzenden dicht bebauten Quartiere verwandeln, dürften diese Hintergründe egal sein. Ebenso den Trommlern, die sich bevorzugt am Wochenende einfinden und mit Hingabe und Ausdauer ihre Instrumente bearbeiten. In Kombination mit den Düften von Holzkohle und unterschiedlichen Grasmischungen, die durch die Bäume ziehen, verleihen sie einigen Wiesen ein entspanntes Flair. Und wer seine Lieblingssorte zu Hause vergessen hat, kann sich von den jungen Männern aushelfen lassen, die ebenso entspannt, auffällig unauffällig, auf den Bänken sitzen.

Das hat Tradition seit den frühen siebziger Jahren, als sich ausgerechnet unter

Sommer in der Hasenheide

den gestrengen Augen Jahns auf der Wiese nahe dem Eingang eine Hippie-Szene etablierte. Seit einigen Jahren sind die Proteste der Anwohner gegen diesen Handel deutlich angewachsen. Und so hat die Polizei ihre Kontrollen intensiviert; ihre Bemühungen laufen wegen des ausgeklügelten Frühwarnsystems der jungen Männer aber fast immer ins Leere.

Hinter der Liegewiese mit den türkischen Großfamilien, der Wiese für die Nacktsonnenbadeanhänger und einem künstlichen Tümpel mit Seerosen erreicht man die **Rixdorfer Höhe**. Für Auswärtige vielleicht ein Euphemismus, aber Einheimischen kommen die 70 Meter tatsächlich wie ein Berg vor. Allerdings wird die Mühe des Aufstiegs nicht durch eine Sicht auf die angrenzenden Bezirke belohnt, denn die Höhe ist mittlerweile zugewachsen. Lediglich der Turm der Johannes-Basilika an der Lilienthalstraße lugt durch die Gipfel. Sie hat vor kurzem Beistand erhalten: Der Vatikan errichtete hier vor einigen Jahren seine Botschaft, die Apostolische Nuntiatur.

Die Rixdorfer Höhe ist keine natürliche Erhöhung, unter dem Grün verbirgt sich Trümmerschutt des Zweiten Weltkrieges. Ein **Denkmal** an der Anhöhe ist den Trümmerfrauen gewidmet; vergleicht man ihre historische Leistung mit der Jahns, so mutet die Würdigung für ihre Taten allzu bescheiden an. An die Rixdorfer Höhe grenzen auch einige Sportplätze, neben dem Freibad befindet sich eine Sporthalle, die – natürlich – nach Jahn benannt ist.

Der Turnpapst legte seinen Übungsplatz noch bewusst vor den Toren der Stadt an, damit seine Schüler nicht deren schädigenden Einflüssen, namentlich der Kaffeehäuser und „Tabargien", anheim fallen mussten. Heute bildet die „Hasenschänke" für nicht wenige Besucher nicht nur den topographischen Mittelpunkt des Parks. Das ist eine Art Trinkhalle mit nierenförmigem Vordach, die sich in den 50 Jahren seit ihrer Errichtung kaum verändert hat. Einige warten darauf, dass sich ihre Kinder in dem nahen Spielplatz austoben, andere haben sich nach der Besichtigung des Rosengartens eine Pause verdient, wieder andere erfreuen sich an dem rustikalen Speisenangebot, das bis in die Nacht vor allem zwischen verschiedenen Würstchensorten unterscheidet.

Da sind sportliche Ambitionen so fern wie der Straßenlärm.

Hinnerk Dreppenstedt

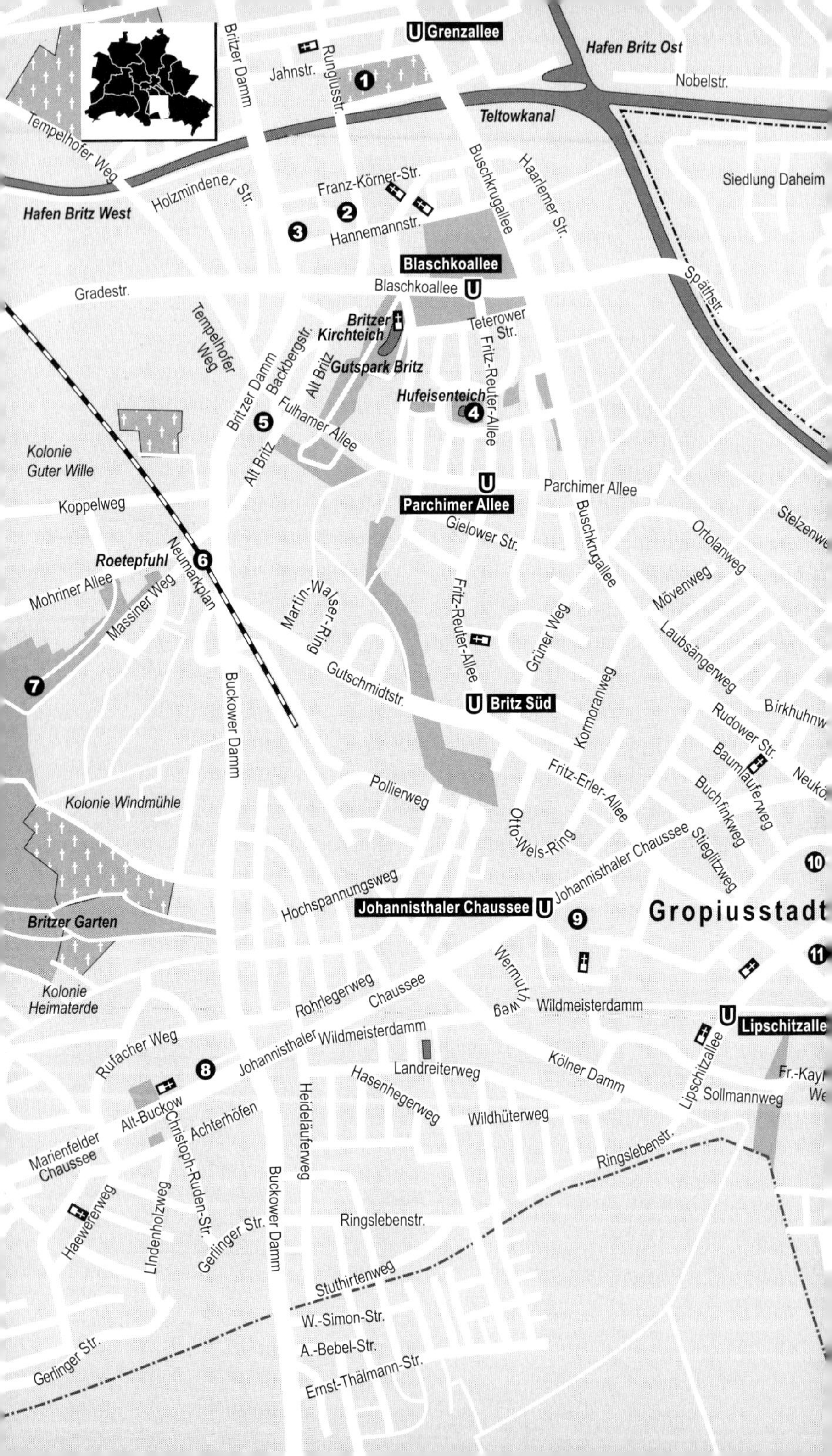
Grenzallee
Hafen Britz Ost
Jahnstr.
Rungiusstr.
Britzer Damm
Nobelstr.
Teltowkanal
Tempelhofer Weg
Buschkrugallee
Haarlemer Str.
Siedlung Daheim
Franz-Körner-Str.
Holzmindener Str.
Hafen Britz West
Hannemannstr.
Blaschkoallee
Blaschkoallee
Gradestr.
Späthstr.
Britzer Kirchteich
Teterower Str.
Tempelhofer Weg
Backbergstr.
Alt Britz
Gutspark Britz
Fritz-Reuter-Allee
Hufeisenteich
Britzer Damm
Fulhamer Allee
Kolonie Guter Wille
Alt Britz
Parchimer Allee
Parchimer Allee
Koppelweg
Gielower Str.
Buschkrugallee
Ortolanweg
Stelzenweg
Roetepfuhl
Neumarkplan
Mohriner Allee
Massiner Weg
Mövenweg
Martin-Walser-Ring
Fritz-Reuter-Allee
Grüner Weg
Laubsängerweg
Gutschmidtstr.
Britz Süd
Buckower Damm
Kormoranweg
Birkhuhnweg
Rudower Str.
Baumläuferweg
Neukö
Pollierweg
Fritz-Erler-Allee
Buchfinkweg
Kolonie Windmühle
Otto-Wels-Ring
Stieglitzweg
Johannisthaler Chaussee
Hochspannungsweg
Johannisthaler Chaussee
Gropiusstadt
Britzer Garten
Wermuthweg
Kolonie Heimaterde
Rohrlegerweg
Chaussee
Wildmeisterdamm
Lipschitzallee
Rufacher Weg
Johannisthaler
Wildmeisterdamm
Landreiterweg
Kölner Damm
Fr.-Kay
We
Hasenhegerweg
Lipschitzallee
Sollmannweg
Alt-Buckow
Christoph-Ruden-Str.
Achterhöfen
Heideläuferweg
Wildhüterweg
Marienfelder Chaussee
Ringslebenstr.
Haewererweg
Lindenholzweg
Gerlinger Str.
Buckower Damm
Ringslebenstr.
Stuthirtenweg
W.-Simon-Str.
A.-Bebel-Str.
Gerlinger Str.
Ernst-Thälmann-Str.
1
2
3
4
5
6
7
8
9
10
11

Britz, Buckow, Rudow –
Drei Dörfer im Süden Neuköllns

Von der Stadtteilgrenze zur Stadtgrenze

Der südliche Teil Neuköllns setzt sich aus den ehemaligen Dörfern Britz, Buckow und Rudow zusammen. Von ländlicher Abgeschiedenheit ist heute kaum noch etwas zu spüren: Die Stadt hat von den Orten und den dazwischen liegenden Grünflächen Besitz genommen und sie miteinander verschmolzen. Allerdings nicht systematisch oder gar behutsam. Und so stehen Bauten und Grünflächen aus unterschiedlichen Epochen unvermittelt nebeneinander, ist historisch oder architektonisch Interessantes hinter Verkehrsschneisen verborgen, muss man zuweilen genauer hinschauen, um sich von vergangenen Zeiten erzählen zu lassen. Der Rundgang ist sehr weitläufig angelegt – eine Erkundung mit dem Fahrrad oder in Etappen ist angeraten.

Die Grenze zwischen Neukölln und Britz war bis vor kurzem nur an den grünen Tafeln mit dem Namen des Ortsteils zu erkennen. Die Bebauung ändert sich hier nicht. Die Stadt fraß sich schon früh in die Gemarkung Britz und vereinnahmte sie. Eine moderne Markierung macht jetzt deutlich, wo Neukölln aufhört und Britz beginnt – die **Stadtautobahn**, die da verläuft, wo gestern noch die Wederstraße den maroden Charme des Verlassenen ausströmte.

Laute Ausfallstraßen beherrschen das Gebiet, Gewerbefirmen, Baulücken, Laubenpieperkolonien und Bauten verschiedener Epochen in unterschiedlich guter Verfassung ergeben ein ungemütlich unruhiges Gesamtbild, aber keine Urbanität. Einiges Erwähnenswertes findet sich dagegen entlang der stillen Rungiusstraße.

Sie führt an der Rückseite des 1 **Städtischen Friedhofs Neukölln** entlang. Hier sind auch die Jugendlichen beigesetzt, die in den letzten Kriegstagen die Brücken über den Teltowkanal verteidigen sollten. Hinter diesem Kanal befindet sich nun das bekannteste Berliner „Erlebnisbad", das Blub.

Etwas weiter bestimmen kräftige dunkelgelbe und hellrote Farbtöne das Bild. Es sind die Häuser der 2 **Idealsiedlung,** 1913-14, in den Anfängen des genossenschaftlichen Bauens, nach Plänen von Bruno Taut errichtet. Die Siedlung zwischen Rungius-, Hannemann- und Franz-Körner-Straße entstand auf dem Gelände einer Kiesgrube und ist äußerlich unspektakulär. Bei genauerem Hinsehen fallen aber die großzügigen Balkone und Loggien auf, wie auch der großzügige Innenhof, dessen Grün nach Süden in den Buschrosenplatz übergeht.

An der hier kreuzenden Hannemannstraße befindet sich, auf der Ecke zum Britzer Damm, das aus rotem Backstein errichtete unscheinbare Gebäude des 3 **Britzer Rathauses.** Gegenüber der Idealsiedlung erstreckt sich das Britzer Krankenhaus. Das Hospital wurde 1894-96 als Kreiskrankenhaus Teltow von Heino Schmieden erbaut. Sein Hauptbau an der Blaschkoallee, mit zierlicher Kuppel, barocken Giebeln, romanischen Säulen und gotischem Maßwerk ist typisch für den Stilmischmasch der Zeit, Eklektizismus genannt, und erinnert doch eher an ein Schlösschen als an ein Krankenhaus.

Dem Krankenhaus schräg gegenüber mündet die Fritz-Reuter-Allee in die Blaschkoallee, wo eine in Stein gehauene, rührende Familien-Szene jeden Spaziergänger empfängt. Sie markiert den Beginn der 4 **Hufeisensiedlung,** eine Welt für sich. Verlässt man sie über die Dörchläuchtingstraße, kommt man an einem Gedenkstein vorbei, der den Dichter und Anarchisten Erich Mühsam als Dichter für Freiheit und Menschlichkeit bezeichnet. Er wohnte hier, in der Nr. 48, von 1930 bis zu seiner Verschleppung in das KZ Oranienburg.

Die Onkel-Bräsig-Straße ist bekannt durch die Fritz-Karsen-Gesamtschule und vor allem durch die japanischen Zierkirschen, mit denen die Straße bepflanzt ist. Die roten und weißen Blüten, die ab Ende April aufgehen, zogen in den fünfziger und sechziger Jahren bei der so genannten **Britzer Baumblüte**, einem Volksfest mit Obstweinausschank, alljährlich tausende von Besuchern an. Inzwischen ist der Rummel zur Britzer Mühle umgezogen.

Vorbei am dahinter liegenden Fennpfuhl, einem der letzten Britzer Teiche, gelangt man in das eigentliche Dorf Britz. Von der ursprünglichen Bebauung der beiden Dorfstraßen Alt-Britz und Backbergstraße sind dort nur noch vereinzelte Anwesen vorhanden. Lediglich das Kopfsteinpflaster und die großen Bäume vermitteln noch etwas dörfliche Atmosphäre. Über beide Straßen gelangt man zum 5 **Dorfzentrum:** Rund um den Dorfteich sind die Kirche, die beiden alten Dorfschulen, das Schloss und der Gutshof gruppiert.

Britz fand 1375 im Landbuch Karls IV. zum ersten Mal eine urkundliche Erwähnung. Es ist an der Stelle einer slawischen Siedlung angelegt worden, von der man Spuren bei Ausgrabungen unter dem Kirchenhügel fand. Durch ein schmiedeeisernes Tor betritt man den die **Kirche** umgebenden alten Friedhof. Nur noch wenige Gräber erinnern an die ehemalige Nutzung als Gottesacker. Die aus rötlich schimmernden Feldsteinen errichtete Kirche wirkt im Vergleich zu ihren trutzigen Schwestern in Buckow oder Marienfelde geradezu zierlich. Der aus dem 13. Jahrhundert stammende Bau ist mehrfach verändert worden, das letzte Mal 1888 durch den Fabrikanten und Gutsbesitzer Wrede. Dabei wurden auch die großen lichten Fenster eingebaut. Wredes Gruft ist im Erdgeschoss des Turmes erhalten, und auch die eines vorherigen Besitzers, des Staatsministers von Hertzberg und seiner Familie. Noch heute sind auf seinem Sarg von 1766 Dreispitz und Degen

Buckow, Dorfkirche

zu bewundern. Demnächst wird an der Kirche ein kleines Museum eröffnet, das an die Kirchen- und Gemeindegeschichte erinnern soll.

Neben der Kirche steht das säulengeschmückte klassizistische **Pfarrhaus** und ihm gegenüber die beiden alten **Schulhäuser.** Das kleinere wurde 1856 erbaut, reichte aber schon bald für die gewachsene Schülerzahl nicht mehr aus, 1876 kam deshalb das „neue" zweistöckige Schulhaus dazu. Auch dies war nur eine Übergangslösung, wie das vierstöckige Gebäude auf der anderen Seite des Britzer Damms verrät, die 1912 erbaute Anna-Siemsen-Schule.

Das **Britzer Schloss,** wie das Gutshaus Wredes jetzt offiziell heißt, ist der unbestrittene Star des ganzen Ensembles. Seit der 1988 erfolgten Renovierung erstrahlt der bescheidene, von einer kleinen Kuppel gekrönte Bau in frischem, leuchtendem Weiß. Der Kern des Hauses stammt von 1706, die wechselnden Besitzer von Hertzberg, Jouanne und Wrede nahmen dann einige Veränderungen vor. Nach 1945 wurde es als Kinderheim genutzt. Jetzt können die historischen Räume und der Schlosspark besichtigt werden. In den Parkanlagen befindet sich die Büste des Gutsherren Rüdiger von Illgen, ein Überbleibsel der ehemaligen „Puppenallee" im Tiergarten. Die Wirtschafts- und Stallgebäude des im gelben Klinker ausgeführten Gutshofes stammen aus der zweiten Hälfte des 19. Jahrhunderts und werden heute für Ausstellungen und Konzerte genutzt, die oft auch Besucher aus anderen Bezirken anziehen. Im Hof sind in zwei Volieren heimische Hühnervögel zu sehen. Im Uhrenturm des Marstalls hat der Heimatverein Britz sein Domizil. Sowohl im Gutshof als auch im Schlosspark sind Tafeln angebracht, die in aller Ausführlichkeit die Schloss-, Guts- und Dorfgeschichte erläutern.

Neben dem Schlosspark erinnert ein Rosarium an die Britzer Rosenzuchttradition und die jährlichen Rosenfeste, denn in Britz bestanden noch 1860 über 50 Gärtnereibetriebe, von denen die meisten auf diese Blumen spezialisiert waren. Die letzten Gärtnereien befinden sich in der Mohriner Allee.

Auch die großen Straßen auf dieser Seite des alten Ortskerns wirken zersiedelt. Zwischen geduckten alten Häusern, anspruchslosen Neubauten und einigen Freiflächen fällt an der Einmündung der Mohriner Allee in den Buckower Damm eine verrostete Silhouette auf. Dieser 6 **Goldene Esel** nimmt Bezug auf eine früher an dieser Stelle befindliche Gaststätte gleichen Namens.

Er gehört schon zum Inventar des 7 **Britzer Gartens,** wie das sich von hier in südwestlicher Richtung erstreckende Gelände der Bundesgartenschau von 1985 jetzt heißt. Damals mit viel Skepsis aufgenommen, ist es heute eine der meistbesuchten Grünanlagen Berlins. Das 100 Hektar große Gelände zwischen Mariendorf, Britz und Buckow bietet für jeden etwas. Von den Spiellandschaften angefangen, über Themengärten, den geologischen Garten und den Hexengarten bis zum Freilandlabor kommt hier jeder auf seine Kosten. Der Kalenderplatz stellt Rätsel auf, der Neue See lockt mit Café und künstlicher Grotte.

Wer sich einen Überblick verschaffen will, sollte mit der Parkeisenbahn eine Rundfahrt unternehmen. Am Ausgang zum Buckower Damm krönt die **Stechansche Mühle** das grüne Erlebnis, eine von sieben noch erhaltenen Windmühlen Berlins. Ein Müller betreut das Anwesen und bildet sogar Nachwuchs aus. Die 1865 errichtete Mühle war 70 Jahre im Besitz der Familie Stechan, diente dann anderen Zwecken, um nach der im Zuge der Buga erfolgten Restaurierung wieder Korn zu mahlen. Im alten Müllerhaus befindet sich das empfehlenswerte Lokal „Britzer Mühle". Von hier sind es nur wenige Schritte nach 8 **Alt-Buckow.**

Straßenname und Straßenverlauf zeigen die Dorflage an. Obwohl die Straße sehr stark befahren ist, kann man die Aue noch gut erkennen, denn etliche Bauern- und Kossätenhöfe sind ebenso vorhanden wie die alte Schule, die historische Gaststätte „Lindengarten" und die aus dem 13. Jahrhundert stammende **Dorfkirche**. Sie ist ein gewaltiger Rechteckbau mit dem typischen wehrhaften Westturm, ähnlich der Kirche in Marienfelde aus Quadern und Feldsteinen errichtet. In den Feldern des Kreuzgewölbes wurden spätgotische Fresken entdeckt. Um die Kirche liegt der alte Friedhof direkt neben dem Dorfteich.

Über den Wildmeisterdamm führt der Weg zum anderen Gesicht der drei Vororte Britz, Buckow, und Rudow, zur **Gropiusstadt.** Sie wurde seit den sechziger Jahren weit außerhalb der damaligen Stadtbebauung auf Feldern errichtet und erstreckt sich großzügig entlang der dafür eigens verlängerten U-Bahn. Auch sie fußt, wie die Hufeisensiedlung, auf Ideen, die die Mietskasernenstadt überwinden will. Größer können Kontraste indes kaum sein.

An der Johannisthaler Chaussee befindet sich das größte 9 **Einkaufszentrum** der Gropiusstadt. Einige bronzene Tafeln am gleichnamigen U-Bahn-Eingang erzählen ihre Geschichte. Hier in BBR – Britz, Buckow, Rudow – sollten ursprünglich 50 000 Menschen in 18 000 Wohnungen Platz finden. Die Zahl ist inzwischen schon überschritten.

Für die Betonsiedlung wurde 1962 der Grundstein gelegt, und unter der Federführung der Gehag entstanden die ersten Projekte. Leitender Architekt der etwa 50 Beteiligten war bis zu seinem Tod 1968 Walter Gropius, Mitbegründer des Bauhauses. Die Großsiedlung trägt seit 1971 seinen Namen, obgleich seine ursprünglichen Entwürfe mehrmals überarbeitet und letztendlich zu erheblichen Teilen nicht verwirklicht oder tief greifend verändert wurden, hauptsächlich aus Kostengründen. Das ursprüngliche Konzept einer gegliederten und durchgrünten Stadt, die sich zur Stadt im Park entwickeln sollte, wurde dadurch stark verwässert. Die Grünflächen sind zumeist auf ein pflegeleichtes Abstandsgrün reduziert, ringsum sind Hochhäuser verstreut, die sich nicht zu einem städtebaulichen Ganzen finden. Bereits Gropius selbst kritisierte diese Verdichtung und das Fehlen von Sozialeinrichtungen.

Dieser Mangel wie auch der an Versorgungseinrichtungen ist mittlerweile behoben. Die **Gropiuspassagen** mit Multiplexkino, Dutzenden von Läden und Kneipen ziehen inzwischen Käufer aus ganz

Neukölln und dem Umland an und sind zu einer ernsthaften Konkurrenz für die Karl-Marx-Straße geworden.
Dennoch ist die Gropiusstadt kein lebendiger Stadtteil und trägt die Bezeichnung „Trabantenstadt" zu Recht. Wer heute zwischen Britz-Süd und Bahnhof Rudow wohnt, der schläft oft nur hier. Die Bahnen sind zwischen 6 und 8 Uhr sowie 16 und 19 Uhr brechend voll. Dazwischen und danach wirkt die Stadt aber an vielen Ecken wie leer gefegt, oft nur bevölkert von Gruppen Jugendlicher. Obwohl die Gropiusstadt schon über 30 Jahre besteht, ist kaum eine Identifikation der Bewohner mit ihrer Umgebung spürbar.
Wo heute die Hochhäuser stehen, wuchsen in den sechziger Jahren noch Kornfelder. Das beste Beispiel für diese ländliche Vergangenheit ist die stillgelegte 10 **Jungfernmühle** an der Goldammerstraße. Sie ist inzwischen vollkommen von Neubauten eingeschlossen. Bis 1965 betrieb die Familie Wienecke in vierter Generation die Holländermühle, die, 1753 erbaut, die älteste auf Berliner Boden ist. Sie stand zuerst in Potsdam, dann von 1858 bis 1892 auf den Neuköllner Rollbergen, wo sie zum ersten Mal von Neubauten vertrieben wurde, und von da an in Buckow. Der Name „Jungfernmühle" geht auf ein Unglück zurück, bei dem die Tochter des Müllers sich in den Flügeln verfing und tödlich verunglückte. Der Müller ließ ein Bild seiner Tochter schnitzen und befestigte es dann über dem Mühleneingang. Heute beherbergt die Mühle ein stimmungsvolles Restaurant.
Am **U-Bahnhof Lipschitzallee** leuchtet die silberne Kugel der katholischen St.-Dominicus-Kirche, die eher an eine Gemini-Kapsel als an ein Kirchendach erinnert. Zwischen der Kirche und der Fritz-Erler-Allee steht das Haus der Mitte, ein Jugendclub, Anlaufpunkt in den siebziger Jahren auch für Christiane F. Ihre Autobiographie „Wir Kinder vom Bahnhof Zoo" machte nicht nur diesen Club, sondern die Gropiusstadt republikweit bekannt.
Das höchste Wohnhaus Berlins steht ein Stück weiter an der Ecke Fritz-Erler-Allee,

Gropiusstadt

Lipschitzallee, das 32 Stockwerke hohe 11 **Ideal-Hochhaus;** daneben befindet sich das Gropiushaus, das an das Hufeisen in Britz erinnert. Dort zweigt das Vogelwäldchen ab, das letzte in der Gropiusstadt erhaltene Waldstück.
Letzte Station unseres Weges ist **Rudow,** das dritte Dorf am Weg. Es ist vergleichsweise unberührt, hat aber auch wenig Herausragendes zu bieten. Man nähert sich ihm am besten über einen Grünzug Richtung Zwickauer Damm. Auf dem Weg kommt man am U-Bahnhof Wutzkyallee vorbei, wo an Wochenenden ein interessanter Trödelmarkt stattfindet.
Doch auch Rudow hat an der Prierosser Straße, der ehemaligen Dorfstraße, das obligatorische 12 **älteste Haus** – an der Ecke zur Krokusstraße, um 1820 errichtet – und die obligatorische 13 **Dorfkirche** – aus dem 14. Jahrhundert – zu bieten. Nicht weit von diesen Attraktionen entfernt liegt der U-Bahnhof Rudow, letzte südöstliche Station des Berliner U-Bahn-Netzes.
Wem es nach mehr gelüstet, kann zuvor die beiden zu Parkanlagen umgestalteten Müllberge, die „Rudower Höhe" und den „Fünf Dörferblick", besteigen, die beide eine schöne Aussicht auf das Berliner Umland und den Flughafen Schönefeld bieten.

ANDREAS KOSKA

Die Hufeisen-Siedlung in Britz

Schöner Wohnen in Neukölln

Wer dem Verkehrsgewühl am Hermannplatz oder dem grauen Einerlei des gründerzeitlichen Straßenrasters links und rechts der Karl-Marx-Straße entfliehen möchte, sollte mit der U-Bahn-Linie 7 in Richtung Rudow fahren und am Bahnhof Blaschkoallee aussteigen. Kaum hat man die Station Richtung Fritz-Reuter-Allee verlassen, stellt man fest, dass sich Berlins Gesicht innerhalb von wenigen U-Bahn-Minuten vollkommen verwandeln kann.

Zwischen Blaschko-, Fritz-Reuter- und Parchimer Allee gruppieren sich auf einer Fläche von 33 Hektar rot, gelb, blau oder weiß gestrichene Bauten inmitten von Gärten und weitläufigem Grün: die Hufeisen-Siedlung. Das Entree bildet, an einem Akazienwäldchen gelegen, eine in Stein gehauene Familienszene. Eine sitzende Mutter hält dem Vater, der mit aufgekrempelten Hemdsärmeln vor ihr steht, das Kleinkind für einen Abschiedskuss entgegen, Henkelmann und Thermoskanne deuten den Gang zur Arbeit an. Ob diese Plastik des Bildhauers Butzke aus den fünfziger Jahren die Einwohner der Siedlung treffend wiedergegeben hat, ist zweifelhaft. Schon immer wohnten vor allem Angestellte und Beamte in der Siedlung – entgegen den Intentionen der Erbauer.

Seit der Jahrhundertwende suchte man nach neuen Wohnkonzepten. Der Mietshausbau der Gründerzeit, der zwar massenweise Wohnungen produzierte, aber auch für massenhaftes soziales Elend sorgte, sollte durch das Ideal des „Bauens für eine neue Gemeinschaft" in „Licht, Luft und Sonne" überwunden werden.

Mit dem Bau der Hufeisen-Siedlung 1925-27 schufen die Architekten Bruno Taut und Martin Wagner den Prototyp einer neuen Großsiedlung, das noch heute bekannteste Beispiel für die klassische Moderne. Die innovative Verbindung von sozialreformerischen Ideen der Gartenstadtbewegung mit modernen architektonischen Großformen wurde auch für andere Siedlungsbauten beispielgebend: Um Kosten zu senken, wurden die Grundrisstypen standardisiert und serielle Fertigungsmethoden eingeführt, diese Ansätze mit den Ideen des gemeinnützigen Wohnungsbaus verbunden.

Voraussetzung für qualitätsvollen und zugleich billigen Massenwohnungsbau war billiges Bauland. Die GEHAG, ein gewerkschaftliches Wohnungsbauunternehmen, erwarb daher östlich des Britzer Gutsparks ein in städtischem Besitz befindliches Gelände zu vergleichsweise günstigen Konditionen. Dennoch waren Baukosten und demzufolge Mieten so hoch, dass sich Arbeiter die Wohnungen kaum leisten konnten.

Lange, geschlossene Reihen aus dreigeschossigen Wohnblöcken begrenzen die Hufeisen-Siedlung im Norden, Osten und Süden stadtmauerngleich und unterstreichen damit ihre städtebauliche Eigenständigkeit. Besonders beeindruckend wirkt die „Rote Front" genannte Häuserzeile entlang der Fritz-Reuter-Allee, 32 identische Häuser in sattem Rot, die in ihrer streng modernen Gestalt der konservativen Siedlung der Wohnungsbaugesellschaft DeGeWo auf der anderen Straßenseite fast provokativ gegenübersteht.

An der Stavenhagener Straße fällt der markante Stockwerksbau mit den halbrund ausschwingenden Treppenhäusern auf. Durch die gelb gestrichenen Eckbauten, die die lange weiße Gebäudefront einspannen, wird der Abschluss der Siedlung nach Norden markiert.

Ihr Herzstück ist das Hufeisen entlang des Lowise-Reuter-Rings, auf das die anderen Straßen strahlenförmig zulaufen. Die Eingänge der weißen, dreigeschossigen Anlage liegen entlang der Straße, die Wohnungen öffnen sich mit ihren Balkonen jedoch nach innen, auf den grünen Innenhof mit einem kleinen Pfuhl.

Hufeisen-Siedlung

Die Bebauung entstand, so Taut, „aus den Bewegungen des Geländes und den sozialen Anforderungen". Den unbebauten Flächen kam eine gemeinschaftsbildende Funktion zu, waren sie doch die Orte, die den Rahmen für individuelle und vor allem gemeinschaftliche Aktivitäten bilden sollten.
Diese Ideen wurden zusammen mit dem Landschaftsarchitekten Leberecht Migge umgesetzt: Landschaftselemente wie der Fennpfuhl und das Akazienwäldchen wurden in die Siedlung integriert, andere natürliche Gegebenheiten zu symbolhaften Freiräumen umgestaltet. Der Teich im Inneren des Hufeisens und die „Hüsung", ein dem typischen Dorfanger der Märkischen Dörfer nachempfundener rautenförmiger Straßenplatz, bilden die zentralen öffentlichen Räume.
Erinnern die ganz in rot gehaltenen Reihenhäuser des Hüsung noch sehr an eine ideale Gartenstadt, so vermitteln die Baublöcke des Hufeisens äußerlich den Eindruck einer Großsiedlung zu reinen Wohnzwecken.
Dennoch spiegeln sich wesentliche Teile des Gartenstadtgedankens in den Gemeinschaftseinrichtungen, den Mietergärten sowie der Gestaltung des „Außenwohnraums" wider. Als Fortsetzung des Wohnraums unter freiem Himmel verstand Migge die Aufteilung des Gartens in verschiedenartig nutzbare Räume. Jede Wohnung sollte ihren Garten bekommen, für die Geschosswohnungen waren Gärten in einer Kleingartenkolonie vorgesehen.
Durchstreift man heute die Reihen der schmalen, lang gestreckten Gärten zwischen den Reihenhauszeilen auf einem der engen Wege, bieten sich aufschlussreiche Einblicke in die „grünen Wohnzimmer". Gemüsebeete und Obstbäume sind längst akkurat geschnittenem Rasen, Blumenbeeten und Kinderspielgeräten gewichen, gute Nachbarschaft spiegelt sich im Fehlen des sonst obligatorischen Gartenzauns wider. Im Inneren des Hufeisen-Runds dagegen lassen sich die Ideen Migges nur noch erahnen, da die Mietergärten fehlen und sich der Wasserspiegel des Teiches, bedingt durch den Bau der U-Bahn Richtung Rudow, gesenkt hat.
Die Großstadt ist um die Siedlung herumgewuchert – ein etwas entrücktes Idyll ist sie ein Dreivierteljahrhundert nach ihrem Bau immer noch.

Jörg Haberland

Die Entwicklung Treptows und Köpenicks, die zusammen den flächenmäßig größten der zwölf Berliner Bezirke bilden, verlief in großen Teilen parallel.

Köpenick verdankt seinen seit 100 Jahren unumstrittenen Rang als beliebtes Ausflugsziel und bevorzugter Wohnort im Südosten Berlins vor allem seiner landschaftlich reizvollen Lage, bei der Stadt, Wald und Wasser oft ineinander übergehen. Über die Hälfte der Fläche werden von ausgedehnten Mischwäldern bedeckt, die Köpenick den Beinamen „Berlins grüne Adresse" verliehen haben.

Köpenick wurde im Jahre 1209 erstmals urkundlich erwähnt. Vor allem aufgrund seiner militärstrategisch günstigen Lage am Zusammenfluss von Spree und Dahme entwickelte es sich im 13. und 14. Jahrhundert zu einem wichtigen Handelsplatz, der erst an Bedeutung verlor, als die Doppelstadt Berlin-Cölln zum wirtschaftlichen und politischen Zentrum der Mittelmark avancierte. Zu Köpenick gehören neben Rahnsdorf, Oberschöneweide und Schmöckwitz auch die Orte Müggelheim, Grünau und Friedrichshagen, die auf die Siedlungstätigkeit unter Friedrich II. zurückgehen.

Die Anbindung an das Eisenbahnnetz ab 1842 und der 1890 fertig gestellte Oder-Spree-Kanal schufen die Voraussetzungen für die ab 1895 verstärkt einsetzende Industrialisierung, vor allem in Oberschöneweide und Spindlersfeld – eine Tradition, die erst mit der Wende abrupt beendet wurde.

Treptow–Köpenick

Zu den herausragenden Sehenswürdigkeiten des Bezirkes Köpenick gehören das Schloss Köpenick und das Rathaus, letzteres Schauplatz des spektakulären Auftritts des „Hauptmanns von Köpenick".

Treptow ist wesentlich dichter besiedelt als Köpenick. Bis in die Mitte des 19. Jahrhunderts lebte in dem Gebiet des im Jahre 1568 erstmals schriftlich erwähnten Ortes Treptow jedoch kaum jemand. Es bestand im Wesentlichen aus der Köllnischen Heide, die sich an der Südseite der Spree bis nach Köpenick erstreckte. Dort entstand um 1775 eine kleine Kolonistensiedlung, deren Vorwerk sich 1822 zu einem Gasthaus und schließlich zu einem beliebten Ausflugsrestaurant für die Sommergäste aus dem nahen Berlin entwickelte. Der weitere Ausbau dieses Standortes und die im Jahre 1876 erfolgte Anlage des Treptower Parks bewirkten, dass sich ein eigentlicher Ortskern nicht herausbildete, stattdessen gibt es mehrere Siedlungszentren um den Park. Die südlich liegenden Ortsteile Niederschöneweide, Adlershof und Johannisthal gehen in ihrem Ursprung auf friderizianische Kolonistensiedlungen zurück, die am südlichen Stadtrand liegenden Orte Altglienicke und Bohnsdorf sind Dorfgründungen des 13. Jahrhunderts. Seit dem späten 19. Jahrhundert entwickelte sich vor allem im Raum Niederschöneweide ein bedeutendes industrielles und städtisches Ballungsgebiet.

Mit der Fusion wurde nun die seit 1938 durch den Spreeverlauf markierte Trennung zwischen Ober- und Niederschöneweide aufgehoben.

CLAUS-DIETER SPRINK

Vom Treptower Park entlang der Spree zum Baumschulenweg

Schiff, Fisch, Schilf

Endlich die Spree. Ein Blick nach links aus dem Fenster der S-Bahn gleitet über die stählerne Brücke, entlang dem Fluss, dessen Name, wie die Seine mit Paris, die Themse mit London, eben mit Berlin verbunden ist. Vorbei auch am Weiß der Dampfer-Anlegestelle. Rechts bleiben die Augen an Jonathan Borofskys drei metallenen Menschenscheiben hängen, die über Wasser schweben und sich **Molecule Men** nennen. Der Zug hält: **S-Bahnhof Treptower Park**. Aussteigen.

Unter der Woche begeben sich nun die Menschen zumeist in Richtung des umfangreichen Bürokomplexes mit dem weithin sichtbaren Turm, den sich eine Versicherung ab dem Jahre 1995 bauen ließ, ihm den Namen (1) **Treptowers** verlieh und ihren eigenen in großen Lettern obendrauf setzte. Am Wochenende dagegen wird man von dem dichten Ausflugspulk ganz selbstverständlich auf die andere Seite der Schienen geschwemmt, und man steht unvermittelt vor dem hohen Halbdunkel der Parkbäume, links markiert von den Fahrkartenschaltern der Ausflugsdampfer, die sich hier „Weiße Flotte" nennen, rechts von den silbrig glänzenden Platanen längs der Puschkinallee.
Auf etwas mehr als der heutigen Fläche des **Treptower Parks** fand 1896 die große Berliner Gewerbeausstellung statt, nach fünf Vorgängern mit lokalem Kolorit eine Superschau des Kaiserreichs, während der Wilhelm II., vorgeschifft auf seiner „Alexandria", die Weltherrschaft über die Meere und den schwarzen Kontinent proklamierte. Der erst frisch geschaffene Park wurde umgewühlt. Zwischen 1876 und 1887 nach den Plänen des Gartenbaudirektors Meyer angelegt, war er als „Volkspark" für die erholungsuchenden

Molecule Men vor den Treptowers

„Einheimischen", die Kreuzberger und Neuköllner gedacht gewesen.
Die eigentlichen Betreiber des Park-Umbaus und der imperialen Kolonial-Ausstellung waren die Schwer- und Elektroindustrie, die noch junge, sich ungestüm entwickelnde chemische Industrie, die Großbanken, mit Namen, die man kennt: Borsig, Krupp, Egell und Schwartzkopff, Lindener und Hoppe, Siemens & Halske. Dort, wo heute das Sowjetische Ehrenmal steht, stakten venezianische Gondeln über den „Neuen See". Unter echten Palmen spazierte man an afrikanischen Behausungen vorbei und an einer Nachbildung der Cheopspyramide mit Original-Mumien, bestaunte echte Afrikaner, guckte bewundernd durchs Riesenfernrohr der späteren Archenhold-Sternwarte – heute einziges sichtbares Überbleibsel des wilhelminischen Disneylandes.
Der Treptower Park wurde nach der Gewerbeausstellung wieder in seinen ursprünglichen Zustand versetzt, der See zugeschüttet. Längst ist Gras drübergewachsen, und Rosen und Bäume, zwischen denen man lustwandeln kann, immer hübsch auf den Wegen oder zu den Bänken im Rosengarten die Älteren, verwegen im Grün die Jüngeren.
Ein paar Schritte nach links zur Spree und die Ausflugsdampfer-Anlegestelle im Rücken. Blick und Schritt werden auf den Horizont gelenkt, auf die Silhouette des Riesenrads vom (2) **Spreepark** zum Beispiel oder auf die gläsernen neuen Wohnbauten am gegenüberliegenden Ufer. Davor, mitten im Wasser, die (3) **Insel der**

Jugend und ehemals Abteiinsel, zu erreichen über das geschwungene Brücklein. An ihrem Ende hockt ein Haus, dessen schnuckelige Erscheinung nicht verrät, dass junge Menschen, die sich den Namen „Klangkrieg" gaben, die Insel als einen Ort der Popmusik der Neunziger mit Blackboard-Jungle-Nächten und Livekonzerten etablierten. Das Freiluftkino dagegen zeigt eher die Kinohits des letzten Jahres.

Halb links, quer über die Spree, ist die Silhouette der **Stralauer Dorfkirche** zu sehen. Das Auge hat sich nicht getäuscht: der Turm der Kirche ragt schief in den Himmel. Der Erbauer, Stadtbaurat Lang-

Archenhold-Sternwarte

hans, mutmaßte schon damals, als es um die gründliche Erneuerung des alten Turms ging, dass das Ganze aus dem Lot geraten sei. Das Baujahr der spätgotischen Kirche wird mit 1464 angegeben. Sie beherbergt einen Flügelaltar mit drei geschnitzten Frauenfiguren, Maria, Ursula und Barbara, und zwei spätgotische Chorfenster, die, beinahe unbeschadet, die Wirren der Jahrhunderte überstanden. 1823 kam dann der spätgotische Turm dazu und fing bald an, sich zu neigen. Alljährlich, am Bartholomäustag (24. 8.), findet dort drüben der Stralauer Fischzug statt, ein sehenswertes Volksfest mit viel Tradition. Ein Stück weiter im Park Treptow: das 4 **Haus Zenner**, das größte und nach wie vor beliebteste Restaurant weit und breit. Zur Spree hin mit einer großen Terrasse, bei Sonnenschein voll mit Gartenstühlen, -tischen, Sonnenschirmen und Menschen, die sich gesellig zusammenfinden und, falls die originelle Kapelle kräftig bläst, schlägt und zupft, auch ein Tänzchen auf die Steinplatten legen. Witwe tanzt ungeniert mit Witwe, man kennt sich, ist eine eingeschworene Zennergemeinschaft.

Hier, zwischen dem Zenner und der Abteibrücke, standen die kargen Behausungen wendischer Fischer. Und ziemlich genau dort, wo der Zenner steht, hat 1568 ein Fischerhaus mit Namen „Trebow" gestanden. Ende des 18. Jahrhunderts ließen sich auch sächsische Aussiedler nieder: Die „Colonie Treptow" war geboren. Sie sollen sich unter anderem mit einem Ausschank für durstige Ausflügler ein Zubrot verdient haben. Empfehlenswert ist an der Gaststätte, außen streng klassizistisch gehalten, auch das Innere, dessen Ausstattung aus den fünfziger Jahren stammt. Das Geburtsjahr lautet 1821, und der Architekt ist der Baumeister Langhans der Jüngere. Das Essen ist kalorien- und umfangreich, wie es sich für gutbürgerliche Küche gehört. Für die jüngere Generation haben sich noch eine Discothek und eine Fast-Food-Kette im Haus niedergelassen.

Von hier aus sollte man, bevor der Weg an der Spree fortgesetzt wird, einen Seitensprung zur 5 **Archenhold-Sternwarte** machen, vis-à-vis dem Rücken des Zenner. Das 21 Meter lange Fernrohr mit einem Linsendurchmesser von 58 Zentimetern ist ein gewaltiges, eisernes, optisches Feininstrument, aufgebockt auf eine Lafette, mit Hebeln, Rollen, Zügen, einem dichten Gedärm von Seilen, Winden und Rädern, ein Koloss, dem man es glaubt, Sterne vom Himmel holen zu können. Der Autodidakt Friedrich Simon Archenhold, Schüler von Wilhelm Foerster, dem Begründer und Direktor der Berliner Universitätssternwarte, konnte das Fernrohr, nach dem damaligen Stand der Technik sensationell kurzbrennweitig, nur mittels umfangreicher Spenden bauen. Das Monstrum ist auch heute noch der größte bewegliche Refraktor der Welt. Als Jude wurde Archenhold von den Nazis aus Amt und Würden vertrieben und starb 1933 in Berlin, seine Frau und seine Tochter kamen im KZ Theresienstadt ums Leben. Die Sternwarte beherbergt ein Himmelskundliches Museum mit einer umfangreichen Sammlung alter astronomischer Instrumente und Dokumente, eine Spezialbibliothek mit über 45 000 Bänden und ein Kino, über dessen Leinwand gelegentlich alte Science-Fiction-Filme flimmern.

Linker Hand der Sternwarte führt ein Weg durch einen jungen Buchenwald zum 6 **Ehrenmal für die gefallenen sowjetischen Soldaten**. 5000 Rotarmisten, während der Kämpfe um Berlin gefallen, liegen hier begraben. Nicht nur die immense

Sowjetisches Ehrenmal, Mosaik und zentrale Figur

Größe des Ehrenmals lässt den Besucher still werden: Der rote Granit stammt aus Hitlers Reichskanzlei – der Stoff der Täter gleichsam als allgegenwärtiges Leichentuch! Bedeutend ist die monumentale Architektur aus der Stalin-Ära hingegen nur unter historischen Aspekten. Errichtet wurde das Ehrenmal 1946-48 von zur Wiedergutmachung zwangsverpflichteten deutschen Männern und vor allem Frauen.

Der Weg führt zurück zur Spree, nochmals vorbei an der Abteiinsel, zwischen den Stützpfeilern der Brücke hindurch, vorbei auch an den Inseln Kratzbruch und Liebesinsel. Vom Uferweg zwischen Spree und Plänterwald ist ab und zu der Blick frei auf Industrieanlagen, Werften und das Kraftwerk Klingenberg am gegenüberliegenden Ufer des Flusses. Von dort ist der schrille Ton einer Betriebssirene, das Knirschen an den Kaianlagen zu hören, wo Lastkähne von Sand, Kohlen und Industriegütern erleichtert werden.

Von rechts hingegen, durch Baum und Busch des Plänterwaldes und durch den endlosen Zaun drang bis vor kurzem der Stimmenwirrwarr des schnellen, leichten Vergnügens aus dem 2 **Spreepark** auf den Weg. Heute aber hört man nur die Vögel von dort, denn das Unternehmen musste Ende der neunziger Jahre Insolvenz anmelden. Doch besteht Hoffnung, dass sich 2004/05 die Pforten neu öffnen.

Allmählich nehmen die Industrieanlagen am anderen Ufer ab, der Baumbestand zu. Wie eine moderne Festung wirkt in der Ferne das ehemalige **Haus des Rundfunks**. Ursprünglich für eine Furnierfabrik gebaut, befand sich darin seit 1951 das Zentrum des DDR-Rundfunks.

Hier bietet sich eine Kaffeepause an, und lange gab es dazu im **Eierhäuschen** Gelegenheit, das sich als hübsches Waldhaus mit Anbau und Terrasse unter Plänterwald-Kieferbäumen entpuppt. In den dreißiger Jahren des letzten Jahrhunderts war es noch ein Bretterverschlag, den sich der Wächter des städtischen Holzablageplatzes gebaut hatte. Und da er sich so nebenbei auch ein paar Hühner hielt, kam es dazu, dass er den Eierüberschuss Spaziergängern und Bootsfahrern anbot – daher also der Name. Übrigens wurde es zu einem lang gepflegten Brauch, hier dem Sieger des alljährlich zur Eröffnung der Rudersaison stattfindenden Bootsrennens gleich ein Dutzend Eier zu überreichen. Doch seit Jahren schon ist es geschlossen und eine Wiedereröffnung nicht in Sicht. Geduld ist also auch hier angesagt.

Der Uferweg wird lichter, die Spree gibt sich mit einem schmaleren Bett zufrieden. Auf der anderen Seite ist offenkundig das Berliner Freizeitleben angesiedelt; Zelte, Datschen, Holzstege, Bootsschuppen. Das dauert jedoch nicht endlos, denn

Siedlungsbau, Köpenicker Landstraße

Städtisches Krematorium

ab der kleinen Fähre, die nach Oberschöneweide übersetzt, beginnt auf der gegenüberliegenden Uferseite wieder die graubraune Landschaft der Industrieanlagen.

Das ist auch die Stelle, an der der Uferweg zu Ende ist. Mit dem Knick nach rechts in die Baumschulenstraße ist der **S-Bahnhof Baumschulenweg** nicht mehr weit. Der Weg dorthin ist nicht mit Besonderem gepflastert, sieht man von dem runden (7) **Eckwohnhaus** ab, das an der Kreuzung zur Köpenicker Landstraße steht. Es ist ein typisches Bauhaus-Ensemble aus dem Jahr 1929/30, entworfen von Rudolf Henning, das man sich auch von innen ansehen sollte. Auch der S-Bahnhof ist sehenswert, weil reichlich mit dem Schmuck der Zeit um die Jahrhundertwende ausgestattet; man meint in ein sehr wichtiges Gebäude zu treten.

Zwei Hinweise noch, bevor der Entschluss fällt, mit der S-Bahn wieder in die raue Wirklichkeit der City einzutauchen: Mit dem Bus ist von hier aus das **Arboretum** des Museums für Naturkunde, von Franz Späth 1879 gegründet, zu erreichen (Haltestelle Baumschule), wo man auf einer Fläche von 35 Hektar über 1200 Gehölze aus allen Kontinenten bewundern kann. Auch diesen Park hat der Stadtgartendirektor Heinrich Meyer angelegt. Alles hat hier seine Ordnung: Der Baum am Eingang trägt ein säuberliches Schild, das ihn als Krimlinde bezeichnet, und die Pflanzen, die das italienisch angehauchte Gebäude überwuchern, haben kleine Schilder, die Namen und Herkunft verraten. Auch der Bau selbst wird durch ein Schild als Teil der Humboldt-Universität ausgewiesen – die öffentliche Hand hatte das Gelände übernommen, einige Zeit nachdem der Letzte der Späths, Helmut Späth, 1944 im Konzentrationslager Sachsenhausen ermordet worden war.

Der zweite Hinweis gilt einem gelungenen Architektentwurf von Axel Schultes, dem (8) **Städtischen Krematorium** an der Kiefholzstraße. Ein spartanischer Kasten aus Glas und Beton bildet den Abschluss des Kiesweges, den man durch die Tore des Eingangsgebäudes betritt. Das Krematorium ist in zwei Teile gegliedert: die Feierhalle und das unterirdisch liegende eigentliche Krematorium, in dem beinahe vollautomatisch für 13 000 Einäscherungen im Jahr Sorge getragen wird. Die Feierhalle ist als Einzige öffentlich zugänglich, aber auch nur, wenn man zu den Trauergästen gehört.

Das Beeindruckendste dieses Bereiches besteht einerseits in der Kargheit der Halle, in der bis auf den Entwurf der Sitzbänke jedes Detail von schlichter Einfachheit ist, und in der Lösung des Innenraumes, dessen Decke von 29 schlanken Säulen durchbrochen wird. Scheinbar ohne sie zu berühren, tauchen sie durch die Decke, als wenn sie bis in den Himmel ragen würden. Licht flutet an den Säulenschäften herab wie Heiligenscheine, lediglich die Zahl 29 irritiert – es gibt in der christlichen Mythologie keine Entsprechung dazu. Das ist gut so, denn sonst wäre diese architektonisch gelungene Idee doch ein wenig zu jenseitsbezogen.

KLAUS ESCHE

Die „Stadt für Wissenschaft, Wirtschaft und Medien in Adlershof"

Silicon Valley in Treptow

In seiner südöstlichen Ecke birgt Berlin neuerdings eine eigene kleine Stadt. Genauer: eine „Stadt für Wissenschaft, Wirtschaft und Medien". Die Lobreden der Betreiber und der verantwortlichen Politiker melden höchste Ansprüche an: „Ein Projekt von internationaler Bedeutung, von dem für das 21. Jahrhundert entscheidende Impulse ausgehen werden." Hier, in diesem Berliner Silicon Valley, stelle sich die Stadt den Anforderungen der Zukunft. Als Nährboden dafür brauche man jene „Synergie", für die freie Wirtschaft und staatliche Forschung nicht nur an einem Strang ziehen, sondern sich dazu auch noch an einem Platz versammeln müssten.

Dieser Platz liegt eingeklemmt zwischen dem Teltowkanal und der südöstlichen Ausfalltrasse der Bahn. Quer hindurch, vom **S-Bahnhof Adlershof** in Richtung Neukölln, führt als Hauptstraße die Rudower Chaussee. Deren Nummer 17 beherbergt die Kommunikationsabteilung der „Stadt", in der nicht nur die Lobreden auf Hochglanz, sondern auch die Zukunft selbst, geplant und gebaut, in Form bunter Karten bereitgehalten wird. Wer sich den Weg nicht machen will, kann sich die Pläne in verschiedenen Varianten auch alle paar hundert Meter entlang der Straße anschauen. Auf diesen kann man im Vierfarbendruck sehen, wie sich um die Rudower Chaussee ein Raster kleiner Straßen legt, die entsprechend den verschiedenen Nutzungen gefärbt sind.

Links der Chaussee zeigt das Papier ein blassgrünes Rechteck, das von der Legende als Medien- und Kommunikationspark ausgewiesen wird, und gegenüber, an der rechten Straßenseite, ein buntes Gemisch aus Wohnen, „Gemeinbedarf" und etwas,

Fassadenspiegelei

das „Kerngebiet" heißt und nichts von sich verrät. Ein paar Zentimeter weiter kommt rechts ein knapper Streifen mittelblauer Universität und dann, beiderseits der Straße, der dicke blassblaue Brocken, den „Forschung und Technologie" ausmachen. In Richtung Neukölln läuft das Areal in einen braungrauen Appendix aus, der unelegant als „Gewerbe mit erhöhtem Dienstleistungsanteil" bezeichnet und von der Autobahn durchzogen wird, die hier gebaut werden soll. Über alledem schwebt als Krone das riesige grüne Dreieck eines Naturparks, flankiert von den roten Flecken eines Wohnbereichs. 420 Hektar sind das insgesamt, 25 000 Menschen sollen hier einmal arbeiten und 15 000 wohnen. Soweit zum Plan.

Dem entspricht die Realität noch nicht ganz. Wenn man vom S-Bahnhof her die Rudower Chaussee betritt, bestimmen Imbissbuden verschiedener Nationalitäten, umzäunte Baracken und die metallisch-bunten Fähnchen eines Autohändlers das Bild. Selbst die Betreiber sprechen vornehm von „typischen Zwischennutzungen, die nicht in Übereinstimmung mit

Gläsernes Laubenganghaus

dem Ansiedlungsprofil stehen". Der Neubau des S-Bahnhofs nach Plänen von Albert Speer wird wegen der Berliner Haushaltslage wohl noch einige Jahre auf sich warten lassen.

Schon eher erfüllt sich der Anspruch ein paar Trambahnhaltestellen weiter die Rudower Chaussee hinab – allerdings fiktive Haltestellen, denn auch die Straßenbahn wurde aus dem Finanzplan gestrichen, ihr Gleisbett vorerst begrünt. Dort, im **Wissenschafts- und Wirtschaftsstandort Adlershof** (WISTA), sollen sich innovative Hightech-Firmen mit den naturwissenschaftlichen Instituten der Humboldt-Universität und Institutionen der außeruniversitären Forschung vernetzen. Diese außeruniversitäre Forschung hat eine bemerkenswerte Präsenz vorzuweisen. Als ein Wahrzeichen dafür steht **BESSY II**, eine Abkürzung für Berliner Elektronenspeicherring-Gesellschaft für Synchrotonenstrahlung. In der Anlage an der Albert-Einstein-Straße werden Elektronen bis knapp unter Lichtgeschwindigkeit beschleunigt; um sie in der runden Bahn zu behalten, lenkt man sie mit Magneten ab; dabei entsteht ein hochbrillantes Licht, mit dem sich vielerlei erforschen lässt.

Dieses Licht bleibt unsichtbar in den Eingeweiden der Anlage versteckt, ganz im Gegensatz zu BESSYs hellem Bau, dessen Kreis von 80 Metern Durchmesser schon auf der Erde, mehr aber noch aus der Luft auffällt, wie man ein paar Bauten weiter im Foyer bewundern kann. Dort, im „Institut für Planetenerkundung des Deutschen Zentrums für Luft- und Raumfahrt" an der Rutherfordstraße, hängt stolz eine Luftaufnahme der Gegend. In der zugehörigen Bibliothek dagegen gibt es keine Bilder der Erde, wohl aber – nach Anmeldung – allerlei Fotos von und rasante virtuelle Kamerafahrten über Venus, Mars und andere Himmelskörper zu sehen.

Das Institut hat nicht nur die Wissenschaftler des ehemaligen DDR-Instituts für Kosmosforschung übernommen, sondern auch dessen Plattenbauten. Insgesamt ist zukunftsweisende architektonische Qualität in der „Stadt" nicht allzu dicht gesät. Interessant ist das geschwungene **Innovationszentrum für Photonik** in der Carl-Scheele-Straße mit seinen Sonnenschutzpaneelen in den Farben des Lichts. Auch eine Begehung von Görings Windkanal im aerodynamischen Park an der Brook-Taylor-Straße empfiehlt sich nicht nur für Technikbegeisterte. Zumeist aber sind es eher gediegene Neubauten der Jahrtausendwende, nicht schlecht, aber auch nicht brillant, die sich in die Plattenarchitektur der DDR-Moderne und die denkmalgeschützten Reste der Luftfahrtzeiten mischen. Solche Heterogenität ist Ergebnis der Geschichte des Areals.

Diese begann in den Pioniertagen des Motorflugs. Hierher, auf den Flugplatz Johannisthal, kamen zu Beginn des Jahrhunderts Hunderttausende zu den Flugwochen der „Aviatiker". Die beiden Weltkriege brachten die Produktionsstätten der Militärflieger, und zu DDR-Zeiten lag der nur eingeschränkt zugängliche Flugplatz brach. Das dadurch entstandene Biotop ist zu einem umfangreichen Naturpark gestaltet worden. Am Rand des Flugplatzes siedelte sich zu DDR-Zeiten Industrie an, das Wachregiment der Staatssicherheit sowie, links der Rudower Chaussee, die Akademie der Wissenschaften der DDR mit ihrer „Stadt der Forschung". Gleich nebenan führten Einrichtungen des DDR-Fernsehens die Ufa-Tradition fort, die heute in die MediaCity mündet.

Ziel des Berliner Senats, der hinter den Adlershofer Entwicklungsgesellschaften steht, war, die WISTA mit ihrer modernen Wirtschaft und Wissenschaft, den Landschaftspark, den Medienbereich, konventionelles Gewerbe und den Wohnbereich zu einem Gesamtkonzept zu verbinden. Der Entwurf klang anspruchsvoll genug, um als Projekt der EXPO 2000 registriert zu werden. Die Jury begründete dies unter anderem mit der geplanten „Herstellung von Urbanität durch Nutzungsmischung". Allerdings gibt es noch ein paar Defizite: Der Wohnbereich wird, da interessierte Privatinvestoren ausgeblieben sind, wohl weitgehend aus dem Entwicklungsprojekt entlassen werden. Ebenso haben die Betreiber zwar einige hundert innovative Kleinfirmen, aber noch keinen dicken Brocken ans WISTA-Land gezogen. Damit bleibt die angedachte Balance zwischen privater und öffentlicher Investition bislang einseitig.

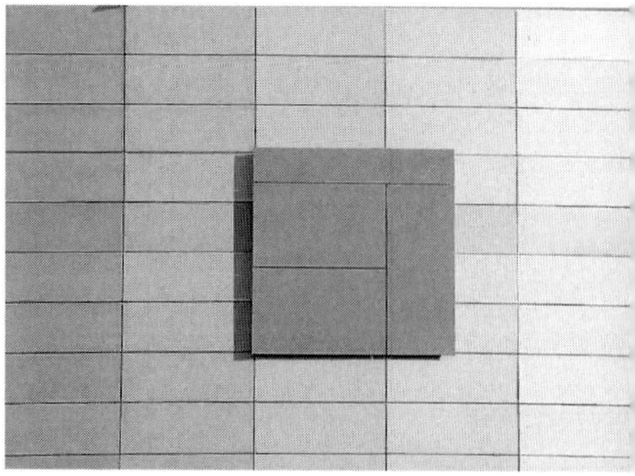

Adlershof, Fassadendetail

Dafür haben sich die naturwissenschaftlichen Institute der Humboldt-Universität auf den Weg nach Adlershof gemacht. Als Vorposten kamen die Informatik- und Mathematikstudenten des Hauptstudiengangs, allerdings nicht, wie geplant, in ein eigenes Gebäude, sondern in einen WISTA-Bau, dessen Vermietungsprobleme damit gelöst wurden. Vier weitere Institute folgten, der Rest soll bis 2008 kommen. Bis auf die Mensa, die in der Warteschleife der Sparhaushalte kreist, entwickelt Adlershof allmählich sogar studentische Infrastruktur. Nur abends wird die Ruhe höchstens vom Wachschutz gestört. Aber das ist drüben, im Westen, auf dem Campus der Freien Universität, auch nicht anders.

Es bleibt noch einiges zu tun, damit die „Stadt für Wissenschaft und Wirtschaft" tatsächlich eine Stadt wird. „Zuwachs an Erkenntnis ist auch Zuwachs an Unruhe" lautet einer der zahllosen Sinnsprüche, mit denen die Betreiber die Adlershofer Bauzäune schmücken ließen. Hoffen wir's.

Franz Tröger

Von der Tuschkastensiedlung zum Dorfanger Bohnsdorf

Da draußen vor dem Tore

Vom Gesamtberliner Bevölkerungsverlust ist im Süden Treptows nichts zu spüren: Stetig ziehen Familien mit Kindern hinaus in die Siedlungen, die weite Bereiche der Treptower Bezirksteile Altglienicke und Bohnsdorf prägen. Das hat Tradition: Bereits 1912 hatte sich die Deutsche Gartenstadtgesellschaft am Falkenberg ein Grundstück gekauft und Bruno Taut für die Planung einer Gartenstadt gewonnen. 1500 Wohnungen sollten hier teils in Mehrfamilien-, teils in Einfamilienreihenhäusern gebaut werden. Davon stellte man nur 127 fertig, aber diese wurden sowohl wegen der ästhetischen Erscheinung der Anlage als auch wegen des sendungsbewussten kulturellen Habitus der Bewohner bald zu einem beliebten Pilgerort.

Wenn man am **S-Bahnhof Grünau** Richtung Norden aussteigt, erwartet einen bereits die Bruno-Taut-Straße, laut und unangenehm; links befindet sich eines jener üblichen kommerziellen Vorort-Zentren, rechts Gewerbe in Plattenbauweise. Mit dem Gartenstadtfragment verbindet diese Straße nur der Name und die Tatsache, dass man ihr entlang und rechts über die Falkenbergstraße hinüber den **Akazienhof** erreicht, den zentralen Ort der Gartenstadt und zugleich ein kleines architektonisches Meisterwerk.

Als Gartenstadt bezeichnete und bezeichnet sich recht viel, angefangen von neoromantischen Pseudodörfern über gutbürgerliche Eigenheimsiedlungen bis hin zu Hochhaustürmen, solange sie nur ins Grüne gebaut waren. Entwickelt hatte die Gartenstadtidee der Engländer Ebenezer Howard um die Jahrhundertwende, aber eine Gartenstadt nach seinem Ideal wurde in Deutschland nie gebaut, und auch um den Akazienhof sammelt sich eher eine Gartenvorstadt. Diese aber vermeidet sowohl die Langeweile der üblichen Eigenheime wie auch die verlogene Idylle künstlicher Dörfer. Man könnte sich fast im Herzen eines gewachsenen kleinen Städtchens fühlen.

Dies liegt daran, dass Taut ein Meister der Individualisierung in den Details war. Der geringen Kosten wegen mussten die Häuser einander alle ähneln. Im vorgegebenen Rahmen jedoch reizte Taut alle Möglichkeiten aus, gebauter Langeweile zu entgehen. Ein billiges Mittel hierfür waren bunte Farben. **Tuschkastensiedlung** wurde das Ganze erst spöttisch, dann bewundernd genannt und wirkte damals, im wilhelminischen Zeitalter mit dessen vornehm-grauen Prachtbauten und schäbig-grauen Mietskasernen, als Provokation. Schnell erklärten grauer denkende Mitmenschen den Architekten zum „Verunstalter des Ortsbildes" und einer Verhaftung würdig. Auch später wollten nicht alle Mieter und nicht alle deutschen Regierungsformen mit solcherlei Buntheit leben. Als Folge erblasste der Akazienhof in diversen Pastelltönen.

Ein weiteres Mittel, trotz knapper Gelder individuelle Hauspersönlichkeiten zu schaffen, war der Variantenreichtum im baulichen Detail. Gerade in der Sackgasse Akazienhof kann man das wunderbar sehen: Symmetrien werden angedeutet, und doch liegt der Weg nicht in der Symmetrieachse des Platzes, ist die eine Häuserzeile länger als die andere; die Häuser, die den Platz schließen, sind aus der Achse geschoben, andere versetzt oder spiegelbildlich gedreht oder zeigen verschiedene Traufhöhen. Taut sollte keine Einzel-, sondern Reihenhäuser bauen, aber er trennte die Häuser sorgfältig voneinander durch Farben, durch Dachrinnen oder einfache Putzrillen. Und erst die Vielfalt im Kleinen: runde Fenster, gesprosste rechteckige, lange schmale, mal mit Putzrahmen, mal ohne, Fensterläden oder auch nicht, und die dann geriffelt oder glatt – geschickt wurden hier individuelle Entscheidungen simuliert.

Abwechslungsreich und in schönen Farben: die Tuschkastensiedlung

Ähnlich vielfältig wie die Fassaden der Häuser ist die Flora dahinter. Jedes Haus hat einen eigenen Garten. Die Verbindungswege sind eng und die Parzellen klein, daher ist alles voll gestopft, mal mit Tomatenpflanzungen, mal mit einem funktionslosen Brunnen, an dem große Keramikfrösche wachen. Im einen Garten wachsen elegante Rosen und im Garten gleich daneben schwerfällige Kürbisse, dann wieder ein herrschaftlich gepflegtes, fast königliches Grün neben einem verwilderten Dschungel, der sicher regelmäßig Diskussionsbedarf in den Genossenschaftsversammlungen auslöst.

In den Gärten sind die Eigentümer frei, bezüglich der Häuser werden aber die Entscheidungen auch heute nicht von ihnen, sondern vom Denkmalschutz getroffen.

Als die Siedlung geplant wurde, hatte hinter dem baulich-ästhetischen auch ein sozial-ethischer Reformgedanke gestanden, anfänglich mitgetragen vom Friedrichshagener Dichter- und Künstlerkreis. Dieser Kreis war den Lebensreformern der Zeit mit ihren Vegetariern, Nudisten, Freidenkern und Bodenreformern verbunden. Aus den utopischen Experimenten der Friedrichshagener heraus entstand sowohl die Volksbühnenbewegung mit ihrem kritischen Theater wie auch die Gartenstadtgesellschaft. Dementsprechend ließen die kaiserlichen Behörden nichts unversucht, die „Proleten, Atheisten, Obst- und Hühnerdiebe, Anarchisten" an der Sicherung ihres bescheidenen Anteils an deutschem Boden zu hindern.

Nach dem Ende des Kaiserreiches schlug die öffentliche Stimmung in Akzeptanz um. Tausende von Besuchern kamen zu den jährlichen kulturell-satirischen und avantgardistischen Siedlungsfesten mit ihren wechselnden Motti. Beispiel 1921: „Der Tuschkastenball – die größte Farborgie des Jahrhunderts, die selbst Meister Taut zum Erblassen bringen würde." Hier rezitierte Erich Weinert seine Gedichte, hier erlebte der „Panzerkreuzer Potemkin" seine Freilicht-Erstaufführung, und als es gegen den Kapp-Putsch ging, schickte die Siedlung einen Trupp Bewaffneter; die entsprechende Gedenktafel steht am Eingang der Straße.

Getragen wurde das bunte Treiben von der Gemeinschaft der dort wohnenden Familien, deren soziales Spektrum von Metallarbeitern über Buchdrucker und Künstler bis zum Studienrat und Fabrikdirektor reichte. Es gab die damals übli-

chen Sängervereine, Turn- und Schachgruppen und die Freiwillige Feuerwehr, aber auch Besonderheiten wie eine eigene Siedlungszeitung, eine eigene, ziemlich bunte Fahne und nicht zuletzt eine eigene, selbstironische Hymne:
„Fern vom Getrieb der Räder, da draußen vor dem Tor, / Da ragt in blauem Aether der Falkenberg hervor. / O Falkenberg, o Falkenberg, du Wunder der Natur, / Der Himalaja ist fürwahr von dir ein Schatten nur."
Aus der Sackgasse des Akazienhofes wieder heraus und links um zwei Ecken gelangt man zum Gartenstadtweg, an dem entlang weitere Häuser des Gartenstadtversuchs liegen. Der Weg steigt an und ist am Ende leicht geschwungen – der Falkenberg macht sich deutlich bemerkbar.
Hier hat die „Berliner Bau- und Wohnungsgenossenschaft von 1892", in deren Besitz die Tuschkastensiedlung mittlerweile gelangt ist, zusammen mit dem Denkmalschutz die Pastellfarben abgekratzt und bewiesen, um wie viel klarer und aufregender die originalen Tautschen Farben waren. Jetzt sind die Farben wieder kräftig und die Fensterläden wieder bunt, gelbe Anstriche wechseln mit strahlendem Kobalt, und rechts steht eine Häuserreihe – hinter die mal mit Äpfeln, mal mit Blumen geschmückten Gärten zurückversetzt –, in der schwarze Fassaden und rote Fensterläden mit roten Fassaden und schwarzen Fensterläden abwechseln. Und auch diese Symmetrie wird durchbrochen: Wie zum Trotz bleiben die letzten drei Häuser alle rot.
Am oberen Ende des Gartenstadtweges angekommen, steht man vor den ersten Bauten, mit denen die Baugenossenschaft die Gartenstadt fertig stellen will. Denn bereits in Tauts Konzept waren für dieses Areal weitere Wohnungen vorgesehen, dazu Läden, eine Schule, eine Kirche und ein Volkshaus. Nun, fast ein Jahrhundert später, sollen nach den Plänen der Architekten Susanne Quick, Klaus Bäckmann und Klaus Quick rund 1200 Wohnungen plus Infrastruktur entstehen. Als Rückgrat der Anlage ist bereits ein breiter „Central Park" angedeutet, zu dessen beiden Seiten schon die ersten Häuserzeilen stehen. Die Architektur orientiert sich an der klassischen Moderne, die Farbexperimente Tauts werden allerdings nur sehr verhalten aufgegriffen.
Linker Hand liegt das **Krankenhaus Hedwigshöhe**. Kurz davor hat man einen guten Rundblick: Jenseits der Grünauer S-Bahn wuchern die Köpenicker Wälder mitsamt dem Müggelturm, und links davon breite Streifen von Plattenbauten in Richtung Marzahn. Gegenüber schweben große und kleine Flieger vom Himmel und zielen mit ihrem Landeanflug auf den Flughafen Schönefeld. Findet man einen Pfad zwischen Siedlungskante und Baustelle hindurch, kann man links den Eigenheimen in die Hintergärten blicken und über den Unterschied von serieller Tuschkastensiedlung und industrieller Langeweile nachdenken. Hinter der Baustelle liegen noch ein paar Reste der Natur, die der Falkenberg bisher bot. Dann stößt man auf die Paradiesstraße und hat damit schon ein paar Schritte auf dem Boden des Bezirksteils Bohnsdorf getan.
Links die Straße hinein gerät man in den nächsten Versuch des Wohnens im Grünen. Die Mitgliederschaft der „Arbeiterbaugenossenschaft Paradies" war homogener und, wie man auch den Häusern ansieht, bodenständiger und weniger avantgardistisch als die der Tuschkastensiedlung. Das erste **Paradies-Doppelhaus** von 1904 steht an der Ecke zur Buntzelstraße und trägt deren Nummern 119 und 121. Nebenan gibt es, etwas verunglückt, noch ein weiteres halbes Doppelhaus in gleicher Bauweise. Die symmetrische Anlage, der Backsteinsockel, die Quergiebel und das Fachwerk verraten die Tradition des Berliner Arbeitergenossenschaftsbaus. Darüber hinaus brachten die Bewohner ihre politischen Traditionen mit – bald schon wurde die Bohnsdorfer Ruhe von den Auseinandersetzungen zwischen den „Roten Paradiesern" und den konservativeren „Blauen Bohnsdorfern" gestört. Weitere Häuser in der Paradiesstraße und

der Quaritzer Straße folgten. In den zwanziger Jahren begannen die „Paradieser" eine Zusammenarbeit mit der Gemeinnützigen Heimstätten AG (GEHAG) und ihrem Architekten Bruno Taut. Egal, in welche Straße man hineinsieht, ob die Dahmestraße 46-68, die Leschnitzer Straße 4-47 oder die Pitschener Straße 1-8, überall stehen diese Zeugen des Tautschen Wirkens, das hier zwar auch mitunter farbig, aber doch so ganz anders aussieht als in der Tuschkastensiedlung. Man merkt ihnen die andere Entstehungszeit an, die anderen Ideen und den Zwang der teuren Grundstücke, der große Häuser verlangte.

Ebenezer Howard hatte damals seinem eingangs erwähnten Konzept der Gartenstadt eine kleine Zeichnung mitgeliefert, auf der das Volk im Zentrum steht und von den drei Magneten „Stadt", „Land" und „Land-Stadt" in drei Richtungen gezogen wird. „Wohin wird es gehen?", fragt Howard und listet als Hilfe die Vor- und Nachteile von Stadt und Land auf. Die Land-Stadt ist es dann, die von beiden alle Vorteile wie Schönheit der Natur, hohe Löhne, Geselligkeit und das Fehlen von Rauch und Schmutz kombiniert und zu Freiheit und sozialer Harmonie führt. Etwas anders sieht die Verbindung von Stadt und Land aus, in der sich der alte **Dorfkern Bohnsdorf** präsentiert.

Zu diesem sind es nur ein paar Schritte die Buntzelstraße nach Westen entlang und unter der Brücke hindurch, dort, wo sich die Straße auf den Dorfanger öffnet. Bohnsdorf ist eines der zahllosen Berliner Dörfer, die schon 1375 im Landbuch Kaiser Karls erwähnt werden. Damals bestimmte die Landwirtschaft das Leben, und das war auch zu Beginn des 20. Jahrhunderts noch so. Man sieht es dem Dorf an. Zwar gibt es keine mittelalterlichen Gebäude mehr, aber die Dorfstruktur hat sich in selten schöner Geschlossenheit erhalten. Auf dem Dorfanger steht an einem malerischen, baumumstandenen Teich eine schlichte Kirche aus dem Jahre 1755, jenseits der geteilten Angerstraße liegen in althergebrachter Konstellation die Bauernhöfe. Es sind Vierseithöfe, sie

Bohnsdorf, Dorfanger

zeigen zur Straße eine Wohnhausfassade, zumeist des 19. Jahrhunderts und in einigen Fällen liebevoll restauriert, und haben die Scheunen und Ställe hinten im Hof. Kühe und Schweine wird man allerdings nicht mehr viele finden, die Rückgebäude gammeln entweder vor sich hin oder wurden zu Wohnzwecken umgebaut. Einige der Höfe haben noch ein ganz spezielles Bauwerk der Tierhaltung: **Taubenhäuser**. In Form meterhoher Türme stehen sie mitten in den Höfen, beispielsweise im Hof Am Dorfplatz 7, mit Wappensteinen und frommen Sprüchen verziert, der Aufbau für Tauben mal als Fachwerk, mal als Steinhäuschen. Die Tauben gibt es zwar noch, aber sonst ist Bohnsdorf viel von dem abhanden gekommen, was Ebenezer Howard als Merkmale des Landes summiert hatte: statt „Hain, Wald und Wiese" hat sich nebenan der Flughafen Schönefeld breit gemacht, die „frische Luft" wird durch die Autobahn ersetzt, deren Brücke fast schon halb über dem Dorfanger hängt, und die „Schönheit der Natur" wird doch durch den beträchtlichen Lärm gemindert, mit dem die zahlreichen Autos den Dorfanger umfahren. Was Howard dazu wohl gesagt hätte?

FRANZ TRÖGER

Durch Altstadt und Kietz

Denkmal für einen Schuster

Der lärm- und stressgeplagte Großstädter sehnt sich oft nach der Ruhe und Beschaulichkeit von idyllisch gelegenen Orten. Und wozu die Koffer packen, wenn Kleinstadtatmosphäre und Natur nur eine halbe Stunde S-Bahnfahrt aus der Stadtmitte heraus entfernt liegen. Den Bezirk Köpenick „erfährt" man am besten mit dem Fahrrad oder auf dem Wasser, das überschaubare Zentrum Köpenicks zu Fuß.

Wenn sich die S-Bahn-Waggons durch Großstadtfluchten gewunden haben, Industriegebiete folgen, die Häuser niedriger werden und schließlich die Wälder der Wuhlheide scheinbar das Ende Berlins verheißen, tauchen nach kurzer Strecke plötzlich wieder Häuser auf, doch nun alles auf Vorstadtformat zurechtgestutzt: 1 **S-Bahnhof Köpenick**.

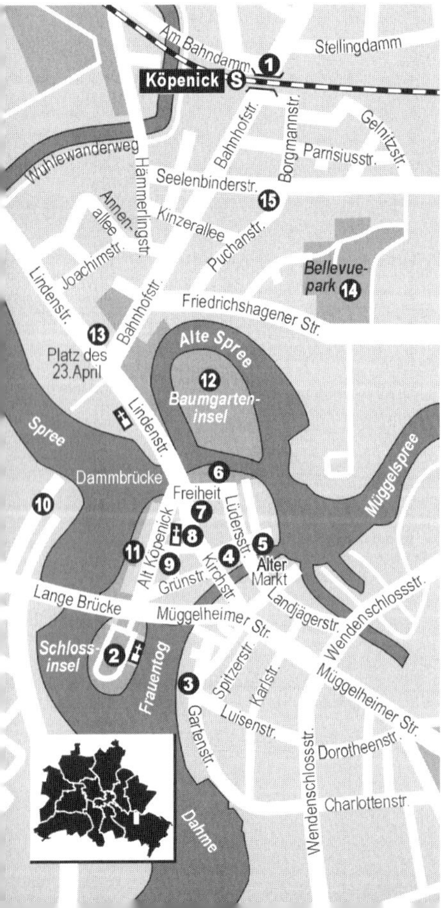

Es ist ein für Berlin typischer Vorstadtbahnhof des 19. Jahrhunderts, an der 1842 zwischen Berlin und Frankfurt/Oder eröffneten Eisenbahnstrecke gelegen; nach links ein von fliegenden Händlern überfluteter kleiner Platz, im Anschluss die Bahnhofstraße.

Ihr folgt man mit der Tram oder dem Bus zum Schlossplatz, ins Altstadtherz. Am südlichen Rand des Platzes erreicht man den Zugang zur Schlossinsel. Es ist eine beschauliche Idylle, die mittlerweile wieder Erbauliches bietet, nachdem hier alle Baugewerke vereint um den Erhalt des aus dem Jahre 1682 stammenden 2 **Schlosses** gekämpft haben. Dringend notwendige Restaurierungsmaßnahmen versperrten annähernd sechs Jahre die Sicht auf dieses von einem Park umspielte Kleinod kurfürstlicher Baukunst. Bemerkenswert ist, dass das Bemühen um den Erhalt des einstigen hochherrschaftlichen Jagdsitzes annähernd so lange dauerte wie dessen Bauzeit.

Man sieht es diesem Ort nicht mehr an, aber die wechselvolle Geschichte Köpenicks beginnt hier, an der Südspitze der in den Gewässern der Dahme liegenden Insel. Von ihr aus entwickelte sich die Stadt gen Norden, und bevor der heutige Bau dominierte, standen auf der Insel mehrere Vorgänger. Der vorletzte ist uns wenigstens bildhaft durch einen Stich Merians um 1652 überliefert. Er zeigt ein in vielem dem Jagdschloss Grunewald ähnliches Gebäude. Dieses wurde schließlich im Auftrag des Großen Kurfürsten ab 1677 abgebrochen. Zwei Meilen vor den Toren der Residenzstadt Berlin entstand für den Kurprinzen Friedrich III. ein bedeutendes Zeugnis holländischer Barockarchitektur. Brandenburg schickte sich an, Großmacht zu werden, hier konnte am Vorabend Preußens mit trefflichem Wild-

Kapelle des Köpenicker Schlosses

fang in ausgedehnten Wäldern repräsentiert werden.

Dass sie für einen Kurfürsten einst die ewigen Jagdgründe waren, ist eher tragikomisch. Bei den oft spektakulär geführten Treibjagdgesellschaften war es nicht ungewöhnlich, dass sich deren Teilnehmer bis an die Grenze des Erträglichen verausgabten. So fiel – wie von Geisterhand gezogen – Joachim II. bei einer Wolfsjagd tot vom Pferd. Sein jüdischer Münzmeister Lippold war bei des Herrschers letzten Atemzügen mit einem Trunk zugegen und wurde sofort des Giftmordes bezichtigt. Zwei Jahre dauerte der Prozess, an dessen Ende 1573 seine Hinrichtung nach grausamster Folter stand. Seine Glaubensbrüder wurden vertrieben, erst 100 Jahre später durften sie wieder in die Mark einreisen.

Zwischenzeitlich zogen der Dreißigjährige Krieg und mit ihm die Pest durch das märkische Land: Beide entvölkerten Köpenick zusehends.

Mit dem Bau des Schlosses und der geschickten Einbürgerung vor allem niederländischer und französischer Glaubensflüchtlinge erlebte die Stadt einen Aufschwung von den 1648 verbliebenen 14 Hausstellen zu über 700 Bürgern 1730. Dank der Immigranten war sie auf dem besten Wege, sich zu einem wichtigen Zentrum der Seidenmanufaktur zu entwickeln.

Als dreiflügelige, nach Norden ausgerichtete Anlage geplant, erhielt die Schlossanlage unter dem Architekten Rutger van Langevelt nur den heutigen Westflügel. 1682 wurde sie durch einen Torbau und 1685 mit einer Kapelle von Johann Arnold Nering zwar nicht vollendet, so doch perfekt ergänzt. Geldmangel, der frühe Tod seiner ersten Gemahlin 1683 und vor allem die offensichtliche Abneigung der zweiten Frau des Königs Friedrich I., Sophie Charlotte, für das düstere Umland ließen den Glanz der Hofgesellschaften im einzigen im Südosten vor Berlin liegenden Lusthaus gar nicht erst aufkommen. Der berühmte Wappensaal des Schlosses, dessen Inneres Fontane vorzüglich beschrieben hat, sah eines der bekanntesten Zerwürfnisse zwischen Vater und Sohn.

Der junge Friedrich plante 1730 ob der erlittenen Härte in seiner Erziehung mit seinem Freund, Leutnant Hans Hermann Katte, eine Flucht nach England. Der Soldatenkönig Friedrich Wilhelm I. sah darin

Im Sträßchen Kietz

einen Akt der Desertion und stellte beide vor ein Kriegsgericht. Dieses verurteilte Katte wegen Fahnenflucht zu lebenslanger Haft, eine Eingabe des Vaters, den Kronprinzen Friedrich von der Thronfolge auszuschließen, lehnte es aber ab.
Das war dem Regenten zu wenig an Genugtuung, er ordnete die Inhaftierung seines Sohnes und die Hinrichtung Kattes in Anwesenheit seines Sohnes an: „Wenn das Kriegs-Gericht dem Katten die Sentence publiciert, soll ihm gesagt werden, dass es Sr. K. M. leydt täte, es wäre aber besser, dass er stürbe, als das die Justiz aus der Welt käme."
Nach dem „Kriege führen" unter eben jenem „desertierten Obristleutnant Fritz", als König Friedrich II. die Jagdgesellschaften ablöste, verblasste der Glanz des Barockensembles zusehends. Letzter Besitzer von Geblüt war bis 1806 für zwei Jahre der Graf von Schmettau, der begann, die barocke Gartenanlage in einen Landschaftspark umzuwandeln. Seine häuslichen Umbauten beschäftigten, neben den konservatorischen Maßnahmen, hauptsächlich die auf die originale Zurückführung bedachten Restauratoren. Das Schloss hat seine Bedeutung als vornehmste Sehenswürdigkeit wiedererlangt. Seit Frühjahr 2004 ist es wieder, wie schon zu DDR-Zeiten, ein exzellentes Kunstgewerbemuseum, das sich unter anderem der Raumkunst der Renaissance, des Barock und des Rokoko widmet.
Von der südlichen Spitze der Insel erhält man jenseits des Wassers einen Blick auf ein ursprünglich mittelalterliches Fischerdorf, den (3) **Kietz**. Das aus dem slawischen stammende Wort für „Hütte" bezeichnet das Gebiet, das sich am östlichen Ufer des Frauentogs, einem Nebenarm der Dahme, entlangzieht.
Nach dem zwangsweisen Rückzug der wendischen Herrschaft gründete sich im Schutze einer askanischen Feste um 1240 für die von der Insel vertriebenen und von nun an in Frondiensten stehenden Slawen ein Straßendorf. Eine Deutung des Namens für den Dahmearm (Frauen soll auf Fron hinweisen) belegt die Abgabepflicht und die Fähr- bzw. Kahndienste der „Wende uf dem Kietze". Zwar lebten sie auf erblichem Wiesen- und Gartenland in einheitlich vermessenen Höfen, besaßen aber erst ab 1451 mit dem ersten Grenzenzug die Fischereigerechtigkeit, mit der sie nicht nur ihren Lebensunterhalt, sondern auch die jährlich anfallenden Steuern bestritten. Bis 1874 mussten sie für den immer mehr Festcharakter annehmenden Umzug zu Wasser und zu Lande, der das Abstecken der Wassergrenzen versinnbildlichte, je eine Tonne Bier und Fisch „stiften".
Das an Sagen reiche Köpenick verbindet mit der wichtigen Nahrungs- und Handelsquelle Fisch auch Folgendes: Als wieder einmal eine schwere Hungersnot in dem an Entbehrung gewöhnten Brandenburg herrschte und der gewohnte Fang in den befischten Gewässern versiegte, versuchten die Ehefrauen der Kietzbewohner ihr Glück in einer dem Dorfe vorgelagerten Bucht, und wundersam zogen diese Frauen (Frauen – tog) übervoll die Netze in ihre Boote und retteten das Leben ihrer Familien – dies ist die volkstümliche Erklärung des Gewässernamens.
Noch heute ist der Charakter der Straßen im Kietz durch die kleinen einstöckigen Häuser bestimmt, wenn auch nur jene aus dem 18. und 19. Jahrhundert erhalten sind. Leider sind die ehemals offenen Wassergassen zum Dahmeufer nicht mehr zugänglich, sie wurden von landeinwärts wohnenden Fischern als freier Zugang zum Wasser genutzt. Zusätzlich verhüteten sie den immer drohenden Brandübergriff zwischen den eng stehen-

Am Schüßlerplatz

den Höfen, die ursprünglich aus Holz gebaut und mit Reet gedeckt waren.

Das Bild hat sich durch Bauten der Jahrhundertwende und neuerer Zeit erheblich verändert, wie ein kleiner Spaziergang zeigt. Nur auf einem kurzen Stück bis zum Kietzer Krug ist das erstmals im Landbuch Kaiser Karls IV. 1375 erwähnte und 1898 nach Köpenick eingemeindete Dorf noch baumbestanden und kopfsteingepflastert. In ihrem Kern gelten Kietz Nr. 6, 12, 19, 21 und 27 auch nach Umbauten als Originalsubstanz des 18. Jahrhunderts. Wenigstens stört hier kaum etwas die Ruhe der Anwohner, auch das an der Gartenstraße liegende alte Flussbad von 1877 mit seinem feinen märkischen Sandstrand schmiegt sich an eine fast romantisch anmutende Gewerberuine.

Harsch ist der Kontrast zur lauten Altstadt. Um sie wieder zu erreichen, muss man abermals die tosende Müggelheimer Straße überqueren. Als Entlastungsstraße 1981 eröffnet, scheint sie aber nur mehr Verkehr anzuziehen als umzuleiten, und die rückwärtigen Fronten der Häuser an der als Geschäftsmeile fungierenden Grünstraße wirken seitdem seltsam amputiert. Tatsächlich mussten sie ihre lang gestreckten Grundstücke bis zur Dahme für den Straßenbau opfern.

Der **Kietzer Graben**, der Zugang zur Altstadt, verdankt seine Existenz einer Aufstauung durch Schleusen und Wehre an der Spree in Berlin. Dies hatte 1719 die Erhöhung des Wasserspiegels im Gebiet Köpenicks von fast einem Meter zur Folge. Wie der Katzengraben, der nicht mit der gleichnamigen Straße verwechselt werden darf, diente er dem Abfluss der angestauten Wasser. Die Wasserregulierung verhinderte das Überfluten der Altstadt.

Folgt man der engen Kietzer Straße, erreicht man die **Grünstraße**. Da sie zum Schlossplatz hin gekappt wurde, hat sie viel ihres „städtischen" Flairs verloren. Nachdem bis zur Wende zunächst einiges von der Altbausubstanz abgerissen wurde, bemühte man sich danach umso mehr um das noch erhalten Gebliebene. Einige Bauten harren noch ihrer Restaurierung, fein herausgeputzt zeigen sich bereits Nr. 22 (Ursprung 1656), Nr. 21 (um 1895), ebenso einige Bauten aus der Jahrhundertwende wie Nr. 11 im sparsamen Jugendstil und Nr. 10, das ehemalige Hotel Kaiserhof. Vom Grundstück Nr. 6 ist aus

alter Zeit nur das denkmalgeschützte Kellergewölbe des in den achtziger Jahren abgetragenen Fachwerkbaus von 1685 erhalten. Die bildliche Geschlossenheit der Grünstraße wird durch Nr. 5 und Nr. 12 komplettiert, Bauten aus den achtziger Jahren des 20. Jahrhunderts. Durch die Enge der Straße quälte sich bis vor Kurzem auch die Straßenbahn. Ihre Trasse ist nun verlegt worden – ein Vorhaben zum Vorteil der Grünstraße.

Die Straße mündet auf den 1987 aufgefrischten, nach einem Stadtrat benannten (4) **Schüßlerplatz**, besuchenswert vor allem an den Markttagen Dienstag und Donnerstag. Dem Stadtrat, der ihm den Namen gab, sind in historisierender Manier eine Pumpe und eine mehrflammige Laterne zur Seite gestellt. Umso deutlicher fällt die gähnende Leere an der Nordseite ins Auge: Nicht Kriegseinwirkungen sind die Ursache, sondern Abrisswut, mangelnde Geldmittel oder schlichte Ignoranz in den letzten Jahrzehnten. Überhaupt fallen die vielen Baulücken ins Auge, die die Altstadt geradezu prägen; stumme Zeugen eines seit dem Ende des Zweiten Weltkrieges schleichenden Verfalls, dem erst seit jüngster Zeit zunehmend begegnet wird.

Am (5) **Alten Markt** wird mehr schlecht als recht der in Richtung Dammvorstadt strömende Verkehr vorbeigeleitet, und es nimmt wunder, dass das **Fachwerkhaus**, das die Ostseite des Alten Marktes seit 1665 begrenzt, noch steht. Seit 1999 beherbergt es das Heimatmuseum, in dem unter kundiger Leitung alles Wissenswerte über Köpenick gesammelt wird.

Dieser Teil der Altstadt scheint erweitertes Siedlungsgebiet Köpenicks zu sein, das aber nicht spürbar zur Bevölkerungsentwicklung beitrug. Dem 1325 zur Stadt erhobenen Ort wurde zwar 1424 das Marktrecht verliehen, das berechtigte Hoffnungen auf Wohlstand verhieß; doch unter dem Siegelbild eines Schlüssels inmitten zweier aufgerichteter Fische fristete er dennoch im Schatten der Burg lange ein eher kümmerliches Dasein. Erst die Zuwanderung der Hugenotten am Ende des 17. Jahrhunderts bewirkte einen deutlichen Aufschwung des Ortes.

Um die Wirtschaft anzukurbeln, wurden die Neuankömmlinge und fähigen Handwerker von einem beträchtlichen Teil der Steuerzahlungen entbunden. Kredite aus der Staatsschatulle dankten die Neubürger mit hoch entwickelter Technik in der Seidenwirkerei und Tuchmacherei. Das

Vor der Laurentiuskirche

Herrscherhaus der Hohenzollern, seit 1540 dem evangelisch-lutherischen Bekenntnis verpflichtet, stellte dann auch der wachsenden Zahl Reformierter die Schlosskapelle, in der 1686 die Einführungspredigt gehalten wurde, zur Verfügung – ein außergewöhnliches Zugeständnis.

Die Köpenicker Bürgerschaft verkaufte 1705 das nördliche und östliche Inselland an den König, der dort Wohnraum und Arbeitsplätze für die Réfugiés einrichten ließ. Um eine von Importen unabhängige Rohstoffversorgung an Seide zu gewährleisten, wurden auch in Köpenick Maulbeerplantagen angelegt, die die Akademie der Wissenschaft vor dem Dammtor und anderswo anpflanzen ließ.

Das **Wohnhaus Alter Markt 4** der Wäschereigründerin Henriette Lustig, der in einer Grünanlage vor dem Frauentog ein eher dralles Denkmal gesetzt wurde, konnte sich lange Zeit nicht zum Einsturz entscheiden. Heute ist es gerettet, eine Tafel gibt über seine ehemalige Bewohnerin Auskunft. Der sich anschließende ruhige **Katzengraben** gehört mit einigen sorgfältig sanierten Häusern sicherlich zu den begehrtesten Wohnadressen in Köpenick. Schöne Beispiele sind das Wohngebäude Nr. 6 von 1683 und das 1869 umgebaute Kolonistenhaus Nr. 11 aus der Mitte des 18. Jahrhunderts. Die Gasse führt über den Futranplatz, vormals Friedhof der Laurentiusgemeinde und heute ein von alten Linden gesäumter hübscher Ort. Nördlich des Platzes grenzt die Freiheit an, die im ausgehenden 17. Jahrhundert für die erwähnten Glaubensflüchtlinge angelegt wurde. Die heutige Erscheinung entspricht nur in Resten dem Originalzustand, der Name aber blieb.

Mit der (6) **Freiheit Nr. 12a–b** und **12** aus dem Jahre 1775, zur linken Seite der Feuerwache, sind noch Manufakturgebäude erhalten, wenn sie auch später ihr Äußeres stark veränderten, da sie Wäscherei und chemische Reinigung beherbergten. Die Nr. 12 zeigt noch die alte Treppenanlage.

Zerstört ist dagegen in der Freiheit Nr. 8 eine **Synagoge**, die in der Pogromnacht des Jahres 1938 Opfer von Plünderung und Brandschatzung durch die SA wurde. Eine Bronzetafel zeigt das in der Bauflucht liegende zweitürmige Gotteshaus. An der Brandmauer des Nachbarhauses lässt sich an einem Abdruck des Sattel-

Rathaus Köpenick

daches in den Ziegeln die Gebäudehöhe ablesen.

An der Freiheit Nr. 1-2 erhebt sich das 7 **Stammhaus der Köpenicker Bank**, ein für Köpenicker Verhältnisse ungewöhnlich prächtiges Gründerzeitgebäude, eine Anlehnung in Miniaturformat an die Prunkpaläste des „feinen Westens". Das mit einer kupfernen Kuppel bekrönte Gebäude dominiert die Eingangssituation nach Alt-Köpenick und stellt die niedrigeren Häuser der Kirchstraße in den Schatten. Sie führt mit einem leichten Bogen in würdigem Abstand zur 8 **Laurentiuskirche**.

Der für die Altstadt fast zu massige Kirchenbau ersetzte 1841 den basilikalen Vorgänger, der zwar nicht durch Urkunden auf ein Baujahr nachgewiesen werden kann, wohl aber 600 Jahre Bestand hatte – im Gegensatz zu der Ursprungsbebauung ringsum. Diese Fachwerkhäuser wurden bei einem verheerenden Stadtbrand 1478 fast vollständig vernichtet. Das Feldsteinkirchlein gab seine Steine für den 1838 begonnenen Sockel, auf dem sich der Baukörper der in Backstein ausgeformten Kirche emporreckt. Zur Einweihung erschienen sogar der preußische König nebst Gattin.

Lässt man die sich nicht gerade in hervorragender baulicher Verfassung befindliche Laurenzstraße rechts liegen und biegt in die Rosenstraße ein, steht man vor dem, sieht man vom Schloss ab, wohl meistfotografierten Gebäude Köpenicks, das die Stadt über ihre Grenzen hinaus

Hauptmann von Köpenick

berühmt machte. Untrennbar mit der bekannten Geschichte des Schusters Wilhelm Voigt verbunden, wurde das 9 **Rathaus** ein Jahr vor diesem Ereignis in seinem Hauptteil bis 1905 im neogotischen Backsteinstil fertig gestellt. Anbauten folgten 1926 in der Böttcherstraße und 1938 an der Straße Alt-Köpenick und repräsentieren eine Stadtgemeinde, die bis heute stolz darauf ist – da urkundlich erstmals 1209 erwähnt –, älter als Berlin zu sein. Ein Umstand, der sie aber 1920 auch nicht davor schützte, als 16. Bezirk von dem Emporkömmling geschluckt zu werden. Dem „Hauptmann von Köpenick", Voigt, ist 1996 vor dem Rathaus ein **Denkmal** gesetzt worden.

Die westliche Altstadt durchzieht der verkehrsreiche Straßenzug Alt-Köpenick, vormals Schlossstraße. Dem Bezirkssitz gegenüber eröffnet sich wohltuend der **Luisenhain**. Er war die erste öffentliche Parkanlage im grünen Bezirk, seit 1906 führt er zur Dahme nebst Anlegestelle. Von hier aus hat man einen schönen Blick auf den an der anderen Uferseite gelegenen Ortsteil 10 **Spindlersfeld**, der Köpenicks Ruf als „Waschküche Berlins" begründete.

Dieses Viertel wird durch die von der Familie Spindler 1873 hier begründete „Anstalt zur chemischen Reinigung, Wäscherei und Färberei" geprägt. Hier setzte sich ein altes Gewerbe als fabrikmäßiger Großbetrieb fort, dessen Expansion maßgeblich durch den 1892 eröffneten Bahnhof Spindlersfeld begründet wurde. Nunmehr über die S-Bahn hervorragend an das übrige Berliner Stadtgebiet angeschlos-

Hofzufahrt der alten Post

sen, bediente die Großwäscherei, die unter Volldampf 40 Kessel betrieb, auch noch zu Vorwendezeiten die Hauptstadt mit blütenweißer Wäsche. 500 Agenturen und 35 Ladengeschäfte aller größeren deutschen Städte versorgten über zweitausend Beschäftigte mit „schmutziger" Arbeit. Durch eine eigene Gasanstalt von fremder Energieversorgung unabhängig, wurde hier auch geschneidert und ausgebessert. Bemerkenswert ist auch die Fürsorge des Unternehmens, das neben einer modernen Siedlung auch Eigenheime für die Arbeiterschaft schuf und sich durch soziales Engagement auszeichnete, Kranken- und Invalidenversicherungen, Pensionsfonds und Sterbekasse für die Mitarbeiter einrichtete.

Links und rechts des Luisenhains sehen wir abermals Wassergrundstücke zum öffentlichen Nutzen gekappt; diesmal jedoch für eine beschauliche Uferpromenade. Ihr folgt man, wenn man zur Dammbrücke möchte. Oder man nimmt den Weg über die Hauptverkehrsstraße, um sich abermals Häuser vergangener Jahrhunderte anzusehen. Herauszuheben wären zum einen das (11) **Gebäude Nr. 22** aus dem 18. Jahrhundert, das bis vor kurzem eine Apotheke beherbergte. Das Wappen im Giebel gibt das in Stein verewigte Apothekerprivileg von 1683 an, das dem Inhaber neben dem Verkauf von Salben und Gewürzen auch den Wein- und Bierausschank gestattete. Auf der anderen Straßenseite, Nr. 15, wurde um 1750 das **Andersonsche Palais** erbaut. Ursprünglich hatte es als Wohnstatt dem Hofprediger Benjamin de Saint Aubin gedient, dem eine blaublütige Witwe seine christlichen und wohl auch beichtväterlichen Verdienste mit diesem Anwesen verdingte. Ein Blick ins Innere lohnt sich schon wegen seines ovalen Treppenhauses mit hölzerner Stiege.

Nun kann man getrost Alt-Köpenick verlassen, über die **Dammbrücke**, lange hölzern und heute eine Betonkonstruktion, die noch immer einen der Wege Richtung Berlin darstellt, oder über die Lange Brücke. Diese Flussüberspannung am Schloss kannte man lange, wiederum einer Sage folgend, als Seufzerbrücke: Einst beklagten hier immer nächtens zwei Liebende – wie gewöhnlich eine Prinzessin und ein Einfacher – ihre Trennung. Nach hinterhältigem Verrat ihrer Liebe schickte die Prinzessin, durch ihre Brüder im Schlossverlies eingemauert, herzzerreißende Laute über die sie trennende Dahme an ihren Geliebten, der an die hölzerne Brücke gekettet war.

An der Dammbrücke liegt zur Rechten die 12 **Baumgarteninsel**, die heute von Kleingärtnern genutzt wird. Sie wird an ihrer rückwärtigen Seite sanft von der Alten Spree umarmt, an ihrer Vorderseite verlief der Katzengraben, der die einstigen Kietzer Wiesen von der Altstadt abtrennte; 1867 wurde er zu einem breiten Kanalstück erweitert und für die Schifffahrt begradigt.

Über die Lindenstraße, Ecke Bahnhofstraße gelangt man wieder mit den öffentlichen Verkehrsmitteln zur Ausgangsstelle, den **S-Bahnhof Köpenick**. Sollte einem der Verkehr noch nicht allzu sehr zugesetzt haben, dringt man zu Fuß über die Bahnhofstraße bis in das Herz der **Dammvorstadt** vor.

Dieses Wohn- und Geschäftsviertel verbindet die Altstadt städtebaulich mit dem vor ihren Toren liegenden Bahnhof. Im Zuge ihrer um 1880 beginnenden Bebauung wurden ehemals in der Altstadt gelegene Institutionen wie Postamt und Kirche hierher verlegt, die in ihrer gewohnten Architektur Berliner Vorbildern in nichts nachstehen. Ihnen gegenüber eröffnet sich in einem Park der 13 **Platz des 23. April**, in Erinnerung an den Tag der Befreiung Köpenicks durch die sowjetische Armee 1945. Auf ihm steht ein Denkmal, das mit geballter Faust den Opfern der **Köpenicker Blutwoche** gedenkt. Den auch nach der „Machtergreifung" bei Wahlen stimmstarken KPD- und SPD-Bezirk versuchten die neuen Machthaber schon im Frühjahr 1933 mit ungewöhnlich brutalen Methoden auf ihre Linie zu bringen. SA-Trupps inhaftierten zahllose Köpenicker Bürger, von denen durch die bestialischen Folterungen mindestens 23 starben; man warf sie in die Dahme oder verscharrte sie in den Müggelbergen.

Der Bahnhofstraße folgend, biegt Am Generalshof die Friedrichshagener Straße ab, in deren Verlauf sich auf der nördlichen Seite der 14 **Bellevue-Park** erstreckt. Ein ruhiges Fleckchen Erde, unter dessen altem Baumbestand sich gut spazieren lässt. Hört man, dass der vormals „Weinberg" genannte Ort dem Hofprediger de Saint Aubin durch Schenkung zufiel, der sofort ganz weltlich in ihm ein Schlösschen errichtete, scheint die Verkündung von Gottes Wort eine lukrative Angelegenheit gewesen zu sein. Theodor Fontane und Paul Heyse fanden in den barocken Räumlichkeiten mit dem Dichter Bernhard von Lepel zusammen, dessen Dichterkreis seit 1836 gut besucht war. Das Anwesen fiel nach 1945 dem Abriss anheim, an seine Existenz erinnert heute nichts mehr.

Die Seelenbinderstraße führt nach rechts zur Villenkolonie Hirschgarten, in entgegengesetzter Richtung erweitert sie ihren Straßenraum am 15 **Mandrellaplatz**, dessen Gesicht durch das **Amtsgericht Köpenick** geprägt wird. Eine Bronzetafel erinnert an Rudolf Mandrella, dessen amtsrichterlicher Sinn für Gerechtigkeit und Mitwirkung in einem Kreis von Hitlergegnern zu seiner Verhaftung und Ermordung 1943 führte.

Über die Borgmannstraße in Richtung Norden neigt sich der Spaziergang dem Ende entgegen. Hier herrscht Bebauung der zwanziger Jahre vor, für die unter anderem Willy Wagenknecht verantwortlich zeichnet. Der Elcknerplatz erwartet mit seinem **Bahnhof** den Großstädter, der sich nunmehr entspannt wieder nach Hause zurückziehen kann.

JÖRG SCHUMACHER

Dampferfahrt um die Müggelberge

Badewanne mit Waldrand

Das Wasser ist von jeher allgegenwärtig in Köpenick, als Nahrungsquelle, schutzspendendes Element, es steht im Dienste der Erholung und zeigt sich als wichtiger Bestandteil verschiedener Gewerbe und Industrien. Nichts scheint also naheliegender, als den Südosten Berlins auf dem Nass zu „erfahren". Eine Dampferfahrt – ein Vergnügen, das der Berliner nicht ohne triftigen Grund ablehnen wird –, bietet dazu Gelegenheit.

Zuerst heißt es aber, die **Anlegestelle am S-Bahnhof Treptower Park** zu erreichen, um sich auf einem Schiff den besten Platz für den Ausflug zu „Mutter Jrün" zu sichern. Von April bis Oktober kann man sich von der Stern und Kreis Schiffahrt auf den Wasserstraßen umherschippern lassen, und die gehetzten Großstadtaugen schweifen besänftigt über die Tier- und Pflanzenwelt.

Die erste Stunde dieser Tour lebt noch vom Kontrastprogramm, das sich am rechten Ufer die Natur an Treptower Park und Plänterwald und am linken der ehemalige Industriestandort Oberschöneweide liefern. Den Dampfer kümmert es nicht, er schiebt seinen Bug weiter Richtung Altstadt Köpenick.

Villen und Sommerhäuschen säumen alsbald den Fluss. Den Stadtplanern und Architekten gelang es, Alt und Neu harmonisch zu verbinden und den Charakter des grünen Spreestrandes nicht zu zerstören. Wie beliebt Wassersportarten in Berlin sind, kann man an den vielen kleinen Anlegestellen mit Bootswerften, den Kanuten und Motorbootbetreibern auf dem Fluss sehen.

Steuerbord erhebt sich Spindlersfeld, direkt gegenüber mündet das Flüsschen Wuhle, das sich durch die Dammvorstadt schlängelt, in die Spree. Noch ein kleiner Schlenker, und es taucht das satte Grün der Uferpromenade an der Altstadt Köpenick auf, das durch die Silhouette von einigen Gründerzeitbauten, Rathaus und Kirche überragt wird. Verstohlen schauen niedrige Wohnhäuser vergangener Jahrhunderte hervor, von weitem grüßt das Schloss.

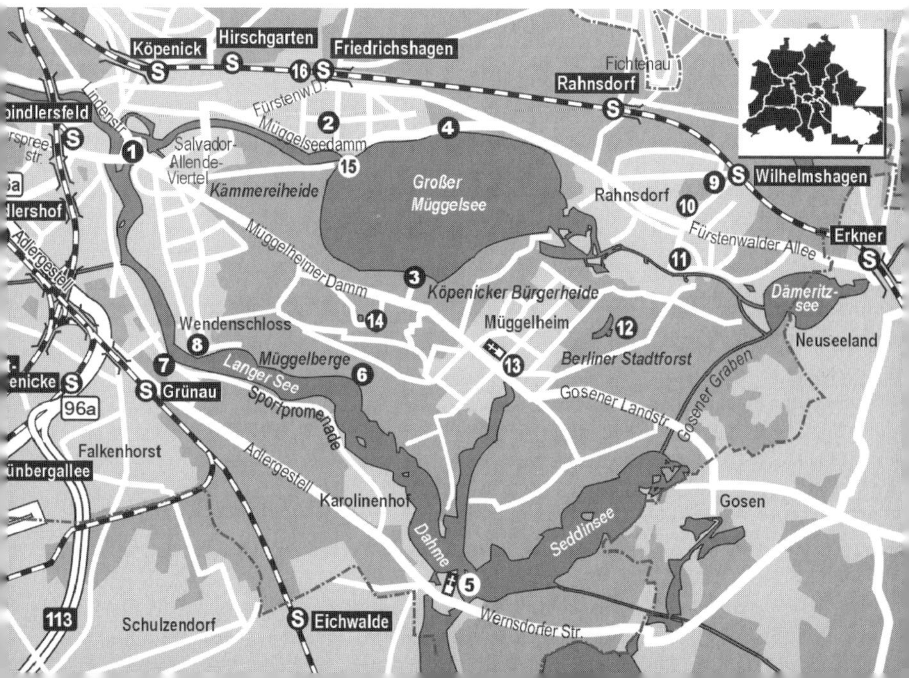

Vor dem Luisenhain

Nach kurzem Halt an der (1) **Anlegestelle Luisenhain** tuckert der Dampfer zurück zum Zusammenfluss von Spree und Dahme, das Köpenicker Becken, das durch die niedrige Dammbrücke markiert wird, umrundet die Baumgarteninsel und die sich frech in den Weg drängelnde Landzunge Krusenick, schlängelt sich die Alte Spree stromaufwärts dem Großen Müggelsee entgegen. Bevor man ihn erreicht, ziehen rechts die nördliche Altstadt mit alter Kaimauer und den Resten friderizianischer Manufakturgebäude vorbei, dahinter erheben sich die Neubauten des Allende-Viertels. Die gleichnamige Brükke trennt das Neue vom ehemaligen Villenvorort Hirschgarten. Die beachtlichen Bauten stammen aus dem 19. Jahrhundert, der Ort selber war eine Siedlung wohlhabender Berliner, die der Großstadt überdrüssig waren.

Das Schiff nähert sich (2) **Friedrichshagen**, überquert den in vier Metern Tiefe versenkten, 120 Meter langen Spreetunnel, der den Ortsteil an die Kämmereiheide anbindet. Links noch die drei „Bs" auf einem Schornstein der Berliner Bürgerbräu, dann breitet sich Berlins größter See vor dem Bug aus.

„Die Müggel ist bös", urteilt Fontane in seinen „Wanderungen". Dies ist wohl auf die tückischen Winde und die aufgerauten Wasser zurückzuführen, die schon so manchem Fischer und Freizeitsportler zum Verhängnis wurden. Fontane bemerkt zu dem ihm unheimlich erscheinenden Ort: „Es ist dann als wohnten an der Müggel noch die alten Heidengötter, deren Bilder und Altäre die eiserne Hand des Christentums in den See warf. Die alten Mächte sind besiegt, aber nicht tot, und in der Dämmerstunde steigen sie herauf und denken, ihre Zeit sei wieder da."

Bei der Bedeutung des Wortes Müggel („miggel" oder „mighla") ist man sich nicht ganz schlüssig: Zum einen gilt die Übersetzung „groß" als richtig, andererseits wird die Deutung „neblig" herausgelesen – so oder so, beides trifft auf dieses Gewässer zu.

Ständig scheint der Dampfer auf Kollisionskurs mit unzähligen Gefährten zu sein, die munter und doch nach Vorschrift umherkreuzen. Hunderte kleiner Segel tanzen über bis zu neun Meter tiefem Grund, Motorboote halten respektvoll Abstand, verwundert überblickt man das geordnete Chaos.

Ein Halt an der (3) **Gastronomie Rübezahl** bringt den Reisenden nahe an die schilfgesäumten Ufer, im Hintergrund erheben sich die Müggelberge, für Berliner Verhältnisse geradezu majestätisch.

Im großen Bogen geht es erst wieder gen Friedrichshagen – ein rotes Backsteingebäude beherbergt die (4) **Wasserwerke**, die bis heute Berlin mit sauberem Wasser versorgen –, dann Richtung Kleiner Müggelsee. Vogelgesang und Insektensummen übertönen den Bootsmotor, fast opulent breitet sich dem Auge die Natur aus – hier entspricht sie wahrlich nicht dem viel zitierten Klischee von der „Streusandbüchse". Zwar hat sich die Flora in ihrer gewachsenen Gestalt durch die Rodung ehemaliger Eichenmischwälder und Aufforstung mit Kiefern, die heute etwa 80 Prozent des Baumbestandes ausmachen, kaum noch erhalten, aber gerade im Uferbereich der zeitweiligen Überflutungssäume sind Erlenbruchwälder erhalten, Birken, Lärchen und Weiden, durchsetzt mit Goldruten, Farn und Großer Rüsterstaude bestimmend.

Hier im Mündungsgebiet der Müggelspree herrscht ungewöhnliche Ruhe, auch die Bauten ordnen sich wohl in die Landschaft. Von Rahnsdorf, an dessen Kirchturm Protesttransparente in Erwartung der dahinschwindenden Ruhe auf den ge-

Auf dem Müggelsee

planten Ausbau des Flughafens Schönefeld hinweisen, und Neu-Venedig dringt kaum ein Laut herüber. Liebevoll angelegte Gärten begleiten die Müggelspree auf der einen Seite, auf der anderen ist die Natur einziger Architekt.

Die Müggelspree öffnet sich zum **Dämeritzsee**, dessen Fläche sich Berlin und der angrenzende Kreis Fürstenwalde brüderlich teilen, voraus liegt Erkner. Dem schmalen Gosener Kanal strotzt die scheinbar unberührte Natur wie zum Trotz ihre Stille entgegen. Rechter Hand mündet zuvor die Müggelspree an einer Insel mit dem Alten Spreearm, zur Linken fließt ruhig der nicht schiffbare Gosener Graben dahin. Erst zwischen den Jahren 1932 und 1936 wurde der Kanal parallel dazu angelegt, um den von den Rüdersdorfer Kalksteinbrüchen kommenden Schiffen eine Anbindung an den Oder-Spree-Kanal zu schaffen.

Immer wieder treibt der Dampfer Schwäne, Enten und Reiher vor sich her, die wie in einem Spiel den Ausschauhaltenden wenige Meter an sich heranlassen, um dann wieder gehörigen Abstand zu gewinnen.

Am Ende des Kanals erschließt sich der **Seddinsee**, zur Linken ist der Einfluss des alten Gosener Grabens zu sehen; Buchten, Inseln und Seerosenfelder verheißen einen idealen Lebens- und Brutraum der artenreichen Tierwelt. Insbesondere Wasservögel sind mit Höckerschwan, Blesshuhn und Haubentaucher zahlreich vertreten, mit viel Glück lässt sich der scheue Graureiher erblicken. Nur erahnen lassen sich unter dem Kiel Fluss- und Kaulbarsch, Hecht, Zander und Aal, denen das Leben aufgrund der erst allmählich wieder sauber werdenden Gewässer aber nicht leicht gemacht wird.

Der Dampfer nähert sich dem aus dem Mittelalter stammenden 5 **Schmöckwitz**, mit einer eleganten Wendung und erstmals mit dem Strom schwimmend erreicht er den **Langen See**.

Tief bohrt sich rechts die Große Krampe in den Forst, als Teil einer ehemaligen, aber dann verlandeten Verbindung zwischen Müggelspree und Dahme, und ewig möchte man am Landschaftsschutzgebiet entlangtreiben. Dann sind die 6 **Müggelberge** wieder in Sicht, und stromabwärts

Vor Grünau

tauchen mit Karolinenhof, Grünau und Wendenschloss die ersten Vororte wieder auf.

Die Gründung der Kolonie „Grüne Aue" geht auf die Ansiedlung von vier pfälzischen Familien zurück, die wie die Hugenotten in der Hoffnung auf freie Religionsausübung das Angebot Friedrichs II. zum Bleiben annahmen. 1749 legten sie den Amtseid ab, der Zuwanderern durch einen staatlichen Kolonisationsfonds Haus und Hof, bestellte Äcker und Vieh garantierte. Doch Landwirtschaft war anscheinend der Grünauer Sache nicht. Von den rund 140 Einwohnern des Jahres 1858 ernährten Ackerbau und Viehzucht nur sechs Familien, die anderen verdingten sich als Tagelöhner oder standen „auswärts" als Fabrikarbeiter in Brot und Lohn. Mit 7 **Grünau** verbindet der Berliner vor allem Wassersport. Bereits seit 1868 vergnügten sich hier auf der Dahme die ersten Sportsegler, Ruderregatten finden seit 1882 auf dem Wasser statt. Die „Kaiserregatten" zogen oft mehr als 50 000 Menschen an. Die Begeisterung der Berliner gipfelte 1936 zu den Ruderwettkämpfen bei den Olympischen Spielen, deren Regattastrecke noch heute befahren wird, wie die Start- und Zielhäuschen sowie die bunten Bahnmarkierungen anzeigen.

Wenn auch heute noch schmucke Wohngegend, ist es doch ruhiger um diesen Ort geworden. Seine Bebauung, einst von Gastronomien durchsetzt, zieht sich bis dicht an das Ufer heran, erst beim Strandbad Grünau finden Wald und Wasser wieder zueinander.

Dort wo Grünaus Bebauung am dichtesten ist, liegt gegenüber der ehemalige Villenort 8 **Wendenschloss**. Die Kolonie entstand Ende des 19. Jahrhunderts an einem hornartigen Eck des Müggelwerders. Von alters her als „Eichhorn" bekannt, markiert es ein Ufergebiet, das 1516 erstmals in einer Urkunde Joachims I. Erwähnung fand, in der die Verpfändung des Gebietes an seinen Amtmann Georg Flans angezeigt wird. Sie bezeichnet das Gebiet als ausdrücklich dem Kurfürsten zur Jagd zur Verfügung stehendes Gelände. Nur ein paar Pfade, die den Herrschern als Jagdweg dienten, störten zunächst die Waldfauna. Erst mit den Anfängen der Wanderbewegung und der Mode, Landhaussiedlungen für ein gediegenes Publikum außerhalb von Berlin zu schaffen, löste sich die Gegend langsam aus der Ruhe.

Mit dem Bau einer Straßenbahn war das Ende der Einsamkeit erreicht, man gelangte nun in nur 45 Minuten in Berlins Mitte. Auch wenn im Ort – der Name ist insofern irreführend – kein Schloss besichtigt werden kann, bietet sich die heute wieder ansehnliche Villenkolonie als Ausgangspunkt für Wanderungen und Radtouren durch die Köpenicker Bürgerheide an.

Das Ende der Rundfahrt naht, wie zum Lebewohl und Willkommensgruß reckt sich die Schlossinsel zwischen Dahme und Frauentog entgegen, das Schiff nähert sich zum zweiten Mal der **Anlegestelle Luisenhain**. Man schaut auf die rückwärtige Front des Schlosses, ein Balkon ermöglichte ehemals einen neugierigen Blick auf Ankömmlinge, die aus Berlin anreisten. Das letzte Stück der Dampferfahrt nimmt denselben Weg wie zu Beginn, und erstaunt erkennt man rückblickend: Auch das ist Berlin, und es stimmt, was die Berliner Schnauze sagt: „Een Vajnüjen eij'ner Art is und bleibt 'ne Wasserfahrt."

JÖRG SCHUMACHER

Fahrradtour um den Müggelsee

Preußische Musterdörfer in Wald und Moor

Siehe Plan Seite 425

Ein zusammenhängendes Erholungsgebiet, das zu durchstreifen selbst mit dem Fahrrad einen ganzen Tag in Anspruch nimmt – auch das ist Berlin. Im Vergleich etwa zum Grunewald wird die Radtour oft durch geradezu menschenleere Gebiete führen. Dörfer aus dem Mittelalter werden berührt, friderizianische Orte gestreift, Berge bezwungen, Ufergestade erreicht und ein Naturschutzgebiet durchquert. Die erste Wegstrecke ist auch für nicht so ausdauernde Spaziergänger geeignet, denn nach gut drei Stunden ist Müggelheim erreicht, und von dort kann man sich mit dem Bus zum S-Bahnhof Köpenick bringen lassen.

Ausgangspunkt ist der (9) **S-Bahnhof Wilhelmshagen**. Eine Dreiviertelstunde von der Friedrichstraße entfernt, ist er letzter Bahnhof auf Berliner Stadtgebiet, bevor die Bahn gen Erkner Richtung Fürstenwalde entschwindet.

Der östliche Ortsteil von Rahnsdorf liegt halbkreisförmig um den 1891 angelegten Bahnhof. Von einer Terrain-Aktiengesellschaft als Neu-Rahnsdorf gegründet und 1902 in Wilhelmshagen umbenannt, schmiegt er sich an die Püttberge, eine der größeren Erhebungen Köpenicks. Der Weg führt schnurgerade auf der Schönblicker Straße vorbei an Jahrhundertwendehäusern zur **Taborkirche**, die sich auf dem einzigen Platz des Örtchens erhebt. Vom Platzrund geht zur Rechten die Güttlander Straße direkt auf die (10) **Püttberge** zu, an deren Fuße sich die Hochlandstraße entlangzieht. Ihr folgt man im linken Verlauf bis zum Friedhof, an dem als kleine Stichstraße der Saarower Weg liegt. An einem hölzernen Geländer entlang führt ein leicht ansteigender Pfad nach rechts zum höchsten Punkt. Von hier bietet sich in östlicher Richtung ein wunderschönes Panorama. Bei klarer Sicht blickt man auf die waldreichen Gebiete des Berliner Umlands; über die Kirchturmspitze hinweg Richtung Erkner, nach links richtet sich das Augenmerk auf die 104 Meter hohen Kranichsberge nebst Aussichtsturm in der Rüdersdorfer Heide.

Am Kalksee gelegen, ist Rüdersdorf vor allem durch seine reichen Kalkabbaugebiete bekannt geworden. Der als begehrtes Baumaterial benutzte Kalkstein fand unter anderem in Rahnsdorf reichlich Verwendung, in Köpenick wurde er unter anderem in den noch teilweise erhaltenen Öfen an der Friedrichshagener Straße gebrannt.

Die Hochlandstraße führt in südlicher Richtung durch ein kleines Waldgebiet und kreuzt die Fürstenwalder Allee zum Rialtoring, der (11) **Neu-Venedig** umfasst. Wer vorweg noch mittelalterliche Luft schnuppern möchte, sollte zur Rechten den Plutoweg nehmen, der auf die Dorfstraße trifft.

1375 zum ersten Mal als „Radensdorf" erwähnt, ist der ehemalige Fischerort als Sackgassendorf angelegt. Seine Lage an der Bänke und am Kleinen Müggelsee veränderte sich über Jahrhunderte kaum, an einem alten Postweg zwischen Berlin und Frankfurt/Oder gelegen, der heutigen Fürstenwalder Allee, ging 1722 das Rittergut in den Besitz einer märkischen Adelsfamilie über.

Im 19. Jahrhundert in den Blickpunkt von Ausflüglern gerückt, nutzte der Gutsbezirk die Gunst der Stunde und eröffnete 1912 das Freibad Müggelsee am nördlichen Ufer, auch heute ein beliebtes Strandbad. Die Boots- und Dampferanlegestellen Müggelwerder, Müggelhort und an der Gaststätte Neuhelgoland brachten die Familien an die Badebuchten. Nachdem der Berliner Polizeipräsident 1907 das Freibadeverbot aufhob, überfluteten in der ersten Saison 177 000 Badefreudige das Strandbad.

Vom Rialtoring gehen nach links Sackgassen in die in den zwanziger Jahren ange-

Gegenverkehr

legte Lagunenstadt im Kleinformat ab. Gleich die erste Abzweigung, der Finkenweg, zeigt nach wenigen Metern von einer Brücke den Blick über die niedrig bebauten Wassergrundstücke. Der Rialtoring knickt hart nach links ab und führt weiter über den Zuflusskanal der wasserreichen Siedlung zur Biberpelzstraße. Eine kleine Insel erreicht man über den Hasenwinkel und die **Triglawbrücke**. Überquert man dann nach rechts einen eisernen Steg, befindet man sich im Berliner Stadtforst.

Man folgt links dem breiteren Pfad, der nach ungefähr 200 Metern im 45-Grad-Winkel seine Richtung ändert. Wie mit dem Lineal gezogen, trifft er nach weiteren 500 Metern auf die Siedlung Schönhorst.

Nach einem weiteren Kilometer muss man an einer Wegkreuzung sein Fahrrad nach links wenden, um zur ⑫ **Krummen Lake** zu kommen. Dieser Fußweg führt durch ein Sumpfgelände. Links und rechts eines aufgeschütteten Dammes, als Bohlenweg befestigt, erstreckt sich ein bis zu einem halben Meter tiefes Moor, das ein Landschaftsschutzgebiet bildet. Man sollte unbedingt auf den Wegen bleiben, denn viele seltene Pflanzen und Gewächse haben sich nur hier angesiedelt. Links geht es dann zur Krummen Lake, die, dicht von Wäldern umstellt, sommers wie winters einen reizvollen Anblick darstellt.

Dieses Hochmoor mit Waldsee entwickelte sich nach der letzten Eiszeit. Das Gewässer ist ein kleines Überbleibsel eines Wasserlaufes, das die Dahme und die Müggelspree miteinander verband. Ein weitaus größerer Teil blieb weiter südlich mit der Großen Krampe erhalten. Nach dem Rückzug der Eismassen schnitten angewehte Dünen den natürlichen Kanal ab, durch die allmähliche Verlandung entstand das Moorgebiet. Bedrohlich setzen dem im größten Berliner Naturschutzgebiet befindlichen Biotop die zivilisationsbedingten Grundwasserabsenkungen zu, die eine schleichende Austrocknung zur Folge haben. Zur Rettung ist die Einspeisung von Spreewasser geplant, die den Niedergang der Bruchwälder, deren gewollte Existenz die Grundlage weiterer Vermoorung bedeutet, aufhalten soll.

Nun geht es in nordwestlicher Richtung auf einen Stein mit der Nummer 178 zu, er zeigt die Grenze eines Jagens an. Diese Jagen unterteilen auch Köpenicks Wälder in einzelne Parzellen, noch heute kann man an ihren Zahlen sehen, in wessen Zuständigkeits-, also Jagd- und Forstbereich sie einst gehörten. Wo die Oberen jagten, kann man noch heute im Stadtplan ablesen: Der königliche Forst trug die Grundzahl „100", die Bürgerheide als städtischer Besitz die Jagenkennzahl „400".

Auf Müggelheim zu, dessen östliche Grenze nach rechts mit der Staudenheimer Straße bezeichnet ist, gelangt man über die Durchrother zur Odernheimer Straße. Folgt man ihr nach rechts, gelangt man zur **Gaststätte Neuhelgoland**, ein hübscher Fachwerkbau mit viel Glas und einem großen Restaurantgarten unter Birken. Dahinter schließt sich eine Badestelle an, heller Sand unter Birken und bei den Berlinern kaum bekannt.

Nach links führt die Odernheimer Straße nach gut zwei Kilometern zum ⑬ **Müggelheimer Dorfkern**. Es ist ein am nördlichen Ausläufer der Großen Krampe gelegener Ort, der auf die Gründung reformierter Emigrantenfamilien zurückgeht. Friedrich II. warb unter anderem auch in der Kurpfalz um „Aufbauhelfer", aus Odernheim im Herzogtum Zweibrücken folgten zwanzig Familien seinem Ruf, um sich unter beträchtlichen Zuwendungen seitens des preußischen Staates eine neue

Zwischenstation am Müggelsee

Lebensgrundlage zu schaffen. Sie wählten für ihre Siedlung die Form eines mittelalterlichen Angerdorfs, jeweils zehn Häuser umgeben noch heute die in der Mitte angelegte Kirche.

Die Gemeinde erfuhr im Laufe der Jahrhunderte kaum Bevölkerungszuwachs, und so war das Dörfchen bei der Bildung Groß-Berlins 1920 mit nur 186 Einwohnern die kleinste einverleibte Landgemeinde.

Einen berühmten Sohn hat sie dennoch hervorgebracht, den 1794 als Bauernsohn geborenen Johann Jacob Baeyer, der von hier aus eine Militärkarriere startete, die mit der Teilnahme an der Völkerschlacht bei Leipzig 1813 begann und im Rang eines Generalleutnants 1858 endete. Berühmt wurde er aber als Begründer der internationalen Erdmessung, die Berliner Stadtvermessung fand ihren Ausgangspunkt an dem von ihm gesetzten „Dreieckspunkt erster Ordnung Müggelberg". Ihm verdanken wir es, nun nicht ohne detailliertes Kartenwerk durch die Berliner Stadtlandschaft irren zu müssen, und ein Blick auf die Wanderkarte verrät, dass wir uns jetzt in der Nähe der Müggelberge befinden. Fast am Ende der Sobernheimer Straße mündet rechts der Grünstadter Weg und führt zur Straße Am Müggelberg, in deren Verlauf nach ungefähr 150 Metern unvermittelt ein nicht benannter Weg links ins Gebiet der Bürgerheide eindringt. Als Fixpunkt dient ein Funkmast, an dem vorbei man auf einen Naturlehrpfad trifft.

In drei Richtungen wendet sich jetzt der Weg. Eine weist auf die höchste natürliche Erhebung Berlins. Zwei von ihnen führen am Naturlehrpfad entlang, zum einen in leicht nördlicher Wegführung dem Teufelssee entgegen, zum anderen westlich auf den (14) **Müggelturm** zu. Dieser Pfad bietet mehrere Aussichtspunkte, deren erster sich gleich nach wenigen Metern eröffnet und den Blick in südwestliche Richtung über den Langen See freigibt. Weiter hügelan bietet sich dem Auge nach Süden die Einsicht auf den Seddinsee und den Langen See. Dort wo sie zusammenstoßen, liegt Schmöckwitz. Am Ende des Weges erreichen wir einen Aussichtsturm, der aus luftiger Höhe von fast 120 Metern einen grandiosen Rundblick bietet.

Der heutige Müggelturm überragt um zwei Meter seinen 1958 abgebrannten

Raststation am Müggelsee

Vorgänger, der 27 Meter maß. Dieser war 1890 ganz aus Holz im Stil einer chinesischen Pagode errichtet worden.

Das Gebiet um die Müggelberge war schon zu Zeiten des Großen Kurfürsten in die wildesten Planungen einbezogen worden. Der Holländer Benedikt Skytte, Magister am Hofe Friedrich Wilhelms, versuchte diesen mit der Stadt „Futura" zu begeistern, die überhöht von einem Palast an einem geplanten Handels- und Vergnügungshafen Müggelsee liegen sollte. Aber auch heute funkelt im Abendrot lediglich das Glas des 1961 eingeweihten Turms, der neben seiner Aussicht auch eine Lokalität für Erschöpfte bietet.

Der Weg führt weiter zum dunklen und sagenumwobenen **Teufelssee**, dann als Wanderweg über den Müggelheimer Damm hinweg direkt zum rund einen halben Kilometer entfernten ③ **Rübezahl**. Das ist ein direkt am Wasser gelegenes Ausflugslokal mit langer Tradition. Von hier aus tuckert auch eine Fähre nach Friedrichshagen. Ein Pfad führt nach links am Wasser entlang zur für den Autoverkehr gesperrten Straße Am Müggelsee. An ihrem Anfang kann man den Endpunkt der Radwanderung erblicken: Friedrichshagen. Rund 2,5 Kilometer Wegstrecke, immer am Ufer entlang, führen zu einer Landzunge, die schon Fontane zu einem kurzen Aufenthalt in einem königlichen Fischereihaus, als „Müggelbude" bekannt, reizte.

Man gelangt durch einen ⑮ **Tunnel** nach ② **Friedrichshagen**, der größten auf Köpenicker Boden entstandenen Kolonistensiedlung. Der Ausgang dieses abgesenkten Durchganges, der in fortschrittlicher Bauweise mit vorgefertigten Tunnelsegmenten in das Spreebett gelegt wurde, geht auf die Josef-Nawrocki-Straße zu, die in die einen Kilometer lange Bölschestraße mündet. Sie ist die Einkaufs- und Flaniermeile Friedrichshagens und nicht nur deswegen einen längeren Besuch wert, denn wie sonst nirgends wird dem Betrachter, wie der Architekturkritiker Wolfgang Kil schreibt, „die märkisch-brandenburgische Herkunft Berlins, seine anfangs preußisch-mühselige, später parvenühaft-ruckartige Entstehungsgeschichte" so deutlich vor Augen geführt.

1753 ließ Friedrich II. eine Ortschaft für 100 Kolonistenfamilien gründen, für die strohgedeckte Fachwerkkaten mit jeweils zwei Haushälften an der Dorfstraße errichtet wurden. Voller Elan wurden entlang der Hauptstraße rund 800 Maulbeerbäume für die Seidenraupenzucht gepflanzt, von denen noch heute einige zu betrachten sind. Aber bereits 1775 hatten nur noch die Hälfte der Bewohner ihr bescheidenes Auskommen mit der Spinnerei, und um 1800 diente die Textilbranche nur noch 63 der mittlerweile auf knapp 500 Bürger angewachsenen Bevölkerung als Erwerbsquelle. Man suchte nach Lösungen, die Lage am Müggelsee eignete sich doch bestens für einen Erholungs- und Kurort. Er hatte mit dem Anschluss an die Vorortbahn 1849 und mit dem seit 1864 aufkommenden Ausflugsverkehr zu Wasser Erfolg.

Eine regelrechte Bauwut setzte ein, die niedrigen Häuschen wurden durch massive einstöckige Mauerwerkbauten mit festem Dach ersetzt. Sie zieren, vor allem zum See hin, teilweise noch heute die Bölschestraße. Zum Bahnhof hin wird es großstädtischer, Stuck und Giebel an den Fassaden, oft mit Jugendstilelementen, zeugen von dem Aufblühen des Ortes um die Jahrhundertwende. Zumeist sind sie nur dreistöckig – Urbanität, aber immer noch mit dem Charme einer Sommerfrische. Das Dorf weitete sich nach beiden Seiten aus, die heutige Scharn-

Friedrichshagener Ufer

weberstraße bezeugt die Entwicklung nach Osten.

Das heutige Gesicht der Hauptstraße wird nach wie vor von diesen Gründerzeitbauten bestimmt, die dennoch nicht das verdrängten, was einen Vorort ausmacht: Kirche und Kriegerdenkmal, Postamt und Polizeiwache, Eisdiele und Edelrestaurant. Am Marktplatz befindet sich die 1901-03 im Stil der märkischen Backsteingotik errichtete **Christophoruskirche**, davor die Gedenksäule zur Erinnerung an die „Einheitskriege". Südlich wird die Straße durch das weithin sichtbare Rot der großen Lindenbrauerei begrenzt. Von hier aus kann man zur Dampferanlegestelle schlendern oder am See entlang, bis hin zum Museum im Wasserwerk oder zum Freibad.

Zwei Institutionen machten Friedrichshagen über seine Grenzen weit hinaus bekannt: etwas Bildhaftes und etwas Bildungsbehaftetes.

Auf der Siegessäule im Tiergarten erblickt man die im Berliner Volksmund „Goldelse" genannte Viktoria, vor der Alten Nationalgalerie sieht man im Reiterstandbild Friedrich Wilhelm IV. verewigt, es erfrischen sich die Berliner in heißen Sommern im Neptunbrunnen; im Gießereiunternehmen Gladenbeck haben all diese Wahrzeichen ihren Ursprung. 1887 siedelte die Firma hierher und bedachte als größte deutsche Kunstgießerei mit über 300 Monumentalplastiken vor allem Berlin.

Ob zu ihren Produktionen auch eine der Berühmtheiten des „Friedrichshagener Dichterkreises" gehörte, ist nicht bekannt, doch mit einem Hauch weltstädtischer Kreativität verschaffte die Literatenrunde der preußisch-dörflichen Gemeinde hohes Ansehen. Unter anderem gehörten ihr Wilhelm Bölsche und Bruno Wille an. Nach ihnen sind zum Gedenken einige der umliegenden Straßen benannt. Um das Arbeitszimmer Gerhart Hauptmanns besuchen zu können, muss man nach Erkner hinaus. In der Ahornallee ist jedoch das Arbeitszimmer des Schriftstellers Johannes Bobrowski zu besichtigen, der hier bis zu seinem Tode 1965 wohnte und die literarische Tradition des Stadtteils fortsetzte.

Die Reise endet am 16 **S-Bahnhof Friedrichshagen**, dessen Fahrtanzeiger dem Ausflügler unwillkürlich den Weg vom Kleinstadtidyll ins tosende Alltagsleben zurückweisen.

Jörg Schumacher

Wenn etwas zusammenwächst, das zusammengehört, sind es die beiden Bezirke Marzahn und Hellersdorf. Denn beide sind jung – Marzahn wurde erst 1979 eigenständig, Hellersdorf sieben Jahre später –, und beide waren bis dahin Teile des Bezirkes Lichtenberg.

Ihre spät gewonnene Eigenständigkeit resultierte aus dem außerordentlichen Bevölkerungszuwachs, den sie seit den 1970er Jahren erfuhren. Die Gebiete am östlichen Stadtzentrum, bis dahin ländliche Flächen um die Dörfer Marzahn, Biesdorf, Kaulsdorf, Hellersdorf und Mahlsdorf, waren dazu bestimmt, das drängende Wohnungsproblem der DDR zu lösen. Und so entstanden hier Neubausiedlungen, in denen heute zusammengenommen etwa 250 000 Menschen wohnen.

„Gemeinsame Herausforderung Platte" titelte dann auch konsequent eine Berliner Zeitung zur Zukunft der Fusionspartner und machte einmal mehr ein weit verbreitetes Vor- und Werturteil zur Schlagzeile. Die Großsiedlungen wurden in den letzten Jahren nicht nur saniert, mit „Kunst im Raum" verschönert und mit Garten- und Sportanlagen erweitert; den Charakter reiner Schlafstädte, den sie zunächst unbestreitbar hatten, milderten die Stadtplaner auch, indem sie Dienstleistung und Handel in die Siedlungen holten.

Über die Diskussionen um den Leerstand in den Neubausiedlungen und den Umgang damit wird gern vergessen, dass der überwiegende Teil der Bewohner gern an der Peripherie wohnte und wohnt. Und zumindest Westdeutsche sind oft über-

Marzahn–Hellersdorf

rascht, wenn sie zudem von dem jungen Durchschnittsalter und den überdurchschnittlichen Einkommen der Einwohner hören. In der reduzierten Wahrnehmung wird meist auch übersehen, dass mit der Fusion das größte Kleinsiedlungsgebiet Europas zusammengewachsen ist: Allein im Hellersdorfer Süden leben – mit scharfer Kante gegen die Plattenbauten des Nordens abgesetzt – etwa 40 000 Menschen in einem Meer kleiner Häuschen. Dazu kommen knapp 7000 Wohnungen auf Marzahner Gebiet.

Da Groß- wie auch Eigenheimsiedlungen um die alten Dorfkerne herum wuchsen, besteht Marzahn-Hellersdorf nicht nur aus Neubauten, sondern auch aus Dorfidyllen und mittelalterlichen Kirchen; dazu kommen ausgedehnte Erholungsgebiete sowie – in Kaulsdorf – einige größere Seen. Und in Mahlsdorf findet sich eines der wohl eigenwilligsten Museen Berlins, das Gründerzeitmuseum. An die östliche Peripherie Berlins muss man mit offenen Augen fahren und der Bereitschaft, sie vorurteilsfrei kennen zu lernen.

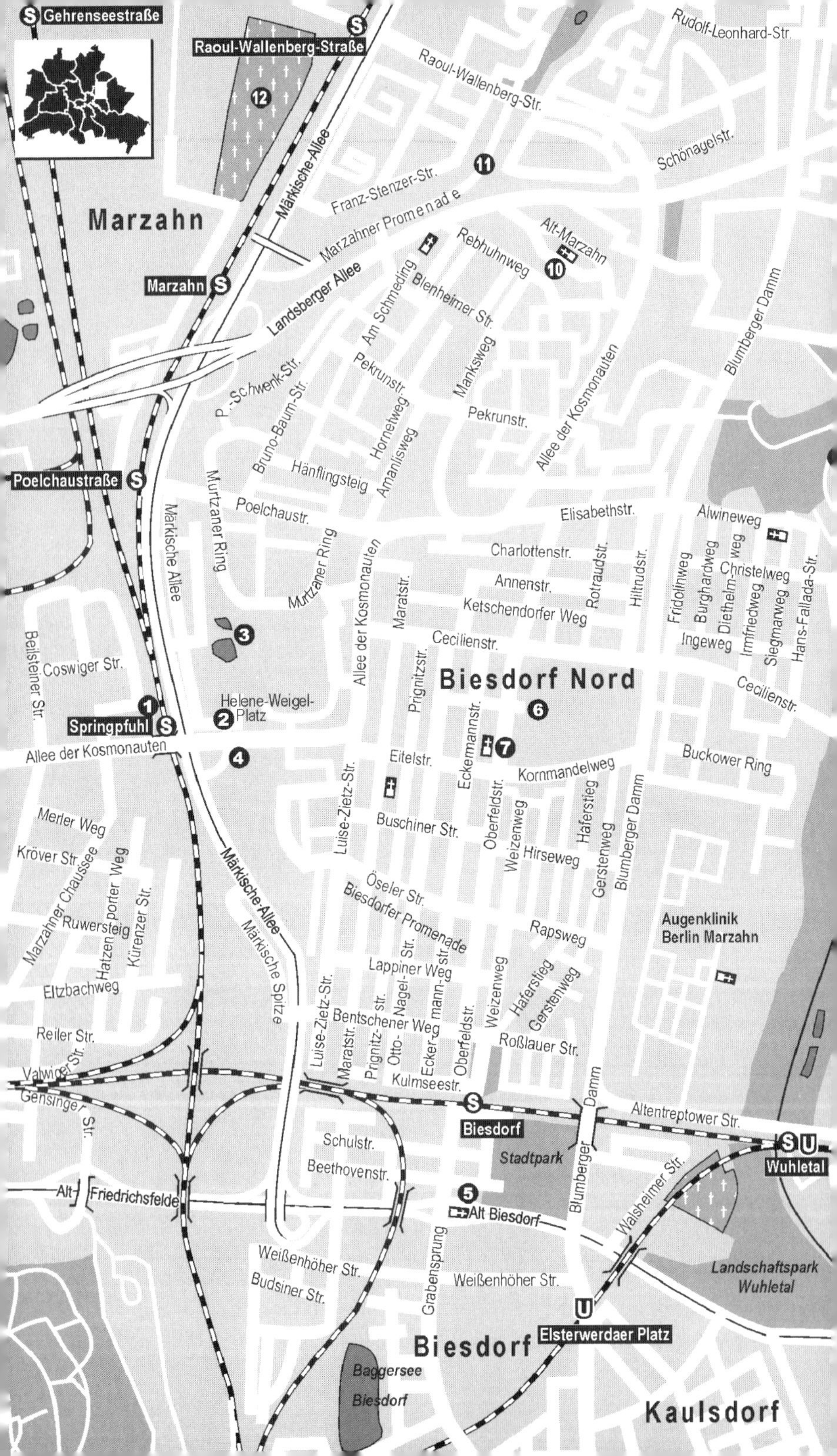
Gehrenseestraße
Raoul-Wallenberg-Straße
Rudolf-Leonhard-Str.
Raoul-Wallenberg-Str.
12
Schönagelstr.
11
Märkische-Allee
Franz-Stenzer-Str.
Marzahn
Marzahner Promenade
Alt-Marzahn
Rebhuhnweg
10
Marzahn
Landsberger Allee
Am Schmeding
Blenheimer Str.
Blumberger Damm
P.-Schwenk-Str.
Bruno-Baum-Str.
Pekrunstr.
Mankswe
Hornetweg
Pekrunstr.
Allee der Kosmonauten
Hänflingsteig
Amanlisweg
Poelchaustraße
Murtzaner Ring
Märkische Allee
Poelchaustr.
Elisabethstr.
Alwineweg
Murtzaner Ring
Allee der Kosmonauten
Charlottenstr.
Rotraudstr.
Hiltrudstr.
Maratstr.
Annenstr.
Fridolinweg
Burghardweg
Diethelmweg
Christelweg
Irmfriedweg
Siegmarweg
Hans-Fallada-Str.
Ketschendorfer Weg
3
Beilsteiner Str.
Coswiger Str.
Cecilienstr.
Ingeweg
Prignitzstr.
Biesdorf Nord
Cecilienstr.
1
Helene-Weigel-Platz
2
6
Springpfuhl
Eckermannstr.
7
Allee der Kosmonauten
4
Eitelstr.
Buckower Ring
Kornmandelweg
Luise-Zietz-Str.
Oberfeldstr.
Haferstieg
Buschiner Str.
Weizenweg
Merler Weg
Hirseweg
Gerstenweg
Blumberger Damm
Kröver Str.
Marzahner Chaussee
Hatzenporter Weg
Märkische-Allee
Öseler Str.
Biesdorfer Promenade
Ruwersteig
Kürenzer Str.
Märkische Spitze
Rapsweg
Augenklinik Berlin Marzahn
Lappiner Weg
Otto-Nagel-Str.
Eltzbachweg
Luise-Zietz-Str.
Weizenweg
Haferstieg
Gerstenweg
Bentschener Weg
Eckermann-str.
Reiler Str.
Maratstr.
Prignitz-str.
Oberfeldstr.
Roßlauer Str.
Valwiger Str.
Kulmseestr.
Gensinger Str.
Altentreptower Str.
Damm
Biesdorf
Wuhletal
Schulstr.
Stadtpark
Beethovenstr.
Walsheimer Str.
Alt-Friedrichsfelde
5
Alt Biesdorf
Blumberger
Weißenhöher Str.
Landschaftspark Wuhletal
Budsiner Str.
Grabensprung
Weißenhöher Str.
Elsterwerdaer Platz
Biesdorf
Baggersee Biesdorf
Kaulsdorf

Durch das alte und das neue Marzahn

Großstadt im Osten

Marzahner gibt es ungefähr so viele wie Ulmer und Bamberger zusammengezählt. Sie leben überwiegend in einem Neubaugebiet, das etwa einen Kilometer breit ist, sich in Nord-Süd-Richtung auf etwa fünf Kilometer erstreckt und durch ca. 25 Kilometer Straße erschlossen wird. Diese muss man natürlich nicht alle durchmessen. Am interessantesten sind das Hauptzentrum und der Süden. Marzahn ist von Süd nach Norden gebaut worden, und dort, im 1 **Zentrum-Süd** am Bahnhof Springpfuhl, beginnt man am besten den Rundgang.

Besonders einladend wird man hier nicht empfangen, denn für die autogerechte Stadt wurden die Fußgängerströme unterirdisch verlegt. Durch einen langen Tunnel gelangt man zum 2 **Helene-Weigel-Platz**. Hier haben die Plattenbauten keramische Fliesen als Veredelung, denn der Platz war so etwas wie der Empfangssalon der Großsiedlung, in dem Gästen wie Michail Gorbatschov, Willy Brandt und ungezählten Parteisekretären des sozialistischen Auslands die Erfolge des real existierenden Sozialismus im Wohnungsbau vorgeführt wurden.

Blockhaft, aber vergleichsweise klein steht hier auch das **Rathaus**. Es trägt das Wappen des ehemaligen Bezirks: ein Rad, das die Industrie symbolisiert, und darüber fünf Ähren für die fünf damaligen Ortsteile: 1979 wurden Marzahn, Biesdorf, Hellersdorf, Kaulsdorf und Mahlsdorf aus dem Bezirk Lichtenberg ausgegliedert und bildeten fortan den neuen Stadtbezirk Marzahn. Bereits sieben Jahre später halbierte ihn die DDR-Regierung wieder, um den Bezirk Hellersdorf zu gründen, seither bestand er nur noch aus den Ortsteilen Marzahn und Biesdorf. Durch die Bezirksreform wurden diese wieder mit den anderen drei Ortsteilen vereint – ein Hin und Her der Verwaltungen.

Das Wappen wurde erstmals 1980 anlässlich der Maiparade präsentiert. Gleichzeitig feierte man das erste Mal den „Marzahner Frühling", seither das eigene Fest von Marzahn, das seinen politischen Jubel-Charakter mittlerweile völlig verloren und sich zum wirklichen Volksfest gewandelt hat.

Links seitlich des Rathauses liegt in einer parkähnlichen Landschaft jener 3 **Springpfuhl**, der dem Bahnhof seinen Namen verleiht. Derartige Gewässer, die in der Eiszeit durch Grundeisblöcke entstanden, gab es im Marzahner Gebiet früher viele, vor allem die kleineren Pfuhle wurden aber im 19. Jahrhundert für die Rieselfelder planiert. Auf dem Platz und der Grünanlage hinter dem Pfuhl versammelte man zahlreiche Plastiken des 1984 in Biesdorf unter dem klangvollen Thema „Poesie des Lebens" abgehaltenen 1. Internationalen Bildhauer-Symposiums Sozialistischer Staaten. Mal kantig, mal rund, werden auf jeden Fall immer Menschen dargestellt.

Hinter dem Rathaus liegen eine wettbewerbsfähige Schwimmhalle, eine ehemalige Poliklinik, ein Apothekenbau und das Kino Sojus, dessen Charakterisierung zu DDR-Zeiten als „spannungsvolle Architektur" man heute nicht mehr so recht nachvollziehen kann.

Vom Kino führt der Weg nach Süden. Der Autogerechtigkeit halber können Fußgänger die Allee der Kosmonauten, die ihren Namen 1978 anlässlich des gemeinsamen Fluges von Siegmund Jähn und Waleri Bykowski erhielt, nicht überqueren, sondern werden unterirdisch geführt. Auf der anderen Straßenseite erreicht man linker Hand ein 4 **Betondenkmal** mit dem Titel „Richtspruchgestaltung". Es handelt sich dabei um eine stilisierte Richtkrone zur Erinnerung an den dahinter liegenden ersten Wohnblock. Das Denkmal wurde im Herbst 1977 aufgestellt, noch bevor auch nur eine Wohnung bezogen war, und bekam den Charakter einer Dauerrichtkrone. Bemerkenswert daran ist die

Betonplatte in den Maßen eines Großblocks. In ihr wurde jener menschliche Schattenriss ausgespart, der Le Corbusier bei der Entwicklung seines Proportionensystems Modulor leitete – ein sehr gewagter Anspruch für das DDR-Plattenbausystem „WBS 70".

Ende 1977 konnte dann in der Marchwitzastraße 43 die erste Wohnung des Baublocks „001" bezogen werden, ein halbes Jahr später übergab Erich Honecker im nahe gelegenen Wohnblock Luise-Zietz-Straße 129 die tausendste Wohnung an eine „glückliche Arbeiterfamilie", und Ende 1981 wurde in der Paul-Dessau-Straße 1 die zwanzigtausendste Wohnung gefeiert. Diese Geschwindigkeit war nur durch die kaum zu übertreffende Effizienz der Plattenbauwerke möglich und die Tatsache, dass es sich hier um ein Prestigeobjekt handelte, das auf Kosten anderer Bauvorhaben bevorzugt behandelt wurde. Darum hatte der Name Marzahn in den anderen Städten der DDR keinen guten Klang.

In den Höfen, die durch die Zeilenbauten gebildet werden, finden sich die Kindereinrichtungen, damit die Kleinkinder nicht die Straßen überqueren müssen. Man merkt, vor allem an der Allee der Kosmonauten, dass hier für eine motorisierte, junge Gesellschaft gebaut wurde: große Abstellflächen für Autos, keine Fahrradwege, wenig Fußgängerübergänge und keine Wegmöglichkeiten für Rollstuhlfahrer. An Alte oder Behinderte wurde beim Bau von Marzahn nicht gedacht.

Der Identifikation mit der Umgebung des Wohnblocks dienten die „Mach-mit-Wettbewerbe". Die Baubrigaden stellten nur die Bauten fertig, das Wohnumfeld mit den Grünanlagen blieb der Bevölkerung überlassen. Mögen auch die astronomisch hohen Millionenzahlen freiwillig geleisteter Arbeitsstunden von den politisch Verantwortlichen schöngerechnet worden sein, so waren sie doch unabdingbar für die Gestaltung der Neubauviertel.

Über die Eitelstraße gelangt man an Einfamilienhäusern vorbei zur Oberfeldstraße. Wer mag, kann von hier aus mit dem Bus einen Abstecher nach **Biesdorf** machen. Biesdorf ist so etwas wie das bürgerliche Kulturviertel Marzahns. Der Dorfkern ist mit ländlichen Bauten noch gut erkennbar, aber durch den starken Verkehr beeinträchtigt. Biesdorf hatte das Unglück, etwa alle hundert Jahre zerstört zu werden, zuletzt 1945. Die Dorfkirche ist seit ihrem Wiederaufbau eher belanglos. Große Ereignisse sind aus der Dorfgeschichte nicht zu vermelden, sieht man davon ab, dass Napoleon nach der Doppelschlacht bei Jena und Auerstedt 1806 hier Heerschau hielt.

Nordöstlich der Kirche findet sich noch ein (5) **Schloss**. Dieses alte Herrenhaus war schon um 1800 gebaut worden, erhielt seine prachtvolle Erscheinung aber erst ab 1868, als Heino Schmieden es für Hermann von Rüxleben ausbaute. Rüxleben hat das 600 Hektar große Anwesen im wahrsten Sinne des Wortes verspielt. 1887 erwarb es dann Werner von Siemens, obwohl er lieber das Anwesen Witzlebens am Lietzensee bei Charlottenburg genommen hätte. Aber das dortige Gebiet war damals schon derart von der Bodenspekulation erfasst, dass es selbst für die Familie Siemens zu teuer war. Von ihm übernahm es sein Sohn Wilhelm, der vom Belvederegeschoss des Schlossturms aus mit drahtloser Telegraphie experimentierte und den Park vom Berliner Stadtgartendirektor Albert Brodersen erweitern ließ. In diesem Park fand die Probefahrt der ersten elektrischen Eisenbahn in Deutschland statt.

Auch das Schloss hat bessere Zeiten gesehen: Bei der Beseitigung der Kriegsschäden hat man das Obergeschoss abgetragen, sodass die Proportionen des Baus völlig verloren gegangen sind. Im Gegensatz zu Marzahn stand Biesdorf aber einmal richtig im Brennpunkt der Weltöffentlichkeit: 1911 machte hier das erste Siemens-Schuckert-Luftschiff von der ersten drehbaren Luftschiffhalle aus seine Probefahrt.

Alle diejenigen, die nicht nach Biesdorf fahren oder von dort zurückkommen,

Bockwindmühle Marzahn

können links in die Oberfeldstraße einbiegen und auf der rechten Straßenseite einen großen Baukomplex sehen, der heute vom Studentenwerk genutzt wird. Auf den ersten Blick mag dieses Gebäude als Hinterlassenschaft des Dritten Reichs erscheinen. Es ist aber erst Anfang der fünfziger Jahre als 6 **Hochschule der Volkspolizei** mit großen Sportanlagen errichtet worden und war für damalige Verhältnisse extrem abgelegen.

Gegenüber steht – für die Wohnviertel des heutigen Marzahn ähnlich abgelegen – die 7 **Kirche Maria Königin des Friedens**. Schon 1983 hatte Bischof Meisner den modernistischen roten Klinkerbau als erste katholische Kirche in Marzahn weihen können. Lage und Größe spiegeln – wie auch bei den neuen evangelischen Kirchen – den Stellenwert der Religion in der „entwickelten sozialistischen Gesellschaft" wider. In der Oberfeldstraße führt der Weg, an einigen hübschen Wohnhäusern der Zwischenkriegszeit vorbei, zurück in die Plattenbaugebiete.

Die frühen Bauserien am Zentrum-Süd hatten den Nachteil, dass sie keine winkelförmigen Baukörper ausbilden konnten. Später wurden Serien eingesetzt, die mit stumpfen und rechten Winkeln größere Bauformen erlaubten und heute lange Straßenzüge wie die Allee der Kosmonauten beherrschen. Gleichzeitig setzten sich die Loggienbalkone weiter durch. Da die Fassaden recht gesichtslos wirkten, waren diese Balkone der Ort, wo die Bewohner ihrer Wohnung Individualität verliehen: Fachwerkeinbauten, Wagenräder, absonderliche Blumenampeln und vor allem auffallende Farben garantierten, dass man die eigene Wohnung auch aus großer Entfernung erkannte. Die nach der Vereinigung gebildeten Wohnungsbaugesellschaften haben mittlerweile zahlreiche Bauten saniert, wärmegedämmt und in heiterer Farbigkeit neu gestaltet. Vor allem Letzteres verläuft nicht immer ohne Konflikt mit den Bewohnern.

Schlägt man sich nun in östliche Richtung quer durch die Blöcke und Höfe, so erlebt man die Struktur der eigentlichen Wohngebiete. Eine gewisse Monotonie ist nicht zu übersehen. Neue Objekte der Wohnumfeldverbesserung wie etwa begrünte Käfige für die Abfalltonnen und Ähnliches ändern daran wenig. Es handelte sich beim Bau von Marzahn eben um Bedürfnisbefriedigung des Wohnungsbedarfs und nicht um Baukunst. Dies wollten die Politiker natürlich anders gesehen haben: Zu Schinkels 200. Geburtstag wurde dem Architekten Heinz Graffunder stellvertretend für alle an der Bauplanung Beteiligten die Schinkel-Medaille der Bauakademie verliehen.

Alsbald stößt man hinter dem Blumberger Damm auf eine eingezäunte Grünanlage mit einer historistischen Säulenarchitektur, der so genannten Ringarkade. Als Erholungsgebiet für die Großbauprojekte Marzahn und Hellersdorf plante man einen weitläufigen 8 **Landschaftspark im Wuhletal**. Dessen Ausführung wurde immer wieder hinausgeschoben. 1986 begann man endlich mit der Anlage der „Berliner Gartenschau", die sich zur 750-Jahr-Feier mit Foerster-Staudengarten, Streichelzoo und anderen kleinen Attraktionen der Öffentlichkeit präsentierte – bescheidenes Ergebnis groß angelegter Planungen.

Geht man Richtung Norden über die Eisenacher Straße um den jetzt gebührenpflichtigen Erholungspark herum, kann man zur Ersteigung des 9 **Kienberges** ansetzen. Dieser 100 Meter hohe Hügel besteht aus wenig mehr als dem Erdaushub der Marzahner Baustellen, den man hier zentral aufgetürmt hat. Das Gebiet ist meist menschenleer, allenfalls ein paar Jugendliche tollen herum. Die Mühe des Aufstiegs belohnt ein schöner Ausblick: Man befindet sich über einem Meer von Plattenbauten, das Stadtzentrum mit dem Fernsehturm am Alexanderplatz scheint erstaunlich nah. Zur anderen Seite sieht man den Lauf der Wuhle, dahinter erheben sich die Baukomplexe von Hellersdorf, an deren Fassaden und Stockwerkszahl die jüngere Bauzeit ablesbar ist. Hinter dem Straßenbahndepot ragt der ebenfalls künstliche Ahrensfelder Berg auf, hinter dem wiederum – außerhalb des Berliner Stadtgebietes – der Kirchturm des Dorfes Eiche vorlugt. Am Ahrensfelder Berg wurden Blindgänger des Zweiten Weltkrieges entschärft – allein während des Baus von Marzahn fand man 20 große Sprengbomben und über 2000 Brandbomben.

Die Verlängerung der Eisenacher Straße – die Bärensteinstraße – führt direkt zum alten 10 **Dorfkern Marzahns**. Das Erste, was man als dörflich erkennt, sind die Flügel der **Bockwindmühle**. 1805 war in Marzahn eine erste Mühle gebaut worden, von deren Aussehen aber nichts bekannt ist, da sie schon im 19. Jahrhundert wieder verschwand. 1983 kam man nun auf die Idee, das Dorf Marzahn durch eine Mühle wieder zu komplettieren. Dazu war die denkmalgeschützte, aber renovierungsbedürftige Mühle von Luckow gekauft worden. Als diese nun nach der Wende nach Marzahn abtransportiert werden sollte, wollten die Luckower ihre Mühle nicht mehr missen und kämpften so lange, bis sie sie behalten konnten. So wurde für Marzahn ein Neubau gefertigt und 1994 auf einem aufgeschütteten Hügel aufgestellt. Für ihren Betrieb wurde eigens ein Müller angestellt. Das Innere der Mühle hat musealen Charakter, zu Schau- und Backzwecken wird aber tatsächlich Mehl produziert. Aus ihrem Fenster heraus hat man gute Aussicht, je nachdem, wohin die Mühle gedreht wird. Anlässlich des Baus der Plattensiedlung wurde beschlossen, das Dorf einer „Rekonstruktion" zu unterziehen. Das hieß in diesem Falle: Restaurierung des Erhaltenen und Ergänzung um angepasste Baulichkeiten. In Umkehrung aller urbanistischer Regeln ist daher das Herz der „Großstadt" Marzahn ein historisches Dorf. Fast schon idyllisch umstehen Weiden am Anger die Mulde des ausgetrockneten Dorfteichs. Die **Dorfkirche** mit Kreuzrippengewölben und Holzemporen wurde erst 1870/71 nach Plänen Stülers gebaut. Neben ihr steht die alte Schule von 1912. Glasbläserei, Goldschmiede und Tierhof vervollständigen den angestrebten ländlichen Charakter.

Ein großes Gehöft am Dorfanger wurde seit 1978 als **Dorfmuseum** geplant, nicht ohne Grund, denn in Marzahn war 1953 unter dem Namen „Neue Ordnung" die erste Landwirtschaftliche Produktionsgenossenschaft (LPG) Berlins gegründet worden. Die Bewohner der Plattenstadt sollten hier über die Geschichte der Landwirtschaft unterrichtet werden. Nach der Wiedervereinigung der Stadthälften und ihrer Museen wurde aber beschlossen, lieber die in Zehlendorf beheimatete Domäne Dahlem als Landwirtschaftsmuseum auszubauen. Die Marzahner Räumlichkeiten füllte dann das friseurgeschichtliche Museum. Neben kuriosen Instrumenten zur Behandlung – nicht nur – von Haaren sind hier auch Kunstwerke zu finden wie zum Beispiel der von Henry van de Velde entworfene Jugendstil-Frisiersalon des kaiserlichen Hofcoiffeurs.

Nach Westen aus dem Dorfkern hinaus und über die Landsberger Allee hinweg erreicht man mit der Marzahner Promenade das 11 **Hauptzentrum**, das mit seinen an „westliche" Architektur erinnernden Bauformen überrascht. Auch die „architekturbezogene Kunst" wirkt hier weniger aufgesetzt als belebend. Schwimmbad und Bibliothek, Warenhaus und Post, unzählige Läden noch aus DDR-Zeiten und Gaststätten bieten all das, was eine kleine Großstadt zum Leben braucht. Aber wegen der alten Kaufgewohnheiten entsteht nur ein zyklisches Leben: Während zu traditionellen Einkaufszeiten Menschenmassen beisammen sind, ist besonders am Sonntag die Stimmung von eigenartiger Unwirklichkeit, ein paar gelangweilte Jugendliche und einige wenige ältere Passanten wecken Assoziationen an Holsteiner Ostseebäder in der Nebensaison. Nahe dem Bahnhof wurden schließlich noch zwei Hochhäuser der für den Thälmann-Park entwickelten Bauserie mit den modischen dreieckigen Balkonen errichtet sowie eine gläserne Galerie und ein Postgebäude in ansprechenden Formen.

Auf dem Weg von der Post zum Bahnhof muss man erneut eine Verkehrsschneise überqueren. Bevor man wieder in die S-Bahn steigt, kann man noch dem 12 **Friedhof** einen Kurzbesuch abstatten. Er liegt ein wenig nördlich und ist wegen der Wipfel seines alten Baumbestandes weit-

Dorfkirche Marzahn

hin zu sehen. Die Stadt Berlin hatte ihn 1909 mit Absicht weit außerhalb ihres Territoriums als Armenfriedhof angelegt, doch er wurde kaum genutzt. Die damalige Abgelegenheit schien den Nationalsozialisten dazu geeignet, hier Opfer ihres Terrors beisetzen zu lassen wie die 1934 ermordeten prominenten Kommunisten John Schehr, Rudolf Schwarz und Anton Schmaus sowie viele Opfer der so genannten Köpenicker Blutwoche. Ihre Gräber sucht man heute aber vergeblich, da sie nach 1945 auf repräsentativere Friedhöfe überführt wurden. Geht man durch die Anlagen, findet man überhaupt wenig Friedhofstypisches, nur ein Grabfeld und ein Urnenfeld. Aber gerade deswegen ist er unheimlich: Er wartet ...

Außer Günther Guillaume hat noch kein Prominenter hier eine Grabstätte. Dieser Friedhof ist einer der wenigen Orte Berlins, der ein Denkmal für die Opfer der Sinti im Dritten Reich besitzt. Im Nordteil befindet sich zudem ein sowjetischer Ehrenfriedhof, insofern von besonderer Bedeutung, als Marzahn der erste Ortsteil der Reichshauptstadt war, der 1945 von der Roten Armee eingenommen wurde. Damals hatte Marzahn knapp 1000 Einwohner.

Andreas Bernhard

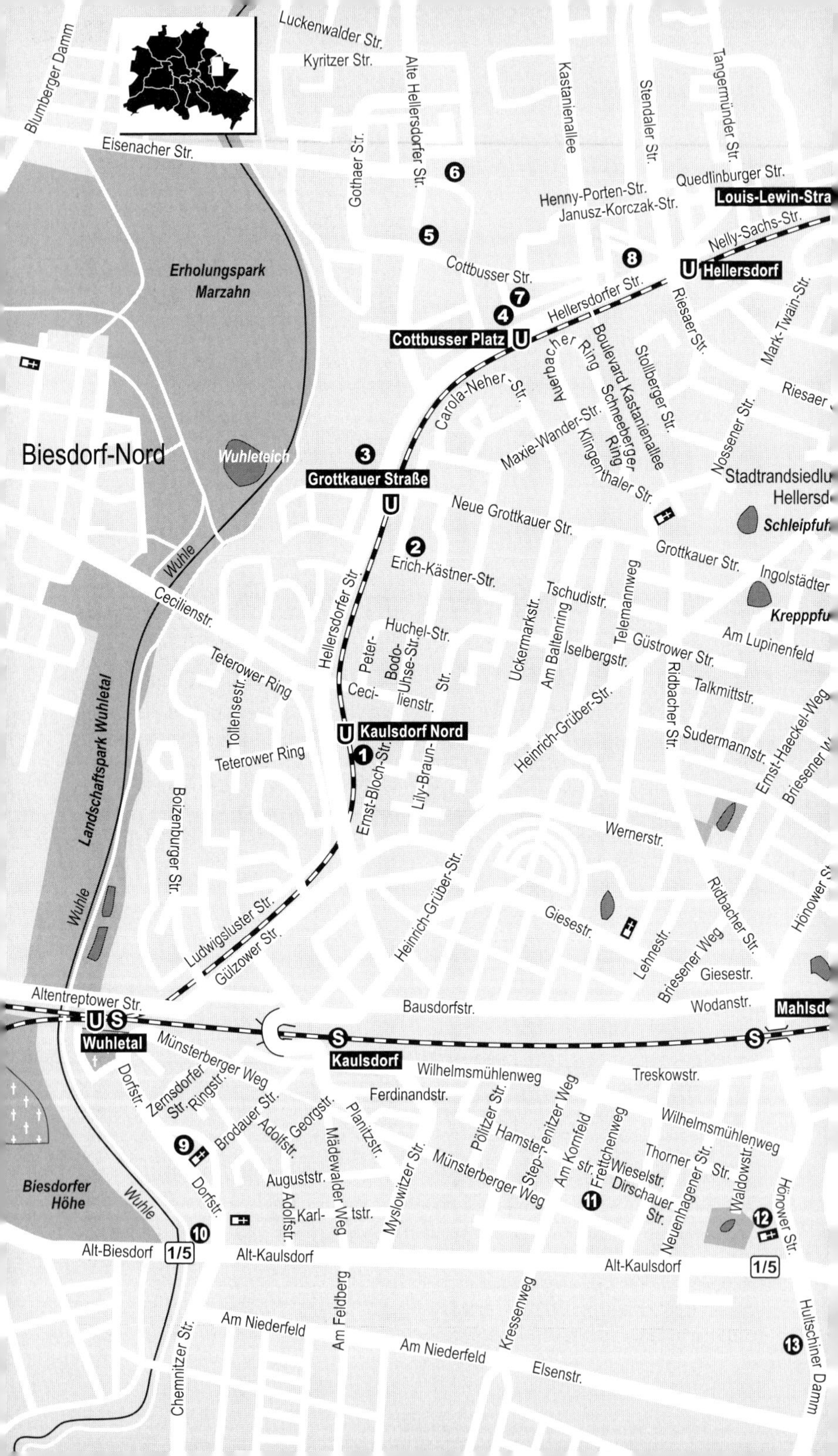
Luckenwalder Str.
Kyritzer Str.
Blumberger Damm
Alte Hellersdorfer Str.
Kastanienallee
Stendaler Str.
Tangermünder Str.
Eisenacher Str.
Gothaer Str.
Quedlinburger Str.
Henny-Porten-Str.
Janusz-Korczak-Str.
Louis-Lewin-Stra
Nelly-Sachs-Str.
Erholungspark Marzahn
Cottbusser Str.
Hellersdorf
Hellersdorfer Str.
Cottbusser Platz
Riesaer Str.
Mark-Twain-Str.
Auerbacher Ring
Boulevard Kastanienallee
Stollberger Str.
Carola-Neher-Str.
Riesaer
Maxie-Wander-Str.
Schneeberger Ring
Klingenthaler Str.
Nossener Str.
Biesdorf-Nord
Wuhleteich
Grottkauer Straße
Stadtrandsiedlu
Hellersd
Neue Grottkauer Str.
Schleipfuh
Grottkauer Str.
Erich-Kästner-Str.
Ingolstädter
Wuhle
Cecilienstr.
Hellersdorfer Str.
Telemannweg
Tschudistr.
Kreppfu
Huchel-Str.
Uckermarkstr.
Am Baltenring
Am Lupinenfeld
Teterower Ring
Peter-
Bodo-
Uhse-Str.
Iselbergstr.
Güstrower Str.
Str.
Ceci-
lienstr.
Talkmittstr.
Landschaftspark Wuhletal
Tollensestr.
Ridbacher Str.
Heinrich-Grüber-Str.
Ernst-Haeckel-Weg
Kaulsdorf Nord
Sudermannstr.
Teterower Ring
Ernst-Bloch-Str.
Lily-Braun-Str.
Briesener W
Boizenburger Str.
Wernerstr.
Hönower St
Heinrich-Grüber-Str.
Ridbacher Str.
Wuhle
Ludwigsluster Str.
Giesestr.
Gülzower Str.
Lehnestr.
Briesener Weg
Giesestr.
Altentreptower Str.
Bausdorfstr.
Wodanstr.
Mahlsd
Wuhletal
Kaulsdorf
Münsterberger Weg
Dorfstr.
Zernsdorfer Str.
Ringstr.
Wilhelmsmühlenweg
Treskowstr.
Ferdinandstr.
Pölitzer Str.
Brodauer Str.
Georgstr.
Planitzstr.
Hamster-
Step-enitzer Weg
Am Kornfeld
Frettchenweg
Wilhelmsmühlenweg
Adolfstr.
Mädewalder Weg
Thorner Str.
Wieselstr.
Neuenhagener Str.
Waldowstr.
Myslowitzer Str.
Münsterberger Weg
Dirschauer Str.
Augustr.
Biesdorfer Höhe
Wuhle
Dorfstr.
Adolfstr.
Karl-
tstr.
Hönower Str.
Alt-Biesdorf
1/5
Alt-Kaulsdorf
Alt-Kaulsdorf
1/5
Am Feldberg
Kressenweg
Hultschiner Damm
Am Niederfeld
Am Niederfeld
Elsenstr.
Chemnitzer Str.

Durch das alte und neue Hellersdorf

Vom Schlafen zum Wohnen, vom Wohnen zum Leben

Unter den Parteien, die 1998 zur Bundestagswahl antraten, war auch die „Initiative Pro D-Mark", die mit dem kompletten Abriss der Plattensiedlung Hellersdorf Arbeitsplätze schaffen wollte. Solchem Verbalradikalismus steht auf der Hellersdorfer Handlungsebene ein gewisser Pragmatismus gegenüber, der die Bedeutung der Großsiedlung für die Wohnraumversorgung grundsätzlich anerkennt. Jedenfalls berührt die Abrissdiskussion, der schon reichlich Wohnraum der ehemaligen DDR zum Opfer fiel, Hellersdorf bislang nur am Rande. Hier setzt man eher auf Sanierung – entsprechend sinken die Leerstandsziffern. Und als der Architekt des Berliner Jüdischen Museums, Daniel Libeskind, einmal nach seiner Lieblingsstadt gefragt wurde, bestand die Antwort aus einer längeren Liste, darunter „Teile von Hellersdorf". Angesichts des erstaunten Interviewers fügte er hinzu: „Ich liebe das latente Licht und Leben dort. Wenn man dorthin ohne Vorurteile fährt, entdeckt man etwas wie die zeitgenössische Seele."

Auf die Suche nach dieser Seele macht man sich am besten mit der U-Bahn-Linie 5 und nimmt vielleicht ein Fahrrad mit. Die Trasse verläuft teilweise oberirdisch, sodass man schon während der Anreise am U-Bahnhof Wuhletal sowohl die Atmosphäre des Hellersdorfer Südens als auch die langen Bänder fünfgeschossiger Plattenbauten mit ihren gestreiften Balkonen im Norden wahrnehmen kann. Zwar schwingt sich nun die Bahn nicht mehr so recht aus ihrem Graben heraus. Trotzdem sieht man zum U-Bahnhof Kaulsdorf Nord hin rechts die elfgeschossigen Punkthochhäuser des 1 **Roten Viertels** mit ihren markanten roten und blauen Streifen, darunter auch jene Wohnung der Familie Kunz, die 1995 der architekturbegeisterte Prinz Charles inspizierte, den Rotkäppchen-Sekt in der Hand. Zum U-Bahnhof Neue Grottkauer Straße hin zeigt die Platte ein anderes Gewand. Hier stehen die sechsgeschossigen, farbigen Bänder des 2 **Gelben Viertels**. Die verschiedenen Viertel mit ihren eigenen Farben und Namen sind Ergebnis der besonderen Geschichte Hellersdorfs. Mit der Wende 1989 reisten die Baukombinate, die aus der gesamten DDR gekommen waren, aus der halbfertigen Siedlung ab. Allmählich begann man, der Steppe mit Bürgersteigen, Ampeln, einem Theater und Ähnlichem mehr zu Leibe zu rücken. Zehntausende von Bäumen wurden gepflanzt und der Obhut ehrenamtlicher Bauminspektoren übergeben; ein Wohnblock präsentierte sich – mit Regenwassernutzung und Solardach – als ökologisches Modellprojckt auf der UN-Städtekonferenz Habitat II; neue Eingänge, Balkone und Fassaden schmücken zusammen mit einem umfangreichen Kunst-am-Bau-Konzept die ehemals grauen Plattenbauten.

So mutiert Hellersdorf allmählich von der Schlafstadt zur Wohnstadt. Zudem versucht man, durch differenziertes Gestalten in der unübersehbaren Wohnungsmasse kleinräumige Identitäten zu schaffen. Für den Architekturkritiker Rolf Lautenschläger spielen in Hellersdorf „Thema und Variation zwar ein normiertes Spiel, es hat aber manchmal schräge Töne". Diese Töne waren bereits in der DDR angelegt worden. Die zentralisierte Bauwirtschaft hatte zwar in Hellersdorf die ehemalige Plattenvielfalt überwiegend auf einen einzigen Typ reduziert: die WBS (Wohnungsbauserie) 70. Deren Uniformität bot aber – ähnlich wie ein Legokasten – verschiedene Kombinationsmöglichkeiten. Außerdem verwendeten die Baukombinate in ihren Baufeldern verschiedene lokale Varianten der WBS 70. Darauf bauen die neuen Quartierskonzepte der Wohnungsbaugesellschaften auf. Insbesondere die Balkone sind es, die als Wappen der Quartiere hochgehalten werden. Ob aber damit der zweite Schritt – von der Wohnstadt zu einer Stadt, in der man lebt – gelingen wird, bleibt abzuwarten. Man war aber hoffnungsfroh genug, die komplette Siedlung wegen ihrer „neuen Möglichkeiten friedfertigen Zusammenlebens" als Projekt der EXPO 2000 registrieren zu lassen.

An der **U-Bahn-Station Neue Grottkauer Straße** empfiehlt es sich, in Fahrtrichtung auszusteigen. Von dem aufgeschütteten ③ **Park** nahebei kann man sich eine gute Übersicht verschaffen, wenn man nicht gleich auf den dahinter gelegenen und Kienberg genannten Hügel steigen will. Im Rücken leuchtet nochmals das Rote Viertel und setzt sich deutlich ab gegen die blau, gelb oder violett gerahmten Blöcke des Gelben Viertels, das von brasilianischen Architekten und Künstlern einheitlich mit Holzgeflechten (Mujarabis) an den Balkonen und Eingängen sowie brasilianischen Kacheln an den Fassaden geschmückt wurde. Vielleicht wird diese Hellersdorfer Exotik einmal das Brasilianische Viertel heißen, denn die Quartiersnamen sind nur vorläufige Arbeitstitel.

Auf der anderen Seite des U-Bahn-Grabens bestimmen eindringlich blaue, gläserne Balkone das ④ **Grabenviertel**. Die Zwillingstürme davor dienten früher der Bezirksverwaltung, wodurch die Sachbearbeiter büroeigene Wohnungsnummern und Badewannen hatten. Später zogen Künstler aus aller Welt ein, um sich an der Platte zu versuchen. Nun stehen die Hochhäuser wieder leer und warten auf Sanierung oder Abriss. Ein wenig sieht man noch vom Kienbergviertel, dessen Balkone mit roten und gelben Quadraten flaggen, und jenseits des Kienbergs die ein Jahrzehnt ältere Großsiedlung Marzahn – klobiger und uniformer.

Folgt man der Alten Hellersdorfer Straße nach Norden durch das Plattenmeer mit den bunten Fassadenstangen hindurch, so endet die Plattenstadt und ein Dorf beginnt. Allerdings erweist es sich nur als derangierte Insel: das ⑤ **Hellersdorfer Gut**. Hellersdorf wurde im 13. Jahrhundert gegründet, im 14. aber wieder verlassen. Im frühen 19. Jahrhundert bauten es die Berliner Eigentümer mitsamt dem Dutzend Einwohner zu einem Rittergut aus. Während aber Kaulsdorf und Mahlsdorf am Ende des Jahrhunderts zu gediegenen Berliner Vororten gerieten, erlangte Hellersdorf ganz anderen städtischen Ruhm: Die Stadt Berlin kaufte das Gut und legte darauf Rieselfelder an. Das bedeutet, dass bis 1968 Berliner Fäkalien entsorgt und so Wiesen und Beete gedüngt wurden.

In den fünfziger Jahren wurde das – inzwischen volkseigene – Gut weiter ausgebaut. Diese zweigeschossigen Wohnhäuser im Stil des Vorkriegs-Siedlungsbaus geraten zuerst in den Blick. Hier wohnen die Menschen noch im Erstbezug, hinter den Häusern stehen die Schuppen, und Nummer 48 trägt die „Goldene Hausnummer" für Ordnung und Sauberkeit der Hausgemeinschaft. Die entsprechende Urkunde aber, die lange im Hausflur hing, ist inzwischen im Keller verschwunden.

Einige Häuser weiter beginnt das, was das alte Hellersdorf heute zum Besonderen erhebt: ein relativ geschlossen erhaltenes Ensemble eines städtischen Rieselgutes, gebaut zum Ende des letzten Jahrhunderts. Davon sieht man ab der Alten Hellersdorfer Straße 58 die damals vergleichsweise gut ausgestatteten **Backsteinbauten für die Landarbeiter**. Obwohl Konfektionsware, die in dieser Form auf allen Rieselgütern stand, bestechen sie auch heute noch mit ihrem schlichten Schmuck,

Ehemaliges Landarbeiterhaus

der durch verschiedene Farben und Muster in den Ziegellagen entsteht, und vielleicht werden ja einmal die schauerlichen Blechtüren wieder ausgetauscht.

An der Kreuzung Alt-Hellersdorf zeigt ein Blick links in die Eisenacher Straße hinein auf den Dächern der Plattenbauten die gut konzipierten, aber schlecht proportionierten vier Silhouetten der Installation **Balance** von Hubertus von der Goltz aus dem Jahr 1997. Rechts dagegen, in Alt-Hellersdorf 6 und 10, sieht man die nächste Generation der Landarbeiterquartiere aus dem Jahr 1915 – nicht mehr ganz so schön wie die älteren. Dafür steht gegenüber noch eine (6) **Feldsteinkate** aus den Zeiten des Rittergutes. Heute logiert dort eine Keramikwerkstatt, deren Hof noch eine Ahnung der ländlichen Atmosphäre bewahrt hat. Den Rest des ehemaligen Rieselgutes, weniger gepflegt, kann man hinter der Schranke eines Gewerbegebietes besichtigen, aber eigentlich auch davor rechts abbiegen und an weiteren Ziegelbauten des Rieselguts und an einem Sportplatz entlang Richtung Süden zurückgehen und links in die Cottbusser Straße einbiegen.

Hier stehen die Fünfgeschosser des **Grabenviertels**, deren wirkungsvolle blaue Balkone bereits zu sehen waren. Das Cottbusser Wohnungsbaukombinat, dem dieses Gebiet zugeteilt war, hatte seine Variante der WBS 70 bereits mit Klinkerbändern verziert. Die Sanierung nach der Wende bestand lediglich aus neuen Balkonbrüstungen, Vordächern und, an einigen Außenwänden, Wärmedämmungen. So blieb das Erkennungszeichen der Platte, die Fuge, präsent. Hinter den Dämmungen allerdings verschwanden die Klinkerbänder. An den nunmehr leeren Flächen machte sich Kunst am Bau breit: Die „Zollstöcke" von Giscla Genthner und die bunten Stangen kleben daran, entlang der Cottbusser Straße aber wuchern die witzigen Comicfiguren César Olhagarays über die ihnen zugewiesenen Flächen hinaus, um die Fenster herum und in die Durchgänge hinein.

Im südlich beginnenden (7) **Modellprojekt Cottbusser Hof** zeigt Hellersdorf, was es anderen Plattensiedlungen voraus hat: Innenhöfe. Diese kleinteiligen Gartenanlagen mit Gewässern und Mietergärten sind vor allem nachmittags voller spielender Kinder. Ältere Menschen dagegen sieht man selten, denn entsprechend dem sozialistischen Gesellschaftsmodell der Kleinfamilie wurde Hellersdorf besonders für

Weite Flächen von Haus zu Haus

junge Familien mit kleinen Kindern konzipiert. Schulklassen und Kindergruppen prägen das Bild, Hellersdorf hat das niedrigste Durchschnittsalter aller Berliner Bezirke.

Am Ende der Cottbusser Straße gerät man in das neue 8 **Bezirkszentrum** „Helle Mitte". Es beherbergt Ladenpassagen mit den üblichen Filialketten und ein Multiplexkino mit den üblichen Filmen. Vom sakralen Stil der Passagen bis hin zur Formulierung der Hausordnung wirkt alles wie ein Imitat der Potsdamer-Platz-Arkaden, nur eine Nummer kleiner, vom Standard des Angebots bis hin zu den Mützen des Sicherheitsdienstes. Am Fritz-Lang-Platz kann man das Dreieck des Kinofoyers betreten und rätseln, ob man hier drinnen oder draußen ist. Aber spätestens der **Alice-Salomon-Platz**, der Plaza Mayor im spanischen Salamanca nachempfunden, macht deutlich, dass von der postmodernen Architektur eher die Beliebigkeit als der Witz entlehnt wurde.

Trotzdem hat der Platz eine Qualität, die er aus dem hier stattfindenden Treiben gewinnt. Besonders im Winter, wenn die Schlittschuhbahn aufgebaut ist, beherrschen die Hellersdorfer Kinder das Feld. Auf den ersten Blick glaubt man eine starke Homogenität der Besucher dort wahrzunehmen. Auch der Schriftsteller Rolf Schneider notierte, es herrsche „eine ungefähre Egalität, bis in die Haltungen hinein, bis in die Kleidung hinein, die nicht sehr auffällig ist, es herrscht eine deutliche Vorliebe für graue Töne und Kunststoffasern." Aber diese Homogenität ist nur äußerlich, wozu nicht zuletzt der wachsende Anteil an Russlanddeutschen beiträgt. Die Aussiedler fallen nicht durch exotische Kleidung auf und machen sich mit ihrem deutschen Pass in keiner Statistik bemerkbar, tragen aber, bei allen Schwierigkeiten, trotzdem wohltuend zur Ausdifferenzierung der Hellersdorfer Gesellschaft bei.

An der nahe gelegenen U-Bahn-Station Hellersdorf steht der **Baukasten**, in dem man sich gelegentlich über Sanierungskonzepte informieren oder den bestallten Stadtschreibern zuhören sowie von seinem umlaufenden Balkon der Großsiedlung nochmals einen Rundblick schenken kann.

Um eine völlig andere Seite Hellersdorfs kennen zu lernen, fährt man am besten mit der U-Bahn zurück und steigt am Bahnhof Wuhletal in Fahrtrichtung aus. Zwischen dem Schuttberg, der ein guter Aussichtspunkt ist, und dem Friedhof hindurch gelangt man, die Dorfstraße hinein, zum Kaulsdorfer Dorfanger. Kaulsdorf und Mahlsdorf blieben durchgehend besiedelt und entwickelten sich, da mit der S-Bahn zu erreichen, am Ende des 19. Jahrhunderts zu Vororten mit mitunter städtischem Ambiente.

Am 9 **Dorfanger** ist davon wenig zu merken, er hat sich in schöner Geschlossenheit erhalten. Hier kann man auf einer Bank Platz nehmen, die dörfliche Atmosphäre genießen und auf die Kirche und ehemalige Bauernhäuser blicken. Allerdings hat die Zeit ihre Spuren hinterlassen: Die Kirche verlor durch Umbauten ihre mittelalterliche Gestalt, die Scheunenhöfe sind Wohnbebauung gewichen, und die klassizistische Fassade des ehemaligen Bauernhofes gegenüber wurde zwar schön restauriert, aber über alle Strukturen hinweg mit roter Farbe versehen.

Am Ende der Dorfstraße steht noch ein 10 **Gutshof** mit Geschichte. In ihm bastelte seit 1786 Franz Carl Achard an einer Fabrik, die Rüben in Zucker verwandeln sollte. 140 Jahre später blieb der ehemalige Wodka-Hoflieferant des Zaren, Apollon Schilkin, auf der Flucht vor den Bolschewiki hier hängen und gründete eine Schnapsbrennerei, die drei Generationen lang unter Familienleitung als privater, halbstaatlicher, staatlicher und reprivatisierter Betrieb alle Stadien der DDR-Wirtschaftsgeschichte überstand.

Nach **Mahlsdorf** gelangt man entlang der Verkehrsschneise Alt-Kaulsdorf. Für den Straßenlärm entschädigt nach ein paar hundert Metern der Blick vom „Berliner Balkon" hinab in das Urstromtal auf das Mahlsdorfer Häuschenmeer, die Müggelberge und die Kaulsdorfer Seen. Links in den Frettchenweg hinein kommt man in eine der 11 **Kleinsiedlungen** Bruno Tauts und Martin Wagners aus den zwanziger Jahren. Deren beschränkte Geldmittel erforderten schlichte, funktionelle und standardisierte Entwürfe.

Hier ist die eine Seite der Siedlungsbewegung zu sehen, deren andere – 60 Jahre später – das Neubaugebiet Hellersdorf darstellt. Beide waren Stationen auf dem Weg zum typisierten Bauen und zur aufgelockerten Stadt im Grünen. Taut und Wagner beschäftigten sich mit industriellem Bauen, Wagner entwarf bereits 1926 die erste deutsche Plattensiedlung, Motto: „Laßt uns neue Städte bauen!" Später war es ein Schüler Tauts, Gerhard Kosel, der maßgeblich den Weg der DDR zur WBS-70-Platte bereitete.

Doch hier steht noch keine Stadt, sondern ein grüner Vorort mit, so der Eindruck Schneiders, „langen gekrümmten Straßen, mit Vorgärten, hinter denen Einfamilienhäuser verdämmern, große und kleine, ausladende, enge, manche sind verfallen, manche sind frisch herausgeputzt, dazwischen recken sich mehrstöckige Stadtvillen von allerjüngstem Baudatum, mit den farbigen Applikationen der Postmoderne. Das Leben hier verläuft sanft und ruhig."

Die Wieselstraße, nach rechts nur ein versteckter Pfad, führt zur **Dirschauer Straße 6**. Dieses Haus wurde als einziges in den Originalfarben Tauts wieder hergestellt und vermittelt im Vergleich zum Neubaugebiet eine leise Ahnung vom Unterschied zwischen farbig und bunt.

Mahlsdorf, Bausdorfstraße

Nicht ohne Grund versuchen die Farbplaner der Großsiedlung heute, sich auf die Farbkonzepte Tauts zu berufen.

Am anderen Ende der Dirschauer Straße stößt man um zwei Ecken herum auf die Waldowstraße, die nach Süden in einer kleinen Wohnanlage endet. Diese ist ein gutes Beispiel für die Berliner Randwanderung nach 1989: dreistöckig, Balkone, nett, himmelblau, nahe an der Stadtgrenze.

Über den Wilhelmsmühlenweg erreicht man die Hönower Straße und somit das laute Zentrum Mahlsdorfs. Hier gibt es wenig Interessantes. Mahlsdorf hat sich nicht den Charme eines geschlossenen Dorfkerns bewahren können. Aber Einzelnes findet sich dennoch wie die alte 12 **Dorfkirche**. Diese wurde Mitte des 13. Jahrhunderts aus Granitquadern erbaut. Der Friedhof empfängt seine Besucher mit einem Ensemble aus Friedhofsbaum und Kriegerdenkmal am Eingang, Prunkgräbern hinten rechts und einer Bank in der Mitte, auf der man rasten kann, um den Kirchturm mit der originalen Pforte zu bewundern.

Von hier aus führt der Weg nach Norden, wo die S-Bahn-Fahrt zurück ins Zentrum weitere Eindrücke vom Häuschenmeer vermittelt. Wer aber noch Zeit hat, wendet sich südwärts und besucht das 13 **Gründerzeitmuseum** oder die kleinen Ökotope der **Kaulsdorfer Baggerseen**.

Franz Tröger

Das Gründerzeitmuseum

Lotte in Mahlsdorf

Das eingeschossige Gebäude am **Hultschiner Damm 333** war anfangs Amtsvorwerksgutshaus der Staatsdomäne Köpenick. Es ist im Kern spätes 18. Jahrhundert, so etwa von 1780. Von damals blieben zum Beispiel die Terrasse und die Freitreppe an der Parkseite erhalten, während die größere Freitreppe an der Vorderseite knapp hundert Jahre später hinzukam. Das Haus ist eingeschossig und hat ein Krüppelwalmdach. Auch andere Bemerkungen sind richtig: dass sein Mittelbau ab 1869, als es in private Hände kam, im Stile des während der Gründerzeit beliebten Neoklassizismus verändert wurde, dass es unter Denkmalschutz steht und dass es als Gründerzeitmuseum firmiert. Ferner stimmt: Man darf hier neuerdings heiraten. Das hat jemand angeregt, der selbst niemals heiraten wollte: Charlotte von Mahlsdorf. Oder Lothar Berfelde, wie man will.

Jeder, der mag, kann sich das Gutshaus von innen ansehen, nur muss er am Mittwoch oder am Sonntag kommen, und zwar zwischen 10 und 18 Uhr. Er muss sich auch gut benehmen, der Hinweis ist angebracht seit der bösen Geschichte damals mit der Fete im Freien. Die nämlich sollte nur für Schwule und Lesben sein, doch kam ungebetenerweise auch ein Haufen Skinheads mit Baseballschlägern und Gaspistolen dazu. Das war's dann mit der Gartenparty Lothar Berfeldes.

Seitdem war immer wieder vom Auswandern die Rede. 1997 ging's dann nach Schweden, dort ein neues Museum aufbauen. Und sicher sein vor den Glatzen! Natürlich, dieses und jenes musste mit, ein bisschen historisches Mobiliar, ein bisschen D-Mark, das Bundesverdienstkreuz, verliehen 1992 für musealen und denkmalspflegerischen Eifer, die Gedenkplatte für Prinz August von Preußen vielleicht, dazu drei oder vier Freundinnen. Man

Das Gründerzeitmuseum

wollte eben unbedingt in die Fremde, obwohl einen in der BRD die Talkmaster häufig in ihre Shows einluden und man vor der Wiedervereinigung bekanntester Transvestit der DDR gewesen war. Charlotte von Mahlsdorf eben, Jahrgang 1928. Der Garten für die Party ist noch da, oder besser der Gutspark. Es stehen Bänke darin für die Besucher, der Springbrunnen von 1906 wird erneuert, und es wachsen dort viele schöne Blumen, wenn nicht gerade Winter ist. Die Stadt hat ihn auch sonst reich ausstaffiert, als sie ihn 1996 nach historischen Plänen gründlich überholen ließ, nämlich mit neuen Wegen, 70 Bäumen und 600 Büschen. Jetzt sieht alles wieder sehr nach Gründerzeit aus, als der Garten ein Landschaftspark war. Aber Gemüse, wie es Lothar Berfelde anzubauen pflegte, wächst hier nicht mehr.

Die Sammlung von Musikinstrumenten und Möbeln der Gründerzeit gehört heute Berlin, nicht aber das Gutshaus, in dem sie untergebracht ist, denn über das hat der Förderverein zu bestimmen. Da sich Stadt und Verein aber nicht feind sind, gedeiht das Museum. Die Besucher haben ihre Freude daran, dass vor Jahren jemand Tausende von Arbeitsstunden an das zuvor leer stehende und schnell verfallende Haus wandte – Charlotte von Mahlsdorf.

Seit 1997 gehören die Exponate der Stadt, die damals sozusagen im Stück erwarb, was Sammlerfleiß während Jahrzehnten zusammengetragen hatte. Viele Berliner erinnern sich an einen Mann in Frauenkleidern, der mit seinem Handwagen durch die Stadt zog und Gipsrosetten für

Mahlsdorf, Dorfkirche

die Zimmerdecken des Gutshauses aus Abbruchhäusern holte, anderswo brüchige Stühle, schiefe Bildrahmen, wurmstichige Schränke auflud und auch allerlei Geschirr heimkarrte – Altes vor allem, denn für die Gründerzeit veranschlagt das Museum die Jahre von 1870 bis 1890. Der Mann war Lothar Berfelde.

Fleiß und Sachverstand brachten eine Sammlung ins Gutshaus, auf die Hellersdorf sich manches einbilden darf. Der Sammler machte ein Privatmuseum daraus und zeigte den Besuchern seine Schätze ab 1960 erst in zwei, später in mehr als zehn Räumen. Hier tickten die Regulatoren noch Gründerzeit, und er hatte nicht weniger als 386 zusammengebracht – drei besonders sehenswerte sind immer noch da. Eins der beliebtesten Exponate war er bisweilen selbst, wenn er nämlich im Dienstmädchenkleid durch die Zimmer trippelte. Als Prachtstück schlechthin galt indessen immer eine ganze Kneipe von innen, nämlich die „Mulackritze" – die nach ihrer Hausnummer eigentlich schlicht „Gastwirtschaft 15" hieß, wie ein Foto neben der Theke belegt – aus der Mulackstraße in Mitte, in der sich schon Heinrich Zille Räusche angetrunken hat. Es gibt Leute, die eben dieses Interieur gerne im Rathaus Hellersdorf gesehen hätten, doch steht im Kaufvertrag, dass der Bestand zusammengehalten werden muss. Charlotte von Mahlsdorf kannte ihre Pappenheimer!

Das Gründerzeitmuseum wird vom Förderkreis Gutshaus Mahlsdorf verwaltet, der durch die Räume führt, renoviert, neu gestaltet, zu Gartenfesten einlädt, heimatgeschichtliche Vorträge halten lässt und einen Gründerzeitmarkt eingerichtet hat, der zur selben Stunde öffnet wie das Museum auch. Das neogotische Esszimmer gibt es ebenso noch zu sehen wie die „Mulackritze" – sie riecht sogar nach Kneipe, weil der Verein bei Veranstaltungen Bier ausschenkt – und das „Hurenzimmer" mit Bett und Prügelbock. Manch schönes Stück ist seit 1997 hinzugekommen, aber nichts und niemand kam abhanden, kein Gemälde und kein Eisenofen, kein Federhalter und keine Taschenuhr, keine Wäschemangel und keine Wachswalze für den Edisonschen Phonographen. Nur einer fehlt, der ist 2002 gestorben: Lothar Berfelde. Oder Charlotte von Mahlsdorf, wie man will.

Dieter Lange

Der Bezirk **Lichtenberg**, 1288 erstmals urkundlich erwähnt und bereits seit 1391 Eigentum der Stadt Berlin, reichte noch 1920 vom Frankfurter Tor bis zur östlichen Stadtgrenze. 1938 verlor es die Teile westlich der Ringbahn, nach 1979 seine östlichen Teile, die nun als Hellersdorf und Marzahn selbständig wurden. Seit der Jahrhundertwende überwucherten Arbeitervorstädte, Fabriken und Kraftwerke die Dorffluren, 1967 wurde das Hans-Loch-Viertel fertig gestellt, ein Neubaugebiet für 40 000 Menschen.

All das hat zusammen kein einheitliches Gesicht und auch keine spezifische Atmosphäre. „Lichtenberg erweist sich als administratorisches Zufallsagglomerat, ohne Zentrum, kaum die Einheimischen wissen, wo zum Beispiel das Rathaus steht", urteilte auch der Schriftsteller Rolf Schneider 1999. Bezeichnenderweise assoziieren nur wenige Berliner seine Pretiosen mit ihm. Dazu zählen der weitläufige Tierpark und der Zentralfriedhof mit der Gedenkstätte der Sozialisten im Ortsteil Friedrichsfelde, die Trabrennbahn und das Museum im villengeschmückten Karlshorst.

Oberflächlich betrachtet, präsentiert sich dagegen der im Jahr 1985 begründete Fusionspartner **Hohenschönhausen** einheitlicher. Dazu gehören, am nördlichen Stadtrand, die Ortsteile Malchow, Wartenberg und Falkenberg. Das sind drei Orte mittelalterlichen Ursprungs, deren dörflicher Charakter noch erhalten geblieben ist – im Gegensatz zum vierten Dorf, dem namensgebenden Hohenschönhausen, das in den 1980er Jahren von Neubauten zur Seite gedrängt wurde. Diese als Neu-Hohenschönhausen benannten Großsiedlungen ließen die Einwohnerzahl innerhalb weniger Jahre auf über 100 000 ansteigen und bestimmen heute das Bild vom „Plattenbezirk" – ein Klischee, so fest wie Beton. Aber zwischen den Neubauten liegen Landschaftsparks, einige Seen, um die sich sogar Sagen ranken, und Spuren der Verstädterung, die Alt-Hohenschönhausen seit dem 19. Jahrhundert erfasste, als es durch die Straßenbahntrasse an das Berliner Stadtgebiet angeschlossen wurde. So lassen sich neben Resten des einstigen Dorfes auch einige Siedlungsbauten aus den zwanziger Jahren besichtigen.

Schon äußerlich wird deutlich, dass der Großbezirk ein reines Verwaltungsprodukt ist. Sinnbild dafür ist die Landsberger Allee, eine vierspurige Ausfallstraße, die die beiden Teile deutlich voneinander trennt. Lichtenberg-Hohenschönhausen besteht aus höchst Unterschiedlichem – reizvoll ist auch dies.

Lichtenberg-Hohenschönhausen

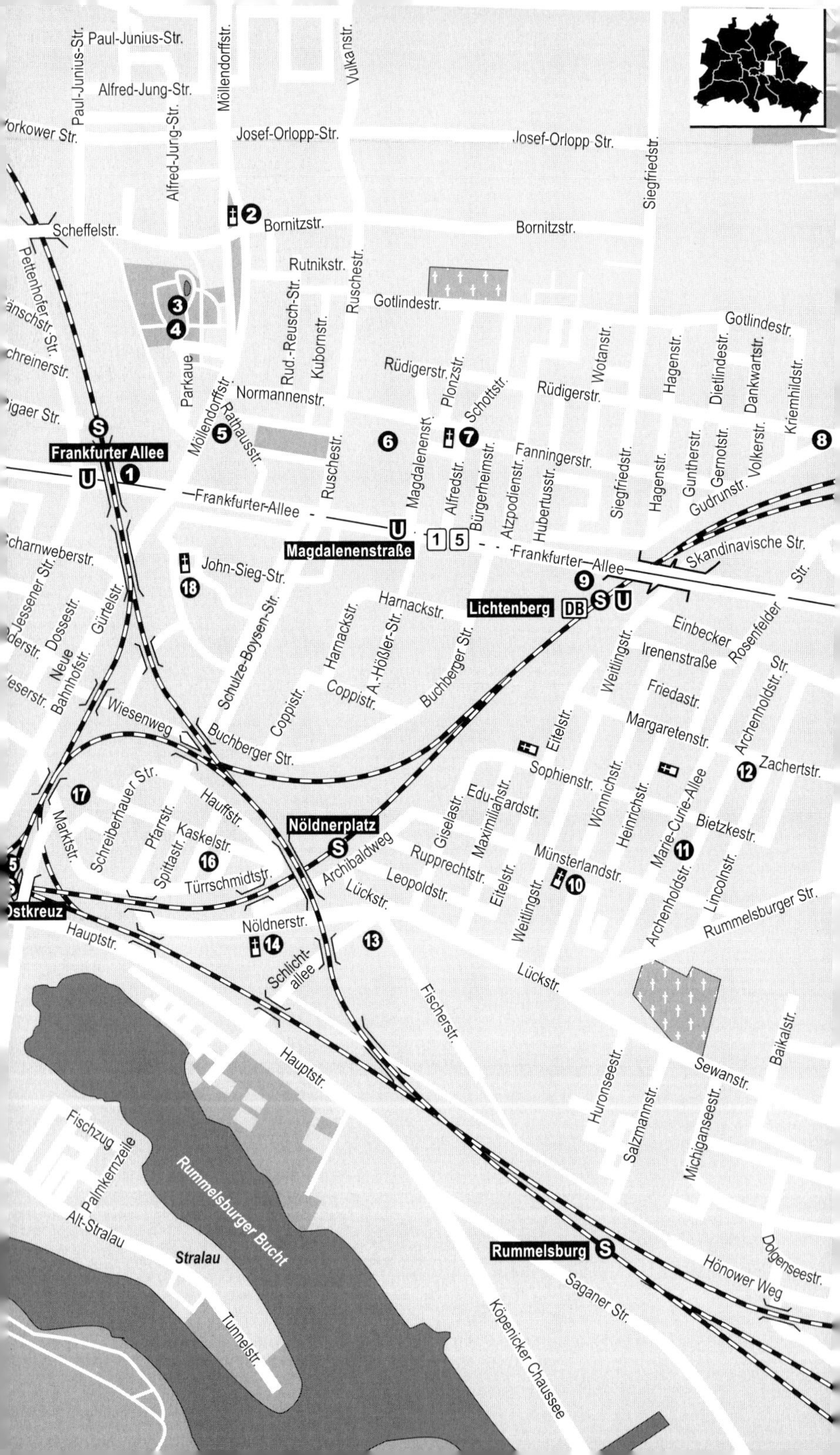
Paul-Junius-Str.
Paul-Junius-Str.
Alfred-Jung-Str.
Möllendorffstr.
Vulkanstr.
Vorkower Str.
Josef-Orlopp-Str.
Josef-Orlopp Str.
Alfred-Jung-Str.
Siegfriedstr.
Scheffelstr.
Bornitzstr.
Bornitzstr.
Rutnikstr.
Ruschestr.
Rud.-Reusch-Str.
Kubornstr.
Gotlindestr.
Gotlindestr.
Pettenhofer-Str.
Hagenstr.
Dietlindestr.
Dankwartstr.
Kriemhildstr.
Rüdigerstr.
Plonzstr.
Schottstr.
Rüdigerstr.
Wotanstr.
Parkaue
Möllendorffstr.
Normannenstr.
Rathausstr.
Frankfurter Allee
Magdalenenstr.
Alfredstr.
Bürgerheimstr.
Fanningerstr.
Atzpodienstr.
Hubertusstr.
Siegfriedstr.
Hagenstr.
Guntherstr.
Gernotstr.
Volkerstr.
Gudrunstr.
Frankfurter-Allee
Ruschestr.
Magdalenenstraße
Scharnweberstr.
John-Sieg-Str.
Frankfurter Allee
Skandinavische Str.
Jessener Str.
Dossestr.
Gürtelstr.
Neue Bahnhofstr.
Harnackstr.
Harnackstr.
Lichtenberg
DB
Rosenfelder Str.
Einbecker
Irenenstraße
Schulze-Boysen-Str.
A.-Hößler-Str.
Buchberger Str.
Weitlingstr.
Friedastr.
Coppistr.
Coppistr.
Wiesenweg
Buchberger Str.
Margaretenstr.
Archenholdstr.
Eitelstr.
Sophienstr.
Zachertstr.
Schreiberhauer Str.
Hauffstr.
Edu-ardstr.
Maximilianstr.
Wönnichstr.
Heinrichstr.
Marie-Curie-Allee
Pfarrstr.
Kaskelstr.
Nöldnerplatz
Giselastr.
Bietzkestr.
Marktstr.
Spittastr.
Archibaldweg
Rupprechtstr.
Münsterlandstr.
Türrschmidtstr.
Leopoldstr.
Eitelstr.
Weitlingstr.
Archenholdstr.
Lincolnstr.
Lückstr.
Rummelsburger Str.
Ostkreuz
Nöldnerstr.
Hauptstr.
Schlicht-allee
Lückstr.
Fischerstr.
Baikalstr.
Hauptstr.
Sewanstr.
Huronseestr.
Salzmannstr.
Michiganseestr.
Fischzug
Palmkernzeile
Rummelsburger Bucht
Alt-Stralau
Stralau
Rummelsburg
Dolgenseestr.
Hönower Weg
Saganer Str.
Tunnelstr.
Köpenicker Chaussee

Durch Lichtenberg

Randbebauung plus Staatssicherheit

Wer nach dem Ursprung Lichtenbergs sucht, darf nicht allzu empfindlich auf Großstadtlärm reagieren. Jeden, der aus dem **S-** oder **U-Bahnhof Frankfurter Allee** tritt, empfängt neben dem neuen (1) **Ring Center** erst einmal das Brausen des Verkehrs. An der Kreuzung jener Allee mit der Möllendorffstraße einen Kilometer Fußmarsch nach Norden – dann gabelt sich die Möllendorffstraße um den alten Dorfanger Lichtenbergs.

Graue Feldsteinwände – die (2) **Dorfkirche** auf dem Anger ist das älteste Bauwerk des Bezirkes. Nur das Mauerwerk selber reicht mehr als 700 Jahre zurück, Fenster, Ostgiebel und Turm sind Kreationen des Wiederaufbaus nach dem Zweiten Weltkrieg. Vom Dorf blieb sonst nur das Pfarrhaus daneben erhalten – Ergebnis eines „Kirchenstreiks". Nachdem 1846 zum Gottesdienst des Friedrichsfelder Pfarrers kein Lichtenberger mehr erschienen war, erhielt der Ort einen eigenen Seelenhirten – und auch jenes Haus unterm Krüppelwalmdach.

Die Möllendorffstraße, auf der sich Autoschlangen nach Weißensee und in die „Plattenbaubezirke" wälzen, trägt den Namen des preußischen Feldmarschalls, der sich um 1780 hier inmitten eines Landschaftsgartens niederließ. Aus diesem Garten wuchs nach 1907 der (3) **Stadtpark**. Wer in der Betriebsamkeit ringsum ein wenig Ruhe sucht, kann hier spazieren und „abschalten". Allerlei Hunde nebst Herrchen auf den Wegen, Mütter mit Kinderwagen am obligaten Ententeich, eine künstlich angeschüttete Hügelkuppe über dem Güterbahnhof: Die „Helenen-Höhe" war im Lichtenberger Aufstand 1919 heiß umkämpft, denn aus den Lebensmittelwaggons zu ihren Füßen konnten die Belagerten Verpflegung fassen.

Südlich des Parks ragt ein Turm empor. 1911 als Gymnasium erbaut, wurde das Haus nach dem Krieg zum Kinder- und Jugendtheater umgestaltet. 1950 öffnete das „Theater der Freundschaft" seine Pforten, Hilmar Thate und Ruth Berghaus begannen hier ihr Theaterleben. Nach der Wende in (4) **Carrousel Theater** umbenannt, ist es noch heute die größte derartige Spielstätte und eine der renommiertesten in Deutschland.

Am Eckhaus Parkaue, Am Stadtpark vorüber, wo Alfred Döblin 1918/19 bei seiner gelähmten Mutter lebte, erreicht man wieder die Möllendorffstraße und blickt auf das gegenüberliegende (5) **Rathaus**. Der neugotische Backsteinbau von 1897/98 erhebt sich im Winkel zweier Straßen über dem Grundriss eines Tortenstückes. Mit übereck gestelltem Giebel ist es das originellste Zeugnis jener rathausbaufreudigen Zeit in Berliner Vororten. Damit setzte der neu gewählte Gemeindevorsteher Oskar Ziethen ein politisches Zeichen: Lichtenberg wollte mit seinen fast 40 000 Einwohnern nun auch Stadt werden.

Jenseits einer kleinen Grünanlage im Süden markiert eine **Tafel** den Schlusspunkt der Novemberrevolution: 11 Erschießungen. Der „Lichtenberger Aufstand" im März 1919 war der letzte Versuch der Revolutionäre, die Machtfrage für sich zu entscheiden. Generalstreik, Ausnahmezustand, Standrecht – wieder marschierten Freikorps gegen den „roten Osten" Berlins: 1200 Tote. Die letzte Barrikade an der

Dorfkirche

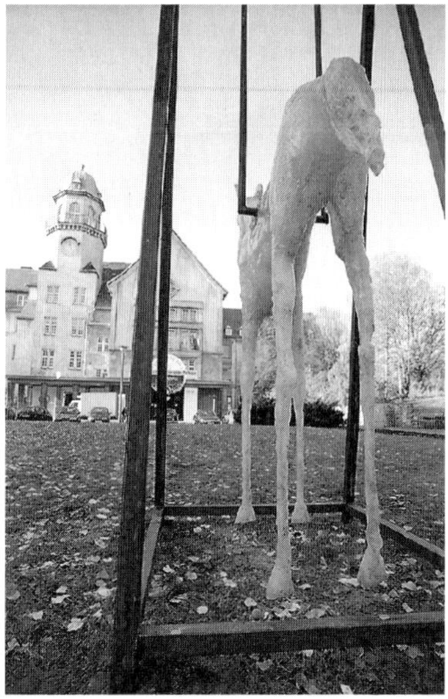

Carrousel Theater

Ecke Möllendorffstraße, Frankfurter Allee fiel am 13. März. Die Urteile des Standgerichts wurden an der „Blutmauer" des alten Friedhofes von den Freikorps vollstreckt. „Man muss die Leichen da liegen gesehen haben", schrieb Alfred Döblin als Augenzeuge, „um zu wissen, was Klassenhaß und Rachegeist ist."

Ein Stück hügelan nach Norden auf Straßenschildern ein Name, der vormals DDR-Bürgern Gänsehaut über den Rücken jagte: 6 **Normannenstraße**. Rechter Hand erhebt sich jener Furcht einflößende Komplex: Die Kommandozentrale des Staatssicherheitsdienstes der DDR, kurz Stasi genannt, nahm in DDR-Zeiten ein ganzes Viertel zwischen Normannenstraße und Frankfurter Allee ein. Die DDR war mit einem Stasi-Mitarbeiter pro 200 Einwohner in puncto Geheimdienstdichte Weltspitze. Behördenbauten nördlich der Normannenstraße, Wohnblocks für die Mitarbeiter – „Lichtenberg", so der Autor Jan Eik, „bestand nur noch aus einer schmalen Randbebauung und aus Staatssicherheit".

Auf dem Innenhof erst einmal Enttäuschung: Die ehemalige Spionagezentrale – heute „multifunktionell" genutzt – unterscheidet sich äußerlich wenig von den Großplattenbauten in Marzahn und Hellersdorf. Die Gedenkstätte in der Residenz des Geheimdienstchefs Erich Mielke zeigt Observationsmaterial und Lebensläufe von Stasi-Opfern. Bezeichnender ist noch die Inneneinrichtung von Wohn- und Konferenzräumen – bis ins Detail alles typisch fünfziger Jahre. Im Kleinen wie im Großen wurde keine Veränderung geduldet.

Auf dem 7 **Roedeliusplatz** östlich von alledem erhebt sich über das barock prunkende Gerichtsgebäude eine gewaltige Kirche – ehedem ein evangelisches, heute ein koptisch-orthodoxes Gotteshaus. 1905 wurde die **Glaubenskirche** eingeweiht, ein Jahr später der Justizpalast. Lichtenberg ließ es sich etwas kosten, ein feines urbanes Zentrum fernab des alten Angers zu erbauen. 1907 war es dann so weit – der Ort erhielt Stadtrecht. Eine finanzielle Hürde von 2 Millionen Reichsmark gab es noch zu nehmen: Die Stadt musste ein **Krankenhaus** vorweisen! Oskar Ziethen setzte sich wieder durch. An der Fanningerstraße kann man zur Rechten das Ergebnis beschauen – noble pseudobarocke Bauten, 1911-14 errichtet. Ziethen starb 1932 in diesem Haus, es erhielt seinen Namen.

Wer die Fanninger- und weiter die Gudrunstraße ostwärts wandert, erreicht einen „gelernten DDR-Bürgern" wohl

Normannenstraße

bekannten Ort: die (8) **Gedenkstätte der Sozialisten**.

Hinter dem Portal erhebt sich ein Porphyrblock mit der Inschrift DIE TOTEN MAHNEN UNS, umschlossen von einem Backsteinrondell. Davor eine Rednertribüne – unumgängliches Requisit für die Demonstrationen „zu Karl und Rosa"; in DDR-Zeiten war für jeden karrierebewussten Berliner Erscheinen Pflicht. Aber die Geschichte jenes Aufmarsches reicht weiter zurück.

Vor allem für die Armen wurde 1881 der **Städtische Zentralfriedhof Friedrichsfelde** eröffnet. In seinem Südteil fanden auch Arbeiterführer und Sozialdemokraten ihre Ruhestätte. Den am 15. Januar 1919 ermordeten Mitbegründern der KPD, Karl Liebknecht und Rosa Luxemburg, wies die Stadt hingegen Gräber auf dem entlegensten nördlichen Winkel des Friedhofes zu. Dorthin zog nun alljährlich an einem Januarsonntag das „linke Berlin" zum Gedenken an die Toten. An jenem Ort trägt ein Stein noch immer das Bild des alten Revolutionsmonuments von Mies van der Rohe. Die Nationalsozialisten zerstörten Denkmal wie Gräber – so konnte auch hier mit jener 1951 eingeweihten Gedenkstätte die Vereinigung der beiden Arbeiterparteien vollzogen werden: Um jenen Porphyrblock liegen die – oft nur symbolischen – Gräber von kommunistischen Führern wie Karl Liebknecht, Rosa Luxemburg und dem 1944 im KZ Buchenwald ermordeten Ernst Thälmann, aber auch von Sozialdemokraten wie dem 1944 ebenfalls in Buchenwald umgekommenen Rudolf Breitscheid. Dazu noch die

Gedenkstätte der Sozialisten

SED-Spitzen der ersten Stunde Wilhelm Pieck und Walter Ulbricht. An jener Ringmauer stehen linker Hand, eingebettet in wucherndes Grün, die nostalgisch-schönen Grabdenkmäler der Sozialdemokraten Wilhelm Liebknecht, Paul Singer, Ignaz Auer. Rechts geht es dann schlicht und uniform weiter mit Partei- und Staatsgrößen der DDR-Zeit, auch dahinter setzen sich die Reihen roter Grabsteine von „roten" Persönlichkeiten der Zeitgeschichte fort: Kämpfer gegen das Hitler-Regime, Schriftsteller wie Bruno Apitz, aber auch der sowjetische Atomspion Klaus Fuchs.

Noch immer marschieren an einem Sonntag im kalten Januar Tausende zu dieser größten Gedenkstätte der deutschen Arbeiterbewegung, linkes Bekenntnis wie zuvor, doch nicht mehr karrierefördernd.

Auf dem Friedhof gibt es noch mehr zu entdecken. Oben auf dem Hügel steht das kurioseste Grabmal: Der Kaufmann Simon Blad, allwärts bekannt für zahlreiche uneheliche Kinder, hatte sein Vermögen der Stadt vermacht, nur musste sie ihm dafür ein Denkmal „in ganzer Figur" setzen. 1903 erledigte Stadtbaurat Ludwig Hoffmann das mit viel Humor: Das Relief des Verstorbenen in ganzer Figur, aber keinen halben Meter hoch, rahmen etliche Kinderköpfchen. Im Tal zur Linken dagegen der schönste Grabstein: Fürs Grab ihres Bruders schuf Käthe Kollwitz 1936 ein beeindruckendes Bildwerk: mütterliche Hände umfassen ein Kind. Auch die Künstlerin wurde nach ihrem Tod 1945 hier bestattet.

Am anderen Ende der Gudrunstraße tost wieder Verkehr: Die Frankfurter Allee überquert die Bahn und heißt drüben Alt Friedrichsfelde – obwohl das alte Dorf weiter südlich lag. Auch der 9 **Bahnhof Lichtenberg** ist fernab jenes alten Zentrums platziert. Vor uns nur ein Tunneleingang; unterirdisch muss man sich hier einem der wichtigsten Fernbahnhöfe Berlins nähern. 85 000 Fahrgäste täglich, mehrere Bahnsteige für Fernzüge von und nach Osten. 1982 baute man alles neu aus. Was in der DDR als modern galt, genügte jedoch heutigen Anforderungen an Service und Ausstattung nicht mehr. Der Bahnhof wurde also von 1996 bis 2001 noch einmal Baustelle und präsentiert sich seitdem ganz up to date. Vor dem südlichen Ausgang etliche Läden, ein Hotel, eine Bank – der Hauch von Geschäftsstraße.

Wer in die Weitlingstraße schlendert, steht bald am Münsterlandplatz vor einem Kuriosum: Die 10 **Neuapostolische Kirche** ist wohl das einzige Gotteshaus, das ein kommunistischer Geheimdienst erbaute. Die Kapelle an der Normannenstraße wich 1978 Mielkes expandierendem Hauptquartier – also zogen Soldaten des Stasi-Wachregimentes diese „Ersatzkirche" für die Gemeinde hoch.

Ringsum errichteten Ende der zwanziger Jahre Genossenschaften und Siedlungsgesellschaften mustergültige Wohnanlagen, aber aller Komfort des Neuen Bauens hatte natürlich auch seinen Mietpreis: Jene Wohnungen mit teurer Zentralheizung zum Beispiel standen damals lange leer. Dafür kann der Architekturfreund noch heute genussvoll avantgardistische Fassaden und weite lichte Höfe beschauen. Zwischen Marie-Curie-Straße und Archenholdstraße liegt trutzig und abweisend Erwin Gutkinds 11 **Sonnenhof**; horizontal in rot-weiß-grauen Streifen gegliedert, erinnern die Straßenfronten an Lakritze oder Speck. In den 270 „Volkswohnungen" kam 1928 aber auf fünf Haushalte nur ein Kind, weil Ehepaare mit Nachwuchs die Miete nur schwer aufbringen konnten.

Bürgerlich-behaglich sieht es in der Lincolnstraße aus: Haushohe Erker mit verglasten Veranden waren das Markenzeichen des Architektenteams Mebes und Emmerich. Mit bunten Farben und kantig-dreieckigen Vorbauten gab Jakobus Goettel 12 **Erlenhof**, **Pappelhof** wie **Ulmenhof** an der Zachertstraße dagegen ein recht expressionistisches Outfit.

Nach Westen geht es wieder zur Schienentrasse. Am Nöldnerplatz neben dem gleichnamigen S-Bahnhof beginnt Rummelsburg, wo der Weinhändler Rummel vor mehr als 200 Jahren eine Schänke betrieb. Von Süden her leuchten gelbe Klinkerfronten herüber. Die 13 **Schulstadt Lichtenberg**, wie man sie nannte, zieht sich einen halben Kilometer wie die Schenkel eines Zirkels an Schlichtallee und Fischerstraße hin. Die riesige Aula in ihrem Schnittpunkt harrt noch als Kriegsruine unterm Blechdach ihres Wiederaufbaus. Max Taut entwarf den 1932 eingeweihten Komplex nach modernsten ästhetischen und funktionellen Maßstäben. Drei Schulen und eine Berufsschule nahmen die schmucklosen Backsteinkuben dereinst auf, auch heute nutzt man sie fachpädagogisch.

Die Schlichtallee hinunter leuchten hinter der Bahnunterführung grüne Farbtupfer der Schrebergärten. Ausgerechnet diese Idylle ging in die Kriminalgeschichte ein; hier machte Paul Ogorzow, Hilfsweichensteller im nahen Stellwerk, Jagd auf Frauen, bis er sich Opfer in nächtlichen Zügen suchte. Als der siebenfache „S-Bahn-Mörder" 1941 wieder in diesen Laubenkolonien tödlich zuschlug, wurde er endlich gefasst; sein Kopf rollte in Plötzensee.

Wen alte Industriearchitektur interessiert, dem sei ein Abstecher die Hauptstraße hinunter mit der Straßenbahnlinie 21 empfohlen. Nach vier Stationen wird es monumental. Dunkelrote Backsteinbauten rahmen die Köpenicker Chaussee, Türme flankieren die Straße, eine Brücke überspannt die Fahrbahn. Das **Kraftwerk**

Klingenberg, 1926 in nur 13 Monaten von der AEG errichtet, liefert noch heute Strom für Berlin. Georg Klingenberg hat es entworfen, daher der Name. Expressionistisches Klinkerpathos; „ein gewaltiges Denkmal", schwärmte eine Festschrift, „von der Tatkraft der deutschen Reichshauptstadt und von der Leistungsfähigkeit der deutschen Industrie". Für die Anwohner ringsum bedeutete dies: „schwarze" Gegend, überall Ruß. Erst in den sechziger Jahren erhielten die Schornsteine Filter.

Ohne diesen Exkurs biegt man in der Schlichtallee rechts ab: Etwas abenteuerlich ist der schmale Weg am Bahndamm schon. Nordwärts schaut ein hoher neugotischer Kirchturm aus Baumkronen hervor. 1892 weihte man die 14 **Erlöserkirche** ein, als erstes Gotteshaus von der Kaiserin Auguste Viktoria und ihrem „Evangelischen Kirchenbau-Verein" gespendet. Später wurden es sehr viel mehr, hatte doch ihr Gatte Wilhelm schon 1887 verkündet: „Gegenüber den grundstürzenden Tendenzen einer anarchistischen Partei ist der wirksamste Schutz von Thron und Altar in der Zurückführung der glaubenslosen Menschen zum Christentum und zur Kirche zu suchen." Die Berliner witzelten: „Bei uns werden mittwochs und samstags von zehn bis zwölf Uhr Kirchen eingeweiht!" – und wählten weiter in großen Mengen SPD.

Gegenüber an der Nöldnerstraße ragt ein zweiter Backsteinturm auf – für Ortsfremde rätselhaft. Es ist einer der letzten erhaltenen Schrotttürme Deutschlands, ein Bau der Firma Juhl von 1908.

Neben eisernen Kandelabersäulen unterquert die Stadthausstraße eine S-Bahn-Strecke. Rings um den 15 **Bahnhof Ostkreuz** zerteilen Gleise den Stadtplan wie einen Schnittmusterbogen. An der Ecke Türrschmidt- und Spittastraße steht eines der 16 **ältesten Häuser Rummelsburgs**, schmucklos und ziemlich heruntergekommen, aber, eine Besonderheit für diese Zeit, in einem Stück aus Beton gegossen. Im Bauboom nach 1871 testete hier die Berliner Cement-Bau AG mit rund

Wohnsiedlung Sonnenhof

50 Häusern die Vermarktung des neuen Materials. Ein Erfolg wurde es nicht, ab 1876 entstand die **Victoriastadt** wieder Stein auf Stein – ein typischer Arbeitervorort des Berliner Ostens. Zille-Milljöh; „Pinselheinrich" hat auch wirklich fünf Jahre dort gelebt.

In der Pfarrstraße sind Gründerstil-Fassaden farbenfroh instand gesetzt. Ein kontrastreiches Bild – von Dreigeschossern bis zu fünfstöckigen Eckhäusern. Je prächtiger die Stuckornamente, desto jünger das Haus. Ein wenig erinnert es an Baukästen – zumal linker Hand hinter den Dächern das Backsteinrot eines gewaltigen Industriebaus wie eine Burg emporragt. Das 17 **Hauptwerk der Knorr-Bremse-AG**, 1922-27 errichtet, war damals weltweit eine der ersten Adressen für Eisenbahnbremsen. Nach der Wiedervereinigung war Schluss mit der Produktion, heute sitzt hier die Bundesversicherungsanstalt für Angestellte.

Im Norden der Pfarrstraße wieder eine Bahnbrücke – dahinter wird es langweilig, Neubauten im DDR-Stil. Also schnellen Schrittes in die Wilhelm-Guddorf-Straße. Von Hochhäusern gerahmt, liegt zur Rechten wieder ein Backsteinkirchlein – auf dem Dachturm der katholischen 18 **St.-Mauritius-Kirche** hielt sich im März 1919 eines der letzten „revolutionären" Maschinengewehre. Dahinter schimmert schon die Glasfassade des Ring Centers – der Ausgangspunkt der Wanderung.

Jan Feustel

Durch Karlshorst

Steepler und Trotter

Villen in schattigen Gärten, vornehme Mietshäuser wie im Westen der Stadt, eine Rennbahn als Treffpunkt der Gesellschaft – das war vormals Karlshorst, die beste Adresse im Osten Berlins. Derzeit scheint es wieder so zu werden. In der Zeit dazwischen – Brennpunkt der Geschichte im geteilten Europa.

Der **Bahnhof** mittendrin liegt seit 1902 auf hohem Damm; um den Sand dafür zu gewinnen, wurden die Krähenberge in der hiesigen Bauernheide restlos abgetragen. Hügel unterm Heidekraut, Kiefernwald, Sumpfwiesen – früher war hier „nischt wie Jejend". Ein Vorwerk, 1825 durch Karl von Treskow auf Friedrichsfelde gegründet, gab den Namen. Dann kamen die edlen Pferde. 1894 wurde hier „die schönste und mustergültigste Hindernisbahn Deutschlands" eingeweiht, wie es damals hieß – am selben Tag wie der „Rennbahnhof Karlshorst"; der Turf hatte eine gute Lobby. Wer nach Süden aus der heutigen Station tritt, sieht jenen restaurierten Fachwerk-Bahnhofsbau jenseits der Straße – mit Ladenschildern versehen.

Gleich zur Linken liegt der Eingang zur **Rennbahn Karlshorst**. Schon im Juli 1945 fand hier das erste Trabrennen im Nachkriegsdeutschland statt, seitdem ziehen hier die „Trotter", wie die Traber in Fachkreisen heißen, ihre Runden auf dem 1200 Meter langen Geläuf. Aus der Zeit der „Steepler", der Hindernis-Spezialisten unter den Rennpferden, stammt noch die Tribüne von 1935, das Denkmal für im Ersten Weltkrieg gefallene Sportreiter und der Grabstein für „König Midas, König der Steepler" – ein hoch geehrtes Pferd!

Derweil ist man im vereinten Berlin nach zähem Hin und Her der Mariendorfer Trabrennbahn-Konkurrenz unterlegen. Stallungen wie Mitarbeiter sind gekündigt, am 17. Dezember 2003 war der letzte Renntag - vorerst zumindest, denn alle Beteiligten haben noch eine Hoffnung von „10 Prozent".

Jenseits der Treskowallee liegt das dereinst vornehmste Pflaster Karlshorsts: Das **Prinzenviertel**, nur Villen im Landhausstil. In der Lehndorffstraße kann man sehen, dass es ursprünglich anders geplant war: Bescheidene Häuschen kehren ihren Giebel vor – die ältesten in Karlshorst. In der 1895 gegründeten „Kolonie Carlshorst" sollten eigentlich kleine Leute solche preisgünstigen Eigenheime erhalten. Aber die Nähe der Rennbahn zog wohlbetuchte Siedler an. In der Üderseestraße sind die nobelsten Fassaden zu bewundern: Pilaster, dreieckige Balkone, rückwärtig auch private Pferdeställe.

Wieder zurück zum Bahnhof – die Schienen halbieren Karlshorst. Jenseits des Bahndamms liegen ehemals feinere Mietshäuser. In der Dönhoffstraße 11 neben der Schienentrasse lebte von 1905 bis 1914 die namhafteste Karlshorsterin – Hedwig Courths-Mahler, die Königin des Trivialromans. Als sie sich endgültig finanziell etabliert hatte, zog sie aber dann doch in den „wirklich vornehmen" Berliner Westen.

Jahrelang war hier an der Bahnunterführung für Deutsche die Welt abgesperrt. Am 3. Mai 1945 mussten die Einwohner diese nördlichen Viertel für die Sowjetische Militäradministration in Deutschland räumen. An jene Zeit erinnert noch der klobige Bau am Bahnhof – das **Haus der Offiziere**, 1948/49 als Reparationsleistung errichtet. „Russenoper" hieß es bei den Einheimischen, fanden doch im großen Saal Konzerte und Film- wie Theater-

Karlshorster Eindrücke

aufführungen fürs Militär statt. Noch heute dient der Raum dem „Theater Karlshorst". 1949 bis 1963 hob man die Sperren Stück für Stück auf, viele sowjetische Dienststellen blieben dennoch hier.

Ein Schwenk nach Osten in die Rheinsteinstraße; wer diese Gegend kannte, als sie 1993 die exsowjetische Armee räumte, der staunt: Die zerfallene „Geisterstadt" hat sich in eine gepflegte Landhaussiedlung verwandelt. Zur Linken bietet die 1910 eingeweihte **Evangelische Kirche** mit spitzem Turm und Backsteinmauern ein altväterlich-trauliches Bild. Drinnen aber herrscht weite Leere: 1945-55 war der Bau Speicher und Pferdestall der Roten Armee. Dafür macht seit 1960 die älteste original erhaltene Orgel Berlins das Gotteshaus zum Mekka der Kirchenmusikenthusiasten. 1753-55 für die Prinzessin Amalie gebaut, wanderte das Instrument nach dem Tode der musikalisch begabten Königstochter in die Dorfkirche Buch. Als jener Bau 1943 ausbrannte, war die Orgel zum Glück gerade ausgelagert. Im Blickpunkt der Rheinsteinstraße steht eine Fassade im NS-Stil; das **Kasino** der 1937 eröffneten Festungs-Pionierschule, Schauplatz der Weltgeschichte. Hier unterzeichneten die Spitzen der deutschen Wehrmacht am 8. Mai 1945 vor Marschall Shukow und Vertretern der Alliierten die bedingungslose Kapitulation. Der Saal ist nahezu unverändert erhalten. Auf einer Leinwand führt dem Besucher ein Film jenes historische Geschehen ständig vor Augen. 1967 richtete die Sowjetarmee hier ein „Kapitulationsmuseum" ein, heute heißt es **Museum Berlin-Karlshorst** und steht unter deutsch-russischer Trägerschaft. Die neue Ausstellung über den Zweiten Weltkrieg im Osten geht unter die Haut: „Statt Helden stehen Menschen im Vordergrund", schrieb die Frankfurter Rundschau, „Menschen mit Gesichtern und Namen, deren Geschichte aus Schlachtfeldern und Trümmern Geborgenes erzählt."

Die Zwieseler Straße hinauf zur Rechten düsteres Grau: Im Hörsaalgebäude jener Militärschule saß einst die größte Auslandszentrale des KGB. Dahinter geht es zum **Sportpark Karlshorst**: Neun Bowling-Bahnen nebst Biergarten, ein Fitness-Club mit Sauna und Solarien. „Berlins einzigartige Sportoase im Grünen", verspricht der Prospekt. Westwärts zurück zur Treskowallee – überall wird renoviert und gebaut, überall aber auch noch Risse in vergilbtem Putz. Beim Verkehrslärm ringsum fährt man am besten mit der Tram zum Bahnhof zurück oder wendet sich nordwärts in den nahe gelegenen **Tierpark Friedrichsfelde**.

Jan Feustel

Im Tierpark Friedrichsfelde

Der Professor als Eisbär

Johannes ist ein Malaienbär. Seine Familie wohnt schon in vierter Generation neben Schloss und Haupteingang, was einer der Zuchterfolge ist, für die man den Tierpark in Fachkreisen lobt.
Wenn im Sommer die Sonne scheint, strömen die Leute nach Friedrichsfelde, als werde dort Bares verschenkt. Dabei müssen sie doch Geld hergeben – allerdings für Eintritt in den Tierpark mit Johannes, den Elefanten und den Pinguinen, was das Schauspiel erklärt.
Wer ins **Schloss Friedrichsfelde** will, muss extra zahlen; denn es gehört nicht dem Tierpark. Gleich links hinter dem Haupteingang steht es. Der Holländer Benjamin Raule hat es 1695 errichtet – damals war es eher ein Lusthaus mit Garten. Spätere Besitzer ließen zu beiden Seiten etwas hinzufügen, und so wurde schließlich ein Schloss daraus. Man sieht der ganzen Anlage noch das Niederländische an, und das sind vor allem die regelmäßigen Gartenparterres, die Umfassungskanäle und die barocke Mittelachse des Parks.
Das Gebäude selbst ist ein hübscher Bau mit Putzgliederung, dessen Hauptteil mit wundervoll geschnitztem Treppengeländer im Inneren etwa dem Lusthaus Raules entspricht. Schon Friedrich Nicolai schrieb 1786, das Schloss gehöre „zu den schönsten um Berlin". Besonders der frühklassizistische, durch Wandpilaster gegliederte Festsaal mit seiner Deckenmalerei und den Stuckreliefs mit dionysischen Szenen über den Türen gefiel ihm. Er pries ihn als „im edelsten Geschmack" ausgeführt, und damit hatte er Recht.
Das Schloss dient Konzerten, Lesungen und Vorträgen, doch darf auch hinein, wer sich nur einmal umsehen will. Falls er weiß, dass der Bau nach dem Krieg arg

Schloss Friedrichsfelde

heruntergekommen war, wird er über die prachtvollen, gut erhaltenen Tapeten aus Leinwand und Halbseide staunen, die mit Hirten und Herden, Wäldern und antiken Ruinen, Ornamenten, Blumengirlanden, Jagdszenen und Musikinstrumenten bemalt sind. Sie wurden jedoch aus anderen Bauwerken hierher gebracht – die grün in grün bemalte Wandbespannung des Jagdzimmers im Erdgeschoss kommt zum Beispiel aus dem Schloss Ostrau in Sachsen-Anhalt.
Am meisten haben es den Besuchern die schattigen Nischen des Treppenhauses angetan, in denen Statuen stehen, hinter die Kinder schon mal ihren Kaugummi zu kleben versuchen. Ist aber alles Blendwerk, ist nur an die Wand gemalt! Wer mit einem respektablen Fachwort dafür beeindrucken will: „Illusionistische Figurennischen" klingt am besten.
Der Mittelrisalit, die Auffahrt, das Becken mit den beiden Fontänen davor, in das man seine Münzen werfen kann – Schloss Friedrichsfelde gefällt. Lenné gefiel es auch, als er den Park 1821 umgestalten sollte, es war ja sein Leben, rings um schöne Bauwerke die „Natur so aufzuschönen", dass beide wie füreinander geschaffen schienen. Dabei zählte er nicht zu denen, die alles strikt nach englischer Mode machen mussten, obwohl er wirklich sehr englisch gärtnerte. Er mochte gewundene Wege, Hügel, Teiche, Baumgruppen, Abwechslung, immer neue Ausblicke – eben das, was man heute im Tierpark vorfindet. Er tadelte die Engländer aber, wenn sie – weil jede Regelmäßigkeit fortmusste – die Axt an „prachtvolle

Baumreihen" legten, die „gerade Gänge beschatteten". In seinen Parks hatten auch symmetrische Elemente ihren Platz – wenn sie am Platz waren, wie die Gartenparterres beim Schloss und die einen Kilometer lange Schneise, die weite Ausblicke gewährt tiefer in den Tierpark hinein Richtung Terrassencafé und Bärenschaufenster am anderen Eingang.

Lenné war auch für Büsten, Statuen und derlei zu haben – aus älteren Tagen steht davon noch manches unter den Bäumen. Anderes kam hinzu, seit der Tierpark ab 1954 eingerichtet wurde, so das Tor des Haupteingangs des Kunstschmieds Fritz Kühn und die Furcht erregende Säbelzahnkatze Roland Oehmes bei der Freilichtbühne. Die beiden Löwengruppen vor dem Alfred-Brehm-Haus haben dann wieder mehr Vergangenheit, und sogar allerhöchste, weil sie einmal zum Denkmal Kaiser Wilhelms I. vor dem Berliner Schloss gehörten.

Sicher, man findet im Tierpark Schlangenfarm, Streichelzoo und die Unterkünfte der Krokodile. Auch steht unweit vom Spielplatz das Dickhäuterhaus mit dem Seekuhaquarium und etwas weiter das berühmte **Alfred-Brehm-Haus** samt seinen Freigehegen für Raubtiere und der Tropenhalle für Pfeifdrosseln, Sonnenvögel, Indische Riesenflughunde und so weiter. Doch am meisten schwärmt alle Welt für die herrliche Weitläufigkeit des Tierparks, die ihn auch von der Fläche her zu einem der größten Zoologischen Gärten der Welt macht. 160 Hektar, 26 000 Quadratmeter Teiche und Gräben voller Wasservögel, Inselchen, auf denen Affen leben, etwa 23 Kilometer Wege, da kann man mehr Zeit verbringen als nur einen Tag.

Gleich hinter dem Eingang am Bärenschaufenster weiden Bisons und Wisente unter den 400 Jahre alten Eichen des Schlossparks, an der Cafeteria stöckeln Kubaflamingos durch den Schlamm, Wölfe streifen durch ein Wäldchen, und auf der Kamelwiese verdösen Trampeltiere und Dromedare den Tag. Die Wiese wird von Gräben begrenzt; störende Gitter ließ man im Tierpark weg, wo es nur ging.

Die Konzeption hat sich der bei den Berlinern überaus beliebte Gründungsdirektor selbst ausgedacht. Dathe hieß er, Heinrich Dathe. Er war ein Fachmann von hohem Rang, kannte sich vorzüglich mit den Verhaltensweisen der Tiere aus und konnte sie herrlich imitieren, wie man aus zahllosen Fernsehsendungen weiß. Der Mann war immer für seine Doktorfische, Kuttengeier und Breitmaulnashörner da. Und immer für die Besucher! Es heißt, er sei dem Publikum zuliebe an heißen Tagen sogar schon mal für einen kränkelnden Eisbären eingesprungen und habe mit dessen Verwandtschaft im Wasser geplanscht, ohne dass den Leuten gleich aufgefallen wäre: Der da, der Kleine mit Brille, das ist gar kein Eisbär, das ist der Professor Dathe.

DIETER LANGE

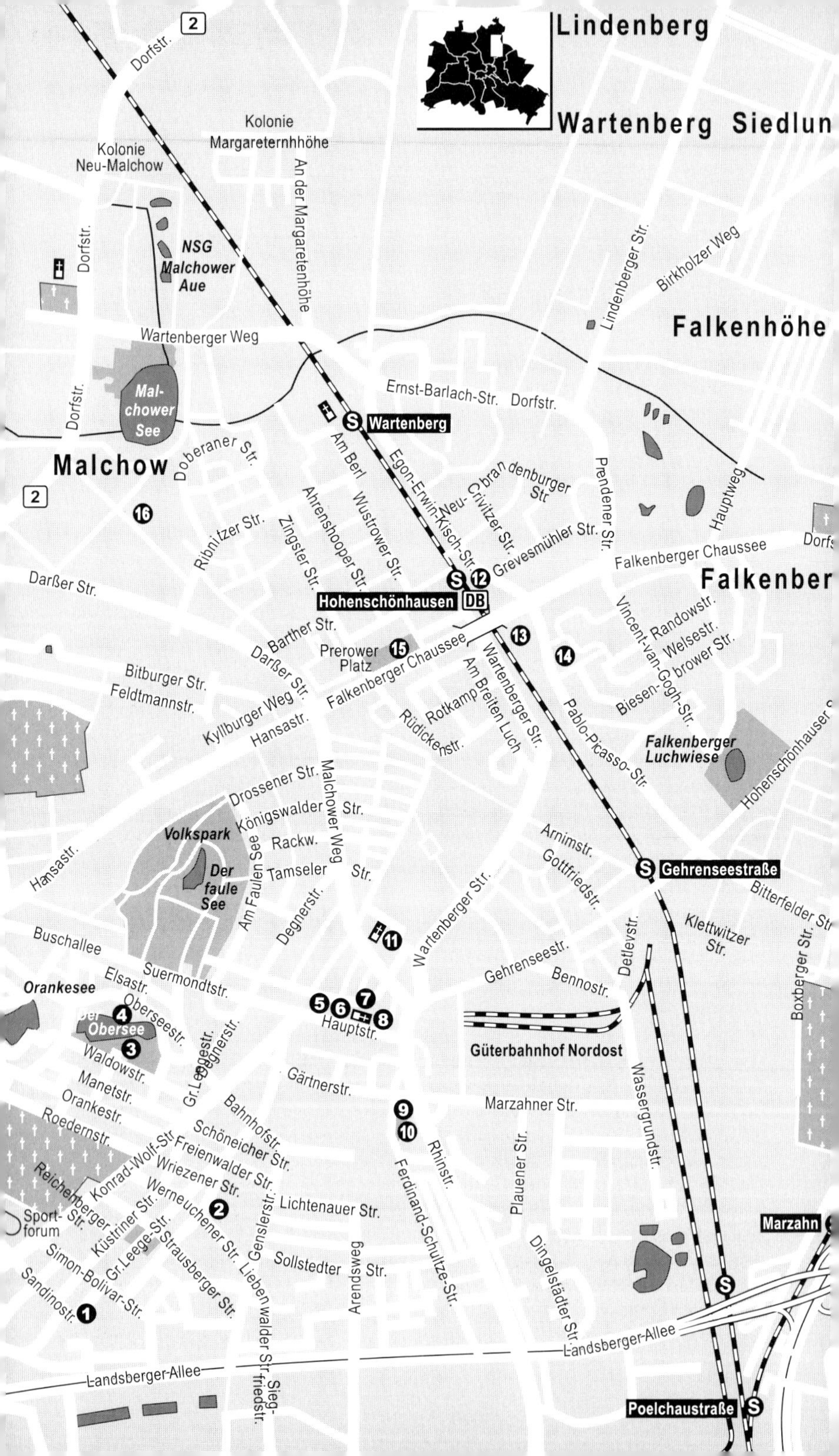

Lindenberg
Wartenberg Siedlun
Falkenhöhe
Falkenber
Malchow
Kolonie Margareternhhöhe
Kolonie Neu-Malchow
NSG Malchower Aue
Mal-chower See
Dorfstr.
Wartenberger Weg
An der Margaretenhöhe
Lindenberger Str.
Birkholzer Weg
Ernst-Barlach-Str.
Dorfstr.
Wartenberg
Am Berl
Egon-Erwin-Kisch-Str.
Neu-Crivitzer Str.
brandenburger Str.
Prendener Str.
Hauptweg
Doberaner Str.
Ribnitzer Str.
Zingster Str.
Ahrenshooper Str.
Wustrower Str.
Gervesmühler Str.
Falkenberger Chaussee
Dorfs
Darßer Str.
Hohenschönhausen
DB
Barther Str.
Prerower Platz
Vincent-van-Gogh-Str.
Randowstr.
Welsestr.
Biesen-brower Str.
Bitburger Str.
Feldtmannstr.
Darßer Str.
Kyllburger Weg
Hansastr.
Falkenberger Chaussee
Rotkamp
Rüdickenstr.
Am Breiten Luch
Wartenberger Str.
Pablo-Picasso-Str.
Falkenberger Luchwiese
Hohenschönhauser
Drossener Str.
Malchower Weg
Königswalder Str.
Volkspark
Der faule See
Rackw.
Tamseler Str.
Am Faulen See
Hansastr.
Arnimstr.
Gottfriedstr.
Gehrenseestraße
Bitterfelder Str.
Klettwitzer Str.
Boxberger Str.
Degnerstr.
Wartenberger Str.
Buschallee
Detlevstr.
Gehrenseestr.
Bennostr.
Orankesee
Elsastr.
Suermondtstr.
Oberseestr.
Der Obersee
Hauptstr.
Güterbahnhof Nordost
Waldowstr.
Gr.Leegestr.
Degnerstr.
Gärtnerstr.
Manetstr.
Orankestr.
Roedernstr.
Bahnhofstr.
Marzahner Str.
Wassergrundstr.
Schöneicher Str.
Konrad-Wolf-Str.
Freienwalder Str.
Wriezener Str.
Rhinstr.
Ferdinand-Schultze-Str.
Plauener Str.
Reichenberger Str.
Werneuchener Str.
Lichtenauer Str.
Sport-forum
Küstriner Str.
Marzahn
Gr.Leege-Str.
Straußberger Str.
Gensler Str.
Sollstedter Str.
Arendsweg
Dingelstädter Str.
Simon-Bolivar-Str.
Sandinostr.
Liebenwalder Str.
Landsberger-Allee
Landsberger-Allee
Sieg-friedstr.
Poelchaustraße
2
1 2 3 4 5 6 7 8 9 10 11 12 13 14 15 16

Durch das alte Hohenschönhausen

Stationen um einen Dorfkern

Viele Berliner setzen Hohenschönhausen mit Plattenbaugebiet gleich. Aber es hat auch noch ganz andere Seiten. Für einen ersten Eindruck empfiehlt sich die Anreise vom Stadtzentrum aus mit den Straßenbahnen 5 oder 15. Auf der Landsberger Allee fällt auf, dass die bereits 1899 eingerichtete Strecke sacht bergan geht, wir verlassen die Spreeniederung und gelangen allmählich auf die Hochflächen des Barnim. Bis zum Ziel müssen rund zwanzig Meter Höhenunterschied überwunden werden.

Die Anhöhen des Volksparks Prenzlauer Berg an der Hohenschönhauser Straße sind jedoch von Menschenhand geschaffen. Wer von dort, aus der Höhe, die Stadt betrachtet, steht nicht einfach auf Rasen, sondern auch auf Trümmern aus dem Zweiten Weltkrieg. Die Plattenbauten rechts, an denen die Tram vorher vorbeigezogen ist, gehören übrigens nicht zu Hohenschönhausen, sondern zur Lichtenberger Siedlung Fennpfuhl.

Am nahen Weißenseer Weg grüßt zur Rechten, als monumentaler Ortseingang, das **Einkaufszentrum Hohenschönhauser Tor**. Einkaufszentren scheinen pausenlos Junge zu kriegen, und alteingesessene Einzelhändler gründen Arbeitsgemeinschaften, um zu überleben.

Nun geht es hinein nach Hohenschönhausen und die Konrad-Wolf-Straße entlang. Von der Stadt zum Dorf ist an dieser knapp drei Kilometer langen Strecke eine immer dichtere Verbindung gewachsen. Auf der rechten Straßenseite stehen zumeist vierstöckige Mietshäuser mit Läden und Gaststätten. Zur Linken aber gedeiht seit über vier Jahrzehnten das **Sportforum** auf 54 Hektar mit Eisschnelllaufstadion, Schwimmhalle, Hotel, Eissporthalle, Trainings- und Ausbildungsstätten. Im einstigen Dynamo-Domizil sind heute viele Vereine zu Hause, und die jährlichen Besucherzahlen sind siebenstellig. Tritt zum Eishockeyspiel der Lokalmatador EHC an, ist der ruhige Stadtrandbezirk Ziel einer Berliner Völkerwanderung im Zeichen des Eisbären-Schals.

Verlassen wir an der Sandinostraße gegenüber dem Sportforum erst einmal die Straßenbahn und begeben uns über die Sandino- zur Große-Leege-Straße. Deren Glanzlicht ist die 1 **Flusspferdhof-siedlung**, ein größeres Wohnensemble der Architekten Paul Mebes und Paul Emmerich von 1931 bis 34. Geschickt nutzte man hier die Vorteile der Serienfertigung für den Bau von Kleinwohnungen in hoher Stückzahl bei niedrigen Kosten und mit weitem Spielraum für Gestaltung. Der artenreiche Baumbestand zwischen den dreistöckigen Häuserzeilen trägt wesentlich zu einer behaglichen Atmosphäre bei. Leerstand sucht man hier wie die Nadel im Heuhaufen, finden wird man aber mit Sicherheit Herz und Namensgeberin der Siedlung – die Brunnenanlage „Zwei Pferde im Fluß" von Hans Mettel. Kein Kind kommt hier vorbei, ohne mit Wasser zu spielen oder sich aufs Pferd zu schwingen.

An der Große-Leege-Straße 60-64 blieben in der Siedlung **21 Hauszeichen** erhalten. Kleine Terrakottareliefs zeigen Motive aus der keltischen Mythologie und symbolische Tugenden: Winzer, Maurer, Lehrer, aber auch tapferer Recke mit Eichenlaub, Eis laufendes Kind und Ähren lesender Hamster.

Die über hundert Jahre alte Straße hat ihren Alleecharakter bis heute bewahrt, der Mittelstreifen ist von alten Bäumen und neuen Autos geprägt und die Wohnbebauung in den vergangenen Jahren dichter geworden. Bewohner und Stadtspaziergänger finden zumeist Gefallen an den leuchtenden Farben und abwechslungsreichen Hofgestaltungen der überwiegend sanierten Häuser. Die Wohnungsunternehmen haben die Bestände, die sie nach dem Krieg durch Enteignung verloren hatten, zurückerhalten, setzen sie

Flusspferdsiedlung

sorgfältig instand und machen das alte Hohenschönhausen allmählich zur bevorzugten Wohngegend.
Kurz vor der Freienwalder Straße wird unser harmonischer Eindruck jäh unterbrochen. Ein Schild auf dem Mittelstreifen weist zur 2 **Gedenkstätte Hohenschönhausen** im ehemaligen Untersuchungsgefängnis der Staatssicherheit in der Genslerstraße. Dieses Gelände einer nationalsozialistischen Volksküche und eines benachbarten Zwangsarbeiterlagers wurde 1945 von der sowjetischen Armee als Speziallager Nr. 3 und NKWD-Lager weitergeführt. Über deren Existenz herrschte öffentliches Schweigen. Viele Inhaftierte starben. In den fünfziger Jahren ging das Lager in die Verwaltung der Staatssicherheit über, die es bis zum Ende der DDR betrieb. Eine anschließende Nutzung durch den Berliner Senat war nur von kurzer Dauer. Auch Ex-Minister Erich Mielke kam aus diesen Mauern frei und verbrachte letzte Rollstuhl-Lebensjahre in einem Hohenschönhausener Hochhaus. Das stählerne Gefängnistor aber kann seit 1995 jedermann öffnen – die Haftanstalt ist nun Gedenkstätte.
Überqueren wir nun die Freienwalder Straße, wird die großzügige Promenade allmählich zum Nadelöhr. Bevor sie in einer Sackgasse endet, biegen wir nach links in die Bahnhofstraße ein, die uns zum ältesten Industriedenkmal des Bezirks führt. Von der majestätischen Löwenbrauerei blieb allein die Fabrikantenvilla mit dem verwitternden Fassadenlöwen übrig. Das Mälzereigebäude wurde sorgsam umgebaut, beherbergt nun ein Pflegeheim und ist weiterhin ein markantes Wahrzeichen im Ortsbild. Verdienter Erhalt, verdankt Hohenschönhausen doch der Brauerei den nahegelegenen Obersee, der von hier innerhalb weniger Minuten über die Oberseestraße zu erreichen ist.
Um die Jahrhundertwende wurde dort ein Sumpf zu Brauchwasserzwecken überstaut und 1913 am Südufer ein großzügiger Park angelegt. Heute ist der Oberseepark eine der landschaftlichen Perlen des Berliner Nordostens. Scharen von Spaziergängern jeden Alters zieht es immer wieder her, gleich, ob der klare Oktoberhimmel Ahorn- und Buchenlaub zum Leuchten bringt oder der Schatten des backsteinernen Wasserturms auf blauer Eisfläche liegt.
Durchqueren wir den Park, werden wir auf jeden Fall den 1902 erbauten 3 **Wasserturm** entdecken. Seit Jahrzehnten nicht mehr in Betrieb, mittlerweile ohne Behälterkopf, aber von scheinbar unverwüstlicher Bausubstanz, wartet er darauf, restauriert zu werden, und dann kann man nach einem Besuch von Galerie oder Café vielleicht zur Aussichtsplattform emporklettern.
Von der dem See abgewandten Seite führt eine alte Platanenallee vom Turmplateau zum benachbarten **Orankesee**. Dessen Freibad ist seit mehr als siebzig Jahren berlinweit bekannt. Wasserratten schätzen den breiten Sandstrand und die Liegewiese mit den Bäumen. Doch aufgepasst in Vollmondnächten: Von Zeit zu Zeit taucht Prinzessin Oranke aus der Tiefe auf – begegnet ihr in Ufernähe ein Mann, so muss er ihr folgen, denn ihr Gemahl, Ritter Hans-Georg, verlor sein Leben im Kampf. In dieser oder ähnlichen Fassungen wird eine Sage überliefert, wohl die einzige, in der Hohenschönhausen und der Orankesee erwähnt werden.
Eine Legende jüngeren Datums ist das Wirtshaus am Orankesee, das sich seit 1894 aufgrund seiner fantastischen Lage an der Uferpromenade jahrzehntelanger Beliebtheit erfreute, neben Saalbetrieb, Musik und Tanz auch Kaffee- und Biergartengemütlichkeit bot und sogar das

legendäre Kabarett „Distel" von der Friedrichstraße für einzelne Vorstellungen nach Hohenschönhausen holte. Hundertjähriges Jubiläum mit Leerstand, Brand und Abriss. Die Durststrecke bis zum neuen Wirtshaus überbrückt nunmehr Freiluftbier.

Um den See herum und am Freibadeingang vorbei kommt man zum 4 **Oberseeviertel** an der gleichnamigen Straße. Dort säumen niedrige Reihenhäuser, gepflegte Gärten und etliche teils noch schlichte, teils bereits Reichtum demonstrierende Villen das nördliche Seeufer. Bis 1989 wurde der Name des Viertels meist mit Staatssicherheit gleichgesetzt, denn nach dem Abzug sowjetischer Offiziere in Richtung Karlshorst zogen in den fünfziger Jahren Mitarbeiter des DDR-Geheimdienstes hierher. Aufmerksamen Spaziergängern entging nie die große Zahl anonymer Klingelschilder.

Das ist heute vorbei. In der Oberseestraße 60 hat die Kunst der Moderne 1990 ein ständiges Ausstellungsgebäude erhalten. Dieses hatte Ludwig Mies van der Rohe 1933 als Landhaus für Karl Lemke, den Besitzer einer Graphischen Kunstanstalt, entworfen – sein letzter Auftrag vor der Auswanderung. Das kleine Bauwerk des berühmten Architekten dürfte die einzige Kulturstätte des Bezirks sein, die von Besuchern aus aller Welt angesteuert wird. Mies van der Rohe soll gern Maurergeschichten erzählt und den Standpunkt vertreten haben: „Das Bauen und die Baukunst fängt mit dem Backstein an." Davon kann man sich bei der Betrachtung des Landhauses, das jüngst rekonstruiert wurde, ein Bild machen.

Über Degner-, Suermondt- oder Konrad-Wolf-Straße nähern wir uns nun dem Ort, der einmal der Hohenschönhausener Dorfkern gewesen ist. Seit das Marzahner und das Hohenschönhausener Neubaugebiet im Norden errichtet wurden, ist es hier vorbei mit der Vorstadtruhe. Autos, Straßenbahnen und Busse bestimmen das Bild, mehrere Ampeln und ein Zebrastreifen schleusen im Minutentakt Fußgänger auf die andere Straßenseite. Halten wir

An der Hauptstraße

dem Lärm also stand und begeben uns zur Hauptstraße 50, dem 1913 errichteten 5 **Rathaus**. Bis 1920 war es Amtssitz des Gemeindevorstehers, danach wurde Hohenschönhausen von Weißensee aus regiert. Dem ältesten erhaltenen **Wohnhaus**, Hauptstraße 46, kann man beinahe in die Dachrinne schauen, und auch die benachbarten Gebäude überragen es in seiner Höhe nur unwesentlich. In Blickrichtung des alten 6 **Gutsschlosses** scheint ein Betonriese das Ortsbild zu erdrücken. Die Verzahnung von Alt und Neu hat sich hier auf engstem Raum vollzogen. Dabei mussten die Bauernhöfe der gegenüberliegenden Seite Wohnblöcken, einer Schule und einer Kaufhalle weichen. Bis in das 17. Jahrhundert zurück kann an der Hauptstraße 44 das Schloss nachgewiesen werden, lange Sitz des märkischen Adelsgeschlechts derer von Röbel. Bevor ab 1929 die Stadt Berlin das Haus als Kindergarten, Krankenhaus und Entbindungsklinik nutzte, lebte hier Paul Schmidt, der Erfinder der Trockenbatterie und Gründer der Daimon-Werke. Wer heute an einer Führung durch das Schloss teilnimmt, braucht – wenn das Herr Schmidt wüsste – eine Taschenlampe, denn das Haus steht seit 1989 leer und verfällt. Diesen Zustand will „Schloss Hohenschönhausen e. V." beenden. Der Verein ist seit 1998 dabei, Licht ins Dunkel und Kultur ins erste Haus am Ort zu bringen und konnte mit der Dachsanierung beginnen.

Gutsschloss Hohenschönhausen

Dorfauswärts schließt sich an den verwilderten Schlosspark das 7 **Schulhaus** an, ein schlichter, zweistöckiger Backsteinbau, dessen Chronik sich liest wie eine interessante Biographie: 1889/90 als Schule erbaut, wurde er nach 10 Jahren Endhaltestelle der Straßenbahnlinie. Später zogen Verwaltungen ein, zum Beispiel Polizei und Lebensmittelkartenstelle, aber auch Hitlerjugend und Wehrmacht. Nach Kriegsende gab es bis 1970 wieder Schulunterricht, Gäste der X. Weltfestspiele nahmen hier Quartier, zeitweise arbeitete eine Bauleitung im Haus, 1983 kamen ein Jugendklub und eine Bibliothek, und 2002 zog der Schlossverein hierher.

Scheinbar unerschütterlich, wie ein Fels in der Brandung, erträgt die benachbarte kleine 8 **Taborkirche** die Nähe des Hochhaus-Goliaths und den donnernden Straßenlärm. Um 1230 wurde sie aus Feldsteinen erbaut, überdauerte Jahrhunderte, der Turm jedoch wurde wegen Kriegsschäden 1953 abgetragen. Die Glocken werden seitdem einige Meter abseits der Kirche geläutet, was in stiller Sonntagsfrühe bis ins Neubaugebiet zu vernehmen ist.

Unmittelbar entlang der östlichen Kirchhofsmauer ist der Rest des alten Dorfes abgeschnitten, die sechsspurige Rhinstraße verbindet hier den Nordosten mit dem Südosten der Stadt. Wer die Straße überquert, entdeckt, dass auf der anderen Seite der Dorfausgang in Richtung Marzahn noch nicht ganz verschwunden ist. Letzte Spuren sind einige Quadratmeter Kopfsteinpflaster, verfallene Häuscr und die Pappeln in der Biegung. Noch in den sechziger Jahren waren hier Pfarrhaus und Schmiede, Friseur Mißler und Bäcker Hühnerbein zu finden. Um 1980 haben Arbeiterwohnheime ihren Platz eingenommen, in denen heute ehemalige vietnamesische Vertragsarbeiter zu Hause sind, aber auch Bürgerkriegsflüchtlinge aus Osteuropa. Etwas abseits und isoliert leben sie hier, am Rande der Wohnzentren. Kontakte zur Hohenschönhausener Bevölkerung scheinen sich auf den ersten Blick auf Zigarettenkauf sowie gemeinsames Warten in Kassenschlangen und BVG-Wartehäuschen zu beschränken. In mehreren Vereinen gibt es jedoch verdienstvolle Bemühungen, das Miteinander zu fördern.

Zwei Dinge im Dorf sind noch zu erwähnen. Der **Storchenhof**, ein modernes Einkaufszentrum mit Post, Geschäften und dem Informationsbüro des Schlossvereins, steht an der Stelle des alten Restaurants „Storchennest", das den Krieg nicht überstand, sowie, etwas abseits an der Gärtner-, Ecke Rhinstraße, der kleine 9 **Dorffriedhof**.

Dort sind auf den Grabsteinen die Namen alteingesessener Familien verzeichnet, teilweise ist die berufliche Tätigkeit erwähnt: Pfarrer, Gastwirt, Lehrer, Trichinenschauer, Gärtnermeister. Zwei Felder erinnern an die zahlreichen Toten des Zweiten Weltkrieges, und das südliche Gelände zur Rhinstraße hin nimmt seit 1998 der 10 **DenkOrt** ein. Auf Initiative des Hohenschönhauseners Manfred Höhne, dessen Vater erst nach 1989 den Mut finden konnte, über seine Haftzeit zu berichten, symbolisieren Feldsteine in unbestimmter Zahl die gleichfalls unbestimmte und namenlose Zahl derer, die die Internierung im sowjetischen Speziallager nicht überlebten. Als Zeichen des Gedenkens und Nachdenkens können Besucher weitere Steine ablegen und so die Erinnerung wach halten.

Verlassen wir das alte Hohenschönhausen in Richtung Wartenberger Straße. An der

Paul-Koenig-Straße

Einmündung des Malchower Weges steht das einzige **Fachwerkhaus** des Bezirks. Erbaut 1913 als Stehbierhalle, war es später „Lindenwirt" und „Linden-Garten", anschließend Gemeindehaus und Kindergarten der evangelischen Kirche. Behutsame Restaurierung hat der Gemeinde und dem Ort ein Kleinod erhalten.

In Sichtweite auf leichter Anhöhe erscheint nun ein für Hohenschönhausen einmaliges Bauensemble, die (11) **Kleinhaussiedlung** an der Tita- und Paul-Koenig-Straße, 1920-26 von Otto Kuhlmann und Bruno Taut erbaut. „Farbe ist Lebensfreude", war einer von Tauts Grundsätzen. Seine ursprüngliche Farbgestaltung der Fassaden – rote Straßenfronten, gelbe Ost-, blaue Westgiebel – versteckten die ablehnend gesonnenen Machthaber 1936 zur Berliner Olympiade unter teilweise noch heute vorhandenem grauen Putz. Erhalten blieben jedoch über die Jahrzehnte die überschaubare Struktur der in sich geschlossenen Siedlung, die an ein Baukastensystem erinnernde praktische Verbindung der zweistöckigen Doppelhäuser mit niedrigeren Nebengelassen, aber auch Fensterläden, Klinkerblenden, hölzerne Treppengeländer, abgerundete Zimmerdecken, schmale Gehwege, Kopfsteinpflaster, rot blühende Kastanienpracht und – das gehört hier einfach dazu – der Plausch über den Gartenzaun.

Die baustoffarme Zeit der DDR haben die Häuser durch private Erhaltungsmaßnahmen überlebt, je nach Möglichkeiten der Besitzer. Rückwirkende Änderungen kann niemand bezahlen, und ob dies sinnvoll wäre, bliebe zu überlegen, denn auch

Titastraße

Häuser haben eine eigene Chronik. Aber bei künftigen Bauvorhaben sollen nun Tauts Entwürfe verwendet und die kleine Denkmalgruppe geschützt werden.

Verlassen wir die Siedlung, gelangen wir an beiden Ausgängen der Paul-Koenig-Straße zu den angrenzenden **Gartenkolonien** „Land in Sonne" und „Mühlengrund". Einst am Stadtrand gelegen, verbinden sie heute das alte mit dem neuen Hohenschönhausen. Wie ein Wanderer zwischen den Welten kann man sich am Pappelgraben fühlen: Links die Kleingärten mit Birnbaum und Radieschenbeet, rechts Plattenbaubalkone mit Geranien und Partylämpchen. Und hinüber und herüber schweben Wochenend-Grilldüfte.

CHRISTINA SCHRÖDER

Durch Neu-Hohenschönhausen

Variationen in Beton

Siehe Plan Seite 462

Wenn zum Erntefest ein Riesenrad am 12 **Bahnhof Hohenschönhausen** steht, dann nichts wie hinauf. Aus der Höhe überschaut man das junge Stadtviertel und stellt fest: Die Siedlungsteile sind um das Kreuz der Bahntrasse und der Chaussee wie ein vierblättriges Kleeblatt angeordnet. Von hier reicht der Blick weit hinein in die Ebenen des Barnim.

Neu-Hohenschönhausen entstand auf dem Reißbrett, daher sind fast alle Straßen neu angelegt worden. Die meisten benannte man nach den Heimatorten der Arbeitskräfte aus den DDR-Nordbezirken, die neben ihren Berliner Kollegen am Bau beteiligt waren. Den Anfang machte der Ausbau der jahrhundertealten Falkenberger Chaussee zur vierspurigen Hauptverkehrsader mit direktem Anschluss an den Berliner Ring und einer nach Falkenberg verlängerten Straßenbahntrasse.

Von dem Rieselfeldareal, das von der Chaussee einst durchzogen wurde, künden heute nur noch einige betagte Bäume und ein 13 **Postmeilenstein**, der „1 Meile bis Berlin" anzeigt und als einziges Neu-Hohenschönhausener Baudenkmal an der Ecke Pablo-Picasso-Straße ein kaum beachtetes Dasein fristet. Von hier aus ist Jo Jastrams 14 **Schreiender Hengst** von 1993 bereits zu sehen. Eingekreist von elfstöckigen Wohnbauten, Verkehrslärm, Abgasen, Fernwärmerohren und parkenden Autos, symbolisiert er auf dem kleinen Grünflächen-Reservat ergreifend die bedrängte Natur. Die Beziehung von Kunst und Raum erscheint hier vollendet. In welche Richtung man an dieser Stelle auch blickt – Plattenbauten so weit das Auge reicht und als Zugabe Beton-Variationen auf Schritt und Tritt: Gehwege und Treppen, Bordsteinkanten und Hochbeeteinfassungen. Nach und nach lösen endlich farbige Fassaden die graue Monotonie auf, und an den Siedlungsrändern mit

Schreiender Hengst

niedrigerer Bebauung verstärkt sich wohltuend die individuelle Gestaltung des Lebensraums mit Abenteuerspielplätzen, Teichen, Holzskulpturen, mit Mietergärten, Skateboard-Anlagen, Rodelbergen, schlängelnden Kieswegen und einer Kogge für Fantasie-Kapitäne und Kapitäns-Fantasie. „Kurs halten!", möchte man rufen, denn so zufrieden wie die Neu-Hohenschönhausener mit den sanierten Wohnungen und der verbesserten Infrastruktur auch sind: Anhaltende Abwanderung, Wandel der Bevölkerungsstruktur, überflüssige Kindergärten oder Schulen und der kommunale Verzicht auf viele Teile des Bibliotheksnetzes sind offensichtlich Beispiele, die Sorgen bereiten, aber auch Anlass sein könnten für beweglicheren Unternehmungsgeist.

Am besten nimmt man sich ein Fahrrad und erkundet die vier Kleeblatt-Teile. Das Radwegnetz ist solide und wird ständig erweitert. Zuvor sollte man sich aber das Zentrum des neuen Stadtteils zwischen S-Bahnhof Hohenschönhausen und 15 **Prerower Platz** genauer ansehen. Letzterer ist Standort des Einkaufszentrums „Linden-Center", das – 1995 eröffnet – nicht nur Warenangebot, sondern auch Ausstellungen und Messen präsentiert. Das „Florenz" im Obergeschoss ist vielleicht das, was in Kleinstädten sonst das Café am Markt ist. Hier frühstückt und schwatzt man beim Milchkaffee, lacht, schimpft und raucht – bis Ladenschluss.

Kletterfelsen im Landschaftspark

An der Rückseite des Gebäudes nimmt das Lesestädtchen **Anna-Seghers-Bibliothek** über drei Etagen hinweg beträchtlichen Raum ein. Trotz des hektischen Betriebs findet sich in der meistgenutzten Bibliothek Berlins immer ein ruhiges Eckchen zum Schmökern.

Die Fassade des Bauwerkes steht allerdings zum lebendigen Inneren in ernüchternd kaltem Kontrast. Riesige graue Flächen, unterbrochen von monotonen Fensterreihen und gestützt von monströsen Säulen in den Eingangsbereichen, rufen ungemütliche Gedanken an ein Größenverhältnis von Elefant und Ameise hervor. Zwei positive Seiten hat das Äußere aber doch: Erstens erscheint die oft verpönte DDR-Plattenbauarchitektur in dieser neuen Umgebung überraschend gefällig, und zweitens schätzen sowohl Inlineskater als auch Skateboard-Artisten die großzügigen glatten Außenflächen.

Ähnlich massiv wirkt das von der Bevölkerung lang ersehnte **CinemaxX**. Immerhin wird der Eindruck durch unterschiedliche Farbflächen und die aufgelockerte Struktur gemildert. Seit der Eröffnung 1998 ist es gut besucht und belebt end-

Evangelisches Gemeindezentrum

lich die bisher eintönige Gegend am S-Bahnhof Hohenschönhausen. Obwohl ein Fernbahnsteig angrenzt, müssen Fahrgäste ohne Kaffee oder Zeitung auskommen, und auch das am Boden liegende öffentliche Toilettenwesen könnte hier bedürfnisorientiert eine Marktlücke in ein einträgliches Geschäft verwandeln.

Vom Zentrum nach Norden führt die belebte Zingster Straße, die, neben Läden, Restaurants und einer Schwimmhalle, an der Ecke Barther Straße ein Sandsteinsofa präsentiert: Gelegenheit zum Ausruhen. Oder fürs Erinnerungsfoto, denn der Ort ist von historischer Bedeutung, bewahrt doch das **Haus Barther Straße 3** seit 1984 in seinem Fundament den Grundstein des neuen Hohenschönhausen.

Über die Barther oder Ribnitzer Straße gelangt man zum Stadtrand mit einem (16) **Landschaftspark**, akzentuiert von einem fünfzehn Meter hohen Kletterfelsen aus – Beton. Nicht als Notlösung wegen Materialmangels, sondern als originelle Verwertung ausgedienter Plattenteile. An diesem Hohenschönhausener Blocksberg blüht bei walpurgisnächtlichen Spektakeln die Fantasie. An den restlichen 364 Tagen des Jahres verfolgen Schaulustige jeden Alters den Aufstieg kühner Alpinisten mit bewundernden Blicken und fachmännischen Kommentaren.

Ob man dann weiterzieht auf Pfaden durch die Aue oder auf gerader Strecke am Feldrain – alle Wege führen nun nach Malchow.

CHRISTINA SCHRÖDER

Malchow, Falkenberg, Wartenberg – Drei Dörfer am Stadtrand

Hinterm Hochhaus Hufeklappern

Malchower See

Links leuchtet schon das Ziegeldach der Grundschule im Grünen, zur Rechten halten schottische Rinder das Gras der Niederungen kurz, bis zu den weiten Pferdekoppeln sind es nur noch ein paar Schritte. Je weiter wir uns **Malchow** nähern, desto lauter umbrandet uns der pausenlose Lärm des Durchgangsverkehrs zur nahen Autobahn. Nur für jeweils Augenblicke verbinden Ampelschaltungen die beiden Seiten des Straßendorfs miteinander.

Doch davon sollte man sich nicht abschrecken lassen. Wandern, Radeln, Reiten, Drachen steigen lassen und Kastanien sammeln, den Störchen im Gehöft der Naturschutzstation per Videokamera ins Nest schauen – auch das gehört zu Malchow.

Malchow, Wartenberg und Falkenberg sind Dörfer, die von der Stadt eingeholt wurden. Dies geschah nicht immer zu ihrem Besten, daher erwarten heute den Besucher gebrochene und verwundete Reste ländlicher Idylle.

Einen Platz in der großen Literatur hat Malchow durch Theodor Fontane erlangt. Das Dorf lockte ihn sehr, nicht mit ländlicher Idylle, sondern mit der Gruft des Ministers Paul von Fuchs, der zu Lebzeiten die Zuwanderung französischer Hugenotten unterstützt hatte. In Malchow angekommen, brauchte Fontane Ortsauskünfte, und die Gruftsuche drohte schon an der Tür des unwirschen Schulmeisters ein jähes Ende zu nehmen, als der Wanderer sich das Gesetz des Zufalls ins Gedächtnis rief, der inneren Stimme folgte und auf die andere Straßenseite ins märkische Pfarrhaus wechselte. Gastfreundlich wurde er aufgenommen und in die Kirche geführt. Die Gruft war nicht mehr sichtbar, aber für Augenblicke an dem Ort zu weilen, wo sie sich im Verborgenen befinden sollte, stimmte Fontanes Herz zufrieden. In die Hände nehmen durfte er anschließend alte Kirchenbücher und fand die Namen Fuchsscher Zeitgenossen, die ihm Malchows Vergangenheit lebendig machten. Vorbei ist dieser Dezembertag, aber noch immer kann man, die „Wanderungen" in der Hand, die beschriebenen Malchower Schauplätze besuchen.

Auch in **Falkenberg** finden sich namhafte Spuren. Als hier Marie Elisabeth von Humboldt, die Mutter von Wilhelm und Alexander und Gutsherrin von Falkenberg, ihren Lebensabend verbrachte, dürfte der Gutspark einen angenehmeren Eindruck gemacht haben als heute. Umgeben von landwirtschaftlichen Betrieben, ist er lange vernachlässigt worden, aber nun wird er als Kulturdenkmal wieder hergerichtet. Bereits 1998 wurde die Gedenktafel an der **Humboldtschen Grabstätte** auf dem **Dorffriedhof** erneuert. Dort liegen zwar nicht die berühmten Söhne, aber die Mutter mit ihren beiden Männern und einer Tochter. Bei Fontane kann man nachlesen, dass die vier Särge zuerst in der Leichenhalle des Kirchturms gestanden hätten und erst, als sie den Kirchgängern zunehmend lästig wurden, verlegt worden seien. Von der Kirche ist nur noch der Grundriss erkennbar, sie wurde 1945 von der Wehrmacht gesprengt.

Zu einem für ganz Berlin bedeutsamen Ort wurde inzwischen das neue Tierheim, größtes und modernstes in Europa, am Falkenberger Hausvaterweg mit Extra-Halte-

Gutspark Falkenberg

stelle für den 159er Bus. Auf einem Hügel neben dem Heim ist der Tierfriedhof angelegt – ein lichter Ort unter jungen Birken, beredt und wunderlich und mit Ausblick auf das sich verändernde und ver-größernde Falkenberg.

Reich an Kontrasten zeigt sich auch **Wartenberg**: geschwungene Sand- und schnurgerade Betonwege, Plattenbauten aus dem 20. und Bauernhäuser aus dem 19. Jahrhundert, Stadtnähe mit eigenem S-Bahnhof und schilfumsäumter Dorfteich. Der alte **Dorfanger** ist, seit die Stadt näher rückte, nur noch annähernd geographischer Mittelpunkt. Auch hier fiel 1945 die Kirche dem Rückzug der deutschen Truppen zum Opfer. Ein Neubau an der Falkenberger Chaussee wurde im Januar 2000 geweiht.

Im **Wartenberger Hof** mit Reiterstübchen und Pferdekoppel, Dorfstraße 2a, wird freitags der Steinofen angeheizt und Brot gebacken, und nach der Winterwanderung durch die Felder kann man sich bei Märchen, vom Nikolaus erzählt, aufwärmen.

Auf dem Rückweg mit der S-Bahn sollte man sich bis Springpfuhl nicht von den endlosen Schutthalden niederschmettern

Malchower Pfarrhaus

lassen, sondern den Grünstreifen zwischen den Gleisen beobachten.

Mit etwas Glück sieht man dort farbenprächtige Fasane – vielleicht eine Einladung zum Wiederkommen.

Christina Schröder

Reinickendorf ist wie die anderen großen Randbezirke aus lauter ehemals eigenständigen märkischen Bauerndörfern zusammengesetzt. Anbindung an Berlin erhielten sie erst mit dem Ausgreifen von Eisen- und Pferdebahnlinien in die „neu entdeckten" Sommerfrischen der Berliner gegen Ende des 19. Jahrhunderts. Die Eingemeindung 1920 hat sie endgültig aufgesogen, alles ist jetzt Stadt. Ehemalige Dorfstraßen zwischen ihnen wurden verkehrsreiche Durchfahrtsstraßen, an denen dichte Bebauung jegliche Dorfgrenzen verwischt. Und doch: An der Peripherie

Berlins liegen Dutzende von alten Auen, viele von ihnen verkehrsumbraust, einige nach wie vor in idyllischer Beschaulichkeit um Feldsteinkirchen gelegen.
So verschieden wie die Namen der einzelnen Ortsteile sind ihre Geschichte und ihr jeweiliger Charakter. Die wohlhabende Gartenstadt Frohnau und die ehemalige Arbeitersiedlung Borsigwalde haben nichts miteinander gemein, und einen größeren Gegensatz als zwischen dem zerklüfteten Bild Wittenaus und dem malerischen Anblick Lübars' kann man sich kaum vorstellen. Viel zu lange von den Berlinern vernachlässigt, haben abenteuerlustige Siedlungspioniere und rührige Dorfschulzen ein ums andere Mal hochfliegende Zukunftspläne entwickelt – die meisten haben sich in Luft aufgelöst. Dessen ungeachtet hat sich der grüne Bezirk im Norden Berlins seinen Platz als Ausflugsziel der großstadtmüden Berliner erkämpft – und verdient.

Wer in Reinickendorf auf Entdeckungstour gehen will, muss gut zu Fuß sein. Entweder als Flaneur in großstädtischer Umgebung oder als Wanderer durch ländliche Bereiche. Viel Altes gibt es zu entdecken – steinzeitlicher Siedlungsalltag, mittelalterliche Scharmützel –, aber auch viel Neues: Vor allem der Wohnungsbau zeigt uns Sünde und Genialität in scharfem Kontrast.
Überhaupt die Kontraste: Wo Großraumflugzeuge in Minutenabstand starten, pflügen in unmittelbarer Nachbarschaft Bauern. Ein Drittel der Fläche ist Wald und Wasser, daneben liegen großstädtische Zentren und über 300 Industriebetriebe. Im hohen Norden Berlins begegnen uns der nahe und ferne Osten: russische Erde und ein buddhistischer Tempel. Und aus ehemals knapp 40 Kilometern Staatsgrenze ist inzwischen eine Nahtstelle geworden. Reinickendorf ist, wenigstens im Alltagsverhalten seiner Bewohner, mit dem märkischen Umland verschmolzen.

Bernhard Müller

Reinickendorf

Reinickendorf-Ost:
Vom S-Bahnhof Schönholz
zur Provinzstraße

„Weiße Stadt" und ländliche Idyllen

Mit dem Namen des **S-Bahnhofes Schönholz** konnten Jung- oder Neu-Berliner bis zum Fall der Mauer kaum etwas anfangen, da er sich auf einen Ortsteil Pankows – damals Welten entfernt – bezieht. Für Reinickendorfer war durch den Mauerbau der Volkspark Schönholzer Heide direkt an der Bahnstrecke nicht mehr zugänglich. Doch auch Reinickendorf-Ost hat viele beschauliche Ecken und Plätze, die Geschichte und Geschichten erzählen.

Über die Häuser an der Klemkestraße nahe des Bahnhofs mit ihren bunten Gesims- und Fensterbändern pflegen sich die Geister zu streiten; im expressionistischen Stil waren sie 1928/29 mit offenen Wohnhöfen um ein Regenauffangbecken, den 1 **Paddenpuhl** (offiziell Breitkopfbecken), gebaut worden und damit zeitlich wie stilistisch ein Vorgriff auf die „Weiße Stadt", eine nahe gelegene Reform-Wohnsiedlung.
Die quirlige Residenzstraße war einst Teil der Landstraße, die aus der nördlichen

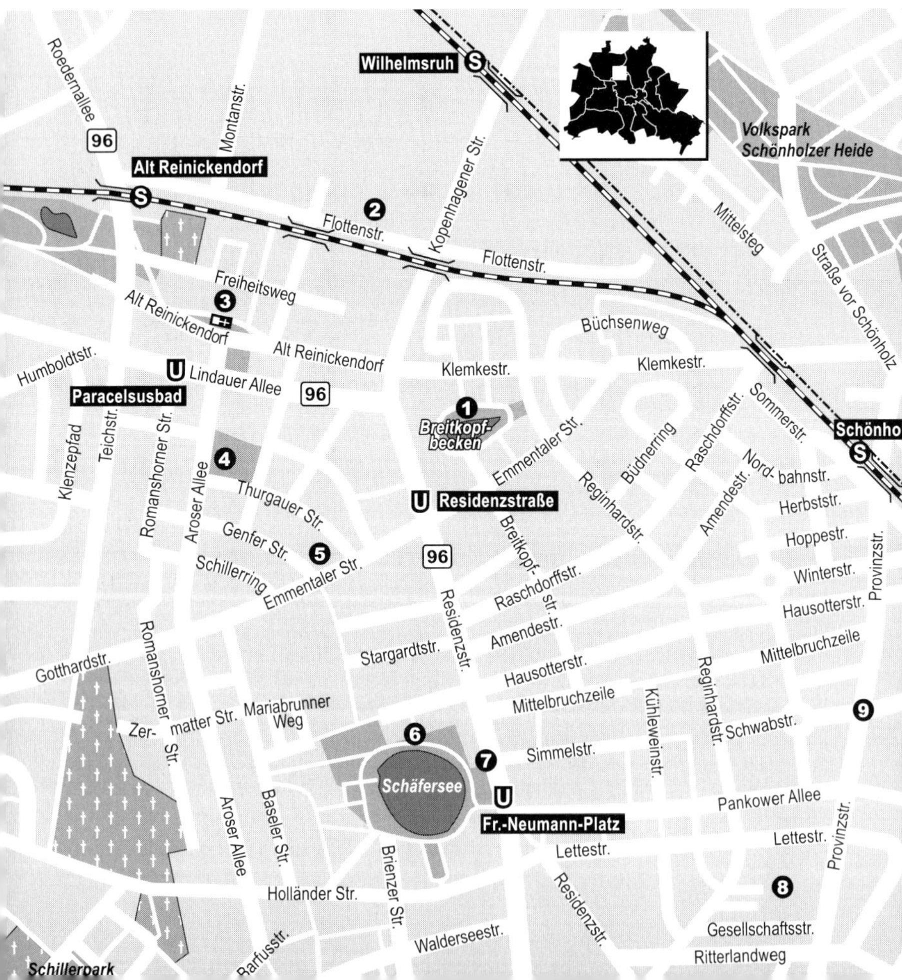

Alt-Reinickendorf

Provinz, wo die Schlösser Oranienburg und Rheinsberg liegen, zur Residenz im Stadtzentrum führte. Sie hat nicht die Eleganz architektonisch geschlossener Straßenzüge in der Innenstadt, verbreitet aber durch das zerklüftete Bild ständig wechselnder Traufhöhen und aller nur denkbaren Stile eine naiv-heitere Stimmung.

Dort, wo der eigentliche **Dorfkern** beginnt, verlängert sich die Residenzstraße zur Kopenhagener Straße. Dieser alte Verbindungsweg nach Rosenthal bildete bis zur Öffnung der Mauer eine der vielen Sackgassen, in deren Umgebung sich ein geschlossener Industriegürtel erstreckt, dessen kleine Betriebe bis vor kurzem in völliger Abgeschiedenheit vor sich hin werkelten. Von der Ecke Flottenstraße bis zu den Bahngleisen zog sich bis 1945 das Gelände der 2 **Argus-Motoren-Gesellschaft**, die die Nationalsozialisten ab 1934 zu einem der größten Zulieferbetriebe ihrer Luftwaffe (Heinkel) ausgebaut hatten. Auf dem Gelände Flottenstraße 61 befanden sich ein Bunker und ein Barackenlager für Zwangsarbeiter.

Die Geschichte wurde entsorgt, seit der Wende ist das Gebiet dem Durchgangsverkehr wieder zugänglich, und an der Bezirksgrenze liegt der aus seinem Dornröschenschlaf erwachte Bahnhof Wilhelmsruh. Vom parallel hierzu gelegenen Kleinbahnhof zuckelte vor dem Krieg die von ihren Benutzern liebevoll so benannte „Heidekrautbahn", gezogen vom „Feurigen Elias", zum Wandlitzsee nördlich von Berlin.

Auf der anderen Seite des Industriegebietes liegt die Reinickendorfer 3 **Dorfaue**, die seit 1900 allmählich verstädterte, wenn hier auch noch die trotzige mittelalterliche Feldsteinkirche erhalten geblieben ist – der Turm wurde Anfang des 18. Jahrhunderts angefügt. Vor der Kirche sind drei alte efeuüberwucherte Grabstellen des ehemaligen Friedhofs mit schmiedeeisernen Kreuzen übrig gelassen worden. Am Ostrand strengt sich entlang des Luisenweges und dem Freiheitsweg eine Kleinhaussiedlung nach Vorbild englischer Gartenstädte zwar an, dörfliches Ambiente zu verbreiten. Doch leider sind die 1919/20 aus normierten Bauteilen gefertigten Häuser inzwischen mit jeder auch nur denkbaren architektonischen Scheußlichkeit „modernisiert" worden, und der geschichtsbewusste Kenner flieht fröstelnd zurück zur Dorfaue.

Weiße Stadt

Einen sinnlichen Eindruck von Reinicken-„dorf" kann indes auch dieser Ort trotz einiger ehemaliger Bauernhäuser (Alt-Reinickendorf 35, 36/37, 48 modernisiert) nicht mehr vermitteln. Die Nummer 38 war das ehemalige Amtshaus der Gemeinde, 1885 erbaut und 1896 noch aufgestockt. Kaum zu glauben, dass hier bis 1953 die Amtsgeschäfte des riesigen Flächenbezirkes geführt wurden, bis die beengten Verhältnisse dann den Umzug in das protzige Rathaus des Ortsteiles Wittenau notwendig machten. Die Wittenauer Bauern sind mit Borsigs Lokomotiven reich geworden und bauten sich ein pompös-prachtvolles Amtsgebäude, das dann zum Gesamt-Reinickendorfer Rathaus erweitert werden konnte.

Am Amtshaus, in dem heute der Gewerbeaußendienst und der Kreisverband der CDU residieren, gibt es einen „Seitenausgang" der Dorfaue. Jenseits der viel befahrenen Lindauer Allee breitet sich die großzügig angelegte Aroser Allee aus, über die sich das mächtige fünfgeschossige (4) **Brückenhaus** gleichsam als Eingang zu der Reform-Wohnsiedlung „Weiße Stadt" spannt. Den Wohnungsbau zu reformieren wurde angesichts des Mietskasernenelends in der Viermillionen-Metropole Berlin seit Ende des 19. Jahrhunderts oft gefordert, konnte aber erst in die Tat umgesetzt werden, als der Zusammenbruch des Kaiserreiches 1918 wenigstens für einige Jahre Freiräume zur Verwirklichung von Utopien schuf. In den zwanziger Jahren entstanden in Berliner Randlagen Großsiedlungen von namhaften Architekten. Innerhalb eines einzigen Jahrzehntes wirkten Bauvirtuosen, von denen man sich angesichts der Leistungen im „sozialen" Wohnungsbau der letzten 50 Jahre auch nur einen einzigen gewünscht hätte.

Wenn die Erbauer der (5) **Weißen Stadt** auch nicht die Berühmtheit anderer Kollegen erlangten, konnte das Ergebnis ihrer in zwei Abschnitten 1929-31 entstandenen Arbeit gleichwohl mühelos mit deren großen Entwürfen in der Neuköllner Hufeisensiedlung oder in Charlottenburg Nord mithalten. Ihren Namen trägt die Siedlung zu Recht; wohl jedem, der sie zum ersten Mal sieht, sticht das blendende Weiß ihrer Fassaden ins Auge. Bei näherem Hinsehen fallen dann die farbenfrohen Türen und Fensterrahmen auf. Beides ergänzt einander und betont den jeweiligen Gegenpart, wobei die geschmackvolle Farbigkeit niemals bunt wirkt. Der prägende Charakter des ganzen Ensembles ist Einfachheit und Funktionalität, er erschließt sich jedoch erst auf den zweiten Blick.

Das Brückenhaus war der Versuch zur Schaffung eines neuen Haustypus: Die langen Laubengänge ermöglichten erstmals, bis zu fünf Wohnungen an ein Treppenhaus zu legen. Ästhetisch und technisch war der Bau während der Entstehungszeit eine Kühnheit. Welten liegen zwischen ihm und dem billigen Plagiat des „Sozialpalastes" an der Schöneberger Pallasstraße.

An der Kreuzung Schillerring beginnt der Bauabschnitt mit Zugängen zu begrün-

Schäfersee

ten Innenhöfen. Alle Gartenanlagen stammen von Ludwig Lesser, der schon die der Gartenstadt Frohnau gestaltet hatte. Das Ziel der Baugesellschaft und der Sozialreformer im Magistrat, Wohnraum für ärmere Volksschichten bereitzustellen, misslang: Mit 78 Mark Monatsmiete waren diese Wohnungen reichlich teuer und wieder nur für Angestellte, Beamte und die „Intelligenz" erschwinglich, 1932 stand ein Viertel aller Wohnungen leer.

Und dies, obwohl die Kosten des zentralen Heizwerks der Siedlung unter dem Strich niedriger als die von Ofenheizungen waren, obwohl es sogar das 1910 gebaute heutige Humboldt-Krankenhaus noch mitversorgte. Außerdem schuf es in den Wohnungen mehr Platz: Die Öfen und Kamine und auch die Waschküchen entfielen, da vom Heizwerk zwei zentrale Gemeinschaftswäschereien versorgt wurden. Mit Anschluss der Siedlung an das Fernheizsystem wurden Heiz- und Waschhaus 1969 abgerissen.

Ein paar Relikte der bukolischen Vergangenheit dieser Gegend liegen an der Brandmauer der Tankstelle an der Residenzstraße 30. Hier finden sich Spuren einer Barbarei, die durch Weinbewuchs – je nach Betrachtung – mühsam kaschiert oder extra hervorgehoben werden. Gegen den erbitterten Widerstand von Denkmalschützern und Anwohnern wurde hier Anfang der achtziger Jahre ein kleines Haus aus dem Jahr 1880 für den Bau der Tankstelle abgerissen. Auf dem Hinterhof Nr. 132a steht noch eine alte Scheune, zu besichtigen durch die Toreinfahrt Friedrich-Wilhelm-Straße 84.

Erinnerung an ländliche Zeiten birgt auch der kreisrunde (6) **Schäfersee**, benannt nach einer Schäferei, der ersten 1747 behördlich angeordneten Baulichkeit hier in der Feldmark.

Am See hängt das Herz der Ost-Reinickendorfer, ohne dass sie viel Wesens um ihn machen oder sein Ufer besonders bevölkern. Auf den Rasenflächen um den See breitet im Sommer kaum je einer der prüden Reinickendorfer seine Decke aus, ihre Naturverbundenheit demonstrieren sie lieber mit der berlinspezifischen Überfütterung von Schwänen und Enten. Einem Betrachter dieser stillen Idylle käme es bestimmt nicht in den Sinn, dass hier in den siebziger Jahren des 19. Jahrhunderts das Friedrichsbad für lebhaftes Treiben sorgte, dessen Höhepunkte jährliche Schwimmfeste waren.

Ein wenig versteckt sich der See hinter den Fassaden der lärmenden Hauptstraße, und wer auf ihn stößt, ist über den jähen

Neubau aus den 1980er Jahren im historisierenden Stil

Wechsel in ruhiges Vorortgrün erstaunt. 1856 wurden an seinem Nordufer auf Anregung von Schlachtermeistern und Gastwirten die Mudrackschen Eiswerke gegründet, die im Winter aus eigenen Teichen Eisblöcke brachen und diese in isolierten Holzhäusern stapelten. Im Sommer wurden dann ganz Berlin und Umland von dieser ersten und bis etwa 1870 einzigen Eisfabrik des Kontinents beliefert. 1911 erfolgte die Umstellung auf Maschinen mit einer Tagesproduktion von 300 Tonnen Kunsteis! 1970 verschwanden die Eiswerke zugunsten von Wohnhäusern.

Ein geglücktes Projekt südlich des Geländes der ehemaligen Eisfabrik ist die Stadtbücherei, deren Leseplätze an großen Fenstern zum See zeigen.

Nach dem Willen der Anwohner sollte auch der nahe U-Bahnhof „Schäfersee" heißen. Zum Zeitpunkt des U-Bahnbaus regierte jedoch die SPD, und die bevorzugte als Namensgeber einen der Nachkriegsheroen ihrer Partei: Franz Neumann, Parteivorsitzender von 1946 bis 1963, der maßgeblich die Zwangsvereinigung der West-Berliner Parteiverbände mit der KPD verhinderte. Der Streit wurde salomonisch entschieden: Der Bahnhof bekam beide Bezeichnungen, und dort, wo die Residenzstraße in Richtung Wedding hin abknickt, entstand mit mehr oder weniger geschmackvollen Attributen dann der 7 **Franz-Neumann-Platz**.

Gleich in der Nähe steht in der Residenzstraße 109 noch eines der alten eingeschossigen **Büdnerhäuser**, wie sie im 18. Jahrhundert mit dahinter liegenden Stallungen entlang der ganzen Straße entstanden waren. Das hier ist nach einem Brand wieder rekonstruiert worden, und auch wenn die Bewirtschaftung alle naselang wechselt und das kleine Kastanienwäldchen daneben, nach dem das Lokal benannt ist, längst verschwunden ist, vermittelt es doch den Eindruck einer längst vergangenen Ruhe inmitten des verkehrsumtosten Platzes.

Vor dem rauen Getöse der ihn umgebenden Großstadt versteckt sich auch ein anderer, skurriler Ort, den selbst die wenigsten Einheimischen kennen: die 8 **Lette-Landhaussiedlung**. Wenige Meter weiter, die Pankower Allee entlang, finden sich hier kleine farbenfrohe Häuser hinter winzigen Vorgärten mit schmucken Zäunchen. Mit der Umwandlung des weit ausgedehnten Bauernlandes ent-

Kleinhaussiedlung abseits der Dorfaue

standen versprenkelte Wohnsiedlungen, unter anderem an der Scharnweberstraße, der Residenzstraße und hier an der Letteallee. Das ganze bauliche Ensemble in der Pankower Allee („Große Lettekolonie", übrig geblieben Nr. 12-14; 38-40), Gesellschafts-, Aegir- und Neptunstraße („Kleine Lettekolonie") bildet einen verschlossenen Mikrokosmos, als sei die Zeit seit dem Baudatum 1872 stehen geblieben.

In diesem Jahr begann die städtische Bebauung der Feldmark. Der einstmals landwirtschaftlich genutzte Boden wurde Spekulationsobjekt, es entstanden verstreute Landhaus-, später auch dichter bebaute Wohnhaussiedlungen. Ab der Jahrhundertwende breitete sich zaghaft Industrie aus. Zu diesem Zeitpunkt bot der Bezirk jedoch noch immer das Bild verstreuter Dörfer, die sich vergrößerten, aber nicht zusammenwuchsen. Gepflasterte Straßen wie hier in der kleinen Siedlung blieben die Ausnahme. Heute von der Zeit überholt, ist sie ein Kleinod im zerklüfteten Bild des Bezirks.

Die nahe (9) **Provinzstraße** übt einen Reiz ganz anderer Art aus. In diesem so genannten Scheunenviertel an der Grenze zum Wedding hatten sich, was man stellenweise noch erahnen kann, während des großen Verstädterungsbooms die Pferdehändler niedergelassen. Das Kopfsteinpflaster, die kleinen Gewerbebetriebe – vereinzelt zwischen den ärmlichen Mietshäusern oder konzentriert um Holz- und Papierstraße – und Alt-Berliner Eckkneipen, wie man sie in dieser proletarischen Echtheit nur noch selten in Berlin finden kann, vermitteln fast kulissenartig die Atmosphäre Berliner Außenbezirke der Zwischenkriegszeit.

In die Gegenwart findet man am besten mit der S-Bahn vom Ausgangspunkt Schönholz oder vom schon im Wedding gelegenen U-Bahnhof Osloer Straße zurück.

Bernhard Müller

Rund um Tegel

Ein Ausflug in die „Humboldt-Stadt"

Schon lange bevor im letzten Jahrhundert ein regelmäßiger Ausflugsverkehr der geplagten Großstädter ins „Jrüne" aufkam, war Tegel ein beliebtes Erholungsziel, das schon Goethe zum Schwärmen brachte, und daran sollte sich bis heute nichts ändern: „Mit Kind und Kegel – auf nach Tegel!" blieb Alt- und Neu-Berliner Ausflügler-Schlachtruf. Heerscharen ergießen sich alljährlich beim ersten warmen Sonnenstrahl unbeirrbar in Richtung Tegeler See, um dort Gasthauskellner zu sportlichen Höchstleistungen anzutreiben. Doch kann man sich dem Ziel, fernab der Massen, auch auf ruhigen, besinnlichen Wegen nähern, auf denen schon mal Grabesstille herrscht.

Zwischen Stadtautobahn und Industriegürtel eingekeilt, also dort, wohin sich kein Spaziergänger zufällig verirren wird, liegt an der Wittestraße 37 der (1) **Russische Friedhof**. Der Kirchhof ist 1894 von russischen Emigranten angelegt worden und bis heute exterritoriales Gelände.

Das anheimelnde Ensemble in Wittenau ist nicht mehr vollständig, ein Asylheim für hilfsbedürftige Russen, von denen viele in Not gerieten, als sie ihre Heimat nach

der Oktoberrevolution 1917 verlassen hatten, wurde 1977 abgerissen. Auf dem Friedhof fällt die von leuchtend blauen Zwiebeltürmen bekrönte Kapelle ins Auge. Sie ist eine verkleinerte Kopie der mächtigen Basiliuskathedrale am Moskauer Kreml und den Heiligen Konstantin und Helena geweiht. Die durch Aus- und Übersiedler ständig wachsende russisch-orthodoxe Gemeinde hält sonnabends und sonntags ihre Gottesdienste ab, dann kann man auch das Innere der Kapelle besichtigen. Auf dem Friedhof liegen viele Berühmtheiten aus Wirtschaft, Politik und Kunst –, wie es der Brauch will, mit dem Kopf nach Osten begraben. Um sie in heimatlichem Boden bestatten zu lassen, hatte Zar Alexander III. 4000 Tonnen rus-

Russischer Friedhof

sische Erde in Eisenbahnwaggons nach Berlin geschickt, mit der der ehemalige Acker aufgeschüttet wurde. An der westlichen Friedhofsmauer liegen seit 1943 mehrere Sammelgräber für verhungerte oder an Seuchen gestorbene Kinder sowjetischer Zwangsarbeiter der umliegenden ehemaligen Rüstungsbetriebe.

Diese Betriebe, die im Dritten Reich zur zentralen Rüstungsschmiede der Nationalsozialisten wurden, befanden sich auf einem ausgedehnten 2 **Industriegelände**, das sich zwischen der Holzhauser Straße und dem Eichborndamm erstreckt. In ihnen werden heute unter anderem Namen „friedliche" Waren produziert.

Im Werk an der Breitenbachstraße 36 wurden von 1920 an Waggons und Maschinen gebaut. 1937 begannen dort die staatlichen „Altmärkischen Kettenwerke" (Alkett) mit der Produktion von Panzern, die auf der Holzhauser Straße probegefahren wurden. An der Ecke Miraustraße befinden sich die Werke der vormaligen „Waggon-Union", die auch die Berliner U-Bahnen ausstatteten. Bei seiner Gründung 1889 hieß das Werk „Deutsche Waffen- und Munitionsfabriken" (DWM) und lieferte während des Ersten Weltkrieges Millionen Gewehre an Marine und Heer. Bis 1918 war auf dem Gelände einer der größten deutschen Rüstungsbetriebe entstanden. Die Friedensproduktion zwischen den Weltkriegen – Schreibmaschinen und Fahrräder – war nicht sehr lukrativ. 1940 ging es mit erneuter Kriegsproduktion

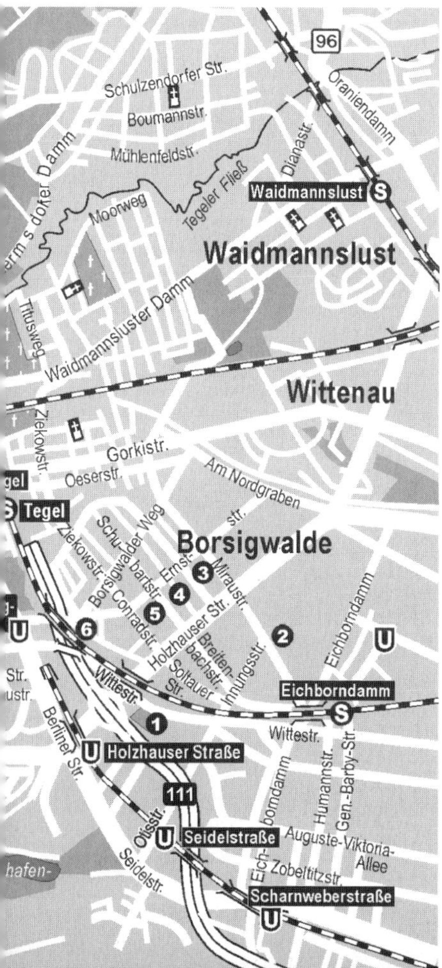

In der Räuschstraße

wirtschaftlich aber wieder so bergauf, dass das Werk auch in der Fläche expandierte.

Nach 1945 kaschierte das Unternehmen seine unrühmliche Vergangenheit, indem das „W" im Firmennamen in „Waggon" und das „M" in „Maschinen" umgedeutet wurden. Seit den sechziger Jahren wurden Bahnwagen gebaut, zur gleichen Zeit entstand auch Berlins einziges Nachkriegsauto, das pittoreske Schwimm-Mobil „Amphicar". 1970 erfolgte die Auflösung des Werkes; die Anlagen übernahmen die „DWM Copeland" und andere Metallverarbeitungsbetriebe. Makabererweise hat nach dem Krieg auf dem Gelände am Eichborndamm 179 die „Deutsche Dienststelle für die Benachrichtigung der nächsten Angehörigen von Gefallenen der ehemaligen deutschen Wehrmacht" ihr Domizil aufgeschlagen. Hier wird das Schriftgut der Wehrmacht, der Waffen-SS und anderer militärischer Einrichtungen des Dritten Reiches verwaltet, um damit noch 100 000 Vermisstenfälle aus dem Ersten und rund 1,3 Millionen aus dem Zweiten Weltkrieg zu bearbeiten, inzwischen aber auch der umstrittene „Nachweis über die deutsche Staats- bzw. Volkszugehörigkeit", von manchen zynisch „Ariernachweis" genannt, für Heimatvertriebene und Übersiedler.

Geballte Vergangenheit auf einem Gelände, auf dem erst Waffen en gros produziert wurden und heute das Schicksal ihrer Opfer verwaltet wird.

Jenseits der Miraustraße liegt das ehemalige Wohnviertel der Borsig-Arbeiter im Stadtteil 3 **Borsigwalde**. August Borsig hatte 1836 mit 32 Jahren in einer Bretterbude in der Invalidenstraße sein erstes Dampfross zusammengebastelt. Vier Jahre nach seinem frühen Tod war 1858 die magische Zahl 1000 erreicht und Anlass für ein mehrtägiges prunkvolles „Fest der preußischen Industrie". Im Jahr 1874 war Borsig der größte Lokomotivproduzent Europas. Die Leben August Borsigs und Werner Siemens', die beiden wohl bekanntesten und erfolgreichsten Protagonisten der stürmischen Industrialisierungsphase Berlins, weisen erstaunliche Parallelen auf: Siemens, der Telegraphen- und Dynamopapst, kam als Jugendlicher aus Schwerin, der „Lokomotivkönig" Borsig aus Breslau nach Berlin, und beide begannen in Hinterhofbetrieben aus dem Nichts ein Imperium zu schaffen. Ende des Jahrhunderts zwang der Erfolg beide Betriebe zur „Randwanderung" vor die Tore Berlins auf billiges Bauland mit Gewässeranschluss. So entstanden an der Spree die „Siemensstadt" und an der Havel „Borsigwalde". Das Charisma der Industrie-Patriarchen vermochten deren Nachfolger zwar nie zu erreichen, immerhin ließen sie Wohnsiedlungen für die Belegschaft ihrer Konzerne mit für die damalige Zeit erstaunlichem Komfort errichten. In Borsigwalde wurden 1899-1900 zwei- bis dreigeschossige Arbeiterwohnhäuser hochgezogen. Mit verspielt-wechselvollen Fassaden im Stil der Backsteingotik und Neorenaissance entstand das Imitat einer heilen Bürgerwelt im Kleinen.

Hinter der unauffälligen Fassade des Mietshauses Schubartstraße 44 verbirgt sich seit 1902 der einzig übrig gebliebene 4 **Bauernhof** in Reinickendorf. In mehreren Ställen werden Schweine und Rinder gehalten. In den ehemaligen Kuhstall ist eine Kindertagesstätte eingezogen. Die Familie Zorn ist Ende der achtziger Jahre von Senat und Bezirksamt aufgefordert worden, den Betrieb aufzugeben, aber juristischer Bestandsschutz verhinderte den Auszug dieses innerstädtischen Agrarbetriebes. Die Parallelstraße, die 5 **Räuschstraße**, steht als historisches

Gesamtensemble unter Denkmalschutz, da sie als fast vollständiger Straßenzug erhalten ist. Auch die Ornamentik der Gründerzeit ist nicht, wie so oft nach dem Krieg, als der Senat eine „Stuckabschlagsprämie" zahlte, beseitigt worden. In der Ernststraße ist dagegen viel vom damaligen Fassadenstuck verschwunden, ebenso die spitzen Turmhelme auf den Eckhäusern. Einer wurde kürzlich wieder hergestellt. Auch ein nachgebauter alberner Glas-Stahlhelm kann den Verlust nicht wettmachen. 1921 wurde ein weiterer Teil des Industriegeländes in ein Wohngebiet umgewandelt; mit den Häusern an der Ernst- und Conradstraße, benannt nach den Söhnen Borsigs, und am Jacobsenweg und Drostestraße vollendete sich 1930-39 der heutige Stadtteil.

Am Jacobsenweg 55-57 steht das Gebäude des ehemaligen 6 **Sauerstoffwerkes**, das bis 1986 als Teil der Gesellschaft für Lindes Eismaschinen flüssigen Sauerstoff produzierte. Ein Student namens Wernher von Braun holte ihn 1931 in Kannen ab, um damit auf dem nahe gelegenen Schießplatz Tegel, dem heutigen Flughafen, zusammen mit Hermann Oberth Raketenexperimente durchzuführen.

Nach Peenemünde ging der flüssige Sauerstoff während des Zweiten Weltkrieges dann in Tanklastzügen, um dort die „Vergeltungswaffen" gegen England mit dem nötigen Treibstoff zu versorgen. 1986 wurde das Werk stillgelegt, die Produktion nach Britz verlagert. Inzwischen haben sich etwa 15 Kleinbetriebe in den alten Hallen angesiedelt.

Das Ende der Ernststraße markiert eine spiralig-stufenlose Fußgängerbrücke über Gleisgelände und Autobahn. Auf der gegenüberliegenden Seite, an der Berliner Straße, beginnt das Gebiet der Borsigwerke – und hier endet der Vergleich mit Siemensstadt. Borsigwalde ist geblieben, der Name „Borsigwerke" indes ist Schall und Rauch und nur noch eine nostalgische Reminiszenz. Kriegsschuldverstrickung und Demontagen haben das traditionsreiche Werk, anders als den Elektrokonzern an der Spree, nach dem letzten

Borsigturm

Krieg nie wieder auf die Beine kommen lassen. Doch schon vorher gab es Probleme: 1930 erfolgte der Zusammenschluss mit der AEG in Hennigsdorf, ein Jahr später bereits die Liquidation. Am Werktor fanden die Arbeiter drei Tage vor Weihnachten einen Zettel mit der Aufschrift: „Die gesamte Belegschaft ist entlassen". Neue Besitzer wechselten sich bis 1968 ab. Der Zweigbetrieb in Hennigsdorf wurde ab 1949 unter dem Namen Bergmann-Borsig „volkseigen" und kämpft heute nach dem Sieg der „sozialen" Marktwirtschaft als von Siemens betriebenes Adtranz-Werk ums Überleben.

Die einzigen Zeugnisse der großen Vergangenheit sind das **Borsig-Hochhaus**, im Volksmund beharrlich „Borsigturm" genannt, das die Enkel Borsigs 1922-24 nach dem Vorbild amerikanischer Hochhäuser als Verwaltungszentrale bauen ließen; es gilt als das erste Hochhaus Berlins. Und das Werkstor von 1898, ähnlich dem der AEG in der Weddinger Brunnenstraße.

Nach den spektakulären Pleiten der Nachfolgefirmen ist auf dem Tegeler Gelände, teilweise in den denkmalgeschützten Borsig-Werkhallen, ein Gründerzentrum und einer der neuen Gewerbeparks mit mittelständischem Dienstleistungsgewerbe, „Shopping-Mall", Großkino, Hotels und sogar Wohnungen entstanden, die „Borsig-Hallen". Mit seinem „Event-Charakter", zahlreichen Parkplätzen und architektonischen Reminiszenzen an die Werks-

geschichte wird das Gelände dem fast auf Sichtweite entfernten Tegel-Center gefährliche Konkurrenz machen.
Entwickelt wurde es von einer Immobilien-Tochterfirma der Herlitz AG, die sich innerhalb weniger Jahre von einem mittelständischen Schreibwaren-Produzenten durch kühne Expansionspolitik zu einem respektablen Konzern hochgearbeitet hatte. Ihre Firmenzentrale am Westrand verhindert einen direkten Zugang zum **Tegeler See**, man erreicht ihn über die Veitstraße, vorbei an den Wohnungsneubauten, die sich elegant in die Altbaustruktur einfügen. In Höhe der Hochhaussiedlung an der Neheimer Straße fand 1852 auf damals noch freiem Feld ein denkwürdiges Pistolenduell zweier preußischer Ehrenmänner statt. Die beiden Kugeln verfehlten ihr Ziel, und nur mit viel Fantasie vermag man sich den weiteren Verlauf der Geschichte vorzustellen, wenn einer der beiden – der 37-jährige Otto von Bismarck – tödlich getroffen worden wäre.
Der 7 **Borsigdamm** besteht aus zwei aus Trümmerschutt aufgeschütteten Halbinseln, die den Borsighafen vom Tegeler See abtrennen. Von 1901 bis 1922 konnten sich an dieser Stelle die Berliner im kühlen Nass des „Seebades Ostende für Damen und Herren" oder an kalten Getränken im Café der Badeanstalt erfrischen. Nach der Teilung Berlins starteten hier die ohrenbetäubenden, von Naturschützern und Anwohnern stets bekämpften Motorbootrennen des ADAC über den See. Nach Öffnung der Grenze wird diesem zweifelhaften Sportvergnügen in unschuldigen brandenburgischen Gewässern gefrönt.
Nördlich mündet der Damm in die 8 **Greenwichpromenade** und damit auch der an den Wochenenden nie versiegende Strom der Ausflügler auf dem Wanderweg rings um den Tegeler See. Das Menschengewimmel, die marktschreierischen Anpreisungen der Dampferfahrten und Leierkastengedudel, überlagert von Dixielandmusik, und das Spießrutenlaufen an Werbeschildern oder Tischen mit Süßigkeiten und Plastikspielzeug vorbei vergällen vielen Bewohnern der Hochhäuser am schönen Seeufer ihre Wochenenderholung, sodass sie nicht selten das Weite suchen. Die Strandpromenade ist 1909-11 für den immensen Betrag von einer Viertelmillion Reichsmark durch Aufschüttung des Ufergeländes angelegt worden, damit auf ihr die Herren mit den Kreissägen auf dem Kopf und den hochgeschlossenen Damen am Arm flanieren und schmissigen Militärkapellen im Musikpavillon lauschen konnten.
Am „Tegeler Bogen", einer im Stil der fünfziger Jahre errichteten, unglaublich hässlichen, aber nicht reizlosen Kopie des großen Bogens „zum Westen" in St. Louis am Mississippi, verstärkt sich das Gewimmel in Höhe des knappen Dutzend Anlegestellen der vielen Fahrgastschiffe, von denen die beiden Flaggschiffe der „Stern und Kreis Schiffahrt", „Moby Dick" in Form eines putzigen Walfisches und „Havel Queen" als Nachbau eines Mississippi-Schaufelraddampfers, immer wieder Entzückensrufe auslösen.
An den Seeterrassen, dort wo heute Ruder- und Tretboote ausgeliehen werden, befand sich früher eine in Resten noch vorhandene Eisfabrik. Das im Winter auf dem See „geerntete" Eis wurde auf Booten zu einem kleinen Eishafen gebracht und dann über eine gewaltige Elevator-Förderband-Anlage in die Lagerhalle transportiert.
Nicht nur der Name der Uferpromenade, sondern auch das am Ende aufgestellte rote Telefonhäuschen, die Briefkästen und die martialischen Kanonen an der Promenade sind eine Reminiszenz an die englische Partnerstadt.
Die Greenwichpromenade endet an der 9 **Sechserbrücke**, die den Verbindungskanal zum Tegeler Hafen überspannt. Der Name rührt aus alten Tagen, als für das Passieren der Brücke ein „Sechser", so nannten Berliner bis zur Einführung des Euro hartnäckig ein Fünfpfennigstück, Zoll entrichtet werden musste. Gegenüber befindet sich der Freizeitpark Tegel, der mit seinen Bretterburgen, Tram-

Greenwichpromenade

Tegeler See

polinen, Sportplätzen und Wasserbassins gut für einen Familienausflug geeignet ist.
Die Gabrielenstraße, auf die die Sechserbrücke führt, mündet linker Hand auf den Uferweg „An der Malche". Hier steht ein ⑩ **Denkmal**, dass einen Engel darstellt und aus Teilen eines Schiffsrumpfes gefertigt ist. Es erinnert an **Hannah Höch**, die bedeutendste, mit Kurt Schwitters und Piet Mondrian befreundete Dada-Künstlerin Berlins in den zwanziger Jahren. Von den Nationalsozialisten wurde sie als „Kulturbolschewistin" diffamiert und künstlerisch kaltgestellt. In die innere Emigration gegangen, zog sie von Friedenau weg und verkroch sich ab 1939 auf einem verwilderten Gartengrundstück in Heiligensee, auf dem sie die meisten ihrer dadaistischen Kunstwerke über die schlimmen Jahre retten konnte. Dort versuchte sie auch, autark von den Produkten ihres Gartens zu leben. 1978 starb Hannah Höch im Alter von 89 Jahren.
Linker Hand den Großen Malchsee, rechter Hand den Freizeitpark Tegel, führt der Weg zu der Gaststätte Waldhütte, von der ein kleiner Seitenweg zu einer der ältesten Eichen Berlins führt, der wegen ihres Stammumfangs von über fünf Metern so genannten Dicken Marie.
Hinter dem Gasthaus verläuft der Schwarze Weg. Von hier aus gelangt man dann rechts hin zum ⑯ **Alten Fritzen**, der ältesten Gaststätte Berlins, oder man nutzt die Möglichkeit, einen weitläufigen Exkurs zu unternehmen. Ratsam ist es, diesen Ausflug um den Tegeler See und entlang der Havel oder direkt durch den Tegeler Forst als Radtour zu planen; auch so wird er zwei bis drei Stunden in Anspruch nehmen. Auf seinem Weg bis in die versteckten Seeorte Tegelort, Konradshöhe und Heiligensee bieten sich dem Betrachter ständig wechselnde Panoramen der zu allen Jahreszeiten reizvollen Seelandschaft und des niemals überlaufenen Forstes mit seinen alten Baumbeständen. Die Anlage vieler Wander-, Trimm- und Lehrpfade, Wildgatter und Bänke zum Ausruhen lassen eine Sorgfalt erkennen, die man im viel besuchten Grunewald oft vermisst.
Die Abschweifung beginnt links entlang des ⑪ **Schwarzen Weges**, an dem sich zahlreiche Bootshäuser und Ausflugsgaststätten angesiedelt haben. Auf Seegrundstücken gelegen, repräsentieren die Häuser und Villen alle nur denkbaren Geschmacksrichtungen.
Hinter einer lang gezogenen Mauer verbirgt sich auf der Halbinsel Reiherwerder in hermetischer Abgeschlossenheit die ⑫ **Villa Borsig**, einst Sommersitz von Ernst von Borsig und seiner Familie und nach dem Krieg Sitz der „Deutschen Stiftung für internationale Entwicklung". Das Haus wurde 1913 in barockem Stil gebaut, die reichen Erben des Lokomotivkönigs wünschten eine verkleinerte Kopie des Schlosses Sanssouci in Potsdam. Betrachten kann man es eigentlich nur vom gegenüberliegenden Ufer oder vom Boot aus, denn geöffnet wird das Anwesen so gut wie nie. Die Bundesregierung hat die Villa als Schulungsstätte für den diplomatischen Dienst und als Gästehaus des Auswärtigen Amtes eingerichtet.

Gemütlich gelangt man nach ca. 20 Minuten, am Strandbad Tegel vorbei, zu einer Fährstation, die das „Festland" mit der Insel Scharfenberg verbindet. Auf dieser besteht seit 1922 das Internat (13) **Schulfarm Insel Scharfenberg**. Dem Reformgeist der Weimarer Republik entsprechend, wurde hier eine „freie Schülerrepublik" mit radikaldemokratischer Selbstverwaltung gegründet. Die Nationalsozialisten unterbrachen diese Entwicklung, die nach dem Krieg wieder aufgenommen wurde. Das Gymnasium ist wegen seiner kleinen Klassen, der ambitionierten (Kunst-)Werkstätten und ökologischer Projekte sehr beliebt, wohingegen das unter städtischer Aufsicht stehende Internat aus Geldmangel allmählich vergammelt. Um dem finanziellen Notstand etwas abzuhelfen, ist seit einigen Jahren die Schule auch für Nicht-Insulaner geöffnet.

Die übrigen Inseln des Sees, alle mit der Namensendung -werder, sind zumeist nur zeitweilig in den Sommermonaten bewohnt, dann gibt es auch einen kleinen Fähren-„Shuttle", der die kleinen Inseln nacheinander abklappert.

Kurze Zeit später endet der Forst, und man ist in (14) **Tegelort**, ursprünglich „Tegel'scher Ort Heiligensee". Wie der Nachbarort Konradshöhe wurde er relativ spät – 1872 – als südliche Siedlung des Ortes Heiligensee angelegt. Die Ansiedlung war ein durchschlagender Erfolg.

Die beiden Stadtteile umrundet man auf langen Uferwegen; auf der gegenüberliegenden Seite erkennt man die Badestelle „Bürgerablage" auf Spandauer Terrain. Der Fährbetrieb an dieser Flussverengung hat lange Tradition und der Gemeinde Heiligensee einigen Reichtum beschert. Mit dem Bau der Havelbrücke in Hennigsdorf verlor er 1672 seine einträgliche Monopolstellung. Heute verbindet die einzige öffentliche Autofähre Tegelort mit dem Spandauer Ortsteil Hakenfelde. An einigen Badestellen vorbei verlässt der Weg alsbald das Ufer, und man ist in (15) **Heiligensee**.

Seinen Namen erhielt das Dorf, erstmals erwähnt 1308, vom einzigen Privatsee Berlins, der durch einen überbrückten Damm von der Havel abgetrennt ist.

An der Dorfaue gibt es noch einige alte **Bauernhäuser** (Nr. 76 und 93). An Nr. 73/75 ist noch das alte Straßenbahn-Wartehäuschen erhalten geblieben. Wegen Weigerung der Berliner Verkehrsbetriebe haben die Heiligenseer 1913 eine Straßenbahn auf eigene Kosten erst eingleisig, ab 1925 dann zweigleisig bis zur Tegeler Dorfaue gelegt. Nach Fertigstellung der U-Bahn 1958 wurde sie durch eine Buslinie ersetzt. Das stillgelegte **Straßenbahndepot** (Alt-Heiligensee Nr. 73-75) kaufte 1998 ein Steinmetzbetrieb, der sich auf die Restaurierung historischer Fassaden spezialisiert hat. Die Werkstatt kann werktags besichtigt werden.

Von hier aus führt der Weg quer durch den Forst zurück Richtung Tegel, vorbei an den „Heiligenseer Feldern" an der Heiligenseestraße. Seit 1982 hat es jahrelange erbitterte Proteste von Naturschützern und Anwohnern gegen Bebauungspläne gegeben. Ihren Erfolg haben sie wohl eher Geldmangel als Einsicht der Bauherren zu verdanken. Wenn die ehemaligen Agrarflächen auch brachliegen, so verbessern sie doch durch ihren Artenreichtum an Flora und Fauna, durch Sichtfreiheiten und Belüftung die Lebensqualität des Ortsteiles.

Kurz bevor die Heiligenseestraße in einem scharfen Knick zur Karolinenstraße wird, trifft sie wieder auf den Schwarzen Weg. Ab hier beginnt der Sommergarten des ältesten Berliner Gasthauses: der (16) **Alte Fritz** aus dem Jahr 1752. In dem einfachen, aber geräumigen Haus mit mehreren Stuben wird eigenes Bier gebraut.

Dort, wo die Karolinenstraße das Tegeler Fließ überquert, steht Berlins vermutlich ältester **Meilenstein** aus der Zeit um 1730.

Noch in den letzten Ausläufern des Forstes liegt rechter Hand an einer Verlängerung der Straße An der Mühle das (17) **Schloss Tegel**, auch Humboldtschlösschen genannt. Seit dem 16. Jahrhundert sah es als Herrenhaus des Gutshofes Tegel verschiedene Besitzer, zuletzt den Kammerherrn Alexander Georg von Humboldt. Für dessen Sohn Wilhelm, den Diplomaten, Minister und Gründer der Berliner Universität, baute Schinkel 1824 das Haus als Altersruhesitz aus, nachdem der seine Ämter wegen aufmüpfiger Haltung gegen die preußische Restaurationspolitik verloren hatte. In wohltuender schlichter Schinkelscher Manier entstand dieser streng symmetrische Bau mit vier Ecktürmen. Heute ist er Privatbesitz und für Besucher leider nur in den Sommermonaten montags geöffnet; ein Schild verbietet drohend das „Fotografieren zu gewerblichen Zwecken".

Damit wird der Geist einer Bekanntmachung des Tegeler Amtsvorstehers von 1883 fortgesetzt, die unter anderem „das unbefugte Fahren, Reiten, Viehtreiben, Tragen von Kiepen und Lastkarren, Mitnehmen von unangekoppelten Hunden oder das ungebührliche Singen" unter Androhung einer „Geldstrafe bis 9 Mark" verboten hatte.

Im Schlosspark liegt die ebenfalls von Schinkel gestaltete 18 **Grabanlage** der Brüder Wilhelm und Alexander. „Havelabwärts von Oranienburg, schon in Nähe Spandaus, liegt das Dorf Tegel, gleich bevorzugt durch seine reizende Lage wie durch seine historischen Erinnerungen. Jeder kennt es als das Besitztum der Familie Humboldt", erklärte Theodor Fontane in seinen „Wanderungen durch die Mark Brandenburg".

An der Ecke Gabrielenstraße steht die 19 **Humboldt-Mühle**, sie ist der einzige übrig gebliebene Industriebetrieb des stillgelegten Hafens, heute durch Anbauten modernisiert und als Hotel genutzt. An ihrer Stelle stand wahrscheinlich schon vor 700 Jahren eine Mühle. 1410 versuchten aufgebrachte Berliner hier ihr gestohlenes Vieh dem Raubritter Dietrich von Quitzow wieder abzujagen. In einem blutigen Scharmützel zogen sie den Kürzeren; ihre Klagen veranlassten aber den brandenburgischen Kurfürsten, endlich härter gegen das Raubritterunwesen vorzugehen.

Schloss Tegel

Hinter der Mühle, rund um den Tegeler Hafen, kann man sich eines sympathischen Beispiels urbaner Moderne erfreuen: Abseits der spektakulären Demonstrationsobjekte in Kreuzberg hat sich auch der Bezirk Reinickendorf an den Wettbewerben zur Internationalen Bauausstellung 1987 (IBA) beteiligt. Ansässige Bürgerinitiativen hatten das Projekt zunächst abgelehnt, weil viele Kleingärten und Kinderspielplätze verschwinden sollten. Nachdem ihnen einige Konzessionen gemacht wurden, konnten sie aber für eine aktive Mitbeteiligung gewonnen werden. Der Kalifornier Charles Moore hat hier ein ansehnliches Konglomerat von Wohnungen, Kultur- und Freizeiteinrichtungen geplant und 1985 einiges davon vollendet. Vorbild für diese **Stadtlandschaft** 20 **Am Tegeler Hafen** waren antike Stadtgrundrisse. Die farbig verspielten Stadtvillen und die Humboldt-Bibliothek mit dem charakteristischen halbrunden, verglasten Dach sind im Stil der „Postmoderne" gestaltet. Allerdings wurde die Funktionalität der Wohnungsgrundrisse zugunsten der Fassadengestaltung häufig zurückgestellt. Auf der künstlich errichteten Insel im alten Hafenbecken sollten weitere Freizeitanlagen geschaffen und die Bibliothek um Volkshochschule, Galerie, Kindertagesstätte und Musikschule zu einem Kulturzentrum ergänzt werden. Weitere Pläne wollten aus diesem Ort eine Monte-Carlo-Kopie mit einer „Marina" aus Hunderten Anlegeplätze

Tegeler Großgarage

für Motor- und Segelyachten sowie einem Wellenbad mit Palmenpflanzen machen. Sie alle sind allerdings der permanenten Finanzklemme des Berliner Senats auf unabsehbare Zeit zum Opfer gefallen. Die in eleganter Bogenform errichteten Reihenhäuser passen sich in ihrer Wellenform dem maritimen Charakter der am Wasser gelegenen Anlage gut an.
Humboldt-Schloss, Humboldt-Mühle, Humboldt-Bibliothek: Man begreift langsam die Ernsthaftigkeit jenes Vorschlages bei der Schaffung Groß-Berlins 1920, den nördlichsten Bezirk nicht Reinickendorf, sondern „Humboldt-Stadt" zu nennen.
Jenseits des Hafens liegt die 21 **Tegeler Dorfaue** und das **Geschäftszentrum**. Die erste urkundliche Erwähnung stammt von 1361. Damals gruppierten sich acht Bauernhöfe um die Dorfkirche. Wegen des sandigen Bodens blieb das Dorf über Jahrhunderte arm, erst die Wiederaufbauarbeiten nach einem Großfeuer 1835 lösten einen Bauboom aus und führten zur Verstädterung. Die Dorfaue Alt Tegel sieht hübsch aus, allerdings ist beinahe nichts an ihr im Originalzustand. Erst in den letzten Jahren erhielt sie durch kosmetische Liftungen ein verkrampft-dörfliches Design. 1976 entstand mit Vertreibung des Autoverkehrs die erste Berliner Fußgängerzone. Nur wenige Häuser zeugen von der Zeit, als Tegel Mitte des 19. Jahrhunderts von den Berlinern als Ausflugsziel entdeckt wurde: Alt-Tegel 9 (um 1879), Nr. 35 und 37 sind zwei ehemalige Schulhäuser (Mitte 19. Jahrhundert), die Nr. 27 (um 1880) sowie Nr. 51 mit der Inschrift „1835". Die mittelalterlich anmutende Dorfkirche stammt in Wirklichkeit von 1912, alle Spuren ihrer Vorgängerin sind restlos beseitigt.
Auch die Vielzahl der beliebigen Gastronomiebetriebe verstärken den Eindruck einer künstlichen Dörflichkeit. Einzig die **Gaststätte Hax'n-Haus** am Dorfauenende hat Tradition: Früher bezog sich der alte Name „Gasthaus und Logis zur Straßenbahn" auf den Verkehrsknotenpunkt, und schon im 19. Jahrhundert gab es hier einen Restaurationsbetrieb, von dem aus Ausflügler in Kremsern und Droschken in die umliegenden Wälder aufbrachen. Ein anderes berühmtes Gasthaus stand an der Ecke Eisenhammerweg am anderen Ende des Angers. Die in dem ehemaligen Dorfkrug erzählten Spukgeschichten veranlassten Goethe, den Namen Tegel durch Aufnahme in den „Faust, zweiter Teil" weltberühmt zu machen. Der Name Eisenhammerweg wiederum verweist auf die erste industrielle Produktion dieser Region, einen 1838 gebauten Eisenhammer am heutigen Borsigdamm.
Auf der anderen Straßenseite findet die Fußgängerzone durch Rückbau einer verkehrsreichen Straße ihre Fortsetzung. Mit umfangreichen Renovierungs- und Umgestaltungsarbeiten am 1978 gebauten und bereits kränkelnden Tegel-Center wehren sich die Betreiber gegen die nahe Konkurrenz des Gewerbeparks Borsigwerke. Dann sollten hier endlich Straßencafés unter Baumreihen entstehen.
Sehenswert und auch für die meisten Tegeler unbekannt ist ein kleines **Straßenmöbelmuseum**, zu erreichen von den Hinterausgängen der Markthalle, in dem alte Wasserpumpen, Original-Sandsteinfragmente des Ephraim-Palais und auch eines der letzten Exemplare des legendären „Café Achteck", ein grün-eisernes Männer-Pissoir, studiert werden können.

BERNHARD MÜLLER

Durch Frohnau

Parvenue im Norden

Die Frohnauer Hausbesitzer können es nur schwer verwinden, in der Berliner Restbevölkerung nicht einen den Villenbesitzern in Schlachtensee oder Wannsee vergleichbaren gesellschaftlichen Status erringen zu können, dafür sind sie zu weit weg und nach Norden auch in der falschen Himmelsrichtung. Den meisten Häusern und Gärten ist auch zu sehr die Anstrengung ihrer Erwerbung und Unterhaltung anzumerken, wo man es doch so gerne hatte, wie im wirklich reichen Südwesten den Eindruck zu vermitteln, dass Geld nun wirklich keine Rolle spielt. Statt Porsche Carrera oder Jaguar viel Mercedes und BMW, und dem Möchtegern-Establishment dürfte es wohl den Rest seines Selbstvertrauens kosten, wenn sie wüssten, dass sie ihr Häuschen Karl Marx zu verdanken haben. Zum Ankauf des Geländes wurden Mitte des 19. Jahrhunderts Erbschaftsverzichtserklärungen der Vorbesitzer benötigt; unter ihnen war auch Jenny Marx. Da Frauen damals rechtsunmündig waren, musste ihr Mann diese Erklärung beglaubigen. Ohne seine Unterschrift hätte die Kolonie Frohnau nicht gebaut werden können.

Ein Gebäudeensemble, bestehend aus dem S-Bahnhof Frohnau, einem Geschäftshaus und einem Kasino, flankiert vom Zeltinger und Ludolfinger Platz, bildet den künstlich erschaffenen Ortskern Frohnaus, dessen Wahrzeichen der 30 Meter hohe (1) **Kasinoturm** ist, auch wenn es das Kasino längst nicht mehr gibt. Die Gartenstadt wurde erst nach Inbetriebnahme des Bahnhofs 1910 in einer feierlichen Zeremonie – zu der nur Männer eingeladen waren – eingeweiht. Für die Anlage des „organischen", leicht verwirrenden Straßennetzes mitten in ein Waldgebiet hinein und die in großen Dimensionen angelegten Plätze wurde großzügig gerodet und von vornherein Wasser- und Gasanschluss verlegt. Die Bemühungen der Terraingesellschaft um begüterte Siedler waren jedoch vergeblich, denn die hatten ihre Villen im Zuge der Stadtflucht längst im Grunewald und in Zehlendorf gebaut. So ließen sich hier eher Leute mittlerer Einkommen nieder.

Prägend für das Gesicht Frohnaus wurde der „Landhausstil" mit Fachwerkwandungen, wie er in der Straße An der Buche, einer Querstraße des den Ludolfinger Platz verlassenden Sigismundkorsos, an den Häusergruppen des Architekten Heinrich Straumer exemplarisch zu sehen ist.

Wenig ereignisreich ist die noch junge Geschichte Frohnaus. Das (2) **Haus Zeltinger Platz 7** hat hingegen Wechselvolles zu erzählen: 1925 wurde es für den

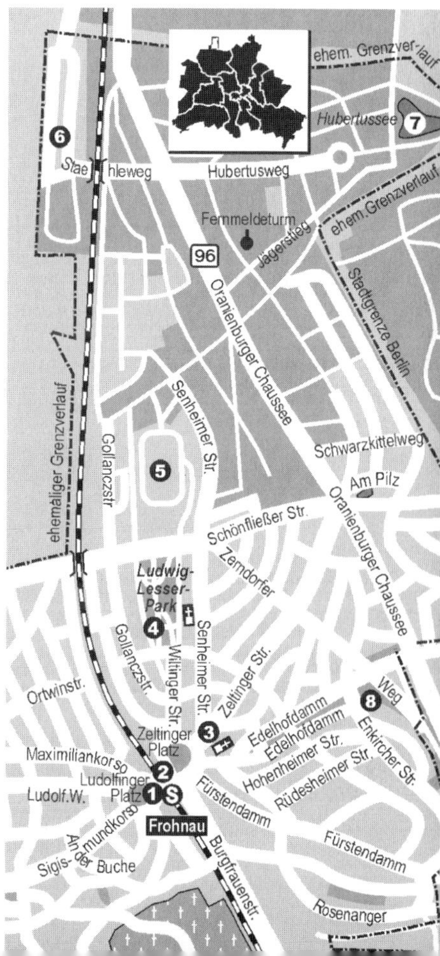

Blick auf den Kasinoturm

Generaldirektor der Versicherung „Deutscher Herold" gebaut. Im Dritten Reich war es Ortsgruppensitz der NSDAP, nach dem Krieg nacheinander Sitz des sowjetischen, dann des englischen und schließlich ab Herbst 1945 des französischen Ortskommandanten, der später ein Offizierscasino unter dem Namen „Centre Bagatelle" einrichtete.
Seit Abzug der Alliierten 1990 untersteht das Haus dem Kulturamt des Bezirkes, das hier verschiedene Kulturveranstaltungen organisiert. Christliche Kultur manifestiert sich in der 1933-36 erbauten 3 **Johanneskirche**, die mit ihrem mächtigen Turm den Zeltinger Platz dominiert. Dass ihr Architekt auch das 1945 zerstörte, düster-wuchtige Tannenberg-Denkmal in Ostpreußen entworfen hatte, glaubt man auf den ersten Blick.

Aus dem Schatten der Kirche tretend, erreicht man über die Wiltinger oder Gollanczstraße den 4 **Ludwig-Lesser-Park**. Sein Name gedenkt des Planers und Architekten der Frohnauer Grünanlagen, eines Vorkämpfers für Volksparks und Sportanlagen zur Reaktivierung der städtischen Bevölkerung.

Im Park liegt ein unscheinbarer Findling, an dessen Stelle früher ein sowjetisches Ehrenmal stand. Er erinnerte daran, dass die Rote Armee am 22. April 1945 in Frohnau einmarschierte.
Die Gollanczstraße erhielt ihren Namen nach dem englischen Lehrer, Journalisten und Juden Victor Gollancz, der nach dem Zweiten Weltkrieg gegen die Kollektivschuld der Deutschen auftrat und auf die Meldung der hohen Kindersterblichkeit hin in den Nachkriegsjahren eine Milchpulver-Spendenaktion organisierte. Mit der Straßenumbenennung wurde ein unwürdiges Gezerre beendet: Die Nationalsozialisten änderten die Bezeichnung der ursprünglich nach dem kaiserlichen Admiral Graf Spee benannten Straße 1933 in „Lodystraße" zu Ehren eines 1914 von den Engländern im Tower hingerichteten deutschen Spions. 1945 revanchierten sich die englischen Besatzer mit der Umbenennung in „Edith-Cavell-Straße", nach einer im Ersten Weltkrieg von den Deutschen hingerichteten englischen Spionin.
Weiter nördlich an der Gollanczstraße liegt der 5 **Poloplatz**, doch veritable Polospieler sah die mit gewaltigem Aufwand hergerichtete Anlage nur wenige

Invalidensiedlung

Jahre. Im Dritten Reich diente sie als Reitschule für SA und HJ. Russische, englische und französische Besatzer ließen jeweils ihre Pferde auf dem Poloplatz weiden. Gelegentlich fanden hier auch Windhund- oder Motorradrennen statt.

Nur wenige Tage nach Kriegsende wurden die Frohnauer hier noch einmal von Schlachtenlärm aufgeschreckt, als ein getarnter Munitionszug auf den Gleisanlagen neben dem Platz durch Funkenflug einer Lokomotive in Brand gesetzt wurde. Die Explosionen der 29 Waggons zogen sich fast 20 Stunden hin; umherfliegende Splitter, Schienenstücke und Räder demolierten die ganze Umgebung.

Weit abgeschlagen vom eigentlichen „Stadtgebiet" Frohnaus liegt im äußersten Norden von Berlin die (6) **Invalidensiedlung**. Zu erreichen ist sie von der Gollanczstraße durch die Bahnüberführung über den Staehleweg. Nachdem die vom Gründer Frohnaus eingerichtete Fürst-Donnersmarck-Stiftung einer Enteignung durch die Nationalsozialisten nur dadurch entgehen konnte, dass sie dem Reichskriegsministerium einen Teil ihres Frohnauer Waldes schenkte, wurde sie 1937 mit dem Bau der Invalidensiedlung beauftragt. So entstanden 48 einheitlich gestaltete Klinkerhäuser, Wirtschafts- und Gemeinschaftsgebäude im Stil des Holländischen Viertels in Potsdam. Stuckreliefs über den Hauseingängen symbolisieren die Schlachten des Alten Fritz. Die Häuser und Wohnungen wurden behindertengerecht gebaut. Heute dem Berliner Senat unterstellt, wohnen hier etwa 200 Kriegs- und Zivilversehrte zu niedrigen Mieten. Die nahe gelegenen Sportanlagen sind zum Mittelpunkt des Berliner Versehrtensportes geworden.

Östlich der Invalidensiedlung liegt tief im Wald der (7) **Hubertussee**. Er ist über den gleichnamigen Weg zu erreichen und eines der letzten beinahe unberührten Naturrefugien Berlins. Er verdankt seine Entstehung der Entwässerung des sumpfigen Geländes zur Erschließung der weiter südlich liegenden Bauparzellen. Zwei riesige Fernmeldetürme stellen sich immer wieder in den Blick. Der höhere der beiden misst 344 Meter und diente während des Kalten Krieges bis zum Fall der Mauer der abhörsicheren Übermittlung von Telefongesprächen, Fernschreiben und Computerdaten nach Westdeutschland. In unmittelbarer Nachbarschaft, in

Buddhistisches Haus

Am Rosenanger

Johanniskirche

den Baracken einer ehemaligen Drogenklinik, haben etwa 40 Künstler 1999 den **Künstlerhof Frohnau** gegründet.

Liegt Frohnau – nicht nur geographisch – außerhalb des Blickfeldes der Innenstädter, so ist es doch auch ein Zentrum: eines für fernöstliche Philosophie. Im Edelhofdamm, kurz bevor der Rundgang seinen Ausgangspunkt am S-Bahnhof Frohnau erreicht, befindet sich das 8 **Buddhistische Haus**.

Die praktizierenden Buddhisten Berlins können hier inmitten einer kleinen Grünanlage meditieren.

1924 hatte der Berliner Arzt, Homöopath, Indologe, Sinologe und Philosoph Paul Dahlke auf seinem Grundstück an der höchsten Stelle Frohnaus einen Tempel bauen lassen, nachdem er auf Reisen durch Asien zum Buddhismus konvertiert war und nun dessen Lehre im Abendland verbreiten wollte. Die Nationalsozialisten verboten das Treiben der Gastmönche; das Gebäude wurde geplündert und verfiel. 1960 erwarb eine buddhistische Gesellschaft aus Sri Lanka das Grundstück mit den Gebäuden und erweiterte sie um einen Bibliotheksraum für über 2000 Bände buddhistischer Literatur in mehreren Sprachen. Hier finden Andachten, Vorträge und Workshops statt, an denen jeder Interessierte teilnehmen kann; das Haus ist täglich geöffnet. Die buddhistische Gesellschaft schickt regelmäßig Mönche für mehrere Jahre nach Berlin, die hier in Gästeräumen wohnen. Das Haus selbst durfte Dahlke nur in einem der Umgebung angepassten Stil bauen; auf dem Grundstück befinden sich aber verschiedene ostasiatische Kult- und Weihestätten. Durch das einem indischen Heiligtum nachempfundene Elefantentor erreicht man über eine aus 73 Stufen – Symbol für die 73 Arten des Wissens eines Buddha – bestehende Treppe die Hauptgebäude. Die 73 Stufen sind in acht Absätze aufgeteilt; sie stehen für den „Edlen Achtfachen Pfad" zur Erlösung vom Leid durch rechte Erkenntnis, Gesinnung, Rede, Tat, Lebensunterhalt, Anstrengung, Achtsamkeit und geistige Sammlung.

Im buchstäblich atemberaubend stillen, mit dem Duft von Weihrauchkerzen geschwängerten Tempelraum vergisst man für einen Augenblick, in einer europäischen Großstadt zu sein.

Derart geläutert, schreitet es sich federleicht durch den angerförmigen Edelhofdamm zurück zum S-Bahnhof Frohnau.

Bernhard Müller

Märkisches Viertel, Lübars und das Tegeler Fließ

Hochhausdorf im Sumpfgebiet

Hoch im Norden Berlins, kurz bevor der Blick des Betrachters sich im weitläufigen Umland verliert, bietet der Bezirk Reinickendorf schroffe Gegensätze.

Gleichsam auf grünem Feld steht eine der Trabantensiedlungen West-Berlins: das „Märkische Viertel". Und dies nur einen Steinwurf entfernt vom „Musterdorf" Lübars und dem Tegeler Fließ, seit 1955 Naturschutzgebiet.

Berlins ehemals größtes Kleingartengelände, auf dem etwa 12 000 Menschen in Wohnlauben auf alten Roggen- und Maisfeldern gewohnt hatten, nutzte der Berliner Senat ab 1964 für den Bau von rund 17 000 Wohnungen im sozialen Wohnungsbau. Was die ehrgeizigen Stadtplaner gehässig als „grünen Slum" bezeichneten, wurde durch ihre Wohnmaschinen ersetzt, die aufgrund psychischer Belastungen der Bewohner zum „sozialen Slum" zu verelenden drohten: das Märkische Viertel. Damals Objekt härtester Kritik, begann sich das Bild mehr und mehr zu wandeln: Ende der sechziger Jahre, nicht zuletzt auf studentische Initiative, wurde Widerstand gegen dieses Leben in der Schlafstadt organisiert, bereicherten Ausstellungen, Mieterbeiräte und Stadtteilzeitungen, die eine kritische Gegenstimme zu den Jubelberichten der Springerpresse über „neue Wohnqualität" bildeten, das Gemeinwesen.

Inzwischen sind die Wogen geglättet: Nachträgliche Fassadenkosmetik an einigen Stellen, die Anlage von Mietergärten und weiträumigen Erholungsflächen sowie ein verständliches Harmoniebedürfnis der Bewohner haben hier so etwas wie Lokalpatriotismus entstehen lassen. Und tatsächlich kann sich die nach und nach verbesserte Infrastruktur inzwischen sehen lassen: Für etwa 45 000 Einwohner gibt es ein Einkaufszentrum mit Dutzenden von Geschäften und einem Warenhaus, etwa 30 Arztpraxen, 12 Schulen, 17 Kindertagesstätten, vier Kirchen sowie ein Kulturzentrum, dessen jahrelange Asbestsanierung mehr Geld als seine Erbauung verschlungen hat, ein Kino mit dem trotzig-programmatischen Namen „Manhattan" und ein Schwimmbad. Drei Viertel der Bewohner sind jünger als 45 Jahre, und ebenso viele sind Umfragen nach mit den Verhältnissen zufrieden, dass heißt, es gibt nur wenige, die wegziehen. Einzig die Verkehrspolitik des Senats gibt Anlass zu Unmut: Anders als in der Gropiusstadt, die entlang einer neu gebauten U-Bahn-Strecke errichtet wurde, war hier bei den gewaltigen Ausschachtungsarbeiten die Anlage von Bahnhöfen für eine zukünftige U- oder S-Bahn-Linie einfach vergessen worden. Als 1994 dann das vergleichsweise einwohnerschwache Wittenau Anschluss an die U8 erhielt, versäumte man es wieder, angeblich aus Kostengründen, eine Verlängerung ins „MV" vorzunehmen. So müssen zahlreiche Zubringer-Buslinien diese Verbindung übernehmen.

Seit 1989 trägt das Viertel seinen Namen auch zu Recht: Viele Nutzer der Dienstleistungs- und Kultureinrichtungen, aber auch viele Spaziergänger kommen aus dem märkischen Umland. In diesem 1 **Geschäftszentrum** der Siedlung am Wilhelmsruher Damm, Ecke Senftenberger Ring findet zweimal wöchentlich ein Markt statt, auf dem auch brandenburgische Händler ihre Waren feilbieten.

Im bezirksweit geschätztem „Atrium" am Senftenberger Ring 97 ist dagegen Kunst, Literatur und Musik von und für Schüler im Angebot.
Gleich am Eingang kreuzt der Fahrradweg Nr. 1, überquert die Quickborner Straße und führt ins Grüne, zur 2 **Jugendfarm Lübars**, einem speziell von Kindern und Jugendlichen geliebter Ausflugsort mit Ställen und Weiden und Tieren zum Anfassen. Hier lernen Kinder, wie man Butter stampft; eher für Erwachsene gedacht sind zahllose Angebote zum Spinnen, Weben, Töpfern und der Besuch einer Imkerei. Auf einer zünftigen Tenne werden rustikale Speisen und Getränke angeboten, und mehrmals jährlich finden bukolische Feste statt.

Im 3 **Freizeitpark Lübars**, angelegt auf einer ehemaligen Mülldeponie mit vielen Rastplätzen, Reit-, Rad- und Wanderwegen, ist immer etwas los: „Märker", Reinickendorfer und Pankower sorgen für Familien-Ausflugsstimmung. In einer halbierten Betonröhre, genannt Halfpipe, zeigen Skater ihr Können, und an den Wochenenden ist die Luft voll von Essensdüften und dem Tellergeklapper der sich zahlreich um die Grillplätze scharenden „Freiluftgourmets". Auf dem Gipfel des „Müllberges" flattert eine riesige Fahne mit dem Reinickendorfer Bezirkswappen, und der rote Fuchs darin signalisiert auch dem Uneingeweihten den Ursprung des Bezirksnamens. Höhepunkte des Freizeitpark-Jahres sind die jährlich stattfinden-

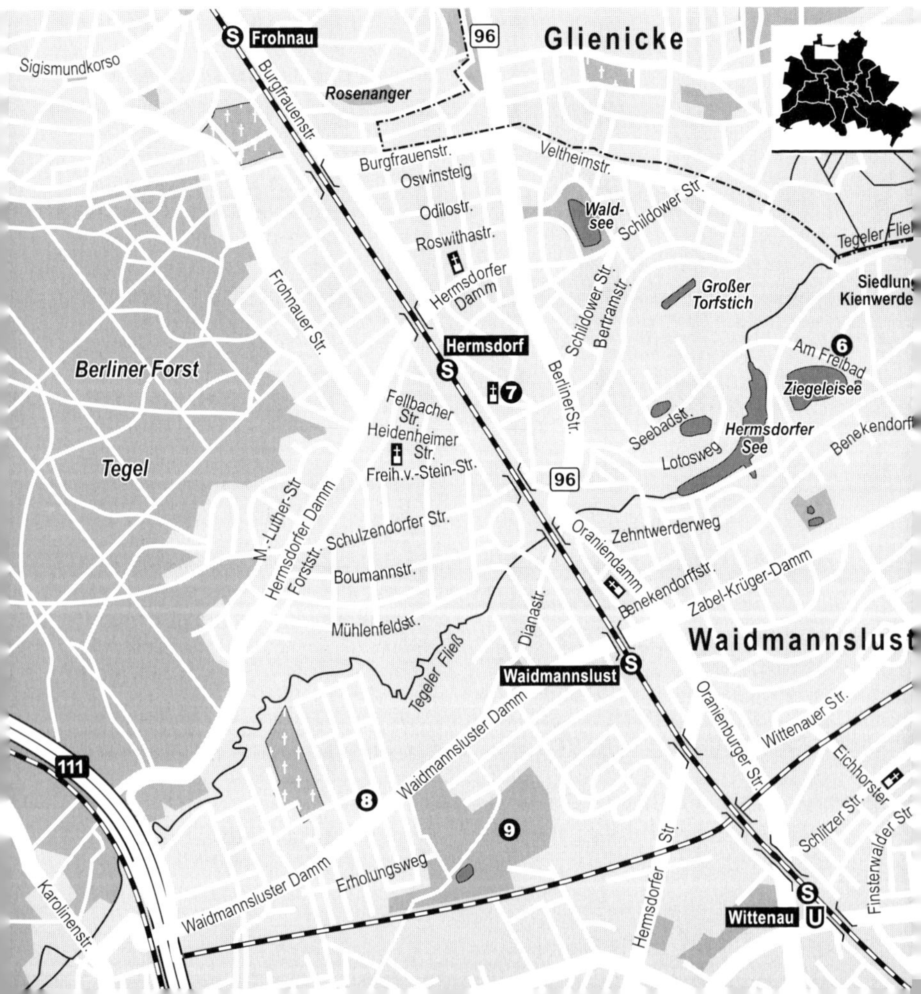

den Drachenflug-Wettbewerbe auf dem Hochplateau. Von dort kann man über die stillgelegte Eisenbahnstrecke hinweg nebenan die idyllischen Pankower Stadtteile Blankenfelde und Rosenthal mit ihren alten Dorfkirchen sehen.

Nach dem „Abstieg" erreicht man über einen Feldweg und die Blankenfelder Chaussee das (4) **Dorf Lübars**, in dem noch immer sieben Bauern ihrem Tagewerk nachgehen. Weil der Ort verkehrstechnisch niemals vollständig erschlossen wurde, konnte sich der alte märkisch-dörfliche Charakter, oder wie Fachleute sagen: die „Dorfphysiognomie", erhalten. Anger und Kopfsteinpflaster, Dorfschule und Freiwillige Feuerwehr, die alte Kirche und der große Findling davor – das ganze

Dorfkirche Lübars

Ensemble ist inzwischen zum Denkmal erklärt worden. Leider hat intensive „Pensionspferde"-Haltung nach und nach die Landwirtschaft fast verdrängt und für entsprechenden Flurschaden gesorgt. Dafür hat der sonntägliche Ausflügleransturm nachgelassen. War Lübars vor der Wende eines der wenigen ländlichen Refugien West-Berlins, sorgen Rosenthal und Blankenfelde nun für Entlastung. Großstadtmüde finden hier weniger museales Dorfleben als in Lübars. So war zum Beispiel der **Labsaal** ein ehemaliger Tanzschuppen des Dorfes. Der christliche Verein „Natur und Kultur" hat das heruntergekommene Gebäude zunächst angemietet und aufwendig renoviert. Zahlreiche Gruppen bieten ein attraktives Kulturprogramm mit Theater- und Musikaufführungen sowie verschiedenen Tanz-, Mal- und anderen Kursen an. Ein reetgedecktes Lehmhaus auf dem Gelände steht für „Brainstormings im Rahmen von Konferenzen oder abenteuerlichen Kindergeburtstagen" (Eigenwerbung) zur Verfügung. Im Herbst 1998 hat der Verein den Labsaal und gleich noch den Alten Dorfkrug nebenan gekauft. An der so entstandenen „GesamtKunstWerkStatt" können sich auch Privatpersonen mit einem „SolidarLehen" finanziell beteiligen.

Ein über die Grenzen Lübars' hinaus bekannter und beliebter Anziehungspunkt war das Gasthaus Zum Bunten Finken (Nr. 20). Vor der Eingemeindung zu Berlin trafen sich hier naturverbundene Studenten, um Ausflüge in die Umgebung zu unternehmen und gelegentlich auch ihre Säbel zum traditionsreichen „Pauken" zu schwingen – Berlins Polizei war hier weit.

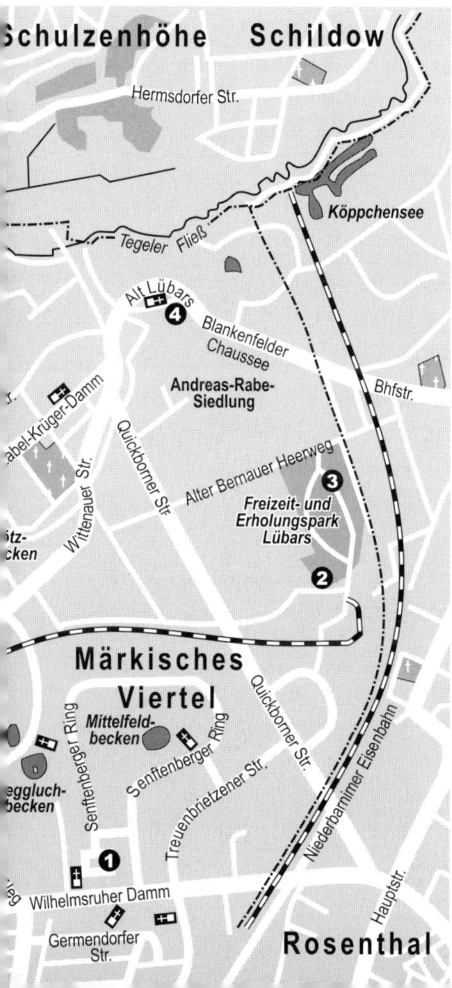

Am Tegeler Fließ

Wohnhaussiedlung „Freie Scholle"

In ihren runden, hölzernen Stammtisch schnitzten sie gern ihre Weltanschauungen oder ihren Liebeskummer. Nachdem das Lokal geschlossen wurde, kann man diesen Tisch aber in der nahe gelegenen Gaststätte „Fließtal Reithalle" am Zabel-Krüger-Damm besichtigen.

Naturverbundenheit findet man auch am 5 **Tegeler Fließ**, das sich über 12 Kilometer von Lübars bis zum Tegeler See schlängelt. Nirgendwo sonst in der Stadt hört man so fremdartige Geräusche wie hier. Zahlreiche Arten mit Seltenheitswert leben in der ebenfalls exotischen Pflanzenwelt. Gelegentlich kreuzen Wildschweine und Spaziergänger ihre Wege, in der Regel verlaufen diese seltenen Begegnungen aber harmlos. Vom westlichen Dorfausgang führt ein Weg rechts ab bis zum Fließ und an ihm entlang bis zur etwa 200 Meter langen Holzbrücke, die als Naturlehrpfad ein Sumpfgebiet überspannt. An ihrem Ende empfängt den Wanderer ein beinahe unerträglich idyllisches Villenviertel mit Obstgärten; an den Hecken lehnen im Herbst Verkaufsschilder für Äpfel und Pflaumen, in den Zweigen hängen kleine Plastikschalen mit Früchten zum Probieren.

So mit Proviant versorgt, gelangt man durch die Straßen Am Vierrutenberg und Am Freibad zum 6 **Ziegeleisee**. Der Name verweist auf die reichen Ton- und Lehmvorkommen in der ganzen Region, aufgrund dessen zahlreiche Ziegeleien entstanden. Deren Produkte kann man unter anderem noch heute am Gefängnis Moabit betrachten oder am Figurenfries des Roten Rathauses. Übrigens lautet das mittelhochdeutsche Wort für Ziegel „tygel", später „tegel". Das Freibad hier gilt noch als Geheimtipp, sein Wasser ist für Berliner Verhältnisse ungewöhnlich sauber. Der See war einst ein Tonstich der Ziegelei in Lübars. Vom Freibad schlängelt sich links der Wanderweg Nr. 4 am Hermsdorfer See entlang, dem einzigen noch erhaltenen einer Seenkette, aus der das Fließ in Urzeiten bestand.

Spätestens dort, wo der Oraniendamm an einer Kurve in die Berliner Straße übergeht, umfängt einen wieder Städtisches: der Ortsteil 7 **Hermsdorf** beginnt. Das Dorf, seit dem Mittelalter bekannt, machte bis Ende des 19. Jahrhunderts kaum von sich reden; erst 1875 zog hier Leben ein, als der Gutsbesitzer Lessing Häuser an der Bahnhofstraße bauen ließ, um Hermsdorf in einen Villenvorort zu verwandeln; zwei Jahre später war auch die Bahnlinie fertig. Bei einer Brunnenbohrung stieß man auf salzhaltiges Wasser, eilig wurden ein Gradierwerk und eine Kneipp-Anstalt hochgezogen, ein Kurhaus wurde geplant. 1900 aber versiegte die Quelle schon wieder, und der Traum der Hermsdörfler von einer reichen Zukunft als Kurortbewohner war ausgeträumt. Ähnlich schwer hatten es die Müller, die im heutigen Chinarestaurant in alten Tagen ihr Domizil hatten.

Seit 1694 konnten die Müller nur mit zusätzlicher Schankgenehmigung überleben. Die Gaststätte Zur Mühle entstand und wurde 1810, als die Mehlproduktion eingestellt wurde, einzige Erwerbsquelle. Mit seiner **Dorfkirche** bietet Hermsdorf ein gepflegtes Ambiente, dämmert aber, gleich den meisten märkischen Dörfern, seit Hunderten von Jahren im Halbschlaf.

Pensionspferde-Haltung vor dem Tegeler Fließ

Auch nach der verpassten Chance, als Kurort zu Ruhm und Reichtum zu kommen, hat sich bis heute nichts am Schicksal des Ortes geändert, Schlafstadt für wohlhabende Bürger und unbeachtete Transitstrecke zwischen Innenstadt und lohnenderen Ausflugszielen weiter im Norden zu sein.

Auch das Reinickendorfer **Heimatmuseum**, etwa 300 Meter rechts vom Dorfanger gelegen, macht in der alten Grundschule einen eher verschlafenen Eindruck. Seine Betreiber scheinen noch nichts von den fortschrittlichen Forschungs- und Darstellungsweisen ihrer Kollegen in einigen Innenstadtbezirken gehört zu haben. Hier ist man stolz auf die Präsentation von Hakenpflügen, die neuere (auch Sozial-) Geschichte des Bezirkes wartet noch auf ihren Entdecker. Auf der Grundlage archäologischer Entdeckungen wurde hinter der Schule die in Deutschland einzige authentische Nachbildung eines germanischen Gehöftes der Eisenzeit aufgebaut.

Wenn man von der ehemaligen Wassermühle aus unter einer S-Bahn-Brücke an der Dianastraße den parkartigen Weg am Fließ entlang weiter bis zur Egidystraße geht, findet man ein germanisches Gehöft ganz anderer Art: Dort beginnt die (8) **Freie Scholle**, eine 1896 von einer Baugenossenschaft geplante und bis 1910 von Gustav Lilienthal gebaute Reform-Wohnsiedlung.

„Frei" hieß: frei von Profitstreben, offen für kapitalschwache Arbeiter. Die erste Bauphase brach 1910 ab; erst nach dem Krieg errichtete Bruno Taut bis 1933 den zweiten Abschnitt. Sehenswert ist sein **Schollenhof** am Waidmannsluster Damm, Ecke Schollenweg, durch seine geometrischen Formen und die zentrale Bedeutung für die Siedlung der „kleine Bruder" des Hufeisens in Britz.

Von der Freien Scholle führt ein Weg durch den (9) **Waldpark Steinberg** zum S-Bahnhof Waidmannslust. Der Park trägt wegen des dichten Mischwaldbestandes seinen Namen zu Recht, ist in der Berliner Bevölkerung aber nicht sehr bekannt und deshalb ein Geheimtipp. Die Kiefernplantagen der übrigen Berliner Stadtforste sind nach Stürmen so mit Bruchholz übersät, dass schon wegen der Finanznot der Bezirksämter ganze Bereiche gesperrt werden müssen. Hier können dem gesunden Baumbestand Stürme kaum etwas anhaben, und er bietet deshalb Spaziergängern um den See oder entlang der Kleingartenkolonien schöne Spaziergänge besonders im überaus bunten Herbstkleid.

Bernhard Müller

ANKER, JENS, geb. 1965 in Berlin. Nach Studium und Journalistenschule seit 1994 Redakteur beim Tagesspiegel.

BERNHARD, ANDREAS, geb. 1959 in Köln, seit über 30 Jahren im ungeliebten Berlin hängen geblieben. Kunsthistoriker, freiberuflich tätig für Schlösserverwaltung und (Garten-)Denkmalpflege. Seit 1978 Führungen in Museen und Ausstellungen, seit 1990 auch für das Kultur Büro Berlin. Autor wissenschaftlicher Publikationen.

CARUS, BENNO, geb. 1948. Kustos am Heimatmuseum Zehlendorf, div. Beiträge zur Ortsgeschichte Zehlendorfs.

DENZIN, JORIS, geb. 1977 in Berlin. Nach dem Abitur zunächst Studium der Neueren Deutschen Literatur und Philosophie.

DREPPENSTEDT, HINNERK, geb. 1966 in Celle, seit 1993 in Berlin. Nach Studium der Geschichte und Germanistik Lehrer in der Erwachsenenbildung, seit 1997 publizistisches Arbeiten für verschiedene Berliner Verlage.

DÜSPOHL, MARTIN, geb. 1957, stammt vom Niederrhein, seit 1977 in Berlin. 1983 Mitbegründer von StattReisen Berlin, seit 1990 Leiter des Kreuzberg Museums für Stadtentwicklung und Sozialgeschichte.

EGGERT, STEFAN, geb. 1958 in Berlin. Studium der Germanistik, Geschichte und Philosophie. Seit 1991 freier Publizist für Rundfunk und Zeitungen. Zahlreiche Publikationen, u. a. über Wolfgang Koeppen, DDR-Literatur, Witold Gombrowicz, Kinderthemen, Städte und Reisen.

ELFERT, EBERHARDT, geb. 1958 in Mülheim/Ruhr, seit 1979 in Berlin. Studium der Kunstgeschichte, tätig in der Erwachsenenbildung; Ausstellungsorganisation und Führungen zu kunsthistorischen und stadtgeschichtlichen Themen wie Politische Denkmäler, Berliner Mauer, das Unterirdische Berlin.

ESCHE, KLAUS, geb. 1940 im Taunus, seit 1971 in Berlin. Diverse Ausbildungen in graphischen Bereichen, Publizist; Hersteller von gut drei Dutzend Büchern, Autor und Fotograf mit Schwerpunkt Berlin.

FEUSTEL, JAN, geb. 1951 in Mahlow, lebt in Blankenfelde. Mathematikstudium in Berlin. Seit 1976 am Mathematischen Institut der Akademie der Wissenschaften der DDR, Promotion zum Doktor der Wissenschaften. Seit 1990 freier Journalist, div. Ausstellungen in Heimatmuseen, Buchveröffentlichungen.

GEYLER, MONICA, geb. 1950. Diplom-Pädagogin, Geschäftsführerin des Berliner Forums für Geschichte und Gegenwart e. V.: Konzeption zur Kennzeichnung des ehemaligen Mauerverlaufs, Redaktion für die Geschichtsmeile Berliner Mauer.

HABERLAND, JÖRG, geb. 1971 in Uelzen. Landschaftsplaner; seit 1998 Stadtführungen für StattReisen Berlin.

HAMMAN, CHRISTOPH, geb. 1955. Studienrat für Geschichte, Politik und Deutsch, Moderator am Berliner Landesinstitut für Schule und Medien. Veröffentlichungen zur Zeitgeschichte Berlins und zur Geschichtsdidaktik.

HANKE, REINHARD, geb. 1940 in Berlin. Diplom-Geograph, wissenschaftlicher Mitarbeiter bzw. Lehrbeauftragter an FU, PH und TU Berlin, seit 1982 Bezirklicher Planungsbeauftragter in Tempelhof, seit 2001 in Tempelhof-Schöneberg. Daneben Leiter von Studienreisen, auch in Berlin.

HOPPE, RALPH, geb. 1962 in Bad Dürrenberg. Arbeit in den Staatlichen Schlössern und Gärten Wörlitz, Oranienbaum und Luisium; Studium der Kunstwissenschaft, seit 1990 Stadtführer bei StattReisen Berlin, Veröffentlichungen zu Berlinthemen, u. a. über den Rosenthaler Platz, das Klosterviertel, Pankow und die Friedrichstraße.

KOSKA, ANDREAS, geb. 1956 in Polen; seit 1970 in Berlin. Studium der Publizistik, 1984 Gründung der Agentur Ortssinn, einer Agentur für Berlinerkundungen. Eigene Stadtteil- und Friedhofsführungen, Entwicklung von Stadtspielen.

KÜHNL-BRÖCKER, SILVIA, geb. 1957 in Kempten/Allgäu, verstorben 2000. Kunsthistorikerin, nach dem Studium Lehrerin für Kunsterziehung, Tätigkeiten für die Denkmalpflege, Führungen im Museum für Kindheit und Jugend sowie Stadtführungen durch Moabit für das Kultur Büro Berlin.

LANGE, DIETER, geb. 1940 in Berlin. 1964-70 Redakteur bei der Zeitschrift Jugend und Technik, seitdem freier Journalist. Veröffentlichungen vor allem zu naturwissenschaftlichen, historischen und touristischen Themen; Buchveröffentlichungen.

MATTHES, BERND, geb. 1951 in Stuttgart, Studium Grafik-Design in Schwäbisch Gmünd. Seitdem (1978) als freischaffender Kartograf für Reiseführer und Radwander-Verlage tätig. 1994 Umzug nach Berlin. Akteur der Lokalen Agenda 21.

MEINEL, JÜRGEN, geb. 1959 in Klingenthal/Vogtland, seit 1983 in Berlin. Ausbildung und Arbeit in verschiedenen Berufen. Bausoldat, seit 1981 im sozialen Bereich tätig, 1986 Coautor am Band „Halb Berlin und ganz die Hauptstadt. Berlin (DDR)".

MEINERS, ANTONIA, geb. 1943 in Bamberg, seit vielen Jahren in Berlin. Nach dem Germanistikstudium Tätigkeit als freie Autorin und Lektorin, u. a. Sachbücher für den Harenberg Verlag in Dortmund sowie Features für Rundfunk und Fernsehen. In den vergangenen Jahren auch Lektorin für den Nicolai Verlag.

MÜLLER, BERNHARD, geb. 1950. Historiker, Leiter einer Agentur für Ausstellungsprojekte, Mitarbeiter der Berliner Geschichtswerkstatt, zahlreiche Beiträge in alternativen Stadtführern.

MÜLLER, KATRIN BETTINA, geb. 1957 in Köln, seit 1983 in Berlin. Studium der Germanistik und Kunstgeschichte, seit 1984 Autorin für die tageszeitung, das Stadtmagazin tip und den Tagesspiegel. Beiträge über Film, Kunst, Architektur, Tanz und Kulturpolitik.

PEILER, REINHARD, geb. 1954 in Hamburg. Ausbildung zum Geschichts- und Erdkundelehrer in Berlin, nebenbei Fotograf und bis zur Wende mehrere Jahre bei StattReisen Berlin als Reiseorganisator und Stadtführer tätig. Mittlerweile vollständig in der EDV-Branche aufgegangen.

PETERSEN, PETER, geb. 1958 in Hagen/Westfalen. Arbeitet seit 1986 selbständig als Architekt und Bauhistoriker ausschließlich im Bereich der Denkmalpflege. Arbeitsschwerpunkte: Hausforschung in Potsdam und Berlin-Spandau; Sanierung von Baudenkmalen.

RAU, MATTHIAS, geb. 1953 in der Uckermark, seit 1971 in Berlin. Krankenpfleger, sechs Semester Theologiestudium, danach verschiedene Tätigkeiten. Seit 1990 freiberuflich tätig als Referent und als Stadtführer, u. a. für StattReisen Berlin.

REISSNER, KATJA, geb. 1960 in Minden. Kunsthistorikerin, Kulturtexterin und freie Kunstkritikerin, u. a. für die taz und den Tagesspiegel. Von 1996 bis 2000 im Büro für Kunst und Kultur – Iris von der Tann, Projektmanagement und PR, Öffentlichkeitsarbeit beim Besucherdienst des Deutschen Bundestages für die Kunst in den Bundestagsbauten.

SCHILDE, DR. KURT, geb. 1947. Sozial- und Geschichtswissenschaftler; Forschungen und Veröffentlichungen zur deutschen Zeitgeschichte, insbesondere zum nationalsozialistischen Deutschland, seinen Jugendorganisationen und der antifaschistischen Jugendopposition. Universität Siegen.

SCHRÖDER, CHRISTINA, geb. 1951 in Berlin. Lehrerin für Russisch/Englisch, Lese-/Schreibkurse für Erwachsene, seit 1998 Stadtführungen, seit 2000 Hinwendung zu Schmuck-, Textil- und Ausstellungsgestaltung, Präsentation seltenen Handwerks.

SCHUMACHER, JÖRG, geb. 1965 in Berlin. Steinskulpturenrestaurator, Studium der Klassischen Archäologie und Kunstgeschichte, Stadtführungen in Berlin.

STOLLOWSKY, CHRISTOPH, geb. 1954, lebt seit 1991 in Berlin. Seither Redakteur beim Tagesspiegel, zuvor Tätigkeit für die Frankfurter Rundschau. Mehrere Journalistenpreise, Buchveröffentlichungen.

THEISSEN, ANDREA, geb. 1952 in Oranienburg. Historikerin, seit 1990 Leiterin des Stadtgeschichtlichen Museums Spandau, seit 1997 auch des Kunstamts Spandau.

TRÖGER, FRANZ, geb. 1961; Historiker und Komponist, Lehrbeauftragter der Berliner Schule für Bühnenkunst und unternehmerische Fähigkeiten. Mitglied des LEMMA, das künstlerische Ortsbegehungen und andere Seltsame Ereignisse in Berlin inszeniert.

WEINLAND, DR. MARTINA, geb. 1956 in Bielefeld. Kunsthistorikerin, seit 1989 im Stadtmuseum Berlin tätig. Veröffentlichungen zur Stadtgeschichte, u. a. über Wasserbrücken in Berlin, das Jüdische Museum in Berlin, Aufsätze in Ausstellungskatalogen.

Ankunft
Die Berliner Fernbahnhöfe (Zoologischer Garten, Ostbahnhof und Lichtenberg) liegen zentrumsnah, sind gleichzeitig S-Bahnhöfe, zum Teil auch an die U-Bahn angeschlossen und werden zusätzlich von Bus und Tram angefahren.
Berlin besitzt drei Flughäfen: Tegel, Tempelhof und Schönefeld. Sie sind gut an das Nahverkehrsnetz angeschlossen

Auskünfte
Berlin Tourist Information: 030/250025.
im Europa-Center: Mo-Sa 8.30-20.30 Uhr, So 10-18.30 Uhr; 01.11.-31.03.: Mo-Sa 10-19, So 10-18 Uhr
im Brandenburger Tor: täglich 9.30-18.30 Uhr
Tourist Info Café am Fernsehturm: täglich 10-18 Uhr
Infopoint im KaDeWe Mo-Fr 10-20 Uhr, Sa 9.30-20 Uhr.
Detaillierte Informationen unter www.berlin-tourist-information.de

Führungen
Es gibt zahlreiche Anbieter von Stadtführungen zu Fuß und mit dem Rad. Ihre Angebote werden in der Tagespresse und den Stadtmagazinen aufgeführt.

Fundbüros
Zentrales Fundbüro, Platz der Luftbrücke 6, 12101 Berlin; Tel. 699-5.
Fundbüro der BVG, Potsdamer Str. 182, 10783 Berlin; Tel. 25623040

Medien
Die beiden Stadtmagazine „tip" und „zitty" bieten eine nahezu komplette Übersicht über die täglichen Veranstaltungen, ein ausführliches Adressregister und viele weiterführende Telefonnummern. Einen Überblick über die Veranstaltungen des Tages bieten auch die Tageszeitungen Der Tagesspiegel, Berliner Zeitung, Berliner Morgenpost, tageszeitung (taz) und die Boulevardblätter Bild, B.Z. und Berliner Kurier. Außerdem sitzen in Berlin die Redaktionen von Die Welt, Junge Welt, jungle world und Neues Deutschland.
In vielen Lokalen und Kultureinrichtungen liegen kostenlose Magazine aus, die ebenfalls über Veranstaltungen informieren.

Medizinische Hilfe
Ärztlicher Bereitschaftsdienst: 310031, Zahnärztlicher Bereitschaftsdienst: 89004333.

Museen
Von den ungefähr 170 Berliner Museen sind diejenigen aufgeführt, die Originalexponate und vertiefende Informationen zu den im Buch angesprochenen Themen bereithalten. Die angegebenen Telefonnummern können sich verändern. Einige Museen sind derzeit geschlossen oder sollen in den nächsten Jahren vorübergehend geschlossen werden. Abweichende Öffnungszeiten sowie Möglichkeiten für Führungen sind am besten direkt bei den Museen zu erfragen. Stets aktuelle Auskünfte über Ausstellungen und Adressen vermittelt: Museumspädagogischer Dienst Berlin, Klosterstr. 68/70, 10179 Berlin, Infoline Tel. 030/28397444. Eine Übersicht über aktuelle Ausstellungen, Veranstaltungen und Führungen gibt das vierteljährlich erscheinende Museums-Journal, das Aktualisierungen unter www.museumsjournal.de bereithält.

Stadtmuseum Berlin.
Landesmuseum für Kultur und Geschichte Berlins
Postadresse: Poststr. 13/14, 10178, Info-Hotline 24002-162.
Freilichtmuseum Domäne Dahlem, Königin-Luise-Str. 49, 14195, Mi-Mo 10-18 Uhr, Tel. 6663000.
Museum Ephraim-Palais, Poststr. 16, 10178, Tel. 24002-121.
Handwerks- und Friseurmuseum, Alt-Marzahn 31, 12685, Di u. Mi, Sa u. So 10-18 Uhr, Tel. 5410231.
Museum Knoblauchhaus, Poststr. 23, 10178, Di-So 10-18 Uhr, Tel. 27576733.
Märkisches Museum, Am Köllnischen Park 5, 10179, Di-So 10-18 Uhr, Tel. 30866-0.
Museum Kindheit und Jugend, Wallstr. 32, 10179, Di-Fr 9-17 Uhr, Sa u. So 10-18 Uhr; Tel. 2750383.
Museumsdorf Düppel, Clauertstr. 11, 14163, Do 15-18 Uhr, So 10-16 Uhr; Tel. 8026671.
Museum Nicolaihaus, Brüderstr. 13, 19178, Di-So 10-18 Uhr; Tel. 20458163.
Museum Nicolaikirche, Nikolaikirchplatz, 10178, Di-So 10-18 Uhr; Tel.24724529.
Museum Schloß Friedrichsfelde, Am Tierpark 125, 10319 (auf dem Gelände des Tierparks), Nov.-März Di-So 10-17 Uhr; Tel. 66635035.
Bezirksmuseen
Bezirksmuseum Marzahn-Hellersdorf, Alt-Marzahn 51, 12685, Di-Do 9-17 Uhr, Fr 9-14 Uhr, So 14-18 Uhr; Tel. 54790921.
Heimatgeschichtliches Museum Weißensee, Pistoriusstr. 8, 13086, Di u. Mi 14-18 Uhr, Führungen nach tel. Anmeldung; Tel. 9250110.
Heimatmuseum Charlottenburg-Wilmersdorf, Schloßstr. 69, 14059, Di-Fr 10-17 Uhr, So 11-17, Tel. 9029-13201.
Heimatmuseum Friedrichshain, Marchlewskistr. 6, 10243, Di-Sa 14-19, Mi 10-19 Uhr; Tel. 50585246, 293479-40.
Heimatmuseum Köpenick, Alter Markt 1, 12555, Di und Mi 10-16 Uhr, Do 10-18 Uhr, Sa 14-18 Uhr, Archiv Do 10-12 und 13-18 Uhr nach tel. Anmeldung; Tel. 61723351.
Heimatmuseum Lichtenberg, Parkaue 4, 10367, Di und Do 11-18, Mi 13-18 Uhr, So 14-18 Uhr; Tel. 57794653.
Heimatmuseum Neukölln. Museum für Stadtkultur und Regionalgeschichte, Ganghoferstr. 3-5, 12043, Mi 13- 18 Uhr, Sa u. So 12-18 Uhr, Tel. 6809.2535.
Heimatmuseum Reinickendorf, Alt-Hermsdorf 35, 13467, Mi-So 10-17:30, Sa u. So 10-18 Uhr; Tel. 4044062.
Heimatmuseum Steglitz, Drakestr. 64a, 12205, Mo 16-19 Uhr, Mi 15-18 Uhr, So 14-17 Uhr, Tel. 8332109.
Heimatmuseum Tiergarten, Turmstr. 75, 10551, Di-Fr u. So 12-17, Do 12-18 Uhr; Tel. 2009-33530. Archiv: Zwinglistr. 2.
Heimatmuseum Treptow, Sterndamm 102, 12487, Di u. Do 10-18, Sa 14-18 Uhr; Tel. 6172-5629.
Heimatmuseum Wedding, Pankstr. 47, 13357, Di u. Mi 10-16, Do 12-18, So 11-17 Uhr; Tel. 20094-4158.
Heimatmuseum und Heimatarchiv Zehlendorf, Clayallee 355, 14169, Mo u. Do 16-19 Uhr, Tel. 8022441.
Kreuzberg-Museum für Stadtentwicklung und Sozialgeschichte, Adalbertstr. 95a, 10999, Mi-So 12-18 Uhr, Tel. 5058-5231.
Museum Mitte von Berlin, Am Festungsgraben 1 (Palais am Festungsgraben), 10117, Mi-Fr 13-17, Sa 13-20, So 11-17 Uhr; Tel. 2084000.
Panke Museum.Heimatmuseum Pankow, Heynstr. 8, 13187, Di u. Do 10-18, So 10-17.30 Uhr; Tel. 4814047.
Prenzlauer Berg Museum für Heimatgeschichte und Stadtkultur, Prenzlauer Allee 227/228,

10405, Mo-Fr 9-19 Uhr; Tel. 42401097.
Schöneberg Museum und Jugendmuseum Schöneberg, Hauptstr. 40-42, 10827 Berlin, Mi u. Do 15-18 Uhr, Sa u. So 14-18 Uhr, Tel. 75606163.
Stadtgeschichtliches Museum Spandau, Breite Str. 32, 13597, Mo-Sa 11-18 Uhr; Tel. 3339388.
Tempelhof Museum, Alt-Mariendorf 43, 12107, Di u. Do 15-18 Uhr, So 11-15 Uhr; Tel. 75606163.
Wilmersdorf Museum und Archiv, Hohenzollerndamm 174, 10713, Mo-Fr 10-18 Uhr, So 11-17 Uhr; Tel. 902916704. Archiv: Hohenzollerndamm 177.

Staatliche Museen zu Berlin (Auswahl)

Ägyptisches Museum und Papyrussammlung, Schloßstr. 70, 14059, Di-So 10-18 Uhr, Tel. 34357311.
Alte Nationalgalerie, Bodestr. 1-3, 10178, Di-So 10-18 Uhr, Do 10-22 Uhr, Tel. 2090-5801.
Altes Museum, Bodestr. 1-3, 10178, Di-So 10-18 Uhr, Tel. 2090-5254.
Bode-Museum, Bodestr. 1-3, 10178, bis voraussichtlich 2006 wegen Renovierung geschlossen.
Ethnologisches Museum, Lansstr. 8, 14195, Di-Fr 10-18 Uhr, Sa u. So 11-18 Uhr; Tel. 8301-438.
Gemäldegalerie, Matthäikirchplatz 8, 19785, Di-So 10-18 Uhr, Do bis 22 Uhr, Tel. 2662101.
Gipsformerei, Sophie-Charlotte-Str. 17/18, 14059, Mo-Fr 9-16 Uhr, Mi bis 18 Uhr, Tel. 32676911.
Hamburger Bahnhof. Museum für Gegenwart, Invalidenstr. 50-51, 10557, Di-Fr 10-18 Uhr, Sa/So 11-18 Uhr, Tel. 397834-12.
Kunstbibliothek, Matthäikirchplatz 6, 10785, Tel. 2662029.
Kupferstichkabinett. Sammlung der Zeichnungen und Druckgraphik, Matthäikirchplatz 6, 10785, Di-Fr 10-18 Uhr, Sa u. So 11-18 Uhr, Tel. 2662002.
Museum für Ur- und Frühgeschichte, Schloß Charlottenburg (Langhansbau), 14059, Di-Fr 9-17 Uhr, Sa u. So 10-17 Uhr, Tel. 32674811.
Pergamonmuseum, Bodestr. 1-3, 10178 (Museumsinsel), Di-So 10-18, Do 10-22 Uhr; Tel. 20905555.
Picasso und seine Zeit. Sammlung Berggruen, Schloßstr. 1, 14059, Di-Fr 10-18 Uhr, Sa u. So 10-18 Uhr, Tel. 3269-5815.

Weitere Museen

Alliierten-Museum, Clayallee 135, 14195, Do-Di 10-18 Uhr; Tel. 818199-0.
Anti-Kriegs-Museum, Brüsseler Str. 21, 13353, täglich 16-20 Uhr; Tel. 45490110.
Bauhaus-Archiv Berlin, Museum für Gestaltung, Klingelhöferstr. 14, 10785, Mi-Mo 10-17 Uhr, Bibliothek und Dokumentensammlung Mo-Fr 9-13 Uhr, Tel. 254002-0.
Berliner Medizinhistorisches Museum, Schumannstr. 20-21, 10117 (auf dem Gelände der Charité), Di-So 10-17, Mi 10-19 Uhr; Tel. 450-536156.
Berliner S-Bahn Museum, Rudolf Breitscheid-Str. 203, 14482 Potsdam, Umspannwerk S-Bahnhof Griebnitzsee; nach Anmeldung: S-Bahnhof Jannowitzbrücke, 10179 Berlin, Tel. 78705511.
Berlinische Galerie. Landesmuseum für Moderne Kunst, Photographie und Architektur, Alte Jakobstr. 124-128, 10969, Tel. 78902-600. Eröffnung im Herbst 2004.
Blindenmuseum, Johann-August-Zeune-Schule, 12165, Mi 15-18 Uhr; Tel. 63212390.
Botanischer Garten und Botanisches Museum, Königin-Luise-Str. 6-8, 14191, Museum täglich 10-18 Uhr, Garten: täglich ab 9 Uhr, nach Jahreszeitwechselnde Schließzeiten; Tel. 83850-100.
Brecht-Weigel-Gedenkstätte, Chausseestr. 125, 10115, Di-Fr 10-11:30 Uhr, Do 17-18:30 Uhr, Sa 9.30-13:30 Uhr, So 11-18 Uhr; Tel 283057044.
Bröhan-Museum. Landesmuseum für Jugendstil, Art Deco und Funktionalismus, Schloßstr. 1a, 14059, Di-So 10-18 Uhr, Tel. 326906-00.
Centrum Judaicum, Oranienburger Str. 28-30, 10117, So-Do 10-18 Uhr, Fr 10-14 Uhr; Tel. 88028300.
Deutscher Dom, Gendarmenmarkt 1, 10117, Di 10-22, Mi-So 10-18 Uhr; Tel. 227304-31.
Deutsches Historisches Museum, Unter den Linden 2, 10117, täglich 10-18 Uhr; Tel. 20304-0.
Deutsches Technikmuseum Berlin, Trebbiner Str. 9, 10963, Di-Fr 9- 17:30 Uhr, Sa/So 10-18 Uhr, Tel. 90254-0.
Dokumentationszentrum Berliner Mauer, Bernauer Str. 111, 13355, Mi-So 10-17 Uhr, Tel. 4641030.
Erinnerungsstätte Notaufnahmelager Marienfelde e.V., Marienfelder Allee 66-80, 12277, Mi-So 12-17 Uhr, Führung Mi + So 15 Uhr, Tel. 90173-325.
Feuerwehrmuseum Berlin, Berliner Str. 16, 13057 (in der Feuerwache Tegel), Mo, Di, So 9-12 Uhr, Mi 16-19 Uhr, Tel. 38710933.
Filmmuseum Berlin. Deutsche Kinemathek, Potsdamer Str. 2, 10785, Di-So 10-18 Uhr, Do 10-20 Uhr, Tel. 300903-0.
Forschungs- und Gedenkstätte Normannenstraße ASTAK e.V., Ruschestr. 103, Haus 1, 10365, Mo-Fr 11-18 Uhr, Sa u. So 14-18 Uhr, Tel. 5536854.
Friedrichswerdersche Kirche, Werderscher Markt , 10117, Di-So 10-18 Uhr, Tel. 2081323.
Gedenkstätte Berlin-Hohenschönhausen, Genslerstr. 66, 13055, Besichtigung nur mit Führung: Mo-Fr 11 u. 13 Uhr, Sa u. So stündlich 10-16 Uhr; Tel. 98608230.
Gedenkstätte Deutscher Widerstand, Stauffenbergstr. 13-14, 10785, Mo-Fr 9-18 Uhr, Do 9-20 Uhr, Sa u. So 10-18 Uhr; Tel. 26995000.
Gedenkstätte Köpenicker Blutwoche Juni 1933, Puchanstr. 12, 12555, Di u. Mi 10-16:30 Uhr, Do 10-18 Uhr; Tel. 6571467.
Gedenkstätte Plötzensee für die Opfer des Nationalsozialismus aus dem In- und Ausland, Hüttigpfad, 13627, täglich 9-17 Uhr März-Okt.; Tel. 3443226.
Gründerzeitmuseum im Gutshaus Mahlsdorf, Hultschiner Damm 333, 12623, Mi u. So 10-18 Uhr und auf Anfrage, Tel. 5678329.
Haus am Checkpoint Charlie (Mauermuseum), Friedrichstr. 43-44, 10969, täglich 9-22 Uhr, Tel. 2537250.
Haus der Wannsee-Konferenz. Gedenk- und Bildungsstätte, Am Großen Wannsee 56-58, 14109, täglich 10-18 Uhr, Tel. 805001-0.
Heinrich-Zille-Museum, Propststr. 11, 10178, täglich 10-19 Uhr (Nov.-März 11-18 Uhr), Tel. 24632-500.
Historischer Hafen Berlin, Märkisches Ufer, 10178, Tel. 2138041.
Hugenottenmuseum, Gendarmenmarkt 5, 10117 (im Französischen Dom), Di-Sa 12-17 Uhr, So 11-17 Uhr, Tel. 2291760.
Informations- und Dokumentationszentrum Berlin der Bundesbeauftragten für die Stasi-Unterlagen, Mauerstr. 38, 10117, Mo-Sa 10-18 Uhr, Tel. 2324-7951.
Jüdisches Museum, Lindenstr. 9-14, 10969, täglich 10-20 Uhr, Mo 10-22 Uhr; Tel. 25993300.
Käthe-Kollwitz-Museum, Fasanenstr. 24, 10719, Mi-Mo und Feiertage 11-18 Uhr, Tel. 8825210.
Labyrinth Kindermuseum Berlin, Osloer Str. 12, 13359, Mo u. Di 9-13, Di 14-18, Mi-Sa 13-18, So 11-18 Uhr; Tel. 49308901.

Mies-van-der-Rohe-Haus, Oberseestr. 60, 13053, Di-Do 13-18 Uhr, Sa u. So 14-18 Uhr, Tel. 97000618.
Museum Berlin-Karlshorst, Zwieseler Str. 4, 10318, Di-So 10-18 Uhr, Tel. 501508-10.
Museum der Dinge – Werkbundarchiv, Niederkirchnerstr. 7, 10963, Im Martin-Gropius-Bau, Archiv- und Bibliotheksnutzung nach Absprache, Tel. 25486-900.
Museum für Kommunikation, Leipziger Str. 16, 10117, Di-Fr 9-17 Uhr, Sa u. So 11-9 Uhr, Tel. 20294-0.
Musikinstrumenten-Museum, Tiergartenstr. 1, 10785 Berlin, Di-Fr 9-17 Uhr, Sa/So10-17 Uhr, Tel. 254 81-139.
Polizeihistorische Sammlung im Polizeipräsidium Berlin, Platz der Luftbrücke 6, 12101, Mo-Mi 9-15 Uhr, Tel. 100135050.
Schloß Britz, Alt-Britz 73, 12359, Di-Do u. Sa 14-18 Uhr, So 11-18 Uhr, Tel. 6097923-0.
Schloß Charlottenburg, Luisenplatz , 14059, unterschiedliche Öffnungszeiten; Tel. 32091-1.
Schwules Museum Berlin, Mehringdamm 61, 10961 (Gartenhaus), Mi-Mo 14-18 Uhr, Sa 14-19 Uhr, Tel. 69599050.
Stiftung Topographie des Terrors, Niederkirchnerstr. 8, 10963, täglich ab 10 Uhr bis zum Einbruch der Dunkelheit; Tel. 25486-703.
Wasserwerk Friedrichshagen, Müggelseedamm 307, 12587, Mi-Fr 10-16 Uhr (Jan. u. Feb. bis 15 Uhr), Tel. 8644-7695.
Zitadelle Spandau, Am Juliusturm, 13599, Di-Fr 9-17 Uhr, Sa/So 10-17 Uhr, Tel. 354944-200.
Zucker-Museum, Amrumer Str. 32, 13353, Mo-Do 9-16.30 Uhr, So 11-18 Uhr, Tel. 31427574.

Trödel- und Kunstmärkte (Auswahl)
Mitte: Berliner Antikmarkt, in den S-Bahnbögen (Georgenstraße), Mi-Mo 11-18 Uhr.
Berliner Kunst- und Nostalgiemarkt, an der Museumsinsel, am Zeughaus und am Kupfergraben, Sa u. So 11-17 Uhr.
Flohmarkt am Arkonaplatz, So 10-17 Uhr.
Kunst- und Trödelmarkt, S-Bahnbögen Dircksenstr./An der Spandauer Brücke, Mo-Fr 10-18 Uhr, Sa 10-14 Uhr.
Friedrichshain: Antik- und Trödelmarkt, Am Ostbahnhof (Friedrichshain), So 9-17 Uhr.
Trödelmarkt, Boxhagener Platz, So 9-16 Uhr.
Tiergarten: Trödel- und Kunstmarkt, Straße des 17. Juni, Sa und So 10-17 Uhr
Köpenick: Kunst- und Trödelmarkt, S-Bahnhof Friedrichshagen, So 8-16 Uhr
Treptow: Hallentrödelmarkt, Puschkinallee/Am Flutgraben, Sa u. So 10-18 Uhr.
Wilmersdorf: Trödelmarkt am Fehrbelliner Platz, Sa u. So 10-16 Uhr.

Wochenmärkte (Auswahl)
Kollwitzplatz (Prenzlauer Berg), Do 12-19 Uhr, Sa 9-16 Uhr, Ökomarkt
Chamissoplatz (Kreuzberg), Sa 8-13 Uhr, Ökomarkt
Domäne Dahlem, (Zehlendorf), Sa 8-13 Uhr, Ökomarkt
Maybachufer (Neukölln), Di und Fr 12-18:30 Uhr; so genannter „Türkenmarkt"
Rathaus Schöneberg, Di und Fr 8-13 Uhr
Winterfeldtplatz (Schöneberg), Mi und Sa 8-13 Uhr; vor allem am Sa der vielfältigste Wochenmarkt
Wittenbergplatz/Nordseite (Schöneberg), Do 10-19 Uhr, Berlin-Brandenburger Bauernmarkt

Markthallen
Arminiusstraße 2 (Tiergarten); Marheinekeplatz (Kreuzberg), Eisenbahnstraße (Kreuzberg). Alle Mo-Fr 8-18:30 Uhr, Sa 8-14 Uhr.

Veranstaltungen
(Jährlich wiederkehrende Veranstaltungen/Auswahl)
Mehrmals im Jahr finden die „Lange Nacht der Museen" und die „Lange Nacht des Shoppens" statt.

Januar
Internationale Grüne Woche
Sechs-Tage-Rennen

Februar
Transmediale. Internationales Medienfestival
Berlinale (Internationale Filmfestspiele Berlin)

März
Internationale Tourismus Börse
Musik-Biennale Berlin (alle zwei Jahre, Festival für zeitgenössische Musik)

April
Frühlingsfest

Mai
Theatertreffen Berlin und Theatertreffen der Jugend
DFB-Pokalendspiel (Fußball)
Internationale Luft- und Raumfahrtausstellung
Karneval der Kulturen (Pfingsten)
Lange Nacht des Buches (Oranienstraße)

Juni
Deutsch-französisches Volksfest
Schaustelle Berlin
Christopher Street Day
Fête de la musique
Schwul-lesbisches Straßenfest (Motzstraßenfest)
Bergmannstraßenfest (Jazzfest)

Juli
Deutsch-Amerikanisches Volksfest
Classic Open Air (Gendarmenmarkt)
Love Parade
HeimatKlänge (bis August)

August
Gauklerfest am Opernpalais
Internationale Funkausstellung (alle zwei Jahre ab 2005)
Tanz im August (Internationales Tanzfest)

September
art forum berlin. Internationale Messe für Gegenwartskunst
ISTAF (Internationales Stadion Fest; Leichtathletikwettbewerb)
Berlin Marathon und Marathon für Skater
Popkomm
Berliner Festwochen
Tag des Offenen Denkmals

Oktober
Oktoberfest
Deutschlandfest (3. Oktober)
Berliner Märchentage
JazzFest Berlin

November
Jüdische Kulturtage

Verkehr
Das Berliner ÖPNV-Netz ist vergleichsweise dicht, die Taktfolge am Tage hoch, das Nachtliniennetz zuschlagsfrei. Zudem führen etliche S-Bahn- und Regionallinien weit ins Umland. Eine Erkundung der Stadt mit den Öffentlichen ist an fast allen Orten problemlos möglich. Der Tarifdschungel dagegen ist schwer durchschaubar; oft lohnen sich Tages-, Wochen- oder Monatskarten.
U- und S-Bahnen verkehren etwa zwischen 4:30 und 0:30 Uhr, am Wochenende fahren die Linien U2, U9 und U15 durchgängig. Informationen zu Fahrverbindungen: www.bvg.de oder www.fahrinfo-berlin.de
Vor allem abends und nachts ist der **Taxi-Kurzstreckentarif** lohnend: bis zu zwei Kilometer oder fünf Minuten Wegstrecke für drei Euro.
Berliner Verkehrsbetriebe (BVG), Kundenservice, Tel. 19449, aktuelle Änderungen und Störungen Tel 25622562; www.bvg.de
Deutsche Bahn AG; Info-Tel. 297-12971, Auskünfte: Tel. 01805-996633; www.bahn.de